Par le général Louis-Nicolas-Henri Chérin
l'abbé de Verges a collaboré à cet ouvrage. voy. la Biographie universelle.

Chérin père
voy. p. 91

GÉNÉALOGIE

DE LA MAISON

DE MONTESQUIOU-FEZENSAC.

GÉNÉALOGIE

DE LA MAISON

DE MONTESQUIOU-FEZENSAC,

SUIVIE DE SES PREUVES.

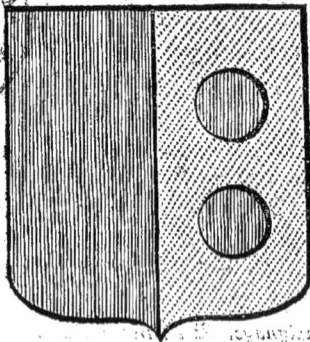

*Parti au 1ᵉʳ. de gueules plein, & au 2ᵈ. d'or à 2. tourteaux
de gueules, posés l'un sur l'autre. La Branche des Seigneurs
d'Artagnan ne porte que le 2ᵈ. parti.*

A PARIS,

DE L'IMPRIMERIE DE VALADE,
rue des Noyers.

M. DCC. LXXXIV.

AVERTISSEMENT.

LÉ Public a paru defirer que la Maifon DE MONTESQUIOU mît fous fes yeux les Preuves de fa Généalogie ; elle n'a pas voulu faire cette production, tant que des Adverfaires fans qualité fe font prétendus en droit de l'exiger ; elle fe devoit à elle-même, elle devoit encore plus à toute la Nobleffe de ne pas donner un pareil exemple. L'Arrêt qui a été rendu, a prouvé que fes principes étoient conformes au Droit Public & aux Loix du Royaume : mais cette communication de fes titres qu'elle n'a point faite alors, qu'elle n'a point dû faire ; elle n'a jamais prétendu la refufer au Public, & le refpeEt qu'elle a pour fon opinion ne lui permet pas de la différer plus long-tems.

Le mérite des autorités employées dans cette Preuve, l'authenticité des monumens, enfin l'état & la valeur de chacun des titres font atteftés par les Hommes les plus verfés dans ce genre d'étude. Tout a paffé fous leurs yeux dans le plus grand détail. La févérité de leur critique, leur intégrité reconnue, & la jufte confiance que le Public leur accorde, dépofent affez en faveur de leur témoignage. Si la Maifon DE MONTESQUIOU en avoit connu de plus impofant, c'eft celui-là qu'elle auroit invoqué.

Nota. La partie Hiftorique eft intitulée : ABRÉGÉ, parce qu'elle ne contient pas la Généalogie de toutes les Branches de la Maifon, & qu'on s'eft contenté d'y indiquer celles qui font éteintes, ou fur le point de s'éteindre.

ABRÉGÉ
DE LA GÉNÉALOGIE
DE LA MAISON
DE MONTESQUIOU-FEZENSAC,

SUIVI DE SES PREUVES.

LA MAISON DE MONTESQUIOU eſt iſſue des Comtes de Fezenſac : c'eſt une vérité prouvée dans cet Ouvrage. Avant de donner la Généalogie de cette Maiſon depuis environ 1070. époque à laquelle elle a pris le nom de la principale des Terres qui ont formé ſon partage, on a cru devoir donner celle des Comtes de Fezenſac ſes auteurs , & faire connoître leur origine & leurs poſſeſſions.

Le Comté de Fezenſac, dont celui d'Armagnac eſt un démembrement, eſt borné à l'orient par la Seigneurie de l'Iſle & le Vicomté de Gimois ; au midi par les Comtés de Comminges & d'Aſtarac ; au couchant & au nord par le Comté de Bigorre & la Gaſcogne proprement dite. Ses principales Places ſont les Villes d'Auch & de Vic-Fezenſac. (1)

(1) Notitia utriuſque Vaſconiæ , Authore Arnaldo Oihenarto , in-4. Pariſiis. p. 489. & Hiſtoire des Grands Officiers de la Couronne, par le P. Anſelme , continuée par le P. Ange, Auguſtins Déchauſſés , in-fol; T. 2, p. 613.

A

Les Comtes de Fezensac prenoient quelquefois le titre de Comtes d'Auch; Oihenart, (1) D. de Brugeles, (2) & l'Abbé de Longuerue (3) en ont fait la remarque : on en verra ici la Preuve. Ils ne prenoient même souvent que celui de Comtes, suivant l'usage assez ordinaire aux personnes de ce rang dans les 10e. 11e. & 12e. siecles, de n'exprimer les noms de leurs possessions que dans les actes passés hors de leurs territoires.

La Généalogie de ces Comtes, ainsi que celles des Ducs & Comtes de Gascogne, desquels ils sont issus, & les premiers degrés de celles des Comtes d'Armagnac & d'Astarac, qui ont une origine commune avec eux, ont été composées, suivant le témoignage d'Oihenart; (4) dès le commencement du 12e. siecle (*ineunte XII. seculo.*) Cet ouvrage est inséré à la tête d'un Cartulaire original de l'Eglise d'Auch, écrit dans le 13e. siecle. Il a été publié par divers Auteurs, sçavoir, en 1727. par deux sçavans Bénédictins; (5) en 1746. par D. de Brugeles, autre Bénédictin du Grand Ordre; (6) & en 1781. par D. Bouquet, aussi Bénédictin. (7) Enfin Oihenart qu'on vient de citer (8) & le Célébre M. de Marca (9) apprennent que le même ouvrage se trouve aussi dans le Cartulaire du Chapitre de Lescar, & dans le Trésor des Titres de la Maison d'Alençon, à la Chambre des Comptes de Paris. Quelque respectables que soient ces autorités, on ne s'en est pas contenté, & c'est l'original même de ce monument qu'on a imprimé dans les Preuves de la présente Généalogie. (10)

Cette Généalogie des Comtes de Fezensac a servi de base à celles que divers Sçavans ont données de ces Comtes; sçavoir, le même Oihenart, (11) le P. Ange, continuateur

---

(1) Notitia Vasconiæ. p. 489.
(2) Chroniques d'Auch. p. 27.
(3) Description Géographique & Historique de la France. in-fol. Paris 1719. prem. partie. p. 195.

(4) Notitia Vasconiæ. p. 420.
(5) Voyage littéraire de deux Bénédictins de la Congrégation de S. Maur, in-4. Paris 1727. 2. partie. p. 40. & 41.
(6) Chroniques Ecclésiastiques du Diocese d'Auch, par D. de Brugeles, Camérier & Doyen de Simore, au Diocese d'Auch. Preuves de la troisieme partie. p. 81. & 82.
(7) Recueil des Historiens de France. in-fol. T. 12. p. 385. & 386.
(8) Notitia Vasconiæ. p. 420.
(9) Histoire de Béarn. in-fol. Paris. 1640. p. 198. 201. & 205.

(10) Preuves. p. 1. & 2.

(11) Notitia Vasconiæ. pag. 498. & suiv.

3

du P. Anfelme, (1) M. Chazot-de Nantigny (2) & D. de Brugeles. (3)

On obferve que la Généalogie qu'on publie aujourd'hui, a été compofée fur les actes Originaux tirés des Archives de la Maifon de Montefquiou, & fur les Originaux des Archives & des Cartulaires d'Eglifes Cathédrales & d'Abbayes, feules fources où les Grandes Maifons trouvent les Preuves de leur ancienneté.

Les Comtes de Fezenfac ont pour Tige GARSIE-SANCHE dit le Courbé, Duc de Gafcogne, lequel eut trois fils entre lefquels il partagea fon Duché; (4) il donna à SANCHE-GAR-SIE, l'aîné, la Grande Gafcogne; à GUILLAUME-GARSIE, le 2e., le Comté de Fezenfac, qui comprenoit auffi l'Armagnac; & à ARNAUD-GARSIE le 3e., le Comté d'Aftarac. La fuite de la Généalogie des Ducs de Gafcogne & celle des Comtes d'Aftarac, eft rapportée dans l'Hiftoire des Grands Officiers. T. 2. p. 611. & fuiv. & 615. & fuiv.

I.

GUILLAUME-GARSIE premier Comte héréditaire de Fezenfac, par le partage que fon pere fit de la Gafcogne entre lui & fes freres, (5) donna à l'Eglife Métropolitaine d'Auch, celle de St. Jean d'Efpais, & d'autres biens fitués dans le Païs d'Euze. (6) La Charte de ce bienfait qu'il fit dreffer lui même, vers l'an 926., le qualifie Comte de Fezenfac. Raymond Comte de Rouergue & Marquis de Gothie, lui légua, par fon teftament de l'année 960., ou du commencement de la fuivante, l'ufufruit de deux aleus, dont il affura

A ij

(1) Hiftoire des Grands Officiers. T. 2. p. 613. & 614.
(2) Généalogies Hiftoriques des Maifons Souveraines. in-4. 1738. T. 3. p. 45. & 47.
(3) Chroniques d'Auch. 3. partie. p. 514. & fuiv.
On a joint diverfes Chartes tirées des ouvrages de plufieurs Sçavans, tels que M. de Marca, D. Mabillon, les Auteurs du *Gallia Chriftiana* & autres.

(4) Preuv. p. 1. & 2.

(5) Ibid.

(6) Preuv. p. 3.

la propriété aux Monasteres de S^t. Pierre de Condom & de
S^t. Orens d'Auch. (1) Guillaume-Garsie eut d'une femme
dont le nom est ignoré, trois fils; il partagea son Comté
entre les deux aînés. Ces trois fils furent,

(1) Pr. p. 3. & 4.

1. OTHON ou ODON, surnommé *Falta*, qui suit; il eut le
Comté de Fezensac proprement dit.

2. BERNARD de Fezensac, dit le Louche, lequel eut en
partage, à titre de Comté, le Païs d'Armagnac, démembré du
Fezensac. (2) Il est la Tige des COMTES D'ARMAGNAC, qui
ont joué un si grand rôle dans notre Histoire, & dont la
Généalogie est rapportée dans celle *des Grands Officiers de la
Couronne*, T. 3. p. 411. & suiv.

(2) Pr. p. 2.

3. FREDELON. Il est nommé avec ses freres & qualifié
Comte, ainsi qu'eux, dans une Charte de l'Eglise d'Auch
postérieure à l'année 960. (3)

(3) Pr. p. 5.

I I.

OTHON ou ODON, surnommé *Falta*, Comte de Fezensac,
par son partage, (4) donna à l'Eglise Métropolitaine d'Auch,
après l'année 960., celles de S^t. Jean & de S^t. Martin de
Berdale. L'acte de ce don est daté du Regne du Roy
Lothaire, du sien & de ceux de ses freres. (5) (*Regnante
tres fratres Germanos Oddone Comite, Bernardo Comite,
Fredelone Comite, Rege Lothario Francorum.*) Il accorda
d'autres bienfaits à la même Eglise, suivant des Actes cités
par l'Auteur du *Gallia Christiana*, où il est qualifié Comte
de Fezensac. (6)

(4) Pr. p. 2.

(5) Pr. p. 4.

Femme *N*. de laquelle il eut. (7)

(6) Ibid.
(7) Pr. p. 2.

I I I.

BERNARD - OTHON , Comte de Fezenfac , furnommé *Mancius-Tinea* , & peut-être auffi le Louche , ainfi que Bernard Comte d'Armagnac, fon oncle , comme l'a remarqué Oihenart ; (1) fonda vers l'année 970. dans la Cité d'Euze , Premier Siége des Archevêques d'Auch, l'Abbaye de St. Gervais & St. Protais , depuis nommée St. Lupère ou St. Lubere. (2) La ferveur Monaftique s'y étant éteinte , Aimery II , Comte de Fezenfac, arriere petit-fils (*pronepos*) du fondateur, s'en empara, & après l'avoir gardée pendant quelque tems, il la donna à l'Abbaye de Cluny ; (3) & depuis ce tems , elle devint fimple Prieuré fous le nom d'Euze. BERNARD-OTHON eut un fils (4) & une fille, fçavoir,

1. AIMERY I. Comte de Fezenfac, qui fuit,

2. N. de Fezenfac, mariée à Arnaud de Préneron, auquel elle porta en dot la Terre de Tremblade. (5)

I V.

AIMERY I. du nom, Comte de Fezenfac, fut excommunié , vers la fin du 10e. fiecle, par Garfie Archevêque d'Auch, pour s'être emparé du Domaine de Vic, appartenant à fon Eglife. La Charte (6) dont on apprend ce fait, le qualifie Comte de Fezenfac. Il figna avec Garfie - Arnaud Comte de Bigorre, Bernard Comte d'Armagnac , & Bernard Comte de Pardiac, la Charte de fondation de l'Abbaye de St. Pé de Generez, au Diocefe de Tarbes, faite vers l'année 1030. par Sanche - Guillaume, Duc de Gafcogne ; (7) fut

(1) Notitia Vafconiæ, p. 490.

(2) Preuves. p. 5.

(3) Ibidem.

(4) Pr. p. 2.

(5) Pr. p. 6.

(6) Ibidem.

(7) Ibidem.

témoin avec le Pape Benoît VIII. Garſie Archevêque d'Auch, Pierre Evêque de Touloufe , & Roger Comte de Cominges , de celle de la donation faite, vers l'année 1034. par Guillaume Comte d'Aſtarac , du Monaſtère de Peſſan à l'Abbay ede Simorre. (1) Il eſt encore qualifié Comte de Fezenſac dans ces deux Chartes. Il avoit acquis de Sanche-Guillaume, Duc de Gaſcogne , la terre de Cauſac, que Guillaume, ſon fils aîné, vendit , vers 1050. à l'Abbé de Condom. (2)

Femme *N.*

1. GUILLAUME , ſurnommé Aſtanove , Comte de Fezen-ſac , qui eut pour fils AIMERY , ſurnommé Forton , auſſi Comte de Fezenſac. Ils ont continué la Branche des Comtes de Fezenſac , rapportés dans l'Hiſtoire des Grands Officiers de la Couronne. T. 2. p. 614 & dont les Preuves ſont ici imprimées. (3)

2. RAYMOND-AIMERY de Fezenſac , Seigneur de MON-TESQUIOU , qui ſuit.

V.

RAYMOND-AIMERY de Fezenſac eut en partage la Ville de Monteſquiou-d'Angles & pluſieurs autres Terres (4) ſituées au Comté de Fezenſac ; (5) il en forma la Baronnie de Monteſquiou , (6) dont les poſſeſſeurs ſont Chanoines d'honneur de l'Eglife Métropolitaine d'Auch (7) & Barons d'Armagnac ; (8) il en prit le nom (9) qui eſt paſſé à ſes Deſcendans.

Avant de préfenter l'enſemble des Preuves qui lient la Maiſon de Monteſquiou aux Comtes de Fezenſac, on place ici une Table généalogique, dans laquelle ſont rapportés

(1) Preuves. p. 6.

(2) Pr. p. 7.

(3) Pr. p. 2. 3. 4. 5. 6. 7. 8. 9. 10. 11. 12. 13. 14. 15. 215. 216. 217. 218. 219. 220, & 221,

(4) Chroniques d'Auch. p. 514.
(5) Pr. p. 28. 41. & alibi.
(6) Chroniques d'Auch. p. 514.
(7) Gallia Chriſtiana, édit. recent. T. I. p. 971. E. Chroniques d'Auch. p. 10.
Pr. p. 237. & alibi,
(8) Preuv. p. 241. & alibi.
(9) Pr. p. 11.

le pere, le frere, le fils & le neveu de Raimond-Aimery, 1er. Seigneur de Montefquiou, afin que le Lecteur puiffe faire plus aifément à chaque fujet, l'application des titres qui le concernent ;

AIMERY I. Comte de Fezenfac.

GUILLAUME-ASTANOVE, Comte de Fezenfac.

RAYMOND-AIMERY, Seigneur de Montefquiou.

AIMERY, furnommé Forton, Comte de Fezenfac.

ARSIEU, Seigneur de Montefquiou.

On lit dans un Manufcrit original de plus de 400. ans d'ancienneté , (1) qui eft inféré à la fuite d'un Cartulaire auffi original de la Métropole d'Auch , (2) que le Seigneur de Montefquiou étoit iffu de Guillaume-Garfie , Comte de Fezenfac. Ce Manufcrit nomme tous les Sujets qui forment la chaîne entre ce Guillaume-Garfie & Raymond-Aimery , Seigneur de Montefquiou, Tige certaine de la Maifon de Montefquiou, comme il fera prouvé ci-après ; & il ajoute que cet Aimery, Comte de Fezenfac (c'eft l'arriere petit-fils de Guillaume-Garfie premier Comte de Fezenfac ,) eut deux fils, GUILLAUME-ASTANOVE & RAYMOND-AIMERY ; que GUILLAUME–ASTANOVE fut pere d'AIMERY furnommé Forton ; que RAYMOND–AIMERY eut pour fils ARSIEU DE MONTESQUIOU , & qu'AIMERY-FORTON & ARSIEU étoient Coufins. (3) (*Aymericus genuit Guilhelmum-Aftanovam ... & Ramundum-Aymerici .... qui fcilicet Ramundus-Aymerici genuit Arfivum de Montefquivo ..... Guilhelmus-Aftanova genuit Aymericum qui Forto nominatus eft & fuit Cognatus*

(1) Preuves. p. 2.

(2) Ibidem.

(3) Ibidem.

prediEli Arsivi de Montesquivo.) On doit remarquer que la Généalogie rapportée dans ce Manuscrit, est autorisée des mêmes actes qu'on employe aujourd'hui pour la prouver; on y cite l'ancienne Généalogie des Comtes de Fezen-

(1) Preuv. p. 2. & 3.

sac (1) & deux Chartes du Cartulaire d'Auch, sous les N°s. 37. & 58. dont on va donner les Extraits.

(2) Pr. p. 9.

La 1re. (2) contient une donation faite par Arsieu de Montesquiou, de l'Eglise de S. Laurent de Fremozens, à la Métropole d'Auch, sous l'Episcopat de Guillaume de Montaut, qui gouverna cette Eglise depuis 1068. jusqu'en 1096. & il s'y dit fils de Raymond-Aimery, qui étoit frere du Comte Guillaume-Astanove. (*Ego Arsivus de Montesquivo, filius videlicet Raimundi-Eimerici fratris Comitis Guillelmi-Astanove, dedi, &c.*) Cette Charte sera encore mentionnée ci après.

(3) Pr. p. 15.

La 2de. (3) est une Sentence arbitrale prononcée, vers l'année 1145. sur le Réglement des Limites des Paroisses de la Métropole d'Auch & de St. Orens de la même Ville, dont la désignation fut faite par l'Archevêque Guillaume d'Andousiele & par les Chanoines, en présence de plusieurs vieillards. Il y est dit qu'Arsieu de Montesquiou, Cousin de Forton, Comte de Fezensac, (*Arsivus Senex de Montesquiu, Cognatus Fortonis Comitis Fedeciacensis*) avoit possédé un domaine noble situé dans ces Limites.

On convient que le *Cognatus* désigne en ce siecle un cousin paternel ou maternel, un beau-frere & même un parent ou allié plus éloigné; mais le sens dans lequel il est employé ici, est déterminé par les deux autres pieces qu'on vient de rapporter, dans lesquelles Aimery-Forton & Arsieu de Montesquiou sont dits fils des deux freres, & par conséquent Cousins germains paternels. Une autre période du même acte fortifie encore

encore la Preuve de la defcendance d'Arfieu de Montefquiou, des Comtes de Fezenfac. Elle apprend que c'étoit par droit héréditaire des Comtes (*Jure hereditario Confulum*) (1) qu'il poffédoit le domaine mentionné ci-deffus. (1) Preuves, p. 15.

Ces deux Chartes, ainfi que l'Extrait de l'ancien Manufcrit cité ci-devant, ont déja été employées en Preuves de cette defcendance, par le Pere Montgaillard, Jéfuite, mort en 1626. dans une Généalogie de la Maifon de Montefquiou, compofée par lui. La premiere de ces Chartes & l'Extrait du même Manufcrit ont été auffi inférés dans les Preuves de Nobleffe, faites le 17. Août 1713. par Louis de Montefquiou, Prince de Rache, (oncle de M. le Marquis de Montefquiou,) devant MM. les Marquis de Crequy-Hemont & de Bournel-Monchy & le Baron du Pire, Commiffaires des Etats d'Artois. (2) Ces deux mêmes Chartes ont auffi été employées, pour le même objet, dans les Preuves de Nobleffe faites le 27. avril 1724., par Jofeph de Montefquiou, Comte d'Arta-gnan, (grand oncle à la mode de Bretagne du même Marquis de Montefquiou,) pour être reçu Chevalier de l'Ordre du St. Efprit, devant MM. les Maréchaux de Tallard & d'Hu-xelles. (3) Enfin tel a été fur l'origine de la Maifon de Montef-quiou le fentiment uniforme du Pere Montgaillard, comme on vient de le dire, d'Oihenart, l'un des plus fçavans & des plus judicieux Auteurs de fon tems, (4) de l'Abbé le Labou-reur, (5) de M. René-Charles d'Hozier, Juge d'Armes de France, mort en 1732. (6) de M. de Clairambault, Généalogifte des Ordres du Roi, mort en 1740. (7) & autres.

On doit ajouter ici que la mémoire fur l'identité d'origine des Maifons d'Armagnac & de Montefquiou, s'étoit perpétuée dans celle des Comtes d'Armagnac plus

Le Pere Montgail-lard a recueilli les Antiquités Eccléfiaf-tiques & Prophanes de toute la Gafcogne, fa Patrie. Voyez les Chroniques d'Auch, p. 308. 447. & 515.

(2) Pr. p. 134.

(3) Pr. p. 145. 164 & 165.

(4) Pr. p. 5.

(5) Cabinet de l'Ordre du S. Efprit, vol. 54. des Généal. fol. 87.
(6) Généalogie de la Maifon de Montef-quiou; par lui dref-fée & dépofée parmi fes Manufcrits à la Bibliotheque du Roi
(7) Pr. p. 7.

B

de 4. siecles après leur séparation. Jean IV. Comte d'Armagnac, qualifioit Arsieu V. Seigneur de Montesquiou, son amé & féal Cousin (*dilectum & fidelem Consanguineum nostrum*) dans des Lettres du 18. décembre 1432. (1) Traitement d'autant plus remarquable qu'on ne peut supposer qu'il ait été l'effet d'un sentiment officieux, puisque ces Lettres mêmes contiennent une protection accordée à ses Vassaux contre lui. Raymond-Aimery de Fezensac, fils d'Aimery, & frere de Guillaume-Astanove, Comtes de Fezensac, comme on vient de le prouver, devenu Seigneur de Montesquiou, vers 1070. & qu'on dit ici I. du nom, fut l'un des grands Seigneurs (PROCERES) du Comté de Fezensac, qui accorderent en 1086. divers priviléges à l'Abbaye de St. Lupere, (2) fondée vers l'année 970. comme il a été dit ci-devant p. 5., par BERNARD-OTHON, Comte de Fezensac, son ayeul.

Femme, AURIANE DE LA MOTTE, Dame de l'Aleu de Fremozens, au Comté de Fezensac, [nommé aujourdhui Remousens,] (3) rappellée dans la Charte de la donation de l'Eglise de ce lieu par Arsieu, son fils.

ARSIEU dit le Vieux, Seigneur de Montesquiou, qui suit.

V I.

ARSIEU I. du nom, dit le Vieux, Seigneur de Montesquiou, est surnommé de Montesquiou, & dit fils de Raymond-Aimery de Montesquiou, petit-fils d'Aimery Comte de Fezensac, & cousin d'Aimery-Forton, fils de Guillaume-Astanove, (4) dans le Manuscrit du 14e. siecle, cité à l'article de son pere. Il est encore dit fils de Raymond-Aimery, qui étoit frere de Guillaume-Astanove, dans la Charte aussi citée au même article, de la donation qu'il fit à la Métropole d'Auch, avant 1096. de l'Eglise bâtie dans le lieu de Fremozens, lequel lieu il possédoit du chef de sa mere. (5) Il voua, vers le même tems, Bernard, son 2d. fils,

(1) Preuves, pag. 48. & 49.

(2) Pr. p. 11.

(3) Pr. p. 5.

(4) Pr. p. 3.

(5) Pr. p. 9.

à la même Métropole en qualité de Chanoine ; & à cette occasion il céda à cette Eglise, les droits à lui appartenans du chef de son pere, (*ex paterna succeffione*) (1) sur celle de S. Martin de Berdale, d'Angles &c. [On a vu ci-devant p. 4., qu'Othon Falta, Comte de Fezensac, avoit donné après l'année 960. la 1ere. de ces Eglises à celle d'Auch] ; est rappellé & dit Cousin de Forton, Comte de Fezensac, dans la Sentence d'environ l'année 1145. sur les limites des Paroisses de la Métropole & de St. Orens d'Auch, mentionnée à l'article de son pere. Cet acte apprend aussi qu'il avoit possédé par droit héréditaire des Comtes, (*jure hereditario Consulum*,) un domaine situé dans ces Limites, & qu'il l'avoit donné à la charge de l'hommage, à Contrario de Preissac, son Cousin. (2)

Femme *N.*

1. BERTRAND, Seigneur de Montesquiou, qui suit.

2. BERNARD de Montesquiou, surnommé Lobat, fut voué par son pere à la Métropole d'Auch en qualité de Chanoine vers l'année 1096.; (3) étoit Archidiacre de cette Eglise, en 1134.; (4) fut fait Evêque de Tarbes, vers l'année 1141. & vivoit encore en 1175. Il travailla à la délivrance de RAYMOND-AIMERY, Seigneur de Montesquiou, son neveu, fait prisonnier par le Seigneur d'Arbeissan (5) comme il sera dit à son article. Voyez le *Gallia Christiana. edit. recent. T. 1. p.* 1231.

V I I.

BERTRAND Seigneur de Montesquiou, est dit fils d'Arsieu de Montesquiou, dans une addition à la Charte d'environ 1096., par laquelle celui-ci voua Bernard son frere, à l'Eglise d'Auch, (6) & dans celle du Réglement des Limites des Paroisses de la même Eglise, & de celle de St. Orens de la même Ville, d'environ 1145. dont il fut témoin. (7) Il y est

B ij

(1) Preuves, p. 13?

(2) Pr. p. 15. 164. & 165.

(3) Pr. p. 13?

(4) Pr. p. 200?

(5) Pr. p. 17.

(6) Pr. p. 13.

(7) Pr. p. 151

dit qu'il avoit défigné ces Limites avec l'Archevêque d'Auch, & donné en fief, & à titre d'hommage un domaine qui y étoit renfermé, à Odon de Preiffac, fils de Contrario, à qui fon pere l'avoit accordé au même titre.

Femme, N. DE LA BARTHE, fœur de Geraud de la Barthe, fucceffivement Archidiacre dans l'Eglife d'Auch, Evêque de Touloufe, en 1163. Archevêque d'Auch, depuis 1170. jufqu'en 1192. Voyez le *Gallia Chriſtiana. edit. reçent. T. i. p.* 987. Raymond-Aimery, Seigneur de Montefquiou, fon neveu, ayant été fait prifonnier par Geraud Seigneur d'Arbeiffan, il fe conftitua à fa place, pour lui donner les moyens de faire fa rançon. (1)

(1) Preuves, p. 17.

VIII.

RAYMOND-AIMERY II. du nom, Seigneur de Montefquiou, d'Eftipouy, d'Afclens, de Berdale, de Villeneuve &c. eft dit fils de Bertrand de Montefquiou, dans l'addition à la Charte d'environ 1096. par laquelle Bernard, fon oncle, fut voué à l'Eglife d'Auch. (2) Il engagea à l'Abbaye de Berdoues, fa terre de Villeneuve, par acte de l'année 1151.; où il fe dit encore fils de Bertrand de Montefquiou. (3) On apprend d'une Charte du Cartulaire de l'Eglife d'Auch, (4) qu'étant en guerre avec Geraud Seigneur d'Arbeiffan, celui-ci le fit prifonnier, le renferma, chargé de fers, dans le Château de Lavardens, & le mit à rançon. Ce fait arriva avant l'année 1163. Il y refta en prifon, malgré les follicitations de l'Evêque de Tarbes, fon oncle, jufqu'à ce que Geraud de la Barthe, frere de fa mere, alors Archidiacre d'Auch, fe fut mis à fa place. Raymond-Aimery affranchit en 1167. les biens que l'Abbaye de Berdoues poffédoit dans fa Terre

(2) Pr. p. 13.

(3) Pr. p. 15. & 16.

(4) Pr. p. 17. & 18.

d'Eftipouy ; (1) fit donation à l'Eglife d'Auch de fa Terre d'Afclens après l'année 1177. (2) Vers le même tems & en 1184. il vendit & engagea pour diverfes fommes, à la même Eglife (3) & à l'Abbaye de Berdoues (4) fa Terre de Berdale & des dixmes & biens fitués à Mazeres &c. Il fit le voyage de Jérufalem (5) vers l'année 1190. & donna en 1200. à l'Abbaye de Gimont droit d'ufage dans toutes fes terres. A la fin de fa vie il fe fit Chanoine dans l'Eglife d'Auch, & confirma la donation que fon ayeul avoit faite à cette Eglife, des droits qu'il avoit fur celle de St. Martin de Berdale & autres. (6)

Femme, PICTAVINE DE MARRAST, fille de Piétavin, Seigneur de Marraft, (7) voua Odon, fon fils, à la Métropole d'Auch, à laquelle elle fit donation de plufieurs parties d'Eglifes le 18. octobre 1143.; (8) confentit à l'engagement fait par fon mari, à l'Abbaye de Berdoues, en 1184; (9) & lui en fit un autre elle-même, l'année fuivante. (10)

1. RAYMOND-AIMERY, Seigneur de Montefquiou, qui confentit à l'engagement fait à l'Abbaye de Berdoues, en 1184. (11) par fon pere. Etant malade en 1204. il donna à ce Monaftere 200. fols morlas, (12) & le droit de pâturage dans fes Terres d'Aftarac ; (13) & mourut la même année. (14)

2. ARSIEU II. Seigneur de Montefquiou, qui fuit.

3. BRAIDE de Montefquiou fit, en 1210. une donation à l'Abbaye de Berdoues, avec Behel, fa fille, & Raymond-Aimery, fon frere. (15)

On ne peut décider fi Odon, voué en 1143. à l'Eglife d'Auch, par Piétavine de Marraft, fa mere, (16) eft fils de Raymond-Aimery, Seigneur de Montefquiou, ou d'un premier mariage de Piétavine.

(1) Preuves, p. 16.
(2) Pr. p. 222.
(3) Pr. p. 17.
(4) Pr. p. 16. & 19.
(5) Pr. p. 18.
(6) Pr. p. 13.
(7) Pr. p. 19.
(8) Pr. p. 221.
(9) Pr. p. 16.
(10) Pr. p. 19.
(11) Pr. p. 16.
(12) Pr. p. 19.
(13) Pr. p. 19. & 20.
(14) Pr. p. 19.
(15) Pr. p. 20. 23. & 224.
(16) Pr. p. 221.

I X.

ARSIEU (a) de Montefquiou, IIe. du nom , Chevalier ; Seigneur de Montefquiou, de Sanfofpouy, de Paders , de Serres, de Belloc & c. fuccéda à fon frere. Il confentit aux donations que celui-ci fit en 1204. à l'Abbaye de Berdoues, de 200.

(1) Preuves, p. 19. ¶ fols morlas , (1) & les confirma après fa mort , la même

(2) Pr. p. 19. & 20. ¶ année. (2) Ces deux actes le difent , le premier, frere de Raymond-Aimery, qui eft dit fils d'autre Raymond-Aimery de Montefquiou , & le fecond, fils de Raymond-Aimery de Montefquiou & de Pictavine. Réuni à Braide , fa fœur, ils donnerent, le 15. Janvier 1210. (vieux ftyle) à l'Abbé du même Monaftere , tout ce qu'ils poffédoient dans fon territoire , à l'exception des Châteaux de Paders , de Serres de Belloc ; il fe dit encore dans la Charte de ce bienfait,

(3) Pr. p. 224. ¶ fils de Raymond-Aimery de Montefquiou, (3) & lui engagea pour 500. fols morlas, des biens fonds fitués dans les

(4) Pr. p. 20. ¶ appartenances du premier de ces Châteaux ; (4) il donna , l'année fuivante , à l'Abbaye de l'Efcalle-Dieu, au Diocefe de Tarbes , ce qu'il poffédoit dans le territoire de Domajan

(5) Pr. p. 223. ¶ &c. (5) Etant fur fon départ pour aller en Efpagne faire la guerre aux Sarrazins , en 1212. , il engagea divers Cafaux à

(6) Pr. p. 20. ¶ celle de Berdoues; (6) emprunta 100. fols morlas , à ce

(7) Pr. p. 21. ¶ Monaftere, en 1217.; (7) lui fit don en 1220. de 500. fols

(8) Ibidem. ¶ de la même monnoie à prendre fur le Château de Serres , (8)

(9) Pr. p. 225. ¶ & au mois d'Avril 1245. , de la terre de Sanfofpouy ; (9) la Charte de ce dernier don eft fcellée de fon fceau où il eft repréfenté , *tenant d'une main l'épée haute , & de l'autre , un écu parti, le premier vuide , & le fecond chargé de 2. tourteaux*

posés l'un sur l'autre. Le contreseau est aux mêmes armes ; fut présent à la cession faite par Seguine, Comtesse d'Astarac, le 25. mars de l'année suivante, à Raymond Comte de Toulouse , de ses droits sur le Comté de Fezensac ; (1) autorisa Raymond-Aimery , son fils aîné, dans une vente qu'il fit le 4. Août 1258. à l'Abbaye de Berdoues, (2) & vivoit encore au mois de Juin 1259. (3)

(1) Preuves , p. 22;

(2) Pr. p. 23.

(3) Pr. p. 226.

Femme, *N.*

1. RAYMOND-AIMERY , IIIe. du nom , Seigneur de Montesquiou, qui suit.

2. AIMERY de Montesquiou consentit à deux actes, l'un d'une donation, & l'autre d'une vente faites , par son frere aîné, les 4. Août 1258 & 28. Février 1269.(vieux style.) (4)

(4) Pr. p. 23. 228. & 229.

3. GENSQUIOU de Montesquiou nommé au même acte de 1258. (5)

(5) Pr. p. 23.

4. HUGUES ou UGET de Montesquiou consentit à l'acte de vente faite par son frere aîné, le 28. Février 1269. (vieux style) & à un autre, d'une donation du même du 22. Janvier 1279. (aussi vieux style.) (6)

(6) Pr. p. 23, & 28.

X.

RAYMOND-AIMERY IIIe. du nom , Chevalier, Baron de Montesquiou, Seigneur d'Hauterive , d'Estipouy, Saintrailles, Riguepeu, Castelnau-d'Angles, Poylobon, Marsan , Saint Jean &c. consentit à la donation de la terre de Sansospouy , faite par son pere, au mois d'avril 1245. à l'Abbaye de Berdoues; (7) fut autorisé par lui dans la vente de diverses pieces de terre qu'il fit à ce Monastere le 4 Août 1258; (8) confirma le 15. Janvier suivant des donations faites en

(7) Pr. p. 22;

(8) Pr. p. 23;

1210. à cette Maison, par son pere ; par Braide, sa sœur,
& Behel, sa Cousine ; (1) donna lui-même à la Métropole
d'Auch, le 9. septembre 1266. les Eglises & dixmes qu'il avoit
dans l'Archidiaconé d'Angles ; (2) vendit à cette Métropole le
25. juillet 1267. les dixmes de deux autres Eglises qui faisoient
partie de la dot de son épouse ; (3) & à l'Abbaye de Berdoues,
un Casal, situé à Sansospouy, par acte du 28. février 1269.
(vieux style) où il est dit fils d'Arsieu de Montesquiou ; (4) il
eut un différend avec les Prieur & Prieures de Brouilh, au sujet
des droits par lui prétendus sur des terres situées dans la
Paroisse de St. Sigismond & autres ; & ce différend fut terminé
par une Sentence arbitrale du 30. mai 1274. dans laquelle il
est qualifié NOBLE BARON, Chevalier, Seigneur de Montesquiou. (5) Il fit donation, le 22. janvier 1279. (vieux style)
aux Templiers de Borderes, au Diocese de Tarbes, des
droits de pâcage, de chasses, de pêches &c. dans le territoire
de Martin ; (6) assista Genses, son fils aîné, à son contrat
de mariage, du mois de Novembre 1291. ; (7) fit son testament, le 16. Août 1306. & par cet acte, où il est encore
qualifié NOBLE BARON, il fit des legs aux Eglises de ses Terres
& aux Couvents de la Province ; institua son héritier universel le même Genses, son fils aîné, lui substitua ses puînés &
régla les légitimes & le sort de ses autres enfans. (8) Il fut
présent à une donation faite le 25. Octobre suivant, à son fils
susnommé, par Blanchefleur, sa fille ; (9) émancipa son même
fils, au mois de Février 1301. (vieux style.) (10) & mourut
avant le 5. Septembre 1318. (11)

Femme, ALPAIS DE BAZILLAC, fille de Vital de Bazillac,
Chevalier, Seigneur de Bazillac &c. nommée dans le testament
de son mari, du 16. Août 1300. (12) & dans l'acte d'une
donation

(1) Preuves, pag. 23. 223. 224 & 225.
(2) Pr. p. 14.
(3) Pr. p 227.
(4) Pr. p. 228.
(5) Pr. p. 229.
(6) Pr. p. 24.
(7) Pr. p. 25.
(8) Pr. p. 25. & 26.
(9) Pr. p. 26.
(10) Pr. p. 27.
(11) Pr. p. 29.
(12) Pr. p. 26.

donation faite, le 10. Octobre suivant, par Blanchefleur, sa
fille, à Genses, son frere consanguin. (1)

(1) Preuve page 26.

1. BLANCHEFLEUR de Montesquiou veuve en 1300. de Galin
de Caillaouet, Damoiseau, & mere d'autre Galin de Caillaouet,
aussi Damoiseau, avec lequel elle donna le 11. octobre de cette
année à Genses de Montesquiou son frere, les droits qu'ils avoient
sur les Châteaux de Bazillac, de Tostat & de Castelbayac. (2)

(2) Ibidem.

2. AGNÈS de Montesquiou, mere de VITAL de Bazillac,
& de BUANES de Caussade, morte avant 1300. (3)

(3) Ibidem.

II. Femme, LONGUE DE MONTAUT *alias* DE BIRAN,
fille de Guillaume-Arnaud de Biran, dit le Vieux, Chevalier, & sœur d'Odon de Montaut, aussi Chevalier. Son pere
lui donna en dot la totalité de la dixme de St. Jean de Bretos,
& la moitié de celle de St. Pierre de Prechac, que son mari
vendit, de son consentement, à l'Eglise d'Auch, par acte du
25. Juillet 1267. (4) Elle est nommée dans le testament de
son mari du 16. Août 1300.; (5) & fit donation le 25.
Janvier 1308. (vieux style) à Genses, son fils, de ses droits
dotaux sur la Baronnie de Montesquiou, &c. (6)

(4) Pr. p. 27.
(5) Pr. p. 25.
(6) Pr. p. 28.

1. GENSES I. Baron de Montesquiou, qui suit.

On ignore de laquelle des deux alliances formées par
Raymond-Aimery Baron de Montesquiou, il eut les enfans
ci-après rapportés; on ne garantit point non plus l'ordre de
leur naissance.

2. OTHON ou ODON de Montesquiou, Seigneur d'Estipouy, substitué à son frere ainé par le testament de son pere
du 15. août 1300.; (7) épousa par contrat passé sous seings
privés, le 5. septembre 1319. & reconnu devant Notaires, le 15.
novembre suivant, AUDE DE LASSERAN DE MASSENCOME,
fille & héritiere de Garsie-Arnaud de Lasseran *alias* de Massen-

(7) Pr. p. 26.

C

come, Seigneur de Maſſencome, (a) de Montluc, [b] de Monheurt & de Puch-de-Gontaut; il y fut convenu que leur 1.er fils porteroit le nom & les armes de Maſſencome. (1) Othon eſt la Tige de la Branche des Seigneurs de Maſſencome, de Montluc, Princes de Chabanois &c. éteinte au ſiécle dernier, après avoir donné deux Maréchaux de France, en 1574. & 1594. & trois Sujets nommés à l'Ordre du St. Eſprit, ſçavoir deux en 1595. & l'autre en 1613. morts ſans avoir été reçus, & formé des alliances avec les Maiſons de Balaguier-Montſalés, de Caupene, de Clermont-d'Amboiſe, d'Eſtrées-Cœuvres, de Foix-Carmain, de Gelas-d'Ambres, de Gontaut-Biron, de Lauzieres-Themines, de Pardaillan-Gondrin, de Rambures, de Rochechouart-Barbazan, de la Roche-Fontenilles, de Roquelaure, de Talleyrand-Chalais, de Voiſins-Montaut & autres. Fabien de Montluc, l'avant-dernier mâle de cette Branche, épouſa, en 1570. Anne Baronne de Monteſquiou, héritiere de la Branche aînée de ſa Maiſon. *Voyez l'Hiſtoire des Grands Officiers de la Couronne. T. 7. p. 288. & ſuiv.*

3. BERTRAND de Monteſquiou, auſſi ſubſtitué à ſon frere Genſes, par le teſtament de ſon pere, de l'année 1300. (2)

4. RAYMOND-AIMERY de Monteſquiou, Chanoine d'Auch, en 1300. (3).

5. PICTAVIN de Monteſquiou ſimple Clerc en 1300. (4) fut élu Evêque de Bazas, avant le 7. ſeptembre 1325. de Maguelonne en 1334. & d'Alby en 1338. créé Cardinal du titre des 12. Apôtres, le 17. décembre 1350. & mourut au mois de Février 1356. Il avoit fondé, par ſon teſtament, diverſes Chapellenies. (5) *Voy. les Vies des Papes d'Avignon, par M. Baluze. T. 1. p. 897. & le Gallia Chriſtinna. Edit. recent. T. 1. p. 27. & 1313. & T. 6. p. 782.*

(a) *Manſum Sancti Coſme.* [b] *Bonuslocus.*
(1) Preuves, page 29.
(2) Pr. p. 26.
(3) Ibidem.
(4) Ibidem.
(5) Pr. p. 35.

6. HUGUES de Montefquiou, Religieux, en 1300. (1)

7. MONTASIN de Montefquiou, Religieux de Berdoues, en 1300. (2)

8. GUILLAUME de Montefquiou deftiné par fon pere, en 1300. à l'Ordre des Templiers. (3)

9. BRAIDE de Montefquiou, morte en 1300. laiffant de Raymond de BAZILLAC, Raymond-Aimery de Bazillac, Damoifeau, qui fut fait légataire par le teftament de fon ayeul maternel, de cette année. (4)

10. AGNÈS de Montefquiou, mariée à Pierre DE ALCATA, de Condom, morte en 1300. (5)

11. ESCLARMONDE de Montefquiou, veuve, en 1300. de Guillaume Ariu de Tufaguet, Damoifeau. (6)

12. BEATRIX de Montefquiou, femme d'Auger DE BAULAT, Damoifeau, vivante en 1300. (7)

13. GENTILE de Montefquiou, mariée à Vital de MARCORET, vivante en 1300. (8)

14. & 15. FLEURDELYS & CAPDELESSE, Religieufes aux Monafteres de Brouilh & de Vaupilhon, en 1300. (9)

16. & 17. AUDE & LONGUE, celle-ci probablement née du 2e. lit, & vivantes la même année. (10)

X I.

GENSÈS (a) Ier. du nom, Damoifeau, Baron de Montefquiou & d'Angles, Seigneur d'Eftipouy, d'Hauterive, de Saintrailles, de Riguepeu, de Caftelnau-d'Angles, de Poylobon, de Marfan, &c. fut affifté de fon pere à fon contrat de mariage du mois de novembre 1291. (11) & fut inftitué fon héritier univerfel par fon teftament, du 16. août 1300. (12) Blanchefleur, fa fœur, lui fit don de fes droits dans les Châteaux de Toftat & de Bazillac en Bigorre, & de Sadour-

C ij

(1) Preuves, page 16.

(2) Ibidem.

(3) Ibidem.

(4) Pr. p. 25.

(5) Pr. p. 26.

(6) Ibidem.

(7) Ibidem.

(8) Ibidem.

(9) Ibidem.

(10) Ibidem.

(a) Nommé auffi Genfer & Gentilh; en Latin, Gencius & Gentilis.

(11) Pr. p. 25.

(12) Pr. p. 26.

nin ; au Diocefe d'Auch, par acte paffé, en préfence de leur
pere, le 11. octobre fuivant. (1) Il fut témoin de la con-
ceffion des nouvelles Coutumes faites le 16. mai 1301. à la
Ville d'Auch, par l'Archevêque Amanieu d'Armagnac & par
Bernard VI. Comte d'Armagnac & de Fezenfac. (2) Au
mois de février fuivant fon pere l'émancipa, & lui donna la
Baronnie de Montefquiou, & fes Châteaux & Terres fituées
au Comté de Fezenfac. (3) Sa mere lui céda auffi le 25.
janvier 1308. (vieux ftyle) les droits qu'elle avoit fur cette
Baronnie & fur les Châteaux de Saintrailles & de St. Jean. (4)
Il affifta au contrat de mariage d'Odon, fon frere, des 5. feptembre & 19. novembre 1318. & y eft qualifié NOBLE ET
PUISSANT SEIGNEUR BARON DE MONTESQUIOU ; (5) donna
quittance, au nom de fon fils Raymond-Aimery, le 19. janvier 1322. de la dot de fa bru, qu'il hypothéqua fur toutes fes
terres ; (6) fit appel le 10. mars 1322. (vieux ftyle) contre
l'appofition de Pénonceaux dans le diftrict de fa Terre de
Poylobon, (7) & eft nommé comme mort dans l'acte du rem-
bourfement de la dot de Conftance d'Andouins, 1ere. femme
d'Arfieu fon petit-fils, du 1er. feptembre 1346. (8)

Femme, COMTESSE D'ANTIN, Dame en partie de Trie, en
Riviere-Verdun, fille de Comte-Bon d'Antin, Damoifeau, & de
Marie de Montlezun, fut mariée par contrat paffé le Dimanche
dans l'Octave de St. Martin d'hiver de l'année 1291. & eut en
dot 6000. fols morlas, que fon beau pere affigna fur le Château
de Marfan. (9) Elle fit fon teftament le 2. août 1340. (10) dans
lequel elle eft qualifiée de NOBLE ET PUISSANTE DAME MADA-
ME ; par cet acte elle fit un legs à Aude, fa fille, à un fils & à
une fille naturels de Raymond-Aimery, fon fils, inftitua fondit
fils fon héritier univerfel, & lui fubftitua fucceffivement

(1) Pr. p. 26. & 27.
(2) Pr. p. 234.
(3) Pr. p. 27. & 28.
(4) Pr. p. 28.
(5) Ibidem.
(6) Pr. p. 30.
(7) Pr. p. 30. & 31.
(8) Pr. p. 33.
(9) Pr. p. 25.
(10) Pr. p. 31.

Arfieu, fon petit-fils, fils de fon même fils, Aude, fa fille; & Comte-Bon d'Antin, fon frere. (1)

1. RAYMOND-AIMERY IV. Baron d'Angles, Sire de Montefquiou, &c. qui fuit.

2. AUDE de Montefquiou, légataire de fa mere, par fon teftament du 2. août 1340. (2).

(1) Preuves ; pages 31. & 32.

(2) Pr. p. 32.

X I I.

RAYMOND-AIMERY IV. du nom, Sire de Montefquiou, Baron d'Angles, Seigneur de Marfan, &c. Chevalier Banneret, Capitaine (Gouverneur) de Montréal, eft dit fils de Genfes de Montefquiou, dans la quittance que celui-ci donna de la dot de fon époufe, le 19. janvier 1322. (vieux ftyle.) (3) Il fut inftitué héritier de fa mere par fon Teftament, du 1er. août 1340; (4) ratifia le 28. août 1344. la vente d'une place fituée au lieu de Marfan ; (5) reftitua la dot de Conftance d'Andouins, femme d'Arfieu, fon fils, (morte fans enfans,) & en reçut quittance, le 1er. feptembre 1346.; (6) fervit dans les guerres de Gafcogne en qualité de Chevalier Banneret, & à la Garde de la Ville de Montréal, avec une Compagnie formée d'un Chevalier Bachelier, de 38. Ecuyers, & de 80. Sergens de pied, depuis le 16. mars 1346. (vieux ftyle, c'eft à dire 1347.) jufqu'au 20. juin fuivant, & donna au Tréforier des guerres du Roi, le 3. avril de l'année fuivante quittance de fes gages, qu'il fcella du fceau de fes armes, qui font *parti au 1er. vuide, & au 2e. à deux tourteaux pofés l'un fur l'autre* ; (7) reçut, le 9. octobre 1349. l'hommage d'un bien-fonds fitué dans la Baronnie d'Angles, d'un Gentilhomme fon Vaffal, dans lequel il eft qualifié NOBLE ET PUISSANT BARON, Chevalier, (8) Il fervoit auffi en 1355. avec une Compagnie d'Ecuyers & de Sergens à pied, dont la

(3) Pr. p. 29. & 30.

(4) Pr. p. 31. & 32.
(5) Pr. p. 32.

(6) Pr. p. 32; & 33.

(7) Pr. p. 33; & 34.

(8) Pr. p. 34.

22

Montre fut faite à Moiſſac en Quercy, le 15. mai de cette année; (1) aſſiſta avec Arſieu, ſon fils, au contrat de mariage de Genſes, ſon petit-fils, fils du même Arſieu, du 3. ſeptembre 1359. qu'il ſcella de ſon ſceau, & dans lequel il eſt qualifié en idiome du Païs, NOBLE ET PODEROS MOSSENHE, & donna, le 15. octobre ſuivant, quittance de la dot de la bru de ſond. fils; (2) paya celle de Belleſgart, ſa petite fille, fille du même Arſieu, ſon fils, le 14. avril 1374. & y eſt qualifié NOBLE ET PUISSANT HOMME. (3) Il eſt rappellé avec la qualification d'Egregius & Spectabilis Miles, dans le ſerment de fidélité fait, après ſa mort, à Arſieu, ſon fils, par les Conſuls de Riguepeu, le 1er. janvier 1379. (vieux ſtyle.) (4)

Femme, BELESGART D'ASPET, fille de Raymond-Arnaud d'Aſpet, qui promit par ſon contrat de lui donner 4000 liv. de dot & de l'habiller, ſuivant la Coutume uſitée entre les perſonnes de ſa qualité & de celle de ſon mari, (ſicut inter tantos Nobiles & Barones...eſt...conſuetum;) c'eſt ce qu'on apprend de la quittance de cette dot donnée quelque tems après par ſon beau pere, le 19. janvier 1322. (5)

I. ARSIEU III., Baron d'Angles, Seigneur de Monteſquiou, qui ſuit.

Enfans naturels de Raymond-Aimery Baron d'Angles & Sire de Monteſquiou.

Odet & Audette, nommés au teſtament de Comteſſe d'Antin, leur ayeul paternelle, du 2 Août 1340. (6)

XIII.

ARSIEU (a) III. du nom, Chevalier, Baron d'Angles, Seigneur de Monteſquiou, de Marſan, de Marſac, de Baſian, &c. fut ſubſtitué à ſon pere, par le teſtament de Comteſſe d'Antin, ſon ayeule, du 1. aouſt 1340. (7) eſt nommé dans l'acte de la reſtitution de la dot de ſa 1ere. femme, du 1er. ſeptembre

(1) Preuves, pages 34. & 35.
(2) Pr. p. 35. & 36.
(3) Pr. p. 37.
(4) Ibidem.
(5) Pr. p. 29. & 30.
(6) Pr. p. 31.
(a) Nommé auſſi Ayſieu; en latin, Arſivus, Aſſivus, Eyſchivus & Eyſſivus.
(7) Pr. p. 31. & 32.

1346. (1) fervit dans les Guerres de Gafcogne, à la tête d'une Compagnie de Gens d'Armes & de pied; il donna quittance de fes gages, au Tréforier des Guerres du Roy, le 10. juin 1353. Cette quittance eft fcellée du fçeau de fes armes, repréfentant un parti : *au 1er. vuide, & au 2e. deux tourteaux pofés l'un fur l'autre.* (2) Il affifta aux contrats de mariage de Genfes, fon fils, & de Belefgart, fa fille, des 3. feptembre, 15. octobre 1359. (3) 14. avril & jours fuivans 1364; (4) eft nommé dans la quittance de la dot de la même Belefgart, donnée à fon pere, le 14. avril 1374.; (5) reçut, le 1er. janvier 1379. (vieux ftyle) le ferment de fidélité des Confuls & Confeillers de fa Terre de Riguepeu; (6) donna quittance, le 14. juin 1381. de la dot de Gaillarde d'Efpagne, femme d'Arfieu, fon petit-fils (7) Jean III. Comte d'Armagnac lui fit donation le 16. juin de l'année fuivante, du Domaine & de la Haute-Juftice qu'il avoit au lieu de Bazian. (8) Arfieu fonda une meffe quotidienne dans une chapelle de l'Eglife Métropolitaine d'Auch, par acte du 16. novembre 1384. On apprend de cet acte, que la Maifon de Montefquiou avoit fa fépulture dans cette Chapelle. (9) Etant à Marfan le 5. juin 1387. il fit fon teftament par lequel il nomma fes légataires fes enfans & petits enfans, inftitua fon héritier univerfel Odon, fon 2e fils, & lui fubftitua Jean, fon autre fils, & Raymond-Aimery, fon petit-fils, fils de Genfes, fon fils aîné, (10) & paroît être mort peu après. Il eft qualifié NOBLE ET PUISSANT HOMME dans la plupart de ceux de ces actes où il ftipule.

(1) Preuves, pages 32. & 33.

(2) Pr. p. 34.

(3) Pr. p. 36. & 36.
(4) Pr. p. 234.

(5) Pr. p. 37.

(6) Ibid. & p. 38.

(7) Pr. p. 38. & 39.

(8) Pr. p. 39.

(9) Pr. p. 39. & 40.

(10) Pr. p. 40. & 41.

I. Femme, CONSTANCE D'ANDOUINS, fœur d'Arnaud Seigneur d'Andouins en Bearn, mourut fans enfans, & fa dot fut reftituée à fon frere, par fon beau-pere, le 1er. feptembre

1346. (1)

II. Femme, MARGUERITE DE L'ISLE, nommée au teftament de fon mari, du 5. juin 1387. Elle avoit eu en dot

(2) Pr. p. 41.
& 42.
550. florins d'or. (2)

1. GENSES II. de Montefquiou qui fuit.

2. ODON de Montefquiou, inftitué héritier univerfel de

(3) Ibidem.
fon pere par fon teftament du 5. juin 1387. (3)

3. JEAN de Montefquiou, fubftitué à fon frere Odon, par

(4) Ibidem.
le teftament de fon pere. (4)

4. BELESGART ou BELLEGARDE de Montefquiou, mariée à
ODON DE MONTAUT, Chevalier, Seigneur de Montaut;
leur Contrat fut réglé, le 14. avril 1364. mais leur mariage ne
fut fait qu'en 1368. (5) Elle eft nommée au teftament de fon

(5) Pr. p. 234.
& 235.
(6) Pr. p. 41.
pere du 5. juin 1387. (6)

Enfans naturels d'Arfieu III. Seigneur de Montefquiou.

Bertrand & Barrane, femme du Seigneur de Cirat, léga-

(7) Pr. p. 42.
taires de leur pere, par fon teftament de 1387. (7)

XIV.

(a) Nommé auffi
Genfer; en latin,
Genferius & *Gen-*
tilis.
GENSES (a) de Montefquiou II. du nom, mourut avant fon
pere. Il fut affifté de lui en fon contrat de mariage, où il eft qualifié NOBLE ET PUISSANT, du 3. feptembre 1359. & reconnu le

(8) Pr. p. 35.
& 36.
15. octobre fuivant; (8) affifta lui-même à la ratification de celui
de Belefgart, fa fœur, du Dimanche avant la Saint-Marc de

(9) Pr. p. 236.
(10) Pr. p. 41.
& 42.
l'année 1364.; (9) & eft rappellé comme mort dans le teftament de fon pere, du 5. juin 1387. (10)

Femme,

Femme , CONSTANCE DE CASTELBAYAC, fille d'Arnaud-Raymond Chevalier , Seigneur de Caftelbayac & de Gaufie de Juffan , fut mariée par contrat paffé fous feings-privés le 3. feptembre 1359. & reconnu devant Notaire le 15. octobre fuivant. Elle eut en dot la fomme de 4000. florins d'or , que fon beau pere reconnut avoir reçue ; (1) cependant elle ne fut point payée alors , & Bernard de Caftelbayac , Chevalier , fon frere , reconnut la devoir & promit de la payer à Genfes , fon fils , le 19. feptembre 1400. (2)

(1) Preuves, pages 35. & 36.

2) Pr. p. 43. & 44.

1. ARSIEU IV. Seigneur de Montefquiou , qui fuit.

2. MANAUD de Montefquiou, Chanoine de l'Eglife d'Auch, en 1387. (3)

(3) Pr. p. 41.

3. & 4. GENSES & RAYMOND de Montefquiou , vivans ; la même année (4)

(4) Ibidem.

5. AUDE de Montefquiou , femme de Jean de Faudoas , Chevalier , Seigneur de Faudoas , lequel reconnut , par fon teftament du 15. may 1387. avoir reçu fa dot. (5) Elle eft nommée dans celui de fon pere , du 5. juin fuivant. (6)

(5) Pr. p. 40.
(6) Pr. p. 42.

6. JEANNE de Montefquiou , vivante en 1387. (7)

(7) Ibidem.

X V.

ARSIEU (a) IV. du nom , Chevalier , Baron de Montefquiou & d'Angles , Seigneur d'Eftipouy , de Marfan , de Bafian , &c. eft nommé dans la quittance d'une partie de la dot de fon époufe , donnée par fon ayeul , le 14. juin 1381 ; (8) fut fait légataire de celui-ci par fon

(a) Nommé auffi Arfivet & Effieu ; en latin, Arfivus, Arfivetus, Aychivus & Eyffivetus.

(8) Pr. p. 38. & 157.

D

(1) Preuves, page 41. teſtament du 5. juin 1387 ; (1) fit donation le 7. juin 1391. à Bernard de Marraſt, Damoiſeau, d'une piece de terre ſiſe à Eſtipouy, ſous la réſerve d'une paire de gants blancs de cens. Il y eſt qualifié NOBLE ET PUISSANT BARON ; (2) Pr. p. 42. & 43. (2) paſſa une tranſaction le 19. ſeptembre 1400. avec Bernard de Caſtelbayac, ſon oncle, ſur le payement de la dot de ſa (3) Pr. p. 43. 44. mere ; (3) obtint du Roy le 1er. juin 1405. des Lettres Royaux pour obliger ſes Vaſſaux Nobles & les Cenſitaires tant de la Baronnie de Monteſquiou, dont il étoit ſeul Seigneur, que de ſes autres Terres, de lui faire l'hommage & les reconnoiſſances, comme eux & leurs prédéceſſeurs les (4) Pr. p. 44. avoient faites à ſes ancêtres. (4) Etant en ſon Château de de Baſian le 17. février 1426. (vieux ſtyle) il fit ſon teſtament par lequel il ordonna, entr'autres choſes, que la dot de ſon épouſe lui fût reſtituée, ainſi que 400. livres & 300. moutons d'or qu'elle lui avoit prêtés, lorſqu'il avoit été fait priſonnier en Bearn, lui laiſſa l'uſufruit des Terres de Baſian & de Marſan, inſtitua ſon héritier univerſel Arſieu, ſon fils (5) Pr. p. 45. aîné, lui ſubſtitua deux de ſes autres fils, (5) & mourut (6) Ibidem. avant le 18. avril ſuivant, que ſa femme ſe fit délivrer un Extrait des principales clauſes de cet acte. (6) Il eſt rappellé dans un bail à fief fait par ſa veuve le 28. mars 1435. (vieux (7) Pr. p. 50. ſtyle) (7) & avec elle dans une donation faite le 7. juillet 1471. par Jean de Monteſquiou, leur petit-fils, à Barthelemy, (8) Pr. p. 53. leur fils. (8) Il avoit donné à l'Egliſe d'Auch, les dixmes du territoire d'Yos, comme on l'apprend de la confirmation de ce bienfait, par Arſieu, ſon fils, du 23. janvier 1441. (vieux (9) Pr. p. 237. ſtyle.) (9)

Femme, GAILLARDE D'ESPAGNE-MONTESPAN, Dame de Salles en Lauragais, fille de Roger & petite-fille d'Arnaud.

d'Efpagne, Seigneur de Montefpan, eut en dot la fomme de 4000. francs, (1) à compte de laquelle il fut payé 200. florins par fon pere & fon frere, à l'ayeul de fon mari, le 14. juin 1381. (2) Elle fut acquittée en entier, & fon mari ordonna qu'elle lui fût rendue, par fon teftament du 17. février 1426. (3) dont elle fit expédier un Extrait le 18. avril fuivant, en vertu d'une Ordonnance du Juge de la Baronnie d'Angles, du même jour. (4) Elle fit un bail à fief de biens-fonds fitués dans fa Terre de Salles, par acte du 23. mars 1435. (vieux ftyle) [5] & eft rappellée avec fon mari dans un acte du 7. juillet 1471. cité à fon article. (6)

I. ARSIEU V. du nom, Chevalier, Seigneur de Montefquiou, Baron d'Angles, fut inftitué héritier univerfel de fon pere, par fon teftament du 17. février 1426. ; [vieux ftyle] eft nommé dans la Commiffion donnée le 18. avril fuivant par le Juge de la Baronnie d'Angles, au Notaire qui avoit reçu cet acte, d'en délivrer une Expédition à fa mere; [7] fut l'un des Barons du Comté de Fezenfac qui obtinrent le 2. décembre de la même année, un Arrêt du Parlement de Languedoc, féant à Beziers, qui adjourna les Juges de ce Comté, pour répondre aux plaintes qu'ils avoient formées fur l'infraction de leurs privileges; (8) comparut par procureur le 23. décembre 1432. à la publication des Lettres de fauve-garde que les Confuls de Montefquiou avoient obtenues de Jean IV. Comte d'Armagnac & de Fezenfac, le 18. précédent, à caufe des éxactions qu'il commettoit contr'eux. Il eft qualifié amé & féal Coufin de ce Comté (*dilectum & fidelem confanguineum noftrum*) dans ces Lettres, comme on l'a dit ci-devant, & NOBLE ET PUISSANT HOMME, dans la publi-

(1) Preuves page 45.

(2) Pr. p. 38. & 39.

(3) Pr. p. 45.

(4) Pr. p. 50.

(5) Ibidem.

(6) Pr. p. 53.

(7) Pr. p. 45.

(8) Pr. p. 46. & 47.

<table>
</table>

cation. (1) Le 28. janvier 1441. il fit hommage & ferment de fidélité au Chapitre de la Métropole d'Auch, en qualité de Chanoine d'honneur de ce Chapitre, ainfi que fes prédécelleurs Seigneurs de Montefquiou, & confirma la donation que fon pere lui avoit faite de la dixme du territoire d'Yos; (2) céda le 23. janvier 1448. [vieux ftyle] à Barthelemy, fon frere, la Terre de Marfan; [3] & eft rappellé dans l'acte de donation faite après fa mort, le 5. juillet 1471. au même Barthelemy, par Jean de Montefquiou, fon neveu, fils de Roger, fon autre frere, de fes droits dans la Terre de Salles. (4) On voit dans l'Hiftoire des Grands Officiers de la Couronne, T. 7. p. 266 & fuiv. qu'il fut fait Chambellan du Roy Charles VII. & qu'il forma deux alliances, l'une avec CATHERINE DE CURTON, & l'autre avec DOUCE DE FAUDOAS, fille de Beraud, Seigneur de Faudoas & de Barbazan, Sénéchal d'Agenois & d'Armagnac, & de Jacquette de Pardaillan; qu'il eut de la 1ere. Bellegarde de Montefquiou, mariée en 1437., à RAYMOND-GARSIAS Seigneur DE LAVEDAN, laquelle, après la mort de fon pere, difputa la Baronnie de Montefquiou, à Bertrand de Montefquiou, fon oncle; mais qu'elle en fut déboutée par deux Arrêts du Parlement de Touloufe des 19. janvier 1459. & 8. avril 1470; & de la feconde, Jeanne & Françoife de Montefquiou, femmes, la 1ere. DE PONS Vicomte DE CASTILLON, & la feconde de BERNARD DE BIRAN, Seigneur de Roquefort.

2. BERTRAND de Montefquiou, Chevalier, fut fubftitué à Arfieu, fon frere aîné, par le teftament de fon pere, du 17 février 1426. [5] & lui fuccéda dans la Baronnie de Montefquiou. Il eft qualifié NOBLE ET PUISSANT HOMME

(Marginal notes:)
(1) Preuves pages 48. & 49.
(2) Pr. p. 237.
(3) Pr. p. 51. & 52.
(4) Pr. p. 53.
(5) Pr. p. 45.

Seigneur de Montefquiou, dans la donation qu'il fit le 29. avril 1471. à Barthelemy, fon frere, de fes droits dans le lieu de Marfan, [1] & dans celle que Jean de Montefquiou, Seigneur de Marfac, fon neveu, fit le 7. juillet fuivant, à fon même frere, de fes droits dans la Terre de Salles ; [2] Il continua la Branche des Seigneurs & Barons de Montefquiou, dont l'héritiere Anne de Montefquiou porta en dot cette Baronnie en 1570. à Fabien de Mont-luc, l'avant dernier mâle de fa Branche. [Il étoit le qua-trieme fils de Blaife de Montluc, Maréchal de France.] De cette premiere Branche de la Maifon de Montefquiou font fortis un Rameau & une autre Branche connus, le 1er. fous la dénomination des Seigneurs de la Graulet & de Campanes, éteints dès la fin du 16e. fiecle, & la 2de. fous celle des Seigneurs de Poylobon & de la Salle de Palas, dont il ne refte plus que M. l'Abbé de Montefquiou, Vicaire Général du Diocèfe de Limoges, Abbé de S. Martial, & de Boul-bonne. *Voyez l'Hiftoire des Grands Officiers de la Couronne. T. 7. p. 267. & fuiv.*

3. ROGER de Montefquiou, Seigneur de Marfac, fut fubftitué à Bertrand, fon frere, par le teftament de fon pere, du 17. février 1426. [3] Il étoit mort le 7. juillet 1471 ; [4] & eft rappellé au Teftament de Barthelemy, fon frere, du 7. juillet 1481. [5] Il eut pour fils Jean de Montefquiou, Seigneur de la même Terre, qui donna, le 7. juillet 1471. à Barthelemy, fon oncle, fes droits fur la Terre de Salles ; [6] eft nommé au Codicille du même Barthelemy, du 8. mai 1479. [7] comme ayant acquis de lui la moitié de la Terre de Marfan. Celui-ci le fubftitua à fes fils, par fon tefta-ment du 7. juillet 1481. dans lequel il le dit *fon nebot, filh de*

[1] Preuves, pages 53. & 54.

[2] Ibidem.

[3] Pr. p. 45.
[4] Pr. p. 53. & 54.
[5] Pr. p. 58.

[6] Pr. p. 53. & 54.

[7] Pr. p. 58.

[1] Preuves, *fon frere Rouger.* [1] Il eſt auteur d'une Branche connue ſous
la dénomination de Barons de Marſac, Seigneurs de Deveze,
de la Barthe, &c. dont le dernier, nommé Jean, Chevalier de
l'Ordre du Roi, Capitaine de 50. hommes d'armes, Sénéchal & Gouverneur de Rouergue, n'eut qu'une fille unique
nommée Marguerite, qui fut mariée en 1596., à Benjamin
d'Aſtarac, Baron de Fontrailles. *Voyez l'Hiſtoire des Grands
Officiers de la Couronne,* t. 7. p. 270. & 271.

4. BARTHELEMY de Monteſquiou, Chevalier, Seigneur
de Marſan & de Salles, qui ſuit.

5. JEAN de Monteſquiou, Archidiacre dans l'Egliſe d'Auch,
nommé dans la donation faite le 7. juillet 1471. par Jean de
Monteſquiou, Seigneur de Marſac, ſon neveu, à Barthelemy,
ſon oncle, de ſes droits dans la Terre de Salles. [2]

X V I.

BARTHELEMY de Monteſquiou, Chevalier Bachelier,
Seigneur de Marſan, au Comté de Fezenſac & de Salles,
en Lauragais, ſervit le Roi Charles VII. contre les Anglois. Il
commandoit, en 1426. (vieux ſtyle,) en qualité de Chevalier
Bachelier, une compagnie de 9. Ecuyers, dont la monture
fut faite le 26. mars de cette année, [3] & donna quittance
de ſes gages le 26. mai ſuivant. [4] Son frere Arſieu lui fit
donation le 23. janvier 1448. (vieux ſtyle) de la Terre de
Marſan; [5] eſt nommé dans une autre faite à ſon épouſe,
le 9. mai 1471; [6] régla le 28. octobre 1466. les limites de
ſa Terre de Marſan & de celle de Luſſan, avec Guillaume de
Montaut & Odet d'Eſparbez, Co-Seigneurs de cette derniere
Terre; [7] donna procuration le 9. avril 1471. à Bertrand,

[2] Pr. p. 53.
[3] Pr. p. 56.
[4] Ibidem.
[5] Pr. p. 51. & 52.
[6] Pr. p. 51.
[7] Pr. p. 52.

son fils aîné, unique de son 1ᵉʳ. mariage, pour suivre ses procès. (1) Bertrand, son frere, & Jean de Montesquiou, son neveu, lui donnerent, le même jour & le 7. juillet suivant, les droits qu'ils avoient sur les terres de Marsan & de Salles; (2) ce dernier acte nomme ses pere & mere & tous ses freres; est nommé dans une vente faite, le 21. octobre 1477. par son fils aîné susnommé. (3) Il fit un 1ᵉʳ. testament dont on ignore la date, & y ajouta, peu après le 8. may 1479. un codicille, par lequel il fit des legs à tous ses enfans, laissa au même Bertrand, son fils aîné, la Terre de Marsan & toutes ses dépendances, lui substitua ses enfans mâles, petits-fils de lui testateur, par ordre de primogéniture, exclut les filles de son hérédité, & y appella, en cas de l'extinction des mâles, ses plus proches parens de son nom; (4) fit un 2ᵈ. testament le 7. juillet 1481. & par cet acte il institua son héritier le même Bertrand, son fils aîné, dans la Terre de Marsan, & lui substitua ses autres fils, par ordre de naissance, à ceux-ci Jean de Montesquiou, Seigneur de Marsac, son neveu, & ensuite ses autres parens paternels *de la Maso de Montesquieu*, légua au même Bertrand la moitié du Château & de la Terre de Salles, & l'autre moitié à Manaud, son fils aîné, de son 2ᵉ. mariage; (5) fut représenté par Bertrand, son fils, dans un bail à fief qu'il fit le surlendemain; (6) & mourut avant le 7. juillet 1483. (7) Ces divers Actes le qualifient NOBLE ET PUISSANT HOMME, ou NOBLE SEIGNEUR, ou NOBLE ET PUISSANT SEIGNEUR. Il est rappellé dans des actes rapportés aux articles de ses fils & petit-fils, des 15. octobre 1486. (8) 3. septembre 1492. (9) 22. Février 1496. (vieux style) (10) 1. juillet 1516. (11) 8. May 1517. (12) 27. août 1567. (13) 8. janvier (14) & 14. avril 1577. (15)

(1) Preuves; page 52.
(2) Pr. p. 53. & 54.
(3) Pr. p. 55.
(4) Pr. p. 55. & 56.
(5) Pr. p. 57. & 58.
(6) Pr. p. 58.
(7) Pr. p. 99. & 102.
(8) Pr. p. 60. & 102.
(9) Pr. p. 101.
(10) Pr. ibid.
(11) Pr. p. 103.
(12) Pr. p. 66.
(13) Pr. p. 73.
(14) Pr. p. 243.
(15) Pr. p. 246. & 247.

(a) Eſt ſurnommée DE SARREY dans l'Hiſt. des Gr. Offic. de la Couronne, T. 7. p. 272.
(1) Preuves, page 58.

I. Femme, MARGUERITE DE SINZ, (a) nommée au 2ᵈ. teſtament de ſon mari, du 7. juillet 1481. (1)

1. BERTRAND de Monteſquiou Iᵉʳ., Seigneur de Marſan , de Salles & de la Serre , qui ſuit.

IIᵉ. Femme, ANNE, *alias* AGNÈS & AGNETE DE GALARD, à laquelle un particulier donna deux hôtels ſitués à Leƈtoure, par

(2) Pr. p. 51. aƈte du 9. mai 1461. , dans lequel ſon mari eſt rappellé ; (2) eſt nommée dans le codicille & le 2ᵈ. teſtament de ſon mari des 8.

(3) Pr. p. 56.
(4) Pr. p. 57. mai 1479. (3) & 7 juillet 1481. (4) comme légataire de l'uſufruit de la moitié de la terre de Marſan & de ſon habitation dans le Château du même lieu, ou dans celui de Salles , droits qu'elle vendit le 3. ſeptembre 1492. , par le miniſtere de Manaud ,

(5) Pr. p. 101.
(6) Pr. p. 102. ſon fils, à Bertrand de Monteſquiou, ſon beau fils ; (5) & mourut avant le 22. février 1496. (vieux ſtyle.) (6) Elle étoit proche parente de Bernard de Galard , Seigneur de l'Iſle-Bozon , que Barthelemy de Monteſquiou chargea de marier

(7) Pr. p. 56. Marguerite, ſa fille, au refus de Manaud, ſon fils. (7)

1. MANAUD de Monteſquiou , qui a formé la branche des Seigneurs de Salles , d'Artagnan , &c. rapportés après la poſtérité de Bertrand , ſon frere aîné.

2. ARNAUD de Monteſquiou , auquel ſon pere laiſſa 100.

(8) Ibidem.
(9) Pr. p. 58. écus d'or , par ſon codicille du 8. mai 1479. , (8) & l'hôtel de Gaſton , par ſon teſtament du 7. juillet 1481 ; (9) eſt nommé avec Bertrand , Manaud, Jean , autre Jean dit Gallardon , Mathieu , Arſivet , Jeanne , Gaillarde & Marguerite, ſes freres & ſœurs, dans l'aƈte de ceſſion faite le 22. février 1496. (vieux ſtyle) par Arſivet, l'un d'eux, au même Jean dit Gallardon, de ſes droits dans les ſucceſſions de leurs pere

(10) Pr. p. 102. & 103. & mere, (10) & dans un Arrêt du Parlement de Toulouſe,

du

du 1. juillet 1516. relatif à la demande par eux faite de leurs légitimes. (1)

(1) Preuves, pag. 101. & 102.

3. JEAN ou JEANNET de Montefquiou , l'aîné, nommé comme légataire de 100. écus d'or & de l'hôtel de Milhas, dans les codicille & 2ᵉ. teftament de fon pere, des 8. mai 1479. (2) & 7. juillet 1481. (3) & dans les ceffions & Arrêts des 22. Février 1496. vieux ftyle (4) & 1. juillet 1516. (5) qu'on vient de rapporter à l'article d'Arnaud , fon frere.

(2) Pr. p. 56.
(3) Pr. p. 58.
(4) Pr. p. 102.
(5) Ibidem.

4. JEAN de Montefquiou, le jeune , *alias* GALLARDON, Ecuyer , Seigneur de Gelas, de Lados, de Cumont, de Leyffaux aux Diocefes de Condom, de Bazas, de Montauban & d'Auch. Son pere lui légua pareille fomme qu'à fes freres, par fon 1ᵉʳ. teftament , & par fon codicille du 8. may 1479. (6) & l'hôtel de Copadels, par fon 2ᵈ. teftament du 7. juillet 1481 ; (7) acquit le 22. février 1496. (vieux ftyle) les droits d'Arfivet, fon frere , dans les fucceffions de leurs pere & mere ; [8] eft nommé avec plufieurs de fes freres , dans l'Arrêt du 1ᵉʳ. juillet 1516. relatif à la demande de leurs légitimes. [9] Il céda vers le même tems à Mathieu, fon frere , fes droits dans la Terre de Salles; (10) fit le retrait de celle de Leyffaux , vendue à faculté de rachapt , par Pierre de Montefquiou, Seigneur de Marfan, [c'étoit fon neveu, fils de Bertrand, fon frere aîné confanguin, comme il fera prouvé ci-après à l'article de Pierre ;] [11] & le 24. février 1521. [vieux ftyle] il prorogea le terme de ce rachat en faveur de François, fils du même Pierre. [12] Il fit, le 23. feptembre 1524. un codicille, par lequel il confirma les difpofitions d'un teftament qu'il avoit fait auparavant, inftitua fon héritier Imbert, fon fils, lui fubftitua Mathieu, fon frere, & en

(6) Pr. p. 56.
(7) Pr. p. 58.
(8) Pr. p. 102.
(9) Pr. p. 102,
& 103.
(10) Pr. p. 246.
(11) Pr. p. 67,
& 68.
(12) Pr. p. 246.

E

confia l'exécution au même Mathieu & à Antoine & Paul de Montefquiou, fes neveux. (1) Il eft dit fils de Barthelemy de Montefquiou Baron de Salles, frere de Manaud auffi Baron de Salles, & de Mathieu, oncle de Jean auffi Seigneur de Salles, & d'Arnoul Seigneur du Vernet fils du même Mathieu, &c. dans une tranfaction paffée par le même Arnoul, le 14. avril 1577. rapportée plus au long à fon article. On apprend de cet acte qu'il avoit cédé au même Mathieu fon frere, fes droits fur la Baronnie de Salles. [2] Jean de Montefquiou dit Gallardon, eft la tige de trois Branches ou Rameaux connus, le 1ᵉʳ. fous le titre de Seigneurs de Ste Colombe, Barons de Londat, &c. ; le 2ᵈ· fous celui de Barons du Faget & d'Auriac, tous deux éteints ; & le 3ᵐᵉ. fous la dénomination de Seigneurs de Saintrailles, de la Motte-Cumont, de la Salle, du Maine, &c. dont il ne refte plus que Pierre de Montefquiou-Fezenfac, Eccléfiaftique, appellé l'Abbé de Xaintrailles. Ces Branches ou Rameaux font rapportés dans l'*Hiftoire des Grands Offic. de la Cour. T. 7. p. 280. & fuiv.*

5. MATHIEU de Montefquiou, Ecuyer, Seigneur du Vernet, fut fait légataire de fon pere par fon 1ᵉʳ. teftament de 100. écus d'or, d'une autre pareille fomme par fon codicille du 8. mai 1479. [3] & par fon 2ᵈ. teftament du 7. juillet 1481. de la maifon de Canavielle. [4] Il acheta de Pierre de Montefquiou, Seigneur de Marfan, fon neveu, la terre de Leyffaux, & promit de la lui rendre pour le prix de l'acquifition, par acte du 29. avril 1496. où il eft qualifié Ecuyer & Homme d'armes du Roi [c'eft-à-dire de fes ordonnances.] dans la Compagnie du Sénéchal d'Armagnac ; [5] eft nommé dans l'acte de ceffion faite le 22. février fui-

(1) Preuves, page 104.

(2) Pr. p. 246.

(3) Pr. p. 56.

(4) Pr. p. 58.

(5) Pr. p. 63. & 64.

vant , par Arfivet fon frere , à Jean le jeune , fon autre
frere , de fes droits dans les fucceffions de leurs pere &
mere. [1] Il revendit le 20. février 1505. (vieux ftyle) à Pierre
de Montefquiou fon neveu , le territoire de Leyffaux, [2]
comme il s'y étoit engagé le 29. avril 1496 ; demanda fa légitime à fes freres aînés , avec fes autres freres , fuivant un Arrêt
du Parlement de Touloufe du 1er. juillet 1516 ; [3]
acquit , le 27. décembre fuivant , [4] de Paul de Montefquiou fon neveu , fils de Manaud fon frere , les droits
qu'il avoit fur la Baronnie de Salles , & vers le même tems
ceux qu'y avoit Jean dit Gallardon fon frere ; (5) le même
Jean dit Gallardon le fubftitua à Imbert fon fils , par fon teftament du 23. feptembre 1524. dont il le nomma éxécuteur
avec Antoine & Paul de Montefquiou , fes neveux. [6]
Lors de l'Inftance commencée en 1516. devant le Sénéchal
de Touloufe entre le même Paul & Jean fon frere aîné, fur leurs
prétentions en la Baronnie de Salles , Mathieu y intervint , &
demanda fa légitime fur cette terre, ainfi que celles de fes frere
& neveu, qu'il avoit acquifes. Ce procès paffa depuis au Parlement de Touloufe ; mais il mourut avant qu'il fût jugé. [7] Il
eft rappellé dans 4. autres actes, prefque tous relàtifs au
même procès. Ces actes font un Arrêt de cette Cour du 27.
août 1567. [8] obtenu par Arnoul fon fils , & mentionné
à fon article , dans lequel il eft dit fils de Barthelemy Seigneur
de Salles , & frere puîné de Manaud de Montefquiou ;
un accord paffé le 8. janvier 1577. [9] par Jean de Montefquiou , Seigneur d'Artagnan , fils de Paul de Montefquiou ,
mentionné ci-après à fon degré ; une tranfaction paffée le
14. avril fuivant , par Arnoul , fon fils ; [10] & un autre
Arrêt du même Parlement du 9. avril 1611. rapporté au

E ij

(1) Preuves ;
page 102.
(2) Pr. p. 65.

(3) Pr. p. 103.
(4) Pr. p. 122.

(5) Pr. p. 246.

(6) Pr. p. 104.

(7) Pr. p. 246.

(8) Pr. p. 73.

(9) Pr. p. 243.
& fuiv.

(10) Pr. p. 243.
& fuiv.

(1) Preuves, page 117. & suiv. degré de Gabrielle de Montefquiou, Dame de Pontaut [1], & ces trois derniers actes le difent encore fils de Barthelemy, frere de Manaud & oncle du même Paul de Montefquiou. Il eut pour fils,

ARNOUL de Montefquiou, Seigneur du Vernet, de S. Léon, de Cauffidieres, de la Roque, &c. qui reprit l'inftance commencée par fon pere contre Jean de Montefquiou, au fujet de fes droits fur la terre de Salles, & la fuivit contre François de Montefquiou fon coufin germain, fils du même Jean, & enfuite contre Gabrielle de Montefquiou fœur de François, & contre Michel-Bernard & Michel de Pontaut, fes fils. Un Arrêt du Parlement de Touloufe du dernier mars 1565. lui adjugea diverfes fommes d'argent pour le payement de la légitime de fon pere & de celles acquifes par celui-ci, de Jean dit Gallardon & de Paul de Montefquiou, oncle & coufin germain de lui Arnoul. [2] Peu après il demanda la totalité de la Baronnie de Salles, prétendant qu'elle avoit été fubftituée, par le teftament de Barthelemy, fon aïeul, à fes enfans & defcendans mâles; [3] allégua *fauffement* que toute la poftérité mafculine de Manaud fils du même Barthelemy, étoit éteinte, & qu'ainfi il étoit le premier appellé à cette fubftitution. [4] Sur ces fauffes allégations il obtint en la même Cour le 27. août 1567. un Arrêt qui le maintint en la moitié de la même terre, & adjugea l'autre moitié à Michel-Bernard de Pontaut, pour les légitimes & quarte trébellianique dues à François de Montefquiou, fon oncle; [5] mais cet Arrêt demeura fans exécution. Jean de Montefquiou, Seigneur d'Artagnan, fils de Paul, &

(2) Pr. p. 246.

(3) Pr. p. 247.

(4) Pr. p. 243. & 247.

(5) Pr. p. 73.

fon neveu à la mode de Bretagne [1] & fa mere & tutrice (1) Pr. p. 243.
s'y oppoferent [2] & foutinrent que, s'il y avoit une (2) Pr. p. 118.
fubftitution de la terre de Salles, elle devoit être ouverte 243. & 248.
en fa faveur. [3] C'eft ce qu'on apprend d'un accord fait (3) Preuves,
le 8. janvier 1577. entre les mêmes Jean de Montefquiou, pag. 122. & 248.
Seigneur d'Artagnan & Michel de Pontaut, rapporté
ci-après à l'article du premier, [4] & d'une tranfaction (4) Pr. p. 243.
paffée le 14. avril fuivant entre lui Arnoul de Montef- & fuiv.
quiou, repréfenté par Simon-Roger fon fils aîné, &
le même Michel de Pontaut, par laquelle il céda à
celui-ci fes droits fur la terre de Salles, moyennant la
fomme de 10000. liv. [5] qu'il reçut. [6] Cette tran- (5) Pr. p. 246.
faction fut ratifiée en fon nom par Paul, fon 2^d. fils, & fuiv.
                                                         (6) Pr. p. 122.
le 20. may fuivant. [7] Arnoul de Montefquiou mourut (7) Pr. p. 251.
en 1590. [8] laiffant deux fils, fçavoir, Roger qui fuit, (8) Pr. p. 118.
& Paul, rapporté ci-après.

I. ROGER nommé auffi Simon-Roger de Montefquiou, Vicomte de Sadirac, céda, le 14. avril 1577. au
nom de fon pere, à Michel de Pontaut, les droits qu'il
avoit fur la terre de Salles; [9] fit le 12. octobre 1591, (9) Pr. p. 249.
fon teftament, par lequel il inftitua fa 2de. femme fon & fuiv.
héritiere, [10] & mourut en 1605. [11] L'inventaire de (10) Pr. p. 121.
fes biens fut commencé le 22. juillet de cette année. [12] (11) Ibidem.
                                                          (12) Ibidem.

I. Femme GEOFFRINE D'AX, mariée par contrat du
3. décembre 1571. [13]   (13) Pr. p. 117.

FRANÇOISE de Montefquiou, Vicomteffe de Sadirac, femme de BERNARD DE MIOSSENS, Seigneur
de Sanffous, prétendit à la poffeffion de la moitié

de la terre de Salles, contre Jean-Sébaftien de Rochefort, Baron de Marquain, fils de François de Rochefort, auquel Michel-Bernard de Pontaut l'avoit vendue; elle allégua à l'appui de fon prétendu droit l'Arrêt du Parlement de Touloufe du 27. août 1567. obtenu par Arnoul fon aïeul; mais elle en fut évincée par un autre Arrêt de la même Cour du 9. avril 1611. [1]

II. Femme N. D'Ossun [a], infituée héritiere de fon mari, par fon teftament du 11. oĉtobre 1591. [2]

II. PAUL nommé auffi JEAN-PAUL de Montefquiou Baron de Crofilles & du Vernet, ratifia au nom de fon père, le 10. may 1577. la ceffion qu'il avoit faite le 14. avril précédent, de fes droits fur la terre de Salles. [3] Il eft Auteur de la Branche des Seigneurs du Vernet; de Prechac & de Galias, éteinte en 1715. en la perfonne de Daniel de Montefquiou Seigneur de Prechac, Lieutenant général des armées du Roy, Gouverneur de Scheleftat, Sénéchal d'Armagnac & Commandeur de l'Ordre de Saint-Louis. *Voyez l'Hiftoire des grands Officiers de la Couronne*, t. 7. p. 287. & 288.

6. ARSIVET de Montefquiou auquel fon pere légua 100. écus d'or, par fon premier teftament, & 100. autres écus par fon codicille du 8. mai 1479.; [4] legs qui furent confirmés par fon fecond teftament du 7. juillet 1481. [5] Ayant réfolu de fe faire Religieux de l'Ordre de S. Jean de Jérufalem, le 22. février 1496., [vieux ftyle] il vendit à Jean le jeune, fon frere, fes droits fur les fucceffions de fes

(1) Preuves, pag. 117. & fuiv.

(a) Elle fe nommoit Henrie ou Henricque; elle étoit fille de Pierre Seigneur d'Offun, dit le Brave d'Offun, & veuve d'Antoine de Rivierre, Vicomte de Labatut, Sénéchal de Bigorre. *Titres de la Maifon d'Offun.*

(2) Pr. p. 121.

(3) Pr. p. 251.

(4) Pr. p. 58.

(5) Pr. p. 58.

pere & mere; [1] & eſt rappellé avec ſes freres dans l'Arrêt du 1er. juillet 1516. cité ci-devant ſur la demande de leurs légitimes. [2]

(1) Preuves; page 102.
(2) Pr. p. 103.

7. JEANNE ou JEANNELLE, mariée à N. Seigneur de Glatens, nommée aux codicille & teſtamens de ſon pere, des 8. mai 1479. [3] & 7. juillet 1481., [4] & dans l'Arrêt du 1er. juillet 1516. [5] qu'on vient de citer.

(3) Pr. p. 56.
(4) Pr. p. 58.
(5) Pr. p. 103;

8. GAILLARDE de Monteſquiou, auſſi nommée dans les codicille & teſtament de ſon pere, de 1479. & 1481. dans ce dernier comme légataire de 200. moutons d'or, [6] dont ſon frere Bertrand ordonna le paiement par le ſien du 13. octobre 1486., [7] & en fit un elle-même, le 8. mai 1518., par lequel elle inſtitua ſon héritier Pierre de Monteſquiou, Seigneur de Marſan. [8] (C'étoit ſon neveu fils à Bertrand, ſon frere, comme il ſera prouvé à ſon article.)

(6) Pr. p. 56. & 57.
(7) Pr. p. 61.
(8) Pr. p. 66.

9. MARGUERITE alias MANGETE de Monteſquiou. Son pere lui légua 100. écus d'or par ſon premier teſtament, [9] y en ajouta 400. autres par ſon codicille de 1479., [10] en autoriſant Bernard de Galard, Seigneur de l'Iſle-Bozon, de la marier, au refus de Manaud, ſon frere, & confirma ce legs par ſon ſecond teſtament de 1481. [11]

(9) Pr. p. 56.
(10) Ibidem.
(11) Pr. p. 58.

SEIGNEURS DE MARSAN, DE SALLES, DE LA SERRE, &c.

XVII.

BERTRAND de Monteſquiou Ier. du nom de ſa Branche, Ecuyer, Seigneur de Marſan, de Salles, de la Serre, d'Aignan, &c. fils aîné & unique du 1er. mariage de Barthe-

lemy Chevalier, Seigneur de Marfan & de Salles, eut une procuration de fon pere, le 29. avril 1471., pour le repréfenter dans
la pourfuite de fes procès. [1] Il acquit le 7. avril 1477. de Jean
de Goth, Seigneur de Rouillac, fon beau-frere, la Terre de
Peirecave, [2] & vendit celle d'Aignan, par acte du 20 octobre 1477., où il eft qualifié NOBLE ET PUISSANT HOMME. [3]
Son pere lui donna, par fon premier teftament, la Terre
de Marfan, comme il le dit dans fon codicille du 8. mai
1479., [4] & ajouta à ce legs, par fon fecond teftament
du 7. juillet 1481., la moitié de celle de Salles. [5] Il fit en
fon nom un bail à fief, le 9. juillet fuivant; [6] ratifia
le 7. juillet 1483. l'échange qu'il avoit fait du vivant de fon
pere avec Manaud, fon frere confanguin, de fes droits fur
la Terre de Salles, contre les droits de celui-ci dans la
la Terre de Marfan; [7] fit le 13. octobre 1486.
fon teftament, par lequel il rappella celui de fon pere, fit
des legs à fa femme & à leurs enfans, inftitua fon héritier
Jacques fon fils aîné, lui fubftitua en cas de mort fans
enfans légitimes, Bertrand fon autre fils, & fes defcendans
mâles, & à ceux-ci fes plus proches parens de fes nom &
armes, ne voulant pas qu'une fille puiffe fuccéder à fon
hérédité; [8] acquit le 3. feptembre 1492., d'Anne de
Galard fa belle-mere, les droits qu'elle avoit fur la terre
de Marfan; [9] & étoit mort le 10. novembre fuivant. [10]
Il eft rappellé avec fes pere & mere, freres & fœurs, dans
la ceffion faite par Arfivet, l'un d'eux, à Jean dit Gallardon,
leur autre frere, de fes droits de légitime. [11]

    I. Femme N. DE GOTH, fœur de Jean de Goth, Seigneur
de Rouillac, qui vendit à fon mari, le 7. août 1477., la
Terre de Peirecave. (12)

(1) Preuves, page 52.

(2) Pr. p. 54.

(3) Pr. p. 55.

(4) Pr. p. 56.

(5) Pr. p. 58.

(6) Ibidem.

(7) Pr. p. 99.

(8) Pr. p. 60. & 61.

(9) Pr. p. 101.

(10) Pr. p. 62.

(11) Pr. p. 101. & 102.

[12] Pr. p. 54.

1. JACQUES de Montefquiou , inftitué héritier univerfel de fon pere, par fon teftament du 13. octobre 1486. [1]

[1] Preuves, page 62.

2. JEAN de Montefquiou , Religieux de l'Abbaye de Moiffac en 1486., [2] & propriétaire de divers droits fur la Terre de Marfan, dont il céda une partie le 10. novembre 1492., à Bertrand, fon frere, moyennant une penfion payable jufqu'à ce qu'il eût un bénéfice; (3) échangea une autre partie des mêmes droits, le 14. mars 1504., avec Pierre, fon autre frere, contre un domaine appellé Bordenave. (4) Il étoit à cette derniere époque, Recteur du lieu de Barrey. Il l'étoit de celui de Caftillon le 2. mai 1517. que Gaillarde de Montefquiou , fa tante, le nomma exécuteur de fon teftament. (5)

(2) Ibidem.
(3) Pr. p. 62.
(4) Pr. p. 64.
(5) Ibidem.

3. BERTRAND de Montefquiou, Seigneur de Marfan. Son pere lui fit un legs de 100. écus & le fubftitua à Jacques, fon frere, par fon teftament du 13. octobre 1486. (6) Il acquit, le 10. novembre 1492. les droits de Jean, fon frere, fur la Terre de Marfan; (7) mourut peu après fans poftérité; & eut pour héritier Pierre, fon frere. (8)

(6) Pr. p. 61.
(7) Pr. p. 61.
[8] Pr. p. 63.

4. PIERRE de Montefquiou, l'aîné, Seigneur de Marfan, &c. qui fuit.

5. 6. 7. & 8. PIERRE, le jeune, ANTOINE, AGNÈS & FLORETTE de Montefquiou, nommés au teftament de leur pere du 13. octobre 1486. (9) Antoine fut fait l'un des exécuteurs du codicille de Jean dit Gallardon, fon oncle, du 23. feptembre 1524. (10)

[9] Pr. p. 61.
[10] Pr. p. 104.

II. Femme, GABRIELLE DE BELCASTEL, fille de Raymond

F

de Belcaftel , Seigneur de Campagnac & de la Borie , au Diocefe de Cahors, étoit mariée le 16. mai 1484. , que Jean de Belcaftel , fon frere , régla fa dot avec fon mari. (1) Celui-ci lui affura fon habitation , par fon teftament du 13. octobre 1486. (2)

[1] Preuves; page 59.

[2] Pr. p. 61.

XVIII.

PIERRE de Montefquiou , l'aîné , Ecuyer , Seigneur de Marfan , légataire de 100. écus par le teftament de fon père du 13. octobre 1486. [3] fuccéda à Bertrand, fon frere, avant le 6. février 1493. [vieux ftyle] date de fon contrat de mariage , où il fe dit âgé de plus de 18. ans & moins de 25. ans , & fe qualifie Seigneur de Marfan. [4] Il obtint de Mathieu de Montefquiou , fon oncle le 29. avril 1496. la faculté de retirer la terre de Leyffaux qu'il lui avoit vendue, [5] & l'exerça le 22. février 1505. [vieux ftyle;] [6] échangea le 14. mai 1504. avec Jean, fon frere, un domaine dit de Bordenave , contre les droits de celui-cy fur la terre de Marfan ; [7] paffa le 15. décembre 1514. avec les Confuls de Marfan un accord , par lequel ceux-cy lui payerent les arrérages à lui dûs d'une redevance annuelle à caufe d'un hôtel fitué au même lieu ; [8] obtint , le 1er. juillet 1516. avec Manaud de Montefquiou fon oncle , un Arrêt du Parlement de Touloufe , qui les abfout des demandes formées par fes oncles de leurs légitimes fur les biens de Barthelemy fon ayeul ; [9] fut inftitué héritier de Gaillarde de Montefquiou fa tante , par fon teftament du 8. may 1517. [10] Il fit le fien le 11. octobre 1520. & par cet acte il inftitua fon héritier univerfel François fon fils aîné , & légua une fomme d'argent à Jean fon fils puîné , pour fa légitime ; [11] eft dit mort dans un acte du 24. fé-

[3] Ibidem.

[4] Pr. p. 62. & 63.

[5] Pr. p. 63. & 64.
[6] Pr. p. 65.

[7] Pr. p. 64.

[8] Pr. p. 67. & 68.

[9] Pr. p. 102. & 103.

[10] Pr. p. 66.

[11] Pr. p. 70.

vrier 1521. par lequel François, fon fils aîné, obtint de Jean de Montefquiou, dit Gallardon, fon grand oncle, oncle de lui Pierre, prorogation du terme du rachat d'un territoire nommé Leyffaux, que lui Pierre avoit aliéné, & dont le même Jean de Montefquiou avoit fait le rachat. [1] Il eft encore rappellé dans une tranfaction paffée le 14. juin 1547. entre le même François, fon fils, & Jean, fon autre fils. [2]

[1] Preuves, page 67.

[2] Pr. p. 70.

Femme AGNÈS *alias* AGNETE DE LUPÉ, fille de Jean de Lupé & fœur d'autre Jean de Lupé, Seigneur de Marabat, mariée par contrat du 6. février 1493. [vieux ftyle.] Elle eut en dot 800. écus petits. [3]

[3] Pr. p. 62. & 63.

1. FRANÇOIS de Montefquiou, Ecuyer, Seigneur de Marfan, fut inftitué héritier univerfel de fon pere, par fon teftament du 11. octobre 1520; [4] obtint le 21. février 1521. [vieux ftyle] de Jean de Montefquiou, dit Gallardon, fon grand oncle, la prorogation du terme du rachat de la terre de Leyffaux, aliénée par fon pere. [5] Il tranfigea le 19. janvier 1525. [vieux ftyle] avec fon frere, fur un procès pendant entr'eux au Parlement de Touloufe, au fujet de la demande qu'il lui avoit faite de fa légitime, & par cette tranfaction celui-ci lui abandonna pour fes droits la Maifon de la Serre, & promit de lui donner de plus diverfes fommes d'argent. [6] Cet acte fut homologué au même Parlement, le 16. mars fuivant. [7] Pour fatisfaire en partie à cet engagement, il lui affigna le 11. may 1526. diverfes rentes. [8] Il eut avec fon même frere, un fecond procès pour le retrait de plufieurs pieces de terres que celui-cy lui avoit

[4] Pr. p. 70.

[5] Pr. p. 67.

[6] Pr. p. 68. 70. & 74.
[7] Pr. p. 70.
[8] Pr. p. 69.

vendues, & ce procès fut terminé par un accord du 14. juin

[1] Preuves, 1547. [1] François de Montesquiou est rappellé comme
p. 69. 70. & 71.
mort dans un Arrêt de la même Cour, rendu le 10.
mars 1572. entre Jeanne de Montesquiou, sa fille, qui suit,
[2] Pr. p. 74. & Bertrand II. son neveu. [2]

JEANNE de Montesquiou, Dame de Marsan ; fut
mariée à ANTOINE DE SAVERE, Seigneur de la Motte.
Elle eut un procès au Parlement de Toulouse en 1572.
contre Bertrand II. de Montesquiou, Seigneur de la Serre,
son cousin germain, & ce procès fut terminé par un
Arrêt de cette Cour du 10. mars 1572. [3] Il en

[3] Ibidem.
fera encore parlé à l'article de Bertrand. Jeanne de
Montesquiou eut pour fils Jean ou Jean-Jacques de
Savere, Seigneur de Marsan, dont la fille nommée
Charlotte, Dame de la plus grande partie de cette
Terre, la porta en dot en 1625. à Bertrand III. de
Montesquiou, Seigneur de la Serre-lez Marsan, son
parent au 4e. degré. Ces faits sont prouvés par des

[4] Pr. p. 80.
[5] Pr. p. 81.
[6] Pr. p. 82.
[7] Pr. p. 84.
actes des 5. septembre [4] & 14. décembre 1625. (5)
6. octobre 1627. (6) & 2. juin 1647. (7) rapportés plus au
long aux degrés du même Bertrand III. & de Jean-
François, son fils.

2. JEAN I. de Montesquiou ; Seigneur de a Serre
qui suit.

XIX.

JEAN de Montesquiou Ier. du nom de sa Branche, Ecuyer

Seigneur de la Serre-lez-Marfan , donna les 15. may 1520. [1] & 9. février 1526. [vieux ftyle] [2] des quittances à fon beau-pere d'une partie de la dot de fon époufe ; eft nommé au teftament de fon pere du 11. octobre de la même année 1520. comme légataire de fa légitime en argent. [3] Il eut avec fon frere un procès pour l'obtenir ; ils le terminerent par un accord du 19. janvier 1525. [vieux ftyle] [4] autorifé par Arrêt du Parlement de Touloufe, du 16. mars 1526. [vieux ftyle.] [5] Par cet accord fon frere lui abandonna la terre & maifon de la Serre près de Marfan , avec Juftice moyenne & baffe , & promit de lui payer de plus diverfes fommes d'argent , dont il lui affigna une partie le 11. may fuivant , en rentes fur divers particuliers. [6] Il eut avec lui un autre procès , dont voici le fujet. Il lui avoit vendu , avec faculté de rachat, une rente féodale & plufieurs pieces de terres fituées dans la Jurifdiction de la Serre, par actes des 29. janvier 1536. [vieux ftyle] 19. août 1538. 8. octobre 1539. 31 janvier 1540. [vieux ftyle] 4. octobre 1541. & 1. janvier 1543. [vieux ftyle.] Celui-cy ayant refufé de les lui revendre, il le traduifit devant le Sénéchal d'Armagnac ; mais plufieurs Gentilshommes, leurs amis communs, moyennerent entr'eux le 24. juin 1547. un accord , par lequel tous ces actes furent cancellés. [7] Cet accord les dit fils de Pierre de Montefquiou , Seigneur de Marfan. Il autorifa Bertrand , fon fils aîné, par acte du 14. avril 1559 , pour paffer le contrat de fon 1er. mariage ; [8] fit le 6. février 1562. fon teftament par lequel il demanda à être inhumé dans l'Eglife paroiffiale de Marfan, inftitua fon même fils fon héritier univerfel , & laiffa à chacun de fes autres enfans leurs légitimes ; [9] il eft rappellé dans un Arrêt du Parlement de Touloufe rendu le 10. mars 1572. entre le même Bertrand

[1] Preuves, pages 66. & 67. [2] Pr. p. 68. & 69.

[3] Pr. p. 70.

[4] Pr. p. 68.
[5] Pr. p. 70.

[6] Pr. p. 69.

[7] Pr. p. 69. & 70.

[8] Pr. p. 71.

[9] Pr. p. 72.

fon fils , & Jeanne de Montefquiou , fa niece, [1] & dans une ceffion faite le 5. février 1576. à fon même fils , par An- toine , fon autre fils. [2]

Femme JEANNE DE LASSERAN, fillede Bertrand de Lafferan, Seigneur de la Salle-de Cafaux , au Comté de Fezenfac. Son mari donna à fon pere deux quittances de partie de fa dot, les 25. may 1521. [3] & 9. février 1526. (vieux ftyle) (4)

I. BERTRAND II. de Montefquiou , Ecuyer , Seigneur de la Serre-lez-Marfan , qui fuit.

2. ANTOINE de Montefquiou , Ecuyer , Seigneur du Sauf- fay , légataire de fa légitime, par le teftament de fon pere , du 6. février 1562. (vieux ftyle ;) (5) céda à Bertrand , fon frere , le 5. février 1576. tous fes droits dans les fucceffions de leurs pere, mere & ayeul, & de Jean, Odet & Jacque- mette, leurs freres & fœur, affectés fur la terre de la Serre. (6)

3. & 4. JEAN & ODET de Montefquiou, nommés au tefta- ment de leur pere , du 6. février 1562. (vieux ftyle) (7) étoient morts le 5. février 1576. (8)

5. CATHERINE de Montefquiou , femme de M. D'ESTA- LENS , lors du teftament de fon pere , du 6. février 1562. (9)

6. ANNE de Montefquiou étoit mariée à la même époque ; à M. (de) LA GARDE. (10)

7. & 8. JACQUEMETTE & JEANNE de Montefquiou. Leur pere ordonna par fon teftament qu'elles fuffent mariées fur fon bien ; (11) la 1ere. mourut avant le 5. février 1576. (12)

47

X X.

BERTRAND de Montefquiou II. du nom, Ecuyer, Seigneur
de la Serre-lez-Marfan, fut autorifé pour paffer le contrat de
fon 1er. mariage, du 19. avril 1559. du confentement dé fon
pere, par acte du 14. précédent; (1) & fut inftitué fon héritier, par fon teftament du 6. février 1562. (2) Il eut un
procès contre Jeanne de Montefquiou, fa coufine germaine,
au fujet de l'exécution d'une tranfaction paffée entre leurs
peres le 19. janvier 1525. (vieux ftyle) de leurs prétentions refpectives fur la Seigneurie de Marfan, & fur la directe de plufieurs métairies fituées dans fon territoire; pour
le terminer, ils pafferent enfemble un compromis, le 26.
janvier 1571. (3) & la Sentence arbitrale prononcée en
conféquence le 7. mars de la même année, (4) fut fuivie de
deux Arrêts du Parlement de Touloufe des 22. janvier &
19. mars 1572. dont le dernier ordonna l'exécution de cette
Sentence. (5) Bertrand de Montefquiou acquit, le 9. octobre
1573. une piece de terre fituée dans la Seigneurie de la
Serre; (6) & le 5. février 1576. les droits d'Antoine fon
frere, fur la même Seigneurie; (7) préfida au contrat de
mariage de Jean, fon fils aîné, le 9. Novembre 1590; (8) fit
fon teftament le 29. mars 1592. & par cet acte demanda à
être enterré dans l'Eglife paroiffiale de Marfan, nomma fes
deux femmes, dont la derniere éroit vivante, laiffa à fes enfans puînés leurs légitimes, inftitua fon fils aîné fufnommé,
fon héritier, lui fubftitua Jean-Jacques, fon fils puîné & fes
defcendans par ordre de primogéniture; (9) & mourut avant
le 12. août 1593. que fon même fils aîné céda à fa veuve une

[1] Preuves,
pages 71. & 76.
[2] Pr. p. 72.

[3] Pr. p. 74.
[4] Ibidem,

[5] Ibidem,

[6] Ibidem.
[7] Pr. p. 75.
[8] Pr. p. 76.

[9] Pr. p. 77.

[1] Preuves, page 77.
[2] Pr. p. 78.
[3] Ibidem.
[4] Pr. p. 79.
[5] Pr. p. 82.

métairie. (1) Il eſt rappellé dans d'autres actes des 25. avril 1595. (2) 19. juin 1598. (3) 20. août 1619. (4) & 6. may 1627. (5) rapportés aux degrés de ſes enfans.

I. Femme JACQUEMETTE DE SOURBIER, fille de Charles de Sourbier, Seigneur de Tayrac, mariée par contrat du 19. avril 1559. où elle fut aſſiſtée de Jean de Sourbier, ſon

[6] Pr. p. 71. & 76.
[7] Pr. p. 75.
[8] Pr. p. 76.
[9] Pr. p. 77.
[10] Pr. p. 78. & 79.
[11] Pr. p. 79.

frere; (6) eſt nommée au ſecond contrat de mariage de ſon mari du 11. février 1582; (7) dans celui de Jean, leur fils aîné, du 9. novembre 1590; (8) dans le teſtament de ſon mari, du 29. mars 1592; (9) & dans les actes des 19. juin 1598. (10) & 20. août 1619. (11) cités cy-deſſus.

1. JEAN de Monteſquiou II. du nom, Seigneur de la Serre-lez-Marſan, qui ſuit.

2. JEAN nommé auſſi Jean-Jacques, Seigneur d'Oheville en Lorraine, Capitaine au régiment de Vaubecourt infanterie, légataire de ſa légitime & ſubſtitué à ſon frere aîné, par

[12] Pr. p. 77.

le teſtament de ſon pere du 29. mars 1592, (12) fit ceſſion à ſon même frere de ſes droits ſur les ſucceſſions de ſes pere & mere par acte du 19. juin 1598. où il eſt dit Capitaine; (13)

[13] Pr. p. 78. & 79.

fut témoin d'un accord paſſé le 29. may 1627. entre Bertrand & Pierre de Monteſquiou, fils de Jean de Monteſquiou & de Jeanne de Serre, (& par conſéquent ſes neveux.) Ce 2d. acte déſigne le corps où il ſervoit; il y eſt dit Capitaine d'une compagnie de gens de pied entretenus pour le ſervice du Roi au Régiment de M. Vaubecourt. (14) Il fut encore témoin

[14] Pr. p. 82.

d'un autre accord paſſé le 26. février 1640. entre Pierre de Monteſquiou, Seigneur de St. Aubin, & Jean-François de

[13] Pr. p. 83.

Monteſquiou, Seigneur de la Serre. (15) (c'étoient ſes neveu & petit-neveu, comme il ſera prouvé à leurs articles.) Ce dernier l'inſtitua ſon héritier univerſel par ſon teſtament

qu'il

qu'il fit avant fon mariage, le 18. may 1644. & l'y dit fon oncle, (1) fuivant l'ufage, affez commun alors, de défigner par le même mot les freres de l'ayeul & du pere.

II. Femme, JEANNE DE MAIGNÉ-de Salle-Neuve, veuve de Jean de Serre, Seigneur de Soubeffens, au Comté d'Aure, mariée par contrat paffé en la maifon de Salle-Neuve-lez-Peffan, dans la Sénéchauffée d'Armagnac, en préfence de Jean de Maigné, Seigneur de Salle-Neuve, fon frere, le 11. février 1582; (2) elle eft nommée au contrat de mariage de Jeanne de Serre, fa fille du 1er. lit, avec Jean de Montefquiou, fils du 1er. mariage de fon fecond mari, du 9. novembre 1590. (3) & dans le teftament de ce dernier du 29. mars 1592. (4) Après fa mort, elle paffa avec fon beau-fils & gendre le 12 août 1593. une tranfaction par laquelle celui-ci lui hypothéqua fes reprifes fur une métairie, (5) qu'il lui vendit, avec faculté de rachat, le 25. avril 1595. (6) Elle inftitua héritiers fes enfans par fon teftament du 1er. décembre 1616. (7)

CATHERINE de Montefquiou, nommée au teftament de fon pere, du 29. mars 1592. (8)

X X I.

JEAN de Montefquiou, II. du nom, Ecuyer, Seigneur de la Serre-les-Marfan. Son pere fit dreffer le 9. novembre 1590. fon contrat de mariage, (9) par lequel il affura la moitié de fes biens au 1er. mâle qui en devoit naître; (10) & l'inftitua fon héritier par fon teftament du 19. mars 1592. (11) Il affigna le 12 août 1593. les droits matrimoniaux de Jeanne de Maigné, fa belle-mere, & feconde femme de fon pere, fur une métairie nommée Leftaignere, fituée dans la jurifdiction de

G

[1] Preuves, page 84.

[2] Pr. p. 75. & 76.

[3] Pr. p. 76.
[4] Pr. p. 77.

[5] Ibidem.

[6] Pr. p. 78.

[7] Pr. p. 79.

[8] Pr. p. 77.

[9] Pr. p. 78.
(10) Pr. p. 79.
[11] Pr. p. 76. & 77.

la Serre, (1) qu'il lui aliéna en entier avec faculté de rachat ;
le 25. avril 1595 ; (2) acquit le 19. juin 1598. les droits de
légitime de son frere ; (3) se démit les 13. & 14. novembre
1613. de ses biens, & de ceux que sa femme lui avoit laissés, en
faveur de ses enfans ; émancipa Bertrand, son fils aîné, le 20

août 1619. (4) mourut à Villeneuve en Astarac le 16. mars 1624.
& fut enterré le lendemain dans l'Eglise du même lieu. (5)
Il est rappellé dans deux actes des 6. & 29. may 1627. (6)
mentionnés à l'article de son fils.

Femme, JEANNE DE SERRE, fille unique de Jean *alias* Jean-
Jacques de Serre Seign. de Soubessens & de Jeanne de Maigné,
seconde femme du pere de son mari, & niece de Jean de Serre,

Seigneur de Soubessens mariée par contrat du 9. novembre
1590 [7] est nommée dans l'acte d'émancipation de son
fils Bertrand du 20. aoust 1619. [8] & est dite morte dans un

acte du 29. may 1627. rapporté à l'article de son même fils. [9]

    1. BERTRAND III. de Montesquiou, Seigneur de la Serre,
&c. qui suit.

    2. LOUIS de Montesquiou nommé dans l'acte d'éman-
cipation de son frere aîné, du 20. aoust 1619. (10)

    3. PIERRE de Montesquiou, Seigneur de St. Aubin,
nommé dans le même acte du 20. aoust 1619. [11] céda à son
frere Bertrand le 29. may 1627. ses droits sur les successions
de leurs pere, mere & ayeux, moyennant une somme d'argent qu'il promit de lui payer, [12] & pour y satisfaire Jean-
François, son neveu, lui abandonna, le 26. février 1640.
des biens fonds situés au Comté d'Astarac ; [13] fut légataire
de son même neveu, par son testament du 28. may 1644 ; [14]
& mourut avant le 28. juin 1695. (15)

    Femme BERNADE DE PADER. passa le 28. juin 1695.

un accord avec Pierre de Montefquiou , petit neveu de fon mary , fur le payement d'une fomme d'argent qu'il devoit à celui-cy. (1)

(1) Preuves, page 88.

JEANNE de Montefquiou, nommée dans l'acte pré-cédent.

4. 5. & 6. PHILIPPES , JEANNE & GABRIELLE de Montefquiou, nommées dans l'acte d'émancipation de leur frere aîné du 20. aouft 1619. (2) La feconde fut légataire par le teftament de Jean-François de Montefquiou , fon neveu , du 18. may 1644. [3]

(2) Pr. p. 79.
(3) Pr. p. 84.

X X I I.

BERTRAND de Montefquiou III. du nom , Seigneur de la Serre-lez Marfan , Capitaine au Régiment de Vaubecourt-Infanterie , étoit âgé de 27. à 28. ans le 20. aouft 1619. qu'il fut émancipé par fon pere. [4] Il fit donation , par fon contrat de mariage du 24. décembre 1625. de la moitié de fes biens à l'un des enfans mâles qui en devoient naître ; [5] obtint le 6. may 1627. du Sénéchal & Gouverneur d'Armagnac ; des Lettres pour être maintenu en la poffeffion & jouif-fance des biens à lui affurés par fon ayeul, en qualité de fils aîné de fes pere & mere, en leur contrat de mariage ; [6] acquit le 27. du même mois les droits de légitime de Pierre fon frere ; [7] obtint le 18. juillet fuivant des Curé & Con-fuls de Villefranche, une atteftation de la mort de fon pere; (8) donna procuration à fon époufe le 6. octobre de la même année , pour adminiftrer fes biens ; [9] & mourut avant le 6. mars 1637. que fon fils en fit faire l'inventaire (10) dans lequel il eft dit Capitaine d'une Compagnie de gens de pied entretenus pour le Service du Roy au Régiment de Vaubecourt. Il eft rappellé dans un accord paffé le 26. février 1640 entre fon fils & Pierre , fon frere. [11]

(4) Pr. p. 79.
(5) Pr. p. 81.
(6) Pr. p. 82.
(7) Pr. p. 81. & 82.
(8) Pr. p. 80.
(9) Pr. p. 81. & 82.
(10) Pr. p. 83.
(11) Ibidem.

Femme, CHARLOTTE DE SAVERE, Dame de la plus grande partie de Marſan, fille aînée de Jacques *alias* Jean-Jacques de Savere, Seigneur de Marſan, & ſœur d'Iſaac & de Catherine de Savere, mariée par contrat paſſé dans la Maiſon Seigneuriale de Marſan le 14. décembre 1625. [1] Elle étoit parente de ſon mari du quatrieme au quatrieme degrés, & ils en avoient obtenu diſpenſe du Cardinal Barberin, Nonce du Pape en France, le 5. ſeptembre précédent. Ils deſcendoient tous deux de Pierre de Monteſquiou, Seigneur de Marſan & d'Agnès, ou Agnette de Lupé, ſon épouſe. La Table généalogique ſuivante dreſſée ſur les titres employés au préſent dégré, aux précédens & à celui qui ſuit, repréſente les ſujets qui forment cette parenté.

(1) Preuves, page 81.

PIERRE de Monteſquiou, Seigneur de Marſan, épouſa en 1493.
AGNÈS ou AGNETE de Lupé-de Marabat.

FRANÇOIS de Monteſquiou, Seigneur de Marſan.	JEAN de Monteſquiou, I. du nom, Seigneur de la Serre.
JEANNE de Monteſquiou, Dame de Marſan, épouſa Antoine de Savere, Seigneur de la Motte.	BERTRAND de Monteſquiou, II. du nom, Seigneur de la Serre.
JEAN nommé auſſi Jean-Jacques de Savere, Seigneur de Marſan.	JEAN de Monteſquiou, II. du nom, Seigneur de la Serre.
CHARLOTTE de Savere, Dame en partie de Marſan épouſa en 1625. Bertrand de Monteſquiou, Seigneur de la Serre, ſon parent au 4°. degré.	BERTRAND de Monteſquiou, III. du nom, Seigneur de la Serre, épouſa en 1625. Charlotte de Savere, Dame en partie de Marſan, ſa parente au 4°. degré.

Ce fut par une ſuite de ce mariage de Bertrand de Monteſquiou avec Charlotte de Savere, que la Terre de Marſan rentra dans la Maifon de Montefquiou. Charlotte de Savere fut chargée par fon mary de l'adminiftration de fes biens, par un acte paffé au Château de Marfan le 6. octobre 1627. (1) Elle affifta à l'inventaire des biens de fon mari du 16. mars 1637. (2) & à un accord paffé le 26. février 1640. entre fon fils & Pierre de Montefquiou , Seigneur de St. Aubin , fon beau frere , (3) eft nommée au teftament de fon même fils du 18. may 1644., (4) & dans une tranfaction paffée le 5. décembre 1648. entre le même & Ifaac de Savere , fon frere. (5)

(1) Preuves, page 81.
(2) Pr. p. 83.

(3) Ibidem.
(4) Pr. p. 84.

(5) Pr. p. 85.

XXIII.

JEAN-FRANÇOIS de Montefquiou , Seigneur de la Serre puis de Marfan , fit faire l'inventaire des biens de fon pere le 16 mars 1637. ; (6) céda, comme fon héritier , à Pierre de Montefquiou , fon oncle , le 26. février 1640. plufieurs métairies , pour fes droits de légitime , & fut affifté dans cet acte de fa mere. (7) Etant fur fon départ pour aller à Nancy en Lorraine , le 18 may 1644. il fit un teftament , par lequel il fit des legs à Catherine de Montefquiou , fa grande tante , à Pierre & à Jeanne de Montefquiou , fes oncle & tante paternels , à Ifaac de Savere , fon oncle maternel , & fit fon héritier Jean-Jacques de Montefquiou , fon grand oncle. (8) Après la mort de fa mere , il demanda comme fon héritier , au même Ifaac , fon oncle , à être maintenu dans la moitié des biens qui avoient appartenu à Jean-Jacques & Antoine de Savere , fes ayeul & bifayeul maternels ; la caufe portée au Parlement de Touloufe , il y obtint deux Arrêts les 10. feptembre 1644. (9) & 23. mars 1646. (10) Ils firent enfuite un compromis , & il fut prononcé

(6) Pr. p. 84.

(7) Ibidem.

(8) Pr. p. 84.

(9) Ibidem.
(10) Pr. p. 85.

en conféquence deux Sentences arbitrales les 20. mars (1) & 2. juin 1647. (2) dont la feconde lui adjugea fa deman-de. (3) Ifaac appella de ces deux Sentences ; enfin ils fe con-cilierent & celui-cy céda à fon neveu le 5. décembre 1648. tous fes droits fur la Terre de Marfan, moyennant 6000. livres. (4) Catherine de Savere, fa tante, lui avoit donné le 18 may précédent le droit qu'elle avoit fur la même terre. (5) Il fit donation, par fon contrat de mariage du 27. février 1649. de la moitié de fes biens, à l'un des enfans mâles qui en devoient naître, (6) & convint avec fon beau pere, par acte du 10. octobre 1664., où il eft qualifié Seigneur de Mar-fan & de la Serre, de ce qui reftoit à payer de la dot de fon époufe ; (7) eut un procès contre les Minimes de Samatan ; fon fils aîné alla à Touloufe pour le fuivre & l'affirma le 27. mars 1684. au Siége de la Table de Marbre de cette ville ; (8) eft nommé avec fa femme au teftament de Louis de Bezolles, fon beau-frere, du 2. décembre 1692 ; (9) eft dit mort dans l'acte d'un accord paffé le 28. juin 1695. entre fon fils aîné, & la veuve d'autre Pierre, fon oncle ; (10) & eft rappellé dans le teftament de Philippe, fon fils puifné, du 27. aouft 1711. (11)

Femme, CATHERINE DE BEZOLLES, fille de Joél de Be-zolles, Seigneur de Craftes, & de Catherine de Lautrec, mariée par contrat du 23. février 1649 ; (12) eft nommée dans l'acte paffé le 10. octobre 1664. entre fon pere & fon mari, relativement à fa dot ; (13) dans les teftamens de Louis de Bezolles fon frere des 2. décembre 1692., (14) & 27 aouft 1711 (15) de Philippe fon fils.

I. PIERRE de Montefquiou, Seigneur de Marfan, &c. qui fuit.

Marginal notes:
(1) Preuves, page 85.
(2) Pr. p. 84. & 85.
(3) Pr. p. 84.
(4) Pr. p. 85.
5 Ibidem.
(6) Pr. p. 86.
(7) Ibidem.
(8) Pr. p. 87.
(9) Ibidem.
(10) Pr. p. 88.
(11) Pr. p. 90.
(12) Pr. p. 86.
(13) Pr. p. 86. & 87.
(14) Pr. p. 88.
(15) Pr. p. 90.

2. PHILIPPE de Montesquiou, Seigneur de Leyssaux , assista au contrat de mariage de son frere aîné du 24. may 1698. (1) & à l'inventaire de ses biens du 24. octobre 1710 ; (2) & fit son testament le 27. aoust 1711. en faveur de Henry , son frere , & de ses neveux & nieces. (3)

(1) Preuves ; page 89.
(2) Pr. p. 90.

(3) Pr. p. 90, & 91.

3. HENRY de Montesquiou, légataire de Philippe , son frere , par son testament du 27. aoust 1711. (4) mourut avant le 14 mars 1749. étant Brigadier des Armées du Roy ; & Commandant pour Sa Majesté en la Citadelle de Perpignan , comme on l'apprend d'une procuration donnée par Philippe-Marc-Antoine & Marie-Françoise de Montesquiou , ses neveu & niece , pour recevoir au Trésor Royal , les arrérages de ses pensions. (5)

(4) Pr. p. 90.

(5) Pr. p. 92.

XXIV.

PIERRE de Montesquiou, Seigneur de Marsan, de la Serre & de Craftes , appellé Comte de Marsan , alla à Toulouse en 1684. pour suivre un procès que son pere avoit contre les Minimes de Samatan , & l'affirma le 27. juillet 1684 ; (6) fut institué héritier universel de Louis de Bezolles , son oncle maternel , par son testament du 2. décembre 1692 ; (7) passa , le 28. juin 1695. avec la veuve & la fille de Pierre de Montesquiou , son grand oncle , un accord , par lequel il s'engagea de leur payer une somme d'argent ; (8) fit son testament le 18 juin 1710. , & par cet acte , nomma son héritier universel son fils aîné , lui substitua ses deux autres fils puisnés ; (9) & mourut le 28. juillet suivant , comme on l'apprend de l'Inventaire de ses biens , fait à la requête de

(6) Pr. p. 87.

(7) Ibidem.

(8) Pr. p. 88.

(9) Pr. p. 89.

(1) Preuves, page 90.
(2) Pr. p. 91.
(3) Pr. p. 92. & 93.
(4) Pr. p. 93.
(5) Ibidem.

fa veuve le 6. octobre de la même année. (1) Il 'eſt rappellé dans des actes des 4. février 1740 ; (2) 14. mars 1751 ; (3) 9. février 1752. ; (4) & 21. décembre 1757. (5) rapportés à l'article de ſa femme & aux dégrés de ſes enfans.

Femme, JACQUETTE DE BOUSSOTS-DE CAMPELS, Dame de Leymont, au Diocèſe de Lombés, de Baſet & de Caſtera, en Bigorre & de Sadournin, en Aſtarac, fille de Charles de Bouſſots-de Campels, Seigneur de Mazeres ; & de Marie d'Audric-de Bazillac, mariée par contrat du 24. may 1698 ; (6) eſt nom-mée & dite enceinte au teſtament de ſon mari du 18. juillet 1710 ; (7) fit faire l'inventaire de ſes biens le 6 octobre ſui-vant ; (8) fit un premier teſtament le 4. février 1740 ; (9) donna procuration à ſon ſecond fils le 14 mars 1751. pour partager en ſon nom les ſucceſſions de Marc-Antoine & de Guy de Bouſſots-de Bazillac & de Pardaillan, (10) ſes freres ; (11) aſſiſta au contrat de mariage de ſon fils aîné, du 9. février 1752 ; (12) fit un ſecond teſtament olographe le 2. décembre 1757., le dépoſa le même jour, à un Notaire (13) & mou-rut avant le 31. mars 1760. que cet acte fut publié. (14)

(6) Pr. p. 88. & 89.
(7) Ibidem.
(8) Pr. p. 90.
(9) Ibid. & 91.
(10) Pr. p. 92. & 93.
(11) Pr. p. 89.
(12) Pr. p. 93.
(13) Pr. p. 94. & 95.
(14) Pr. p. 94.

I. PHILIPPE de Monteſquiou-de Fezenſac, Comte de Marſan, Baron de Craſtes, de Leymont, de Bazet & de Caſtera, chef des noms & armes de ſa Maiſon, & en cette qualité titré Comte de Fezenſac, a été inſtitué héritier de ſon pere, par ſon teſtament du 18 juillet 1710 ; (15) eſt nommé & dit mineur dans l'inventaire de ſes biens du 6. octobre ſuivant ; (16) a été fait héritier de Philippe de Monteſquiou, ſon oncle & ſon parain, par ſon teſtament du 27. aouſt 1711. (17) & de ſa mere, par les ſiens des 4. février 1740. (18) & 21. décembre

(15) Pr. p. 89.
(16) Pr. p. 90.
(17) Ibid. & 91.
(18) Pr. p. 91.

1757.

1757. dont il a fait publier le dernier le 31. mars 1760 ; (1) a
donné procuration avec fon frere puifné & Marie-Françoife, fa
fœur, le 14. mars 1749. pour recevoir les appointemens de
Henry, leur oncle. (2) Le Roy ayant reconnu au mois de novembre 1777. que la defcendance de la Maifon de Montefquiou
des Comtes de Fezenfac étoit authentiquement juftifiée, & permis en conféquence, à toutes les perfonnes qui en étoient iffues
de joindre à leur nom celui de Fezenfac, comme leur nom
véritable & originaire, & de plus à l'aîné de la même Maifon,
de porter celui de Comte de Fezenfac ; Philippe qui l'eft devenu, a pris ce titre. (3) Il a affifté par procureur au contrat de
mariage de Philippe-André-François Vicomte de Montefquiou, fon neveu, du 1er. avril 1783. & lui a donné le Comté de
Marfan & fes autres Terres. (4) Il a obtenu avec fon frere, fes
neveux & autres fes parens le 31. juillet fuivant un Arrêt du Parlement de Paris, qui a fait défenfes aux Sieurs *la Boulbene* de
prendre à l'avenir le nom de Montefquiou, de fe dire iffus
par mâles de cette Maifon, & a autorifé la radiation du nom
de Montefquiou, de tous les Regiftres & Actes où ils pourroient l'avoir pris. (5)

2. MARC-ANTOINE de Montefquiou-Fezenfac, Comte de
Montefquiou, qui fuit.

3. JEAN-DENIS de Montefquiou légataire par le teftament
de fon pere du 18. juillet 1710 ; (6) nommé comme mineur
dans l'inventaire de fes biens du 6. octobre fuivant ; (7) fut
encore légataire de Philippe de Montefquiou, fon oncle, par
fon teftament du 27. aouft 1711. ; (8) & mourut avant le 4.
février 1740. (9)

4. CATHERINE de Montefquiou légataire de fon pere &

H

(1) Preuves,
page 94.

(2) Pr. p. 91.

(3) Pr. p. 101.

(4) Pr. p. 95.
& 97.

(5) Pr. p. 111.
& fuiv.

(6) Pr. p. 89.

(7) Pr. p. 90.

(8) Pr. p. 90.
& 91.

(9) Ibidem.

de Philippe, fon oncle, par leurs teftamens des 18. juillet 1710. (1) & 27. aouft 1711.; (2) le fut auffi par ceux de fa mere des 4. février 1740. (3) & 21. décembre 1757. (4) Elle étoit veuve à ces époques de François d'Arroux-d'Eftarbielle, Seigneur de Sariac, de Tilloufe, d'Eftanfan, &c. & eft nommée dans l'acte de publication du fecond du 31. mars 1760. (5)

4. MARIE *alias* MARIE-FRANÇOISE de Montefquiou, auffi nommée aux teftamens de fes pere, mere & oncle, des années 1710., (6) 1711. (7) 1740. (8) & 1757. (9) Les deux derniers qui font ceux de fa mere, & l'acte d'ouverture du fecond du 31. mars 1760. (10) apprennent qu'elle avoit été mariée avec FRANÇOIS DE LARY, Comte de la Tour, Seigneur de Miramont, Gavaret, la Lanne, Mafempouy, &c. (11) Elle avoit donné procuration avec fes freres le 14. mars 1749. pour recevoir au Tréfor Royal les gages de Henry, fon oncle. (12)

5. FRANÇOISE de Montefquiou, Religieufe au Couvent de Bouleau, eft le fujet Pofthume dont fa mere étoit enceinte lors du teftament de fon pere de 1710. (13) Elle eft nommée dans ceux de fa mere des années 1740. (14) & 1757. (15)

XXV.

MARC-ANTOINE de Montefquiou-Fezenfac, Chevalier, Baron d'Aubiet & d'Aignan, Seigneur de S. Arroman, Lambege, &c. Chevalier de l'Ordre Royal & Militaire de Saint-Louis, nommé Comte de Montefquiou-de Marfan, fut fait légataire de fa légitime & fubftitué à fon frere aîné par le

(1) Preuves, page 89.
(2) Pr. p. 90.
(3) Pr. p. 91.
(4) Pr. p. 94.
(5) Ibidem.
(6) Pr. p. 89.
(7) Pr. p. 91.
(8) Ibidem.
(9) Pr. p. 94.
(10) Ibidem.
(11) Ibidem.
(12) Pr. p. 92.
(13) Pr. p. 89. & 90.
(14) Pr. p. 91.
(15) Pr. p. 94.

teſtament de ſon pere du 18. juillet 1710 ; (1) étoit mineur le 6. octobre ſuivant, que fut fait l'inventaire de ſes biens; (2) fut auſſi légataire de Philippe de Monteſquiou, ſon oncle, par ſon teſtament du 27. aouſt 1711. (3) & de ſa mere, par celui qu'elle fit le 4. février 1740 ; (4) donna avec ſon frere aîné, & Marie-Françoiſe, ſa ſœur, le 14. mars 1749. procuration pour retirer les arrérages des appointemens dûs à Henry de Monteſquiou, leur oncle ; (5) fut chargé de celle de ſa mere, du 14. mars 1751. pour la repréſenter au partage des biens de Marc-Antoine & de Guy de Boſſoſt, ſes oncles ; (6) fut aſſiſté de ſa mere dans ſon contrat de mariage, du 9. février 1752. & par cet acte elle lui donna 20000 liv. ; (7) ce qu'elle confirma par ſon ſecond teſtament du 21. décembre 1757. (8) qui fut publié en ſa préſence le 31. mars 1760. ; (9) fut repréſenté dans le contrat de mariage de ſon fils aîné du 1er. avril 1783. par Madame la Ducheſſe de Narbonne, belle ſœur de ſon épouſe ; (10) obtint avec ſon frere, ſes enfans, & ſes parens, le 31. juillet ſuivant, l'Arrêt du Parlement de Paris, dont il a été fait mention à l'article de ſon même frere, & eſt mort au Château de Marſan le 27. octobre 1783. (a)

Femme CATHERINE *alias* MARIE-CATHERINE DE NARBONNE, fille de François Comte de Narbonne, Seigneur d'Aubiac, Papon, les Martres &c. & de Dame Olive-Angelique du Gout, mariée par contrat du 9. février 1752 ; (11) elle y a été aſſiſtée de François Abbé de Narbonne, [depuis Evêque d'Evreux,] ſon frere, comme procureur de Jean-François Comte de Narbonne, alors Colonel du Régiment de Soiſſonnois, & Premier Gentilhomme de la Chambre de S. A. R. l'Infant D. Philippe Duc de Parme, & depuis Duc de Narbonne, Maréchal des Camps & Armées du Roi, Com-

H ij

(1) Preuves, page 89.
(2) Pr. p. 90.
(3) Pr. p. 91.
(4) Ibidem.
(5) Pr. p. 92.
(6) Ibid. & p. 93.
(7) Pr. p. 73. & 74.
(8) Pr. p. 74.
(9) Ibidem.
(10) Pr. p. 95.
(a) Gazette de France de 1784. n°. 3. page 14.
(11) Pr. p. 93.

mandant pour Sa Majefté dans les Evêchés de Caftres, Lavaur & Alby. (1) Elle a été repréfentée au contrat de mariage de fon fils aîné du 1er. avril 1783. par Madame la Ducheffe de Narbonne, fa belle fœur. (2).

(1) Preuves, page 95.

(2) Ibidem.

1. PHILIPPE-ANDRÉ-FRANÇOIS de Montefquiou-Fezenfac, Vicomte de Montefquiou, qui fuit.

2. FRANÇOIS-XAVIER-MARC-ANTOINE de Montefquiou-Fezenfac, Abbé Commendataire de l'Abbaye Royale de Beaulieu, Vicaire Général du Diocefe d'Aix, défigné Agent Général du Clergé, né le 13. août 1754., (3) nommé au Contrat de mariage de fon frere aîné du 1. avril 1783. (4)

(3) Pr. p. 253.

(4) Pr p. 97.

3. FRANÇOIS-JOSEPH de Montefquiou-Fezenfac, Chevalier de Montefquiou-Fezenfac, Sous-Lieutenant des Gardes du Corps du Roi dans la Compagnie de Luxembourg, avec Commiffion du 20. décembre 1782. pour tenir rang de Lieutenant-Colonel de Cavalerie, (5) nommé auffi au contrat de mariage de fon frere aîné du 1. avril 1783. (6)

(5) Pr. p. 256.

(6) Pr. p. 97. & 98.

4. JEANNE-ANNE de Montefquiou-Fezenfac, née le 22. octobre 1758. (7) & vivante le 1. avril 1783. (8)

(7) Pr. p. 255.
(8) Pr. p. 98.

5. MARIE-PHILIPPINE-JACQUETTE de Montefquiou-Fezenfac, née le 2. juillet 1762. (9) & vivante auffi le premier avril 1783. (10)

(9) Pr. p. 254.
(10) Pr. p. 98.

XXVI.

PHILIPPE-ANDRÉ-FRANÇOIS de Montefquiou-Fezenfac, titré Vicomte de Montefquiou-Fezenfac, eft né le 30. novembre 1753; (11) a été fait Capitaine Commandant dans le régiment de Lorraine Dragons, le . . . . & Meftre de camp en fecond du régiment de Lyonnois le 11. novembre 1782; (12)

(11) Pr. p. 253.

(12) Pr. p. 256.

a été affifté à fon contrat de mariage du 1. avril 1783. de Madame Françoife de Chalus, Ducheffe de Narbonne, femme de
M. le Duc de Narbonne, fon oncle maternel, comme chargée de la procuration de fes pere & mere & de Philippe de
Montefquiou, Comte de Fezenfac, fon oncle paternel, &
par ce contrat ceux-ci lui ont fait donation de toutes leurs terres, fous la réferve de l'ufufruit, & à la charge de payer les
légitimes de fes freres & fœurs. (1)

(1) Preuves, page 95.

Femme, LOUISE-JOSÉPHINE DE LALIVE; fille d'Ange-
Laurent de Lalive, Chevalier, Baron du Châtelet, Marquis de
Rémoville, Seigneur du franc-aleu noble de S. Romain-de
Vienne, Brunoy & autres lieux, ancien Introdueteur des
Ambaffadeurs & Princes Etrangers auprès de Sa Majefté & de
Marie-Louife-Jofephe de Nettine, mariée par contrat du
1er. avril & jours fuivans 1783. paffé en préfence & de l'agrément du Roy, de la Reine, de MONSIEUR & de MADAME,
de Monfeigneur Comte d'Artois & de Madame Comteffe
d'Artois, de Monfeigneur le Duc d'Agoûleme, & de Mefdames Elifabeth, Adélaïde & Vietoire de France. (2)

(2) Pr. p. 95. & 96.

RAYMOND-AIMERY-PHILIPPE-JOSEPH de Montefquiou-
Fezenfac, baptifé dans l'Eglife Paroiffiale de Saint Sulpice
à Paris, le 26. février 1784. (3)

(3) Regiftres de la Paroiffe de S. Sulpice à Paris.

SEIGNEURS DE SALLES, D'ARTAGNAN &c.

XVII.

MANAUD de Montefquiou, Ecuyer, Seigneur de Salles, en
Lauragais, fils aîné de Barthelemy de Montefquiou, Seigneur de
Marfan & de Salles, & d'Anne *alias* Agnès & Agnete de Galard,

fa feconde femme. Son pere lui donna la terre de Salles par
fon contrat de mariage du 29. juin 1478; (1) mais il paroît
par les actes qui fuivent, qu'il changea cette difpofition. Il le
chargea par fon codicile du 8. may 1479. de payer à Arnaud,
Jean, l'aîné, Jean, le puîné, dit Galardon & Gaillarde, fes freres
& fœur, les legs qu'il leur avoit faits, tant par cet acte que par
un teftament précédent, & de marier Marguerite, fon autre
fœur. (2) Il lui légua la moitié de la terre & château de Salles par fon fecond teftament du 7. juillet 1481. (3) Manaud
devint Seigneur de la totalité de cette terre par la ceffion
que Bertrand, fon frere confanguin, lui fit, du vivant de leur
pere, des droits qu'il y avoit, en échange de ceux qu'il avoit
lui-même fur celle de Marfan, & ils ratifierent cet échange
le 7. juillet 1483; (4) donna le 13. novembre 1490. la lauzime
de la vente d'un mas fitué à Salles, & mouvant de lui; (5)
fit un bail à fief d'une piece de terre le 26. juillet 1492, (6)
céda au nom de fa mere le 3. feptembre fuivant, à fon même
frere, les droits qu'elle avoit fur la Seigneurie de Marfan; (7)
eft nommé dans la ceffion faite le 22. février 1496. (vieux ftyle)
par Arfivet, fon frere, à Jean dit Galardon, fon autre frere, de
fes droits fur la fucceffion de leurs pere & mere; [8] obtint avec
Pierre de Montefquiou, Seigneur de Marfan, fon neveu, le
1. juillet 1516. un Arrêt du Parlement de Touloufe qui les
déclara abfous des demandes formées par fes freres, de leurs
légitimes dans la fucceffion de leur pere commun, ayeul de
fondit neveu. [9] Il mourut avant le 27. décembre fuivant,
que Paul, fon 2e. fils, céda fes droits fur fa fucceffion à
Mathieu, fon frere. C'eft ce qu'on apprend d'un accord du
14. avril 1577. (10) & d'un Arrêt du Parlement de Touloufe,
du 9. août 1611. (11) rapportés ci-après aux articles de fon

(1) Pr. p. 73. 120, 121. & 123.
(2) Pr. p. 56.
(3) Pr. p. 58.
(4) Pr. p. 99.
(5) Ibidem.
(6) Pr. p. 100.
(7) Ibidem. & p. 101.
(8) Pr. p. 182.
(9) Ibidem. & p. 103.
(10) Pr. p. 122.
(11) Pr. p. 246.

même fils & de Gabrielle, Dame de Pontaut., fa petite-fille.
De ces 11. actes, 6. fçavoir ceux des 8. mai 1479. 7. juillet
1481. 7. juillet 1483. & 22. février 1496. (vieux ftyle) 1.er
juillet 1516. 14. avril 1577. & 9. août 1611. le difent expreffément fils de Barthelemy de Montefquiou. Il eft rappellé
dans le contrat de mariage de Paul, fon fils, du 23. août
1524; (1) dans une quittance donnée le 5. décembre 1526.
à fon même fils par fa bru. (2) Il eft encore dit fils de Barthelemy de Montefquiou, & frere de Mathieu de Montefquiou,
dans un Arrêt du Parlement de Touloufe du 27. août 1567.
(3) rapporté ci devant à l'article d'Arnoul de Montefquiou,
Seigneur du Vernet, fils du même Mathieu; eft dit pere de
Paul & ayeul de Jean de Montefquiou, Seigneur d'Artaignan,
dans les accords & Arrêts du Parlement de Touloufe des
8. janvier & 14. avril 1577. & 9. août 1611. qu'on vient
de citer.

Femme, JACQUETTE ou JACQUEMETTE DE FONTAINES,
fille du Seigneur de Feudeilles, mariée par contrat du 29.
juin 1478; [4] eft nommée avec fon mari dans celui de Paul,
leur fils, du 23. août 1524. [5] & dans une quittance donnée
le 5. décembre 1526. par celui-ci à fon époufe. [6]

I. JEAN de Montefquiou, Seigneur de Salles, fuccéda en
cette terre à fon pere. Paul, fon frere puîné, lui intenta un
procès pour en avoir la moitié; mais il mourut avant qu'il
fût terminé. [7] Il fut pere de François, de Gabrielle & de Marguerite, qui vont être rapportés. La Généalogie de la Maifon
de Montefquiou inférée dans l'*Hiftoire des Grands Officiers de
la Couronne*, *tome 7. page 276*. & celle de la Maifon
d'Ornezan rapportée dans la même Hiftoire à l'article des

(1) Preuves, page 104.
(2) Pr. p. 106.

(3) Pr. p. 72.

(4) Pr. p. 73, 120, 121. & 247.
(5) Pr. p. 103. & 104.

(6) Pr. p. 106.

(7) Pr. p. 246.

Généraux de Galeres, même tome p. 927. lui donnent pour

Femme, MIRAMONDE D'ORNEZAN : & effectivement elle eſt dite mere de Gabrielle de Monteſquiou, dans le préambule d'un Arrêt du Parlement de Touloufe du 9. août 1611. cité à l'article de ſon mari, & rappellé ci-après à ceux de Paul & de Jean de Monteſquiou, Seigneurs d'Artagnan. Il y eſt dit [1] que ſon Contrat de mariage fut paſſé le 10. janvier 1505. (La Généalogie d'Ornezan qu'on vient de citer, lui donne la date du 22. avril 1507. peut-être eſt-ce celle de ſa célébration) & qu'elle teſta le 9. février 1551. [2]

I. FRANÇOIS de Monteſquiou, Baron de Salles, comme héritier de ſon pere. [3] Il fit ſon teſtament le 15. mai 1562, (4) & par cet acte laiſſa l'uſufruit de la Baronnie de Salles à Gabrielle, ſa ſœur, inſtitua ſon héritier dans cette Terre Michel-Bernard de Pontaut, ſon neveu, fils de la même Gabrielle, à la charge de porter les nom & armes de Monteſquiou, & lui ſubſtitua Michel, Bertrand & Sebaſtien de Pontaut, ſes freres, puis les enfans de Marguerite de Monteſquiou, ſon autre ſœur ; [5] cela eſt dit dans le préambule de l'Arrêt du Parlement de Touloufe, du 9. août 1611. qu'on vient d'énoncer. Il eſt dit *nepveu*, c'eſt-à-dire, petit-fils de Manaud de Monteſquiou, dans un accord du 8. janvier 1577. (6) déja cité aux articles de Mathieu de Monteſquiou, Seigneur du Vernet, & d'Arnoul, ſon fils, & rapporté ci-après à ceux de Paul de Monteſquiou & de Jean de Monteſquiou, Seigneurs d'Artagnan, ſes oncle & couſin germain. Il mourut ſans
enfans ;

(1) Preuves, page 126.

(2) Ibidem.

(3) Pr. p. 246.
(4) Pr. p. 73. 122. & 123.

(5) Pr. p. 113.

(6) Pr. p. 243.

enfans, fuivant le même Arrêt & une tranfaction paffée par le même Arnoul le 14. avril 1577. dans laquelle fes difpofitions en faveur de fa fœur & de fon neveu font encore répétées. (1)

II. GABRIELLE de Montefquiou, mariée à N. DE PONTAUT, Seigneur de Pontaut, dont elle eut 4. fils, fçavoir, Michel-Bernard, Michel, Bertrand & Sebaftien. Son frere par fon teftament du 15. mai 1562. (2) lui légua l'ufufruit de la Terre de Salles, & la propriété à fon fils aîné, avec fubftitution en faveur de fes puînés, à la charge dē porter les nom & armes de Montefquiou. (3) Un Arrêt du Parlement de Touloufe, du 27. avril 1567., adjugea à Gabrielle l'ufufruit de la moitié de la même Terre, la propriété à Michel-Bernard, fon fils, & l'autre moitié à Arnoul de Montefquiou, Seigneur du Vernet, oncle à la mode de Bretagne de Gabrielle; (4) mais cet Arrêt attaqué par Michel-Bernard, (5) & par Jean de Montefquiou, Seigneur d'Artagnan, (6) ne fut point exécuté (7) Michel-Bernard Seigneur de Pontaut, par fon pere, fuccéda à fon oncle, dans la Terre de Salles, tefta le 24. juin 1569. (8) mourut fans alliance, (9) & eut pour héritier Michel, fon frere. (10) Celui-ci, pour fatisfaire, du moins en partie, à la claufe du Teftament de François de Montefquiou, fon oncle, ajouta à fon nom celui de Montefquiou; (11) acquit les droits de Jean de Montefquiou, Seigneur d'Artagnan, & d'Arnoul de Montefquiou, Seigneur du Vernet, fur la Terre de Salles, par actes des 8.

(2) Pr. p. 73. 122. & 123.

(3) Pr. p. 123 & 247.

(4) Pr. p. 73.

(5) Pr. p. 244.

(6) Pr. p. 122.
(7) Pr. p. 248.

(8) Pr. p. 127.

(9) Pr. p. 123.
(10) Ibidem.

(11) Ibid. & p. 126. 244. & 248.

I

(1) Preuves ,
page 243. & fuiv.
(2) Pr. p. 145.
& fuiv.
(3) Pr. p. 118.
124. & 125.

janvier (1) & 14. avril 1577; (2) la vendit le 31.
mai fuivant à François de Rochefort , moyennant la
fomme de 42000 livres; (3) & mourut en 1581. laiffant pour fils & héritier Georges de Pontaut, Seigneur
de Pontaut. Au mois de janvier 1610. Françoife de
Montefquiou , Vicomtefte de Sadirac , petite - fille
d'Arnoul, prétendit à la moitié de la Baronnie de
Salles , fur le fondement de l'Arrêt du 27. août 1567.
obtenu par fon ayeul , & mit en inftance aux Requêtes
du Palais à Toulouse , Jean-Sebaftien de Rochefort,
Baron de Marquain , fils de François qui l'avoit
acquife. Ce procès paffé enfuite par appel au Parlement, il y intervint le 9. août 1611. un Arrêt qui
maintint le Baron de Marquain dans la poffeffion de
cette Terre , & *relaxa* Georges de Pontaut de la
garantie à lui demandée par le même Baron de Marquain. (4)

III. MARGUERITE de Montefquiou, dont les enfans
furent fubftitués à ceux de fa fœur, par le teftament
de fon frere du 15. mai 1562. (5)

2. PAUL de Montefquiou, Seigneur d'Artagnan, &c.
qui fuit.

XVIII.

PAUL, nommé auffi PAULON de Montefquiou, Seigneur
d'Artagnan , en Bigorre, & Co-Seigneur de Salles, Ecuyer
du Roi de Navarre, prétendit fuccéder à la moitié des biens
de fon pere ; fur le refus que fit Jean, fon frere aîné, de la
lui donner, il le traduifit devant le Sénéchal de Touloufe.

Pendant l'inftance qui fut enfuite fuivie au Parlement de la même Ville, il vendit fes droits à Mathieu de Montefquiou, Seigneur du Vernet, fon oncle. [1] Cette ceffion, qui eft du 27. décembre 1516. [2] donna lieu à d'autres procès, dont il a été parlé à l'article d'Arnoul, fils de Mathieu, & fon coufin germain ; il en fera encore fait mention à celui de fon fils. Paul eft dit fils de Manaud de Montefquiou ; Seigneur de Salles, & de Jacquette de Fontaines dans le contrat de fon 1er. mariage du 23. août 1524 ; [3] & fut nommé exécuteur du codicille de Jean dit Gallardon, fon oncle, du 27. feptembre fuivant, avec Mathieu, Seigneur du Vernet, fon autre oncle. [4] Il eft encore dit fils légitime & naturel de Manaud de Montefquiou, Seigneur de Salles, dans un acte du 30. juin 1525., par lequel fa 1ere. femme reconnut qu'il lui avoit donné la fomme de 2200. livres en déduction de celle de 3000 livres qu'il avoit promis, par leur contrat de mariage, d'apporter en fa Maifon. [5] Il lui en donna encore une autre de 220. livres qu'elle hypothéqua le 5. décembre 1526. fur la Terre d'Artagnan, comme elle avoit hypothéqué la précédente. [6] Il acquit avec elle le 7. novembre 1527. de Catherine de Saint Paul, veuve de Jean d'Eftaing, Seigneur d'Artagnan, les droits à elle appartenans, à raifon de fa dot, fur la même Terre, moyennant 2000 livres. [7] Paul de Montefquiou apporta en la Maifon de fon époufe, 3000 liv. de plus qu'il n'étoit porté en leur contrat de mariage ; elle reconnut le 24. octobre 1540. les avoir employées toutes deux à l'amélioration de fes biens, & voulut que, fi fon mari lui furvivoit fans enfans de leur mariage, il jouît de la Terre d'Artagnan, jufqu'à ce qu'il en eût été rembourfé. [8] Le cas ici énoncé arriva ; il devint

(1) Preuves, pag. 122. & 246.
(2) Pr. p. 122.

(3) Pr. p. 103.

(4) Pr. p. 104.

(5) Pr. p. 105.

(6) Pr. p. 104.

(7) Pr. p. 105.

(8) Pr. p. 105.

Seigneur d'Artagnan; il le fit fignifier aux Habitans de cette Terre, fes·Vaffaux, & les requit de lui prêter ferment en cette qualité; ce qu'ils firent le 14. décembre 1544. après qu'il leur eut promis, auffi fous ferment, de conferver leurs priviléges; [1] fut affifté dans le contrat de fon 2ᵈ. mariage, du 24. feptembre 1545. de Jean-Jacques de Fontaines, Seigneur de Feudeilles, fon parent maternel; [2] étoit mort le 14. novembre 1555. que fa veuve fit faire l'inventaire de fes biens; [3] il avoit été enterré dans l'Eglife Paroiffiale d'Artagnan. [4] Il eft rappellé dans 9. autres actes des 22. février 1555. [vieux ftyle] [5] 28. octobre 1556. [6] 25. juin 1560. [7] 7. août 1561. [8] 4. août 1571. [9] 8. janvier [10] & 14. avril 1577. [11] 26. feptembre 1590. [12] & 9. août 1611. [13] rapportés aux articles de fa féconde femme & de fon fils, dont trois, fçavoir, ceux des 8. janvier & 14. avril 1577. & 9. août 1611. le difent encore fils de Manaud de Montefquiou, Baron ou Seigneur de Salles.

(1) Preuves, pag. 108. & 109.
(2) Pr. p. 109. & 110.
(3) Pr. p. 110.
(4) Pr. p. 115.
(5) Pr. p. 111.
(6) Ibidem.
(7) Pr. p. 112.
(8) Pr. p. 112. & 113.
(9) Pr. p. 113.
(10) Pr. p. 243.
(11) Pr. p. 246.
(12) Pr. p. 115.
(13) Pr. p. 122.

Iᵉʳᵉ. Femme, JACQUEMETTE D'ESTAING, fille & héritiere univerfelle de Sanfaner [Sance-Aner] d'Eftaing, Seigneur d'Artagnan, en Bigorre, & de Simonne Majoran, mariée par contrat du 23. août 1524. [14] Par ce contrat, fon mari promit d'apporter en fa maifon 3000 livres; il y en apporta 3000 livres de plus, & elle lui hypothéqua ces fommes fur fa Terre d'Artagnan, par divers actes de 30. juin 1525. [15] 5. décembre 1526. [16] & 24. octobre 1540. [17] Elle avoit acquis avec lui le 7. décembre 1527. les droits qu'avoit fur cette Terre Catherine de S. Paul, veuve de Jean d'Eftaing, fon parent. [18]

(14) Pr. p. 103.
(15) Pr. p. 105.
(16) Pr. p. 106.
(17) Pr. p. 108.
(18) Pr. p. 107.

IIᵉ. Femme, CLAUDE DE TERSAC, fille de Claude de

Terfac , Seigneur de Montberaud , & fœur de Jean de
Terfac, Seigneur de la même Terre de Montberaud , mariée
par contrat du 24. feptembre 1545. [1] Elle fit faire l'inventaire des biens de fon mari , en qualité de tutrice de
leurs enfans, le 14. novembre 1555 ; [2] donna procuration
à fon pere le 22. février 1555. [vieux ftyle] pour confulter
fur un procès pendant au Parlement de Touloufe , entre
feu fon mari & la Ville de Vic-Bigorre ; [3] fit une acquifition pour Jean, fon fils , le 28. octobre 1556 ; [4] paſſa ,
le 25. juin 1560. un compromis fur le procès , dont on vient
de parler ; [5] obtint le 7. août 1561. des lettres de relief
d'appel d'une Sentence rendue par le Sénéchal de Bigorre,
entr'elle & Barthelemy Majoran, Seigneur d'Arcifas , fon
parent. [6] Lors de la reprife du procès pour la Terre de
Salles , entre François & Arnoul de Montefquiou , le 1er
neveu & le 2e. coufin germain de fon mari, elle fe mit en
inftance pour fon fils aîné. [7] Elle acquit avec fon même
fils, le 28. octobre 1570. d'Arnaud-François & de Paul de
Burguyeres (Bruyeres) Seigneurs d'Eftampes , la moitié de la
Seigneurie de Mafous, & ceux-ci leur remirent le 24. octobre
1579. la faculté de rachat qu'ils s'en étoient réfervée. [8] Elle
rendit compte à fon fils de la geftion qu'elle avoit eu de fes
biens, pendant fa minorité, & en reçut quittance le 4. août
1572 ; [9] enfin elle fit fon teftament en la Maifon Seigneuriale d'Artagnan le 26. feptembre 1590. & par cet
acte elle demanda à être inhumée dans l'Eglife Paroiſſale
de ce lieu , avec les Cérémonies convenables à fa qualité,
(*tout ainfin qu'appartient à Damoifelle de fa qualité,*) fit
des legs à fes enfans & petits-enfans, & inftitua fon héritier
univerfel fon fils aîné fufnommé. [10]

(1) Preuves ,
pag. 109. & 110.

(2) Pr. p. 110.

(3) Pr. p. 111.

(4) Ibidem.

(5) Pr. p. 112.

(6) Pr. p. 112. & 113.

(7) Pr. p. 248.

(8) Pr. p. 114.

(9) Pr. p. 113.

(10) Pr. p. 114. & 115.

1. JEAN de Montefquiou, Seigneur d'Artagnan; &c, qui fuit.

2. & 3. ARNAUD & ANTOINE de Montefquiou étoient (1) Preuves, fous la tutelle de leur mere les 14. novembre 1555. [1] & page 110.
(2) Pr. p. 111. 14. février fuivant, [2] & moururent peu avant le 26. fep-
(3) Pr. p. 115. tembre 1590. [3]

4. PAULON de Montefquiou étoit, ainfi que fes freres , (4) Pr. p. 110. fous la tutelle de fa mere le 14. novembre 1555. [4] &
(5) Pr. p. 115. étoit mort le 26. feptembre 1590. [5]

5. JEANNE de Montefquiou , mineure fous la tutelle de (6) Pr. p. 110. fa mere le 14. novembre 1555. [6] & le 22. février fui-
(7) Pr. p. 111. vant ; [7] étoit veuve le 26. feptembre 1590. de PIERRE DE
(8) Pr. p. 115. LATRAU, Seigneur de la Terrade. [8] Elle céda le même jour à fon frere aîné & alors unique , les droits qu'elle avoit fur la Terre d'Artagnan, par le décès de fon pere , de fes autres (9) Ibidem. freres & de fa fœur. [9]

X I X.

JEAN de Montefquiou , I. du nom de fa Branche , Seigneur d'Artagnan, de Barbachin, d'Anfoft & de Mafous, fut mis ainfi que fes freres & fœurs, fous la tutelle de fa mere, par Sentence du Sénéchal de Bigorre, mentionnée dans l'inven-
(10) Pr. p. 110. taire des biens de fon pere du 14. novembre 1555. [10] Il
(11) Pr. p. 111. y étoit le 22. février fuivant, (11) ainfi que le 28. octobre
(12) Ibidem. 1556. qu'elle acquit en fon nom un terrein fis à Artagnan, [12]
(13) Pr. p. 112. & le 25. juin 1560. [13] qu'elle paffa un compromis ; & ces 4. actes le difent fils de Paul de Montefquiou, Seigneur d'Artagnan, & de Claude de Terfac. Celle-ci obtint le 7,

août 1561. en qualité de fa tutrice, des lettres de relief
d'appel d'une Sentence du Sénéchal de Bigorre. [1]
Pendant fa minorité le procès commencé en 1516. par fon
pere contre fon oncle, auquel étoit intervenu Mathieu de
Montefquiou, Seigneur du Vernet, fon grand oncle, fut
repris par Arnoul, fils du même Mathieu, contre François
de Montefquiou, coufin germain de lui Jean, & après fa mort
contre Gabrielle, Dame de Pontaut, fœur & héritiere de
François, & contre Michel-Bernard & Michel, fes fils. [2]
Arnoul, comme on l'a déja dit, parut d'abord ne demander
que la légitime de fon pere & celles de Jean dit Gallardon,
fon oncle, & de Paul, fon coufin, que le même Mathieu
avoit acquifes, & qui lui furent adjugées par Arrêt du Parlement de Touloufe du 31. mars 1565; [3] mais enfuite il
prétendit la totalité de la Terre de Salles, [4] qu'il dit avoir
été fubftituée par Barthelemy, fon ayeul, en faveur de fes
defcendans mâles; [5] il allégua que la poftérité mafculine
de Manaud, 1er. fils du 2e. mariage de Barthelemy, étoit
éteinte, [6] qu'ainfi il étoit le plus prochain mâle defcendant
de lui, [7] & fur ces *fauffes allégations* [8] (ce font les
termes mêmes de l'acte dont on apprend ces faits,) il obtint
en la même Cour le 27. août 1567. un Arrêt qui lui adjugea
la moitié de la Terre de Salles, & réferva l'autre à Michel-
Bernard de Pontaut, pour la légitime & quarte trébellianique
dues à François de Montefquiou, fon oncle. [9] Avant cet
Arrêt Claude de Terfac, mere & tutrice de Jean, s'étoit
mife en inftance, & avoit foutenu que, s'il y avoit une
fubftitution de la Terre de Salles, elle devoit être ouverte au
profit de fon fils, *comme 1er. appellé en icelle*, & non au
profit d'Arnoul. [10] Il fit auffi lui-même cette affertion. [11]

(1) Preuves, pag. 112. & 113.
(2) Pr. p. 346.
(3) Ibidem.
(4) Pr. p. 247.
(5) Pr. p. 122.
(6) Pr. p. 243.
(7) Pr. p. 247.
(8) Pr. p. 243.
(9) Pr. p. 73. & 247.
(10) Pr. p. 248.
(11) Pr. p. 122.

Ce n'eſt pas que lui ni ſa mere ayent cru que cette ſubſti-tion exiſtât ; il eſt clair que celle énoncée au teſtament de Barthelemy , portoit ſur la Terre de Marſan., & non ſur celle de Salles. [1] Auſſi-tôt après que ce même Arrêt fut prononcé , Jean de Monteſquiou., ou ſa mere en ſon nom , & Michel-Bernard de Pontaut obtinrent des lettres en forme de requête civile contre ſon exécution ; [2] il ne fut point exécuté. [3] Dans le même tems Jean de Monteſquiou reprit auſſi contre Michel de Pontaut , qui avoit ſuccédé à Michel-Bernard , ſon frere , l'inſtance commencée par Paul, ſon pere ; contre Jean, ſon oncle, ayeul maternel de Michel, pour la moi-tié de la Terre de Salles ; mais il lui céda ſes droits moyennant la ſomme de 4000. livres par acte du 8. janvier 1577. dans lequel il eſt dit fils de Paul de Monteſquiou. [4] On apprend tous ces faits, tant de ce même acte que de l'Arrêt du 27. août 1567. qu'on vient de citer, d'une tranſaction du 14. avril 1577, rapportée à l'article d'Arnoul , & d'un Arrêt du Parlement de Toulouſe du 9. août 1611. mentionné à celui de Françoiſe de Monteſquiou, Dame de Sadirac, petite fille du même Arnoul. Jean de Monteſquiou avoit acquis avec ſa mere le 28. octobre 1570. la moitié de la Terre de Maſous, avec faculté de rachat ; à laquelle les Vendeurs renoncerent le 20. octobre 1579 ; [5] lui donna quittance de l'adminiſtration qu'elle avoit eue de ſes biens, par acte du 4. juillet 1572. [6] & fut inſtitué ſon héritier univerſel par ſon teſtament du 26. ſeptembre 1590. [7] Jeanne , ſa ſœur , lui fit ceſſion , le même jour , de ſes droits dans la ſucceſſion de leur pere & dans celles de leurs freres & ſœur. (8) Ces trois actes le diſent encore fils de Paul de Monteſquiou. Etant ſur ſon départ pour faire *un voyage en Court*, le 13. mars 1608. il fit ſon teſtament , par lequel il

aſſigna

(1) Preuves , pages 122. 125. 126. 244. & 248.

(2) Pr. p. 118. 244. & 247.
(3) Pr. p. 118. & 248.

(4) Pr. p. 118. 243. & ſuiv.

(5) Pr. p. 114.

(6) Pr. p. 113.

(7) Pr. p. 115.

(8) Ibidem.

affigna la dot de fon époufe fur la Terre de Barbachin, fit des legs à fes fils & filles puînés, inftitua fon héritier univerfel Arnaud, alors fon fils aîné, lui fubftitua fes autres fils par ordre de naiffance; (1) & étoit mort le 28. novembre fuivant, que fut fait l'inventaire de fes biens. [2] Il eft rappellé dans une quittance donnée le 7. janvier 1637. à fon fils aîné fufnommé, par Henry, fon fils puîné. [3]

(1) Preuves; page 116.
(2) Ibidem.

(3) Pr. p. 129. & 130.

Femme, CLAUDE DE BAZILLAC, fille de Jean Seigneur de Bazillac, (a) & fœur d'Etienne de Bazillac, Chevalier, Baron de Bazillac, & de Paul de Bazillac, Sénéchal de Nebouzan, mariée par contrat du 15. novembre 1578. par lequel le même Baron de Bazillac lui conftitua en dot la fomme de 2000 écus d'or fol, pour la moitié de laquelle il lui abandonna la jouiffance de la Terre de Barbachin. [4] Son mari affigna fa dot fur cette Terre par fon teftament du 13. mars 1608; [5] elle fit faire l'inventaire de fes biens, en préfence de Paul de Bazillac, fon frere, le 28. novembre fuivant, [6] & eft dite morte dans l'acte du 7. janvier 1637. paffé entre Arnaud & Henry, fes fils, rapporté à l'article de fon mari. [7]

(a) Sa mere étoit Anne de Rochechouart-Barbazan. Hift. des Gr. Offi. de la Courtone, t. 4. p. 663. C.

(4) Pr. p. 113; & 114.

(5) Pr. p. 116.
(6) Ibidem.

(7) Pr. p. 133.

1. PAUL de Montefquiou, fubftitué à fon pere par le teftament de Claude de Terfac, fon ayeule, du 26. feptembre 1590. [8]

(8) Pr. p. 115.

2. ARNAUD de Montefquiou, Seigneur d'Artagnan, de Mafous & de Barbachin, inftitué héritier univerfel de fon pere par fon teftament du 13. mars 1608. [9] Il ne fe trouva point à l'inventaire des biens de fon pere du 28. novembre fuivant; [10] paya la légitime de Henry, fon frere, & en

(9) Pr. p. 116.

(10) Ibidem.

K

(1) Preuves, pag. 129. & 130.

reçut quittance le 7. janvier 1637. (1) Il fit le 25. février 1652. son testament par lequel il fit un legs à son fils, & institua sa femme son héritiere. Cet acte, ainsi que son contrat de mariage, qui suit, sont tirés de la Preuve faite en 1724. par son même fils, pour l'Ordre du S. Esprit.

Femme, ANNE DE LAMBÉS, fille de Fréderic Baron de Marambat, de Morede & de la Motte-Giraud, & de Quiterie de Bezolles, mariée par contrat du 22. février 1638.

JOSEPH de Montesquiou, Comte d'Artagnan, Seigneur de Genfac, Barbachin & Masous, Chevalier des Ordres du Roi, Lieutenant Général des Armées de Sa Majesté, Capitaine-Lieutenant de la Premiere Compagnie des Mousquetaires de Sa Garde, Gouverneur de Nismes. Après avoir servi pendant 56. années, & s'être trouvé à tous les Siéges que le Roi Louis XIV. fit en Hollande en 1672. à 16. autres Siéges, à 9. Combats & à trois Batailles, il fut nommé Chevalier de l'Ordre du S. Esprit le 2. février 1724. fit, le 27. avril suivant, devant MM. les Maréchaux de Tallard & d'Huxelles, ses Preuves de Noblesse, remontées par 17. degrés de filiation suivie, à Raymond-Aimery de Montesquiou, frere d'ASTANOVE Comte de Fezensac, & fut reçu le 3. mai de la même année. (2)

(2) Pr. p. 145. & suiv.

3. 4. & 5. JEAN, GRATIEN & ANTOINE de Montesquiou, légataires par le testament de leur pere du 13. mars 1608. (3)

(3) Pr. p. 116.

6. HENRY de Montesquiou, Ier. du nom, Seigneur d'Artagnan, qui suit.

7. Léonard de Montesquiou, aussi légataire de son pere, par son testament du 13. mars 1608. (1) mourut *ab intestat* avant le 7. janvier 1637. (2)

(1) Preuves, page 116.
(2) Pr. p. 129.

8. Françoise de Montesquiou, nommée au testament de son pere du 13. mars 1608; (3) elle étoit alors fiancée au Seigneur de Castelmauron (Castelmore.)

(3) Pr. p. 116.

9. & 10. Jeanne & Andrée de Montesquiou, aussi nommées au testament de leur pere de 1608. (4)

(4) Ibidem.

X X.

Henry de Montesquiou, Ier. du nom, Seigneur d'Artagnan, fut nommé légataire de son pere, par son testament du 13. mars 1608; (5) fut fait Commandant du Château de Montaner, en Béarn, par Commission du Roy du 1er. avril 1628; (6) en fut fait Capitaine & Gouverneur le 25. janvier 1630; (7) pourvu le 16. août 1635. de la Charge de Lieutenant au Gouvernement de la Ville & Château de Bayonne & pays circonvoisins, y fut reçu le 3. décembre suivant; (8) & nommé Capitaine au Régiment d'Infanterie de Béarn le 25. novembre de la même année. (9) Il donna quittance à Arnaud, son frere, le 7. janvier 1637. de sa légitime & de la part qu'il avoit dans l'héritage de Léonard, son frere; (10) ratifia le 22. juin 1639. un accord passé le 7. février 1636. entre son épouse & Jean de Gassion, Président au Parlement de Navarre, son beau-frere relativement à sa dot, (11) dont il donna quittance au même Président le surlendemain; (12) eut Commission du Roi le 14. février 1644. de lever & commander l'une des 12. Compagnies chacune formée de 100.

(5) Ibidem.
(6) Pr. p. 127.
(7) Pr. p. 128.
(8) Ibidem.
(9) Ibidem.
(10) Pr. p. 130.
(11) Pr. p. 129.
(12) Pr. p. 130.

hommes de pied, qui devoient compoſer un Régiment dont M. de Gramont-Toulonjon fut fait Meſtre de Camp ; (1) donna procuration à ſon épouſe le 20. juin 1665. pour paſſer le contrat de mariage de Marie, leur fille ; (2) & mourut avant le 6. novembre 1670. après avoir fait ſon teſtament. (3) Il eſt rappellé dans deux actes des 29. ſeptembre 1685. (4) & 6. octobre 1687. (5) rapportés aux articles de Henry & de Pierre, ſes fils.

Femme, JEANNE DE GASSION, fille de Jacques de Gaſſion, Préſident au Parlement de Navarre, & de Marie d'Eſclaux (a), (6) mariée par contrat du . . . . 1632, (7) paſſa le 7. février 1636. avec Jean de Gaſſion, Préſident en la même Cour, ſon frere, relativement à ſa dot, un accord que ſon mari ratifia les 26. mars 1638. & 22. juin 1639. (8) Cette dot fut payée le ſurlendemain. (9) Son mari lui donna le 20. juin 1665. ſa procuration pour aſſiſter, en ſon nom, au contrat de mariage de Marie, leur fille ; (10) paya à Henry, ſon fils, ſa légitime & le legs à lui fait par le teſtament de ſon mari, en reçut quittance le 6. novembre 1670. (11) & mourut avant le 29. ſeptembre 1685. (12)

1. HENRY de Monteſquiou, Seigneur d'Artagnan, qui ſuit.

2. N. de Monteſquiou, pere de M. d'Artagnan de Beuſte & de M. l'Abbé d'Artagnan, légataires par le teſtament de M. le Maréchal de Monteſquiou, leur oncle, du 20. ſeptembre 1723. (13)

3. PIERRE de Monteſquiou, Comte d'Artagnan, Maréchal de France, Général des Armées du Roi, Chevalier de

(1) Preuves, page 130.

(2) Pr. p. 131.

(3) Ibidem.

(4) Pr. p. 172.
(5) Ibidem.

(a) Elle étoit ſœur du Maréchal de Gaſſion. Hiſt. des Gr. Off. de la Couronne, tom. 7. pag. 178. & 538. C.
(6) Pr. p. 130.
(7) Pr. p. 129.
(8) Ibidem.
(9) Pr. p. 130.

(10) Pr. p. 131.

(11) Ibidem.
(12) Pr. p. 132.

(13) Pr. p. 143.

Ses Ordres, Gouverneur de la Ville & Citadelle d'Arras, Lieutenant Général de la Province d'Artois, Directeur Général de l'Infanterie, Commandant en Bretagne, & Conseiller au Conseil de Régence, servit sans interruption dans toutes les guerres du Roi Louis XIV. depuis 1665. se trouva à 10. Batailles, à 8. Combats & à 21. Siéges; commanda en chef dans 12. Actions; (1) fut fait Maréchal de France le 15. septembre 1709; (2) commanda l'Armée de Flandres avec M. le Maréchal de Villars, les trois années suivantes; donna en 1712. le projet de l'attaque du Camp de Denain & décida le succès de cette journée, (3) (qui fut le salut de la France.) (4) Il fit son testament olographe le 20. septembre 1723. & par cet acte, dont il nomma exécuteurs son épouse, Louis d'Artagnan, Abbé de Sordes, son frere, & (Joseph) Comte d'Artagnan, son cousin germain, fit des legs à 4. de ses sœurs, Religieuses, à Louis de Montesquiou, fils puîné de Henry, son frere, (auquel il avoit donné le 6. octobre 1687. ses droits sur la légitime de leur mere,) (5) à son neveu de Beuste, avec substitution à son frere puîné, destiné à l'Eglise; à Madame d'Altermat, sa niece, ordonna le payement de la dot qu'il avoit constituée à Jeanne de Montesquiou, son autre niece, nomma son légataire universel Paul de Montesquiou, son neveu, fils aîné de Henry, son frere, & lui substitua Louis, qu'on vient de nommer, & Pierre, frere puîné du même Paul. (6) Il fut nommé Chevalier des Ordres du Roi le 2. février de l'année 1724. fit ses Preuves de Noblesse le même jour & devant les mêmes Commissaires que M. le Comte d'Artagnan, son cousin germain, c'est-à-dire le 27. avril suivant, & fut reçu, ainsi que lui, le 3. mai 1724. (7) Il mourut sans enfans au

(1) Preuves, page 167. & suiv.
(2) Pr. p. 133. & 134.

(3) Pr. p. 173. & 174.
(4) Abrégé Chronologique de l'Histoire de France, par le Président Henaut, in 12. 1768. t. 2. p. 927.

(5) Pr. p. 132. & 133.

(6) Pr. p. 143. & 144.

(7) Pr. p. 166. & suiv.

Pléssis-Piquet, près de Saulx, le 12. août 1725. âgé de 85.
ans, & y fut inhumé le surlendemain. (1)

Femme, CATHERINE-ELIZABETH L'HERMITE-D'HIÉVILLE,
fille & héritiere de François l'Hermite, Chevalier, Seigneur & Patron d'Hiéville, Montchamps, Mezy & autres
lieux, & de Catherinne d'Angennes, son épouse; mariée par
contrat du 23. mars 1700. passé en la présence & de l'agrément du Roi & des Princes & Princesses de la Maison
Royale. Ce contrat est inséré dans les Preuves de son mari; (2)
fut nommée exécutrice de ses dernieres volontés du 20.
septembre 1723. (3) Elle transigea le 23. avril 1729. avec
Paul de Montesquiou, Comte d'Artagnan, neveu & légataire de son mari, relativement à leurs prétentions respectives
sur sa succession; (4) & assista au contrat de mariage de Pierre
de Montesquiou, autre neveu de son mari, du 21. janvier
1739. (5)

(2) Pr. p. 179.

(3) Pr. p. 143.

(4) Pr. p. 132.

(5) Pr. p. 188.

4. LOUIS de Montesquiou, Abbé de Sordes, d'Artous &
de Mazan, donna procuration le 29. septembre 1685. à
Henry, son frere, pour demander le payement de sa légitime;
(6) produisit au nom du Maréchal de Montesquiou, son frere,
les Titres de la Preuve faite par Louis de Montesquiou, leur
neveu, pour les Etats d'Artois; (7) fut exécuteur du testament
du même Maréchal, son frere, du 20. septembre 1723.
(8) assista à son enterrement le 14. août 1725; (9) & au
contrat de mariage de Paul, son neveu, fils de Henry, son
frere du 26. septembre 1726. (10)

(6) Pr. p. 135.

(7) Pr. p. 134.
& suiv.

(8) Pr. p. 143.

(9) Pr. p. 182.

(10) Pr. p. 183.

5. MARIE de Montesquiou épousa Jacques (d'Antin)
Baron de Sauveterre. Les articles de son mariage furent

réglés le 21. avril 1665. & son pere donna procuration à sa mere le 20. juin suivant pour les rédiger en contrat. [1]

(1) Preuves, page 131.

X X I.

HENRY de Montesquiou II. du nom, Chevalier, Comte d'Artagnan, donna quittance à sa mere le 6. novembre 1670. de sa légitime & d'un legs à lui fait par le testament de son pere; [2] déclara dans les articles de son mariage du 18. février 1671. qu'il apportoit en dot les sommes qui en étoient provenues; [3] acquit le 18. novembre 1681. une maison sise à Moncaup, en Béarn; [4] eut procuration de Louis, son frere le 29. septembre 1685. pour le faire payer de sa légitime. [5] Pierre, son autre frere, lui fit donation le 6. octobre 1687. de ses droits sur la légitime de leur mere; [6] & mourut avant le 13. octobre 1696. [7] Il est rappellé avec son épouse au contrat de mariage de Paul, leur fils aîné, du 26. septembre 1726; [8] & dans une transaction passée le 14. septembre 1731. entre leurs enfans sur le partage de leurs successions. [9]

(2) Ibidem.
(3) Ibidem.
(4) Pr. p. 132.
(5) Ibidem.
(6) Pr. p. 132. & 133.
(7) Pr. p. 133.
(8) Pr. p. 183.
(9) Pr. p. 185. & 186.

Femme, RUTH DE FORTANER DE MONTCAUP, fille & héritiere de (Theophile) de Fortaner, Seigneur de Montcaup & de Madelene de la Puyade. Les articles de leur mariage furent arrêtés le 18. février 1671; [10] elle acquit le 13. octobre 1696. une maison située à Montcaup; [11] & est nommée avec son mari dans les actes des 26. septembre 1726. [12] & 14. septembre 1731 [13] mentionnés à son article.

(10) Pr. p. 131.
(11) Pr. p. 133.
(12) Pr. p. 183.
(13) Pr. p. 185. & 186.

1. PAUL II. de Montesquiou, Comte d'Artagnan, qui suit.

2. LOUIS de Montefquiou , Comte de Montefquiou ; Seigneur de Maupertuis, de la Barre , &c. Prince de Raches , s'engagea, par fon contrat de mariage du 3. février 1713. de prendre cette derniere qualité ; il étoit alors Colonel d'un Régiment d'Infanterie ; [1] fit le 13. août fuivant Preuves de Nobleffe pour être reçu aux Etats d'Artois , devant MM. les Marquis de Crequy-Hemont & de Monchy, & M. le Baron du Pire , Commiffaires de la Nobleffe des mêmes Etats. [2] Entre les actes produits pour ces Preuves, qui furent communiqués par M. le Maréchal de Montefquiou , fon oncle , fe trouvent des copies de la Généalogie des Comtes de Gafcogne & de Fezenfac , [3] du manufcrit du 14ᵉ. fiecle, qui énonce la defcendance de la Maifon de Montefquiou des Comtes de Fezenfac, [4] & de la donation à l'Eglife de Fremozens, faite à la Métropole d'Auch , par Arfieu de Montefquiou, fils de Raymond-Aimery qui étoit frere de Guillaume-Aftanove , Comte de Fezenfac ; [5] lefquels actes ont été imprimés d'après les originaux dans les Preuves de la préfente Généalogie. [6] Il étoit Cornette de la 1ere. Compagnie des Moufquetaires du Roi le 20. feptembre 1723. que M. le Maréchal de Montefquiou, fon oncle, lui fit un legs de 50000. livres à prendre fur le Brevet de retenue de 150. mille livres que le Roi lui avoit accordé fur le Gouvernement d'Arras , le fubftitua à fon frere aîné ; dans le legs univerfel de fes biens , [7] & fe trouva à fon enterrement au 14. août 1725. [8] Il étoit Enfeigne de la même Compagnie le 26. feptembre 1726. qu'il affifta au contrat de mariage de Paul , fon frere , [9] & en étoit Sous-Lieutenant le 14. feptembre 1731. qu'il tranfigea avec fes freres, fur le partage des fucceffions de leurs pere & mere. [10]

(1) Preuves, page 135.

(2) Pr. p. 134. & fuiv.

(3) Pr. p. 139.

(4) Pr. p. 141.

(5) Pr. p. 140.

(6) Pr. p. 1. 2. & 2.

(7) Pr. p. 143.

(8) Pr. p. 183.

(9) Ibidem.

(10) Pr. p. 185. & 186.

II

Il étoit Maréchal de Camp le 6. avril 1735. qu'il fit fon teftament, par lequel il fit des legs à Paul, fon frere, à Marie, fa fœur, à un fien fils naturel, & inftitua fon léga-taire univerfel Pierre, fon autre frere ; (1) & mourut avant le 30. janvier 1737. que fes légataires déclarerent s'abftenir de fa fucceffion, pour s'en tenir aux avantages qu'il leur avoit faits par fon teftament. (2) *Voyez fes fervices dans l'Hiftoire des Grands Officiers de la Couronne. T. 7. p. 278. & 279.*

(1) Preuves ; page 187.

(2) Pr. p. 187. & 188.

Femme, LOUISE-ALPHONSINE DE BERGHES, Princeffe de Raches, Dame de Boubers-fur-Canche, mariée par contrat du 3. février 1713. (3)

(3) Pr. p. 135.

Fils naturel de Louis de Montefquiou, Comte de Montefquiou.

Louis-Joachim de Montefquiou, baptifé en l'Eglife de S. Sulpice à Paris le 20. mars 1727., vivant le 6. avril 1735. (4)

(4) Pr. p. 187.

3. PIERRE de Montefquiou, Comte de Montefquiou, rapporté avec fa poftérité, après celle de fon frere aîné.

4. MARIE de Montefquiou, mariée à Urs d'Altermat, Maréchal des Camps & Armées du Roi, Infpecteur Général d'Infanterie, & Capitaine de la Compagnie générale des Suiffes, fut nommée légataire de M. le Maréchal de Mon-tefquiou, fon oncle, par fon teftament du 20. feptembre 1723 ; (5) affifta, étant veuve, au contrat de mariage de Paul, fon frere, du 26. feptembre 1726 ; (6) fut mareine de Jofeph, fon neveu, fils de fon même frere, le 8. août 1727 ; (7) tranfigea avec lui & fes autres freres & fa fœur le 14.

(5) Pr. p. 144.
(6) Pr. p. 183.
(7) Pr. p. 184.

L

feptembre 1731. fur fes droits dans les fucceffions de leurs

(1) Preuves, pag. 185. & 186.
pere & mere; (1) fut faite légataire de Louis, fon autre
(2) Pr. p. 187. frere, par fon teftament du 6. avril 1735; (2) renonça le 30.
(3) Pr. p. 187. & 188. avril 1737. à fa fucceffion pour s'en tenir à ce legs, (3) &
affifta au contrat de mariage de Pierre, fon 3e. frere, du
(4) Pr. p. 188. 21. janvier 1739. (4)

5. JEANNE de Montefquiou, femme de Pierre Gaignat-de S. Andiol-de-la Couronne, Baron de Longny, Vicomte de Regmalar. Le Maréchal de Montefquiou, fon oncle, promit, par fon contrat de mariage, de lui donner la fomme de 36000. liv. dont il ordonna le paiement par fon teftament
(5) Pr. p. 143. du 20. feptembre 1723. (5) Elle mourut avant le 14. fep-
(6) Pr. p. 185. tembre 1731. (6)

6. 7. 8. & 9. *N. N. N. & N.* Religieufes, la 1ere. à Eftrun près d'Arras, la 2e. au Val-de-Grace à Paris, & les deux autres en Béarn, légataires par teftament du Maréchal
(7) Pr. p. 144. de Montefquiou, leur oncle, du 20. feptembre 1723. (7)

X X I I.

PAUL de Montefquiou II. du nom, Seigneur & Patron d'Artagnan, Toftes, le Pleffis & autres lieux, appellé Comte d'Artagnan, Meftre de Camp d'Infanterie, Brigadier des Armées du Roi, Chevalier de l'Ordre de S. Louis, (*dont les fervices font rapportés dans l'Hiftoire des Grands Officiers de la Couronne. T. 7. p. 479.*) fut fait légataire univerfel du Maréchal de Montefquiou, fon oncle, par fon teftament du
(8) Pr. p. 143. 20. feptembre 1723; (8) affifta à fon enterrement le 14.
(9) Pr. p. 182. & 183. août 1725; (9) fut affifté en fon contrat de mariage du 26.

septembre 1726. de M. l'Abbé de Montefquiou, fon oncle ;
de Louis & de Pierre de Montefquiou, fes freres, & de
Marie, fa fœur ; (1) paffa une tranfaction le 23. avril 1729.
avec la veuve de M. le Maréchal de Montefquiou, fon oncle,
fur des différens mûs entr'eux. Il y eft dit fon héritier pour les
biens fitués en Normandie, & fon légataire univerfel de ceux
qui étoient dans les autres Coutumes ; (2) paffa le 14. feptembre 1731. une autre tranfaction avec fes mêmes freres &
fœurs, fur leurs droits dans les fucceffions de leurs pere &
mere, qu'ils lui cederent moyennant une fomme d'argent ; (3)
fut inftitué légataire univerfel de Louis, fon frere, par fon
teftament du 6. avril 1735 ; (4) renonça le 30. janvier
1737. à fa fucceffion & s'en tint à ce legs ; (5) affifta au
contrat de mariage de Pierre, fon frere, du 21. janvier
1739 ; (6) tranfigea le 11. octobre 1749. avec fon beau-
frere, fur la fucceffion de fon beau-pere ; (7) & mourut le
25. novembre 1751. (8) eft rappellé dans l'inventaire des
biens de fon époufe, fait à la requête de leurs fils, le 8.
octobre 1755. (9) & dans la liquidation & partage de leurs
fucceffions, faits les 16. janvier & 9. février 1761. entre
leurs mêmes fils. (10)

Femme, ANNE-ELIZABETH FILLEUL-DE PONTS, fille de
Pierre Filleul, Ecuyer, Seigneur & Patron de Ponts, Berniere,
Jors, Pierrefitte, Ste. Honorine-la Guillaume, & d'Elizabeth
Maffon, fon époufe, mariée par contrat du 26. feptembre 1726 ;
(11) ftipula avec fon mari dans la tranfaction qu'il paffa le 11.
octobre 1749. avec Pierre-Antoine Filleul, Chevalier, Seigneur de Ponts, &c. fon frere, fur le partage de la fucceffion

(1) Preuves, page 183.

(2) Pr. p. 184.

(3) Pr. p. 185. & 186.

(4) Pr. p. 187.

(5) Ibidem.

(6) Pr. p. 189. & 190.

(7) Pr. p. 189. & 190.

(8) Pr. p. 197.

(9) Pr. p. 192.

(10) Pr. p. 197. & 198.

(11) Pr. p. 183.

de fon pere; (1) & mourut le 2. octobre 1755. (2) Elle eft rappellée dans l'inventaire de fes biens du 8. octobre 1755 ; (3) & dans la liquidation & partage qui en fut fait les 16. janvier & 9. février 1761. ainfi que de ceux de fon mari, entre leurs fils (4)

(1) Preuves, pag. 189. & 190.
(2) Pr. p. 197.
(3) Pr. p. 192.
(4) Pr. p. 197.

1. Joseph-Paul de Montefquiou-Fezenfac, Comte d'Artagnan, qui fuit.

2. Louis de Montefquiou-Fezenfac, Chevalier-Commandeur des Ordres Royaux & Militaires de Notre Dame de Mont-Carmel & de S. Lazare de Jérufalem; Colonel d'Infanterie, Capitaine au Régiment des Gardes Françoifes, appellé Chevalier d'Artagnan, eft entré en 1751. dans le Régiment des Gardes Françoifes; étoit Enfeigne de Grenadiers le 8. octobre 1755. qu'il a fait faire, avec fon frere aîné, l'inventaire des biens de leur mere; (5) Sous-Lieutenant les 16. janvier & 9. février 1761. qu'il a liquidé & partagé avec lui les fucceffions de leur pere & mere; (6) étoit Lieutenant le 9. mai 1771. qu'il a eu Commiffion pour tenir rang de Colonel d'Infanterie; (7) a été nommé Capitaine en 2ᵈ. d'une Compagnie de Grenadiers le 31. août 1777; (8) & Capitaine-Commandant de Grenadiers avant le 16. avril 1780. datte d'une lettre du Roi à M. le Maréchal de Biron, pour le faire reconnoître en cette qualité; (9) a ajouté à fon nom celui de Fezenfac en vertu de la permiffion du Roi du 9. novembre 1777; (10) il a été reçu le 17. juillet 1779. Chevalier de l'Ordre de Saint Lazare, (11) après avoir fait Preuves de 8. Races de Nobleffe paternelle, & eft nommé

(5) Pr. p. 192.
(6) Pr. p. 197. & 198.
(7) Pr. p. 203.
(8) Ibidem.
(9) Ibidem.
(10) Pr. p. 204.
(11) Archives de l'Ordre de S. Lazare.

avec son frere & ses autres parens dans l'Arrêt du Parlement
de Paris du 3 1. juillet 178 3. par eux obtenu contre les Sieurs
la Boulbene. (1)

(1) Preuves;
page 211.

X X I I I.

JOSEPH-PAUL de Montesquiou-Fezensac, appellé Comte
d'Artagnan, est né le 7. août 1727. (2) Il étoit Sous-Lieutenant dans le Régiment des Gardes Françoises le 2. juin
1753. qu'il a été nommé à l'Ordre de S. Louis, (3) auquel
il a été reçu le 8. suivant; (4) a fait faire avec son frere
le 8. octobre 1755. l'inventaire des biens de leur mere ; (5)
a liquidé & partagé avec lui sa succession, ainsi que celle de
leur pere, les 16. janvier & 9. février 1761; (6) a joint à
son nom celui de Fezensac en conséquence de la permission du
Roi du 9. novembre 1777 ; (7) a assisté au contrat de mariage
d'Anne-Louise-Hyacinthe-Augustine de Montesquiou-Fezensac, sa niece à la mode de Bretagne, du 3 1. janvier & jours
suivans 1779 ; (8) & a obtenu avec ses parens le 3 1. juillet
1783. un Arrêt contre les Sieurs *la Boulbene* (9)

(2) Pr. p. 184.

(3) Pr. p. 191.
(4) Ibid. & 192.
(5) Pr. p. 192.
(6) Pr. p. 197.
& 198.
(7) Pr. p. 204.
(8) Pr. p. 207.
(8) Pr. p. 212.

X X I I.

PIERRE de Montesquiou, Seigneur de Maupertuis, Fon-
taine-Archer, & autres lieux, Lieutenant Général des Armées
du Roi, Premier Sous-Lieutenant de la 1ere. Compagnie des
Mousquetaires de Sa Garde, Gouverneur du Fort-Louis du
Rhin, Chevalier de l'Ordre de S. Louis, appellé Comte de
Montesquiou, 3e. fils de Henry de Montesquiou II. du nom,
Comte d'Artagnan, & de Ruth de Fortaner, son épouse,
servit constamment dans cette Compagnie & porta d'abord

le titre de Chevalier d'Artagnan. Il étoit Maréchal des Logis
& Aide-Major le 20. feptembre 1723. que le Maréchal de
Montefquiou, fon oncle, le fubftitua à fes freres aînés dans
le legs univerfel de fes biens, & lui affura la jouiffance,
(1) Preuves, après fa mort, d'une rente viagere de 2000. livres; (1)
pag. 143. & 144. étoit Aide-Major & Meftre de Camp de Cavalerie le 14.
(2) Pr. p. 183. août 1725. qu'il affifta à fes obféques; (2) fut fait Cornette le
(3) Pr. p. 265. 25. janvier 1726; (3) comparut le 26. feptembre fuivant au
(4) Ibidem. contrat de mariage de Paul, fon frere aîné; (4) fut nommé
(5) Pr. p. 265. Enfeigne le 9. février 1729; (5) fut repréfenté par procureur
dans une tranfaction qu'il paffa avec fes freres, & Madame
d'Altermat, fa fœur, le 14. feptembre 1731. fur leurs droits
(6) Pr. p. 185. dans les fucceffions de leurs pere & mere; (6) fut fait léga-
& 186. taire univerfel de fon frere Louis, par fon teftament du 6.
(7) Ibid. & 187. avril 1735, (7) renonça le 30. janvier 1737. à fa fucceffion
(8) Pr. p. 187. & s'en tint à ce legs; (8) fut fait Sous-Lieutenant le 24. mai
& 188.
(9) Pr. p. 265. 1738; (9) Brigadier de Cavalerie le 1er. janvier 1740; (10)
(10) Ibidem. Maréchal de Camp le 2. mai 1744; (11) Lieutenant Général
(11) Ibidem.
(12) Ibidem. le 11. mai 1748; (12) & Gouverneur du Fort-Louis du
(13) Pr. p. 264. Rhin le 25. avril 1751. (13) Il fit le 5. juillet 1752. fon
teftament olographe, par lequel il inftitua fon légataire uni-
(14) Pr. p. 191. verfel fon fils unique, & chargea fon époufe de fa tutelle; (14)
il mourut le 18. juillet 1754. Il eft rappellé dans le contrat
de mariage de fon même fils du 12. avril & jours fuivans
(15) Pr. p. 195. 1760; (15) & dans celui d'Anne-Louife-Hyacinthe-Auguftine,
(16) Pr. p. 207. fa petite fille, du 31. janvier & jours fuivans 1779. (16)

Femme, MARIE-LOUISE-GERTRUDE BOMBARDE-DE
BEAULIEU, fille de Pierre-Paul Bombarde-de Beaulieu, Seigneur de Sigognes, Montifon & autres lieux, Confeiller au

Grand Conseil, & de Marguerite-Françoife Doublet, mariée
par contrat paffé le 21. janvier 1739. de l'agrément du Roi,
de la Reine, de Monfeigneur le Dauphin, de Mefdames de
France & des Princes & Princeffes du Sang; (1) a été nommée tutrice de fon fils par le teftament de fon mari du 15.
juillet 1752; (2) & a affifté aux contrats de mariage de fon
même fils du 12. avril & jours fuivans 1760. (3) & d'Anne
Louife-Hyacinthe-Auguftine, fa petite fille, du 31. janvier & jours fuivans 1779. (4)

(1) Preuves, page 188.
(2) Pr. p. 191.
(3) Pr. p. 195.
(4) Pr. p. 205.

ANNE-PIERRE de Montefquiou-Fezenfac, Marquis de
Montefquiou, qui fuit.

XXIII.

ANNE-PIERRE DE MONTESQUIOU-FEZENSAC, appellé
Marquis de Montefquiou, Baron de Montefquiou, & en cette
derniere qualité l'un des premiers Barons d'Armagnac; &
Chanoine d'honneur de l'Eglife Métropolitaine d'Auch, Sei-
gneur de la Châtellenie-Pairie de Coulomiers, Maupertuis,
Touquin, Meilhan, Valentés & autres lieux, Chevalier des
Ordres du Roi, Maréchal de fes Camps & Armées, Premier
Ecuyer de MONSIEUR, Frere de Sa Majefté, Chevalier Com-
mandeur Chancelier Garde des Sceaux des Ordres Royaux,
Militaires & Hofpitaliers de Notre Dame du Mont-Carmel
& de St. Lazare de Jérufalem, Capitaine de la Capitainerie
Royale des Chaffes de Senart, eft né à Paris le 17. octobre
1739; (5) a été inftitué héritier de fon pere par fon tefta-
ment du 15. juillet 1752; (6) eft entré le 11. octobre fuivant

(5) Pr. p. 189.
(6) Pr. p. 191.

dans la 1ere. Compagnie des Moufquetaires, & y a fervi
jufqu'au 30. août 1754; (1) a été reçu, le 31. août 1754.
dans la Compagnie des Chevaux-Legers de la Garde du Roi,
& y a fervi jufqu'au 31. août 1756, (2) ayant été fait le
21. précédent Lieutenant réformé à la fuite du Régiment
Royal Pologne Cavalerie; (3) a été nommé Capitaine au
Régiment du Roi Cavalerie le 12. août 1757; (4) a eu
Commiſſion le 24. mars 1758. pour tenir rang de Colonel
dans les Troupes d'Infanterie, à l'effet de fervir dans les
Grenadiers de France; (5) a été fait Gentilhomme de la Manche de Monfeigneur le Duc de Bourgogne le 26. avril 1758;
(6) Aide Maréchal général des Logis furnuméraire de l'Armée
commandée par M. le Maréchal Prince de Soubife le 20. mars
1761; (7) Colonel-Lieutenant du Régiment Royal des
Vaiſſeaux le 30. novembre fuivant; (8) Chevalier de Saint
Louis le 15. février 1763; (9) Gentilhomme de la Manche
de Monfeigneur le Duc de Berri, (aujourd'hui le Roi,) de
Monfeigneur le Comte de Provence, (aujourd'hui Monsieur,) & de Monfeigneur le Comte d'Artois, le 21. août
1764; (10) Brigadier d'Infanterie le 20. avril 1768; (11)
pourvu le 1er. janvier 1771. de la Charge de Premier
Ecuyer de Monfeigneur le Comte de Provence, & en a prêté
le ferment entre fes mains le 5. mai fuivant; (12) nommé,
en 1774. par Monsieur, Grand Maître des Ordres Royaux
Militaires & Hofpitaliers de Notre Dame du Mont-Carmel
& de S. Lazare de Jérufalem, Chevalier des mêmes Ordres,
& reçu le 27. mars de l'année fuivante, après avoir fait Preuves
de 8. races de Nobleſſe paternelle, le 16. précédent. (13)
Au mois de Novembre 1777. le Roi ayant reconnu que la
defcendance

(1) Preuves, page 258.
(2) Pr. p. 193.
(3) Pr. p. 191.
(4) Pr. p. 194.
(5) Ibidem.
(6) Ibidem.
(7) Pr. p. 199.
(8) Ibidem.
(9) Pr. p. 200.
(10) Ibid. & 201.
(11) Pr. p. 202.
(12) Ibid. & 203.
(13) Pr. p. 260.

TABLE GÉNÉALOGIQUE DE LA MAISON DE MONTESQUIOU-FEZENSAC.

GARSIE-SANCHE, dit le Courbé, Duc de Gascogne partagea son Duché entre ses trois fils. Page 3. de la Généalogie précédente.

I.
- SANCHE-GARSIE Duc de Gascogne, *qui a continué la postérité des Ducs de Gascogne.* P. 3.
- GUILLAUME-GARSIE Comte de Fezensac donna vers l'année 926. à l'Église Métropolitaine d'Auch, celle de S. Jean d'Espais. P. 3. & 4.
- ARNAUD-GARSIE *Comte d'Astarac, Tige des Comtes d'Astarac.* P. 3.

II.
- OTHON ou ODON, surnommé Falta, Comte de Fezensac, donna après l'année 960. à la Métropole d'Auch l'Église de S. Jean & de S. Martin de Berdale. P. 4.
- BERNARD de Fezensac, *dit le Louche, Comte d'Armagnac, Tige des Comtes d'Armagnac.* P. 4.
- FREDELON, *titré Comte dans une Charte postérieure à l'année 960.* P. 4.

III.
- BERNARD-OTHON, surnommé MANCIUS-TINEA, Comte de Fezensac fonda vers 970. l'Abbaye de S. Gervais & S. Protais, nommée depuis S. Lupere, Pag. 5.

IV.
- AIMERY I. Comte de Fezensac signa avec les Comtes de Bigorre, d'Armagnac & de Pardiac, la Charte de fondation de l'Abbaye de S. Pé de Generez, d'environ 1030. P. 5. & 6.
- *N. de Fezensac, femme d'Arnaud de Preneron.* P. 5.

V.
- GUILLAUME-ASTANOVE Comte de Fezensac qui continua la postérité des COMTES DE FEZENSAC. P. 6.
- RAYMOND-AYMERY de Fezensac, premier Seigneur de Montesquiou, fut l'un des grands Seigneurs (PROCERES) du Comté de Fezensac, qui accordèrent en 1086. des privileges à l'Abbaye de S. Lupere. P. 6. 7. 8. & 9. Il épousa AURIANE DE LA MOTTE, Dame de l'Aleu de Fremozens. P. 10.

VI.
- ARSIEU I. dit le Vieux, Seigneur de Montesquiou, donna à l'Église d'Auch avant 1096. celle de Fremozens, & vers cette derniere époque les droits qu'il avoit sur celles de S. Martin de Berdale & d'Angles. Pag. 10. & 11.

VII.
- BERTRAND Seigneur de Montesquiou, fut témoin d'une Sentence prononcée vers 1145. sur les limites des paroisses de la Métropole & de S. Orens d'Auch. P. 11. & 12. Il épousa N. DE LA BARTHE, sœur de Geraud Evêque de Toulouse, puis Archevêque d'Auch. P. 12.
- *BERNARD Evêque de Tarbes vers 1141.* P. 11.

VIII.
- RAYMOND-AIMERY II. Seigneur de Montesquiou, d'Estipouy, d'Aselens, de Berdale, de Villeneuve, &c. engagea sa Terre de Villeneuve à l'Abbaye de Berdoues en 1151. fit la guerre à Geraud Seigneur d'Arbeisan qui le fit prisonnier avant 1163. fit le voyage de Jerusalem vers 1190. & vivoit encore en 1202. qu'il fit une donation à l'Abbaye de Gimont P. 12. & 13. Il épousa PICTAVINE DE MARRAST. P. 13.

IX.
- RAYMOND-AIMERY *Seigneur de Montesquiou, mort sans postérité en 1204.* P. 13.
- ARSIEU II. Chevalier, Seigneur de Montesquiou, de Sansospouy, de Paders, de Serres, de Belloc &c. fit des donations aux Abbayes de Berdoues & de l'Escale-Dieu en 1210. 1211. 1220. & 1245. engagea à la 1re. en 1212. des biens pour subvenir aux dépenses qu'exigeoit le voyage qu'il se proposoit de faire en Espagne contre les Sarrasins, & vivoit au mois de Juin 1259. P. 14. & 15.
- *Braiac, vivante en 1210.* P. 13.

X.
- RAYMOND-AIMERY III. Chevalier, Baron de Montesquiou, Seigneur d'Hauterive, Estipouy, Saintrailles, Riguepeu, Castelnau-d'Angles, Poylobon, Marsan, S. Jean, &c. qualifié *Noble Baron*, confirma & fit des donations de biens à la Métropole d'Auch, à l'Abbaye de Berdoues & aux Templiers de Borderes en Bigorre en 1258. 1266. 1267. & 1279. testa le 16. aoust 1300. & mourut avant le 5. septembre 1318. Pag. 15. & 16. Il épousa 1°. ALPAIS DE BAZILLAC, P. 16. 2°. LONGUE DE MONTAUT *alias* DE BIRAN. P. 17.
- *Autres enfans rapportés.* P. 15.

XI.
- 1er. Lit. GENSES I. Damoiseau, Baron de Montesquiou & d'Angles, Seigneur d'Estipouy, d'Hauterive, de Saintrailles, de Riguepeu, de Castelnau-d'Angles, de Poylobon, de Marsan, &c. qualifié *Noble & puissant Seigneur*, fut institué héritier universel de son pere en 1300. & mourut avant le 1er. septembre 1346. P. 19 & 20. Il épousa en 1291. COMTESSE D'ANTIN, Dame en partie de Tile. P. 20.
- Lit incertain. *OTHON ou ODON, TIGE DE LA BRANCHE DES SEIGNEURS DE MASSENCOME, DE MONTLUC, &c.* P. 17. & 18.
- *Pillavin successivement Evêque de Bazas, de Maguelonne & d'Alby, & Cardinal, mort en 1356.* P. 18.
- *Autres enfans rapportés.* Pag. 17. 18. & 19.

XII.
- RAYMOND-AIMERY IV. Baron d'Angles, Sire de Montesquiou, Seigneur de Marsan, &c. Chevalier Banneret, Capitaine de Montréal, qualifié *Noble & puissant Baron*, servit dans les guerres de Gascogne en qualité de Chevalier Banneret en 1347. & 1355. & mourut avant le 1er. Janvier 1379. (vieux style) P. 21. & 22. Il épousa BELLSOART D'ASPET. P. 22.
- *AUDE.* P. 21.

XIII.
- ARSIEU III. Chevalier, Baron d'Angles, Seigneur de Montesquiou, de Marsan, de Marsac, de Bazian, &c. qualifié *Noble & puissant Homme*, servit en 1355. dans les guerres de Gascogne avec une Compagnie de Gendarmes & de pied, &c. testa le 5. Juin 1387. P. 22. & 23. Il épousa 1°. CONSTANCE D'ANDOUINS, morte sans enfans. P. 23. 2°. MARGUERITE DE L'ISLE. P. 24.
- *Enfans naturels. Odet & Odette, vivans en 1340.* P. 22.

XIV.
- GENSES II. de Montesquiou, qualifié *Noble & puissant*, mort avant son pere, P. 24. Il épousa en 1359 CONSTANCE DE CASTELBAYAC. P. 25.

. . .
- ARSIEU IV. Chevalier, Baron de Montesquiou & d'Angles, Seigneur d'Estipouy, de Marsan, de Bazian, &c. qualifié *Noble & puissant Baron*, fut fait légataire de son ayeul, par son testament de l'année 1387; obtint en 1405. des Lettres Royaux pour faire contraindre ses vassaux nobles de la Baronnie de Montesquiou de lui faire hommage; testa le 17. février 1426. (vieux style) & mourut avant le 18. avril suivant. P. 25. & 26. Il épousa GAILLARDE D'ESPAGNE-MONTESPAN, Dame de Salles, en Lauragais. P. 26. & 27.
- *Autres enfans rapportés.* P. 25.

XVI.
- *ARSIEU V. Chevalier, Seigneur de Montesquiou, Baron d'Angles, &c. qualifié cousin de Jean IV. Comte d'Armagnac, dans des Lettres du 23. décembre 1432.* P. 27. & 28. *mort sans postérité mâle.*
- BERTRAND qualifié *Noble & puissant Homme*, lequel a continué la branche des Barons de Montesquiou, & est la tige d'un Rameau éteint à la fin du 16e. siecle & des Seigneurs de Poylobon, dont il ne reste que M. l'Abbé de S. Martial de Limoges. P. 28. & 29.
- *ROGER Seigneur de Marsac, mort avant le 7. Juillet 1471. Tige des Barons de Marsac, Seigneurs de Deveze, de la Barthe, &c. éteints à la fin du 16e. siecle.* P. 29. & 30.
- BARTHELEMY de Montesquiou, Chevalier Bachelier, Seigneur de Marsan & de Salles, qualifié NOBLE ET PUISSANT SEIGNEUR, servoit le Roi Charles VII. contre les Anglois en 1426. Il fit un codicile en 1479. & deux Testamens, dont le second est du 7. Juillet 1481. & mourut avant le 7 juillet 1483. P. 30. & 31. Il épousa 1°. MARGUERITE DE SINZ; & 2°. ANNE *alias* AGNÈS ou AGNETE DE GALARD. P. 32.
- *Jean, Archidiacre dans l'Église d'Auch en 1471.* P. 30.

XVII.
- 1er. Lit. BERTRAND de Montesquiou I. du nom de sa branche, Seigneur de Marsan, de Salles, de la Serre, &c. qualifié noble & puissant homme, fit son testament le 13. octobre 1486. & mourut avant le 20. novembre 1491. P. 39 & 40. Il épousa 1°. N. DE GOTH DE ROUILLAC, P. 40. 2°. GABRIELLE DE BELCASTEL. P. 41. & 42.
- 2e. Lit. MANAUD de Montesquiou, Seigneur de Salles, mourut avant le 27. décembre 1516. P. 61. 62. & 63. Il épousa par contrat du 19. Juin 1478. JACQUETTE *alias* JACQUEMETTE de Fontaines-de-Feudeilles. P. 63.
- *ARNAUD & JEAN L'AÎNÉ, vivans en 1479.* P. 32. & 33.
- *JEAN LE JEUNE, dit GALLARDON, Seigneur de Gelas & de Ludos, de Cumont & de Leyssaux, vivant en 1479. & années suivantes. Il est la Tige de 3. Branches, entr'autres de celle des Seigneurs de Saintrailles desquelles il ne reste qu'un Ecclésiastique.* P. 33. & 34.
- *MATTHIEU Seigneur du Vernet acquit le 27. décembre 1516. de Paul de Montesquiou son neveu, ses droits sur la Terre de Salles.* P. 34. & suiv.
- *ARSIVET qui se destinoit à l'Ordre de S. Jean de Jérusalem en 1496.* Pag. 38. & 39.
- *JEANNE alias JEANNELLE, GAILLARDE & MARGUERITE, alias MANGETTE vivantes en 1479. & années suivantes.* P. 39.

XVIII.
- 1er. Lit. PIERRE de Montesquiou, Seigneur de Marsan, fit son testament le 11. octobre 1520. & mourut avant le 24. février 1521. (vieux style) P. 42. & 43. Il épousa par contrat du 6. février 1493. (vieux style) AGNÈS *alias* AGNETE DE LUPÉ-DE MARABAT. Pag. 43.
- Cinq autres fils & deux filles morts sans alliance. P. 41.
- JEAN de Montesquiou, pere de FRANÇOIS mort sans postérité, & de deux filles. P. 63. 64. 65. & 66.
- PAUL Ier du nom *alias* PAULON de Montesquiou, Seigneur d'Artagnan en Bigorre, & Co-seigneur de Salles, Ecuyer du Roi de Navarre, mourut avant le 14. novembre 1555. P. 66. 67. & 68. Il épousa 1°. par contrat du 13. aoust 1524. JACQUEMETTE D'ESTAING, Dame d'Artagnan. Pag. 68. Et 2°. par contrat du 24. septembre 1545. CLAUDE DE TERSAC-DE MONTBERAUT. P. 68. & 69.
- ARNOUL de Montesquiou, *Seigneur du Vernet, de St. Léon, de Cassedieres, & obtint le 27. aoust 1567. un arrêt du Parlement de Toulouse qui lui adjugea moitié de la Terre de Salles; mais qui ne fut point exécuté par l'opposition que forma Jean de Montesquiou, Seigneur d'Artagnan, petit-fils de Manaud. Il mourut en 1590.* p. 36. & 37. *laissant deux fils, savoir 1°.* ROGER *alias* SIMON *Roger Vicomte de Sadirac, mort en 1605. pere de* FRANÇOISE *de Montesquiou Vicomtesse de Sadirac, mariée à* BERNARD DE MIOSSENS, *Seigneur de Sensacq*, p. 37. & 38. 2°. PAUL *alias* JEAN-PAUL, TIGE DE LA BRANCHE DES SEIGNEURS DU VERNET, DE PRECHAC ET DE GALIAX, *éteinte* 1715. P. 38.

XIX.
- FRANÇOIS de Montesquiou, *Seigneur de Marsan, céda à son frere la Seigneurie de la Serre le 19. janvier 1525. (v. st.) & mourut avant le 10. mars 1572.* P. 43. & 44.
- JEAN de Montesquiou, Seigneur de la Serre-lez-Marsan par la cession que lui fit son frere le 19. Janvier 1525. fit son testament le 6. février 1562. (v. st.) P. 44. 45. & 46. Il épousa JEANNE DE LASSERAN-DE LA SALLE DE CAUX. P. 46.
- JEAN de Montesquiou, Seigneur d'Artagnan, de Barbachin, d'Ansost & de Masons, obtint des lettres en forme de Requête civile contre l'arrêt du Parlement de Toulouse du 27. aoust 1567. qui avoit adjugé à Arnoul son oncle à la mode de Bretagne, la moitié de la terre de Salles; testa le 13. mars 1608. & mourut avant le 28. novembre suivant. P. 70. 71. 72. & 73. Il épousa par contrat du 15. novembre 1578. CLAUDE DE BAZILLAC. P. 73.
- *Trois autres fils, morts sans postérité.* P. 70.
- JEANNE *femme de Pierre de Lutran, Seigneur de la Terrade.* P. 70.

XX.
- *JEANNE de Montesquiou, Dame de Marsan, mariée à* JEAN DE SEVERE, *Seigneur de la Motte.* P. 44.
- BERTRAND de Montesquiou II. du nom, Seigneur de la Serre-lez-Marsan, fit son testament le 29. mars 1592. & mourut avant le 12. aoust 1593. P. 47. & 48. Il épousa 1°. par contrat du 19. avril 1559. JACQUEMETTE DE SOURBIER-DE TAYRAC, P. 48. 2°. par autre contrat du 11. févr. 1582. JEANNE DE MAIGNÉ-DE SALLENEUVE. P. 49.
- Trois autres fils, morts sans alliance & 4. filles, dont 2. mariées. P. 49.
- PAUL, vivant en 1590. P. 73.
- ARNAUD de Montesquiou, Seigneur d'Artagnan, de Masons & de Barbachin, testa le 25. février 1651. P. 73. & 74. Il épousa par contrat du 12. février 1618. ANNE DE LAMBÈS DE MARAMBAT. P. 74. Il fut pere de JOSEPH de Montesquiou, Comte d'Artagnan, reçu Chevalier des Ordres du Roi en 1714. mort sans postérité. P. 74.
- JEAN, GRATIEN & ANTOINE, vivans en 1608. P. 74.
- HENRY de Montesquiou I. du nom, Seigneur d'Artagnan, Capitaine & Gouverneur du Château du Montaner, Lieutenant au Gouvernement de la ville & château de Bayonne, mourut avant le 6. novembre 1670. P. 75. & 76. Il épousa en 1632. JEANNE DE GASSION, sœur du Maréchal de Gassion. P. 76.
- LEONARD, FRANÇOIS, JEANNE & ANDRÉE, vivans en 1608. P. 75.

XXI.
- 1er. Lit. JEAN de Montesquiou II. du nom, Seigneur de la Serre-lez-Marsan, fut nommé héritier de son pere par son testament du 29. mars 1592. & mourut le 16 mars 1624. P. 49. & 50. Il épousa par contrat du 9. novembre 1590. JEANNE DE SERRE-DE SOUBESSENS. P. 50.
- JEAN *alias* JEAN-JACQUES, Seigneur d'Hoheville en Lorraine, Capitaine au Régiment de Vaubecourt en 1598. P. 48. & 49.
- IIe. Lit. CATHERINE, vivante en 1592. P. 49.
- HENRY de Montesquiou I. du nom, Comte d'Artagnan, mourut avant le 13. octob. 1696. Il épousa par articles du 18 février 1671. RUTH DE FORTANER DE MONTCAUP. P. 79.
- N. de Montesquiou, pere de M. d'Artagnan-de Beuste & de M. l'Abbé d'Artagnan, vivans en 1713. P. 76.
- PIERRE Comte d'Artagnan, Maréchal de France, Général des Armées du Roi, Chevalier de ses Ordres (reçu le 3. Juin 1724.) mort le 12. aoust 1725. Sans enfans de Catherine-Elizabeth l'Hermite-d'Hyeville. P. 76. 77. & 78.
- LOUIS Abbé de Surdes, d'Arrous & de Masan, vivant en 1726. P. 78.
- MARIE, femme de JACQUES D'ANTIN, Baron de Sauveterre. P. 78. & 79.

XXII.
- BERTRAND de Montesquiou III. du nom, Seigneur de la Serre-lez-Marsan, Capitaine au Régiment de Vaubecourt, mourut avant le 6 mars 1637. P. 51. Il épousa par contrat du 14. mars 1625. CHARLOTTE DE SAVERE-DE MARSAN. P. 52. & 53.
- PIERRE Seigneur de Saint-Aubin, mourut avant le 28. Juin 1695. P. 50. Il épousa BERNARDE DE PADER, & en eut Jeanne, vivante en 1695. P. 51.
- Un autre fils & trois filles. P. 50. & 51.
- PAUL de Montesquiou II. du nom, Comte d'Artagnan, Seigneur & Patron d'Artagnan, Tostes, le Plessis, &c. Brigadier des Armées du Roi, mourut le 25. novembre 1751. Pag. 82. & 83. Il épousa par contrat du 26. septembre 1726. ANNE-ELIZABETH FILLEUL-DE PONTS, qui mourut le 2. oct. 1755. P. 83. & 84.
- LOUIS de Montesquiou Comte de Montesquiou, Seigneur de Maupertuis, Prince de Raches, Maréchal de Camp, mort avant le 30. janvier 1757. Sans enfans de LOUISE-ALPHONSINE DE BERGHES, Princesse de Raches. Pag. 80. & 81.
- PIERRE de Montesquiou Comte de Montesquiou, Seigneur de Maupertuis, Fontaine-Archer, &c. Lieutenant Général des Armées du Roi, &c. mort le 18. janvier 1754. P. 85. & 86. Il épousa par contrat du 21. janvier 1739 MARIE-LOUISE-GERTRUDE BOMBARDE-DE BEAULIEU. P. 86. & 87.
- MARIE, femme D'URS D'ALTERMAT, Maréch. de camp, Inspect. Gén. d'Infanterie, vivante en 1739. P. 81. & 82.
- JEANNE, mariée à PIERRE DE GAIGNAT, Baron de Longny, morte avant le 14. septemb. 1751. P. 82.
- Quatre autres filles Religieuses. P. 82.

XXIII.
- JEAN-FRANÇOIS de Montesquiou, Seigneur de la Serre-lez-Marsan, puis de Marsan, mourut avant le 28. juin 1695. P. 53. & 54. Il épousa par contrat du 23. février 1649. CATHERINE DE BEZOLLES-DE CRASTES. P. 54.
- JOSEPH-PAUL de Montesquiou-de Fezensac, Comte d'Artagnan, Sous-Lieutenant au Régiment des Gardes Françoises. P. 85.
- LOUIS de Montesquiou-Fezensac, Chevalier de l'Ordre de S. Lazare, Colonel d'Infanterie, Capitaine-Command. de Grenadiers au Rég. des Gardes Françoises. P. 84. & 85.
- ANNE-PIERRE de Montesquiou-Fezensac, Marquis de Montesquiou, Chevalier des Ordres du Roi, Chancelier de celui de S. Lazare, Premier Ecuyer de MONSIEUR, Maréchal de Camp. P. 87. 88. & 89. Il a épousé par contrat du 12. avril & jours suivans 1760 JEANNE-MARIE HOCQUART-DE MONTFERMEIL. P. 89. & 90.

XXIV.
- PIERRE de Montesquiou, Seigneur de Marsan, de la Serre & de Crastes, appellé Comte de Marsan, mourut le 28. juillet 1720. P. 55. & 56. Il épousa par contrat du 24. may 1698. JACQUETTE DE BOUSSOST-DE CAMPELS, Dame de Leymont, de Baset, de Castera & de Sadournin. P. 55. & 56.
- PHILIPPE, Seigneur de Leyssaux, testa le 27. aoust 1711. Pag. 55.
- HENRY Brigadier des Armées du Roi, Commandant pour Sa Majesté en la Citadelle de Perpignan, mort avant le 14. may 1749. P. 55.
- ELIZABETH-PIERRE de Montesquiou-Fezensac, appellé Baron de Montesquiou, Sous-Lieutenant au Régiment Dauphin Dragons, Premier Ecuyer de MONSIEUR en survivance. P. 90. 91. Il a épousé par contrat du 1. janvier & jours suivans 1780. LOUISE-FRANÇOISE LE TELLIER-DE MONTMIRAIL. P. 91.
- HENRY de Montesquiou-Fezensac, appellé Comte Henry de Montesquiou, Capitaine-Colonel de la Compagnie des Suisses de la Garde de Monseigneur Comte d'Artois en survivance de M. le Vicomte de Monteil. P. 90.
- ANNE-LOUISE-HYACINTHE-AUGUSTINE de Montesquiou-Fezensac, mariée par contrat du 31. janvier & jours suivans 1779. à ANNE-FRANÇOIS DE LASTIC, appellé Marquis de Lastic. P. 90.

XXV.
- PHILIPPE de Montesquiou-de Fezensac, Comte de Marsan &c. Chef des nom & armes de sa Maison & en cette qualité TITRÉ COMTE DE FEZENSAC, a obtenu avec son frere, ses neveux & autres ses parens le 31. juillet 1783, un Arrêt du Parlement de Paris, qui a fait défenses aux sieurs *La Boulbene* de se dire issus par mâles de la Maison de Montesquiou. P. 56. & 57.
- MARC-ANTOINE de Montesquiou-Fezensac, Baron d'Aubiet, d'Aignan, &c. Chevalier de S. Louis, nommé Comte de Montesquiou-de Marsan, est mort le 18. octob. 1783. P. 58. & 59. Il a épousé par contrat du 9. février 1712. CATHERINE *alias* MARIE-CATHERINE DE NARBONNE, sœur de Jean-François, alors Comte & depuis Duc de Narbonne. P. 59. & 60.
- CATHERINE, mariée à FRANÇOIS D'ARROUX-D'ESTARBIELLES, Seigneur de Sariac, &c. vivante en 1760. P. 57. & 58.
- MARIE *alias* MARIE-FRANÇOISE femme de FRANÇOIS DE LARY DE LA TOUR, vivante en 1760. P. 58.
- JEAN-DENIS & FRANÇOISE Religieuse. P. 57. & 58.
- CHARLES-EUGÈNE de Montesquiou-Fezensac, né le 15. aoust 1782. P. 91.

XXVI.
- PHILIPPE-ANDRÉ-FRANÇOIS Vicomte de Montesquiou-Fezensac, Mestre de Camp en second du Régiment de Lyonnois, né le 30. novembre 1753. P. 60. & 61. a épousé par contrat du 1er. avril & jours suivans 1783. LOUISE-JOSEPHINE de Lalive-du Châtelet. P. 60. & 61.
- FRANÇOIS-XAVIER-MARC-ANTOINE de Montesquiou-Fezensac, né le 13. aoust 1754. Abbé de Beaulieu, désigné Agent-Général du Clergé. P. 60.
- FRANÇOIS-JOSEPH Chevalier de Montesquiou-Fezensac, Sous-Lieutenant des Gardes du Corps du Roi. P. 60.
- JEANNE-ANNE & MARIE-PHILIPPINE-JACQUELINE de Montesquiou-Fezensac. P. 60.

XXVII.
- RAIMOND-AIMERY-PHILIPPE-JOSEPH de Montesquiou-Fezensac, baptisé en l'Église de S. Sulpice à Paris, le 26. février 1784. P. 61.

defcendance de la Maifon de Montefquiou des Comtes de
Fezenfac étoit authentiquement juftifiée, a permis à l'aîné
de cette Maifon de s'appeller Comte de Fezenfac, & à
tous les autres d'ajouter à leur nom celui de Fezenfac,
comme leur nom véritable & originaire. (1) M. le Marquis
de Montefquiou a été pourvu par MONSIEUR le 20.
décembre 1778. de la Charge de Chancelier-Garde des
Sceaux des Ordres de Notre Dame du Mont-Carmel & de
S. Lazare, & en a prêté ferment entre Ses mains le même
jour; (2) s'eft démis le 21. novembre 1779. de la Charge
de Premier Ecuyer de MONSIEUR, à condition de furvivance
en faveur de fon fils aîné; (3) a affifté aux contrats de
mariage de fa fille aînée & de fon même fils des 31. janvier
& jours fuivans 1779. (4) & 2. janvier & jours fuivans
1780; (5) a été nommé Maréchal de Camp le 1er. mars
fuivant; (6) & a obtenu avec fes Parens le 31. juillet 1783.
un Arrêt du Parlement de Paris qui fait défenfes aux Sieurs
la Boulbene de prendre à l'avenir les nom & armes de la
Maifon de Montefquiou, & de fe dire directement ou indirectement iffus par mâles de cette Maifon, & autorife la
radiation du même nom dans tous les Regiftres & actes dans
lefquels ils pourroient l'avoir pris. (7) Il avoit été nommé
Chevalier des Ordres du Roi le 8. juin précédent, a fait
fes Preuves de Nobleffe devant M. le Maréchal Duc de
Duras, Pair de France, & M. le Maréchal de Levis, Chevaliers des mêmes Ordres, le 15. décembre fuivant, & a
été reçu le 1er. janvier 1784. (8)

Femme, JEANNE-MARIE HOCQUART-DE MONTFERMEIL,
fille de Jean-Hyacinthe Hocquart, Chevalier, Seigneur de

M

(1) Preuves, pag. 204.
(2) Pr. p. 204. & 205.
(3) Pr. p. 208.
(4) Pr. p. 205.
(5) Pr. p. 203. & 206.
(6) Ibidem.
(7) Pr. p. 211. & fuiv. Ces Preuves fe réduifent à fa jonction avec M. le Maréchal de Montefquiou, fon grand oncle, reçu Chevalier des mêmes Ordres en 1724.
(8) Pr. p. 257. & fuiv.

Montfermeil., de Coubron & autres lieux , & de Marie-Anne-
Françoife Gaillard-de la Bouexiere, (*a*) mariée par contrat
paffé le 12. avril & jours fuivans 1760. de l'agrément du
Roi, de la Reine, de Monfeigneur le Dauphin, de Madame
la Dauphine., de Mefdames de France , des Princes & Princeffes du Sang ; (1) elle a affifté aux contrats de mariage
de fa fille & de fon fils des 31. janvier & jours fuivans
1779. (2) & 2. janvier & jours fuivans 1780. (3)

(*a*) Elle a eu pour fœurs Madame la Comteffe de Coffé-Briffac , & Madame la Marquife d'Offun, toutes deux mortes.

(.1) Preuves, pag. 195. & fuiv.

(2) Pr. p. 205.
(3) Pr. p. 209.

1. ELIZABETH-PIERRE de Montefquiou-Fezenfac , Baron
de Montefquiou , qui fuit.

2. HENRY de Montefquiou-Fezenfac, nommé le Comte
Henry de Montefquiou, baptifé le 3. janvier 1768. (4) a
été préfent au contrat de mariage de fa fœur du 31. janvier
1779. (5) a été nommé Capitaine-Colonel de la Compagnie
des Suiffes de la Garde ordinaire de Monfeigneur Comte
d'Artois, en furvivance de M. le Vicomte de Monteil. (*a*)

(4) Pr. p. 201.

(5) Pr. p. 207.

(*a*) Gazette de France de 1784, u°. 25. pag 101.

3. ANNE-LOUISE-HYACINTHE-AUGUSTINE de Montefquiou-Fezenfac , mariée par contrat du 31. janvier & jours
fuivans 1779. à Anne-François de Laftic ; appellé Marquis
de Laftic, Capitaine au Régiment de Beaujolois Infanterie. (6)
a affifté avec fon mari au contrat de mariage de fon frere
aîné du 2. janvier & jours fuivans 1780. (7)

(6) Pr. p. 205. & fuiv.

(7) Pr. p. 209.

X X I V.

ELIZABETH-PIERRE de Montefquiou-Fezenfac , nommé
Baron de Montefquiou, Sous-Lieutenant au Régiment Dauphin Dragons ; a été pourvu le 5. décembre 1779. de la

Charge de Premier Ecuyer de MONSIEUR , en furvivance de fon pere , & en a prêté ferment le 8. fuivant ; (1) avoit été préfent au contrat de mariage de fa fœur , du 31. janvier précédent. (2)

Femme, LOUISE-FRANÇOISE LE TELLIER-DE MONT-MIRAIL-DE CREUZY, fille de Charles-François-Céfar le Tellier , Marquis de Montmirail , Seigneur de la Ferté-Gaucher , Capitaine-Colonel des Cent Suiffes de la Garde du Roi , Brigadier de Ses Armées , Meftre de Camp du Régiment Royal Rouffillon Cavalerie , & de Charlotte-Benigne le Ragois de Bretonvilliers , & fœur de Benigne-Auguftine-Françoife le Tellier de Montmirail, époufe d'Am-broife-Policarpe de la Rochefoucaud, Duc de Doudeauville, mariée par contrat paffé le 2. janvier & jours fuivans 1780. de l'agrément du Roi, de la Reine, de MONSIEUR, de MADAME, de Monfeigneur Comte d'Artois, de Madame Comteffe d'Artois , de Mefdames Elizabeth , Adelaïde , Victoire & Sophie de France. (3)

(3) Pr. p. 208, & 209.

X X V.

CHARLES-EUGENE de Montefquiou-Fezenfac, né le 15. août 1782. (4)

(4) Pr. p. 211.

N O U S Généalogifte & Hiftoriographe des Ordres du Roi, Certifions avoir compofé le préfent *Abrégé de la Généalogie de la Maifon de Montef- quiou-Fezenfac* fur les Chartes, Cartulaires, Titres

originaux & Ouvrages dont les Copies & Extraits
que Nous avons faits, font imprimés dans le Corps
des Preuves qui fuit. A Paris ce vingt-neuf Mars
mil fept cent quatre-vingt-quatre. *Signé* CHÉRIN.

EXTRAIT DES TITRES

SERVANT DE PREUVES

A LA GÉNÉALOGIE
DE LA MAISON
DE MONTESQUIOU-FEZENSAC.

Original du Cartulaire en vélin in folio de l'Eglise Métropolitaine de Notre Dame d'Auch, d'une écriture du XIIIe. siecle, intitulé : *Cartulaire blanc de l'Eglise Sainte-Marie d'Auch*, cotté Y. N°. III. fol. 1. R°. & V°. & 11. R°. de la cotte ancienne, & fol. 3. R°. & V°. & 4. R°. de la cotte moderne.

Généalogie des Comtes de Gascogne; de Fezensac, d'Armagnac et d'Astarac.

(Chapitre ou N°.) II.

De Consulibus Guasconie.

Priscis temporibus, cum Guasconia Consulibus esset orbata; & Francigene timentes perfidiam Guasconum, Consules de Francia adductos interficere solitorum, Consulatum respuerint, maxima pars Nobilium virorum Guasconie Ispaniam ad Consulem Castelle ingressi sunt, postulantes, ut unum de filiis suis eis in Dominum daret. Hic autem, quamvis audita perfidia eorum, sibi & filiis suis timeret, si quis ex ipsis venire vellet, concessit. Tandem Sancius Mitarra minimus filiorum ejus, cum viris illis Guasconiam venit : ibique Consul factus, filium, qui Mitarra Sancius vocatus est, genuit. Hic Mitarra Sancius genuit Garsiam-Sancium Curvum, qui tres filios genuit, Sancium-Garsiam & Guillelmum-Garsiam & Arnaldum-Garsiam, quibus Guasconiam divisit. Sancio-Garsie dedit majorem Guasconiam ; Guillelmo-Garsie dedit Fidentiacum ; Arnaldo-Garsie dedit Astaracum. Sancius-Garsias genuit duos filios Manzeres, Sancium-Sancium & Guillelmum-Sancium. Guillelmus-Sancius genuit Nobilem Ducem Guasconie Sancium & fratres, sorores ejus.

A.

I.

Cette Généalogie est imprimée dans le *Voyage littéraire de deux Religieux Bénédictins de la Congrégation de St. Maur*, (D. Edmond Martene, & D. Ursin Durand) imprimé in-4. Paris, 1727, seconde partie, pag. 40 & 41 ; dans les *Chroniques Ecclésiastiques du Diocèse d'Auch*, composées par D. Louis-Clément de Brugeles, Camérier & Doyen du Chapitre Abbatial de Simorre, in-4. Toulouse, 1746. *Preuves de la troisieme partie*, p. 80 & 81, & dans le Recueil des Historiens de France, t. 12, pag. 385 & 386. Elle se trouve aussi au Cartulaire du Chapitre de Lescar, & dans le Trésor des titres de la Maison d'Alençon, à la Chambre des Comptes de Paris, *V.* l'Histoire de Béarn, par M. de Marca, pag. 198, 202 & 205, & le *Notitia Utriusque Vasconia*, par Oihenart, p. 420.

(*Chap.* ou N°.) I I I.

De Confulibus Fedenciaci.

Guilelmus - Garfias Conful *Fidenciaci*, genuit Otonem coguomine Faltam, & Bernardum Lufcum qui conftruxit Monafterium Sancti Orientii & divifit illis Confu; latum fuum ; Otoni, dedit Fidenciacum ; Bernardo, dedit Armaniacum. Oto genuit Bernardum-Otonem , cognomine Mancium-Tineam ; Bernardus-Oto genuit Eimericum ; Aimericus genuit Guilelmum Aftam novam, qui cum Auftendo Archiepifcopo majorem edificavit Ecclefiam Auxitanam , que priùs parva erat. Guilelmus Afta nova genuit Aimericum , qui & Forto nominatus eft. Ifte Aimericus genuit Aftam novam. Afta-nova filium non genuit, fed filiam nomine Adalmur , matrem Benetricis, que non genuit.

(*Chap.* ou N°.) I V.

De Confulibus Armaniaci.

Bernardus Lufcus Conful Armaniaci genuit Geraldum Trencaleonem. Geraldus genuit Bernardum Tumapaler. Bernardus Tumapaler genuit Geraldum. Geraldus genuit Bernardum. Bernardus genuit Geraldum & forores ejus.

(*Chap.* ou N°.) V.

De Confulibus Aftaraci.

Arnaldus-Garfias Comes Aftaraci genuit Garfiam-Arnaldi. Garfias-Arnaldi genuit Arnaldum. Arnaldus genuit duos filios, Guilelmum & Bernardum Pelagoz. Guilelmo dedit Aftaracum , & Bernardo-Pelagoz dedit Pardiniacum. Guilelmus genuit Sancium. Sancius genuit Bernardum. Bernardus genuit Sancium.

Bernardus - Pelagoz genuit Otgerium. Otgerius genuit Guillelmum. Guillelmus genuit Boamundum.

Notice , d'une écriture du XIVᵉ. fiecle , de la defcendance de la Maifon de Montefquiou des anciens Comtesde Fezenfac , des Ducs de Gafcogne , &c. étant à la fin de

l'Original du Cartulaire en vélin in 8*. de l'Eglife Métropolitaine de Notre Dame d'Auch, d'une écriture du XIIIᵉ. fiecle, intitulé : *Cartulaire noir de l'Eglife-Sainte Marie d'Auch ,* cote Y. N°. II. fol. 199. V°. d'une cote moderne.

Quod Dominus de Montesquivo originaliter defcendit a Rege Caftelle per filium fuum Sancium Mitarra, qui venit Vafconiam, ibique Dominus factus, genuit filium quem vocavit Mitarra Sancium & hic Mitarra Sancius, genuit Garfiam Sancium Curvum qui tres filios genuit, fcilicet, Sancium Garfiam & Guilhelmum Garfiam & Arnaldum Garfiam , quibus Gafconiam divifit ; Sancio Garfie dedit majorem Gafconiam ; Guilhelmo Garfie, dedit Fidenciacum ; & Arnaldo Garfie, dedit Aftaracum. Quod autem per iftum Guilhelmum Garsie Comitem Fidenciaci Dominus meus predictus de Monteesquivo descendit, fufficiat profequi de ipfo ; qui fcilicet Guilhelmus Garfias genuit duos filios, fcilicet, Otthonem cognomine Faltam & Bernardum Lufcum, & divifit illis terram fuam , ficque Ottoni dedit Fidenciacum & B. Armaniacum. Ottho genuit B. Otthonem cognomine Mancium Tineam ; B. Ottho genuit Aymericum. Ifta omnia patent in principio libri, II, & III, Capitulis. Aymericus genuit Guilhelmum

'Aftam novam, ficut patet fuperius III. Capitulo, & RAMUNDUM AYMERICI, ficut patet XXXVII. ub . . . Fremofenx, qui, fcilicet RAMUNDUS AIMERICI GENUIT ARSIVUM DE MONTESQUIVO, ficut patet ibi. Guilhelmus Aftanova genuit Aymericum qui Forto nominatus eft, & fuit COGNATUS PREDICTI ARSIVI DE MONTESQUIVO; patet Capitulo LVIII. (&c.)

Original du Cartulaire en vélin in fol. de l'Eglife Métropolitaine de Notre Dame d'Auch, d'une écriture du XIII. fiecle, intitulé : *Cartulaire-blanc de l'Eglife Sainte Marie d'Auch*, coté *Y. N°. III.* fol. XXXVI. R°. & V°. de la cote ancienne, & fol. 38 R°. & V°. de la cote moderne.

I I.
Environ 926.

Donation de l'Eglife de S^t. Jean Baptifte d'Efpais à l'Eglife d'Auch, par Guillaume Garfie, Comte de Fezenfac.

(*Chapitre ou N°.*) LV.

De Sancto Johanne d'Efpais.

Omni, Ordini Sexui atque etati placuit notificari . . . . . quomodo GUILELMUS-GARSIE COMES DE FIDENTIACO, compunctus timore Dei, ut darem de rebus meis ad Beata Sancta Maria de Aufcia Civitate, de Alodio meo proprio quod habeo de juxta Elfa, in loco qui dicitur Spanis : dono ipfam Ecclefiam que eft fundata in honore Sancti Johannis Baptifte & aliorum Sanctorum, fimul cum minifterium ecclefiafticum, Cellas, Cellarios . . . Curtes, Curtilles, Ortos, Ortales, Orreos, intratum & exitum, terras cultas & incultas, filvis, pafcuis, pratis, fontibus, aquis aquarum vel decurfibus fuis, omnia dono ad Sanctam Mariam, fuifque Prefbiteris vel Diaconibus vel Subdiaconibus qui Sanctam Mariam deferviunt ad ufum Sancte Ecclefie, ut ante Dominum noftrum Jhefum Xpm. merear videre in diem Judicii & de meis peccatis mercedem habere. Facta donatio ifta in menfe madio, Regnante Rege Karolo, COMITE GUILELMO GARSIA DE FIDENCIACO, qui Cartam iftam rogavit fcribere & firmare propter animam fuam. Signum Oriolodatus Vice-Comite ; . . . fignum Orjolo Elfe, Centullus, Presbiter, rogatus fcripfit.

Cette Charte eft imprimée dans les Chroniques d'Auch, par D. de Brugeles. Preuves de la premiere Partie, page 12. (Voyez les Chroniques mêmes, premiere Partie, p. 74).

Extrait du traité *de Re Diplomaticâ* de D. Mabillon, page 572 & fuivantes.

I I I.
960 ou vers le commencement de 961.

Teftament de Raimond I, Comte de Rouergue, Marquis de Gothie, par lequel il fait un legs à Guillaume-Garfie, Comte de Fezenfac.

Ce teftament eft auffi imprimé dans les Chroniques d'Auch, par D. de Brugeles, 2. partie des Preuves, pag. 48.

In nomine Domini. Breve codicillo quod fecit Raymundus Comes . . . . . Illo alode de Cantvalle, & illo alode de Donadfrancio ✶ WILLELMO GARCIANÆ remaneat dummodo vivit : poft fuum difceffum Sancti Petri de Condom, & Sancti Vincentii ad Aufcio remaneat.

✶ Comite de Fezenfaco, Auxienfi in Vafconia. (Cette addition eft de D. Mabillon).

Extrait de l'Hiftoire de Languedoc, par D. de Vic & D. Vaiffette, tome II, page 94.

Entre les Vaffaux du Comte Raymond (premier Comte de Rouergue & Marquis de Gothie,) & divers Seigneurs à qui il fit des legs (par fon teftament du commencement de l'année 961 ou environ,) on peut remarquer GUILLAUME

A ij

GARCIAS, *le même, à ce que croit un habile Critique*, (Mab. *Dip. p.* 573,) *que le Comte de Fezenfac de ce nom, qui vivoit dans ce fiecle ; conjecture d'autant plus vraifemblable que le Comte Raymond fubftitue les deux alleus qu'il donne à Guillaume Garcias, aux Monafteres de Saint Pierre de Condom & de Saint Orens d'Auch.* (Ce teftament fe trouve dans les Preuves de ce volume, pag. 107 & fuivantes, & la feconde Eglife auxquelles font fubftitués ces deux alleux légués au Comté Guillaume-Garfie, eft fous le titre de S. Orens, (*Sancti Urentii.*)

I V.
Poftérieure à l'année 960.

Original du Cartulaire en vélin in-fol. de l'Eglife Metropolitaine de Notre Dame d'Auch, d'une écriture du XIIIe. fiecle, intitulé : *Cartulaire blanc de l'Eglife Sainte Marie d'Auch*, cotté *Y. N°. III.* fol. XXXIIII. V°. & XXXV. R°. & V°. & XXXVI. R°. de la cotte ancienne, & fol. 36 V°. 37 R°. & V°. & 38 R°. de la cotte moderne.

Donation des Eglifes de Saint Jean & de Saint Martin de Berdale, aux Chanoines d'Auch, par Othon (Falta) Comte (de Fezenfac.)

(*Chapitre ou N°.*) LIIII.

De Sancto Martino de Berdala.

Cette Charte eft imprimée dans les Chroniques d'Auch, par D. de Brugeles. Preuves de la premiere partie, pag. 14.

.... Ego .... in Dei nomen ODDO COMES .... dono atque concedo ad Beate Sanct. Dei Genetrice Marie, vel Canonicis fuis qui ibidem Ecclefiam Deo ferviunt vel adveniendi funt, dono ibi aliquid de proprietate mea qui vifus fum habere vel poffidere infra Pago Aufcienfe, in loco que dicunt Sancti Johannis & Sancti Martini in Berdale, ipfas Ecclefias cum ipfo fundamento, cum intratus & exitus vel eicientias, cum pratis, pafcuis, filvis, aquis aquarum vel decurfibus earum, cum omni jure vel eicientias earum. Ifta omnia fuperius nominata trado atque concedo ad Sanctam Mariam in fede Pontificale, vel a Canonicis fuis, ut hoc perpetualiter habere debeant, ut de hodierno die pars Ecclefie hoc habeant, teneant, poffideant, ut quicquid exinde facere voluerint, liberam & firmiffimam habeant poteftatem .... Facta Cartuia ifta in menfe madio, REGNANTE TRES FRATRES GERMANOS ODDONE COMITE, BERNARDO COMIT, FREDELONE COMITE, Rege Lothario Francorum. Facta fuperius fcripta Auriolo Uciandus, eo vivente, data funt ad Sanctam Mariam Aufcis, ad fuos fervientes & advenientes; & poft mortem Auriolo Uciandi item ibidem aderant, Bernardus Archiepifcopus ibi fuit. Siguinus Epifcopus. Signum Fredulo Comite ... Signum Oddone Comite, qui contradictione ifta fieri rogavit. Et fi ullus homo vel ulla femina vel ulla perfona ad ifta Carta inquietare voluerit, iram Dei in primis incurat omnipotentis & Judas Scarioth participetur in Infernum hic & in perpetuum, & fit ficut Etnicus & Publicanus & obforbeat eos terra viventes, ficut Datan & Abiron quos terra deglutivit (*&c.*)

Mention de diverfes donations faites par Othon (Falta) Comte de Fezenfac, à l'Eglife Cathedrale d'Auch.

Extrait du *Gallia Chriftiana*, édit. nouv. t. 1, p. 978, B.

Epifcopi Aufciences.

Bernardus I. (Il gouverna cette Eglife depuis environ 946. jufqu'en 960. au moins.)

Circa hæc tempora, ex veteribus tabulis OTHO COMES FESENSACI *ecclefiam metropolitanam variis donis auxit & exornavit.*

Gallia Chriſtiana, édition ancienne, tom. 1, pag. 99, col. 1.

Donation faite par Aimery, Comte de Fezenſac, fils d'Aſtanove, à l'Abbaye de Cluny, de celle de S. Lupere, fondée vers 970, par Bernard Othon, Comte (de Fezenſac), ſon biſayeul.

V.

Environ 970 & 1088.

Gallia Chriſtiana, édition nouvelle, tom. 1, pag. 1011, B.

Ego in Dei nomine AYMERIUS COMES, FILIUS ASTÆNOVÆ, *dedit Deo & Sanĉto Petro Cluniacenſi . . . . . quoddam monaſterium beatiſſimi Luperci martyris, in pago Eliſano conſtruĉtum, mei videlicet juris, regendum & ordinandum. Sciendum eſt autem, quod* BERNARDUS COMES PROAVUS MEUS, *quondam monaſtico ordini illud tradiderat, ut monachi regulariter ibi viverent; quod & multis annis fecerunt: ſed poſtea tepeſcente fervore ſæculariter vivebant : accepi ergo conſilium cum venerabili archiepiſcopo Auxienſi Willelmo, qui me ſæpius pro hujuſmodi terribiliter increpabat, dicens me damnandum fore, niſi ad priſtinam religionem illud revocarem, quod placuit mihi. Damus ergo præfatum monaſterium domno Hugoni abbati Cluniacenſi, & ſucceſſoribus ſuis regendum & diſponendum, &c. Aĉtum anno Incarnationis Dominicæ* MLXXXVIII. *Sign. Domni Willelmi Auſcenſis archiepiſcopi. Sign.* DOMNI AYMERICI COMITIS *qui hanc cartam fieri juſſit & aliorum.*

Annales Benediĉtini, par D. Mabillon, t. 5, p. 241.

Præter cellam Gravenſem, de qua modo agebamus, inſtauratum eſt hoc anno (1087.) monaſterium Sanĉti Lupercii, martyris, ſitum in pago Eliſano, tunc diœceſis Auſcienſis. Illic olim monaſterium conſtruxerat Bernardus comes, ibique per multos annos monachi religioſiſſime vixerant : at proceſſu temporis abjeĉta regulari diſciplina, in tantam licentiam prolapſi erant, ut, votorum immemores, nefanda committerent, . . . His motus Willelmus Auſciorum archipræſul, AIMERICUM COMITEM prædiĉti BERNARDI PRONEPOTEM, *ſæpius interpellavit, ut locum illum, qui ejus ditionis erat, in priſtinum ſtatum reſtitueret. Ejus monitis flexus tandem* AIMERICUS, ASTENOVÆ COMITIS FILIUS, *ſe culpabilem ac reum agnoſcens, quod monaſterium illud a* BERNARDO PROAVO SUO *extruĉtum, tam negligenter habuiſſet, aſſenſu* CONJUGIS » SUÆ ÆVIERNÆ, *ac* FILII ASTENOVÆ, FRATRISQUE SUI BERNARDI, *prædiĉtum » locum domno Hugoni Cluniacenſi abbati, . . . tradidit, ab eodem abbate regendum » & poſſidendum, uti & ſanĉti Orientii monaſterium, in ſuburbio Auſcienſi poſitum, » quod* AIMERICI *itidem ditionis erat. Aĉtum anno incarnationis dominicæ » M LXXXVII. in Romana eccleſia præſidente papa Urbano, regnante Philippo » rege Francorum ». Si mendum non irrepſit in nomen Romani pontificis Urbani, id faĉtum oportuit anno ſequenti, quo Urbanus papa creatus eſt.*

Original du Cartulaire en vélin in-fol. de l'Egliſe Métropolitaine de Notre Dame d'Auch, d'une écriture du XIII⁰. ſiecle, intitulé : *Cartulaire blanc de l'Egliſe Sainte Marie d'Auch, cotté* Y. N⁰. III. fol. XXXIIII. R⁰. & V⁰. de la cotte ancienne, & fol. 36. R⁰. & V⁰. de la cotte moderne.

V I.

Environ 980.

Partage de N. Sœur d'Aimery (I,) Comte (de Fezenſac).

(*Chapitre ou N⁰.*) LIII.

De Tremleda.

Superventuris fidelibus notificari placuit qualiter Guilelmus-Arnaldi de Tremleda,

Cette Charte eſt imprimée en extrait dans les Chroniques d'Auch, par D. do Brugeles, premiere partie, p. 84.

pro comiſſo ſcelere ; terram cum Ruſtico dederit Beate Marie ; i/dem namque ;
impellente Diabolo , Presbiterum quendam propriis interfecit manibus ; tandem
excommunicatis a bone memorie Domno W. Auſciorum Archiepiſcopus , terram
qŋo ad opus vince cum Ruſtico, pro penitentia allevianda , Beate memorie con-
tradidit Marie *. Quod ſi cui videtur ambiguum, noverit Villam de Tremleda in partem
diviſionis Domni R. primi Auſciorum Archipreſulis deveniſſe ; nam antea Curla
COMITIS fuerat , que cum Sorore ejuſdem Comitis Domni videlicet Aimerici primi,
Arnaldo Pradneronenſi fuit data (&c.)

Sic.

V I I.

Environ l'an 1000.

Excommunication lancée contre Aimery (1) , Comte de Fezenſac.

Extrait du *Gallia Chriſtiana* , édit. nouv. t. 1 , p. 978. E.

Epiſcopi Auſciences. Garſias I.

LIV. *Garſiæ epiſcopatui duodecim annos tribuit antiquus index pontificum
Auſcienſium. Recte itaque legitur inchoatus anno* 982. *a quo ſi computes octodecim
annos , deſinet anno* 999. *aut* 1000.- *Controverſias habuit cum* AIMERICO FESENSACI
COMITE, *ob dominium de Vic ; quæ fuit cauſa , cur comitem à ſacris arceret , promul-
gato interdicto.*

V I I I.

Environ 1030.

Fondation de l'Abbaye de Saint Pé de Generez, au Dioceſe de
Tarbes , de laquelle eſt témoin Aimery I , Comte de Fezenſac.

Hiſt. de Béarn , pag. 247 & 248.

Charta fundationis Monaſterii S. Petri Generenſis.

*Ego Sancius præordinatione Dei , totius Gaſconiæ Princeps & Dux . . . Conſtituo
vobiscum Virones hoc in loco Generenſi . . . cænobium in honore B. Petri Apoſtolorum
Principis , . . . in præſentia Principum totius Gaſconiæ hiç aſtantium . . . . . Ego
igitur Sancius totius Gaſconiæ Princeps & Dux Primus juro . . . . . Garçias Arnardi
Comes Bigorrenſis juravit. Bernardus Comes Armaniaçenſis,* AYMERICUS COMES
FEDENCIACENSIS. *Bernardus Comes Pardiniaçenſis* (&c.)

I X.

Environ 1034.

Donation du Monaſtere de Peſſan à l'Abbaye de Simore, par
Guillaume Comte d'Aſtarac , de laquelle eſt témoin Aimery Comte
de Fezenſac.

Gallia Chriſtiana , édit. nouv. t. 1 , inſtr. p. 168.

. . . . *Ego Guillelmus filius quondam comitis Arnaldi Aſtariacenſis . . . .*
*monaſterium quod vulgo dicitur Patiano . . . trado prædicto * . . . Hæc noſtra teſtificantium
carta Benedictus urbis Romæ papa manu propria ſubarravit , Garcia archiepræſul,*
AYMERICUS COMES FEZENCIACUS, *Petrus Toloſæ Epiſcopus , Rogerius comes
Convenianenſis.*

*(Monaſterio ſci-
licet Simoræ).
Note marginale du
Gallia Chriſtiana.*

Nota. D. Mabillon, *Annales Benedictines*, t. 4. p. 17. & l'Auteur du *Gallia
Chriſtiana* , ont rapporté cette Charte ſous la date de 983 3 & D. de Brugeles,
Chroniques d'Auch , preuves de la 2e. partie , p. 11 , ſous celle de 1034 ou environ,
Celle-ci s'accorde mieux avec les époques du Pontificat du Pape Benoit VIII , des
Epiſcopats des Prélats , & des temps auxquels ont vécu les Comtes qui l'ont ſigné
avec lui.

7

Original du Cartulaire en vélin in-fol. de l'Eglife Métropolitaine de Notre Dame d'Auch, d'une écriture du XIII°. fiecle, intitulé: *Cartulaire blanc de l'Eglife Sainte Marie d'Auch*, cotté Y. *N°. III.* fol. XIIII. V°. & XV. R°. de la cotte ancienne, & fol. 16. V°. & 17. R°. de la cotte moderne.

X.

Environ 1040.

Fondation des Chanoines Réguliers du Chapitre d'Auch, par l'Archevêque Raymond, & par Guillaume (Aftanove,) Comte (de Fezenfac.)

(*Chap. ou N°.*) XXVI.

De Conftitutione Canonicorum.

Cette Charte eft imprimée dans le *Gallia Chriftiana*, édit. n. t. 1, inftr. p. 160, col. 1, & dans les Chroniques d'Auch, par D. de Brugeles, Preuves de la première partie, p. 17.

Pridie Kalendas marcii apud Civitatem Auxiorum GUILLELMUS COMES, & Raimundus Archiepifcopus conftruxerunt Canonicam in fede Archiepifcopali, per manus Rainardi, Presbiteri & Grammatici, per Aquitaniam & Gottiam, ad predicandum, a Deo adfciti, hec pro victu fuo & Canonicorum donantes Archidiaconatus V. Juliages, Savanes, Angles, Armaiag, Mannoac, Ecclefias d'Efpans, de Seran, medietatem de Odezan, a Sancta Xpina, * totum hoc quod habebat & terram de Gafan; fimiliter vineam & terras de Panicars, dedit fimiliter & medietatem oblationem & Penitentum, fimiliter medietatem Mercati & terras que ad fedis Ecclefiam pertinent.

* Chriftina.

Libertés accordées à l'Abbaye de S. Mont, par Bernard Tumapaler, Comte d'Armagnac, defquelles eft témoin Guillaume Aftanove, (Comte de Fezenfac).

XI.

Environ 1050.

Extrait du *Gallia Chriftiana*, édit. anc. t. 1. p. 100. col. 2. C.

Ego Bernardus comes cognomento Tumapalerius notum fieri volo, Monafterium Sancti Montis liberum effe volens a poteftate Principum & Laicorum . . . . feci, ut daretur falvatio Monafterii, cum omni honore acquifito vel acquirendo in circuitu, five in terris, villis, &c. . . . Hoc facramentum laudaverunt: poftea Dux & Comes Aquitanorum & Guafconum Willelmus Centullo, nepos meus, WILLELMUS ASTENOVE, . . Actum eft privilegium menfe martio, luna 1. indict. 3. epacta xx. feria IV, regnante Henrico Francorum Rege.

Vente à l'Abbaye de Condom par Guillaume Aftanove, Comte (de Fezenfac), de la Terre de Caufac, acquife par le Comte Aimery, fon pere.

XII.

Environ 1050.

Extrait de l'Hiftoire de l'Abbaye de Condom, imprimée dans le *Spicilege*, in-fol. édit. 1723, t. 2. p. 588. col. 1.

In nomine ergo fumma & individua Trinitas ego . . . Siguinus (Abbas) cæterique Fratres de quodam honore fancti Petri Caufac nomine, & omnibus fuis appendiciis cum GUILLELMO ASTANOVA COMITE conventionem habuimus, & ut noftro loco Sanctoque Petro redderetur, pretio licet gravi & cariffimo tandem impetravimus. Quem fcilicet locum . . . Sanctio Comes . . . dedit fuæ forori fcilicet Guarfindæ, poft cujus mortem. . . AMERICO COMITI vendidit, qui & FILIUM SUUM GUILLELMUM ejufdem honoris quafi heredem reliquit: de cujus manu vel poteftate, ut fupra diximus, tali conventione extraximus, ut pretium mille folidorum daremus, (&c,)

XIII. Environ 1050.* Donation de la terre de la Caſſagne à l'Abbaye de Condom, par Guillaume Aſtanove, (Comte de Fezenſac.)

Extrait de la même Hiſtoire, Spicilege, *in-fol.* t. 2. p. 592. col. 2.

* *Sic.* COMES GUILLEM ASTANNANA * *dedit donationem de Eccleſia ſanctæ Mariæ Caſſania ſancto Petro Condomenſi : & Abbas Siguinus & Monachi ſancti Petri dederunt ad eum duos equos ex magno pretio :* (&c.)

XIV. Environ 1060. Donation de l'Egliſe de Sparſac, à l'Abbaye de Peſſan, de laquelle eſt témoin Guillaume Aſtanove (Comte de Fezenſac.)

Extrait du Cartulaire de Peſſan. Chroniques d'Auch, Preuves de la deuxieme partie, p. 38.

. . . . *Ego Ugo de Sparſag dono me ipſum & Bernardum Ugonem filium meum; atque omnem Eccleſiam Sancti Petri de Sparſag Sancto Michaeli Petianenſi, ... Sig. Auſtendi Archiepiſcopi Auxitani, qui cum* WILHELMO ASTANOVA *Monaſterium Sanctæ Mariæ Auxis fundavit. Sig. ipſius* WILHELMI ASTANOVÆ. *Sign. Wilhelmi Comitis Aſtaracenſis.* (&c.)

XV. Environ 1064. Original du Cartulaire en vélin in-fol. de l'Egliſe Métropolitaine de Notre Dame d'Auch, d'une écriture du XIIIe. ſiecle, intitulé : *Cartulaire blanc de l'Egliſe Sainte Marie d'Auch, cotté Y. No. III.* fol. LXII. Vo. & LXIII. Ro. & Vo. de l'ancienne cotte, & fol. 56. Vo. & 57. Ro. & Vo. de la cotte moderne.

Reſtitution faite à l'Egliſe Cathédrale d'Auch, par Guillaume-Aſtanove, Comte (de Fezenſac), d'une piece de terre dont il s'eſt emparé, & donation à la même Egliſe, par le même, de ce qui lui appartient à Priſſian & à Sainte Chriſtine.

(*Chap. ou No.*) LXXXVIII.

Notitia de Cultura Beate Marie.

Cette Charte eſt imprimée dans les Chroniques d'Auch, par D. de Brugeles. Preuves de la premiere partie, p. 20.

Notum ſit omnibus tam preſentibus quam futuris, quod Cultura Sancte Marie que juxta Caſtellum habetur, ex multis partibus collecta fuit & a multis poſſeſſoribus obtenta. Sancius enim Beg & Guaſen, uxor ejus, partem quam ibi habere dinoſcebantur, Deo & Beate Marie pro anniverſario ſuo, in perpetuum poſſidendam, conceſſerunt. Preterea Arnaldus de Saſornazs in eadem Cultura maximam partem hereditario jure poſſidebat, quam licet francam haberet & non cenſualem, ſub Dominio tamen Canonicorum habebat; hanc partem Jacob Judeo vendidit, quo defuncto, Canonici quia de jure & Dominio eorum deſcendebatur, in ſuam vendicaverunt. Similiter Sancius de Fabrica & W. atque Fortasz in prefata Cultura tres particulas habebant, pro quibus Canonici totam terram quam in Comalonga poſſidebant, eis commutaverunt & preter ſolam decimam liberam & francam dederunt. Comes etiam WILLELMUS ASTANOVA in pretexata Cultura portiunculam quandam, ſcilicet uſque ad tres concatas, poſſidebat, quam vi & potentia ſua ab hominibus cenſualibus Sancte Marie extorſerat; hanc portiunculam dedit Beate Marie in perpetuum poſſidendam, pro redemptione anime ſue & ſuorum, quando primus fundavit Eccleſiam iſtam

iſtam in honore ejuſdem Virginis Marie. Dedit & eodem tempore quicquid apud Priſſianum vel apud Sanctam Xpinam habere videbatur, hoc pacto ut ſi quis de poſteris ſuis hoc donum, temerario auſu, revocare preſumeret, nullatenüs ei liceret, ſed cum Datan & Abiron & Juda Scarioth eternis cruciatibus ſubjaceret. Hoc donum factum fuit & hec Carta in manu Domni Auſtindi Archiepiſcopi, qui hanc Eccleſiam edificavit.

Extrait du Livre intitulé : *Notitia utriuſque Vaſconiæ*, authore Arnaldo Oihernarto, in-°4. Pariſiis. 1656. p. 490.

Aimericus Comes Fidentiacensis *duos procreavit filios*, Guilielmum cognomento Astanovam & Raimundum-Aimerici, *qui ex Aurianâ Motand uxore filium ſuſcepit* Arsivum, Montesquivi Dynastam, caput stirpis Baronum Momtesquivensium.

Original du Cartulaire en vélin in fol. de l'Egliſe Métropolitaine d'Auch, d'une écriture du XIII°. ſiecle, intitulé : *Cartulaire blanc de l'Egliſe Sainte Marie d'Auch*, cotté *Y. N°. III.* fol. XX. R°. & V°. de la cotte ancienne, fol 22. R°. & V°. de la cotte moderne.

Donation de l'Egliſe de Saint Laurent de Fremoſens, à la Cachédrale d'Auch, par Arſieu de Monteſquiou, fils de Raymond-Aimery frere de Guillaume-Aſtanove Comte de Fézenſac.

(*Chap. ou N°.*) XXXVII.

De Fremoſenx.

Notum ſit omnibus fidelibus tam preſentibus quam futuris, quod ego Arsivus de Monte esquivo, filius videlicet Raimundi Eimerici, fratris Comitis Guilelmi Astanove, dedi Eccleſiam quandam in honore Sancti Laurentii Martyris fundatam, Deo & Sancte Marie Sedis Auſcienſis, nec non & Archiepiſcopo Guilelmo atque Canonicis ejuſdem Loci, in villa mea que vocatur Fremoſenx, que michi procedebat ex alodio matris mee Auriane nomine de la Mota ; pro remiſſione peccatorum meorum nec non & ſupradictorum parentum meorum ; & ut firmior eſſet conceſſio, accepi a ſupradicto Archiepiſcopo Guilelmo LXX. Sol. Auſcienſis monete & ſuper altare Beate Marie manu mea cum Carta iſta donationem feci coram Canonicis ejuſdem Eccleſie & fide mea nec non & fidejuſſoribus Oggerio de Montealto & Perdigone de Camarada, illud tenendum promiſi: ſupradictam vero Eccleſiam ita ab integro donavi cum omnibus alodiis ſuis cultis & incultis & cum decimis & oblationibus ſuis, cum dominatione clericorum ibi manentium, quod ego nec aliquis ex parentibus meis cenſum vel dominationem ibi requirat.

Cette Charte eſt imprimée dans les chroniques d'Auch, par D. de Brugeles. Preuves de la première partie. p. 24. Elle eſt auſſi inſérée en entier dans le Procè-Verbal des Preuves de Nobleſſe, faites le 17. août 1713. par Louis de Monteſquiou, Prince de Raches, Oncle de M. le Marquis de Monteſquiou, devant Alexandre-Henry de Crequy, Marquis de Hemont, Jean-Charles de Bournel, Marquis de Mouchy, & Nicolas-Alexandre Baron du Pire. Commiſſaires à ce députés par la Nobleſſe des Etats d'Artois, pour y avoir entrée & ſéance. Elle eſt encore inſérée en extrait dans une Généalogie de la Maiſon de Monteſquiou, compoſée par le P. Antoine-Montgaillard, Jéſuite, Auteur d'une hiſtoire manuſcrite de Gaſcogne, ſa patrie, mort en 1626, & dans les Preuves de Nobleſſe de Joſeph de Monteſquiou, Comte d'Artagnan, grand-oncle, à la mode de Bretagne, du même Marquis de Monteſquiou, pour l'Ordre du Saint-Eſprit, en 1724. Enfin elle a été connue de l'Abbé le Laboureur, qui en a fait mention dans une Généalogie de ſa main de la Maiſon de Monteſquiou.

Donation de l'Abbaye de Saint Orens à celle de Cluny, par Aimery Comte d'Auch, & par Bernard, ſon frere.

Extrait du Cartulaire de Cluny.

Gallia Chriſtiana. Edit. nouv. t. I. Inſtr. p. 171. col. 2. B. C.

Noverint omnes quod ego Aimericus Auscensis Comes, et frater meus Bernardus, *pro peccatis noſtris &* Willelmi patris nostri, *donamus Deo & Sancto Petro Cluniacenſi, in manu Domni Hugonis, abbatis & ſuis ſucceſſoribus ordinandum & diſponendum monaſterium ſ. Orientii, & quidquid modo poſſidet, ac in futurum poſſidebit,* &c. *Hoc donum ſecic ſimul* Raimondus Avun-

Cette Chartre eſt rapportée par D. Mabillon, dans les Annales Bénédictines, t. 4. p. 678. en extrait fait d'après une autre plus étendue. Et il ajoute ces mots : *Quàm donationem ſimul Dominus Raimun-*

B

dus eorum avunculus, dictus Abbas ejusdem loci & alter avunculus Arnaldus Præpositus ejusdem.
Elle est aussi imprimée dans les Chroniques d'Auch. Preuves de la seconde partie, pag. 48 & 49.

CULUS MEUS , &c. Actum in claustro S. Orientii in præsentia Domni Hugonis abbatis Cluniacensis & aliorum. S. Domni Hugonis , abbatis. S. Domni Durandi Tolosani Episcopi. S. domni Willelmi , episcopi Convenarum. S. Domni Raimundi episcopi Lacturensis. S. Domni , ... abbatis S. Genii. S. Domni Willelmi abbatis S. Martini. Fr. Malleavus. Actum Alexandro Papa , Philippo Francorum Rege , anno , ut puto, MLXVIII. In synodo Ausceñsi hoc anno habita de qua in Charta superiori.

XIX.
1068.

Donation de l'Eglise de Rimbez au Prieuré de S. Mont , par Bernard Forcez, dont est témoin (Aimery) Forton , Comte d'Auch.

Extrait du *Gallia Christiana*. Edit. anc. t. I. p. 103. col. 2.

Cette Charte est aussi imprimée dans les Chroniques d'Auch. Preuves de la seconde partie, p. 55.

Notum fit omnibus Ego Bernardus filius Guillelmi & Brachitæ uxoris per consilium uxoris meæ Asselinæ & patris mei Odonis Vice comitis Lomaniæ . . . . donamus Deo & S. Joanni de Sancto Monte , Abbati Hugoni Cluniacensi , Ecclesiam S. Mariæ de Arembodio (&c.) &c. Facta est carthula mense Oct. feria 5 Luna 20 . . . Philippo Rege . . . . Sig . . . . Fortis Comitis Ausciensis.

XX.
2. des Nones de Mai 1074.

Donation de l'Eglise de Villeneuve , à l'Abbaye de Condom , par trois freres du Comte de Fezensac , du tems d'Aimery Forton Comte de Fezensac.

Extrait de l'Histoire de l'Abbaye de Condom , imprimée dans le Spicilege , *in fol.* T. 2. p. 593 , col. 1.

Ab Incarnatione Domini nostri Jesus-Christi anno M. septuagesimo quarto , feria III. II. Nonas Madii , Luna VI. Philippo Francorum Rege regnante , & Gauffredo Guasconorum Duce , & Aym. rico Comite Fezenciaco , idest , Forto Milas , & G. Bernardo Ausciorum Archiepiscopo , factum est ut in pago Fezenciaco tres fratres scilicet Forto-Bernardus de Villanova , & Ramundus-Bernardus , & Arnaldus-Bernardus dederunt beato Petro , quandam Ecclesiam nomine Villanova , (&c.)

XXI.
1088.

Original du Cartulaire de l'Eglise Métropolitaine de Notre-Dame d'Auch , d'une écriture du XIIIe. siecle , intitulé : *Cartulaire blanc de l'Eglise Sainte Marie d'Auch , cotté Y. N°. III. fol. & 25. R°. & V°. XXII. V°. & XXIII. R°. & V°. de la cotte ancienne , & fol. 24. V°. de la cotte moderne.*

Restitution à l'Eglise d'Auch par Aimery Comte (de Fezensac) & par Astanove , son fils , de deux alleus , dont l'un nommé de Montbed , avoit été usurpé par Astanove , son pere.

(Chap. ou N°.) XL.
Aimericus Comes de F. S. Gafalafon.

Cette Charte est imprimée dans les Chroniques d'Auch. Preuves de la premiere partie, p. 23 & 24.

In nomine Domini. Ego Aimericus Comes , pro redemptione anime mee & parentum meorum , Alodium & honorem quem michi Forto Sancius Gafalafon dedit , quamvis injuste , quia est juris Beate Marie Ausciensis , de quo multo tempore injusticiam feci predicte Beate Marie , qui honor & allodium est in potestate & dominatu Beate Marie , quicquid in predicto alodio & honore visus sum actenus possidere juste vel injuste , dono jam dicte gloriose Virgini Marie ; ego & Filius meus Astanova & cum hac Carta suprà ipsius , firmamus &

corroboramus , & hoc in præfentia Domni W. Archiepifcopi & Clericorum ejus , a quibus pro predicto honore LXXX. folidos Auxienfis monete accepi. Similiter de Alodio de Montbed quod PATER MEUS ASTANOVA dedit injufte cuidam Militi Raimundo Bufa pro uno equo , quod alodium eft in territorio Auxienfi , dominationem quam pater meus fuper predicto milite retinuit & ego fuper filium ejus hucufque habui , dono ab integro ego & filius meus Beate Marie. Facta eft autem hec Carta , refidente in Romana Sede Gregorio Papa VII. Regnante Philippo Rege Francorum. Teftes hujus donationis funt hi , Giraldus Miles de Arbeifano , Tedbaldus Miles Levitanenfis, Bernardus de Crefteras , Petrus de Vig , & alii innumerabiles. Signum ejufdem Comitis. (*C'est une croix noire , cantonnée de quatre points rouges.*)

Privileges accordés à l'Abbaye de Saint Lubere , autrement d'Euze , par Aimery Comte de Fezenfac , Arnaud Donat Vicomte de Gavarret , Raymond Aimery de Montefquiou , & autres Seigneurs du Comté de Fezenfac.

Extrait des Chroniques d'Auch. Preuves de la 2e. partie, p. 51. & 52.

XXII.
1086.

Ad honorem Dei & Beati Lupercii AYMERICUS COMES FIDENCIACI , & *Arnaldus Donati Vice-Comes Gavarreti* . . . *&* RAYMUNDUS AYMERICI DE MONTESQUIEU... W. O. DE PARDAILHAN , . . *& alii* PROCERES *Fidenciaci conftituerunt & juraverunt Burgum & Civitatem de Elza fuper funem Tintinnabuli , dixerunt que quod S. Lupercius & fui conftituerint in villa... Teloneas , Bucinatores , menfuras . . . & prædicti proceres conftituerunt & juraverunt Villam in perpetuo effe liberam* , (&c.)

Original du Cartulaire en vélin in fol. de l'Eglife Métropolitaine de Notre Dame d'Auch , d'une écriture du XIIIe. fiecle , intitulé : *Cartulaire blanc de l'Eglife Sainte Marie d'Auch , cotté Y. N°. III.* fol. II. V°. & III. R°. de la cotte ancienne , & fol. 4. V°. & 5. R°. de la cotte moderne.

Donation de l'Eglife de Vic à la Cathédrale d'Auch , confirmée par Forton Comte (de Fezenfac) & par Aftanove , fon fils.

XXIII.
1090.

Cette Charte eſt imprimée dans les Chroniques d'Auch. Preuves de la troifieme partie. p. 65.

(*Chap. ou N°.*) VI.

DE VICO.

. . . . . Ego Petrus de *Big* recognofcens patrem meum & matrem *matrem.* * meam & parentes meos in peccatis tenuiffe Ecclefiam Sancti Petri de *Big* & decimas ejus, guerpivi illam Deo & Sancte Marie & Archiepifcopo W. Bernardi de Montalt & Canonicis Sedis ejus , pro remiffione peccatorum patris mei & matris mee & aliorum parentum meorum & mei ipfius , qui diu injufte tenuimus Ecclefiam illam & decimas ejus ; & hoc totum dimifi & feci confilio COMITIS FORTONIS & FILII SUI ASTENOVE , & illi fimiliter quicquid ibi ad faciendum habebant & totam dominationem fuam dimiferunt Deo & Sancte Marie & Archiepifcopo & Beate Marie Canonicis , & dominationem tocius honoris quem adquifituri erant habitatores loci illius , & eadem ipfa die , firmavit fupradictus Forto Comes & ejus filius Aftanova , jure jurando falvitatem ejufdem ville (&c.) . . .

* Ce mot répété eſt bâtonné dans l'original.

Original du même Cartulaire de l'Eglife Métropolitaine de Notre Dame d'Auch , fol. XXI. R°. & V°. & XXII. R°. & V°. de la cotte

XXIV.
1094.

ancienne , & fol. 23. R°. & V°. & 24. R°. & V°. de la cote·mo-
derne.

Confirmation par Aimery (II.) Comte (de Fezenſac), de la donation
faite par le Comte (Guillaume) Aſtanove , ſon pere , à l'Egliſe
d'Auch , du lieu de Sainte·Chriſtine , & ratification de cette·confir-
mation par Aſtanove , fils du même Comte·Aimery.

(Chap. ou N°.) XXXVIIII.

De·Sancta Xpina.

Cette Charte eſt
imprimée dans
les Chroniques
d'Auch. Preuves
de la premiere
partie, p. 25.

EGO AIMERICUS COMES , FILIUS ASTANOVE COMITIS , donum quod PATER
MEUS ASTANQVA de Villa Sancte Xpine Beate Marie fecerat , per multum temporis
calumnians , dicens patrem meum non dediſſe ipſius ville Miliciam ; tandem juſticiam
recognoſcens , laudavi donum quod pater meus fecerat ; & ex parte mea dedi
Beate Marie predictam Villam. , pro peccatis meis , totam & ab integro , ſicut
pater meus tenuerat & poſſederat , nec non & Domno Guilelmo Archiepiſcopo·&
ſucceſſoribus ejus , Sediſque Auſcienſis Canonicis. Eſt autem ibi honor Wilelmi
Aurioli de Sotones , honor videlicet Arnalt Aſi d'Ezpui , & honor de Loſta villa ,
nec non & honor Hugonis dez Gavarred & quod in predicta Villa habet & vicaria
quam Villicus ibi tenet : de his omnibus dedi Senioratum & Dominatum Beate Marie
in manu Wilelmi Archiepiſcopi , ſicut pater meus & ego habuimus & tenuimus , tali
conditione ut nullus Epiſcoporum , Prepoſitorum vel Clericorum audeat dare vel
vendere alicui hominum de honore predicte ville ; quod ſi fecerint , heredes mei
auferant quibus datum fuerit , & reddant Beate Marie abſque calumnia & aliqua
contradictione. Si quis autem filiorum vel parentum vel ſucceſſorum meorum hoc
donum quod pater meus·& ego , pro peccatis noſtris , fecimus , infringere vel evacuare
preſumpſerit , iram Dei & Beate Marie incurrat , ſit que a Sancte Marie gremio
expulſus & eliminatus , donec ad emendationem & ſatisfactionem veniat. Factum
eſt hoc donum apud Monaſterium Eliſanum ſub ulmo ante Eccleſiam Sancti Lupercii,
Martyris , anno ab Incarnatione M. XCIIII. reſidente in Romana Sede Papa Urbano ,
Regnante Philippo Rege Francorum. Ut autem hoc donum firmum & ſtabile per-
maneat , dedit predictus Archiepiſcopus Comiti Aimerico LX. Sol. morlanos ;
antea enim dederat ipſi Comiti , pro eodem honore , C. Sol. ejuſdem monete.
Fidejuſſores hujus negocii fuerunt Raimundus Bernardi de Montalt & Giraldus de
Arbeiſani ; Viſores & teſtes idem ipſi & UXOR COMITIS BIVERNA , & BERNARDUS
FRATER COMITIS , nec non & Petrus de Vico·& Bernardus de Caſanova & alii quam
plurimi. Hoc donum laudavit , firmavit & corroboravit poſtea ASTANOVA in manu
Archiepiſcopi W. in Urbe Auſcienſi , ſub ulmo ante Salam. , in preſentia patris ſui
& matris. Valeat in perpetuum. Amen. (&c.)

XXV.
24. Octob. 1095.
ou 1096.

Dédicace de l'Egliſe de l'Abbaye de Saint Pé de Generez , au
Dioceſe de Tarbes , de laquelle·eſt témoin Aſtanove , Comte de
Fezenſac.

Extrait du Cartulaire de Saint Pé de Generez.

Hiſt. de Béarn, p. 357. (Voyez auſſi les Chroniques d'Auch , Preuves de la premiere partie , p. 25. & 26.)

Anno ab Incarnatione Domini MXXVI. (legendum 1096) Indict. Epacta XXII.
II. Idus octobris , præſidente Romanæ Eccleſiæ Urbano II. Papa , incitante Odone
II. tertio Abbate Generenſi , convenerunt ad idem monaſterium Guillermus Auſciorum

Archiepifcopus ; atque prædictus Odo Abbás fimulque Epifcopus Olorenfis, Ber-
nardus Prǽful Bigorrenfis , Sancius , Lafcurrenfis , Bernardus etiam -Epifcopus
Aquenfis. Et dedicaverunt Ecclefiam in honore Apoftolorum Petri & Pauli. Ipfis
que fimul monentibus & præcipientibus accefferant totius Vafconiæ , tam PRINCIPES *,*
quam populi , & renovaverunt falvitatem B. Petri , quæ nuper à Sancio Comite ejufdem
loci conftructore firmata , pene oblivioni tradita fuerat. Inprimis acceffit ad jurándum
Beatrix Comitiffa Bigorrenfis , Gafto -Vicecòmes Bearnenfis juravit , ASTANOVA
COMES FIDUACENSIS *, Augerius Vicecomes Mirimontes & filii ejus , (&c.)*

Extrait du *Gallia Chriftiana.* Edit. nouv. T. I. p. 1253. B.

.... Bafilica (Sancti Petri Generenfis) fuit dedicata in celeberrimo præfulum &
procerum cœtu , anno 1096. in honore SS. apoftolorum Petri & Pauli. Tuncque accef-
ferunt totius -Vafconiæ tam principes quam populi , & renovaverunt falvitatem B.
Petri a Sancio comite ejufdem loci conftructore firmatam. Inprimis acceffit ad jurandum
Beatrix comitiffa bigorrenfis , & Gafto vicecomes Bearnenfis. Poft ipfos jurarunt
ASTANOVA COMES FIDENCIACENSIS *, Augerius vicecomes Mirimontis , (&c.)*

Original du Cartulaire en vélin in fol. de l'Eglife Métropolitaine
de Notre Dame d'Auch , d'une écriture du XIII°. fiecle , intitulé:
Cartulaire blanc de l'Eglife Sainte Marie d'Auch , cotté Y. N°. III.
fol. LXX. R°. & V°. de la cotte ancienne , & fol. 64. R°. & V°.
de la cotte moderne.

Donation à la Métropole d'Auch , par Arfieu de Montefquiou ,
de fes droits fur les Eglifes de Saint Martin de Berdale, d'Angles , &c.
en y vouant Bernard , fon fils , en qualité de Chanoine.

(*Chap. ou N°.*) CIII.

De Arfivo de Montefquiu.

In nomine Domini noftri Jhefu Xpi. Ego ARSIVUS DE MONTESQUIVI, ob remiffionem peccatorum meorum , trado & in Canonicum offero hunc filium BERNARDUM ,
Deo & Beate Marie Auxienfis Ecclefie ; dono etiam cum eo , Deo & Beate Marie ,
quicquid juris. habeo vel ex paterna fucceffione habere debeo , in Ecclefiis ubicunque
fint , videlicet in Ecclefia Sancti Martini de Berdula , in Ecclefia d'Angles , de
Bafiano , d'Efparos , de Fremefencs. Nullus igitur de pofteritate mea Ecclefiam
Auxienfem ulterius fuper hoc inquietare prefumat ; quod fi quis, Diabolico furore
commotus, donationem hanc in irritum revocare temptaverit , anatematis gladio fevius
percellatur & cum * Datan & Habiron maledictioni Divine in perpetuum fubjiciatur ,
ac luminibus Sancte Marie *Sancte Marie* * univerfalis Ecclefie longius fequeftretur ,
a facrá communione*m* Dominici Corporis ac Sanguinis , ut indignus, alienetur, honore
fepulture privetur,omnique beneficio totius Xpianitatis fpolietur. HIC ARSIVUS GENUIT
BERTRADUM . CUJUS FILIUS NOMINE RAIMUNDUS AIMERICUS. poft excurfum longi
temporis , in Ecclefia Aufcitana fefe canonicavit , & hujus modi donationem AVI SUI
fuper fanctum altare * Marie propria manu confirmavit.

Original du même Cartulaire de l'Eglife Métropolitaine de Notre-
Dame d'Auch, fol. XXXVIII. V°. & XXXIX. R°. & V°. de la cotte
ancienne , & fol. 40 V°. & 41 R°. & V°. de la cotte moderne.

Donation d'une vigne ou vignoble , par Aftanove , Comte de

XXVI.
Environ 1096.

Cette Charte eft
imprimée dans
les Chroniques
d'Auch. Preuves
de la premiere
partie. pag. 24.

* Sic , mais ce
doit être *eum.*
* Ces deux mots
font répétés dans
l'original.

* Le mot *Beate*
ou *Sancte* a été
oublié dans l'ori-
ginal.

XXVII.
1098.

Fezenſac, étant ſur ſon départ pour Jeruſalem, à Raimond Archevêque d'Auch, ſon frere utérin.

(*Chap. ou N°.*) LVII.

De Vinataria.

Cette Charte eſt imprimée dans les Chroniques d'Auch. Preuves de la premiere partie. p. 26. & 27.

Dominus COMES ASTANOVA in die ſue peregrinationis quo Iherofolimitanum arripuit iter, in Communi Capitulo Canonicorum Sanɛte Marie, de illa quam vulgus vinatariam vocat, tale ediɛtum dedit. Ego ASTANOVA FIDENCIACENSIS COMES, pro innumeris, cotidianiſque meis exceſſibus, proque etiam genitorum meorum animabus, guerpitionem facio tam pro me quam etiam pro eis qui poſt me futuri ſunt Domini, de ea que vulgo Vinataria dicitur, tali paɛto, quod ſi ego, Deo annuente, reverſus fuero, frater meus & hujus civitatis habitatores emant a me, conſilio mei, amicorumque meorum. Si autem me ultima ſors rapuerit, propriumque Lar reviſendi a Deo omnium Arbitre michi licentia fuerit denegata, eidem Verbo pro nobis humanato, eam relinquo, ne ullo umquam tempore recuperetur. His diɛtis ante altare intemerate Virginis veniens, eademque repetens, manu propria ſua ſuper ſanɛta * firmavit. Horum verborum auditores faɛtique viſores, ſcilicet, Ego RAIMUNDUS AUSCIORUM ARCHIEPISCOPUS, SUPRAFATI COMITIS FRATER UTERINUS, Stephanus Bego. (&c.)

* On a oublié dans l'original le mot *Evangelia.*

XXVIII.
[1103. ou 1104.

Promeſſe faite par Bernard, Vicomte de Benauges, de donner ſatisfaɛtion à la Cour des Pairs de Gaſcogne, dont le premier eſt Guillaume-Aſtanove, Comte de Fezenſac, ſur les plaintes faites contre lui, au ſujet d'un ſubſide qu'il a impoſé ſur le Bourg de la Réole ſur Garonne.

Cette Charte eſt auſſi imprimée ſous la date de 1104, dans les Preuves de l'Hiſtoire des Comtes de Poitou, par Beſly. p. 426.
Voyez l'Hiſtoire même. p. 109.

Charte autentique de l'Abbaye de la Réole ſur Garonne. Hiſtoire de Bearn, pag. 387.

Anno ab Incarnatione Domini noſtri Jeſu Chriſti, milleſimo centeſimo tertio. Philippo Rege ſuperſtite, Ludovico tamen filio ſuo indolis & probitatis memorandæ juvene, Franciæ temonem obtinente. W. Piɛtavienſum Conſule Vaſconia gubernaculo præſidente, Bernardus Vice comes in B. Petri Regula burgo teloneum ſtatuit. Infra: Ad quem cum Comes Vaſconia, Principibus ſe comitantibus perveniſſet, ASTANOVA COMITE ſcilicet DE FEDENSAC, & Bernardo de Armaniac, nec non Gaſtone Vice comite de Bearn . . . Vice comes Comiti ſe ſatisfaɛturum promittit. &c.

X.

: Environ 1145.

Original du Cartulaire en vélin in folio de l'Egliſe Métropolitaine de Notre Dame d'Auch, d'une écriture du XIIIᵉ ſiecle, intitulé: *Cartulaire blanc de l'Egliſe Sainte Marie d'Auch,* cotté Y. N°. III. fol. XXXIX. V°. XL. R°. & V°. & XLI. R°. de la cotte ancienne, & 41 V°. 42. R°. & V°., & 43. R°. de la cotte moderne.

Sentence ſur les limites des Paroiſſes de Sainte Marie & de Saint Orens d'Auch, dans laquelle eſt nommé Arſieu de Monteſquiou, couſin de (Aimery II.) Forton, Comte de Fezenſac & poſſeſſeur par droit héréditaire des Comtes, d'une piece de terre confrontant à ces limites.

(*Chap. ou N°.*) LVIII.

De Parrochia Sanɛte Marie.

Cette Charte eſt imprimée dans

Notum ſit omnibus tam preſentibus quam futuris, quod Garſia Eiz, Prior Sanɛti Orientii, ivit Romam, faɛturus querimoniam ſuper Parrochia Sanɛti Orientii &

Sancte Marie , in tempore Eugenii Pape , contra W. Auxitanum Archiepiscopum , ac Sedis Romane Legatum , ad quem respondendum W. Archiepiscopus misit duos Archidiaconos , Magistrum Petrum & Fortanerium , qui coram Domno Papa rationibus adversariorum responderunt & suas diligenter protulerunt. Eugenius vero Papa , auditis utrumque rationibus , judicium hujuscemodi cause in Arbitrium G. Burdegalensis Archiepiscopi , & H. Agennensis Episcopi & M. Abbatis de Fiag , transtulit , qui Auxim Civitatem adirent & terminos utriusque Parrochie viderent , & juxta possibilitatem sue discretionis litem pacificarent. Quo audito W. Archiepiscopus valde gavisus predictos Judices per litteras tandem per se viva voce advocavit , qui se venturos promiserunt & diem in quo causa examinaretur constituerunt. Sed cum dies designatus instaret G. Burdegalensis Archiepiscopus , infirmitate detentus , predicto negocio interesse non potuit , & ideo Agenensis Episcopus & Fiagensis Abbas venire noluerunt. Sed Bernardus Tarbensis Episcopus affuit , & B. Tolosanensis Prepositus & Abbates & Priores & alii Sapientissimi viri affuerunt , qui litem pacificare laboraverunt. Tandem placuit Priori Sancti Orientii , & placuit Archiepiscopo ut examen predicte litis ponerent sub judicio F. Prioris Sancte Marie Tolosanensis , & B. Prepositi Sancti Stephani , tali pacto ut ille qui concordiam & finem predictorum judicium non susciperet & firmiter non observaret , CCC. sol. amitteret. Diem igitur constituerunt Judices , & quam plures alii Sapientes impleaerunt , uterque vadimonia CCC. solidorum in manibus Judicum posuerunt. Judices vero monstrationem terminorum predictarum Parrochiarum petierunt. Quam monstrationem fecit W. Archiepiscopus & Canonici Sancte Marie , preeuntibus hominibus centenariis , qui etiam a Patribus centenariis & nonagenariis acceperant ; incipientes autem ab albo lapide qui est versus Orientem juxta Domum Leprosorum ; & recta linea , venerunt usque ad locum ubi Rivus nomine Nastran intrat flumen Ercii , inde vero ad portas de Valle stercorosa , quarum una est in Parrochia Sancte Marie , altera in Parrochia Sancti Orientii ; deinde per convallem Civitatis recta linea usque ad orum purei ; exinde recta linea usque ad murum ubi disterminatur terra Contrarion de Prissag & Sancti Orientii , & ubi antiquitus fuerunt porte quas appellaverunt Daurfigas , QUAM TERRAM OLIM POSSIDEBAT , HEREDITARIO JURE CONSULUM , ARSIVUS SENEX DE MONTESQUIU , COGNATUS FORTONIS COMITI FEDECIACENSIS , sed postea dedit illam CONTRARIO DE PRISSAG , suo Cognato , & ille , junctis manibus , devenit suus homo. Item BERTRANDUS DE MONTESQUIU , FILIUS PREDICTI ARSIVI , dedit postea eandem terram Oddoni de Prissag , filio Contrario , & ipse similiter fecit ei hominium , junctis manibus. Iste vero Bertrandus erat in hac monstratione testis & auctor cum W. Archiepiscopo. Deinde a predictis portis , extra murum ab extremitate Culture Sancte Marie , per viam publicam , usque ad vas duarum Sororum ; inde per antiquam viam que vadit in Bornag , & inde in Carboneras , inde in Espol. Facta tandem monstratione & auditis utrumque rationibus , Judices judicaverunt quod Sanctus Orientius haberet censum quem reddere debent illi qui infra terminos manent , & Sancta Maria haberet Parrochiam vivorum & sepulturam mortuorum.

Engagement à l'Abbaye de Berdoues par Raymond - Aimery de Montesquiou , de sa terre de Villeneuve , &c.

Original du Cartulaire en parchemin in folio de l'Abbaye de Berdoues en Astarac , au Diocèse d'Auch , d'une écriture du XIIIᵉ. siecle , fol. 67 , Vᵒ. col. 1 & 2.

DE ARTIGIS.

Sciendum est quod RAIMUNDUS-AIMERICUS DE MONTESQUIU , dictus FILIUS

les Chroniques d'Auch. Preuves de la premiere partie. p. 35 & 36.

Elle est encore rapportée en extrait dans la Généalogie de la Maison de Montesquiou , composée par le P. Montgaillard, Jésuite ; dans le Procès Verbal des Preuves de M. le Prince de Raches , faites en 1713. devant MM. les Marquis de Crequy-Hemon & de Monchy & Baron du Pire , Commissaires des Etats d'Artois ; & dans celles de M. le Comte d'Artaignan, pour l'Ordre du S. Esprit en 1724.

XXX.
1151.

BERTRANDI DE MONTESQUIU, bono animo . . . . mifit in pignus, pro quadraginta fol. Morlanorum, Arnaldo Abbati Berdonarum, & Conventui ejufdem loci, totam ex integro terram fuam de Villanova, de Cafali de la Gorga. . . . Factum eft hoc anno ab Incarnatione Domini M°. C°. LI°. Regnante Lodovico Rege Francorum. Sancio Aftaracenci Comite. Guillelmo Auxitano Archiepifcopo.

Affranchiffement de biens appartenans à l'Abbaye de Berdoues , fitués dans la terre d'Eftipoy , par Raymond-Aimery de Montefquiou.

Original du même Cart. fol. 67 , V°. Col. 2 , & fol. 68 , R°. Col. 1.

DE ARTIGIS.

Sciendum eft quod RAIMUNDUS AIMERICUS DE MONTESQUIU, bono animo. . . . quando comparavit Caftellum d'Eftipuey de Raimundo de Sairle , conceffit & abfolvit & andorgavit Arnaldo Abbati Berdonarum & Conventui ejufdem loci prefenti & futuro, omnia dona, omnes compras & omnia pignora & totum hoc quod habebant...in predicto Caftello . . . ut habeant & poffideant . . . fine omni fua & fuorum contradictione. Conceffit etiam predictus Raimundus Aimericus predicto Abbati & predicto Conventui, totam ex integro decimam predicti Caftelli de Eftipuey, quam Ramundus de Sairle impignoraverat predictis habitatoribus Berdonarum, pro LXX. Sol. Morlanorum, quos feptuaginta fol. Morlanorum predictus Raimundus Aimericus debet reddere predictis habitatoribus Berdonarum quando predictam decimam recuperare voluerit. Donavit etiam predictus Raimundus Aimericus predicto Abbati & predicto Conventui pafcua & erbagges, & liberum introitum & exitum & efpleitam per omnes terras fuas, exceptis terris bladatis, ortis & vineis cultis, pro amore Dei & remiffione peccatorum fuorum ; & pro hoc dono fuit receptus in omnibus beneficiis Domûs Berdonarum. . . . Hujus rei teftes funt Geraldus Tolofanus Epifcopus, qui debet effe auctor & bonus amparator, de omnibus predictis, habitatoribus Berdonarum, Raimundus de Sairle (&c.) Factum eft hoc anno ab Incarnatione Domini M°. C°. LXVII°. Regnante Lodovico Rege Francorum. Sancio Comite Aftaracenfi. Guillelmo Auxitano Archiepifcopo.

Engagement de diverfes pieces de terres à l'Abbaye de Berdoues , par Raymond-Aimery de Montefquiou , Pictavine fon époufe , & Raymond-Aimery , leur fils.

Original du même Cart. , fol. 35. R°. col. 2. & V°. col. 1 & 2. & fol. 36. V°. col. 1.

DE MONTESQUIVO.

Sciendum eft quod RAMUNDUS AIMERICUS DE MONTESQUIU , & PEITAVINA UXOR EJUS , & RAMUNDUS AIMERICUS DICTUS FILIUS EORUM, bono animo. . . . miferunt in pignus pro M. CC. fol. Morl. Arnaldo Abbati Berdonarum , & Conventui ejufdem loci , totas ex integro terras cultas & incultas quas habebant & habere debebant per fe vel per aliam perfonam , de Mazeras enfus ufque a Tels ante Baifiam , que tranfit per Berdonas , & retro, fcilicet, a Doms & a Senclem , & a Paderns Mazeroles , & ad Sauloer , & in omnibus pertinentiis earum, & totas las lauzedas que modo funt & in antea effe poterunt infra predicta loca , & infra prefcriptos terminos & totas las vegairias quas habebant & habere debebant in omnibus terris cultis & incultis , quas Fratres Berdonarum tenent & poffident pro dono vel pignore , . . . cum ingreffibus & egreffibus , aquis , pafcuis & nemoribus , cum decimis & premiciis , & cum omnibus ad venatum pertinentibus ; ut habeant & poffideant poſſideant ipſas terras & trium Eccleſiarum decimas, ſcilicet, duarum Eccleſiarum de Ulmis & Ecclefie de Sanĉto Clemente . . . . . Faĉtum & confirmatum eſt hoc totum in manu Domni Giraldi Auxitani Archiepiſcopi . . . . . . hoc anno ab Incarnatione Domini M°. C°. LXXXIIII°. Philippo Rege Francorum Regnante. Giraldo Auxitano Archiepiſcopo. Eiſemeno Aſtaracenſi Comite.

Original du Cartulaire en vélin in 8°. de l'Eglife Métropolitaine de Notre Dame d'Auch, intitulé: *Cartulaire noir de l'Eglife Sainte Marie d'Auch*, cotté Y. *N°. II.* fol. 140. R°. & V°. 141. R°. & V°. 142. R°. & V°. & 143. R°. & V°.

X X X I I L. de 1170 à 1190.

Charte qui contient des détails ſur la guerre que ſe firent Geraud de la Barthe, Archevêque d'Auch, & Bernard Comte d'Armagnac; & ſur celle de Raymond - Aimery de Montefquiou, neveu de ce Prélat, avec Geraud d'Arbeiſſan.

(*Chap. ou N°.*) C X I I I.

De R. Aimerico & terra de Berdale.

Notum habeant tam preſentes quam poſteri, quod cum RAIMUNDUS AIMERICI DE MONTESQUIVO captus eſſet a Gerardo de Arbeiſſano, cum quo guerram habebat, & in caſtro de Lavardenes vinculis ferreis mancipatus, venerabiles viri Bernardus Epiſcopus Bigoritanus, & Geraldus de la Barta, tunc Auſcitanus Archidiaconus, avunculi ejus, ut ſolveretur, diu laboraverunt: tandem, cum multis impedientibus cauſis, id de facili fieri non poſſet, prefatus G. obſidem pro eo ſe poſuit in prediĉto caſtro; nominatus autem R. Aimerici inde exiens, viſitatis parentibus & amicis ſuis, & poſtulante ab eis ſuper hoc auxilio, cum redemptionem habere non poſſet, in magna conſtitutus anguſtia veniens Auxim, magna precum inſtancia ſupplicavit Domno Archiepiſcopo felicis memorie W. & Canonicis Beate Marie Sedis Auſcitane, ut ſuper terra ſua de Berzale, nomine pignoris conderent ſibi neceſſariam peccuniam: Unde faĉtum eſt quod Canonici, habito cum Domno Archiepiſcopo ſuper hoc conſilio, acceperunt in pignus pro ſeptingentis ſolidos Morlanenſis monete prefato R. Aimerico ad multas preces ejus omnem terram ſuam de Berzale cultam ſeu incultam, & omnia jura ſua quecumque in Eccleſiis, Villis, Ruſticis & redditibus quocumque modo ibi poſſidere videbatur. Omnia ſi quidem hec prediĉta R. Aimericus impigneravit Canonicis Beate Marie, bona fide & abſque malo ingenio, pro ſe & tota ſucceſſione ſua, pro prediĉta peccunia; & ut in omnibus his major indubitanter adhiberetur ſibi fides, optulit ſe Deo & Beate Marie in jam diĉta Ecclefia in Canonicum; & dum vixit cum eſſet ibi, tamquam Canonicus prebendam accipiebat, & adhuc ſit tandem pro eo quantum pro aliquo Canonico defunĉto. Procedente vero tempore cum prelibatus G. promotus eſſet in Epiſcopum Tolofanum, quoniam amore prediĉti nepotis ſui propenſiori cura prefatam Berdale quam ut defenderet, Canonici conſilio & aſſenſu diĉti Domni Archiepiſcopi & R. Aimerici, commendaverunt eidem Epiſcopo nominatam terram & Ecclefiam de Marſano. Poſtmodum defunĉto bone memorie diĉto Archiepiſcopo nominatus G. Epiſcopus Tolofanus eleĉtus fuit in Archiepiſcopum; quod utique grave fuit nimis Domino B. Arman. Unde ipſo adeupte Eccleſiam Romanam, pro habendo pallio, ipſe B. occupavit violenter & indebite Ecclefiam Auſcitanam; rediens vero nominatus G. jam Archiepiſcopus a Curia Romana per Religioſos viros Epiſcopos, Abbates & alios amicos & parentes utrorumque, & deinde per ſe ipſum quacumque potuit precum

C

instantia, prefatum B. diligenter & humiliter convenit & exoravit, ut prescriptam Ecclesiam sibi redderet ut suam propriam, & que ad ipsum B. nullo prorsus jure spectabat; quod si quidem idem B. pravorum usus & sultus consilio facere renuit: Archiepiscopus vero habito super his jam dicti nepotis sui R. Aimerici & aliorum amicorum consilio, jus suum armis prosequi decrevit. Unde Ecclesiam predictam de Marsano, consilio, voluntate & assensu ejusdem nepotis sui R. Aimerici, contra B. Armaniacensem munivit. Postmodum vero idem B. collecta non modica manu militum & peditum, ex improviso de subito irruit in prefatam Ecclesiam de Marsano, eamque & turrem que in capite Ecclesie eminebat, diruit. Tandem sopita inter G. Domnum Archiepiscopum & B. Armaniacensem predicta guerra, prefatus R. Aimerici Auxim veniens in Capitulo coram Archiepiscopo & Canonicis movit querimoniam super destructione prescripte Ecclesie & turris, dicens occasionne eorum & guerra hec esse

* Ce mot *statum* est en interligne.

demolita; & icirco hec ab eis in pristinum statum * debere restitui. Ad quod Canonici responderunt unanimiter asserentes predictam guerram inter Domnum Archiepiscopum & B. Armaniacensem nunquam suo factam aliquo modo fuisse consilio, voluntate vel assensu, & ideo in nullo se ei teneri. Post multum autem verborum super hoc disceptionem, ad preces & instantiam Domni Archiepiscopi, Canonici gratia habende in posterum pacis, ne quis de successione sua occasione hac injuste eos inquietare, seu molestare falso posset, concesserunt & firmiter statuerunt ut per triennium sequens quicquid ad Celerarium Beate Marie, & commune eorum ibi spectabat, in restitutionem jam dicte Ecclesie & turris de Marsano cederet; quod nimirum eidem R. Aimerico valde placuit, & pro paccato se de hoc tenuit, & constituit ibi ad hoc recipiendum, & opus perficiendum villicum suum quendam nomine W. Sans, cognomento Eisevid, hic quidem predictos redditus percepit per tres continuos annos, quibus predicta Ecclesia & turris in majori quantitate & fortitudine & altitudine restaurari posset; sicque factum est quod ipse omnia hec in inutiles usus consumpsit, & Ecclesia Auscitana magna inde eo tempore incurrit incommoda. Postea vero cum idem R. Aimerici Jherosolimam ire disponeret, & ad hoc perficiendum ab avunculo suo nominato Archiepiscopo sumptus necessarios expeteret, ne Domnus Archiepiscopus ejus peticioni satisfaceret, Geraldus de Archomont & Forto de Anglès, Archidiaconi Auscitani, cum Ezicio de la Serra, & Garsia de Arnoeda ejusdem Ecclesie Canonicis, ex parte sua & conventus Auscitane Sedis, & Domni Pape, inhibuerunt, quousque dicte querimonie pro se & tota successione sua renuntiaret; cumque idem R. a Domno Archiepiscopo pertinaciter instaret, ut postulatum sibi subsidium conferret, respondit Domnus Archiepiscopus non se venturum aliquo modo contra predictorum virorum inhibitionem, nec se ei quicquam de his que postulaverat facturum, unde factum est quod ipse R. Aimerici, habito super hoc parentum & amicorum suorum consilio, constitutus apud Montecassinum juxta castrum Diverii, cum jam arripuisset viam versus J. rosolimam, firmavit & gurpivit in manu nominati G. Archiepiscopi, quod nec ipse nec aliquis de tota successura projenie sua unquam reclamaturum, seu conqueratur super destructione dicte Ecclesie de Marsano, vel turris, contentus semper eo quod, ut superius dictum est, Canonici pro restauracione ejusdem Ecclesie & turris eidem R. Aimerici olim in redditibus suis concesserunt * illapso triennio. Ut autem hujusmodi

* Il y a sur ce mot un *a* au-dessus de l'*u* dans l'original; mais mis dans le tems.

querele renuntiatio suam firmitatem & robur habeat, in perpetuum, idem R. Aimerici dedit fidejussores B. de Maloleone, avunculum suum, & A. W. de la Barta, consanguineum suum, B. de Panesac, & W. Bernardi, filium ejus & W. Bernardi de Mazeres, & plures alios; hi omnes sub religione sacramenti fidei sue juraverunt & firmaverunt pro R. A. & tota posteritate sua, ita ut expressum est, omni tempore gurpitionem hanc & renuntiationem inviolabiliter eos observaturos.

Engagement à l'Abbaye de Berdoues, par Pictavine de Marrast, Femme de Raymond-Aimery de Montesquiou, de ce qu'elle possede à Mazeres.

Extrait du Cartulaire original de Berdoues, fol. 36. r°, col. 1 & 2.

DE MONTESQUIVO.

Sciendum est quod PEITAVINA DICTA FILIA PEITAVINI DE MARRAST, bono animo.... misit in pignus Arnaldo Abbati Berdonarum & Conventui ejusdem loci, totum hoc quod habebat & habere debebat... infra Mazeras e Tels ante Baisiam & retro, & totas las lauzedas que modo sunt & in antea-esse poterunt infra prescriptos terminos, excepto hoc quod habebat à Serras & à Bellog, pro centum sol. Morl.... Sciendum tamen est quod prediti Fratres Berdonarum tenent predictas terras jure pignoris pro mille & CC. sol. morl. à predicta Peitavina, & à RAIMUNDO-AIMERICO DE MONTESQUIU, marito ipsius, & à filiis & filiabus ipsorum, & cum istis centum sol sunt mille & CCC. sol. ... Factum est hoc anno ab Incarnatione Domini M°. C°. LXXXV°.

Donation à l'Abbaye de Berdoues par Raymond-Aimery, fils de Raymond-Aimery de Montesquiou, & confirmation de cette donation par Arsieu son frere.

Extrait du même Cart. fol. 36. v°. col. 2 & 37. 1°. col. 1.

Sciendum est quod RAMUNDUS - AIMERICUS DICTUS FILIUS RAIMUNDI-AIMIRICI DE MONTESQUIU, in tempore illo quo langore gravide detentus erat, cognoscens se multum pecasse apud Deum & homines, & etiam apud Fratres Berdonarum, multum penituit & bono animo... donavit, concessit & absolvit Deo & Beate Marie & predictis Fratribus Berdonarum CC. sol. morl. pro emendatione & restitutione malorum factorum que fecerat domui Berdonarum, super omnes terras cultas & incultas quas predicti Fratres habent & tenent pro dono & pignore à Ramundo-Aimerico patre ejus & à se ipso. Hoc donum laudavit... in eodem loco. Et ARSIVUS FRATER EJUS; & sic ambo fratres fecerunt donum suum amore Dei, & remissione peccatorum suorum, & pro beneficiis Missarum & orationum quæ fieri poterunt in domo Berdonarum, in quibus recepti sunt participes in vita & in morte... Facta carta anno Incarnationis Domini M°. CC°. IV°. regnante Philippo Francorum Rege, Bernardo Convenarum & Astaracensium Comite, Bernardo de Monte alto, Auxitano Archiepiscopo.

Confirmation en faveur de l'Abbaye de Berdoues, par ARSIEU DE MONTESQUIOU, fils de RAYMOND AIMERY DE MONTESQUIOU, d'une donation que lui a faite RAYMOND AIMERY, son frere, de biens situés en Astarac & ailleurs.

Extrait du même Cartulaire; fol. 37. r°. col. 2. v°. & col. 1 & 2.

DONUM DOMINI MONTESQUIVI.

Sciendum est quod RAMUNDUS-AIMERICUS in infirmitate illa de quâ mortuus est, & ARSIVUS FRATER EJUS, dicti filii RAMUNDI-AIMERICI MONTESQUIU & DOMINE PEITAVINE, bono animo ... donaverunt, conceſſerunt & abſolverunt Deo & Beate Marie & Fratribus Berdonarum , totam ex integro terram cultam & incultam quam habere debebant ... in loco illo qui vocatur Faiſeid , & eſt inter Montem Caſſinum & Grangiam de Sent-Feliz ... totum ex integro cultum & incultum quod habebant ... ad Ponchanum quod eſt prope Berdonas ... omnes vegairias & ſcierias ... quas habebant vel querere poterant in omnibus pertinentiis domûs Berdonarum , ... paſcua , erbagges & omnem eſpleitam , liberum introitum & exitum per omnes terras ſuas cultas & incultas quas habebant ... in toto Aſtaraco ... ; ſalva tamen pace Fratrum de Marrencs & de Hoſpitali de Monteſquiu , ... Factum & firmatum eſt hoc totum in Capitulo Berdonarum ... ubi Arsivus de Montesquiu receptus eſt a Fratribus Berdonarum pro domino & amico , pro fratre & amparatore totius domûs Berdonarum. Facta carta anno Incarnationis Domini M°. CC°. IIII°. Regnante Philippo Francorum Rege.

XXXVII.
1210.

Engagement de Biens-fonds ſitués dans la terre de Paderns à l'Abbaye de Berdoues , par Arsieu de Montesquiou & Braide ſa Sœur.

Extrait du même Cartulaire , fol. 40. v°. col. 2. & fol. 41, r° col. 1.

MONTESQUIVI.

Sciendum eſt quod Arsivus de Montesquiu & Braida Soror ejus , & Bens filia predicte Braide , omnes inſimul ... miſerunt in pignus Guillelmo Abbati Berdonarum , & omnibus Fratribus illius loci , .. totum hoc quod habebant cultum videlicet & incultum in caſtro & in terra de Paderns , & in omnibus terminis & pertinentiis predicti caſtri , .. pro D. ſol, morl. ... Preterea predictus Arſivus ... dedit & conceſſit Deo & Beate Marie Berdonarum & Guillelmo Abbati & omnibus Fratribus illius loci totum predictum pignus caſtrum videlicet de Paderns , cum omnibus pertinentiis ſuis , ſi ſine infante legitimo obierit antequam caſtrum de Paderns apignore perſolveretur ... Factum eſt hoc anno ab Incarnatione Domini Mo. CCo. X°. Philippo Rege Francorum.

XXXVIII.
1212.

Extrait du même Cart. fol. 40. r°. col. 1 & 2. & v°. col. 1.

MONTESQUIVI.

Engagement de divers Caſaux à l'Abbaye de Berdoues , par Arsieu de Montesquiou , à ſon départ pour aller en Eſpagne contre les Sarraſins.

Sciendum eſt quod Arsivus de Montesquiu , dictus filius Ramundi-Aimerici de Montesquiu , tempore illo quod pro amore Dei ad Iſpanias ad expugnandos Sarracenos ivit , bono animo ... miſit in pignus Deo & Beate Marie Berdonarum & Guillelmo Abbati & Conventui ejuſdem loci. .. pro CLX. ſol. morl. totum hoc quod habebat. .. a la Fita que eſt juxta Sanctum Romanum ... & Caſale ſcilicet de Barrax ... & Caſale de Abbatia ... & Caſale de Sanſos Pois ... Factum eſt hoc anno ab Incarnatione Domini M°. CC°. XII°. Philippo Rege Francorum regnante.

21

Emprunt de 200 fols Morlas à l'Abbé & Monaftere de Berdoues, par ARSIEU DE MONTESQUIOU, & Affignation de cette fomme fur le Château de Serrès, fi elle n'eft pas payée avant la mort dudit ARSIEU.

XXXIX.
1217.

Extrait du même Cartulaire, fol. 43. v°. col. 2, & fol. 44. r°. col. 1.

MONTESQUIU.

Sciendum eft quod Dompnus Guillelmus Abbas Berdonarum, & omnis Conventus ejufdem loci accommodaverunt ARSIVO DE MONTESQUIU CC. fol. morl. quos promifit fe effe reddituros fua bona fide & abfque omni malo ingenio, ufque ad feftum omnium Sanctorum; tali tamen pacto quod predictus ARSIVUS DE MONTESQUIU de tota terra fua quam habet in toto Aftaraco non accipiat de qeftis quoad ufque Fratribus Berdonarum reddantur prædicti CC. fol. morl. ; quod fi forte predictus ARSIVUS, antequam predictam pecuniam perfolvatur Fratribus Berdonarum, obierit, dat eis predictam pecuniam fuper omnia jura que habet . . . in caftro de Serris, fuper homines & fuper feminas ipfius caftri ; & eft verum quod Fratres Berdonarum habent CCCC. fol. morl. fuper predictum caftrum de Serris, CC. a predicto Arfivo, & CC. ab Arnaldo de Ulmis. Hujus rei funt teftes Petrus de Marrencs & Bernardus de Siurag . . . Factum eft hoc anno incarnati Verbi M. CC XVII°. Philippo Rege Francorum regnante.

Donation de 300 fols morlas à l'Abbaye de Berdoues, par ARSIEU DE MONTESQUIOU.

XL.
1220.

Extrait du même Cartulaire, fol. 43. r°. col. 1 & 2.

MONTESQUIVI.

Sciendum eft & memorie retinendum quod ego ASSIVUS DE MONTESQUIU . . . bona voluntate dono concedo & fideliter abfolvo per me & per omnes meos prefentes & futuros Deo & Beate Marie Berdonarum, & tibi Guillelmo Abbati & omni Conventui prefenti & futuro D C. fol morl. fuper totum CASTRUM DE SERRIS, cum omnibus fuis pertinentiis ; tali vero pacto quod homines de Serris donent & perfolvant annuatim L. fol. morl. habitatoribus Berdonarum, de martro e martro . . . donec DC. predicti fol. in pace perfolvantur, predictis Fratribus Berdonarum. Et eft fciendum quod ego predictus ARSIVUS non debeo aliquid habere in nummis de prediclis hominibus de Serris per totum annum, donec predicti L. fol. compleantur & habitatoribus Berdonarum ex integro perfolvantur . . . Facta carta anno Verbi incarnati M°. CC°. XX°. Regnante Philippo Rege Francorum, Gaffiele Auxitano Archiepifcopo.

Donation de la Terre de SANZOSPUEIS à l'Abbaye de Berdoues, par Arfieu, Seigneur de Montefquiou, du confentement de Raymond-Aymery, fon fils.

XLI.
Avril 1245.

Extrait du même Cartulaire, fol. 187. r° col. 2. & v° col. 1.
Sancti Felicis.

Noverint omnes prefentem paginam infpecturi, quod Ego ARSIVUS DOMINUS DE MONTE ESQUIVO, laude & affenfu RAIMUNDI-HEIMERICI, FILII mei, & omnium heredum meorum, in manu Domine Seguin Comitiffe Aftaraci, laude & affenfu filiorum dicte Comitiffe, videlicet Centulli & Bernardi &

aliorum heredum suorum, in remissione peccatorum meorum, donavi totam teram
de SANZOSPUEIS, que extenditur in latitudine à territorio de Marmont e del-
Pelo, quod territorium Fratres Berdonenses possident in perpetuum alodium, &
de cetero jure perpétuo possidebunt usque ad viam que de Sancto Felice ducit ad
Sanctum Romanum, & in medio cadit in guttam; in longum verò extenditur à
Serra que respicit occidentem, usque ad terram de la Fite & de Tremoled.
Hanc inquam terram donavi ego dictus Arsivus, laude & assensu, tam heredum
meorum, quam Dominorum Astaracensium, Deo & Beate Virgini Marie, &
Hugoni Abbati Berdonarum, & Fratribus ibidem Deo famulantibus, presen-
tibus & futuris, liberè & quietè, absque omni retentione & contradictione. . . . .
Si quis verò heredum meorum malitia animi ductus, quod absit, in posterum
aliquid reclamare voluerit, primo dictis Fratribus Berdonarum donet duo milia
sol. morl. . . . . Hujus rei testes sunt Dominus Hyspanus Auxitanus Archi-
episcopus, Bernardus de Panasac, Petrus dez Barads, Odo de Marrencs,
Petrus d'Esparros, Bertrandus de Las, Bernardus de Saviag, Milites. . . . .
Actum anno Domini M°. CC°. XLV°. mense Aprili, regnante Lodovico
Rege Francorum, Centullo Comite Astaraci, Hyspano Auxitano Archiepiscopo.
Nota. On a une Expédition de cette Charte, délivrée le 27 Avril 1724, sur
l'original, en parchemin, dans laquelle Expédition il est remarqué qu'à cette
Charte pendent deux sceaux, qui y sont figurés, DE CIRE JAUNE, SUR
LACS DE SOYE ROUGE : le premier qui est celui de Seguine, Comtesse d'As-
tarac, est un escartelé; au contre-sceau est un loup rampant : le second, qui est
celui d'Arsieu, Seigneur de Montesquiou, le représente à cheval, tenant d'une
main l'épée haute, & de l'autre un écu parti au 1er vuide, & au 2d deux
tourreaux posés l'un sur l'autre, avec cette légende : S. ARCIONIS DE MON-
TESQUIVO ; le contre-sceau est aux mêmes armes, & contient la même légende.
Cette même Charte a été employée, d'après une autre Expédition, dans les Preuves de M. le Comte d'Artagnan, pour l'Ordre du S. Esprit en 1724.

XLII.
25 Mars 1245.

Donation par la Comtesse d'Astarac & par le Vicomte de Lomagne au
Comte de Toulouse, de leurs droits sur le Comté de Fezenzac,
de laquelle est témoin Arsieu de Montesquiou.
Extrait de l'Histoire de Languedoc, Preuves du tom. 3. p. 455 &
456, Et Trésor des Chartres du Roi. Toulouse, Sac. 2. N°. 64.

Noverint &c. quòd domina Sygnis, uxor quondam nobilis viri D. Centulli comitis quondam Astaraci, de sua mera & spontanea voluntate, . . . ,
tradidit illustri Raymundo D. G. comiti Tolosæ, marchioni Provinciæ, &
hæredibus & successoribus, & ordinio ejus in perpetuum, totum illud jus
rationem & partem, quod & quam ipsa domina habebat & habere debebat . . . .
in toto comitatu & terra Fesensiaci, & in & juribus & pertinentiis suis universis, &
totum quicquid ipsa Sygnis in eodem comitatu & terra, & in pertinentiis &
juribus suis, aut aliquis aut aliqua pro ea, vel de ea, aut ejus nomine tenebat
aut possidebat, ... Actum fuit hoc ita Tolosæ VII. die exitûs mensis Martii,
regnante Ludovico Francorum rege, & eodem D. R. Tolosano comite, &
R. episcopo, anno M CC XLV. ab I. Domini. Testes præsentes fuerunt,
D. B. comes Convenarum, Vitalis de Nova-casa, . . . ARSSIVUS DE MONTE-
ESQUIVO. A. de Escalquencis, &c.

Vente de diverses pieces de terres à l'Abbaye de Berdoues, par Raymond-Aimery de Montesquiou, du consentement d'Arsieu, son pere, d'Aimery & de Gensquiou, ses freres.

XLIII.
4 Août 1258.

Extrait du Cartulaire original en parchemin in fol. de l'Abbaye de Berdoues, fol. 200, R°. col. 2. & V°. col. 1 & 2. & fol. 210. col. 1.

overint (1) universi pariter & futuri qui hanc cartam viderint aut audierint quod altercatio quondam & controversia fuit inter Abbatem & Conventum Berdonarum, est una parte; & DOMINUM RAMUNDUM AIMERICI DE MONTESQUIVO, & quosdam suorum hominum, ex altera; super quibusdam terris & territoriis que sunt infra terminos Grangie de Tarano, & infra terminos territorii de Hombs; euoluto autem multo tempore, isdem nobilis vir R. A. post multam dictam altercationem & controversiam, non coactus neque seductus, ... sed gratis ac spontanea & sua propria voluntate inductus, habito tamen prius consilio & assensu DOMINI ASSIVI PATRIS SUI, ATQUE FRATRUM SUORUM AIMERICI ET GENTILQUIVI, ... reliquid libere, vendidit atque quitavit ... R°. Luppo Abbati Berdonarum, & Conventui .... ejusdem loci, omnes terras integre da Ribaute, quas videlicet predicti homines quocumque jure & domino aut aliqua quâlibet ratione tunc temporis tenebant .... in toto dicto territorio de Ribaute: insuper etiam omnes terras alias generaliter quas prefatus R. A. habebat ..... infra territoria aut in omnibus terminis Grangie de Tarano .... Preterea Nobilis prefatus R. A concessit & absolvit omnes terras integre quas retro Baisiam ... petebat, (&c.) .... & pro hac venditione antedicta & quitatione supradictus. R. A. recepit .... à Fratribus Berdanorum CXXXX. fol. morl. ... Acta sunt hec II. Nonas Augusti, apud Berdonas, anno Domini M°. CC°. LVIII°. Regnante Lodovico Francorum Rege, & Domino B. Astaraci Comite, & Domno Ispano Auxitano Archiepiscopo. Horum omnium sunt testes DOMINUS ASSIVUS DE MONTESQUIVO, ET AIMERICUS ET GENTESQUIVUS, FILII DICTI ASSIVI, & A. de Marrast Miles, (&c.)

(1) Nota. On a oublié d'écrire la lettre N qui commence ce mot.

Confirmation en faveur de l'Abbaye de Berdoues, par Raymond Aimery de Montesquiou, des donations de biens fonds, dixmes &c. faites à ce Monastere, par Arsieu son pere, & par Braide sa tante.

XLIV.
15 Janv. 1258.

Extrait du même Cartul. fol. 28. V°. col. 1. fol. 29. R°. col 1 & 2. & fol. 30. V°. col. 1.

In Xpi nomine notum sit ...... quod Ego RAMUNDUS AIMERICI DE MONTESQUIVO .... non vi, non metu, nec ab aliquo deceptus, sed mea ac propria spontanea voluntate .... laudo, approbo & concedo dono Deo & Beate Marie Berdonarum, & omni Conventui ejusdem loci...... omnes illas donationes omnium terrarum, possessionum, decimarum & pascuorum, quas DOMINUS PATER MEUS ASSIVUS, ET DOMINA BRAIDA soror iJUS, & Behel filia ejusdem Domine, dederunt Monasterio jam dicto, prout in instrumento .... confecto .... continetur...... Ego supradictus R. Aimerici, filius supradicti Assivi ..... laudo, approbo & concedo .... Actum est hoc XVIII. Kal. Febr. apud Saissanum, anno Domini M°. CC°. LVIII°.

Original du Cartulaire en vélin in folio de l'Eglife Métropolitaine de Notre Dame d'Auch, d'une écriture du XIIIᵉ. fiecle, intitulé : *Cartulaire blanc de l'Eglife Métropolitaine d'Auch, cotté Y. N°. III. fol. 118. R°. de la cotte ancienne, & fol. 112. R°. de la cotte moderne.*

Donation à la Métropole d'Auch, par Raimond-Aimery de Montefquiou, de l'Eglife & des dixmes d'Ynos, & de toutes les Eglifes & dixmes qu'il a dans l'Archidiaconé d'Angles.

Cette Charte eft imprimée dans les Chroniques d'Auch, par D. de Brugeles. Preuves de la premiere partie, pag. 47.

Noverint univerfi prefentes litteras infpecturi, quod conflitutus coram nobis Amanevo, miferatione divina Archiepifcopo Auxitano RAIMUNDUS AIMERICI DE MONTEBSQUIVO *quitavit in perpetuum pro fe & fuis Deo & Beate Marie & Capitulo Auxitano Ecclefiam & Decimam d'Ynos & omnes Ecclefias & Decimas quas nunc tenent in Archidiaconatu d'Engles, & juravit ad Sancta Dei Evangelia fe contra dictam quitationem aliquo tempore non venire ; pro qua quitatione folverunt fibi dictum Capitulum C. fol. Morl. in cujus rei teftimonium figillum noftrum prefentibus duximus apponendum. Datum Auxis quinto idus feptembris, anno Domini millefimo ducentefimo fexagefimo fexto.*

Original en parchemin des Archives de la Maifon de Montefquiou.

Donation de diverfes pieces de terre, de droit de pâturages, &c. à la Maifon du Temple de Borderes, au Diocefe de Tarbes, par Raymond Aimery Seigneur de Montefquiou d'Angles ; du confentement d'Arfieu fon fils, & d'Uget fon frere, dans laquelle eft rappellé un échange fait entre fon pere & lui, d'une part, & cette Maifon, d'autre ; par lequel ils lui avoient cédé le territoire de Martin, pour celui de Bretos & d'Arambos.

In nomine Domini noftri. Amen....... Noverint univerfi prefentes pariter & futuri, quod cum contentio feu difcordia effet inter NOBILEM VIRUM Rm. AIMERICI DOMINUM DE MONTESQUIVO DE ANGULIS, & fuos, ex parte una ; & Fratrem Petrum de Gavareto, Preceptorem, & Fratres Domûs Milicie Templi de Borderiis ; Tarvienfis Diocefis, ex altera ; fuper terminos territorii de Martino, ejufdem Ordinis, Diocefis Auxitani ; tandem prefatus Dominus R. Aimerici ... conceffit, dedit & terminos affignavit in loco & territorio de Martino fuperius nominato, Commendatori & Fratribus fuperius antedictis, diftingens & declarans per fi.na in circuitu pofita atque valla, perfonaliter per eumdem Dominum Rm. Aymerici fuperius nominatum, cui ob redemptionem anime fue ipfe & pater fuus jampridem contulerant Ordini & Fratribus Domûs Templi integre dictum locum.... & ratione permutationis territorii de Bretos e d'Arambo, que diu data extiterant, intuitu elemofine, Ordini atque Fratribus antedictis ; que omnia & fingula prediti Preceptor & Fratres abfolverant & quitaverant Domino R°. Aymerici, & fuis in recompenfationem loci & territorio de Martino.... Termini autem territorii de Martino declarati funt per prelibatum Dominum Rm. Aymerici, videlicet de Laofe (&c.).... Omnia fupra dicta infra predictos terminos conftituta, prenominatus donator conceffit, dedit, contulit integre Commendatori & Fratribus memorati Ordinis, videlicet terras cultas & incultas, erbas & folia, glandes & omnia illa pafcua, molandina & molandinaria, aquas, ligna & lapides, venaciones & pifcaciones.... Hec Donatio facta fuit nutu & confenfu DOMINI UGETI, FRATRIS SUI, & ARSIVI EJUS FILII, PREDICTI DOMINI R. AYMERICI. Hec omnia fingula promifit dictus Donator & ARSIVUS EJUS FILIUS .... fideliter ....

observare

òbſervare . . . . Aĉtum fuit hoc in dòmo de Martino, XI. Kalendas Febroarii .... anno Domini M°. CC°. LXXIX°. dominante Geraldo Comite Armaniac & Fezenciaci , Amanevo Auxitano Archiepiſcopo.

Original en parchemin des Archives de la maiſon de Monteſquiou. **XLVII.**
    Nov. 1291.

Contrat de mariage de Genſes de Monteſquiou, Damoiſeau , fils de Raymond-Aimery de Monteſquiou , Chevalier ; avec Comteſſe d'Antin , fille de Comte-Bon d'Antin , Damoiſeau , & de Marie de Montlezun.

Noverint univerſi . . . . quod Nobilis Domina Maria de Montelucduno, uxor quondam Comitis-Boni de Antino, Domicelli, amicorum hinc inde communium interventu, dedit Comitiſſam filiam ſuam & diĉti Comitis-Boni in uxorem AN-GENSER DE MONTEESQUIVO, DOMICELLO, FILIO NOBILIS VIRI DO-MINI R. AYMERICI DE MONTE ESQUIVO, Militis , & dedit & conſti-tuit in dotem & dotis nomine , diĉto Genſer cum diĉta filia ſua, ſex milia ſolidorum morlanenſium : diĉtus Dominus Raimundus Aymerici pro ſe & diĉto filio ſuo recognovit ibidem & confeſſus fuit . . . ſe habuiſſe & recepiſſe tria milia ſol. morl. diĉtus Dominus R. Aymerici pro ſe & diĉto filio ſuo . . . . aſſignavit & conſtituit diĉte Comitiſſe dotem ſuam prediĉtam ſuper repairio & in loco ſuo ſeu Caſtro de Marſano . . . . Aĉta fuerunt hec apud Antinum , die dominica , in oĉtabis Beati Martini Yvernalis. . . . . . anno Domini M°. CC°. XC°. primo. (*Signé de la marque du Notaire.*)

Original en parchemin des Archives de la Maiſon de Monteſquiou ; **XLVIII.**
    pourri en pluſieurs endroits.   16 Août 1300.

Teſtament de Noble Baron Meſſire Raymond-Aimery , Seigneur de Monteſquiou , &c. Chevalier.

In nomine Domini Noſtri Jheſu-Chriſti , noverint univerſi . . . quod No-BILIS BARO DOMINUS RAMONDUS - AYMERICI DOMINUS DE MON-TESQUIVO , Miles , mente ſanus & corpore . . . . volens ſibi & anime ſue & poſteris ſuis, quantùm potuit, providere de bonis ſuis & rebus teſtamentum ſuum nuncupativum fecit. . . . in hunc modum. . . . legavit . . . . amore Dei & redemptione peccatorum ſuorum , mille ſolidos morlanenſes, quos diſ-tribui . . . juſſit . . . prout ſequitur, videlicet, Eccleſie Auxitane . . . Fratribus Minoribus Auxis . . . Fratribus Predicatoribus Condomii . . . Fratribus Mi-noribus ejuſdem loci, &c. . . . Eccleſie DE MONTESQUIVO . . . Eccleſiis DE MONTECLARO, DE ESTIPODODIO, DE SANCTA AMANCIA, DE PO-DIOLOBONO, DE CASTRONOVO & de Sancta HARALIA, DE ARRIGAPILO, DE BASILHANO . . . & DE MARSANO . . . Monaſterio Caſe-Dei . . . Do-mui de Martino . . . . Domui Fontis-Frigidi, Domui de Marrenguis . . . . reliquid RAMONDO AYMERICI de Monteſquivo , filio ſuo, Canonico Auxi-tanenſi . . . reliquid PEYTAVINO filio ſuo Clerico. . . . . HOTONI de Monteſquivo , filio ſuo . . . reliquid & legavit Domine LONGE , uxori ſue , ad vitam ſuam, uſusfruĉtus . . . Caſtrorum de SANCTA ARALIA & de SANCTO JOHANNE. . . . Ramondo Americi de Baſalhaco , domicello nepoti ſuo , filio

D

quondam Domine Brayde, filie fue . . . . . quinque milia fol. morl.
& ipfum nepotem fuum in dictis denariis & in dote quam predicta Domina
Brayda dicto Domino Ramondo, marito fuo quondam dederat. . . . & in bonis
que fuerunt Domine ALPAYS, uxoris quondam ipfius teftatoris, matris dicte
Domine Brayde quondam heredem fibi inftituit . . . . . reliquid BLANQUE-
LORI, filie fue, uxori quondam Galini DE CALAVETO Domicelli, dotem
quam pro eâ dedit . . . dicto marito fuo . . . nepotibus fuis, filiis quondam
Agnes, filie fue, uxoris quondam PETRI DE ALCATA, de Condomio,
dotem quam pro ea dedit dicto marito fuo . . . ; AUDE, FILIE fue, quatuor
milia fol. morl. . . . LONGE, filie fue . . . centum marcas argenti . . . CLAR-
MONDE, uxori quondam Guillelmi ARIU, de Cufagello, Domicelli, &
BEATRICI, uxori Augerii de BAULATO, Domicelli, & GENTILI, uxori
Vitalis de Mertoreto, eorum cuilibet centum fol. morl. &. dotem quam
pro fingulis earum dedit, ANAFLORDELIS . . . filie fue, Moniali de Brolio,
triginta fol. morl. quamdiu vixerit quolibet anno., de ferviciis Caftri de
ESTIPODIO . . . . CAPDALESSE, filie fue, Moniali de Bolpilho,
quamdiu vixerit, quolibet anno, triginta fol. morl. de ferviciis de Arrigapilo . . . . . fratri HUGONI, filio fuo, de ordine . . . fratri MONTASINO,
filio fuo, Monaco Berdonarum . . . . . GUILLELMO . . . . . quod fit Templa-
rius . . . . GENSES DE MONTESQUIVO, FILIUM SUUM LEGITIMUM,
univerfalem heredem fibi inftituit atque fecit; quod fi dictus GENSES, ejus
filius predictus, decederet . . . . . fubftituit eidem . . . . . HOTTONEM de
Montefquivo, filium fuum, fi fuperfit, vel, eo non fuperftite, BERTRANDUM
filium fuum . . . Commiffarios Nobiles viros Dominum Hotonem de Mont-alto,
Militem, Bertrandum de Perdelhano &c. . . . . Actum fuit hoc fexto decimo
die introitus Augufti ano Domini M°. CCC°. . . teftes. . . Ramundus Aymerici
de Montefquivo, Canonicus Auxitanenfis . . . . Guillelmus de Lufano,
habitator . . . Notarius Abineti, publicus, qui ad requifitionem teftatoris
predicti, cartam iftam fcripfi, & figno meo confueto fignavi.

(Le feing dudit Notaire n'eft plus lifible.)

XLIX.
11 Oct. 1300.

Archives de la Maifon de Montefquiou.

Expédition originale delivrée en vertu des Lettres du Juge de la
Cour d'Armagnac & de Fezenfac, du 23 Mai 1333, d'une

Donation de Blanchefleur de Montefquiou & autres à Genfes de
Montefquion, Damoifeau, fon frere, de leurs droits fur les Châteaux
de Bazilhac, de Toftat & de Caftelbayac en Bigorre, & de Sadournin, en Aftarac, en préfence de Raymond-Aimery de Montefquiou, Chevalier, leur pere.

Noverint univerfi quod Nobilis mulier Domina BLANQUAFLOR, filia naturalis & legitima NOBILIS VIRI DOMINI RAMUNDI-AYMERICI DE MON-
TESQUIVO, Militis, & Galinus de Calaveto, & DOMINE ALPAYS, UXORIS
QUONDAM EJUSDEM NOBILIS, filie quondam Domini VITALIS DE BAZA-
LHACO, Militis, & dictus Gallinus de Calaveto, Domicellus, filius dicte Domine Blanqueflor, & Vitalis de Bazalhaco & Buanus de Calciata, fratres, filii
quondam & heredes . . . Domine Agnes, filie quodam naturalis & legitime
predicti Nobilis & dicte ejus uxoris quondam . . . donaverunt . . . . GENCES

DE MONTESQUIVO, DOMICELLO, ibidem prefenti, filio prędicti Nobilis
. . . . omnia eorum bona, poceſſiones, res & deveria &, omnes-acciones·
reales & perſonales, mixtas, utiles & directas & jura omnia univerſa,& fingula eiſdem conjunctim aut diviſim competentes & competentia, que habebant·
vel habere debebant, aut eis pertinebant . . . . ex cauſâ ſucceſſionis aut hereditatis . . . in caſtris, villis, aut poceſſionibus DE BAZALHACO ET DE
TOSTATO ET DE CASTROBAYHACO, Dyoceſis Bigoritane, & in caſtro
de SADORNINO, Dyoceſis Auxitane, & in aliis omnibus & ſingulis· rebus,
hereditate & bonis que fuerunt dicte Domine Alpays & Vitalis de Bazalhaco
patris ejus quondam. Factum XI. die introitus Octobris anno Domini Mo.
CCC. cui donacioni & actui ſupra dictis predictus Nobilis Dominus de Monteſquivo, apud Monteſquivum, ſedens pro tribunali, auctoritatem ſuam interpoſuit & decretum . . . Magiſter Martinus de Palude, publicus de Monteſquivo Notarius, qui inſtrumentum predictum retinuit & notavit ; ſet quia
morte preventus dictum inſtrumentum in formam publicam redigere non potuit,
ego Johannes de Linares publicus Notarius terre. . . . Comitis Armaniaci &
Fezenſaci, de Prothocollis, ſeu libris dicti Magiſtri Martini quondam, ex poteſtate
michi attributa littera per venerabilem & diſcretum virum Dominum Ramundum
de Montiliis, legum Doctorem, Judicem curie Armaniaci & Fezenſaci... die
XXVI. Madii, anno Domini Mo. CCCXXXIIIo. predicta inſtrumenta per dictum
Magiſtrum Martinum de la PALUN retenta ac . . . de nota . . . eorumdem
abſtraxi, ſcripſi, & in publicam formam redegi, requiſitus per dictum Nobilem
Dominum Gentilem de Monteſquivo, Dominum de Angulis & ſigno meo conſueto ſignavi. (*Signé de la marque dudit Notaire.*)

Original en parchemin des Archives de la Maiſon de Monteſquiou.

L.
Février 1301

Emancipation de Genſes de Monteſquiou, Damoiſeau, par Raymond-Aimery de Monteſquiou, ſon pere ; & donation à lui faite par
le même de ſa Baronnie, Châteaux & Terres de Monteſquiou,
d'Eſtipoy, d'Hauterive, de Saintrailles, de Riguepeu, de Caſ-
telnau-d'Angles, de Poylobon & de Marſan, ſitués au Comté de
Fezenſac.

. Noverint univerſi . . . quod DOMINUS RAMUNDUS-AYMERICUS DE MON-
TESQUIVO, MILES, conſtitutus in preſencia . . . Illuſtris viri Domini Bernadi,
Dei gracia Comitis Armaniaci & Fezenciaci, dixit . . . quod vellet emancipare
GENCES DE MONTESQUIVO, DOMICELLUM, FILIUM SUUM, ibidem preſentem . . . & ibidem dictus DOMINUS RAMUNDUS-AYMERICI emancipavit,
dictum GENCES, FILIUM SUUM... & requiſivit eundem Dominum Comitem,
ut ipſe dignaretur interponere auctoritatem ſuam judiciariam & decretum ; &
idem Dominus Comes ſedens pro tribunali . . . auctoritatem ſuam interpoſuit &
decretum ; decernendo quod idem GENCES DE MONTESQUIVO ſit à modo liber
homo, pater familias & civis Romanus... Ibidem dictus DOMINUS RAMUNDUS-
AYMERICI DE MONTESQUIVO, MILES, ex ſua certa ſciencia, deliberato propoſito, liberaliter ac ſua ſpontanea voluntate. . . . donavit . . . .
predicto GENCES FILIO SUO . . . . . totam ſuam integraliter Baroniam & omnia ſua caſtra, villas, baſticas, terram & loca, videlicet caſtrum
D ij

de Montefquivo, d'Eftipoy, & de Altarippa, de Senztralyhe, de Rigapello, Caftri-novi d'Angleis, & de Podiolobon, & de Marfano, que funt fita in Comitatu Fezenciaci, & generaliter omnia alia & fingula fua caftra, villas, baftidas & loca & bona mobilia & inmobilia quecunque fint & ubicunque, cum omnibus juribus & pertinenciis suis, redditibus, obvencionibus, mero & mixto imperio, &c... falvo tamen & retentó... fibi perdictum DOMINUM RAMUNDUM-AYMERICI, eidem, ad fuam vitam... ufusfructum de omnibus & in omnibus bonis fuis caftris, locis prédictis, redditibus & obvencionibus eorumdem; & quod difpofitio, ordinatio, feu teftamentum.... per ipfum.... olim factum de locis predictis, de quo Guillelmus de Cadelhano, publicus Albineti Notarius fcripfit feu fecit publicum inftrumentum, omnia & fingula per ipfum DOMINUM RAMUNDUM-AYMERICI, legata, difpofita & ordinata.... inviolabiliter obferventur.... Factum fuit apud Barravam, die Martis poft feftum Purificationis Beate Marie; teftes funt Dominus Arnaldus de Baulato, Miles, &c. & ego Arnaldus Guillelmi de Guifcas, publicus Vici Notarius, qui....duo iftrumenta unius ejufdemque tenoris confecta feci, notavi & fcripfi, & in publicam formam redegi, & figno meo confueto fignavi..... anno Domini Mº. CCCº. primo.

(*Signé de la marque dudit Notaire.*)

LI.
25 Janv. 1308.

Original en parchemin des Archives de la Maifon de Montefquiou.

Donation par Longue de Montaut, femme de Raymond-Aimery de Montefquiou, Chevalier, à Genfes de Montefquiou, Damoifeau, leur fils, des droits à elle appartenans fur les Châteaux de Sainttailles & de Saint-Jean; & fur la Baronnie de Montefquiou.

Notum fit... quod Nobilis mulier DOMINA LONGA DE MONTEALTO, uxor NOBILIS VIRI DOMINI RAIMUNDI-AYMERICI DE MONTESQUIVO, MILITIS, non decepta nec coacta.... dedit donatione pura fimpliciter inter vivos.... GENCIO DE MONTESQUIVO, Domicello, filio fuo, & dicti viri fui naturali & legitimo... omnia jura & deveria & actiones reales & perfonales... fibi competentes, ex causâ donationis aut dotis,... in Caftris de Sancta Raylha & de Sancto Johanne, nec non in Baronia de Montefquivo, poffeffionibus & bonis dicti viri fui, ubicunque fint;... falvo tamen & retento per dictam Dominam. ... quandiu vixerit, ufufructu... dictorum Caftrorum.... & quod in fine dierum fuorum... fuper dictis caftris... de duobus mille folidis.... poffit ordinare.... Actum fuit hoc vij. die exitûs menfis Januarii, anno Domini Mº CCCd VIIIº... Ego Petrus de Tejuno publicus Notarius Montifalti & Marfani... hanc cartam fcripfi, & figno meo confueto fignavi. (*Signé de la marque dudit Notaire.*)

LII.
5 Septemb. &
15 Novembre.
1318.

Original en parchemin des Archives de la Maifon de Montefquiou.

Convenances du Mariage d'Odon de Montefquiou, Seigneur d'Eftipoy, fils de feu Raymond-Aimery de Montefquiou; avec Aude de Lafferan de Maffencome; led. Odon affifté de Noble & Puiffant Homme Genfes de Montefquiou, Baron d'Angles, fon frere.

In nomine Domini Noftri Jhefu-Xpi, ... Noverint univerfi & finguli...

quod cum ibidem dictum fuit & verbo explicatum in conspectu . . . . NOBILIS
AC POTENTIS VIRI GENTILH DE MONTESQUIVO , DOMINUS AC BARO
TERRE ANGLESII ; INTER NOBILEM VIRUM ODDONEM DE MONTES-
QUIVO , EJUS FRATREM , DOMINUM D'ESTIPODIO , ex una parte ; & Do-
micellam Audam de Laferano de Mafencoma , filiam legitimam & naturalem
Nobilis & potentis viri Domini Gaxiarnaldi de Laferano alias de Mafencoma , Domini de Bonluco , ac dicti loci de Mafencoma , Monurt , Puch
de Gotaut & aliorum locorum fuorum , parte ex altera ; fuper matrimonium
fuper ipfos Oddonem . . . . & Audam ; . . . fuerunt facte . . . conventiones
. . . fub certis modis formis & conditionibus in quoddam cartello fcriptis . . .
que omnia & fingula in dicto cartello contenta dictus . . . . Gaxiarnaldus . . .
tenere . . . . . promifit . . . . prout indicto cartello continetur , cujus tenor calis eft :

L'An mil tres cens detz oeit & lo cinq jor deu mes de Septembre , fon fcites
aqueftes convennenfes que fi fegueife , per lous noble & poderous fenhous MOSSEN
GENSES de Montefquiu , Baron deudit Montefquiu & de la terre d'Angles , de
la una partida ; & Mofegne en Gaxiarnaut de Laferan & de Mafencoma , Senhe
deudit loc de Mafencoma , de Bonluc , Monurt , de Puch de Gotaut & autres
locs , de l'autre part ; fus lo matrimoni contrahedo entre lo Noble Oddon de Montefquiu , filz natural & legitim de defunt Ramond-Aimeric , & frei deudit MO-
SEGNE en Genfes de Montefquiu , d'une part ; & Damifella Aude de Laferan & de Mafencoma , filhe legitime & naturale deudit Moseigne en Gaxiar-
naud de Mafencoma , de l'autre part ; . . . accordat & apuntat inter las ditas
partidas que matrimoni fera feit entre lofdit Oddon & Auda . . . Item fo
accordat . . . . que lodit Senhe de Mafencoma . . . . . donnara . . . . per dot . . . .
à ladita Auda , fa filha , tous & sengles sous biens ; . . . . que lor prime filh
qui fera engendrat deudit matrimoni , fuccedera en totz los biens de ladita
Maifon de Mafencoma , à la cherge que quittera lo nom de Montefquiu , &
fera tengut de porta lo nom & armes de Mafencoma , & lous qui det naxe-
ran entro à la fin deu mon . . . . . Fo feit en lo caftet de Mafencoma . . . .

Pro quibus omnibus & fingulis , &c. . . . . . Acta fuerunt hec in loco
de Mafencoma , diocefis Condomienfis , die decima quinta menfis Novembris , anno Domini CCCº XVIIIº . . . . . Ego Arnaudus de Fortino , publicus Armaniaci & Fezenfaci Notarius , qui . . . . de predictis duo publica
inftrumenta retinui & fcripfi ejufdem tenoris , & in publicam formam redegi ,
& figno meo fignavi. (Signé de la marque dudit Notaire.)

Original en parchemin des Archives de la Maifon de Montefquiou.

L I I I.
19 Janv. 1322,

Expédition judiciaire du temps.

Reconnoiffance de la dot de Belefgart d'Afpet, par Raymond-
Aimery de Montefquiou, fon mari, fils de Genfes Seigneur de
Montefquiou ; & Affignation d'icelle, fur les châteaux , villes
& Baronie de Montefquiou d'Angles, de Marfan, &c.

In Nomine Domini , amen. Per hoc inftrumentum publicum univerfis & fingulis pateat evidenter quod cum inter NOBILES VIROS DOMINOS
GENTILEZ DE MONTE SQUIVO , ET TERRE ANGLESII AC
CASTRI DE MARSANO IN CORRENSAGUESIO , vice & nomine NOBILIS
RAIMUNDI-AIMERICI DE MONTE SQUIVO , NATI SUI & pro eo , ex parte
una ; & Arnaldum-Raymundi de Afpello , vice & nomine Nobilis mulieris Domine Belefguart , nate fue , & pro ea , ex parte altera ; . . . dudum fuiffet tractatus

habitus...de contrahendo matrimonio inter ipfos RAIMUNDUM-AYMERICI, & Dominam
Belefguart, mulierem, per verba ... de prefenti & juxta tractatus eofdem, & fecundùm
conventiones habitas inter ipfos, cum deliberatione, de confilio & voluntate amicorum
& propinquorum fuorum, & aliorum Nobilium intervenientium; hinc & indè
fuiffet concorditer inter ipfos NOBILES RAIMUNDUM-AYMERICI & Dominam Belefguart, mulierem, contractum dictum matrimonium per verba legitima de prefenti;
cumque & in ipfo contractu dicti, tunc contrahendi & nunc contracti legitimè matrimoni ante dicti, & ante & poft fuiffet actum & conventum quod dictus Nobilis Arnaldus-Raimundi de Afpello dotando dictam natam fuam..... pro ea daret in
dotem et nomine & ratione doris dicte Nobilis Domine Belefguart, mulieris, dicto
RAIMUNDO-AYMERICI, feu dicto genitori fuo, DOMINO GENTILI DOMINO DE MONTES-
QUIVO, quatuor milia libras turonenfium parvorum, in bona pecunia numerata, &
veftes nobiles nubciales, cum fuo lecto & arnefio decentibus, PROUT INTER TANTOS ET
TALES NOBILES VIROS MAGNIFICOS eft & erat fieri confuetum; & hoc fub certis
condicionibus indè habitis.... in hoc inftrumento dotali contentis; .. ea propter
conftituti in prefentia mei Arnaldi de Fortino,.... Notarii de Vico. publici.....
dictus Arnaldus-Raimundi de Afpello, vice & nomine ejufdem.... nate fue & pro
ea ipfam dotando dedit & conftituit in dotem... dicto DOMINO GENTILI, vice & nomine dicti RAYMUNDI-AYMERICI, NATI SUI, ... dictas quatuor milia libras tur. parvorum..... cum lecto & arnefio decentibus & veftes honorabiles nubciales, prout
conventum fuerat,..... ET SICUT INTER TANTOS NOBILES ET BARONES ISTIUS
PATRIE EST ET ERAT FIERI CONSUETUM;..... quam quidem totam dotem, lectum,
veftes & arnefium nubciale dictus DOMINUS GENTILIS.... affignavit dicte Domine
Belefguart... fuper Caftris fuis..... de Montefquivo, & de Marfano, Diocefis
Auxitane.,.... & fuper omnibus aliis fuis Caftris, villis & locis Baronie Angleſii,
ac bonis & rebus ejufdem DOMINI GENTILIS.... Acta fuerunt hec in loco de
Caftays, decima nona die introitus menfis Januarii, anno Domini millefimo trefcente-
fimo vicefimo fecundo, regnante Domino Karolo Francie & Navarre Rege....
teftes hujus rey funt Dominus Petrus de Sancto Beato, Miles, Guillermus de
Lafferano, Oddo de Montefquivo, domicello... & Magifter Arnaldus de Fortino,
publicus auctoritate Regia Notarius, qui de premiffis inftrumentum recepit, &
in fuo prothocollo regiftravit; fed, quia morte preventus, illud in formam publicam redigere non potuit, ego Vitalis Brala, publicus auctoritate Regia Notarius, ex collatione michi facta per Nobilem & potentem virum dominum Senefcallum Tholofanum
& Albienfem... cum fua patenti littera.... de libris & prothocollis dicti Notarii quondam de materia feu prothocollo ejufdem hanc cartam fideliter abftraxi
&.... in publicam formam redegi.... & figno meo confueto figuavi.
(*Signé de la marque dudit Notaire.*)

LIV.
10 Mars 1322.　Original en parchemin des Archives de la Maifon de Montefquiou.

Appel par un Procureur de Noble & puiffant homme Genfes de
Montefquiou & de Pictavin de Montefquiou, freres, de l'appofi-
tion d'une Sauve-garde, & de Penonceaux dans le diftrict du Château de
Poylobon d'Angles, & de la Baronnie dudit Genfes de Montefquiou.

Noverint univerfi quod in mei Notarii..... prefentia conftitutus in territorio
de Podiolobono nobilis vir Guillelmus de Lafferano, Domicellus, Procurator....
NOBILIS AC POTENTIS VIRI DOMINORUM GENSES DE MONTE ESQUIVO ET PEJ-
TAVINI DE MONTE ESQUIVO, EJUS FRATRIS, appellavit in hunc modum. Cum
ad mei Guillelmi de Lafferano, domicelli, Procuratoris NOBILIUM VIRORUM DOMI-

NORUM GENSES DE MONTE ESQUIVO ET PEITAVINI DE MONTE ESQUIVO, FRATRUM, noticiam pervenerit quod Augerius de Sevinhaco, Bajulus Marziaci, ad instanciam Raimundi dela Bruguera, Geraldi Bladerii... habitantium in pertinentiis de Marziaco, venit ad nemus & territorium vocatum de Serlono & de Guta, que sunt in & de jurisdictione & districtu dicti DOMINI GENSES DE MONTE ESQUIVO, DOMINI DICTI LOCI & in pertinentiis Castri de Podiolbono, in Anglesio & de Baronia dicti Domini de Monteesquivo, ad eundem DOMINUM DE MONTEESQUIVO pertinentia & debentia pertinere pleno jure; causa ponendi .... salvam gardiam & *penocillos* in dictis territoriis, de facto eum de jure non possit, partibus non vocatis & absque causa cognitione... sed cum debatum... fuit inter dictum DOMINUM DE MONTE ESQUIVO & Bernardum de Panassaco, domicellum; super proprietate & dominio nemoris & territorii predictorum; ipso Bernardo ad se ea asserente pertinere.. Idcirco ego Procurator predictus .... ex hiis gravaminibus & injuriali executione..... dictis Dominis per dictum Bajulum illatis...... appello, eo meliori jure & modo quibus possim & debeo, ad Dominum nostrum Regem Francie & Navarre.... & ejus curiam; vel ad Dominum Senescallum Tholosanum & Albiensem. Quod actum fuit per me Notarium predictum, sub his verbis, testibus presentibus & vocatis Arnaldo - Guillelmi de Marsano, & Raymundo de Nogarolio... Consequenter & paulopost, Ego Colinus Cavalerii, Notarius predictus in presencia dicti Bajuli .... dictam appellacionem Augerio de Sevinhaco Bajulo predicto, verbo tenus & lingua materna intimavi..... Actum fuit hoc decima die Marcii, anno Domini Mº. CCCº. XXIIº. presentibus testibus .... & me Colino Cavalerii, auctoritate Regia Notarius, qui de premissis omnibus cartam istam scripsi. (*Signé de la marque dudit Notaire.*)

LV.
1 Août 1340.

Original en parchemin des Archives de la Maison de Montesquiou.

Testament de Noble & puissante Dame Comtesse d'Antin, Dame en partie de Trie, par lequel elle institue son héritier universel Noble homme Raymond-Aimery de Montesquiou, son fils, & lui substitue Arsieu son petit-fils, fils dudit Raymond-Aimery.

In nomine Sancte Trinitatis & individue unitatis, Patris & Filii & Spiritus Sancti... Anno Incarnationis ejusdem millesimo CCC. quadragesimo... NOBILIS ET POTENS DOMINA DOMINA COMITISSA DE ANTINO, CONDOMINA DE TRIA, languens corpore... suum ultimum... testamentum... ordinavit, & condidit in modum qui sequitur... Elegit sepulturam sui corporis in Ecclesia Sancte Marie de Tria Parrochiali .... legavit & dimisit, ut sequitur... Ecclesie Auxitane... Operi Sancte Marie de Tria... Operi Ecclesie de Monteesquivo Anglesii, operi Sancti Johannis de Anglesio... Ecclesiis de Rigapillo, de Scantralha, Castro novo d'Estipuoy, Podiolobono, de Marsano, de Sancta Aurancia de Belloloco... legavit AUDETE FILIE NATURALI RAMUNDI AYMERICI, filii sui, quinquaginta libras tur. parvorum, pro se maritanda. Item legavit ODETO, FILIO NATURALI DICTI EJUS FILII, triginta libras tur. pro uno roncino emendo; .. Comitisse filie Comitis Boni de Antino, junioris, filiole sue, ad opus sui maritandi, quinquaginta libras tur... a NA ZAUTA de Monteesquivo, centum solid. tur... Domine Alemane, Monache Sancti Laurencii, sue consanguinee, viginti libras tur., legavit Fratribus Mi

noribus Tarvie... Fratribus Carmelitanis Tarvie... legavit pro paffagio
ultramarino , centum folidos tur. . . In omnibus autem bonis & rebus fuis. . .
ubicumque fint ... fuum cariffimum & predilectum FILIUM EJUS, NOBILEM VIRUM
RAMUNDUM-AYMERICI DE MONTEESQUIVO, LEGITIMUM ET NATURALEM,
conftituit heredem univerfalem, inftituit atque fecit ... conftituit quod unus capellanus celebret cotidie & perpetuo pro fua anima & parentum fuorum... in
altari Sancte Marie de Tria , qui habeat in redditibus annalibus quindecim
libras tur. . . . quas percipiat, videlicet , decem libras tur. ab hominibus feu
Confulibus de Campiftros , quos fibi , ut dixit , cenfualiter annuatim facere tenentur . . . . ex jufto titulo donacionis Domine Marie ejus matris quondam ,
in fefto Nativitatis Domini ; & quinque libras tur. . . fuper Bajulia de Tria ,
annuatim in fefto omnium Sanctorum ; . . . & ordinavit quod prefentacio predicti
capellani . . . . pertineat perpetuo ad dictum heredem fuum, & fuos fucceffores;...
inftituit heredem DOMINAM HAUDAM DE MONTE ESQUIVO , ejus filiam legitimam & naturalem, in quingentis , libris tur. volens & ordinans quod ASSIVUS
DE MONTE ESQUIVO, FILIUS DICTI SUI FILII & heredis, fuccedat dicto fuo filio
& heredi ; & quod fi ejus heredes decederent abfque prole... de legitimo matrimonio... in illo cafu fubftituit fibi DOMINAM AUDAM EJUS FILIAM & fi predicta DOMINA AUDA decederet abfque prole legitima,... fubftituit eidem cariffimum fuum fratrem Comitem Boni de Antino & ejus heredes . . . Teftes... Jor-
danus de Fortino , Petrus de Rupe... & ego Johannes de Avezato , regia auctoritate publicus Notarius, habitator de Tria , qui de premiffis... recepi publicum
inftrumentum & in formam publicam redegi & figno meo confueto fignavi.
(*Signé de la marque dudit Notaire*).

Original en parchemin des Archives de la Maifon de Montefquiou.
Confirmation par Meffire Raymond-Aimery de Montefquiou,
Seigneur de la Terre d'Angles & du Château de Marfan , d'une
vente d'une place fituée au Château de Marfan.

Noverint univerfi . . . quod NOBILIS VIR DOMINUS RAMUNDUS-
AYMERICUS DE MONTESQUIVO, DOMINUS TERRÆ ANGLESII ET CASTRI
DE MARSANO, laudavit, approbavit & ratificavit , recognofcens de vendis fibi
plenarie effe fatisfactum , totam illam venditionem , quam Guarcias de Barta &
Petrona ejus uxor, habitatores Caftri de Marfano, fecerant Guillelme de Garato...
de tota illa platea . . . quam dicti conjuges habebant. . . . in loco feu Caftro de
Marfano... Actum fuit hoc apud Marfanum , quarta die exitus menfis Augufti
anno Domini Mº. CCC. XL. quarto. . . . Ego Johannes de Sancto Martino,
publicus Notarius Armaniaci & Fezenfaci, qui requifitus, hanc cartam retinui,
fcripfi & figno meo confueto fignavi. (*Signé de la marque dudit Notaire*).

Original en parchemin des Archives de la Maifon de Montefquiou.
Quittance donnée par Arnaud , Seigneur d'Andouins, à Raymond-
Aimery , Seigneur de Montefquiou, du remboursement de la dot
de feüe Conftance d'Andouins , fille dudit Seigneur d'Andouins, &
femme d'Arfieu de Montefquiou , Chevalier , fils dudit Seigneur de
Montefquiou , dans laquelle eft nommé Genfes , pere du même
Raymond-Aimery Seigneur de Montefquiou.

Noverint univerfi quod . . . perfonaliter conftitutus dominus Bertrandus de
Andoinis ;

Andoinis , Archiprefbiter de Anoya ; procurator . . . . . Nobilis viri Arnaldi
domini de Andoinis, in Bearnio . . . recognovit & . . . confeſſus fuit ſe habuiſſe . . . & recepiſſe a Magiſtro Vitali de Lieſtario , Notario , procuratore
NOBILIS VIRI DOMINI RAMUNDI - AYMERICI DOMINI DE MONTEES-
QUIVO . . . . ducentas ſeptuaginta ſeptem libras, ſeptem ſolidos , & ſeptem de-
narios tur. & hoc pro complemento ſolutionis & reſtitutionis omnium ſummarum
pecunie in quibus dictus Dominus Ramundus - Aimerici de Monteeſquivo vel
alii cum ipſo . . . . tenebantur uſque ad diem preſentem . . . erga dictum Dominum de Andoinis vel Conſtanciam, ejus ſororem, quondam uxorem NOBILIS
VIRI DOMINI ASSIVI DE MONTEESQUIVO , MILITIS , filii dicti domini
Ramundi - Aymerici, virique dicte Conſtancie quondam . . . . & hoc ratione
& ex cauſa reſtitutionis dotis ſeu dotalitii ejuſdem Conſtancie ; . . . quam ſummam pecunie , ſuperius expreſſatam , idem procurator . . . . aſſeruit quod reſta-
bat ad ſolvendum . . . . facto finali computo ; . . . . voluit & conceſſit idem
dominus Bertrandus . . . . quod omnia inſtrumenta & obligationes, litteras &
confeſſiones. . . . cumquibus idem DOMINUS DE MONTESQUIVO vel DOMINUS
GENCIUS, EJUS PATER quondam, aut alii , . . . ſint ex nunc caſſa, irrita
atque nulla . . . Actum fuit hoc apud Baſſoam , prima die ſeptembris anno
Domini milleſimo trecenteſſimo-quadrageſſimo ſexto . . . . , teſtes . . . . .
& Magiſter Arnaldus de Sancho , Notarius Regius, qui materiam hujus
carto retinuit & in ſuo libro ſeu Protocollo inſeruit, vice cujus & mandato
ego Bernardus de Fraxino , Clericus juratus & ſubſtitutus eidem Magiſtro
Arnaldo , qui dedictis libro ſeu Protocollo hoc inſtrumentum abſtraxi & in
formam publicam redegi ; & ego idem Arnaldus de Sancho , Notarius predictus,
facta collatione cum originali & dicto ſubſtituto , hinc me ſubſcripſi & in
teſtimonium premiſſorum ſignum meum appoſui conſuetum.

(Signé de la marque dudit Notaire.)

Original en parchemin du Cabinet de l'Ordre du Saint - Eſprit ,
vol. 76. des Titres ſcellés , fol. 5985.

LVIII.
3 Avril 1347.

Quittance de Raymond - Aimery , Chevalier , Sire de Monteſquiou , au Tréſorier des guerres du Roi , de ſes gages de Chevalier
Banneret, de ceux d'un Chevalier Bachelier , de trente-ſix Ecuyers
& de quatre-vingts Sergens de pied de ſa compagnie.

Sachent tuit que nous Raymon-Aimery , Chevalier, Sire de Monteſquieu ,
Capitaine de Montreal , avons eu & reçeu de Jehan Chauvel, Tréſorier des
guerres du Roy , noſtre Seigneur , ſur ce qui nous eſt deu pour les gaiges de
nous Banneret, I. Chevalier Bachelier , XXXVIII. Eſcuyers & IIIIxx. Sergens
de pié de noſtre Compaignie , deſſerviz ès guerres de Gaſcoigne , en la garde
dudit lieu , du XVIe. jour de mars CCCXLVI, juſques au XXe. jour de juing
enſuivant CCCXLVII , ſous le gouvernement de Mons. Girart de Montfaucon,
Chevalier , Seneſchal de Thoulouſe & d'Albigoys , lors Capitaine pour le
Roy eſdites Seneſchauſſées & ès parties de Gaſcoigne , outre la riviere de
Garonne, ſept cenz ſoixante ſept livres deux ſols quatre deniers tournois ; . . . .
deſquelles VIIc LXVII livres. II ſ. IIII d. t. . . . . . nous nous tenons
pour bien payez , & en quittons le Roy noſtredit. Seigneur, ſondit Tréſorier ,
& tous autres. Donné à Thoulouſe , ſous noſtre ſcel , le IIIe. jour d'Avril ,
l'an mil CCC quarante-ſept.

E

(Cette quittance Scellée en cire rouge, d'un fceau parti au Iᵉʳ plein, & au 2° à deux tourteaux pofés l'un fur l'autre.)

LIX.
9 Oct. 1349.

Original en parchemin des Archives de la Maifon de Montefquiou.

Groffe expédiée en 1361, d'un

Hommage rendu à Noble & puiffant Baron Meffire Raymond-Aimery de Montefquiou, Chevalier, Seigneur dudit lieu & de la Baronnie d'Angles.

Noverint univerfi... quod Nobilis Enardus de Riguapillo, Domicellus, conftitutus perfonaliter in loco de Riguapillo coram NOBILI ET POTENTI BARONE DOMINO RAYMONDO-AYMERICI DE MONTESQUIVO, Milite, Domino dicti loci & Baronie Anglefii .... fecit homagium dicto Domino & recognovit ab ipfo tenere medietatem territorii de Yaffa, quod eft in dicta Baronia Anglefii, & deinde dictus Enardus, flexis genibus, coram dicto Domino, juravit .... ad fancta Dei quatuor Evangelia, cruce fancta fuper-pofita, effe bonus & fidelis Vaffalus, &c. Actum apud Rigapillum die ixᵃ Octobris anno Domini Mᵒ CCCᵒ XLIXᵒ... teftes : .... & Magifter Arnaldus de Burdegualo, Notarius, qui de predictis inftrumentum retinuit & in fuis libris feu Protocollis inferuit; fet quia morte preventus, dictum inftrumentum in *mundum* feu formam publicam redigere non potuit, ideo ego Petrus Arguerii, Notarius, ex auctoritate michi attributa per NOBILEM ET POTENTEM VIRUM DOMINUM RAYMUNDUM-AYMERICI DE MONTESQUIVO, MILITEM, DOMINUM TERRE ANGLESII, die quinta menfis Decembris anno Domini Mᵒ, CCCᵒ LXIᵒ. dictum inftrumentum de materia dictorum librorum .... abftraxi & in hanc formam publicam redegi.... & figno meo quo utor .... fignavi. (*Signé de la marque dudit Notaire.*)

LX.
30 Juin 1353.

Original en parchemin du Cabinet de l'ordre du S. Efprit, vol. 76, des Titres fcellés, fol. 5983.

Quittance d'Arfieu de Montefquiou, Chevalier, au Tréforier des Guerres du Roi, de fes gages & de ceux des Genfdarmes & de pied de fa Compagnie.

Sachent tuit que nous AISSIEU DE MONTESQUIEU, CHEVALIER, avons eu & reçu de Jacques l'Empereur, Tréforier des Guerres du Roi, noftre Seigneur, par la main Evein Dol, fon Lieutenant, en preft fur les gaiges de nous, des Gens-d'armes & de pié de noftre Compaignie, defferviz & à deffervir en ces préfentes guerres de Gafcoigne, fous le gouvernement Mons. Jehan Conte d'Armignac, Lieutenant dudit Seigneur efdites parties, troiz cens troiz livres, quinze folz tournois, defquels IIIc IIIL XV. s. t. nous nous tenons pour bien payez. Donné à Montalban fous notre fcel, le Xᵉ jour de Juing l'an mil CCC LIII. (Cette quittance fcellée en cire rouge d'un fcau parti au 1er. plein & au 2ᵉ. à deux tourteaux, pofés l'un fur l'autre.)

LXI.
15 Mai 1355.

Original en parchemin du Cabinet de l'Odre du S. Efprit, vol. 34, des Chevaliers de cet Ordre, fol. 3896.

La Monftre Monfieur Raymont-Aymeric de Montefquiou, Chevalier Banneret, reçue à Moiffac le XVᵉ. jour de Mai l'an mil CCCL cinq.

Ledit Chevalier.
Peittevin de Montefquiou.
Manaut de Lafferan.
Mons Aiffiou de Montefquiou.
Guillaume de Lafferan.
Beraut de Montefquiou.
Peittevin de Montefquiou, &c. Sergens à pié. (Il y en a 54.)

Original en parchemin des Archives de la Maifon de Montefquiou.

Donation par Jean de France, Duc de Berry, à Baulat de Baulat,
Chevalier, de 120. florins d'or, à prendre fur une fomme due au Roy
par les exécuteurs du teftament de Pictavin Cardinal de Montefquiou, à caufe de l'amortiffement d'une rente deftinée à la dotation
des Chapellenies, fondées par le teftament dudit Cardinal.

Johannes Regis Francie Filius, ejufque Locum tenens in partibus Occitanis & Ar-
vernie, Comes Pictavienfis & Matifconenfis : Jacobo Imperatoris, Thefaurario Guerrarum Domini Genitoris noftri prefati & noftrarum, vel ejus locum tenenti falutem.
Noveritis quod nos refpectum habentes ad grata & accepta fervitia dicto Domino
noftro & nobis per dilectum & fidelem Baulatum de Baulato, Militem, in guerris Vaf-
conie & alias multipliciter exibita & impenf & que adhuc impendere non definit, ad
gravamina quoque & dampna fibi, occafionne jamdictarum guerrarum, illata, eidem
Militi, ... centum viginti florenos auri, habendos & percipiendos per eum in &
fuper financia dicto Domino noftro feu nobis debita, &. per executores ultimi teftamenti defuncti DOMINI PICTAVINI CARDINALIS DE MONTESQUIVO, facta
feu facienda, pro amortizatione viginti festariorum frumenti cenfualium, ad menfuram
de Rabaftenchis & de Infula in Albigefio, per eos, emptionis titulo, acquifitorum... pro
adjutorio fundationis certarum capellaniarum per dictum defunctum Cardinalem, in
ejus predicto teftamento ordinatarum, dedimus, conceffimus, ... auctoritate regia
nobis attributa, ... vobis precipiendo mandantes quod dictos centum viginti florenos
auri... dicto Militi tradatis... Datum Carcaffone, die feptima Novembris anno Domini millefimo CCCmo quinquagefimo nono, fub noftro contrafigillo. Per Dominum
Locum tenentem, prefentibus Dominis Comite Pardiaci, J. Batardo de Borbonio,
P. de Semuro. (*Signé* plus bas Js. Cocu.)

Archives de la Maifon de Montefquiou.

Groffe délivrée judiciairement en 1438, des
Convenances du Mariage de Genfes de Montefquiou, fils de Noble
& puiffant Meffire Arfieu de Montefquiou, & petit-fils de Noble &
puiffant Meffire Raymond - Aymery, Seigneur de Montefquiou;
avec Conftance de Caftelbayac, & de la quittance de la dot de ladite
Conftance.

Anno Domini millefimo IIIIC. XXXVIII. & die.... (*Illifible*) Vitalis de Lieftario
Notarius de Montefquivo Anglefii..... mediantibus quibufdam patentibus litteris
a venerabili & circumfpecto... (*Illifible*)... cujus tenor talis eft :

E ij

Officialis Auxis, Capellano. . . . de Montesquivo. . . . mandamus vobis quatenus exparte noftra. . . moneatis Magiftrum Vitalem de Lieftario, Notarium. . . . ut infra octo dies pôft monitionem iftam. . . . deftrahat a libris, notulis & prothocollis. . . . que quondam fuerunt Magiftri Fortanerii de Condomio, quondam Notarii. . . loci de Montefquivo, quoddam publicum pactorum & conventionum inftrumentum matrimonialium per dictum quondam de Condomio. . . . retentum, in contractu matrimonii dudum contracti in facie Sanéte Matris Ecclefie follempnizati, & per carnalem copulam confummati, inter DOMINUM GENSERIUM DE MONTESQUIVO, ET DOMINAM COSTANCIAM DE CASTROBAYACO, . . . ipfumque inftrumentum figno fuo publico. . . . fignet. . . . Datum Auxis die decima tertia menfis Martii anno Domini millefimo IIIIC. XXXVIII. Et perceptis litteris antedictis per me Notarium antedictum, & audito, precepto & mandato dicte monitionis michi facto, . . . ad abftractionem dictarum conventionum proceffi in hunc qui fequitur modum.

Noverint univerfi & finguli prefentes pariter & futuri quod cùm pro matura & diligenti deliberatione & tractatu gratuito, ut ibi dictum fuit, tractaretur de matrimonio contrahendo inter NOBILES ET POTENTES GENTILEM DE MONTESQUIVO, filium naturalem & legitimum NOBILIS ET POTENTIS VIRI DOMINI AYSIVI DE MONTESQUIVO, MILITIS, & Coftanciam de Caftrobayaco, filiam naturalem & legitimam Nobilis & potentis viri Domini Arnaldi-Raimundi de Caftrobayaco, Militis, Domini dicti loci, . . . prephatus. . . Dominus de Caftrobayaco, . . nomine & ex caufa dotis dicte Coftancie, ejus filie, conftituit quatuor milia floren. boni auri . . . de Florencia, lectum & veftes nupciales honorabiles & condecentes, juxta ftatum & conditionem dictorum Gentilis de Montefquivo & Coftancie de Caftrobayaco, nec non modis, formis & conditionibus, in quodam cartello fcripto manu difcreti viri Magiftri Johannis de Serano, Bacalarii in legibus, Domini noftri Francie Regis Clerici, figilloque NOBILIS ET POTENTIS VIRI DOMINI RAIMUNDI-AYMERICI de Montefquivo, Militis, Domini dicti loci et totius Baronnie Anglefii munito; . . . que omnia & fingula in dicto cartello contenta dictus. . . . Dominus de Caftrobayaco tenere, complere &. . observare promifit. . . prout indicto cartello continetur, cujus tenor talis eft:

En l'an MCCCLIX. lo III. jorn del mes de Setenre fon feytas aqueftas Convenenfas que fenfegueyffen per los NOBLES E PODEROS MOSENHE EN RAMON-EYMERIC SENHE DE MONTESQUIU, e MOSENHE N'AYSIU DE MONTESQUIU, SON FILH, de la una partida; & Mofenhe en Tiebaut de Barbazan, e Mofenhe Arnaut-Aramon Senhe de Caftetbayat; e Mofenhe en Bernat de Caftetbayat, de l'autra part; fus lo matrimoni contrahedo enret GENSER DE MENTESQUIU, FILH deudit MOSENHE N'AISIU, d'autra part; e Coftanfa filha deldit Senhe de Caftetbayat, de l'autra; primierements fo accordat. . . que matrimoni fia feyt enter lofdits GENSES DE MONTESQUIU, e Coftanfa de Caftetbayat per paraulas de prefent e en la Gleyfa folempnifat. . . après XV. de Sent Micheu de Setenre profman venent; . . . . lodit Senhe de Caftetbayat done per dot alfdits GENSES e Coftanfa quatre milia flor. de bon aur. . . . veftiduras e arnes convenables; &c.

Quam quidem fummam dotis, lectum & veftes nupciales dictus Nobilis & potens vir Dominus Ramondus-Aymerici de Montefquivo à dicto Domino Arnaldo-Ramundi de Caftrobayaco habuiffe &. . . . recepiffe. . . . recognovit. . . . Acta fuerunt hec in loco de Monteaftruco, Diocefis Tarbienfis, die XV. menfis Octobris anno Domini millefimo CCCLa. nono. teftes. . . . . & ego Fortanerius de Condomio, publicus Tolofe Notarius.

Et ego Vitalis, de Lieftario, Clericus de Santralha Anglefii, Auxitanenfis Diocefis, publicus auctoritatibus Imperiali & Domini noftri Comitis Armaniaci ac Domini de Montefquivo, Notarius. . , a notis feu prothocollis michi collatis, que quondam

fuerunt Magiftri Fortanerii de Condomio Notarii , pacta feu Conventiones matrimonii , diu est , contracti , inter Nobilem Dominum Genforem de Montefquivo , ... &
Nobilem Coftanciam de Caftrobayaco , ... abftraxi , ... & in publicam formam redegi
& figno meo quo utor ... fignavi (*Signé de la marque du Notaire*).

Original en parchemin des Archives de la Maifon de Montefquiou.   LXIV.
    14 Avril 1374.

Quittance de la dot de Belefguart de Montefquiou , fille de Noble Arfieu de Montefquiou , Chevalier , donnée à Noble & puiffant
homme Meffire Raymond-Aimery de Montefquiou , Chevalier,
Seigneur de Montefquiou , & de la Baronnie d'Angles , fon ayeul ,
par Othon de Montaut , Chevalier Seigneur de Montaut , fon mari.

Noverint univerfi . . . . quod Nobilis & potens vir dominus Otho de Montealto ,
Miles , dominus loci de Montealto & Baronie Correnfaguefii , ... recognovit . . .
fe habuiffe & recepiffe quingentos florenos auti ... A NOBILI ET POTENTI
VIRO DOMINO RAMUNDO-AYMERICI DE MONTESQUIVO , MILITE ,
DOMINO DICTI LOCI DE MONTESQUIVO ET BARONIE AC TERRE AN-
GLESII , licet abfente , & hoc , de doté fibi promiffa per eundem NOBILEM DOMINUM
RADMUNDUM-AYMERICI , ratione matrimonii inter ipfam nobilem Dominum Otho-
nem & NOBILEM DOMINAM BELESGUART DE MONTESQUIVO , FILIAM NOBI-
LIS ARCIVI DE MONTESQUIVO , MILITIS , DICTI DOMINI RADMUNDI-
AYMERICI , filii primogeniti , contracti ... Actum fuit hoc Auxi die decima-quarta
menfis Aprilis anno Domini millefimo trescentefymo feptuagefimo quarto ... prefen-
tibus Nobilibus Domino ARSIVO DE MONTESQUIVO , MILITE , Guillelmo de Laferano , domicello , Domino de Cafalibus , ... & me Dominico de Marenchis . . . . .
Imperiali & Archiepifcopali auctoritatibus Notario publico , qui ... cartam iftam
retinui , fcripfi & figno meo confueto fignavi.
(*Signé de la marque dudit Notaire.*)

Original en parchemin des Archives de la Maifon de Montefquiou.   LXV.
    1er. Janv. 1379.

Serment de fidélité des Confuls & Confeillers de Riguepeu , à Noble
& puiffant Seigneur Arfieu de Montefquiou , Seigneur de la Baronie
d'Angles , après la mort de Raymond-Aimery de Montefquiou , Chevalier , fon pere.

In nomine Domini , Amen . . . Noverint univerfi . . . quod conftitutus perfonaliter
NOBILIS ET POTENS DOMINUS EYSCHIVUS DE MONTESQUIVO , FI-
LIUS EGREGII ET SPECTABILIS MILITIS DOMINI RAMUNDI-AIME-
RICI quondam , DOMINI DE MONTESQUIVO AC ETIAM TERRE ET
BARRONIE ANGLEZII , apud locum de Rigapilo , in Ecclefia ejufdem loci , affif-
tentibus ibidem , coram ipfo , fapientibus & difcretis viris , videlicet , Vitale de Fuxo,
Arnaldo Abelh , Arnaldo de Buco , Confulibus dicti loci de Rigapilo , anni prefentis;
& Bernardo de Mariflagno , Bertholomeo de Sabeya , Petro de lo Royne , juniore ,
Confiliariis dicti loci de Rigapilo , anni prefentis , ... propofuit & dixit .... quod
cum pater fuus predictus qondam & alii fui predeceffores fuerunt huc ufque Domini
naturales terre & Barronie de Anglezio & in ipfa habuerunt merum & mixtum impe-

rium . . . . . a tanto tempore citra de cujus contrario memoria non exiftat hominum; confuetumque fit huc ufque, quod cum aliquis predecefforum fuorum de hoc feculo ad aliud migraret, quod vaffalli & fubditi fui homagium & fidelitatis juramentum preftabant heredi fupraviventi; . . quare dictus NOBILIS DOMINUS EYSCHIVUS, FILIUS ET HERES DICTI EGREGII MILITIS DOMINI RAMUNDI-AIMERICI quondam, petit & requirit dictos Confules & Confiliarios & alios bonos & probos viros affiftentes, tanquam fuos vaffallos, cum dictus locus de Rigapilo fit fub dominio Terre & Barronie Anglezii, ut . . . preftent fibi homagium & facramentum fidelitatis; . . . . qua quidem requifitione . . . fic facta, predicti Confules & Confiliarii propofuerunt . . . , quod, . . . fecundum confuetudinem dicti loci, . . . ipfe Dominus primo & ante omnia jurat . . . quod ipfe tenebit & obfervabit ufus feu confuetudines, . . . defendet vaffallos fuos; . . . & rogaverunt dictum Nobilem EYSCHIVUM, ut ipfe velit & dignetur predictum facramentum preftare. . . . Tunc dictus NOBILIS EYSCHIVUS . . . . proceffit ad facramentum faciendum per ipfum, in hunc modum dicens: EGO EYSCHIVUS DOMINUS TERRE ET BARRONIE ANGLEZII, juro . . . quod ero bonus Dominus & legalis loco prefenti de Rigapilo & hominibus in ipfo loco. . . . habitantibus, . . . quod obfervabo inviolabiliter ufus, foros & confuetudines dicti loci de Rigapilo; . . . quo quidem juramento . . . preftito, . . . dicti . . . . Confules . . . . Confiliarii . . . . juraverunt & facramentum fidelitatis fecerunt . . . . quod unus & quilibet ipforum erunt boni & fideles vaffalli dicto Domino EYSCHIVO, tanquam fuo vero Domino naturali & legitimo, &c. Actum fuit hoc apud Rigapilum. . . . die prima. . . . Januarii anno Domini M. CCC. LXXIX . . . prefentibus. . . & me Arnaldo de Juniaco, Clerico, Diocefis Auxitane, publico auctoritate Imperiali Notario, qui premiffis . . . prefens fui & de premiffis prefens publicum inftrumentum . . retinui; fet occupatus circa diverfa, per alium fcribi feci, & hic me fubfcripfi & figno meo confueto fignavi, in teftimonium premifforum.

(Signé de la marque dudit Notaire.)

LXVI.   Original en parchemin des Archives de la Maifon de Montefquiou.

Quittance d'une partie de la dot de Gaillarde d'Efpagne, femme d'Arfieu de Montefquiou, donnée par Noble & puiffant homme Arfieu de Montefquiou, Seigneur dudit lieu, ayeul dudit Arfieu.

Noverint univerfi . . . . quod cum . . . alique Conventiones fuiffent facte. . . inter NOBILES ET POTENTES VIROS DOMINUM ARSIVUM DE MONTESQUIVO, DOMINUM DICTI LOCI, ex una parte; & Dominum Arnaldum de Yfpania, Dominum de Montefpano, & Rotgerium ejufdem Domini Arnaldi, filium, Milites, ex altera; prout conftat per quofdam Cartellos . . . manu publica fcriptos. . . . de & fuper matrimonio contrahendo inter NOBILEM ARSIVETUM DE MONTESQUIVO, *, . . . OTEM EJUSDEM NOBILIS DOMINI ARSIVI, ex una parte; & Nobilem Galhardam de Yfpania, filiam dicti Nobilis Rotgerii, . . . ex altera; & inter cetera prenominati Nobiles Domini Arnaldus de Yfpania, & Rotgerius, ejus filius, promiferunt dare in dotem . . . eidem nobili Galharde. . . ultra alia ornamenta in dictis conventionibus. . . . contenta, certam pecunie fummam auri, & illam eidem NOBILI DOMINO ARSIVO folvere; . . . prenominati Nobiles. . . volentes fe de dicta fumma quantitate auri erga dictum NOBILEM DOMINUM ARSIVUM, feu in aliqua parte ejufdem pecunie auri

*(L'endroit du parchemin eft emporté par vétufté.)

exhonerare, videlicet ducentorum franchorum auri. . qui quidem ducenti franchi auri
prenominati Nobiles Domini Arnaldus de Yspania & Rotgerius, ejusdem filius, dicto
NOBILI DOMINO ARSIVO, exsolverunt in deductionem dicte majoris summe auri ,
& adhuc instrumentum recognitionis dictorum IIC. franchorum non fuisset confec-
tum;... Idcirco idem NOBILIS ET POTENS VIR DOMINUS ARSIVUS DE
MONTESQUIVO ... confessus fuit se habuisse... a prenominatis Nobilibus Dominis Arnaldo de Yspania & Rotgerio, ejus filio,.. dictos ducentos franchos
auri . . &c. Actum fuit hoc apud Basianum, in Fesensiaco XIIII. die introitûs
mensis Junii anno Domini M°. CCC°. LXXX°. primo... presentibus ... & me
Arnaldo de Juniaco, Clerico Diocesis Auxitane, publico auctoritate Imperiali Notario,
qui premissis omnibus. ... presens fui & de premissis presens publicum instrumentum..... scripsi & signo meo consueto signavi.
(*Signé de la marque dudit Notaire*).

Original en parchemin des Archives de la Maison de Montesquiou.

Donation du Domaine & haute-Justice de Bazian, à Arsieu Seigneur
de Montesquiou, par Jean, Comte d'Armagnac.

Johannes dei gracia Comes Armaniaci.... universis presentes litteras inspecturis
salutem.... Notum facimus per presentes quod nos, attentis pluribus gratuitis & lau-
dabilibus serviciis, per dilectum & fidelem nostrum DOMINUM DE MONTESQUIVO, nobis & predecessoribus nostris impensis, & que
de die in diem non desinit incessanter..., eidem, tanquam bene merito, suisque
heredibus & successoribus universis, dedimus, ... & concedimus dominium & juridictio-
nem altam quam nos habemus... in loco de Baziano.... Datum Vici die decima
sexta mensis Junii anno Domini millesimo trescentesimo octuagesimo secundo.
(*Signé sur le repli*) P. Bertrandi. (*Scellé d'un sceau perdu.*)

Original en parchemin des Archives de la Maison de Montesquiou.

Fondation d'une Messe quotidienne par Noble & puissant homme
Messire Arsieu de Montesquiou, Chevalier, Seigneur de la terre
d'Angles, dans l'Eglise Cathédrale d'Auch, où est la sépulture de sa
Maison.

Noverint universi..... quod cum, prout ibi fuit dictum, NOBILIS
ET POTENS VIR DOMINUS ARSSIVUS DE MONTESQUIVO, MILES,
DOMINUS TERRE ANGLESII, habens devocionem erga Dominos Canonicos
& Capitulum Ecclesie Auxitane, missasque, preces & oraciones que de die
in diem in dicta Ecclesia..... effundunt..... vellet suam sepulturam eligere
in dicta Ecclesia... & super hoc supplicasset dictis Dominis Canonicis & Capitulo
Ecclesie Auxitane, quatinus sibi vellent dare & concedere quod intus unam Cappel-
lam, infra dictam Ecclesiam Beate Marie,.... vocatam Sacrari, in qua Cappella, seu
una parte ejusdem, dicebatur esse sepultura progenitorum & antecessorum ipsius
DOMINI ARSSIVI DE MONTESQUIVO, posset & valeret dictam sepultu-

ram a loco ubi erat alibi, intus tamen dictam Cappellam, transferre & mutare in loco convenienti, in quo ipsis Dominis Canonicis & Capitulo ac DOMINO ARSSIVO DE MONTESQUIVO videretur expediens & opportunum, & ibi valeret sepeliri; & deinde supplicasset etiam eisdem Dominis Canonicis... quatinus in dicta Cappella vellent constituere & ordinare unam missam cotidianam & perpetuo celebrandam, videlicet, qualibet die Dominica, de Sancto Spiritu; & qualibet die Sabbati, de Beata Virgine Maria; & omnibus aliis diebus cujuslibet septimane, de *Requiem*; & obtulisset se daturum eisdem Dominis Canonicis & Capitulo piam & solempnem helemofinam quingentorum florenorum auri Aragonie, semel dumtaxat solvendorum;.... & super hoc fuisset, diu est, inter dictos Dominos Canonicos & Capitulum, ab una parte; & DICTUM DOMINUM ARSSIVUM DE MONTESQUIVO, ab alia; tractatum & disceptatum & deinque...... inter eos concordatum; tandem constituti Venerabilis & religiosus vir Bellus de Marrenxis, Canonicus & Prior Hospitalis de Montesquivo, ut Scindicus & nomine Scindicatus dicti Venerabilis Capituli Ecclesie Auxitane, ex parte una; prout de suo Scindicatu ibidem docuit & fidem fecit per quoddam publicum instrumentum..... actum .... quinta decima mensis Novembris anno Domini millesimo trescentesimo octuagegesimo quarto; & dictus DOMINUS ARSSIVUS DE MOMTESQUIVO, profe & suis,... concordaverunt in hunc ... modum, videlicet, quod... dictus DOMINUS ARSSIVUS DE MONTESQUIVO.... possit sepulturam, in qua nonnulli ejus antecessores de suo genere sunt sepulti, in Cappella vocata Sagrari,... mutare alibi, in alio loco convenienti, infra dictam Cappellam;... quod possit... facere & operari suam sepulturam in dicta Capella;...quod dicti Domini Canonici & Capitulum Ecclesie Auxitane... facient celebrare unam missam in dicta Cappella & infra dictam Cappellam, pro intentione ipsius DOMINI ARSSIVI DE MONTESQUIVO, & ejus progenitorum & successorum suorum, de suo genere, animabus,... qualibet die Dominica, de Sancto Spiritu; & qualibet die Sabbati, de Beata Maria Virgine; & omnibus aliis diebus cujuslibet septimane, pro deffunctis, *de Requie.* Idem DOMINUS ARSSIVUS DE MONTESQUIVO... promisit dare & solvere dictis Dominis Canonicis & Capitulo Ecclesie Auxitane... quingentos florenos auri Aragonie,... videlicet, medietatem, hinc ad instans festum Pasche Domini; & aliam, hinc ad instans festum omnium Sanctorum... Actum fuit hoc apud... locum de Marsano die sexta decima mensis Novembris anno Domini millesimo trescentesimo octuagesimo quarto... testes... & ego Johannes de Furcata, Clericus publicus auctoritate Archiepiscopali Auxit. Diocesis... Notarius; qui... de premissis... duo consimilia instrumenta... retinui & in meis libris notavi & hoc presens instrumentum, occupatus aliis negociis, per alium michi fidelem... scribere & in hanc formam publicam redigere feci... & hic me subscripsi manu propria & signum meum apposui consuetum, &c. (*Signé de la marque dudit Notaire.*)

LXIX.
15 Mai 1387.

Original en parchemin des Archives de la Maison de Montesquiou.

Grosse d'une clause du testament de Jean, Seigneur de Faudoas, Chevalier, portant reconnoissance de la dot d'Aude de Montesquiou, sa femme.

Noverint universi quod cum Nobilis vir Dominus Johannes Dominus de Faudoanis

doanis, Miles, in quodam suo testamento, per me Notarium infra scriptum recepto, recognovisset se habuisse a Nobili Domina Auda de Montesquivo, ejus uxore, dotem suam & bona sua dotalia contenta & expressata in instrumento matrimoniali ipsorum conjugum per me Notarium infra scriptum recepto, cujus quidem recognitionis tenor talis est : Preterea prefatus Dominus de Faudoanis testator, gratis recognovit se habuisse a Nobili Domina Auda de Montes-quivo, ejus uxore, dotem suam & bona sua dotalia.... de quibus se contentum reputavit, prout dixit : que quidem recognitio, cum aliis in dicto testamento contentis fuerunt facta apud Faudoafinm die XVª. mensis Madii anno Domini Mº. CCCº. LXXXVIIº.... Testes... & ego Arnaldus de Pontibus, publicus auctoritate regia Notarius, qui dictum testamentum cum dicta recognitione recepi;... quam quidem recognitionem a predicto testamento..., vigore & auctoritate..., litterarum emanatarum a Venerabili & discreto viro Domino Paulo Bigorci... Judice Virduni, in partibus Vasconie, Domini nostri Francorum Regis ... abstraxi in hanc formam publicam redegi... in fidem & testimonium premissorum hic me subscripsi & signo meo consueto signavi, &c.

(Signé de la marque du Notaire.)

Original en parchemin des Archives de la Maison de Montesquiou.

[LXX.
5 Juin 1387.

Testament de Noble & puissant homme Messire Arsieu de Montesquiou, Chevalier, Seigneur de Montesquiou & de toute la Baronnie d'Angles, de Marsan, de Marsac & de Basian.

In nomine Patris & Filii & Spiritus Sancti. Amen. Noverint universi.... quod Nobilis & potens vir Dominus Eyssivus de Montesquivo, Miles, Dominus de Montesquivo et totius terre Baroniæ Anglesii; Dominus Castrorum de Marsano, de Marsaco et de Basinhano, per Dei gratiam de quadam gravi infirmate detentus existens, in suis bono sensu, firma & perfecta memoria..... condidit.... suum ultimum testamentum nuncupativum;... voluit corpus suum sepeliri... in claustro Cathedrali Venerabili capitulo, Auxis, in quadam capela quam predictus Dominus testator habet factam de licentia dicti Venerabilis Capituli Auxitani & ibi voluit & precepit in die sui obitûs se portari & funerari, & voluit stare sepultus donec audiat vocem Domini Nostri Jhesu Xpi dicentem : Surgite mortui qui jascetis in sepulcris : venite ad Judicium, percipite Regnum quod vobis paratum est ab origine mundi. Legavit de bonis suis.... amore Dei,... & salutis anime sue & pro redemptione suorum omnium peccatorum... primo, operi Ecclesie Cathedrali Sancte Marie Auxitane, decem florenos auri, &c. ... reliquit Domine Belesgard de Montes-quivo, filie sue legitime & naturali, uxori Nobilis & potentis viri Domini Oddonis de Montealto, Militis, decem florenos auri & in dote, lecto & vestibus nuptialibus, & aliis arnesiis suis, quas & que predictus Dominus testator dedit... dicte Domine,... Belesgart filie sue ... quando contraxit matrimonium cum predicto Domino Oddone de Montealto, viro suo; ... legavit & jure institutionis reliquid Johanni de Montesquivo, filio suo,.. (L'endroit du parchemin est ici rongé.) & naturali duo milia franchos auri;... dedit & jure institutionis reliquit Domino Eyssiveto de Montesquivo, Militi, ne-poti suo, filiq Domini Genses de Montesquivo condam, filii dicti testatoris, decem florenos auri, in quibus,.. & in bonis quos dictus Dominus

F

teſtator, ſibi dedit quando, contraxit matrimonium cum Domina Gualharda de Yſpania, uxore ſua; ... dedit & jure inſtitutionis reliquit DOMINO MANALDO DE MONTESQUIVO, Canonico in Eccleſia Cathedrali Auxitana, FILIO DOMINI GENSES DE MONTESQUIVO CONDAM, NEPOTI SUO, decem florenos auri; ... dedit ... & jure inſtitutionis reliquit GENSES DE MONTESQUIVO, FILIO DOMINI GENSES DE MONTESQUIVO CONDAM, NEPOTI SUO, decem florenos auri ; ... dimiſit & jure inſtitutionis inſtituit RAMUNDO-AYMERICI DE MONTESQUIVO, nepoti ſuo, filio DOMINI GENSES DE MONTESQUIVO condam, decem florenos auri ; ... dedit & jure inſtitutionis reliquit DOMINE AUDE DE MONTESQUIVO, nepoti ſue, FILIE DOMINI GENSES DE MONTESQUIVO condam, uxori Domini Johannis de Faudoanis, Militi, decem florenos auri, in quibus ... dôte, lecto, veſtibus & alio arneſio ſuos quos & quas tam dictus Dominus teſtator quam DOMIMUS GENSES DE MONTESQUIVO CONDAM, PATER DICTE DOMINE AUDE, ſeu altero ipſorum, conjunctim ſeu diviſim, dederunt & conſtituerunt predicte Domine Aude, quando contraxit matrimonium cum predicto Domino Johanne de Faudoanis; ... legavit & jure inſtitutionis reliquit JOHANE DE MONTESQUIVO, NEPOTI SUE, FILIE DOMINI GENSES DE MONTESQUIVO CONDAM, decem florenos auri ; ... legavit BERTRANDO DE MONTESQUIVO, FILIO SUO NATURALI, duſcentos florenos auri ; .. legavit BARRANE DE MONTESQUIVO, FIILIE SUE NATURALI, uxori Domini de Cirato, viginti & quinque florenos auri ; ... recognovit ſe habuiſſe ... de Domina Margarita de Inſula, uxore ſua, ratione dotis, quingentos & quinquagenta florenos auri ; ... dimiſit Arnaldo de Montegalhardo, Domicello, ſervitori ſuo, unum ronſinum baiardi clari cum ſuo arneſio ; ... legavit CLARMUNDE DE MONTESQUIVO, decem franchos auri. In omnibus autem aliis bonis ſuis mobilibus & inmobilibus ; ... ODDONEM DE MONTESQUIVO, FILIUM SUUM LEGITIMUM ET NATURALEM, heredem ſuum univerſalem ſibi inſtituit ; ... & ſi forte predictus Oddo contigerit mori ... ſine liberis maſculis, ſubſtituit JOHANNEM DE MONTESQUIVO, FILIUM SUUM LEGITIMUM ET NATURALEM, &c; ... & ſi omnes, .. deceſſerint ſubſtituit eis RAMUNDUM-AYMERICI DE MONTESQUIVO, NEPOTEM DICTI TESTATORIS, vel ejus filium maſculum... Hujus ſui ultimi teſtamenti exequutores ac etiam predicto ODDONI DE MONTESQUIVO, FILIO SUO, in tutores & gubernatores dedit videlicet Nobilem & potentem virum Dominum Oddonem de Montealto, Militem, & Petrum de Fitali, Domicellum. .. Actum fuit hoc apud Marſanum ... die quinta menſis Junii anno Domini milleſimo trecenteſimo octuageſimo ſeptimo... teſtes ... & ego Johannes de Stangno publicus Albineti Notarius, qui requiſitus de premiſſis omnibus & ſingulis hoc preſens publicum inſtrumentum retinui, ſcripſi, & ſigno que meo conſueto ſignavi, &c. (Signé) Jo-nes, (avec ſa marque.)

Original en parchemin des Archives de la Maiſon de Monteſquiou.

Donation de Noble & puiſſant Baron Arſieu de Monteſquiou, Chevalier, Seigneur dudit lieu & de la Baronnie d'Angles, à Bernard de Marraſt-Damoiſeau.

Noverint univerſi... quod NOBILIS ET POTENS BARO DOMINUS AYSSIVUS DE MONTESQUIVO, MILES, DOMINUS DICTI LOCI ET BARONIE SIVE TERRE ANGLESII, Comitatûs Fezenciaci & diocéſis Auxitane, ... dedit ... & conceſſit donatione pura ... Nobili Bernaldo de Marraſto, Domicello, ... totam illam petiam terre ac prati quinque arpenta continentem ... in pertinentiis de

43

Stipodio ... hoc excepto, per dictum Nobilem Dominum de Montesquivo, quod dictus Nobilis Bernaldus cuilibet & successoribus dicti Domini de Montesquivo, scilicet, Domino mutante in dicta terra Anglesii, faciat & facere teneatur pro dictis quinque arpentis, terre & prati, ratione sensus seu recognoscentie, unum par cirotecarum alborum, &c. Actum fuit hoc apud Riguapilum die septima mensis Junii anno Domini Mº. CCCº. XC. primo... testes... & ego Vitalis de Lieftario, Clericus de Sancta Ralha Anglesii, Auxitane diocesis, publicus auctoritatibus Imperiali & Domini nostri Comitis Armaniaci ac Domini de Montesquivo Notarius, qui predicta omnia &singula in notam recepi; set occupatus aliis negotiis, in formam publicam redigere non potui, set per Dominum Magistrum Petrum Arquerii, Notarium substitutum meum, in hanc publicam formam redegi feci & cum diligenti collatione de nota originali cum hoc presenti publico instrumento, & quare concordat hic me subscripsi manu propria & signo meo consueto signavi, in testimonium veritatis. (*Signé de la marque dudit Notaire.*)

Original en parchemin des Archives de la Maison de Montesquiou.

LXXII.
19. Sept. 1400.

Transaction passée entre Noble & puissant homme Messire Arsieu de Montesquiou, Chevalier, Seigneur de Montesquiou & de la Baronnie d'Angles; & Bernard de Castelbayac, Seigneur de Castelbayac, sur le payement de la dot de Constance de Castelbayac, mere dudit Seigneur de Montesquiou.

Noverint universi presentes pariter & futuri quod cum, pro ut ibidem dictum fuit, diu est, lis, questio, debatum seu controversia esset mota, & magis nasci & oriri speraretur inter... Ramundum Arnaldi de Castrobaico, Dominum dicti loci condam; Manaldum de Barbasano, Dominum de Marselhano; Bernardum de Castrobaiaco, Milites, ab una parte; & NOBILEM ET POTENTEM VIRUM DOMINUM ARSIVUM DE MONTESQUIVO, MILITEM, DOMINUM DICTI LOCI DE MONTESQUIVO ET TOSCIUS BARONIE ANGLESII, ab alia parte;... super eo quod dictus DOMINUS ARSIVUS DE MONTESQUIVO, Miles, petebat & petere nitebatur a prenominatis Ramundo Arnaldi de Castrobaiaco, Manaldo de Barbasano, & Bernardo de Castrobaiaco, Militibus; tam in curia parvi sigilli Montispessulani, quam in aliis curiis, quatuor milia florenos de Florencia, nec non lectum & vestes nup.. ales sibi debitos, ratione nobilis Domine Constancie de Castrobaiaco, ejus matris condam, pro ut in quodam publico instrumento matrimoniali super hoc confecto latius dicitur contineri; & pro dicta summa pecunie lectum & vestes nupciales dictus DOMINUS DE MONTESQUIVO clamorem exposuisset in curia parvi sigilli Montispessulani;.. tandem tractantibus parentibus & amicis utriusque partis, predicte partes & earum quelibet volentes fugere lites... constitute personaliter apud Castrum de Roeda, in domo habitationis Domini dicti loci, in presencia mei Notarii publici & testium infrascriptorum... transhigerunt... in modum qui sequitur;... videlicet, quod Nobilis Bernardus de Castrobaiaco, Dominus dicti loci... & Nobilis domina Gausia de Jussano, relicta domini Ramundi-Arnaldi de Castrobaiaco quondam, materque dicti domini de Castrobaiaco... recognoverunt... se legitime debere, & dare & solvere promiserunt intus locum de Montesquivo, vel in omni alio loco, ac si ibidem contraxissent, NOBILI ET POTENTI VIRO DOMINO ARSIVO DE MONTESQUIVO, Militi, Domino dicti loci,... videlicet, quatuor milia florenos de Florencia, nec non lectum & vestes nupciales,

F ij

de quibus superius facta est mentio, & hoc ratione & ex causa dotis dictæ dominæ CONSTANCIÆ DE CASTROBAYACO, condam matris ipsius Nobilis creditoris, terminis qui sequuntur, videlicet, &c. ... Actum fuit hoc apud Castrum de Roeda, die decima nona mensis Septembris, anno Domini millesimo quator centesimo; Domino Karolo Dei Francorum Rege regnante.... testes Nobiles viri Arnaldus Guilhermi de Barta, Senescallus Aure, GENSES DE MONTESQUIVO... & ego Bernardus Trobati comunis & publicus villæ Vici Fezenciaci & totcius terre Domini nostri Comitis Armanhiaci auctoritatibus ejusdem Domini nostri Comitis, & Dominorum de Capitulo Tholose, Notarius, qui requisitus de premissis hoc presens publicum instrumentum retinui, feci, scripsi, & signo meo consueto signavi, in testimonium omnium & singulorum premissorum.

(Signé de la marque dudit Notaire.)

Original en parchemin, des Archives de la Maison de Montesquiou.

LXXIII.
5 Juin 1405.

Lettres Royaux accordées à Arsieu, Chevalier Seigneur de Montesquiou, dit d'Angles, pour contraindre ses vassaux Nobles de la Baronie de Montesquiou, à lui rendre hommage.

Karolus Dei gratia, Francorum Rex Senescallo & Judicibus nostris Agennensibus aut eorum loca tenentibus, salutem. Dilectus noster ESSIEU MILES, DOMINUS DE MONTESQUIVO DICTO D'ANGLES, nobis exponi fecit, graviter conquerendo, quod cum ipse sit Dominus dicti loci, & Baro dictæ Baronie de Montesquivo, solus & in solidum, in qua Baronia seu districtu dicti loci de Montesquivo sunt quamplurima loca & Castra situata, & per aliquos Nobiles dictæ terre cum pluribus terris & possessionibus tenta & possessa, qui, ratione premissorum, dicta loca, castra, villas, & omnia & singula hospicia, terras, possessiones, nemora, devesia, sub fide & homagio ab ipso exponente & suis predecessoribus, absque conditione tenent & possident, & predicto exponenti & suis, eaque facere seu prestare debebant & tenebantur, prestiterint; sintque etiam & fuerint nonnulli alii Nobiles Domini certorum aliorum locorum extra dictum districtum, jurisdictionem & Baroniam de Montesquivo existentes, qui etiam pro tunc tenebant & tenere consueverant, & adhuc aliqui tenent plures terras, census.... sub annuo censu, & ex causa premissarum terrarum.... semper consueverant... fidem & homagium prestare, & prestiterunt predicto exponenti & suis predecessoribus, & specialiter Domini de Sanguineda, in Armaniaco, de Cargueto, de Las & plures alii, qui homagia, census, ... quanquam pluries & debite requisiti fuerint, prestare, seu solvere contradixerint & contradicunt, in dicti exponentis maximum prejudicium non modicum & gravamen; ... quo circa nos premissis attentis & consideratis, vobis.... precipimus & mandamus, & quia agitur de feudis, ... & de homagiis prestandis dicto Militi.... quatenus, si per testes, instrumenta, recognitiones, ... dictas terras, possessiones, ... sub fide & homagio, annuo censu, ... in tota terra, districtu, juridictione seu Baronia de Montesquivo ab antiquo... teneri... ipsos detentores & occupatores, si sint Nobiles, predicta tenentes, ad prestandum pro eisdem homagia, fidem, juramenta & alia deveria consueta eidem exponenti, ... compellatis, seu compelli faciatis.... Datum Parisiis die prima mensis Junii anno Domini millesimo cccc quinto, & regni nostri XXV°.

(Signé) Per Regem, ad Relacionem Consilii.

K. COSTE.

(Scellé sur simple queue d'un Sceau perdu.)

Original en parchemin des Archives de la Maison de Montesquiou ;
Groffe en parchemin délivrée judiciairement en 1427 de plufieurs 17 Févr. 1426.
claufes du
Teftament de Noble Meffire Arfieu de Montefquiou, Seigneur
de Montefquiou.

In Dei nomine. Amen. Noverint univerfi . . . quod anno Domini milleſimo quadringentefimo vicefimo feptimo, die octava menfis Aprilis, apud Rigapilum, NOBI-
LIS ROGERIUS DE MONTESQUIVO, in prefencia Nobilium Bernardi de Beo, Veziani
de Malrafto, prefentavit Michi Petro de Villa Nova, Notario de Rigapilo, quafdam
patentes & autrentiquas licteras à Venerabili & circumfpecto viro Domino Petro de
Aureria, licentiato in legibus, Judice terre & Baronie Anglefii, emanatas, ejufque fi-
gillo de cera rubea in dorfo figillatas, ut prima facie ipfarum licterarum infpectione
apparebat, quarum quidem licterarum tenor fequitur in hunc modum :
Petrus de Aureria, Licenciatus in legibus, Judex totius terre & Baronie Anglefii pro
NOBILI ET POTENTI VIRO DOMINO AYSSIVO DE MONTESQUIVO,
MILITE, DOMINO EJUSDEM LOCI, DE MONTESQUIVO ET DICTE BA-
RONIE ANGLESII, dilecto noftro Magiftro Petro de Villa-Nova, Notario de
Rigapilo, falutem; ad fupplicationem NOBILIS DOMINE GALHARDE DE YSPA-
NIA, RELICTA NOBILIS DOMINI AYSSIVI DE MONTESQUIVO, DO-
MINI QUONDAM DE MONTESQUIVO, vobis precipiendo mandamus quathenus
claufulam feu claufulas ultimi Teftamenti dicti quondam Domini de Montefquivo, per
vos, ut dicitur, retenti . . . ipfam Dominam fupplicantem feu tangentes, a tangentes,
a libris veftris . . . abftrahatis & in formam publicam redigatis, & dicte fupplicanti,
una cum inftitucione & fubftitucione heredis, data, teftibus, & nominibus Regnancium
tradatis & liberetis . . . Datum in Montefquivo, die octava menfis Aprilis, anno Domini
milleſimo quadringentefimo vicefimo feptimo; P. de Aureria, Judex; quibus quidem
licteris . . . prefentatis . . . ego idem Notarius, vigore . . . dictarum licterarum, ad
abftractionem claufularum Teftamenti dicti Domini Ayffivi de Montefquivo, Domini
quondam de Montefquivo, proceffi in hunc modum;
ITEM. dictus Nobilis teftator recognovit fe habuiffe & recepiffe a Nobili Domina
Galharda de Hifpania, uxore fua, quatuor milia franchos auri, lectum & veftes
nupciales, . . . quos voluit exfolvi per heredem fuum univerfalem. . . . ITEM recognovit fe debere dicte Nobili Domine Galharde, uxori fue, quatuor centum libras
turonenfium parvorum; . . . & tres centos mutones auri, quas fibi mutuaverat,
tempore quo ipfe teftator erat captus in Bearnio; quas quidem cccc. libras & ccc.
mutones auri dictus teftator voluit exfolvi per heredem fuum univerfalem . . . ITEM
legavit predicte Nobili Domine uxori fue, loca de Marfano & de Baziano; . . .
& pedagium de Monteclaro, in vita fua folum. . . . In omnibus aliis fuis bonis
mobilibus & immobilibus. . . . NOBILEM DOMINUM AYSSIVUM DE MON-
TESQUIVO, MILITEM, FILIUM SUUM LEGITIMUM & NATURALEM,
heredem fuum univerfalem inftituit; . . . & fi cafus contingat dictum Dominum
Ayffivum . . . mori abfque herede mafculo, de fuo corpore & de legitimo matrimonio
procreato, . . voluit . . . quod dicta hereditas fua deveniat ad NOBILEM DOMINUM
BERTRANDUM DE MONTESQUIVO, FILIUM SUUM LEGITIMUM
ET NATURALEM; & fi dictus Dominus Bertrandus defcedebat abfque herede
mafculo, de legitimo matrimonio procreato, . . . quod dicta hereditas fua deveniat . . .
ad NOBILEM ROGERIUM DE MONTESQUIVO, FILIUM SUUM LEGITIMUM
ET NATURALEM, fubftituendo unum alteri. Acta & retenta fuerunt hec apud
locum de Baziano & in Caftro five Hofpicio ipfius Domini teftatoris, die decima
feptima menfis Febroarii, anno domini milleſimo quadringentefimo vicefimo fexto . . .

Hujus rey fuerunt teftes . . . & ego Petrus de Villa-Nova, communis & publicus loci de Rigapilo ; auctoritatibus Apoftolica, Imperiali & Dominorum de Capitulo Tholofe, Notarius, qui requifitus per dictum Dominum teftatorem, retinui, & prefentes claufulas à dicto teftamento , virtute & auctoritate dictarum litterarum, fuperius infertarum, abftraxi & in hanc publicam formam redegi & figno meo confueto fignavi.

(*Signé*) P. de Vill. (*avec fa marque.*)

LXXV.
26. Mars 1426.
Original en parchemin du Cabinet de l'Ordre du Saint-Efprit, vol. 181. des Titres fcellés, fol. 6509.

La monftre de Mefs⁰ Berthelemy de Montefquieu, Chevalier Bachelier & de neuf Efcuiers de fa Chambre, receuë à Servies le XXVI⁰. jour de Mars l'an M. CCCC XXVI.

C H E V A L I E R   B A C H E L I E R.

Ledit Mefs⁰. Berthelemy.

E S C U I E R S.

Raymonnet Gilbert.
Bertranon de Nogaret, (& *autres.*)

LXXVI.
26. Mai 1427.
Original, en parchemin, du même Dépôt & du même volume, folio 6507.

Quittance des gages du même Chevalier & des Ecuyers de fa Compagnie.

Saichent tuit que pardevant nous Jehan Doulon, Efcuier, & Viguier pour le Roy noftre Seigneur a Thouloufe, fut prefent en perfonne Meffire Berthelemy de Montefquieu, Chevalier Bachelier, lequel cogneut....., avoir....., receu de Jehan Seaume, Receveur général de toutes finances & Tréforier des guerres es pais de Languedoc & Duchié de Guienne, la fomme de fix vins huit livres tourn. en preft & paiement des gaiges de lui & de neuf Efcuiers de fa Chambre, defferviz & à defservir ou fervice du Roy noftre dit Seigneur , ... en la frontiere de la ville de Lautrec, a l'encontre des Angloys, ... & ce pour ung moys commancé le XXVI⁰. jour de Mars dernierement paffé M. CCCC XXVI..... Donné à Lavaur foubz le fcel royal de ladicte Viguerie le XXVI⁰⁰ jour de May l'an mil CCCC. vint fept, (*Signé*) J. de Lyon.

LXXVII.
2 Décemb. 1428.
Original en parchemin des Archives de la Maifon de Montefquiou.

Arrêt du Parlement de Languedoc rendu en faveur d'Arfieu de Montefquiou, Chevalier, Seigneur de Montefquiou, & des autres Barons & Nobles du Comté de Fezenfac, contre les Juges du même Comté.

Karolus Dei gracia Francorum Rex. Univerfis prefentes litteras infpecturis falutem. Cum AYSIVUS DE MONTESQUIVO, MILES, DOMINUS DE MONTESQUIVO, pro fe & nomine aliorum Baronum, Militum, Nobilium ac univerfitatum, villarum & locorum Comitatus Fezenciaci, in quibus ipfi Barones, Nobiles & Milites partem habere dicuntur; necnon etiam nomine aliorum adherencium, feu adhere revolencium in hac parte, à quibufdam indictione fubfidii & non nullis aliis gravaminibus, eifdem Baronibus, Nobilibus & univerfitatibus ejufdem Comitatûs Fezenciaci, contra formam & tenorem previlegiorum & libertatum eifdem adthenus & ab antiquo conceffarum, ut dicebant, ipfas libertates & privilegia frangendo & violando per Bonumhominem de Barrequiere, Bigotum de Penavayre, Guillermum de Finibus, Receptores; Arnaldum de Camino, Procuratorem Fifcalem, Magiftrum Guillermum de Garroffio

& Johannem Martini, Judices fe dicentes. ejufdem Comitatus. Fezenciaci ; factis &
Illatis, ac amplius fieri continuatis & mandatis, lacius in inftrumento appellatorio
deductis, tanquam à nonnullis, feu ab iniquis & injuftis, ad nos, feu noftram
Parlamenti Curiam appellaffet, & licteras adjornamenti in cafu appelli relevando,
fuam appellacionem à nobis impetraffet; virtute quarum prenominati Guillermus de
Garroffio & Johannes Martini, Judices, ad diem octavam menfis Septembris ultimo
lapfam, per Johannem Fribort, alias Angeli, Servientem noftrum, nec, non Arnaldus
de Caminio, Bonushoino de Barrequiere, Bigotus de Penavayre, & Guillermus de
Finibus, in partem adverfam electos, per Guillermum Flambardi, Subvicarium
noftrum Tholofe, ad diem vicefimam ejufdem menfis Septembris adjornati fuiffent,
comparituri in eadem noftra Parlamenti. Curia ; & in hujus appellacionis caufa
proceffuri, aliafque facturi quod racio fuaderet, prout de adjornamento hujufmodi
per eafdem noftras licteras ac relaciones dictorum Servientis & Subvicarii in parga-
meno fcriptas, & eorum figillis, ut prima facie apparebat, impendenti figillatas,
conftitit Curie noftre memorate. Quibus diebus, octava Septembris, dicti de Garroffio
& Martini, ac vicefima ejufdem menfis Septembris, nec diebus prefentacionum
Senefcallie Tholofe prefentis Parlamenti, ex dictis octava & vicefima Septembris
continuatis & deppendentibus, ipfi, nec prenominati de Camino, de Barrequiere, de
Peuavayre & de Finibus, in dicta noftra Curia fe prefentaffent, ac fecunda die
prefentis menfis Decembris, dum de caufis prædicte Senefcallie Tholofe ac aliis
ejufdem noftre Curie agebatur, ipfi Guillermus de Garroffio, Martini de Barraquiere
& de Camino, quiquidem per Johannem Arbalefte, hoftiarium dicte noftre Curie,
ad hoftium camere ejufdem, more folito, vocati, non comparuiffent ; & ob hoc
Magifter Robertus Maigreti, Procurator dicti Ayssivi de Montesquivo, Bertrandi
de Montesquivo, Militum, & aliorum Baronum Nobilium, & aliorum fuorum con-
fortum, prefentatus & comparens, deffectum contra prenominatos Martini,
de Garroffio, de Camino & de Barrequiere coappellatos, tamquam non prefentatos &
non comparentes, fibi dari & concedi peciffet ; quo deffectu conceffo, pars
dictorum appellancium certam utilitatem dicti deffectus contra eofdem coappellatos
in fcriptis tradiffet, cujus tenor talis eft : hec eft utilitas quam tradunt & petunt
Nobiles Ayzivus de Montesquivo, Miles, Dominus de Montesquivo, & alii
Barones Comitatus Fezenciaci appellantes . . . . . contra Magiftros Guillermum de
Garroffio & Johannem Martini, licentiatos in legibus, judices; Arnaldum de Camino,
Procuratorem Comitatus Fezenciaci, ... appellatos, dicentes quod predicti
Barones & Nobiles Comitatus Fezenciaci habent libertates & privilegia per Comites
Armaniaci & Fezenciaci, ab antiquis temporibus, Baronibus, Militibus, Nobilibus. . . .
conceffa, quod Barones, Milites, Nobiles nec eorum fubditi non tenentur folvere Comiti. . . . . albergatas, talias, collectas, dona, feu munera, aliqua ratione albergarum, ...
vel fubfidiorum impofitorum, feu que predicti Comites . . . . . in futurum imponerent
feu imponere vellent in predicto Comitatu Fezenciaci, qualicumque caufa . . . . . .
Quam utilitatem . . . . . fibi adjudicari periiffet. Notum facimus quod prefata Curia
noftra dictam utilitatem deffectus adjudicare noluit . . . . . fed ordinat dictos. . . . .
coappellatos iterato adjornari . . . . . . Datum Bicterris in Parlamento noftro dicta die
fecunda Decembris anno domini millefimo quatercentefimo vicefimo octavo, regni
noftri feptimo. (*Signé*) Per Cameram, G. Scaravelli (*Le fceau perdu.*)

Original en parchemin des Archives de la maison de Montefquiou.

Procès-Verbal de la Publication faite le 23 Décembre 1432, en préfence du Procureur, de Noble & Puiffant homme Meffire Arfieu de Montefquiou, Chevalier, Seigneur de Montefquiou, des

Lettres de Sauve-garde accordées le 18 Décembre précédent par Jean Comte d'Armagnac, aux Confuls & à la Communauté du lieu de Montefquiou, contre ledit Seigneur de Montefquiou; dans lefquelles Lettres, inférées en entier en ce Procès-Verbal, le même Seigneur de Montefquiou, eft qualifié Coufin de ce Comte.

Johannes Dei gratia Comes Armaniaci, Fezenciaci, Ruthene & Infule, Vicecomefque Fezenfaguelli, Brulhefii, Creyfelli & Gimoefii, ac Dominus terrarum Ripparie, Aure & Monthanorum Ruthene; dilecto & fideli noftro Judici Armaniaci, Domino Guilhermo de Garroffio, licenciato in legibus, falutem, Cum pridem Confules loci de Montefquivo Anglefii, Comitatus noftri Fezenciaci nomine eorum Confulatus, & totius univerfitatis ejufdem loci, a captione certe quantitatis vini & a quibufdam aliis expreffionibus & gravaminibus, per dilectum & fidelem CONSANGUINEUM NOSTRUM, DOMINUM DE MONTESQUIVO, factis & illatis, provocaverint & appellaverint ad Curiam noftram appellationum Armaniaci & Fezenciaci, & ad dilectum & fidelem noftrum Judicem appellationum dicte Curie noftre; dictamque appellationem introduxerint, & eam profequendo litteras in caufam appellationis a predictis Curia & Judice appellationum impetrando, cum inhibitione in eifdem litteris contenta, eidem Domino de Montefquivo fienda, ne, dicta appellatione pendente, in prejudicium dictorum appellantium aliquid innovaret feu attemptaret ... que quidem littere ... debite exequioni fuere demandate; ut tamen nonobftantibus, & licet predicti appellantes una fimul cum omnibus incolis & habitatoribus dicti locii de Montefquivo in & fub protectione & falva gardia dictorum Judicis & Curie appellationum, in hac parte fuperiorum, tam juris difpofitione, quam fecundum privilegia caufarum appellationum, exifterint & exiftant, predictus Dominus de Montefquivo innovare & attemptare fua audacia prefumptiva nullathenus formidavit; quinymo acrius predictos fuplicantes grevavit, gentes armorum congregando feu congregari faciendo, & eos in domibus habitationum ejufdem loci de Montefquivo ponendo; que quidem gentes victualia quecumque, fcilicet, blada, vina, avenam, fenum & quecumque alia eis neceffaria, tam pro vita gentium, quam equorum, recipiebant & reciperunt; prenominat que Confules innovationem & attemptationem predictas .... noftram prefentiam adhire curarunt, ... fupplicantes quathinus in & fuper premiffis remedii opportuni fuffragium ipfis eifdem fupplicantibus impartiri dignaremur. Nos autem predictam fupplicationem .... intuentes, comiferimus dilectis & fidelibus noftris Locum tenenti & Gubernatori Comitatus noftri Infule .... quathinus ad prefatum locum de Montefquivo fe perfonaliter transferentes, de & fuper premiffis .... veritatem, via fummarie aprifue, ad inftar fecrete informationis conficiende, inquirerent, & inde nobis repportarent; ... preloquitique Locum tenens & Procurator .... fe transtulerunt ad fepe dictum locum de Montefquivo...., comperieruntque predictas innovationes.... extitiffe;., premiffis autem omnibus & fingulis nobis, per Locum tenentem & Procuratorem comiffarios ante dictos repportatis, ... noftram adhientes prefentiam fepefati Confules .... nobis humiliter fupplicare curaverunt quathinus, premifforum intuitu, ipfos ac omnes & fingulos incolas habitatores loci fepe fati de Montefquivo, cum

corum

eorum uxoribus, familiis, bonis & rebus fuis in & fub protectione & falvagardia noftra fpeciali ponere & fufcipere dignaremur. Nofque attendentes premiffa effe facta in odium dicte appellationis, ... & etiam difpofitionem juris qua ftatuitur propter feveritatem inferiorum judex fuperior poteft adhiri per modum fimplicis querele, & quod de jure & inveterata confuetudine diutius & inconcuffe obfervata, ad nos tanquam fuperiorem fpectat providere, ne BARONES ET POTENTIORES eorum fubditos, quos a nobis tenent fub homagio & fidelitatis juramento, opprimant & eofdem fubditos in fecuritate & falva gardia ponere ..... Quocirca, cum nos, premiffis attentis, eofdem appellantes & fupplicantes univerfitatemque ac omnes & fingulos incolas & habitatores loci predicti de Monrefquivo, cum eorum uxoribus, familiis, bonis, & rebus fuis, in cafu premiffo, pofuimus & fufcepimus, ponimus & fufcipimus, per prefentes in & fub protectione & falva gardia noftra fpeciali; vobis precipimus & mandamus quathinus, vocato predicto Domino de Montefquivo, & prefente, feu per contumaciam abfente, prenominatos fupplicantes, univerfitatem ac omnes & fingulos incolas & habitatores loci prelocuti de Montefquivo, cum eorum uxoribus, familiis, bonis & rebus fuis in & fub protectione & falva gardia noftra fpeciali ponatis, ... penuncillosque armis noftris depictos in bonis & domibus dictorum fuplicantium .... apponatis, &c. Datum Infule die decima octava menfis Decembris anno Domini milleſimo quadringentifimo tricefimo fecundo. Per Dominum Comitem in fuo Concilio, Vifa per Stephanum Dulcis, Regiftrata eft.

(Ces Lettres font inférées dans l'Acte fuivant).

In nomine Domini. Amen. Noverint univerfi .... quod anno ab Incarnatione Domini milleſimo quadringentefimo tricefimo fecundo & die martis intitulata vicefima tertia menfis Decembris, in Curia ordinaria de Vico, Venerabilis & circumfpecti viri Domini Guilhermi de Garoffio ..... Judicis ordinarii Armaniaci & Fezenciaci citra Baifiam, pro Domino noftro Comite Armaniaci & coram Magiftro Petro de Fita, Notario ordinario dicte Curie, & Comiffario ad univerfitatem caufarum in dicta Curia ventillantium per dictum Dominum Judicem deputato ; pro tribunali fedente in dicta Curia, hora tertie & audientiam publicam dicti Domini Judicis tenente, venit & comparuit Sancius de Prato, ut Conful loci de Montefquivo, ut dixit, pro fe & nomine univerfitatis ac fingulorum & habitatorum dicti loci, qui ad dictos diem, locum & horam citari fecerat & adjornari NOBILEM ET POTENTEM VIRUM DOMINUM AISSIVUM DE MONTESQUIVO, MILITEM, DOMINUM DICTI LOCI DE MONTES-QUIVO, .. vigore ... cujus citationis, comparuit Magifter Arnaldus de Baquerio, Notarius & habitator ville Vici & ut procurator ... dicti Domini de Montefquivo ... & ibidem dictus. Sancius de Prato, nomine quo fupra, ... produxit quafdam patentes & appertas falve gardie litteras, in pargamено fcriptas, a dicto Domino noftro Comite Armaniaci emanatas & obtentas, & figillo fuo cum cera rubea inpendenti figillatas, ... quarum tenor talis eft : (Ce font celles qui font rapportées ci-deffus.) .... petens & requirens dictus Sancius de Prato predictas litteras ... publicari ; & dictus Procurator dicti Domini de Montefquivo in predictis fe oppofuit & petiit ... copiam dictarum litterarum .... fibi dari .... necnon & unam diem congruam .... ad dicendum caufas cur dicte litteram non debent publicari, nec eifdem Confulibus & fingularibus concedi ; quod non fuit fibi conceffum : tamen dicta copia dictarum litterarum fuit eidem conceffa, & , hiis non obftantibus, predicte littere falve gardie, de mandato dicti comiffarii, fuerunt publicate per Petrum de Coerbo, preconem publicum, , ... ut moris eft ; ... de qua quidem publicatione ... , predicti preco & Sancius Conful .... requifiverunt me Notarium infra fcriptum ut fibi retinerem publicum inftrumentum ; & facta dicta publicatione, dictus Procurator dicti Domini de Montefquivo, viva voce, fe appellavit ad dictum Dominum noftrum Comitem Armaniaci, vel ad Dominum Senefcallum Agenni, vel ad metuendiffimam Curiam Parlamenti Domini noftri

G

Francie Regis, feu ad Dominum Regem, feu ad illum feu ad illos ad quem vel ad quos de jure fuerit provocandum & appellandum : quam quidem appellationem dictus Comiffarius non admifit, nifi fi & in quantum fuerit admittenda.... Actum fuit hoc apud Vicum & in Curia ordinaria ejufdem & coram dicto Comiffario hora tertie, prefentibus, &c.... & Magiftro Petro de Fita, Notario auctoritatibus Imperiali ..... ac Dominorum de Capitulo Tholofe, publico, conhabitatoreque Ville predicte de Vico, qui dictum inftrumentum retinuit & in fuis libris notavit; fet aliis occupatus negotiis, in hanc publicam formam redigere nequivit; vice ejus & mandato ego Arnaldus de Sconpoto, Notarius ejus fubftitutus, dictum inftrumentum a ceda ejufdem .... abftraxi, groffavi & in hanc publicam formam redigi....& me Petro de Fita, Notario ante dicto, qui in premiffis omnibus prefens fui, &, facta diligenti collatione cum nota dicti inftrumenti & dicto fubftituto, hic me fubfcripfi & figno meo confueto fignavi, in teftimonium premifforum. (Signé de la marque dudit Notaire.) & nos Guillelmus de Garoffio, licentiatus in legibus, ... (Illifible) ordinarius Armaniaci & Fezenciaci citra Bayfiam pro Domino noftro Comite Armaniaci, ad faciendum fidem qualiter dictus Magifter Petrus de Fita eft Notarius publicus, & ad ipfum, tanquam ad Notarium publicum habetur in publicis inftrumentis per ipfum receptis, recurfus, & fides eifdem adhibetur, figillum predicte noftre Judicature, cera rubea-inpendenti, duximus apponendum huic prefenti inftrumento (Signé) A. de Baquerio. (Et fcellé d'un fceau perdu.)

LXXIX.
28 Mars 1435.

Original en parchemin des Archives de la Maifon de Montefquiou.

Bail à fief & emphithéotique paffé par Noble & puiffante Dame Gaillarde d'Efpagne, Dame de Salles, veuve de Noble & puiffant Homme Arfieu de Montefquiou d'Angles.

In nomine Domini. Amen. Noverint univerfi quod...... perfonaliter conftituta NOBILIS ET POTENS DOMINA GALARDA DE ISPANIA, domina de Salis, relicta quondam NOBILIS ET POTENTIS VIRI DOMINI ARSIVI DE MONTEESQUIVO DE ANGLIS, gratis, ut dixit,.... dedit .... ad novum feudum & perpetuam emphitefim, Petro-Guilermi, de Marfano, habitatori dicti loci de Salls......quoddam campum in juridicione dicti loci, & loco vocato del Coun del Molii.... Item plus quoddam malcollum in dicta juridictione.....Item plus quoddam hofpicium in dicto loco de Salis......Acta fuerunt hec in dicto loco de Salis, Diocefis Mirapicenfis, die vicefima octava menfis Marcii anno ab Incarnatione Domini milleffimo quadringentefimo tricefio qinto,.... in prefentia, &c....: & mei Ludovici Tornatoris, loci de Fanojove habitatoris, publici Tholofe Notarii, qui requifitus de premiffis.....in teftimonium premifforum fignavi. (Signé de la marque dudit Notaire.)

LXXXX.
23 Janvier 1448.

Original en parchemin des Archives de la Maifon de Montefquiou.

Donation de la terre de Marfan, par noble & puiffant homme Meffire Arfieu, Chevalier, Seigneur de Montefquiou & de la Baronnie d'Angles, à Noble & puiffant homme Meffire Barthelemy de Montef-quiou, Seigneur de Salles, en Lauragais, fon frere.

In Dei nomine. Amen. Noverint univerfi..... quod conftitutus...... apud locum de Baziano, in Fezenface, Auxis Diocefis, in mei Notarii publici & teftium infrafcriptorum prefencia, NOBILIS ET POTENS VIR DOMINUS AISSIVUS, MILES, DOMINUS LOCI DE MONTESQUIVO ET TOTIUS TERRE ET BARONNIE ANGLESII, ... dedit, ... donacione pura, ... NOBILI ET POTENTI VIRO DOMINO BARTHOLOMEO DE MONTESQUIVO, EJUS FRATRI, DOMINO LOCI DE SALIS, in Lauraguefio, ... totum illum locum vocatum de Marssano, in Fezenfaco, dicte Auxis Diocefis, cum omnibus juribus, feudis ...... mero & mixto imperio, alto & baffo dominio, ac eciam cum homagio feu homagiis eidem loco de Marfano pertinentibus ; .... quamquidem donacionem ..... dictus Nobilis & potens vir donator predictus dixit fe facere ..... dicto donatorio, ejus fratri, racione parcele fue .... & in recompenfacionem plurimorum .... ferviciorum eidem donatori per dictum donatarium impenforum .... & ut ipfe donatarius fit tractator bone pacis inter Nobilem Johannam de Bonay, ejus neptem & ipfum donatorem, de dote ipfius Nobilis Johanne. Item fuit exceptatum per dictum donatorem & per dictum donatarium, conceffumque, quod cafu quo non effent filii mafculi ex legitimo matrimonio dicti donatarii, nec ex mafculis ab ipfo defcendentibus, quando cognomen de Montefquivo abeffe contingeret, quod abfit ..... dictus locus de Marffano fuperius donatus ..... deveniat & revertatur, in eum cafum, ad propriam tabulam dicti loci de Montefquivo .... Actum fuit hoc apud dictum locum de Baziano, die vicefima tercia menfis Januarii anno ab Incarnatione Domini millefimo quadringentefimo quadragefimo octavo .... Hujus rey funt teftes NOBILES GEORGIUS ET PETRUS DE MONTESQUIVO, Galhardus de Lafferano, &c. .... & ego Johannes de Furno, Clericus Auxis Diocefis, Notarius auctoritate Imperiali publicus, habitator loci de Rigapilo, qui ... prefens inftrumentum retinui, ... & in hanc publicam formam redegi, fignoque meo confueto fignavi, in fidem & teftimonium omnium & fingulorum premifforum. (*Signé de la marque dudit Notaire.*)

Original en parchemin des Archives de la Maifon de Montefquiou.

LXXXI.
9 Mai 1461.

Donation de deux Hôtels à Noble & honnète Dame Anne de Goalart, (*Galard*) femme de Noble & puiffant homme Meffire Barthelemy de Montefquiou, Chevalier, Seigneur de Salles.

In nomine Jhefu Xpi. Noverint univerfi ... quod anno ab Incarnatione Domini millefimo quadringentefimo fexagefimo primo & die nona menfis madii, exiftens.... in mei Notarii publici & teftium prefencia fubfcriptorum .... Petrus de la Roffelha, habitator loci de Camato, Diocefis Mirapifcenfis, filius & heres .... Maffoti de la Roffelha condam, habitatoris Civitatis Lectorenfis, ... confiderans plurima & innumerabilia fervicia .... recepiffe, retroactis temporibus, a Nobili & honefta Domina Anna de Goalart, uxore NOBILIS ET POTENTIS VIRI DOMINI BARTHOLOMEY DE MONTESQUIVO, MILITIS, DOMINI LOCI DE SALIS, dicte Diocefis Mirapifcenfis, ... & in recompenfacionem dictorum ferviciorum, ... dedit .... eidem Nobili Domine Anne de Goalart .... duo hofpicia ... fcituata infra muros, clanfuras & fortalicium dicte Civitatis Lectorenfis ... Acta fuerunt hec apud locum fupradictum de Salis, ... in prefencia .... Johannis Borrelli, &c. ... teftium ... & mei Stephani Gilaberti, Notarii auctoritate Regia publici, loci de Manfo Sanctarum Puellarum habitatoris, qui .... de premiffis ..... inftrumentum in notam recepi & in meis libris regiftravi, prefensque in hanc formam publicam redegi, ... & figno meo publico, quo in meis publicis utor inftrumentis confueto, fignavi. (*Signé*) Gilaberti. (*avec fa marque.*)

G ij

LXXXII.
28 Octob. 1466.
Original en parchemin des Archives de la Maifon de Montesquiou.

Réglement fur les limites des terres de Marfan & de Luffan, entre Noble & puiffant homme Barthelemy de Montefquiou, Chevalier, Seigneur de Marfan, & les co-Seigneurs de Luffan.

Pateat cunctis. Quod anno ab Incarnatione Domini millefimo cccc. lxvi & die vicefima octava menfis Octobris, apud pertinencias locorum de Luffano & de Marffano, ego Guilhermus Cavarerii, publicus Tholofe & auctoritate Dominorum de Capitulo Notarius, habitator loci de Albieto, retinui quoddam publicum inftrumentum in quo, inter cetera, continetur, quod ... dictum fuit juridiciones & territoria locorum de Marfano & de Luffano effent contigue &, fuper limitibus ... eorumdem effet aliquod debatum inter Dominos & habitatores locorum predictorum, & quod limites.... dictorum locorum non erant de vero confignati, quantum fe extendebat juridictio cujuflibet dictorum locorum, & quomodo & in quibus locis una dividebatur ab alia; fuper quibus in futurum fperabatur oriri & poffet effe lis & queftio : hinc eft quod .... conftituti providus Nobilis & potens vir Dominus Guilhermus de Montealto, Miles, Dominus de Montealto & tocius Baronie Correnffaguefii & Nobilis Oddo d'Efparberiis, domicellus, Condomini loci de Luffano, ex una; & NOBILIS ET POTENS VIR DOMINUS BARTHOLOMÆUS DE MONTESQUIVO, MILES, DOMINUS LOCI PREDICTI DE MARSSANO, ex alia partibus; dicti vero Domini... volentes fcire veros limites... territoriorum & juridicionum locorum predictorum de Luffano & de Marffano ... omnes infimul unanimiter & concorditer juridiciones locorum predictorum de Luffano & de Marffano confignaverunt & fpecificaverunt fub limitibus .... repertis; ... prefentibus .... teftibus; . . . . . fed quia aliis occupatus negociis, ad ingroffacionem dicti publici inftrumenti procedere nequivi, ... prefentem cartellam .... manu propria fcripfi & figno meo folito. ... fignavi. (*Signé*) Cavarerii. (*avec fa marque.*)

LXXXIII.
29 Avril 1471.
Original en parchemin des Archives de la Maifon de Montefquiou.

Procuration générale de Noble & puiffant homme Meffire Barthelemy de Montefquiou, Chevalier, Seigneur de Marfan & de Salles, à Noble Bertrand de Montefquiou, fon fils, & à d'autres; en préfence de Noble & Puiffant homme Meffire Bertrand de Montefquiou, Chevalier.

In nomine Domini. Amen. Noverint univerfi & finguli.. quod perfonaliter conftitutus in mei Notarii publici & teftium.... prefentia, videlicet, NOBILIS ET POTENS VIR DOMINUS BARTHOLOMÆUS DE MONTESQUIVO, MILES, DOMINUS LOCORUM DE MARSANO ET DE SALIS... conftituit & creavit..; fuos veros certos fpeciales generales & indubitatos procuratores, videlicet, venerabiles & egregios viros... Bernardum Laureti, Johannem Sarrati, Jacobum Benedicti, legum doctores.... Advocatos & Procuratores Curie fupreme Parlamenti Tholofe,.. & NOBILEM BERTRANDUM DE MONTESQUIVO, IPSIUS CONSTITUENTIS, filium, ... nomine & pro ipfo comparendi, agendi, deffendendi,.... generaliter in fingulis caufis omnibus motis, pariter & movendis, &c. Acta fuerunt hec in Civitate Tholofana die vicefima nona menfis aprilis anno Domini millefimo quadringentefimo feptuagefimo primo,... In prefentia & teftimonio NOBILIS ET POTENTIS VIRI DOMINI BERTRANDI DE MONTESQUIVO, MILITIS, DOMINI DE MONTESQUIVO,.... & mei Laurencii Chapelli, Notarii Civitatis Tholofe publici, autoritatibus

Regia, Imperiali & Dominorum de Capitulo, qui requifitus,... hoc prefens publicum Procurationis inftrumentum in notam fumpfi & in hanc formam redegi..., &
figno meo publico.... fignavi.... (*Signé*) Chapelli. (*avec fa marque.*)

Original en parchemin des Archives de la Maifon de Montefquiou.   LXXXIV.

Donation de Noble & puiffant homme Meffire Bertrand de Montef- 29 Avril 1471.
quiou, Chevalier, Seigneur de Montefquiou, à Noble & puiffant
homme Meffire Barthelemy de Montefquiou, auffi Chevalier, Seigneur
de Marfan & de Salles, fon frere, des droits à lui appartenans dans le
lieu de Marfan.

In nomine Domini. Amen. Noverint univerfi..... Cum prout ibidem dictum
fuit... NOBILIS ET POTENS VIR DOMINUS BERTRANDUS DE MONTESQUIVO,
MILES, DOMINUS LOCI DE MONTESQUIVO, FRATER LEGITIMUS... NOBILIS ET
POTENTIS VIRI DOMINI BARTHOLOMÉY DE MONTESQUIVO, MILITIS, LOCO-
RUM DE MARSANO ET DE SALIS, Comitatus Fezenfaguelli, diocefis Auxis,
racione dicte fraternitatis pretenderet fe habere jus...... in loco predicto
de Marfano, rendifque...... ac juribus....... actionibus ejufdem
loci de Marfano, que olim fuerant de eorum Domo paternali, occafioneque illorum
fperaretur oriri queftio,.... inter cederet fratres,.... quod male cederet;...
tractantibufque nonnullis..... amicis, ad accordum..... deveniffent;....
anno & die infra fcriptis, in mei Notarii publici & teftium infrafcriptorum prefencia,.... conftitutus fupra nominatus Nobilis Dominus Bertrandus de
Montefquivo.... dedit, donacione..... pura,... & irrevocabili inter vivos
facta,... prenominato Nobili Domino Bartholomeo de Montefquivo, ejus fratri legitimo.... omnia bona, jura.... voces.... & alias terras quafcumque paternales
fibi competentes,... jure naturali,.... in dicto loco de Marfan dumtaxat,...
& que olim fuerant de eorum Domo paternali... Acta fuerunt hec in Civitate Tholofana die vicefima nona menfis aprilis anno Domini millefimo quadringentefimo feptuagefimo primo,.. in prefentia.... Gileti Boaterii, Sabbaterii, &c... teftium...
& mei Laurencii Chappelli Notarii Civitatis Tholofane, publici auctoritatibus
Regia, Imperiali & Dominorum de Capitulo Tholofe, qui bonorum rendarum....
predictarum donacioni... prefens fui,.. ac in notam fumpfi & in hanc formam
publicam redegi.... & groffari feci &... figno meo publico quo utor fignavi.
(*Signé*) Chapelli. [*avec fa marque.*]

Original en parchemin des Archives de la Maifon de Montefquiou.   LXXXV.

Donation par Jean de Montefquiou, Seigneur de Marfac, à Noble 7 Juillet 1471.
Meffire Barthelemy de Montefquiou, Seigneur de Salles, fon oncle,
de fes droits dans la Terre de Salles, dans laquelle donation font rappellés
Roger, pere du même Seigneur de Marfac, Arfieu, Bertrand, & Jean
de Montefquiou, fes oncles, & Arfieu de Montefquiou, fon aïeul.

In illius nomine qui carnem humanam affumpfit ex Maria Virgine. Novetint univerfi..
quod cum prout ibidem dictum fuit,... coram me Notario publico & teftibus infra fcriptis, Nobilis Galharda d'Efpanha condam, Domina Loci de Salis,... Diocefis Mirapifcenfis & Senefcallie Tholofe, & uxor condam NOBILIS DOMINI AYCHIVI DE

MONTESQUIVO, MILITIS, ET DOMINI LOCI DE MONTESQUIVO, TERRÆ ANGLESII
ET condam mater NOBILIUM DOMINI BARTHOLOMEI DE MONTESQUIVO, MILITIS,
NUNC LOCI PRÆFFATI DE SALIS DOMINI, ET DOMINI AYCHIVI DE MONTESQUIVO,
MILITIS CONDAM, DOMINI EJUSDEM LOCI DE MONTESQUIVO, ... DOMINI JOHANNIS
DE MONTESQUIVO, NUNC ARCHIDIACONI TERRÆ ANGLESII, ... Canonici Ecclesie
Kathedralis Beati Stephani Civitatis Tholose, DOMINI BERTRANDI DE MONTES-
QUIVO, MILITIS, NUNC DOMINI LOCI PRÆDICTI DE MONTESQUIVO, & NOBILIS
ROTGERII DE MONTESQUIVO CONDAM, DOMINI LOCI DE MARSACO, FRATRUM, ...
FILIORUM LEGITIMORUM; ... DICTORUM CONDAM DOMINI AYCHIVI DE MONTES-
QUIVO, & condam Domine Galharde d'Espanha, conjugum, ... dicta condam Galharda
d'Espanha extiterit Domina Loci predicti de Salis, ... & post ejus decessum dicte
Domine Galharde d'Espanha, Locus predictus de Salis.... pro indiviso remanserit, ...
causa hereditatis & successionis bonorum matris, Nobilibus & Dominis supradictis
filiis suis, , , ... post modum preffatus Nobilis Rotgerius de Montesquivo,
Dominus Loci pretacti de Marsaco, decessit; ... post cujus quidem Nobilis Rotgerii
de Montesquivo decessum, supra vivente nobilis Johannes de Montesquivo, heres &
filius legitimus, ... dicti condam Nobilis Rotgerii de Montesquivo defuncti & Dominus Loci supra dicti de Marsaco & nepos dicti Nobilis Domini Bartholomei de Montesquivo & aliorum Dominorum supra nominatorum, qui dictam successionem dicti
Nobili Rotgerii, patris sui, Loci de Salis, sibi pertinere dixit; ... hinc est quod constitutus .... preffatus Nobilis Johannes de Montesquivo, Dominus Loci de Marsaco ....
dedit, ... donatione ... pura .... & irrevocabili, inter vivos facta, ... preffato
Nobili Domino Bartholomeo de Montesquivo, Domino ejusdem Loci de Salis &
avunculo suo .... totam illam partem, jus, vocem & actionem que habet .... in
dicto loco de Salis, ... racione dicte successionis vel alias... Acta fuerunt hec apud locum
de Marsaco & in Castro ejusdem loci, die septima mensis julhii, anno Domini millesimo
quadragentesimo septuagesimo primo... in presencia.... Mathei de Fonte, meyque Petri
de Caza, Notarii, auctoritate Dominorum de Cappitulo Regie Urbis & Suburbii Tholose, publici, creati, habitatorisque loci de Cappella, in Vicecomitatu Leomanie
& predicte Diocesis Lectore & oriundi Ville Vici Fezenciaci, qui... presens publicum
instrumentum retinui & recepi & in meis libris .... regiftravi & in hanc formam
publicam .... reddegi & figno meo auctentico ... fignavi (Signé) de Caza. (avec
fa marque.)

Original en parchemin des Archives de la Maison de Montesquiou.

Vente par Jean de Goth, Seigneur de Rouillac, à Noble homme
Bertrand de Montesquiou, son beau-frere, du lieu de Peirecave.

In nomine Domini. Amen. Noverint universi & singuli, ... quod existens & personaliter
constitutus apud locum de Rolhaco, Vicecomitatus Leomanie & Diocesis Condomiensis,
in presencia mei Notarii publici & testium infra scriptorum, videlicet, Nobilis vir Johannes de Guto, Dominus dicti Loci de Rolhaco, ... vendidit ...; NOBILI VIRO
BERTRANDO DE MONTESQUIVO, ejus cognato, sive sororio, ... videlicet, locum de
Petracava, ... situm in Vicecomitatu Leomanie, una cum ejus juridictione sive dominatione alta & bassa, mero & mixto imperio ; ... pro pretio & summa ducentum &
duodecim scutorum auri, &c. .... Actum fuit hoc die septima mensis aprilis anno
domini millesimo quadringentesimo septuagesimo septimo ...... & me Aymerico
Jacqueti publico, Civitatis Lectore, Regia auctoritate Notario, qui de premissis instrumentum retinui, & in meo prothocollo notavi, a qua nota hoc presens instrumentum abstraxi, ... & in hanc formam publicam redigi feci, hicque manu propria me
subscripsi, & signo meo autentiquo, ... signavi (Signé) Jaqti. (avec fa marque.)

Original en parchemin des Archives de la Maison de Montesquiou.

Vente par Noble & puissant homme Bertrand de Montesquiou, Ecuyer, fils de Noble & puissant homme Messire Bertrand de Montesquiou, Chevalier, Seigneur de Marsan, à Sance de la Maute, de la Seigneurie de Danhan. **21 Octob. 1477.**

In nomine Domini. Amen. Noverint universi & singuli . . . . quod anno ab Incarnatione Domini millesimo quadringentesimo septuagesimo septimo & die vicesima prima mensis Octobris, existens & personaliter constitutus apud locum de Marsano, Auxitanensis diocesis, in mei Notarii publici, & testium infrascriptorum presentia, videlicet, NOBILIS VIR BERTRANDUS DE MONTESQUIVO, SCUTIFFER, FILIUS NOBILIS ET POTENTIS VIRI DOMINI BARTHOLOMEI DE MONTESQUIVO, MILITIS, DOMINI LOCI PREDICTI DE MARSANO, ... vendidit nobili Sancio de la Mauta, Locum sive territorium de Danhano & totam Dominationem ejusdem;... pro pretio & nomine pretii quadraginta scutorum auri. . . . Acta fuerunt hec in loco predicto, &c, ... & me Petro Durandi, publico Tholose, auctoritate capitularia Notario. (*Signé*) P. Durandi. (*avec sa marque.*)

Archives de la Maison de Montesquiou.

8 Mai 1479.

Expédition judiciaire en parchemin de 1567, du Codicille de Noble Messire Barthelemy de Montesquiou, Chevalier, Seigneur de Salles & de Marsan.

Saichent tous . . . que l'an de grace mil cinq cens soixante-sept, & le dernier jour du moys d'Avril . . . dans le lieu de Beaulieu, Comté d'Estarac, Seneschaucée de Thoulouse, Diocese d'Aux, me sont esté presentées certaines lettres de compulsoyre à moy Jehan Palato, Notere, collationere des libres, cedes & prothocolles de feu Me. Bernard Palato, Notere de la Ville d'Aubiet, en son vivant habitant, par Ramond Faur, Sergent Royal de la ville de Trie, de la Court Presidiale de Thoulouse, à la requeste de Noble Jehan de Montesquiu, Seigneur de la Serra, en vertu & authorité desd. letttes led. Sergent m'a fait commandement, à la peyne contenue en icelles, . . . à bailler & expedier en bonne forme. . . . ung Testament de Noble Berthomieu de Montesquiu, . . . auquel Sergent je susd. Palato ay respondeu estre obbeyssant à Justice, & complir le commandement d'ycelle, . . . & veu le commandement à moy faict, ay cherché led. Testament contenent neuf feuilles papier escript, l'ay mis & grossoyé sans y rien adjouter ; . . . la teneur s'ensuyt :

In nomine Domini. Amen. . . Noverint universi . . . quod anno Domini millesimo quadringentesimo septuagesimo nono & die octava mensis madii, . . . constitutus apud locum de Marsano, Comitatûs Fezenfiaci, Auxis Diocesis, in mei Notarii publici & testium infrascriptorum presencia, NOBILIS DOMINUS BARTHOLOMEUS DE MONTESQUIVO, MILES, DOMINUS LOCORUM DE SALIS ET DE MARSANO, quadam gravi infirmitate detentus,... dixit quod cùm nuper ipse idem Dominus Bartholomeus de Montesquivo, suum ultimum nuncupativum condidit Testamentum, manu Notarii publici sumptum ; . . . attendensque quod unicuique Testatori licitum est usque ad finalem vitæ suæ exitum, legata & ordinationes in suo Testamento factas mutare, addere, minuere vel augere; & idem Dominus testator in dicto Testamento certas ordinationes, erga bonorum suorum dispositionem . . . fecerit, quas mutare vult, . . . in hunc qui sequitur modum ; . . accepit de bonis suis, . . pro salute animæ suæ, . . & omnium aliorum de genere suo defunctorum, summam centum & quinquaginta scutorum ; . . cum dictus Dominus testator in suo ultimo testamento legavit . . . NOBILI BERTRANDO DE MONTESQUIVO, FILIO SUO LEGITIMO ET NATURALI, AC PRIMOGENITO predictum locum de Marsano, cum omni jurisdictione, alta & bassa, mixtoque mero imperio; . . . plus dictus Dominus testator . . . . legavit dicto NOBILI BERTRANDO DE MONTESQUIVO, FILIO SUO, ... omnes terras, . . . prata & nemora, dicto Domino pertinentia, in dicto loco de Marsano; . . . se retinuit. . . medietatem omnium rendarum . . . dicti loci de Marsano, tantum quantum ipse vixerit; . . & post mortem vero ipsius, . . . ordinavit. . . quod dictus Nobilis Bertrandus de Montesquivo teneatur . . liberare Domine Agne de Golardo, uxori sue, medietatem dictarum rendarum, . . . tantum quantum . . vitam vidualem vixerit; . . , dixit vendidisse NOBILI JOHANNI DE MONTESQUIVO, DOMINO DE MARSACO, medietatem dicti loci de Marsano; . . . voluit . . . quod dictus Nobilis Bertrandus de Montesquivo, filius suus supra nominatus, possit . . . dictam medietatem dicti loci de Marsano recuperare a dicto domino de Marsaco; . . . legavit NOBILIBUS VIRIS ARNALDO DE MONTESQUIVO, JOHANNI DE MONTESQUIVO, MAJORI, & ALTERO JOHANNI DE MONTESQUIVO, MINORI DIERUM, FILIIS SUIS; . . . cuilibet ipsorum, centum scuta auri; . . . voluit . . . quod dictus NOBILIS BERTRANDUS DE MONTESQUIVO teneatur solvere Domine de Glatenxis, FILIE SUE, dotem sibi. . . constitutam; . . . legavit . . . NOBILI GAILLARDE DE MONTESQUIVO, FILIE SUE . . . . summam ducentorum francorum Burdegalensium; . . . . NOBILI ARNALDO DE MONTESQUIVO, FILIO SUO, . . . ultra summam centum scutorum, relictam in predicto Testamento, . . . centum scuta auri, solvenda per NOBILEM MANALDUM DE MONTESQUIVO, FILIUM SUUM, . . . DOMINUM LOCI DE SALIS; . . . legavit . . . NOBILIBUS VIRIS MATHEO DE MONTESQUIVO & ISSIVETO DE MONTESQUIVO, FILIIS SUIS, . . . ultra summam centum scutorum auri, cuilibet ipsorum, relictorum in predicto Testamento, cuilibet ipsorum, centum scuta auri; . . . ordinavit. . . quod centum scuta auri relicta in predicto Testamento NOBILI JOHANNI DE MONTESQUIVO, majori dierum, FILIO SUO, . . . & NOBILI JOHANNI DE MONTESQUIVO, minori dierum, FILIO SUO, . . . exsolvantur per NOBILEM MANALDUM DE MONTESQUIVO, DOMINUM LOCI DE SALIS . . . & teneatur . . . dare vitam NOBILIBUS VIRIS ARNALDO, JOHANNI, ALTERO JOHANNI, MATHEO ET ISSIVETO DE MONTESQUIVO, FRATRIBUS; . . legavit . . . MARGARITE DE MONTESQUIVO, FILIE SUE, . . . ultra summam centum scutorum auri, sibi relictam in predicto Testamento, summam quatuor centum scutorum auri, . . . vestes & jocalia juxta statum ejusdem; . . . voluit . . . quod casu quo dictus NOBILIS MANALDUS DE MONTESQUIVO, FILIUS SUUS, Dominus dicti loci de Salis, noleret maritare dictam NOBILEM MARGARITAM DE MONTESQUIVO, . . . ordinavit quod in eum casum Nobilis Bernardus de Golardo, Dominus de Insula-Bozonis, NOBILIS JOHANNES DE MONTESQUIVO, Dominus de Marsaco, & Johannes de Golardo, Dominus de Sancto Avito, possent . . . ipsam maritare sumptibus . . . dicti NOBILIS MANALDI; . . . voluit . . . quod si contingebat dictum NOBILEM BERTRANDUM DE MONTESQUIVO, decedere, quod omnia bona deveniant ad primum filium masculum ex legitimo matrimonio dicti NOBILIS BERTRANDI, procreatum, de primo, ad secundum, & de secundo, ad tertium, & de tertio, ad quartum, & sic de aliis, tot quot erunt masculi & abiles ad succedendum; . . . ordinavit . . . quod casu quo contingat dictum NOBILEM BERTRANDUM DE MONTESQUIVO, FILIUM SUUM, decederet sine libero vel liberis masculo, vel masculis, de suo legitimo procreato seu procreatis, in dictum casum voluit . . . quod filia seu filie non succedant ad dictam hereditatem, ymo revertatur proximioribus in gradu patentele; TAMEN QUOD SINT DE COGNOMINE. . . . Actum fuit hoc apud dictum locum de Marsano, . . in presentia. . NOBILIUM VIRORUM JOHANNIS DE MONTESQUIVO, Dominum de Marsaco, Johannis de Golardo, Dominum de Sancto Avito,

Philippi

Philippi de Gelas, Domin*um* de Rozes, . . ., & mei Guilhermi Rabelli Notarii publici Tholose, loci de Albineto habitatoris, qui . . . hoc presens publicum inftrumentum retinui & in meis libris five prothocollis regiftravi.

Et en fuivant ledit commandement & precepte à moy fufd. Palato, collationnere fufd. par collation a moi faicte par Monfieur le Senefchal d'Armaignac, laquelle eft de la teneur: Jehan de Golard, Chevalier, Seigneur & Baron de l'Ifle, en Lomaigne, &c. &c., & en fuivant je fufdit Palato le prefent inftrument ay-mis en la prefente forme, & de main autruy l'ay fait efcripre & groffoyer & de mon feing authentic. (*Signé*) I. de Palato, Not. (*avec fa marque.*)

Archives de la Maifon de Montefquiou.

Expédition judiciaire en parchemin de 1567. du

Teftament de Noble (&) puiffant Seigneur Barthelemy de Montefquiou, Seigneur de Salles & de Marfan.

A tous qui ces préfentes lettres verront. Salut. Certiffie je Arnaud Gavaudayn, Notaire royal de la ville de Vignhonet, Collationnaire des livres, cedes, prothocolles & fcriptures de feu Maître Guillaume d'Avignhon . . . . Notaire dudict Vignhonet, avoir trouvé entre les papiers . . . dudict feu d'Avignhon le Teftament de feu NOBLE BARTHELEMY DE MOTESQUIEU, . . . Seigneur de Sales & de Marfan, fcript & figné de fa propre main, . . . en cinq fules de papier vieulx, & apprès icelluy trouvé, par Pierre At, Sergent Royal dudict Vignhonet, en vertu de certaynes Lettres de commandement obtenues de la Cour de Montf. le Sénefchal de Lauragais, à la requête de NOBLE JEHAN DE MOTESQUIEU, SEIGNEUR DE LA SERRE, . . . avoir efté fait commandement de groffoyer, bailler & expédier aud. Noble Jehan de MOTEQUIEU ledict Teftament, . . . comme eft pourté par lefdictes lettres & exploits d'icelles, fcript au dos defdictes lettres, qui font de telle teneur :

Pierre de Bernuy, Baron de la Baftide, Sieur de St. Leoux, le petit Paravis & Nointel, Confeiller du Roi noftre Sire, Sénefchal de Lauragués . . . au premier Sergent Royal . . . Salut ; . . de la partie de NOBLE JEHAN DE MOTESQUIEU, Sieur de LA SERRA-LEZ-MARSAN, nous a efté expofé pour la confervation de fes biens, avoir befoing de plufieurs actes . . . retenus par divers Notaires, mefmes du Teftament de feu Noble Barthelemy de Motefquiou, quand vivoit, Sieur de Serre & de Marfan, lequel ne peur recouvrer des mains des Notaires, qui les ont prins, ny de leurs Collationnaires, fans notre compulfoire ; . . . pour ce eft-il que nous vous mandons . . . faire commandement auxdicts Notaires & à leurs Collationnaires . . . bailler . . . audict de Motefquiou . . . tous les actes . . . qui par rolles vous feront baillés, mefme ledict Teftament . . . Donné . . . le vingtiefme jour du moys de May mil cinq cent foixante-fept . . . . & après icelui commandement à moi fufdict Gavaudayn faict, ait procédé à l'exécution . . . dudict Teftament, qui eft de telle teneur :

Sette lo Teftament de NOBLE POTENT SENHOR MOSSEN BERTHOMIEU DE MONTESQUIEU, SIEUR DE SALAS ET DE MARSAN, lequel il ordena en la forma que fenfies. En l'an mila quatre cens quatre-vingtz & ung, le fepteme jour de Jullet, lo NOBLE SIEUR MOUSSEN BERTHOMIEU DE MONTESQUIEU, Sieur dels loctz fubnommatz, . . . de fon movement & pura volantat . . . vol . . . lo jour de fa fin, fe es à Salas, eftre mis à la Gleyfa de Salas, & fe es à Marfan, an'la Gleyfa de Marfan ; . . . ordena que Nobla Agneta de Golard, fa Molhe, aya fa demura à Salas ou à Marfan, la out bon ly femblara & leve fa mytat de las rendas delfd. loctz de

H

Salas ou de Marfan ; .. ordena .... à fa FILHA JOHANA , dona de Glatenx ; nonobftant fon doure , très fcutz ; ... à SA FILHA GALHARDA , , cc. motos ; .. à fa filha DONA MANGETA v. c. fcutz ; .. à ARNAUD , SON FILH , l'oftal & mayfon de Gaftin , ap totas appartenanfas ; .. à JOYNT , SON FILH ; l'oftau de Milhas ; .. à GOLARDON , SON FILH , la mayfon de Copadels ; .. à SON FILH MATHIEU , la mayfon de Canebiella ; .. à SON FILH YSCHIVET , 11. cc. fcutz ... ordena ledict teftador à SON FILH MANAUT , legitimi & natural d'el & de Madona Agneta de Golard , fon hereter uneverfal de la mytat deu Caftet de Salas , & de la mytat de la Senhoria de Salas ; ... ordena lodict teftador fon héritier univerfal SON FILH BER- TRAND , legitimi & natural & de Madona Margarita de Sinz .... de fon premier ma- trimoni , de totz fos bes paternals , foes affaber , del loc de Marfan en Fefenfac ab .... Senhoria auta & baffa ; .... ordena lodict teftador de fos bes maternals au fufd. BERTRAN , fon filh , foes affaber , deu loc de Salas , la Groffa Tour deu Caftet , & l'autra mytat deudit Caftet , ab la mytat de la Senhoria deudit loc & Senhoria de Salas ; ... vol ... lodict teftador que fe BERTRAN , SON FILH , defavina fens filhs ou filh mafcle , que en aquel cas à Manaut ; & fe MANAUD défavina fes filhs ou mafcle que torneffe à ARNAUD , & fe ARNAUT à tourt de tourt , à GOLARD & à MATHLEU & EZCHIVET ... & cy los totz défavinnay fans meymes filhs ou filh , ... que en aquel cas vol & ordena que: totz los bes fufd. torneffay au Sieur de Marfac JEHAN DE MONTESQUIEU , SON NEBOT , FILH DE SON FREY ROUGER , & à fes enfans mafcles , & en deffaut daquel que turneffa à la Mafo de Montefquieu..... ´

En foy & tefmoignage du contenu au préfent Teftement , moy fufdict Gavaudayn , Notaire & Collationaire .... me fuis figné au préfent Teftement , ... extraict & groffoyé de fa propre cede , ... & après lay figné de mon fignet accouftumé en mes actes publics.

(Signé) A. Gavaudayn, Not. (avec fa marque.)

X C.   Original en parchemin des Archives de la Maifon de Montefquiou.
9 Juillet 1481.

Bail à nouveau fief par Noble homme Bertrand de Montefquiou , Seigneur de Marfan , au nom de Noble & puiffant homme Meffire Bar- thelemy de Montefquiou , Chevalier , Seigneur de Salles , fon pere.

In nomine Domini. Amen. Noverint univerfi & finguli quod anno ab Incarnatione Domini milleſimo quadringenteſimo octuageſimo primo , & die nona menſis julii , apud locum de Salis , dioceſis Mirapiſcenſis , ... exiſtens & perſonnaliter conſtitutus coram me Notario publico & teſtibus infraſcriptis , videlicet , NOBILIS VIR BER- TRANDUS DE MONTESQUIVO , SCUTIFFER , DOMINUS LOCI DE MARSANO , FILIUSQUE LEGITIMUS ET NATURALIS NOBILIS ET POTENTIS VIRI DOMINI BARTHOLOMÆI DE MONTESQUIVO , MILITIS , DOMINI PREDICTI DE SALIS , gratis ; .... ut filius & procurator dicti NOBILIS DOMINI BARTHOLOMÆI DE MONTESQUIVO , ... dedit , ... ad novum feudum five ad novam & perpe- tuam emphiteofim , provido viro Anthonio Gulhene , Molinerio & agricul- tori ſæpe dicti loci de Salis habitatori , ... ſcilicet , quamdam nemmoris five bar- rarum petiam , fere quatuor ceftariarum , &c.... fcituatam.... in pertinentiis & juridic- tione fupra dicti loci de Salis ... Acta fuerunt hec ... in prefentia & teftimonio providorum virorum , &c. ... & mei Guilhermi de Avenione , publici auctoritate Regia Tholofe Notarii , loci de Avinhioneto , in Lauraguefio , habitatoris , &c. , ... (Signé) de Avenione, avec fa marque.)

Archives de la Maison de Montefquiou.

Groffe en parchemin expédiée judiciairement en 1536. du

Contrat poftnuptial de Noble Bertrand de Montefquiou, Seigneur de Marfan, de Salles, de la Serre, &c, avec Gabrielle de Belcaftel.

SEIGNEURS
DE MARSAN,
DE SALLES, DE
LA SERRE, &c.

C X I.
16 Mai 1484.

In nomine Domini. Amen. Noverint univerfi ... me Johannem Vidilheti ... inter notas ... defuncti Magiftri Jacobi de Guitgia, ... Notarii Regii, ... extenfum inftrumenti fubinferti per eundem quondam de Guitgia recepti, reperiffe, tenoris fequentis :

In nomine Domini. Amen. Noverint univerfi ... hoc prefens publicum inftrumentum infpecturi, ... quod cum fuerit tractatum, ... ac in facie Sancte Matris Ecclefie, ... matrimonium folempnifatum, ... Inter NOBILEM VIRUM BERTRANDUM DE MONTESQUIVO, DOMINUM LOCI DE MARSAN, Diocefis Auxienfis, ex parte una ; & Nobilem Gabrielam de Bellocaftro, filiam naturalem & legitimam vita functi Nobilis viri Ramundi-Bernardi de Bellocaftro, quondam Domini loci de Campanhaco & de Boria, Catureenfis Diocefis, ex parte altera ; ... eft fciendum quod anno Dominice Incarnationis milleſimo quadringentefimo octuagefimo quarto & die decima fexta menfis Maii, ... perfonaliter conftitutus Nobilis vir Johannes de Bellocaftro, frater germanus dicti Nobilis Gabriele de Bellocaftro Dominufque dictorum loci de Boria & de Campanhaco ; ... dedit .... & in dotem affignavit eidem NOBILI BERTANDO DE MONTUSQUIVO, DOMINO DE MARSAN, una cum predicta Nobili Gabriela de Bellocaftro, ejus conjuge, ... fcilicet, veftes nupciales bene convenientes ad corpus ... dicte Nobilis Gabriele, ... ac etiam joccalia nupcialia bene convenientia & honefta, & fummam duodecim ducentarum librarum turonenfium... Acta fuerunt hec ... prefentibus teftibus..., &. dicto quondam Magiftro Jacobo de Guitgia, Notario Regio ... qui dictum inftrumentum retinuit & in fuis regiftravit prothocollis, a quibus ego Johannes Vidilheti, Notarius antedictus, predictorum .... prothocollorum ejufdem quondam de Guitgia collationatius, hujufmodi inftrumentum, prout fupra infertum, obtemperando preceptis michi, medio litterarum compulforiarum ... Domini Senefcalli Armanhaci, ad requeftam Nobilis Anthonii de Montefquivo, fcutiferi, impetratarum, factis, quarum ... tenor fic fe habet : Magnifico & potenti viro Domino Senefcallo Caturcenfi, ... Johannes de Golardo, Miles, Domino & Baro Infule Leomanie & Sancte Liberate, Confiliarius & Cambellanus Dominorum noftrorum Regis & Regine Navarre, ... eorumque Senefcallus & Gubernator Patrie & Terrarum Armaignaci citra Garonam falulem ; pro parte Nobilis Anthonii de Montefquivo, fcutiferi, nobis, conquerendo, expofitum quod exponens is pro fui juris confervatione, & ad fines producendi in quadam caufa, quam coram nobis & in noftra Prefidiali Lectore Curia inter dictum exponentem, ex una ; & Nobilem Francifcum de Montefquivo, ex alia ; pendet indecifa, ... certum inftrumentum conventionum matrimonialium inter Nobiles Bertrandum de Montefquivo quondam, .. & Gabrielam de Bellocaftro ; idcirco juridictiones veftras ... rogamus quatenus ... precipi faciatis Notario qui dictum inftrumentum retinuit feu ejus collathionario .... dictum inftrumentum .... ingroffare. .... Datum Lectore, die decima feptima menfis Aprilis, anno Domini millefimo quingentefimo trigefimo fexto. ...

Ego Johannes Vidilheti, Notarius & collationarius antedictus hic figno meo fubfignatus. (Signé) J. V. (avec la marque dudit Notaire).

H ij

XCII. Original en parchemin des Archives de la Maison de Montesquiou.

Procuration de Noble homme Bertrand de Montesquiou, Ecuyer, Seigneur de Marsan, à Noble homme Jean de Montesquiou, Ecuyer, son frere.

In nomine Domini. Amen. Noverint universi & singuli, quod anno & die infra scriptis, existens & personaliter constitutus apud locum de Marsano, Comitatûs Fezenciaci,.. in mei Notarii publici & testium infra scriptorum presentia, videlicet, NOBILIS VIR BERTRANDUS DE MONTESQUIVO, scutiffer, Dominus loci de Marsano ... gratis & ejus sponte ... de novo fecit, constituit suum verum certum & indubitatum procuratorem... & negotiorum suorum gestorem... generalem & specialem.. videlicet, NOBILEM VIRUM JOHANNEM DE MONTESQUIVO, SCUTIFFERUM, EJUS FRATREM,... ad regendum & gubernandum, nomine ipsius constituentis, & pro ipso, omnia sua bona mobilia & immobilia,.. &. ad faciendum redditus compotorum tutoribus dicti constituentis in judicio & extra judicium ... &c. Acta fuerunt hec apud dictum locum de Marsano die decima mensis Novembris anno ab Incarnatione Domini millesimo quadringentesimo nonagesimo secundo ... in presentia & testimonio Guilhermi de Gardia, Fabri,.. & mei Guilhermi Rabelli Notarii, publici Tholose, loci de Albineto, &c. (*Signé*) G. Rabelli, (*avec sa marque*).

Archives de la Maison de Montesquiou.

XCIII. Grosse en parchemin expédiée judiciairement en 1535. du

13 Octob. 1486. Testament de Noble homme Bertrand de Montesquiou, Seigneur de Marsan.

In nomine Domini. Amen. Noverint universi ... quod anno ab Incarnatione Domini millesimo quingentesimo trigesimo quinto & die vicesima mensis Februarii, apud Villam de Albineto, Comitatûs Fezenciaci, Auxis Diocesis, pro parte Nobilis Anthonii de Montesquivo, scutifferi, fuerint exhibite. ... certe Littere compulsorie, a Curia ... Senescalli Armanhaci, michi Bernardo de Palato, publico dicte Ville... habitatoris, per providum virum Guillermum de Campis, Bajulum dicte Ville.... quarum virtute michi precepit.. quathenus eidem Nobili Anthonii de Montesquivo ... expedire habeam quoddam publicum Testamenti instrumentum per Nobilem Bertrandum de Montesquivo quondam, Dominum loci de Marsano, factum, & per quondam Magistrum Guillermum Rabelli, Notarium publicum, dicte Ville Albineti, sumptum.... quarum quidem litterarum ... tenor ... est talis : Johannes de Guolardo, Miles, Dominus & Baro Insule Leomanie & sancte Liberate.... Senescallus & Gubernator Patrie ... Armanhaci, &c. Datum Lectore, die septima mensis Februarii, anno Domini millesimo quingentesimo trigesimo quinto ; ... quarum quidem litterarum virtute volens obtemperare mandato dicti Domini Senescalli ad abstractionem dicti testamenti a ... prothocollis dicti quondam Rabelli reperti, de verbo ad verbum processi, in hunc qui sequitur modum.

Anno Domini millesimo quadringentesimo octuagesimo sexto & die decima tertia mensis Octobris, apud locum de Marsano ... Quoniam solempnitate disposita & & ordinata solempniter sunt in scriptis redigenda, NOBILIS VIR BERTRANDUS DE MONTESQUIVO, DOMINUS LOCI DE MARSANO, quadam infirmitate detentus,... fecit,.. ultimum... testamentum;.... & primo voluit,.. quod...

fit tumulatus intus Ecclefiam de Marfano .... legavit, jure inftitutionis & hereditariæ porcionis, NOBILI JOHANNI DE MONTESQUIVO, FILIO SUO LEGITTIMO ET NATURALI, RELIGIOSO DE MOISSACO, fummam fex fcutorum ; ... NOBILI BERTRANDO DE MONTESQUIVO, FILIO SUO LEGITTIMO ET NATURALI, fummam centum fcutorum ; ... NOBILI PETRO DE MONTESQUIVO, MAJORI DIERUM, FILIO SUO LEGITTIMO ET NATURALI, fummam centum fcutorum ; ... NOBILI PETRO DE MONTESQUIVO, ALIAS PIERRES, MINORI DIERUM, FILIO SUO LEGITTIMO ET NATURALI, fummam centum fcutorum ; ... item plus legavit Nobilis Teftator .... dedit & reliquid NOBILE VIRO AGNETE DE MONTESQUIVO & FLORETE DE MONTESQUIVO, FILIABUS SUIS LEGITTIMIS ET NATURALIBUS, fcint maritate & adotate ad cognicionem parentum & amicorum fuorum, juxta facultatem fuorum bonorum ; .. NOBILI ANTHONIO DE MONTESQUIVO, FILIO SUO LECITIMO ET NATURALI, omnia & quecumque res & caufas que continentur in Convencionibus matrimonialibus ; proteftando quod ipfe non tenetur prejudicare, pro dicto teftamento, predictis bonis, in dictis Convencionibus fpecificatis, nullam caufam eidem donatam per NOBILEM ET POTENTEM VIRUM DOMINUM BARTHOLOMEUM DE MONTESQUIVO QUONDAN, ET AVUM SUUM, MILITEM, ut continetur in fuo ultimo Teftamento, retento per Magiftrum Guillelmum de Avinhone, loci de Avinhoneto habitatorem ; ... in ceteris aliis bonis fuis... heredem fuum univerfalem.... fibi inftituit... NOBILEM JACOBUM DE MONTESQUIVO, FILIUM SUUM PRIMOGENITUM ; ... & ordinavit quod cafu quo .... dictus Nobilis Jacobus decederet abfque liberis ex fuo legitimo matrimonio procreato feu procreatis, ... omnia dicta bona pertineant... NOBILI BERTRANDO DE MONTESQUIVO, FILIO SUO ; ... & quod nullam filiam non poffit fuccedere ad hereditatem ; ymo pertineant proximioribus in gradu parentele, qui fint de cognomine & portent arma dicti Nobilis Teftatoris ; ... ordinavit Nobilis dictus Teftator quod exfolvantur NOBILI GALARDE DE MONTESQUIVO, SORORI SUE, res que fuerunt fibi relicte per dictum DOMINUM BARTHOLOMEUM DE MONTESQUIVO, QUONDAM, MILITEM ET PATREM IPSORUM, ut continetur in codicillo per me Notarium infrafcriptum retento ; .. plus reliquid dictus Nobilis Teftator NOBILI GABRIELE DE PULCROCASTRO, UXORI SUE, videlicet fuam quotam partem & porcionem domûs que eft pro indivifo cum heredibus Vitalis de Batz, ... quantum vixerit in humanis ; ... fecit ... exequtores dicti Teftamenti... Nobilem virum Philipum de Vicinis, Militem, Dominum de Montealto, Nobilem Johannem de Goth, Dominum loci de Rolhaco, & Nobilem Bartholomeum de Larrocanh, Dominum loci de Infuleta-Saurimunda.... Actum .... ubi fupra, in prefencia... Domini Antonii Borelli, Presbiteri .... & antedicti quondam Magiftri Guillermi, Notarii publici ... dum viveret in humanis, de premiffis requifitus inftrumentum retinuit & in notam fumpfit ; fed quia morte proventus illud in formam publicam redigere non valuid ; ... ego Bernardus de Palato, Notarius publicus .... & collacionarius.... Prothos collorum jam dicti Guillermi Rabelli, ex collatione michi facta .... per Dominum judicem Fezenfaci, mediantibus.... litteris .... quarum .... tenor eft talis :

Dominus de Artivis, Dominus loci de Ardena, in legibus Licentiatus, Confiliarius Domini noftri Ducis Alenconi, Paris Francie, Comitis Armannaci &c.... Datum ... Auxis, die decima quinta Septembris, anno Domini millefimo quingentefimo decimo quinto.... Ego Bernardus de Palato ... hoc prefens publicum Teftamentum a dictis Prothocollis .... manu mea propria fcripfi & groffavi, deinde que figno meo auctentico fignavi. (Signé) B. de Palato. (avec fa marque).

62

XCIV.
10 Nov. 1492.

Original en parchemin des Archives de la Maison de Montesquiou.

Transaction entre Noble homme Bertrand de Montesquiou, Damoiseau, Seigneur de Marsan, & Noble Jean de Montesquiou, son frere, sur les droits de ce dernier dans la succession de Noble Bertrand de Montesquiou, Seigneur du même lieu de Marsan, leur pere.

In nomine Domini. Amen. Noverint universi . . . quod cum, prout ibi dictum fuit, certum accordum sive transhactio esset facta inter NOBILEM VIRUM BERTRANDUM DE MONTESQUIVO, DOMICELLUM, DOMINUM LOCI DE MARSANO, ex parte una; & NOBILEM VIRUM JOHANNEM DE MONTESQUIVO, EJUS FRATREM, ex alia partibus; videlicet, quod dictus NOBILIS BERTRANDUS . . . teneretur . . . erga dictum NOBILEM JOHANNEM . . . donec . . . dictus NOBILIS JOHANNES . . . haberet benefficium, usque ad valorem centum franchorum Regis . . . in summa centum franchorum Regis . . . quolibet anno solvendorum; . . . & hoc pro jure qui dictus NOBILIS JOHANNES . . . habebat . . . in loco & juridictione de Marsano, ad causam successionis & hereditarie porcionis NOBILIS BERTRANDI DE MONTESQUIVO QUONDAM, EORUM PATRIS, & Domini dicti loci de Marsano; . . . prout de dictis transhactione & acordo constat, mediante publico . . . instrumento, per magistrum Gnillermum* . . . Notarium, sub anno & die in eo

* Il y a dans l'original un pareil espace en blanc.

contentis; . . . & cum dictum acordum . . . non fuisset factum ad utilitatem dictorum Nobilium Bertrandi & Johannis; . . . hinc est quod anno & die infrascriptis, existentes & personaliter constituti, apud locum de Marsano, . . . in mei Notarii publici & testium infrascriptorum presencia, videlicet, preffatus Nobilis Bertrandus de Montesquivo, . . . & dictus Nobilis Johannes de Montesquivo; . . . annullando dictum instrumentum transhactionis . . . transhigerunt . . . in hunc qui sequitur modum; ita videlicet, quod dictus Nobilis Bertrandus . . . pro jure & actione que dictus Nobilis Johannes . . . habebat in dicto loco de Marsano, . . . convenit . . . pacare dicto Nobili Johanni, . . . quolibet anno, . . . donec dictus Nobilis Johannes . . . obtinuerit beneficium, usque ad valorem centum franchorum, . . . summam quinquaginta franchorum Regis. . . . Acta fuerunt, hec die decima mensis Novembris, anno ab Incarnatione Domini millesimo quadringentesimo nonagesimo secundo, . . . in presencia Guillermi de Gardia, Fabri, &c . . . & mei Guillermi Rabelli, Notarii publici Tholose, . . . qui requisitus de premissis hoc presens publicum instrumentum retinui, & in meis. . . . Prothocollis registravi, subscripsi & grossavi, &c. (*Signé*) G. Rabelli, (*avec sa marque*).

XCV.
6 Fév. 1493.

Original en parchemin des Archives de la Maison de Montesquiou.

Pactes de Mariage de Noble homme Pierre de Montesquiou, Seigneur de Marsan, avec Agnès de Lupé.

In nomine Domini. Amen. Noverint universi . . . quod anno ab Incarnatione Domini millesimo quadringentesimo nonagesimo tertio, & die sexta mensis Februarii, apud locum de Marabato, Lectorensis Diocesis; . . . cum ibidem tractaretur de matrimonio per verba de presenti contrahendo, . . . inter NOBILEM VIRUM

PETRUM DE MONTESQUIVO DOMIMUM LOCI DE MARSANO, Auxis Diocefis, majorem decem octo annorum, minorem vero viginti quinque, ex una; & Nobilem Agnetam de Leopodio, filiam legitimam & naturalem Nobilis Johannis de Leopodio quondam, ejus patris, & fororem Nobilis Johannis de Leopodio, ejus fratris, Domini moderni ejufdem loci de Marabato, ex parte altera; quo quidem matrimonio inter ipfas partes concordato & nundum per verba de prefenti aut alias contracto; fed de proximo per verba de prefenti, prout ibidem dictum extitit, contrahendo; hinc igitur eft quod ipfe partes . . . . . perfonalitet conftitute in mei Notarii publici & teftium infrafcriptorum prefencia . . . . fuper Contractu dicti matrimonii fic . . . faciendi . . . fecerunt & inierunt inter fe pacta & convenciones . . . infra fcriptas; prout . . . continetur in quodam foleo papiri, manu mei Notarii infra fcripti fcripto, & michi etiam Notario infrafcripto; per eafdem partes . . . tradito, hujufmodi fub tenore:

-- Seguenfe las convenenfas & pactes matrimonials feiz entre lo Noble Johan de Lupé, Senhor de Marabat, . . . d'una part; & lo NOBLE PIERE DE MONTS-QUIU, Senhor deu loc de Marfan, . . . d'autra part; a caufa deu matrimoni fazedor entre lod. PIERE DE MONTSQUIU d'una part; & la Nobla Agneta de Lupé, for deud. Noble Johan de Lupé, d'autra part; & primioramen fot pactifat & acordat . . . que lod. Noble Piere . . . prenera per molher à ladita Nobla Agneta; . . . que à contemplacion deudit maridatge lo fufdit Noble Johan de Lupé donara à ladita Nobla Agneta, . . . la for, . . . & per conftitucion de dot . . . la foma de VIIIc fcuitz (Il y a plus bas fcutz) petitz . . . lodit Noble Johan de Lupé . . . abilhara ladita Nobla Agneta, . . . fa for, de duas raubas, la una de damas & l'autra cota de fatin, &c.

-- Quibus quidem pactis . . . eifdem partibus perlectis . . . ibidem ambe partes . . . dicta pacta . . . tenere, complere, ac inviolabiliter . . . obfervare promiferunt. . . . Acta fuerunt hec anno, menfe, die & loco fuperius . . . dictis, . . . prefentibus Nobilibus & Religiofo viris Dominis Geraldo de Leopodio, Canonico & Priore de Montefquivo in Ecclefia Metropolitana Auxitana, Senhoreto de Aftuga, Domino loci de Corverio . . . . & me Bertrando de Marchia, Clerico Dioçefis Auxis habitatore, auctoritate Apoftolica, Notario publico, qui in omnibus & fingulis premiffis . . . prefens fui, . . . in notam fumpfi, . . . & in hanc publicam formam redegi, . . . hic me fubfcripfi & figno meo auctentico . . . fignavi in fidem omnium & fingulorum premifforum requifitus & rogatus.
(Signé de la marque dudit Notaire).

Original en parchemin des Archives de la Maifon de Montefquiou.

XCVI.
29 Avril 1496.

Promeffe de Noble homme Mathieu de Montefquiou, Ecuyer & homme d'armes du Roi, de revendre à Noble homme Pierre de Montefquiou, Seigneur de Marfan, fon neveu, le territoire de Leyffaux, qu'il lui a vendu.

In nomine Domini. Amen. Noverint univerfi . . . quod NOBILIS VIR PETRUS DE MONTESQUIVO, DOMINUS LOCI DE MARSANO, Comitatûs Fezenciaci, Auxis Diocefis, vendiderit NOBILI VIRO MATHEO DE MONTESQUIVO, fcutifero & Armigeri Domini noftri Regis, in Comitiva Domini Senefcalli Armaniaci, totum Factum illud, & territorium vulgariter nuncupatum Factum de Leyffanis, cum omni jurifditione, alta, media & baffa, cum mero & mixto imperio, & omnibus

feudis, agrariis, parvendis, laudimiis, &c. situm in dicto loco de Marsano, . . . &
hoc pro precio . . . tricentum scutorum ; . . . hinc est igitur fuit & est quod anno
& die infra scripits existens & personaliter constitutus apud locum de Albineto . . .
in mei Notarii publici & testium infrascriptorum presentia . . . dictus Nobilis
Matheus de Montesquivo, qui, non deceptus . . . promisit . . . dicto Nobili Petro
de Montesquivo, . . . dictum Factum & territorium . . . revendere . . . sub dicto
precio ; . . de quibus omnibus & singulis supradictis , dictus Nobilis Petrus de Montesquivo petit & requisivit. & memoratus Nobilis Matheus de Montesquivo,
EJUS AVUNCULUS , concessit sibi retinere, & deinde confici publicum instrumentum recuperii . . . . per me Notarium publicum . . . . . . Acta
fuerunt hec & apud jam dictum locum de Albineto , die penultima mensis
Aprilis , anno ab Incarnatione Domini millesimo quadringentesimo nonagesimo.
sexto , . . in presentia . . . testium . . . & mei Guillelmi Rabelli , Notarii publici
Tholose , dicti loci de Albineto habitatoris, qui . . . de premissis hoc presens publicum instrumentum in meis . . . Prothocollis registravi , & per alium michi
fidelem scribi & grossari feci, deindeque hic manu mea subscripsi & signo meo
auctentico signavi in fidem & testimonium singulorum premissorum.

(*Signé*) G. Rabelli , (*avec sa marque*).

Original en parchemin des Archives de la Maison de Montesquiou.

Echange entre Noble Messire Jean de Montesquiou , Curé de
la Paroisse de Barrey , & Noble Pierre de Montesquiou , Seigneur
de Marsan.

In nomine Domini. Amen. Noverint universi . . . quod anno & die infrascriptis
constituti apud locum de Marsano; Auxis Diocesis . . . NOBILES DOMINUS JOHANNES
DE MONTESQUIVO, Rector Parrochialis Ecclesie de Barré, ex una parte ; & PETRUS
DE MONTESQUIVO, Dominus dicti loci de Marsano , ex alia partibus ; de ex super
scambiis . . . inter eos fiendis de rebus infra scriptis . . . concorditer inter se convenerunt,
in hunc qui sequitur modum ; . . . dictus Nobilis Dominus Johannes de Montesquivo . . .
permutavit . . . & titulo vere perfecte . . . permutationis . . . tradidit . . . supradicto
Nobili Petro de Montesquivo , Domino dicti loci de Marsano . . . totam suam quotam partem , jusque suum , quam seu quod habet . . . in domo de novo constructa ,
sita in pertinensiis dicti loci de Marsano , loco dicto aus Plassotz ; . . . & vice versa ,
dictus Nobilis Petrus de Montesquivo , Dominus dicti loci de Marsano . . . permutavit . . . & titulo pure . . . permutationis . . . tradidit . . . prenominato Nobili Domino Johanni de Montesquivo . . . terras suas vocatas de la Bordanova, prata, cultas
& incultas, confrontatas ab una parte cum ytinere quo ytur a dicto loco de Marsano
apud molendinium vocatum de Ferrion . . . anno Incarnationis
Domini millesimo quingentesimo quarto & die decima quarta mensis madii , . . . presentibus ibidem NOBILI PETRO DE MONTESQUIVO, CAPDET DE MABSANO . . .
testibus . . . & me Matheo Moysseti , publico , auctoritate Appostolica & Dominorum
de Cappitulo Tholose , Notario , Civitati Auxis habitatore , qui premissis . . . presens
fui instrumentumque in notam sumpsi ; . . . aqua hoc presens Instrumentum . . . extraxi
& in hanc publicam formam redegi . . . & signo meo auctentico . . . signavi.

(*Signé*) Moysseti , (*avec sa marque.*)

Original.

Original en parchemin des Archives de la Maiſon de Monteſquiou.

XCVIII.
20 Févr. 1505,

Rachapt fait par Noble Pierre de Monteſquiou, Seignent de Marſan, de Noble Mathieu de Monteſquiou, Seigneur de Vernet, du
territoire de Leyſſaux.

In nomine Domini. Amen. Noverint univerſi . . . quod cum, prout ibidem dictum
fuit . . . per partes infra ſcriptas, DUDUM NOBILIS PETRUS DE MONTESQUIVO,
DOMINUS DE MARSANO, vendiderit . . . NOBILI MATHEO DE MONTESQUIVO,
DOMINO DEU VERNET, totum illud Factum & territorium vulgariter dictum de
Leyſaux, cum omni Juridictione alta, media & baſſa, cum mero & mixto imperio;
. . . pro precio tricentorum ſcutorum, . . cum pacto tamen recuperandi, mediante
publico inſtrumento per Magiſtrum Guilhermum Ravelli, Notarium de Albineto,
ſub anno domini mlleſimo *quadringeſimo* nonageſimo ſexto & die penultima menſis
Aprilis, ſumpto ; . . . hinc igitur fuit & eſt quod anno ab Incarnatione Domini
milleſimo quingenteſimo quinto & die viceſima menſis Febroarii . . . apud Factum
predictum de Leyſaux, in mei Notarii publici & teſtium infraſcriptorum preſentia,
exiſtens dictus Nobilis de Monteſquivo, Dominus deu Vernet . . . revendidit . . . .
dicto Nobili Petro de Monteſquivo, Domino predicti loci de Marſano . . . dictum
territorium de Leyſaux, . . & hoc pro precio . . . dictorum tricentorum ſcutorum . . .
Acta fuerunt hec . . . . preſentibus . . . . Bernardo de Montealto, Domino de Villa-
nova, Oddeto de Furco, Condomino de Monteaſtrucio . . . . teſtibus . . . . &
me Petro Pachini, Notario publico, Civitatis Auxi habitatore, qui preſens inſtra-
mentum retinui . . . & in notam ſumpſi, aqua hoc preſens publicum inſtrumentum per
alium michi fidelem ſcribi feci & deinde ſigno meo auctentico ſignavi . . . (*Signé*) Pachini, (*avec ſa marque.*)

Original en parchemin des Archives de la Maiſon de Monteſquiou.

XCIX.
15 Déc. 1514.

Accord entre Noble Pierre de Monteſquiou, Seigneur de Marſan,
& les Conſuls de ce lieu.

In nomine Domini. Amen. Noverint univerſi . . . quod cum NOBILIS PETRUS DE
MONTESQUIVO, DOMINUS DIRECTUS LOCI DE MARSANO, Comitatûs Fezenſaci,
Auxis dioceſis, ad manum ſuam poſuiſſet quoddam hoſpicium . . . pertinente Conſuli-
bus, manentibus & habitatoribus eiuſdem loci de Marſano, ſcitum intus locum predictum
de Marſano . . . & hoc ad cauſam retardationis ſolucionis annualis feudi, per dictos
Conſules, manentes & habitatores de Marſano, dicto de Monteſquivo, eorum Domino, non ſoluti ; ideo . . . conſtituti apud dictum locum de Marſano, in mei Notarii
publici & teſtium infra ſcriptorum preſencia, dictus Nobilis Petrus de Monteſquivo,
Dominus predictus de Marſano, Petrus de Sancto Albino, Johannes de Sarrinheto
& Ayſſiotus de Tremont, Conſules ejuſdem loci, tam proſe, quam nomine, . . totius
univerſitatis dicti loci de Marſano, tranſigerunt ; . . & primo ſupra dicti Conſules,
tam pro ſe, quam nomine eorum conſulatûs & totius univerſatis dicti loci de Marſano, ſolverunt eidem Nobili Petro de Monteſquivo, omnia, & quecumque debita
in arreragiis dicti feudi ſupra dicti hoſpicii, . . . uſque ad diem preſentem ; . . . &
vice verſa ; dictus Nobilis Petrus de Monteſquivo, Dominus predictus de Marſano,
tradidit . . . ad novum feudum & imphiteoſim perpetuam, dictis Conſulibus, maneu-

I.

tibus & habitatoribus de Marſano , dictum hoſpicium,... cum tali pacto ... quod
dicti Conſules , manentes & habitatores de Marſano , feuda dent & ſolvant anno quolibet , dicto Domino de Marſano ... in feſto Omnium Sanctorum ... Acta fuerunt
hec apud dictum locum de Marſano , die decima quinta menſis Decembris anno Domini milleſimo quingenteſimo decimo quarto,.... in preſentia ... teſtium ... &
mei Dominici de Campano , auctoritate Dominorum de Capitulo Tholoſe , Notarii ,
loci de Albineto habitatoris ... qui preſens inſtrumentum retinui & in meis libris
... regeſtravi , deinde que manu mea propria ſcripſi & ſigno meo auctentico ...
ſignavi in fidem premiſſorum. (Signé) de Campano , (avec ſa marque.)

C.
8 Mai 1517.

Original en parchemin des Archives de la Maiſon de Monteſquiou.

Teſtament de Noble Gailharde de Monteſquiou , fille de Noble
Barthelemy de Monteſquiou , Chevalier , Seigneur de Marſan & de
Salles , en faveur de Noble Pierre de Monteſquiou , Seigneur de
Marſan.

In nomine Sancte Trinitatis .... Amen .... Noverint univerſi .... quod anno
ab Incarnatione ... milleſimo quingenteſimo decimo ſeptimo & die octava menſis
Maii ... apud locum ... de Marſano, Auxis Dioceſis, in mei Notarii publici, teſtium
que infra ſcriptorum preſentia ... conſtituta ... NOBILIS GALHARDA DE MON-
TESQUIVO , FILIA VITEFUNCTI NOBILIS BARTHOLOMEI DE MONTES-
QUIVO , MILITIS , DOMINI IOCORUM DE MARSANO ET DE SALIS , dicti
loci de Marſano habitatrix ... condidit ultimum ... Teſtamentum; .... elegit ſepultu-
ram ſuam in cimmeterio noſtre Domine dicti loci de Marſano & in tumulo parentum ſuorum ; ... legavit ... NOBILI JOHANNI DE MONTESQUIVO , DOMINO
DE SALIS, ejus nepoti, duo ſcuta parva; ... executores vero dicti ſui Teſtamenti
... fecit... NOBILEM JOHANNEM DE MONTESQUIVO , ejus nepotem, Recto-
rem de Caſtilhone & Dominum Jacobum Monachi , & Petrum de Sancto Aubino alias
Margues , dicti loci de Marſano habitatores , .. heredem ſuum univerſalem & generalem ſibi fecit ... NOBILEM PETRUM DE MONTESQUIVO , DOMINUM DICTI
LOCI DE MARSANO , in omnibus ſuis bonis mobilibus & immobilibus ... Acta fuere
hec omnia in preſencia ... NOBILIUM JOHANNIS ET FRANCISCI DE MON-
TESQUIVO , FRATRUM , dicti loci de Marſano habitatorum , teſtium , .. & mei Anthonii de Balneis , Clerici , publici ville de Albineto , dicte Dioceſis Auxis , habitatoris ,
& Grafferii , auctoritatibus Appoſtolica , Regia & Eppiſcopali Ruthenenſi , ubique
terrarum , notarii , qui ... inſtrumentum in notam ſumpſi & in meis libris ....
reppoſui ... aquaquidem nota hoc preſens publicum inſtrumentum abſtrahi ... &
ingroſſare feci ... ſignoque meo auctentico publico ... ſignavi ... (Signé) de Balneis , (avec ſa marque.)

C I.
15 Mai 1520.

Original en parchemin des Archives de la Maiſon de Monteſquiou.

Quittance de Noble Jean de Monteſquiou , Seigneur de la Serre ,
à Bertrand de Laſſeran , Seigneur de Caſaux , ſon beau-pere , d'une
partie de la dot de Jeanne de Laſſeran , ſon épouſe.

In nomine Domini. Amen. Noverint univerſi ... quod anno ab Incarnatione Domini milleſimo quingenteſimo viceſimo & die decima quinta menſis may .... apud

Aulant de Casaux, scitam prope Lussanum, Auxis Diocesis, Comitatûs Fezenfiaci & Senescallie Armanhaci ... constitutus in mei Notarii publici & testium infra scriptorum presentia NOBILIS VIR JOHANNES DE MONTESQUIVO, DOMINUS DE LA SERRA, prope Marsanum, qui ... recognovit ... se ... recepisse a Nobili viro Bertrando de Lasserano, ejus socero, Domino dictæ aule de Casaux ... summam centum & viginti librarum turonensium , ... in deductionem dotis Nobilis Domicelle Johanne de Lasserano, ejus filie ... uxoris que dicti NOBILIS JOHANNIS DE MONTESQUIVO .... Acta fuerunt hec .... impresentia ..... Petri Charlas, &c. ... testium ..... & mei Bernardi de Palato, Notarii publici Ville de Albineto habitatoris , qui .... hoc presens publicum instrumentum retinui & in meis libris .... registravi .... grossare feci, deindeque signo meo aucteutico ... in fidem premissorum signavi. (Signé) de Palato, (avec sa marque.)

Original en parchemin des Archives de la Maison de Montesquiou.

C I I.

24 Févr. 1521.

Prorogation de rachapt accordée par Noble Jean de Montesquiou, dit Gallardon, Écuyer, Seigneur de Gelas & du Peré, à Noble François de Montesquiou, Ecuyer, Seigneur de Marsan, fils de Noble Pierre de Montesquiou, Seigneur de Marsan, de la paroisse & territoire de Leyssaux.

Sachent tous ... que come parcydevaut pieceha feu NOBLE PIERRE DE MONTESQUIEU, SEIGNEUR DE MARSAN, au Diocese d'Aux ... eusse vendu .... a Noble Jehan du Teys, Escuyer, ... tout icelluy territoire & Paroisse de Lissaus, aveques toutes fondalités, directité, .. pour certain pris, .. que aprés lad. vendition faicte, led. du Teyt eusse donné ... aud. feu Pierre de Montesquieu & aux siens ... terme de povoir recovrer & reachapter lad. Parroisse ... par certain temps non encores escheu; & que depuis ença, NOBLE JEHAN DE MONTESQUIHU, DICT GUALLARDON, ESQUYER, SEIGNEUR DE GELLAS ET DU PERÉ, ait acquis ... dud. Jehan du Teyt, lad. parroisse & territoire de Lissaus ... & tout le droict qu'il y avoit acquis ... dud. feu Pierre de Montesquieu, ... ainsi que led. Guallardon ... en presence de moy Notaire & tesmoings cy dessobs escript ... l'a dict; ... pour ce est il qu'aujourdhuy que l'on conte le vingtquatrieme jour du moys de Fevrier l'an mil cinq cens vingt ung, dans le Chasteau du Peré, en la Visconté de Villefranche de Cayran, ou Diocese de Condom & Seneschaucée d'Agennoys, en Gasconhe, en la presence de moy Estienne Chieze, Notaire public, demorant en lad. Villefranche de Cayran & tesmoings cy dessoubz escriptz ... pardevant led. Jehan de Montesquieu, dict Guallardon, Escuyer, s'est comparu ... NOBLE ET VENERABLE MESSIRE JEHAN DE MONTESQUIEU, Prebtre, Recteur de St. Martin de la Verdalle, en la Jurisdiction dud. Marsan, ... au nom & comme Procteur adce expressément fundé de NOBLE FRANÇOYS DE MONTESQUIEU, ESQUYER, SEIGNEUR DUD. LIEU DE MARSAN, FILZ ET HERITIER DUD. FEU PIERRE DE MONTESQUIEU ... parlant a la personne dud. Guallardon ... l'a ... requis ... de proroger ... aud. Francoys de Montesquieu ... le ... terme de povoir recovrer lad. Parroisse & territoire de Lissaus ... aux memes pactes ... que led. deu Teyt avoit ... accordé aud. feu Pierre de Montesquieu, pere dud. Francoys, .. deu quel deu Teyt led. Guallardon a acquis le droict de lad. Parroisse, comme dict est; ce que led. Guallardon, ... a la requisition dud. Messire Jehan de Montesquieu, ... de sa bonne volunté ... a prorogé ... audit Francoys de Montesquieu ... led. terme de povoir ... rachapter lad. Parroisse & territoire de Lissaus, aveque sez appertenenses aux memes & semblables conditions ... contenuz aud. pacte de recrox concedé par

I ij

led. deu Teyt aud. feu Pierre ; & ce pour le … terme de quatre ans compliz ; …
defquelles chofes fufd. led. Meffire Jehan de Montefquieu, Procureur … a requis
luy eftre … receu inftrument public par moy Notaire fufd. ce que lui auctroiay
faire … ez prefences de … Bernard du Solla, &c. … tefmoings. (*Signé*) de
Chieze, Not. (*avec fa marque.*)

CIII. 19 Janv. 1525.	Original en parchemin des Archives de la Maifon de Montefquiou.

Tranfaction entre Jean de Montefquiou & François de Montefquiou, Seigneur de Marfan, fon frere.

In nomine Domini. Amen. Noverint univerfi … quod anno ab Incarnatione
Domini millefimo quingentefimo vicefimo quinto & die decima nona menfis *Janarii* …
apud Aulam de la Serra, Jurifdictionis de Marfano, Auxis Diocefis & Senefcallie
Armanhaci ; cum lis … & controverfia orte effent, proceffus que penderet indecizus
inter NOBILEM JOHANNEM de MONTESQUIVO, ex una ; & Nobilem FRANCISCUM
DE MONTESQUIVO, Dominum dicti loci de Marfano, partibus ex altera ; in fuprema
Parlamenti Tholofe Curia, ad caufam legitime … ac jurium aliorum eidem Nobili
Johanni, in domo de Marfano pertinentium ; hinc eft quod in mei Notarii publici
& teftium infra fcriptorum prefentia … conftitute dicte ambe partes … non cohacte …
tranfhigerunt … de dictis lite … controverfia & proceffu ; … in hunc qui fequitur
modum … Fuit pactum quod … dictus Nobilis FRANCISCUS DE MONTESQUIVO,
Dominus dicti loci de Marfano, pro dictis juribus legitime … & aliis, dedit … pre-
tacto Nobili JOHANNI de MONTESQUIVO, ejus fratri, … Domum de la Serra alias la
hoftelleria, … quinque fcuta parva de fendo annuo & reddítu perpetuo ; … & pro fup-
plemento valoris portionis dicti Nobilis Johannis, promifit dare & folvere dicto
Nobili Johanni, fratri fuo, fummam quinquaginta fcutorum parvorum, … necnon
duodecim facos bladi … Acta fuerunt hec … prefentibus Nobilibus … Oddeto deu
Los, Condomino de la Fita, … Bertrando de Lafferano, Domino de Cafaux … teftibus, … & me Anthonio de Balneis, Clerico publico, Ville Albineti, predicte Diocefis
Auxis, habitatore, auctoritatibus Appoftolica atque Regia, ubique terrarum, Notario,
qui … prefens … inftrumentum in notam fumpfi & in meis libris … regeftravi, a
qua quidem nota hoc verum prefens publicum inftrumentum abftraxi & ingroffare
feci … & figno meo auctentico publico … fignavi in fidem premifforum. (*Signé*) de
Balneis, (*avec fa marque*).

CIV. 9 Févr. 1526.	Original en parchemin des Archives de la Maifon de Montefquiou.

Quittance de Noble Jean de Montefquiou, Seigneur de la Serre,
à Noble Bertrand de Lafferan, Seigneur de Cafaux, fon beau-pere,
d'une partie de la dot de Jeanne de Lafferan, fon époufe.

In nomine Domini. Amen. Noverint univerfi … quob anno ab Incarnatione.
Domini millefimo quingentefimo vicefimo fexto & die nona menfis Februarii … apud.
Aulam de Cafaux, prope Luffanum, Auxis Diocefis, Comitatas Fezenfaci & Senefcallie.
Armanhaci … conftitutus in mei Notarii publici & teftium infrafcriptorum pre-
fentia … Nobilis JOHANNES de MONTESQUIVO, Dominus de la Serra, prope.
Marfanum … confeffus fuit … recepiffe a Nobili Bertrando de Lafferano, Domino.
Aule de Cafaux, ejus focero, … fummam ducentum librarum turonenfium, necnom.

tunicam panni de Camelot, foratam de pannas blancas, ·· in deductionem dotis matrimonii dicti Nobilis Johannis de Montesquivo & Nobilis Domicelle Johanne de Lasserano, filie··· dicti Nobilis Bertrandi de Lasserano··· Acta fuerunt hec··· in presentia Anthonii Charlas··· & mei Bernardi de Palato, Notarii publici, Ville de Albineto habitatoris, qui··· hoc presens publicum instrumentum retinui & in meis libris··· registravi &··· grossare feci, deindeque signo meo auctentico signavi. (*Signé*) de Palato, (*avec sa marque*).

Original en parchemin des Archives de la Maison de Montesquiou.

Assignat par Noble François de Montesquiou, Seigneur de Marsan, à Noble JEAN de MONTESQUIOU, son frere, de partie de sa légitime.

In nomine Domini. Amen. Noverint universi··· quod cum NOBILIS FRANCISCUS DE MONTESQUIVO, DOMINUS LOCI DE MARSANO, Auxis Diocesis & Comitatûs Fezensaci, promisisset··· assignare NOBILI JOHANNI de MONTESQUIVO, EJUS FRATRI, summam quinque scutorum parvorum, ·· de feudo annuo & perpetuo, pro jure nature, in dicto loco de Marsano, constante publico accordii inter ipsos passati instrumento; ··· de quibus quinque scutis feudi dictus Dominus tradidisset dicto de Montesquivo, ejus fratri, quatuor scuta, sex solidos & unum arditum, super quibusdam pagesiis, & de aliis undecim solidis & quinque arditis restantibus, promisset exonerare Guilhermum Manhie, alias Aolhon; Dominicum de Sobelha; ··· hinc fuit & est quod anno ab Incarnatione Domini millesimo quingentesimo vicesimo sexto & die undecima maii, apud dictum locum de Marsano, in mei Notarii publici & testium infrascriptorum presentia··· constitus··· dictus NOBILIS FRANCISCUS DE MONTESQUIVO, DOMINUS LOCI DE MARSANO··· assignavit eidem NOBILI JOHANNI de MONTESQUIVO, ejus fratri,··· dictos undecim solidos & quinque arditos,··· scilicet, super Ramundo de Paponio, undecim solidos; & super Laurentio de Tremonte, quinque arditos, de dicto feudo; ··· quousque dictus Nobilis Franciscus de Montesquivo, ··· exoneraverit dictos Manhie, de Sobelha; ··· &c. Acta fuerunt hec··· presentibus··· Domino Petro de Malhia, Presbitero, &c··· & me Petro Pinon, Notario publico, civitatis Auxis habitatore, qui de premissis instrumentum retinui, ·· in hanc formam grossare feci··· & signo meo publico & auctentico··· signavi. (*Signé*) Pinon, (*avec sa marque*).

Original en parchemin des Archives de la Maison de Montesquiou.

Promesse de Noble François de Montesquiou, Seigneur de Marsan, à Noble Jean de Montesquiou, sieur de la Serre, de lui revendre une piece de terre & de prés qu'il lui a vendue.

En lo nom de Diu. Amen. Sia manifestat··· que cum los NOBLEZ JOHAN DE MONTASQUIU, sr. DE LA SERRA, & la Nobla Johana de Lasseran, sa Molhe,··· agossan venut au NOBLE FRANCES DE MONTASQUIU, sr. DEU LOC DE MARSAN,··· una pessa de terra & de pratz,··· scituat en lo Feyt de la Serra,··· por lo pretz some & cantitat de dus cens sacz de blos,··· plus cinquante livres tourn···· ab pacte de recrubi; ··· ainsi est··· que l'an de la Incarnation de Nostre Senhor mil cinq cens quarante tres, & lo prime jorn deu mes de Jener··· constituit en persona, en la sala & mayson deud. Noble Johan de Montasquiu, sr. deud.

Teyt de la Serra, ··· dabint my Notari Real, ··· affaber lod. Noble Frances de Montafquiu ··· a promes aufd. Nobles Johan de Montafquiu & Johana de Lafferan. ··· lad. peffa de terra & pratz ··· los hy rebene & fer rebendicion , ··· de jorn en jorn, ··· a voluntat deufd. Nobles venedos; ··· en la prefencia de ··· teftimoings & my Bernard Palato , Notari Real ··· lo prefent inftrument ey retengut. ··· de mon fignet auctentic ··· ley fignat. (*Signé*) B. de Palato , (*avec fa marque*).

CVII.
14 Juin 1547.

Original en papier des Archives de la Maifon de Montefquiou.

Tranfaction entre Noble François de Montefquiou & Noble Jean de Montefquiou, freres, fils de Noble Pierre de Montefquiou, Seigneur de Marfan , &c.

Saichent tous ··· que l'an mil cinq cens quarante fept & le quatorziefme jour du moys de Jung ··· dans la Ville & Cité de Lectore, ez prefences de moy Notaire Royal & tefmoings cy bas efcriptz, ··· par les parties cy après mentionnées font efté dit ··· feu NOBLE PIERRE DE MONTESQUIEU, SEIGNEUR DES LIEUX

* Il y a dans l'ori-
ginal un efpace pareil
en blanc.

ET TERROIRS DE MARSAN, & de la * Fezenfaguel, Senefchaucée d'Ar-maignac , a fes derniers jours & le unziefme jour du moys d'Octobre an mil cinq cens vingt, par fon teftament ··· euft laiffé fon heritier univerfel NOBLE FRAN-COYS DE MONTESQUIEU, SON FILZ AYSNÉ, & pour le droict de legitime euft laiffé à NOBLE JEHAN DE MONTESQUIOU, SON SECOND FILZ, certaine fomme d'argent; ··· & après le decès ··· dud. Pierre, *qualité* fuft efté introduicte entre led. Jehan, demandeur, pour raifon de fondict droict de nature; ··· & led. Francoys deffendeur, en la Court Souveraine de Parlement feant à Thouloufe : & icelle qualité pendent & indécelze le dix neufviefme de Janvyer mil cinq cens vingt cinq, lefd. Francoys & Jehan de leurfd. different & proucés euffent transhigé, ··· & par icelle transhaction led. Francoys euft baillé aud. Jehan , fon frere ; pour fefdits droicts de legitime, ··· la Maifon de la Serre, avec Juftice moyenne & baffe , & cinq efcutz petiz de fief annuel, payables par les payfans dudit terroir ; ··· & le feizielme jour de mars mil cinq cens vingt fix lad. transhaction, ··· du confentement defd. parties euft efté auctorifée par Arreft de lad. Cour; & le vingt neufviefme jour de Janvier mil cinq cens trente fix & par ainfin environ dix ans après, led. Jehan euft vendu aud. Francoys, fon frere, lefd. *fix* efcus petiz de fief annuel, avec lad. Juftice; ··· & après , & le dixneufviefme jour d'Aouft mil cinq cens trente huict led. Jehan euft auffi vendu aud. Francoys les agriers ··· fur les payfans dud. terroir ; ··· & le huictiefme d'Octobre mil cinq cens trente neuf led. Jehan euft vendu aud. Francoys une piece de terre, ··· la maifon & hedifice dud. la Serre; ··· le dernier jour de Janvyer mil cinq cens quarante ledit Jehan euft vendu ··· a fond. frere, ··· aultre piece de terre appellée le champ de St. Martin; ··· l'an mil cinq cens quarante ung & quatriefme jour d'Octobre led. Jehan euft auffi vendu aud. Francoys, fon frere , toutes les aultres terres ··· a lui appartenens , fcituées en la Jurifdiction dud. lieu de la Serre; ··· & finablement le premier jour de Janvyer mil cinq cens quarante troys led. Johan de Montefquiou & Jehanne de la Seran, mariés, euffent vendu aud. Francoys, une piece de terre & pré affis en lad. Jurifdiction dud. terroir de la Serre; ··· & de toutes lefd. alienations ··· led. Francoys euft faict aud. Johan pacte de rachapt; ··· & fur le recouvrement defdits biens aliénés ··· entre led. Jehan, impetrant & demandeur & led. Francoys, deffendeur, ou moys de may mil cinq cens quarante fix qualité euft efté introduicte en la Court de Monf. le Senefchal d'Armagnac, Siege dud. Lectore ; la matiere plaidée, ··· & led. procès mys en droict le vingt troysiefme de may mil

cinq cens quarante fept . . . dict que, avant faire droict . . . fur les conclufions . . . defd.
parties, les terres contencieufes pardevant Commiffaires a depputer & agrimeffeur,
feroient perchées ; a ce prefens non feulement lefd. parties : mais auffy troys Gentil-
hommes , . . . pour après eftre procédé au furplus de la matiere , . . . & pour icelle
mectre à deue execution, led. jour euft efté commys Maiftre Gracien Roquete , . . .
Licentié ez droictz & Advocat en lad. Court, Rapporteur dud. procès ; . . & lad.
commiffion par luy acceptée , euft difcerné fes lettres adjournatoires . . . au jeudy
vingt fixiefme jour dud. mois de may , . . . au fecond jour de jung mil cinq cens
quarante fept , . . & au lundy fuyvant , . . . fixieme jour dud. moys de jung , . . .
& led. lundy, arrivés aud. Aubiet led. Commiflaire , . . enfemble lefd. parties & les
Seigneurs des lieulx de Belloc, de Luffan & de Malartic, & plufieurs aultres Gentil-
hommes , amys . . . defd. parties , traictans & parfaifans accord . . . . entre elles ,
euffent tranfhigé de leurd. procès ; . . . que led. procès cefferoit . . . & led. Francoys
feroit tenu rendre . . . . aud. Jehan , fon frere , tous lefd. biens par lui acquis dud.
Jehan . . . & promys confentir à la cancellation de tous lefd. inftrumens d'achapt &
acquifitions faictes par led. Francoys , dud. Jehan . . . & que chefcune defd. parties
payeroit . . . fes defpens ; . . . defquelles choufes fufd. chefcune defd. parties a requis . . .
inftrumens leur en eftre retenu . . . par moy Notaire foubzfigné ; ce que leur ay
concedé ; à ce . . . eftoient prefens . . & moy Hugues Boali , Notaire Royal , habitant dud. Lectore , qui . . . ay retenu le prefent inftrument. (*Signé*) Boali, Not. R.

Original en parchemin des Archives de la Maifon de Montefquiou.

19 Avril 1559.

Pactes de mariage de Noble BERTRAND de MONTESQUIOU , fils
de Noble JEAN de MONTESQUIOU , Seigneur de la Serre, avec Jacmete de Sourbier.

Saichent toutz . . . que aujourdhuy dix neufviefme du moys d'Apvril mil cinq cens
cinquante neuf dans le Chafteau de la Terraffe , Jurifdiction de Clermont-deffus , en la
Senefchauchée d'Agenois , . . . pardevant moy Notaire Royal , foubzligné , prefentzles
tefmoings bas nommés , ont efté conftitués Nobles Jehan & Jacmette de Sourbier ,
fraires , fliz de feu Noble Charles de Sourbier . . . Seigneur de Tayrac , d'une part ;
& Noble BERTRAND de MONTESQUIEU , FILS DE NOBLE JEHAN , SEIGNEUR DE
LA SERRE , en Armeignac habitantz , d'autre part ; lefquelles parties de leur bon gré,
led. BERTRAND de MONTESQUIOU , fuyvant la puyffance a luy donnée par fondict
paire , . . par inftrument fur ce paffé , en dacte du quatorziefme du prefent moys , ret-
tenu par Maiftre Jehan Carrere , Notaire de Montault , audit pays d'Armeignac , ont
paffés . . . les Pactes . . . de mariage , comme s'enfeict ; . . . a efté pacté entre lefd. partyes que lefd. BERTRAND de MONTESQUIOU & Jacmette de Sourbier fe expouzeront
en face de Ste. Maire Efglife, à la première requifition de l'un d'eulx ; . . . en contemplation dud. mariatge . . . ledict Noble Jehan de Sourbier a conftitué en dot à lad.
Jacmette , fadicte feor , . . . la fomme de deux mille livres tournoifes ; . . & oultres lui
a conftitué la fomme de deux centz lievres tournoifes pour les robbes & aultres joyaux
nuptielz ; . . en faveur dudict mariatge ledict BERTRAND de MONTESQUIEU a donné
toutz fes biens , . . . fe refervant l'ufusfruict d'iceulx , a ung des filz mafles dudict mariage, au témps de fon décès , . . . & de ce deffus me ont requis inftrument que leur ay
concedé, prefens NOBLE JEHAN DE MONTESQUIEU , SEIGNEUR DE SAINCT
JEHAN D'ANGLES , audit pays d'Armachac , &c. . . . & moy , Anthoine Pomie ,
Notaire Royal de la Ville de Vic , qui ay retenu le prefent inftrument, à la requifition
defdites parties & mis en la préfente forme , efcript de mayn d'aultruy , a moy fidelle ,
lay figné de mon feing autentique. (*Signé*) Pomie, Not.

C I X.

6 Février 1562.

Groſſe en parchemin éxpédiée judiciairement en 1571 du

Teſtament de Noble JEAN de MONTESQUIOU, Seigneur de la Serre.

Saichent tous . . . que l'an de grace mil cinq cens ſeptante ung & le vingtieſme jour du moys de mars, dans la Ville de Montault, Seneſchaulcée d'Armaignac . . . a noz Anthoine Carriere & Donningue, Notaire & Greffier dud. Montault, comme collationnaires & garde des pappiers, . . . cedes & prothecolles de feu Maiſtre Jehan Carriere, Notaire Royal . . . dud. Montault & commys à l'ingroſſation & expédition d'iceulx, par hault & puyſſant Seigneur Noble Ayinery de Voiſins, Chevalier de l'Ordre du Roy, . . . Seigneur & Baron dud. Montault, par Dominique Bouber, Bailli dud. Montault ; en vertu de certaines lettres compulſoires, eſmanées de la Court ordinaire dud. Montault, obtenues de la partie de NOBLE BERTRAND de MONTESQUIEU, ESCUYER SEIGNEUR DE LA SERE, nous ſont eſtes faiɡtz commandementz . . . expedier en forme deue aud. de Monteſquieu, Sʳ de la Serre, le Teſtement de FEU NOBLE JEHAN de MONTESQUIEU, SON PERE... SEIGNEUR DUD. LA SERRE, retenu. . . par ledit feu Carriere ; . . ſuyvant & en vertu deſquelz commandementz, . . avons procede à la perquiſition de la cede . . . dud. Teſtement, parmi les papiers, cedes & prothecolles dud. feu Carriere, & ayant icelluy treuvé . . . avons procédé à l'ingroſſation d'icelluy, . . . en la forme qui s'enſuyt.

L'an mil cinq cens ſoixante deulx & le ſixieſme jour du mois de Febvrier, . . . à la Serre & maiſon noble d'icelluy lieu, eſtably NOBLE JEHAN de MONTESQUIEU, Seigneur dud. lieu, a faiɡt ſon dernier Teſtement, . . . comme s'enſuyt ; . . . a eſleu ſa ſepulture dans l'Eſgliſe parrochelle de Marſan ; . . . ordonne que Damoyſelles Jaymeɡte & Jehanne, ſes filles, ſoient mariées ſur ſon bien ; . . . comme ſes aultres filles mariées ; diɡt . . . avoir marié Noble Catherine avec Monſieur d'Eſzalens & noble Anne, ſes filles, avec Monſieur la Garde ; . . ordonne que NOBLES ANTHOINE ET ODDET DE MONTESQUIOU, SES FILZ, ayent la legitime ſur ſon bien ; . . . & en tous ſes biens meubles & immeubles a faiɡt ſon heritier. . . NOBLE BERTRAND de MONTESQUIEU, SON PREMIER FILS, a la charge de pagua ſes leguatz ; . . . preſens Maiſtre Pierre Blandin, &c. . . . & moy J. Carriere.

Lequel feu Carriere ayant retenu led. inſtrument de Teſtement, . . . eſtant prevenu de maladie, de laquelle la mort s'en eſt enſuyvie, n'a icelluy peu groſſoyer ; . . . mais nous ſuſd. Carriere & de Camps, Notaires & collationnaires deſd. papiers dud. Carriere, en vertu & ſuyvant leſd. commandemens & lettres compulſoires, . . . , avons faiɡt groſſoyer . . . led. inſtrument de Teſtement & icelluy expedié aud. de Monteſquieu en la forme que deſſus ; . . en foy de quoy nous ſommes icy de nous ſaings authenticques ſoubzſignés. (*Signés*) Carriere & de Campes.

Archives de la Maison de Montefquiou.

Expédition en parchemin de 1783. d'un

Arrêt du Parlement de Touloufe qui maintient Arnoul de Montefquiou, Seigneur du Vernet, fils de Mathieu de Montefquiou, Seigneur du Vernet, dans la poffeffion de la moitié des Place & Baronnie de Salles, & Michel-Bernard de Pontault, fils de Gabrielle de Montefquiou, dans la poffeffion de l'autre moitié.

Extrait des Regiftres de Parlement.

Entre ANULPHE DE MONTESQUIEU, SEIGNEUR DU VERNET, fils heritier & fucceffeur univerfel à fu MATHIEU DE MONTESQUIEU, quand vivoit, SEIGNEUR DUD. LIEU DU VERNET, FILS PUISNÉ A FEU BARTHELEMY DE MONTESQUIEU, quand vivoit, Seigneur de Sales, demandeur en adjudication de decret & en excès, le Procureur Général du Roy joint à luy, & auffi impetrant & requerant l'interinement de certaines Lettres Royaux aux fins y contenues, d'une part; & Me. Antoine de Salys, Procureur en la Cour & Curateur par elle donné ez caufes de Michel-Bernard de Pontaud, defendeur audit decret, GABRIELLE DE MONTESQUIEU, mere audit de Pontaud, oppofants & defendeurs refpectivement aux dittes Lettres, & tant ils que Me. Jean Delpé, Pretre, Raymond Delpé, dit Magré, defendeurs auxdits excès, d'autre; vû les plaidés du treifieme mars an cinq cents foixante fix, & vingt unieme d'avril an cinq cents foixante fix; Arrêt du dernier mars an cinq cents foixante cinq; exploits de faifie, incands; Pactes de mariage contracté entre Manaud de Montefquiou, fils audit Barthelemi, d'une part; & Jacquette de Fontanés, d'autre; du vingt neuvieme juin mil quatre cent feptante huit; Teftament dudit feu Barthelemy de Montefquiou, du feptieme juillet mil quatre cent huitante un; autre Teftament de François de Montefquieu, du quinfieme mai an cinq cent foixante deux & autres productions des parties. Il fera dit, fans avoir égard à l'adjudication de decret requife par ledit Arnulphe de Montefquieu, & ayant, quant à ce, égard auxdites Lettres par lui prefentées que la Cour a maintenu & gardé, maintient & garde icellui de Montefquieu en poffeffion & faifine de la moitié de la Place & Baronie de Sales & fes appartenances & dépendances, de laquelle etoit maitre Seigneur & poffeffeur ledit feu Barthelemy de Montefquieu, au temps de fon trepas & ledit de Pontaud en poffeffion & faizine de l'autre moitié * icelle Place pour les legitime & quarte trebelianique dues & appartenant audit feu François de Montefquieu, & audit de Pontaud, un fon heritier, fur icelle Place & Baronie; fauf & refervé l'uzufruit de ladite moitié en laquelle ledit de Pontaud eft maintenu, à ladite Gabrielle de Montefquieu, fa mere, fa vie durant, fuivant le Teftament dudit feu François; & quand auxdits excès pretendus, a mis & met lefdites parties hors de procès & fans depens & reftitution des fruits & pour caufe. Prononcé à Touloufe en Parlement le vingt feptieme aout quinze cent foixante fept. Expedié & delivré par duplicata le feptieme mai mil fept cent quatre-vingt trois. (Signé) Collationné, Baffoua. M. Doujat, Rapporteur, &c. (A cofté) Controllé ... Verlhac.

* On a oublié un *d* dans l'ori-fon ginal.

K

CXI.

10 Mars 1572.

Original en parchemin des Archives de la Maifon de Montefquiou.

AUTRE Arrêt du Parlement de Touloufe, entre Bertrand de Montefquiou, Seigneur de la Serre, & Jeanne de Montefquiou, femme d'Antoine de Savere, Seigneur de la Motte.

Entre BERTRAND de MONTESQUIEU, Seigneur de la Serre, demandeur en exécution d'Arreft & Sentence arbitralle en icelluy mentionnée & autrement défendeur, d'une part; & JEHANNE DE MONTESQUIEU, Damoyfelle, feme à Anthoine de Severe, Seigneur de la Motte, defenderefle & aufli demandereffe en éxécution defd. Arreft & Sentence arbitralle, d'autre; veuz les plaidoyez & appoinctemens, . . . inftrument d'accord & tranfaction . . . paffé entre feu FRANÇOIS DE MONTESQUIEU, PERE A LAD. JEHANNE & feu JEHAN de MONTESQUIEU, PERE DUD. BERTRAND, le dix neufviefme jour de janvier mil cinq cens vingt cinq; Arreft contenant auctorifation de lad. tranfaction, du fetziefme de mars mil cinq cent vingt fix; . . . inftrument de compromis & remiffion à arbitre faicte par lefd. parties, du vingt fixiefme janvier mil cinq cens feptante ung; Sentence arbitralle du feptieme de mars mil cinq cens foixante unze, demandes, defenfes, repliques; . . . dict a efté que la Court, fans avoir efgard a la demande & conclufions faictes & prinfes par ladicte Jehanne à l'encontre dudit Bertrand, pour raifon de la metterie dicte l'Hoftellerie, . . pour ce regard, relaxe led. Bertrand; au furplus ordonne que lefd. Sentence arbitralle & Arreft du vingt deuxiefme jour de janvier mil V.c. feptante deux, feront executez, felon leur forme & teneur, au profict defd. parties refpectivement; c'eft au profict de lad. Jehanne, quant à la Place, maifon & biens de Marfan; . . . & au profict dud. BERTRAND, pour le regard des cenfives & rentes, avec droict directe de fix metteries, fitués entre lad. Seigneurie de Marfan . . . Prononcé à Thouloufe en Parlement le dixiefme jour de mars mil cinq cens foixante doutze. (Signé) Vernet.

CXII.

9 Octobr. 1573.

Original en parchemin des Archives de la Maifon de Montefquiou.

Acquifition par Bertrand de Montefquiou, Seigneur de la Serre, de Jean de Tremont.

Saichent toutz . . . que l'an mil cinq cens feptante & troys, & le vingt & neufiefme jour du moys d'octobre, . . . dans la Salle de la Serre, Diocèfe d'Aux, Conté de Fezenfac & Senefchaucée d'Armaignac, pardevant moy Notaire Royal foubzfigné, & en la préfence des tefmoings bas efcriptz, . . . conftitué . . . Jehan de Tremont dit Pericoullat, de la Jurifdiction dud. la Serre habitant, . . . a vendeu . . . à NOBLE BERTRAND de MONTESQUIU, Seigneur dudit la Serre, . . . une pieffe de terre . . . . . . qu'il a affife dans le terroir & Jurifdiction dud. la Serre, appellée communement au Pradas, . . , & lad. vente a faite . . . moyennant le jufte pris . . . de trente livres-tourn. ez préfences de Me. Bernard Robert, Bachelier en droictz, &c. . . . tefmoings, . . . & de moy Bernard Palangue, Notaire Royal de la ville d'Aubiet, foubzfigné, qui . . . ay receu le préfent inftrument . . . . & groffoyé de ma main propre; en foy de quoy me fuis foubzfigné. (Signé) Palangue, Not. Royal.

Original en parchemin des Archives de la Maison de Montesquiou.

Cession de Noble Antoine de Montesquiou, Écuyer, Sieur du Saussay, fils de Noble Jean de Montesquiou, Seigneur de la Serre, à Noble Bertrand de Montesquiou, Seigneur de la Serre, son frere, de ses droits sur la maison de la Serre.

Saichent toutz... que l'an de grace mil cinq centz septante six, & le dimanche cinquiesme jour du moys de Febvrier, .. à la Salle & Maison noble de la Serre-lez-Marsan, Dioceze d'Aux & Seneschaucée d'Armaignac, pardevant moy Notaire Royal soubssigné, en la presence des tesmoings bas nommez, estably... NOBLE ANTHOINE DE MONTESQUIEU, ESCUYER, Sieur DE SAUSSAY, au pays de Languedoc, FILZ... DE FEU NOBLE JEHAN de MONTESQUIEU,... Seigneur de la Serre, lequel... a cedé... à NOBLE BERTRAND de MONTESQUIEU, ESCUYER, SEIGNEUR DE LA SERRE, SON FRARE,... toutz biens paternelz & maternelz, fraternelz & havitins & tout droit de nature, legitime, ou supplement d'icelle, qu'il a de présent,... sur ladite Maison de la Serre;... ensemble des biens acquis par led. Sieur de la Serre, puys la mort dud. feu Sieur de la Serre, leur pere, par procès ou arbitrage, contre la maison de Marsan; . sauf & reservé future succession, soyt par la mort ... de leursd. pere & mere, que de feuz JEHAN ET ODDET DE MONTESQUIEU, leurs FRAIRES, & de feue Damoiselle JACQUEMETTE DE MONTESQUIEU, LEUR SEUR, que de toutz autres leurs proches parens deceddez; laquelle present quiétance a faict ledit Noble Anthoine aud. Sieur de la Serre, son fraire, pour ... la somme de huict centz livres tourn. ... de quoy led. Sieur de la Serre auroyt requis à moy Notaire Royal soubssigné, lui retenir instrument ... ez presences de Noble Anthoine de Savere, Sieur de Marsan & de la Mothe ... & moy Jehan d'Estarac, Notaire Royal, habitant du lieu de Pessan, soubssigné, en foy de tout ce dessus. (Signé) Destarac.

Original en parchemin des Archives de la Maison de Montesquiou.

Pactes de mariage de Noble Bertrand de Montesquiou, Seigneur de la Serre, veuf de Jamette de Sourbier, avec Jeanne de Maigné-de-Salleneuve.

Saichent touz ... que l'an de grace mil cinq cens quatre-vingtz & deux, & le unzieme jour du moys de Fevrier, devant mydy ... dans la maison de la Sallaneufve-lez-Pessan, Diocèse d'Aux, & Senechaujée de Thoulouse, pardevant moy Notaire Royal, soubssigné & tesmoings bas només, Pactes de mariage count esté faicts ... entre Noble BERTRAND de MONTESQUIEU, Seigneur de la Serre, d'une part; & Damoyselle Jehanne de Maigné, de la Maison de la Sallaneufve, assistée ... de Noble Jehan de Maigné, Sieur de la Sallaneufve, son fraire aisné & de ses autres plus proces parens & amys, d'autre ... est accordé que ledit Sieur de la Serre & lad. Damoyselle Jehanne de Maigné se fianceront ... & après se soulepnisera le mariage en face Ste. Mere Eglise, ... & dortant que lad. Damoyselle Jehanne de Maigné a esté mariée en premieres nopces avec feu Noble Jehan Serre, Sieur de Soubessens, en Aure, comme appert par leurs Pactes de mariage sur ce faictz ... le vingtz neuf-

K ij

vieme jour du moys de may, mil cinq cens septante, retenuz par feu Maistre Jehan D*starac*... Notaire de Pessan, par lesquelz Pactes est porté que lad. Damoyselle portoit en la maison & biens dud. feu Sieur de Soubessens, son feu mari, la somme de deux mil livres tourn. .. &c. le tout feust recongneu à ladite Damoyselle sur tous.... les biens desdits Sieurs de Soubessens. pere & filz , & par exprès sur les biens de Serre & sur la metterie assise au faict de Gaujan en la Conté D*starac*... & dotant que led. Sieur de la Serre a esté marié en premieres nopces avec feue Damoiselle Jehamette de Soubier , de la maison de Tayrac ; & que par leurs Pactes de mariage du dix-neufviesme apvril mil cinq cens cinquante-neuf , reteneuz par Maistre Anthoyné Burye, Notaire de la ville de Vallance, par lesquelz est porté que led. Sieur de la Serre donnoit à ses enfans ou filles, tous ... ses biens ; qui est cause qu'il ne peut advancer les enfans du présent mariage que de leur legitime , ... suyvant la Grandesse & biens de sa Maison, ... lesquelz il veut ... qu'ils ayent semblable legitime ..... que les autres du premier mariage ; .... de quoy ensemblement ont requis à moy Notaire leur en retenir insturment ; ..... ce que ay offert faire , ... ez presence de Messire Beraut d'Esparbès , Chevallier de l'Ordre du Roy , Sieur de Belloc, Noble Jehan d'Esparbès , Sieur de Conignatz , Anthoine de *la Severre* , Sieur de Marssan & la Mothe , Jehan de la Barthe , Sieur d'Arnès, & Oddet de la Barthe , Sieur de Larizolle , ... & moy Jehan Sanchon , Notaire Royal de Pessan habitant, icy soubssigné. (*Signé*) de Sanchon.

CXV.

9 Nov. 1590.

Original en parchemin des Archives de la Maison de Montesquiou.

Pactes de mariage de Noble Jean de Montesquiou, Ecuyer, fils aîné de Noble Bertrand de Montesquiou , Ecuyer, Seigneur de la Serre , avec Jeanne de Serre.

Au nom de Dieu soict. Amen. Sachent tous présens & advenir , que l'an grace mil cinq cens nonante , & le neufviesme jour du moys de *novembre*... dans la mayson Sengnurialle de Sobessens, au Comté d'Armaingnac , ... pardevant moy Notaire Royal soubzsigné & tesmoingz bas nommés establis en personne Noble BERTRANO de MONTESQUIEU, Escuyer, Seingneur de la Serre, ...d'une part; & Noble *Jean* Serre, Escuyer , Seingneur de Soubessens, ... d'autre part; lesquelz ... ont faict, contracté & accordé le mariage d'entre NOBLE JEAN de MONTESQUIOU , ESCUYER , FILZ légitime & premier généré dudit NOBLE BERTRAND de MONTESQUIEU, Seigneur de la Serre, & de feue Damoyselle Jacquemette de Tayrac , d'une part; & de Damoyselle Jeanne *de* Serre , fille unique légitime & naturelle de feu aultre Noble Jean Serre, & de Damoyselle Jeane de Maingné , femme, à présent en second mariage dudit Noble BERTRAND de MONTESQUIEU, & niepce dudit Noble Jean Serre, Seingneur de Sobessens, d'autre part; ... tesmoings ....& moi Dominique Marsan , Notere Royal du lieu de Guchen, ... qui le presentz Pactes & conventions de mariage ay retenuz & mis en la forme que dessus , grossoyez par aultruy main à moi fidelle & soubzsigné de mon seing autenticque accoustumé fere, en foy des chouses susdites. (*Signé*) de Marsan , Not. R.

CXVI.

29 Mars 1592.

Original en parchemin des Archives de la Maison de Montesquiou.

Testament de Noble Bertrand de Montesquiou , Seigneur de la Serre.

Au nom de Dieu, Amen, Saichent tous ... que l'an de grace mil cinq cens quatre vingtz & doutze, & le lundy penultieme jour du moys de mars, après midy, dans la maifon Seigneuriale du Sieur de Lafferre, & Salle haulte d'icelle, les Marfran, Dioceze d'Aux, Senechaufée d'Armaignac, pardevant moy Notaire Royal foubfigné, prefens les tefmoingz bas nommés, eftably ... NOBLE BERTRAND DE MONTESQUIEU, SEIGNEUR DE LASSERRE-LES-MARSAN, lequel eftant ... dans fon lict malade ... a faict & ordonné fon dernier ... Teftement ... en la forme ... qui s'enfuyt; ... a efleu fa fépulture en l'Eglife du lieu de Marfan, au lieu où fes predeceffeurs ont acouftumé eftre enterrés; .. dict ... avoyr efté marié en premieres nopces avec Damoyfelle Jaymette de Tayrac, de laquelle & de leur mariage ount efté procrées deux enfans mafles & une fille, nommés JEHAN, & JEAN-JACQUES DE MONTESQUIEU, le premier defquels veut que foict fon héritier, comme ... eft porté par le contenu de leurs Pactes de mariage; l'aultre veut que ayt fa legitime fur fon bien, ... au dire de fes parentz & amys, & que la fille du premier mariage foict adoutté de pareille fomme doutalle que ladite feue Damoyfelle Jaymette, fa mere; ... dict auffi eftre prefentement marié avec Damoyfelle Jehanne de Maigné, de laquelle a receu pour achapter la Borde nommée Deu Tucho, qui a efté acquife au nom d'elle; ... dict que de ce prefent mariage a efté procréé une fille nommée CATHERINE DE MONTESQUIEU, laquelle veut eftre mariée aus defpens de fes biens, & adouttée felon la faculté d'iceulx, comme faict auffi le pofthume que fadite femme pourroit avoir dans fon ventre, foict maflé ou femelle; ... & pour ce que l'inftitution d'heritier univerfel ... eft le chef ... de chacun ... Teftement, à celle fin, ... en tous & chacuns fes ... biens a faict, ... fon héritier univerfel ..... NOBLE JEHAN DE MONTESQUIEU, SON FILS AISNÉ, & de Damoyfelle Jaymette; ... & où il decederoit fans enfans, ... fonbftitue le fecond nommé JEHAN-JACQUES DE MONTESQUIEU, & de là chavant l'ordre de primogeniture, &c. ... requerant à moy Notaire lui rettenir acte ... de Teftement, ce que ay faict, prefens Gabriel la Fount, &c. ... tefmoings ... & moy Jehan Sanchon, Notaire Royal du lieu de Peffan habitant, requis de ce, ... icy foubfigné ... (Signé) de Sanchon, Not. Royal.

Originial en parchemin des Archives de la Maifon de Montefquiou. CXVII.

Accord entre JEAN de MONTESQUIOU, & Jeanne de Magné, 12 Août 1593, veuve en fecondes noces de BERTRAND de MONTESQUIOU, pere dudit JEAN.

Comme foict ainfin que pour raifon de la reftitution & jouiffance du vefvaige de Damoifelle Jeanne de Magné, vefve en fecondes noces à feu NOBLE BERTRAND de MONTESQUIEU, & NOBLE JEHAN de MONTESQUIEU, filz (Le parchemin eft rongé), FEU BERTRAND & Damoifelle Jeanne de Serre, Damme de Subefens, mariés, ... cejourd'huy judy doutziefme jour du mois d'Aouft mil cinq cens nonante trois .. pardevant moy Notaire Royal foubzfigné, ce font perfonnellement eftablis ... en préfence des tefmoingz bas nommés; Damoifelle Jeanne de Maigné, vefue audit SIEUR FEU DE MONTESQUIEU, & NOBLE JEHAN DE MONTESQUIEU, Sieur de Serre; .. lefquels ont accordé que pour la fomme de unze cens foixante fix livres treize fos quatre deniers, ledit Sieur de Montefquieu a baillé à ladite Damoifelle de Maigné ... la meterie communément appellé à Leftaignere, avec ces appartenances & dépendences, Jurdixion de la Serre, ... ez prefences de Noble Jehan de Maigné, Seigneur de la Sallenufve, &c., & moy Dominique Sobiron, Notaire Royal de la Ville de Pavie, requis foubzfigné. (Signé) de Sobiron.

CXVIII.

25 Avril 1595.

Original en parchemin des Archives de la Maison de Montesquiou.

Vente à faculté de rachapt d'une métairie par Noble Jean de Montesquiou, Seigneur de la Serre-lez-Marsan, à Demoiselle Jeanne de Maigné, sa belle-mere, veuve de Noble Bertrand de Montesquiou, Seigneur de la Serre.

Comme ainsin soict que Damoyselle Jehanne de Maigné, vesve à feu Noble Bertrand de Montesquieu, Seigneur de Lasserre-les-Marsan, aye . . . assigné sur la maison & metterie dite de Lestegnere-les-Marsan, la somme de unze centz, soixante francz . . . à cause de laquelle hyppouteque . . . icelle Damoyselle . . . poussede ladite metterie, . . . & ayant aujourd'huy Noble Jehan de Montesquieu, Seigneur de la Serre besoin . . . de vendre ou engager de ses biens pour payer ses debtes . . . auroict exposé en vente, à pacte de rachapt, ladite metterie; . . . sur quoy, considerant . . . l'incommodité de toutes parties pouvoinct recepvoyr vendant ladite metterie, . . . auroinct arresté que ladite Damoiselle augmenteroict son hyppouteque sur ladite metterie, . . . & bailleroit audit Sieur de Lassere pour liquider le reste de ses biens, la somme de cinq cens quarante francs, & ladite metterie luy deumorra affectée en tout de la somme de dix-sept cens francs. Or est-il que aujourd'huy mardy vingt & cinquiesme du moys d'apvril mil cinq cens quatre-vingtz & quinze, . . . pardevant moy Notaire Royal soubzsigné, presens les tesmoingz bas només, estabil en personne led. Noble Jehan de Montesquieu, Seigneur de Lasserre, lequel . . . a confecé & confece avoyr eu & receu de ladite Damoyselle Jehanne de Maigné, sa belle-mere, illec presente, . . . icelle dicte somme de cinq cens quarante francs, &c . . . presens . . . Noble Jehan de Maigné, Sieur de la Sallaneufve, &c., & moy Jehan Sanchon, Notaire Royal du lieu de Besson . . . ici soubzsigné . . .

(*Signé*) de Sanchon, Not. R^l.

CXIX.

19 Juin 1598.

Original en papier des Archives de la Maison de Montesquiou.

Cession faite par Noble Jean de Montesquiou, Capitaine, à autre Jean de Montesquiou, Sieur de la Serre, son frere aîné, de ses droits sur les biens de feu Noble Bertrand de Montesquiou, Sieur de la Serre, & de feu Jacquette de Sourbier, leurs pere & mere.

Comme soict ainsin dict & narré par les parties basnomés avoir vescu aux humains feu Noble Bertrand de Montesquieu, Sieur de Lasserre, lequel seroict decedé, à lui laissé survivant Noble Jan de Montesquieu, Sieur à présent du lieu de Lassere & autre Jan de Montesquieu, Cappitaine, fraire procreés de son premier mariage avéc feue Damoiselle Jacquette de Sourbier, leur mere, au Contrat duquel mariage led. feu Noble Bertrand de Montesquieu, auroit donné au premier enfant masle descendant de ce mariage, tous . . . ses biens, sans toucher à se que seroict du droit de legitime, ou autre que pourroict competer & appartenir aux autres enfans; . . . & du second mariage contracté avéc Damoiselle Jane de Maigné, auroict procré Damoiselle Catherine de Montesquieu, & de son premier mariage, une autre fille nomée Damoiselle Marguerite; lequel Sieur de Lassere pere seroict décédé sans faire autres dispositions, soict par testament ni autrement;

à raison de quoi, ledit Noble Jan de Montesquieu, Cappitaine, estant en volonté de retirer son droict de legitime, qui lui peult competer & appartenir sur les
biens, tant dud. feu Noble Bertrand de Montesquieu, son pere, que de ladite
feue Jacquette de Sourbier, ses pere & mere, en seroinet entré en demande au
Noble Jan de Montesquieu, Sieur de Lasserre, héritier dud. feu Noble Bertrand
de Montesquieu . . . Pour ce est-il que ce jourd'huy dix-neufiesme du mois de jung
l'an mil cinq cens nonante huict, . . . dans la Ville d'Aubiet . . . & maison de moy
Notaire Royal soubzsigné, . . . pardevant moy susd. Notaire, presens les tesmoins
bas nommés, a esté constitué en sa personne ledit Noble Jan de Montesquieu,
Cappitaine, lequel . . . a . . . cedé . . . audit Noble Jan de Montesquieu, Sieur
dudit lieu de Lasserre, illec . . . present, . . tous les droits . . . qui peuvent * competer & appartenir sur les biens desd. feus Nobles Bertrand de Montesquieu
& Damoiselle Jacquette de Sourbier, ses pere & mere, moiennant le prix & somme
de mil escutz sol de soixante souz piece, . . ce que lesdites Parties ont requis à moy
susd. Notaire leur en retenir instrument, ce que ay faict, presans à ce Noble Jan-
Jacques de Saver, Sieur de Marssan . . . & moy Dominique Ducasse, Notaire Royal
de la Ville d'Aubiet Habitant, qui requis soubzsigné. (*Signé*) Ducasse, Not. R.

** On a omis
dans l'original le
mot luy.*

Original en parchemin des Archives de la Maison de Montesquiou.

Emancipation de Bertrand de Montesquiou, par Noble Jean de
Montesquiou, Sieur de la Serre, son pere.

Comme ainsin soict que mariage ayt esté faict, tracté & consomé d'entre Noble
Jan de Montesquieu, Sieur de Lasserre, filz légitime et naturel
à feu Noble Bertrand de Montesquieu & Damoiselle Jaymette de Tai-
rac, d'une part; & Damoiselle Jane de Serre, Damoiselle de Subessens, filhe à feu Noble
Jan de Serre & de Damoiselle Jane de Maigné, famme en secondes nopces dudit feu
Noble Bertrand de Montesquieu, par les Pactes de leur mariage, en date du
neufiesme jour du mois de nouvanbre de l'an mil cinq cens nonante, receuz par
Dominique Marssan, Notaire Royal de Guchan, en Aure, le premier enfant masle quy
devoict deffandre dudit mariage estoict faict donataire de la moitié de tous . . . leurs
biens; . . duquel susd. mariage sont esté procréés, savoir Bertrand, Louis,
Pierre, Phelip, Gabrielle, Jane de Montesquieu, fraires & sœurs, qui
sont ancore pour ce jourd'huy vivans, & que par contract du tresiziesme jour du
mois de nouvanbre de l'an mil six cens treze, receu par de Sanchon Notaire de
Pessan; & encore par autre, receu par moy Notaire soubzsigné, le quatorziesme
jour desd. mois & an, ledit Noble Jan de Montesquieu, Sieur de la Serre auroict
renoncé & se seroit desmis de l'administration . . . de ses biens, & encore de ses enfans; tant en propriété que de l'usufruit des biens qui luy auroient esté laissés par
feue Damoiselle Jane de Maigné, par son dernier & valable Testament, reçeu par moy
susdit Notaire, le premier decembre de l'an mil six cent seize, par lequel lesdits
enfans & filhes dudit Sieur de Lasserre sont esté institués héritiers . . . led. Noble
Jan de Montesquieu, pere, a jugé qu'il est fort convenable, après avoir consideré
l'eage dudit Bertrand, son filz, qui est eagé de environ vingt-sept à vingt-huict
ans, . . . de l'émanciper & sourtir de sa puissance paternelle. . . Pour ce est-il que
cejourd'huy vingtiesme du mois d'août l'an mil six cent dix-neuf, . . . dans la maison
noble de Lasserre, au Diocèse d'Aux, . . . pardevant moi Notaire Royal soubzsigné,

préfans les tefmoins bas nommés , a efté préfant en fa perfonne NOBLE JAN de MON-
TESQUIEU , Sieur de Lafferre , lequel . . . a émancipé & émancipe & auctorife &
tire hors fon auctorité & puiffance ledit BERTRAND de MONTESQUIEU ; SON FILS
LÉGITIME ET NATUREL préfant , ftipulant & acceptant lad. émancipation , &c. . . .
de quoy lefd. Parties ont requis à moy fufd. Notaire leur en retenir acte . . . prefant à ce JAN-JACQUES DE MONTESQUIEU , CAPPITAINE . . . & moy Dominique Ducaffe , Notaire Royal de la Ville d'Aubiet Habitant, qui requis foubzfigné.
(Signé) Ducaffe , Not. R.

CXXI.

18 Juillet 1627.

Original en papier des Archives de la Maifon de Montefquiou.

Atteftation de la mort de Noble JEAN de MONTESQUIOU , donnée
à la réquifition de Noble Bertrand de Montefquiou , Sieur de la Serre.

L'an mil fix cens vingt & fept, & le dix huictiefme jour du mois juillet, nous
Meffire Dominique la Fourcade , Prêftre & Recteur de la Ville de Villefranche en
Aftarac, & Maiftre Pierre Urguilh, Pierre Mongauly , Bernard Moulafun & Pierre
Douffet , Confuls dud. Villefranche , à tous . . . fçavoir faifons & atteftons que NOBLE
JEAN de MONTESQUIEU , Sieur de la Serre , eft décédé dans lad. Ville de Villefranche
le fetfiefme jour du mois de mars mil fix cens vingt-quatre , & enfepely le dix-fep-
tiefme dud. mois dans noftre Eglife ; & par ce que eft vrai , à la requifition de Jean
Sainct Antoulin , Procureur de NOBLE BERTRAND de MONTESQUIEU , Sieur de la
Serre , avons dreffé & expédié la préfente ateftation , . . . & nous fommes fignés ;
lefdits Mongauly , Moulafun & Douffet n'ont figné pour ne favoir efcripre , audit
Villefranche , les an & jour fufdits. (Signé) Forcade, Recteur, P. Urguilh, Conful.

CXXII.

5 Sept. 1625.

Original en Parchemin des Archives de la Maifon de Montefquiou.

Difpenfe accordée par le Cardinal Barberin , Nonce en France , à
Bertrand de Montefquiou, du lieu de la Serre, & à Charlotte de
Savere, du lieu de Marfan, pour fe marier, nonobftant le quatrieme
degré de confanguinité qui eft entr'eux.

Francifcus Miferatione Divina Sanête Agathe Diaconus Cardinalis Barberinus ;
Nuncius ad Serenimiffum Dominum Dominum Francorum Regem Xpianiffimum , ac
univerfum Francie Regnum . . . Sanêtiffimi in Xpo Patris & Domini noftri Domini
Urbani Divina Providentia Papé VIII. & Sedis Apoftolice de Latere Legatus ; dileêto
nobis in Xpo Officiali Auxitanenfi, falutem . . . Oblate nobis nuper pro parte dileê-
torum nobis in Xpo BERTRANDI de MONTESQUIEU , laici , ex loco de la Serre ,
& Carolette de Savere , mulieris , Auxitanenfis Diocefis , ex Oppido de Marfan, orto-
rum , quod cum diêta Caroletta in diêtis loco & Oppido & de uno ad aliud, propter
illorum anguftiam, virum fibi non confanguineum vel affinem , paris conditionis ,
cui nubere poffit , invenire nequeat ; cupiunt Bertrandus & Caroletta prediêti invicem
matrimonialiter copulari ; fed quia quarto confanguinitatis gradu invicem funt con-
junêti, defiderium eorum hac in parte adimplere non poffunt, abfque Sedis parte dif-
penfatione ; nobis fuit humiliter fupplicatum quatenus fibi de opportune difpenfatio-
nis gratia providere dignaremur. Nos igitur . . . difcretioni tue , apoftolica auêto-
ritate, qua fungimur in hac parte, per prefentes committimus & mandamus quatenus . . .

nus . . . de premiffis te diligenter informes ; & fi per informationem eandem precef veritate niti repereris, . . tunc cum eifdem Bertrando & Catoletta , dummodo ipfa propter hoc rapta non fuerit , quod , impedimento quarti confanguinitatis gradûs hujufmodi nonobftante , . . . matrimonium inter fe publice . . . contrahere , illudque in facie Ecclefie folemnifare . . . dicta auctoritate difpenfes . . . Datum Parifiis anno Incarnationis Dominice millefimo fexcentefimo vigefimo quinto. Non. feptembris. Pontificatûs ejufdem Sanctiffimi Domini noftri Pape anno tertio. (Signé) F. Card.^lis. Barberinus, Legatus. (Plus bas) J°. Bapt^a. Pamphilius, Rote Aud^r. Regens.(A côté) Jacobus Durandus , Abbreviator. (Sur le repli) N. Laguel; & fcellé fur doubles lacs de foye rouge, d'un fceau, en cire rouge, enfermé dans une boëte de fer-blanc.

Original en parchemin des Archives de la Maison de Mon- **CXXIII.** tefquiou. **14 Déc. 1625.**

Pactes de mariage de Noble Bertrand de Montefquiou , Sieur de la Serre , avec Demoifelle Charlotte de Savere , fille de Jean-Jacques de Savere , Seigneur de Marfan.

Saichent tous prefens & advenir qu'aujourd'huy quatorziefme du moys de decembre mil fix cens vingt-cinq , . . . dans le lieu & maifon Seigneuriale de Marfan, Diocèfe d'Aux , . . pardevant moy Notaire Royal héréditaire fouffigné , prefens les tefmoins cy-après nommés, fe font conftitués & eftablis en leurs perfonnes , NOBLE BERTRAND de MONTESQUIEU, Sieur de la Serre , . . d'une part; Damoifelle Charlotte de Savere, fille aifnée legitime & naturelle de Noble Jean-Jacques de Savere, Seigneur dudit lieu de Marfan . icy prefent , . . . d'autre ; lefquelles parties , favoir lefd. NOBLE BERTRAND de MONTESQUIEU , & Damoifelle Charlotte de Savere ont dict puis long-tems s'eftre entraymés jufques à ce poinct qu'ilz fe font promis refpective-ment mariage qu'ils auroient , par l'aveu & confentement dudit Sieur de Marfan , contracté ; ayant efté accordé que led. mariage fera folempnizé fuivant les conftitutions de l'Eglife Catholique Appoftolique & Romayne,& que Pactes feroient redigés par efcript; par lefquels ledit Noble Bertrand de Montefquieu . . . faict donnation . . . de la moytié de tous . . . fes biens , . . en faveur d'un des enfens mafles dudit mariage futur à procréer ; . . . ladite Damoifelle . . . de la moytié de fes . . . biens faict pa-reille donation en faveur d'un des enfens mafles qui feront procréés dadit mariage ; . . . prefens . . . & moy Mannaut Daubin , Notaire fufdit de la Ville d'Aubiet. (Signé) M. D'aubin, Not^e. R.

Original en papier des Archives de la Maifon de Montefquiou. **CXXIV.** **29 Mai 1627.**

Accord entre Noble Bertrand de Montefquiou , Sieur de & Pierre de Montefquiou , Sieur de Saint Aubin , fon frere , fur les droits de celui-ci dans les fucceffions de feus Jean de Montefquiou & Damoifelle Jeanne de Serres , leurs pere & mere.

L'an mil fix cens vingt & fept , & le vingt-neufviefme jour du moys de mai . . . . . . au lieu & maifon Seigneuriale de la Serre , . . devant moy Notaire Royal héréditaire foubzfigné, prefens les tefmoins cy-après nommés , fe font conftitués & eftablis en leurs perfonnes NOBLE BERTRAND de MONTESQUIEU , Sieur de * & PIERRE de MONTESQUIEU , Sieur de Saint-Aubin , freres; lefquels . . . font venus en accord de tous les droicts & actions que ledit NOBLE PIERRE DE MONTESQUIEU,

* Il y a un pa-reil efpace en blanc dans l'ori-ginal.

L

peut avoir & pretendre fur les biens & fucceffions de feus NOBLE JEAN de MONTES-
QUIEU, Sieur de la Serre , & Damoifelle Jeanne de Serre , leurs pere & mere , que
autres droicts fraternelz & de leur ayeul & ayeule , comme s'enfuit; c'eft à favoir que
ledit Sieur PIERRE de MONTESQUIEU à renoncé ... en faveur dud. NOBLE BER-
TRAND , fon frere aifné, à tous lefdits droicts ; moyennant la fomme de dontze cens
livres que ledit NOBLE BERTRAND a promis ... de lui payer dans un an , ... s'il
trouve à vendre ... defd. biens ... & à défaut de ce led. NOBLE PIERRE de MON-
TESQUIEU fera tenu ... de prendre defdits biens ... en payement de ladite fomme ...
au dire & jugement de deux Gentishommes leurs parens & amis ... prefens JEAN-
JACQUES de MONTESQUIEU , SIEUR DE LA SERRE , Capitaine d'une Com-
pagnie de pied entretenus pour le fervice du Roy , au Regiment de M. de
Vaurecourt ; Anthoine de Maigné , Sieur de Salenave , Louis de Maigné, Sieur de la
Caffaigne ... & moy Manauld Daubin , Notere fufdit de la Ville d'Aubiet.
(Signé) M. D'aubin , Note. R.

Original en papier des Archives de la Maifon de Montefquiou.

CXXV.
6 Mai 1627.

Commiffion du Sénéchal d'Armagnac , pour maintenir Noble
Bertrand de Montefquiou , Sieur de la Serre , en la poffeffion des biens
donnés par Noble Bertrand de Montefquiou , fon ayeul , à Noble
Jean de Montefquiou & à Demoifelle Jeanne de Serres , fes pere &
mere , par leurs Pactes de mariage.

Louis de Starac & de Mareftaing , &c. Senefchal & Gouverneur d'Armagnac , au
premier Huiffier ou Sergent Royal requis , falut. La partie de NOBLE BERTRAND de
MONTESQUIEU , Sieur de la Serre , nous expofe que par les Pactes de mariage paffés
entre feu NOBLE JEAN de MONTESQUIEU & Damoifelle Jeanne de Serres , fes pere &
mere , feu NOBLE BERTRAND de MONTESQUIEU , fon ayeul , & Noble Jean de Serres , Sieur de Soubeffenx auroint donné la moytié de tous ... leurs biens au premier enfant mafle , qui proviendroit du mariage defd. JEAN & Damoifelle Jeanne
de Serre ; duquel mariage l'expofant premier nay eft provenu ; &, au préjudice de la
clauze pourtant lad. donation , ledit Noble JEAN pere de l'expofant a aliéné les
biens ...
Pourquoy vous mandons , à la requefte dud. Sieur expofant , icelluy maintenir & conferver en la poffeffion & jouiffance defdits biens. &c. Donné à Lectoure le fixiefme
jour de mai mil fix cent vingt fept.
(Signé) Pey Labere , Greff.

Original en papier des Archives de la Maifon de Montefquiou.

CXXVI.
6 Octob. 1627.

Procuration de Noble Bertrand de Montefquiou , Sieur de la Serre ,
à Demoifelle Charlotte de Savere , fon époufe.

L'an mil fix cent vingt & fept , & le fixiefme jour du moys d'octobre , après
midy , ... au Chafteau & maifon feigneuriale de Marfan ... pardevant moy Notaire
Royal héréditaire foubzfigné , préfens les tefmoins cy-après nommés , s'eft conftitué
& eftabli en fa perfonne NOBLE BERTRAND de MONTESQUIEU , Sieur de la Serre-
les-Marfan , lequel ... a ... conftitué fa procuratrice ... Damoifelle Charlote de
Saverre , Damoifelle de Marfan & de la Serre , fon efpoufe , préfente , pour ... né-
gocier & conduire tous les affaires de la maifon & Seigneurie de la Serre , Leftai-

gnere & autres biens ... preſens Philippe de la Barthe, Sieur de l'Artigole, &c., & moy Manauld Daubin, Notaire ſuſdit de la Ville d'Aubiet.

(*Signé*) M. D'aubin, No^{re}. R.

Original en papier des Archives de la Maiſon de Montesquiou.

Inventaire fait à la requête de Noble Jean-François de Montesquiou, des biens délaiſſés par feu Noble Bertrand de Montesquiou, ſon pere, Capitaine au Régiment de Vaubecourt.

16 Mars 1637.

Inventaire faict par moy Manault *Daubin*, Notaire Royal héreditraire, à la requi-ſition de NOBLE JEAN-FRANÇOIS de MONTESQUIEU, filz & heritier au benefice d'inventaire de feu NOBLE BERTRAND de MONTESQUIEU, quand vivoit Capitaine d'une Compagnie de gens de pied entreteneue pour le ſervice du Roy, au Régiment de Monſieur de Vaÿecourt, des meubles & immeubles délaiſſés par led. feu Sieur de Montesquieu ; auquel inventaire j'ai procedé en la maiſon noble de la Serre-les-Marſan le ſetziéme jour du mois de mars mil ſix cens trente ſept ... comme s'enſuit.

Premierement ſommes entrés en la ſalle baſſe de lad. maiſon noble dud. la Serre, laquelle Damoiſelle Charlotte de Savere, vefve aud. feu NOBLE BERTRAND de MONTESQUIEU, a dict appartenir & les deſpendances d'icelle à NOBLE JEAN-JACQUES DE MONTESQUIEU, Seigneur dud. la Serre, en laquelle ... avons trouvé ... un lict &c.... (*Signé*) M. D'aubin, No. R.

Original en papier des Archives de la Maiſon de Montesquiou.

Accord entre Noble Jean-François de Montesquiou, fils de feu Noble Bertrand de Montesquiou, Sieur de la Serre, avec Noble Pierre de Montesquiou, Sieur de Saint Aubin, ſon oncle, ſur la légitime dudit Sieur de Saint Aubin.

26 Févr. 1640.

L'an mil ſix cens qurante & le vingtieſme jour du moys de Fevrier, ... au lieu de Marſan, ... pardevant moy Notaire Royal ſoubzſigné, preſens les teſmoins cy-après nommés, ce ſont conſtitués & eſtablis en leurs perſonnes NOBLES JEAN-FRANÇOIS de MONTESQUIEU, heritier contractuel & au benefice d'inventaire de feu NOBLE BER-TRAND de MONTESQUIEU, quand vivoit, Sieur de la Serre, aſſiſté de Damoiſelle Charlotte de Savere, ſa mere, & de Noble JEAN-JACQUES DE MONTESQUIEU, Seigneur dudit lieu de la Serre-les Marſan, & d'Ohéville, en Lorraine, d'une part ; & NOBLE PIERRE DE MONTESQUIEU, Sieur DE SAINT AUBIN, FRERE DE SONDIT FEU PERE ; *auſſi ſon oncle*, d'autre ; leſquelles parties ont dict ... eſtre venues en conference des droictz de légitime, & ſupplément d'icelle, qui ... appartiennent aud. Sieur de Saint Aubin, ſur les biens & droictz de ſes ayeul & ayeule paternelz, materielz & fraternelz ; pour leſquels & en payement d'iceux led. Sieur JEAN-FRANÇOIS de MONTESQUIEU ... tranſporte aud. Sieur de Saint Aubin, ſondit oncle, les meteries de Pelitron, Cabdaere & le Garrouſſet, ſcitués au Comté d'Eztarac ... & moyennant leſd. meteries & biens dépendans d'icelles, led. Sieur de Saint Aubin a renoncé & renonce à tous leſd. droitz de legitime, ... en faveur dud. Noble Jean-François de Montesquiou ... preſens ... & moy Manauld Daubin, Notaire ſuſdit de la ville d'Aubiet.

(*Signé*) M. D'aubin, N^{re}, R.

L ij

CXXIX.

18 Mai 1644.

Original en papier des Archives de la Maison de Montesquiou.

Testament de Noble Jean-François de Montesquiou, Seigneur de la Serre & de Marsan.

Au nom de Dieu soit. Amen. Sçaichent tous presens & advenir que l'an mil six cens quarante quatre & le dixhuictiesme jour du moys de may , ... dans la ville d'Aubiet , maison & residance de moy Notaire , .. pardevant moy Notaire soubzsigné a comparu & c'est presenté NOBLE JEAN-FRANÇOIS DE MONTESQUIEU , Seigneur de Lasserre & Marsan, lequel a dit qu'il a desir de faire ung voyage au peys de France , vers le peys de Nancy en Lorraine ; mais auparavant de partir, crainte qu'il a d'estre surprins par les chemins de la mort , ... a dict c'estre exprés transporté ... vers moy Notaire pour me requerir & prier lui vouloir dresser son dernier noncupatif & valable Testement ; ... ce que je susdit Notaire ay fait en la forme suivante ... A laissé & legué led. Sieur testateur à Damoiselle CATHERINE DE MONTESQUIEU , sa tante, la somme de trois cens livres ; ... à NOBLE PIERRE DE MONTESQUIEU , Sieur de Saint Aubin, & à DAMOISELLE JEANE DE MONTESQUIEU frere & sœur, son oncle & tante paternel, & à Noble Yzac de Savere , son oncle maternel, à chacun d'eux, la somme de trois cens livres ... ITEM a laissé & legué ... à Charlotte Dareix ... filleule à Damoiselle Charlote Savere , sa mere ... la somme de vingt livres ; .. institue son heritier universel . JEAN-JACQUES DE MONTESQUIEU, Seigneur dud. Lasserre , son oncle &c. .... (Ce Testament signé au bas de chaque page) J. F. DE MONTESQUIEU. (Et à la fin signé encore.) J. F. de Montesquiou (&) Labobée , Notᵉ. Royal.

CXXX.

2 Juin 1647.

Original en papier des Archives de la Maison de Montesquiou.

Sentence arbitrale en faveur de Noble Jean-François de Montesquiou, fils de Charlote de Savere, comme héritier d'Antoine & de Jean-Jacques de Savere, ses ayeul & bisayeul (maternels.)

Entre Mᵉ François Bernard , Procureur en la Cour & curateur donné aux causes de NOBLE JEAN-FRANÇOIS DE MONTESQUIEU , demandeur en exécution de l'Arrest de la Cour du dixiesme Septembre mil six cens quarante quatre & se faisant estre maintenu en la moitié de tous ... les biens ayans appartenu à Anthoine & Jacques de Savere , ses ayeul & bisayeul, lors des Pactes de mariage du quinziesme Octobre mil cinq cens septante huit, & autrement deffendeur, d'une part ; & Noble Ysac de Savere, deffendeur & autrement demandeur en exécution dud. Arrest, se faisant estre maintenu en la moitié des biens ayans appartenu aud. Jean-Jacques de Saverre , lors de ses Pactes de mariage avec Damoiselle Ysabeau de la Roque, du vingt quatriesme septembre mil cinq cens nonante trois, & declairé la moitié des biens dud. Anthoine n'estre que le quart seulement.

Veu par nous ... arbitres ... accordés par lesd. parties ... l'acte de Compromis contenant notre pouvoir &c. ... Par nostre present Sentence & los arbitral, avons ... maintenu ledit FRANÇOIS * DE MONTESQUIEU, comme fils & heritier de Charlotte de Savere, sa mere & icelle fille ainée dud. Jean-Jacques Savere, en la moitié de tous ... les autres biens ayans appartenu aud. Anthoine & Jean-Jacques Savere, ses ayeul & pere, au temps du mariage dud. Jean-Jacques du seizieme Octobre mil cinq cens septante huit ... Prononcé à Tholose en présence desdites parties le second jour de Juin mil six cens quarante sept.

* Sic.

Le dix huictiesme jour de juin mil six cens quarante sept, a Thoulouze... ladite
Sentence... a esté remise devers moy Notaire.
(*Signé*) Bessue, Not. Royal.

Original en parchemin des Archives de la Maison de Montesquiou.

CXXXI.
18 Mai 1648.

Donation à Noble Jean-François de Montesquiou, Seigneur de
la Serre, par Damoifelle Catherine de Savere, sa tante, de ses
droits sur la Seigneurie de Marsan.

. Scaichent tous presens & advenir que l'an mil six cent quarante huit & le dix
huictiesme jour du moys de may, .. dans la maifon feigneuriale du lieu de Laserre...
pardevant moy Notaire Royal foubzsigné, présens les tefmoings bas nommés, conftituée
en sa perfonne Damoifelle Catherine de Savere, filhe à feu Noble Jean-Jacques de
Savere & de feue Damoifelle Yzabeau de Larrocque, laquelle ... a donné ...à
NOBLE JEAN-FRANÇOIS de MONTESQUIEU, Seigneur de Laffere, son nepveu, ici
prefent stipulant & acceptant, .. tous ... les ... droits qu'elle peult avoir & pré-
thandre, fur la maifon, Terre & Seigneurie de Marfan ... prefens, &c. ... & moy
Notaire Royal ... foufligné.
(*Signé*) Labobée, Not. Royal.

Original en parchemin des Archives de la Maison de Montefquiou,

CXXXII.
5 Déc. 1648.

Tranfaction entre Noble Ifac de Savere, Seigneur de Marfan, &
Noble Jean-François de Montefquiou, Seigneur de la Serre, son
neveu, par laquelle le premier cede au fecond fes droits sur la
Terre & Seigneurie de Marfan.

Comme ainfin foict que par deux Arrefts de la Cour du Parlement de Thouloufe, l'un,
du dixiefme septembre mil six cens quarante-quatre, l'autre, du vingt-troifieme mars
mil fix cens quarante-fix, toutes les prétentions que Nobles Izaac de Savere, Sieur
de Marfan, & JEAN-FRANÇOIS DE MONTESQUIEU, SIEUR DE LA SERRE,
filx unique de feue Damoyfelle Charlote de Savere, .. pouvoit avoir fur les biens de feus
Nobles Anthoine & Jean-Jacques de Savere, pere & filx, & de Damoyfelle Jeanne
de Montefquieu, femme dudit feu Noble Anthoine de Savere, euffent efté reglés
tant en proprieté qu'en hipotheque, .. & qu'en l'exécution defdits Arrefts, eftant fur-
venues de nouvelles difficultés, lefd. parties en ayant remis le jugement aux Arbitres entr'eux nommés, ... euffent efté rendues deux diverfes Sentances, des
vingtiefme mars & fecond du moys de juin mil fix cens quarante-fept ; & ....
que defdites Santances, ledit Noble Izaac de Savere s'en eftant porté pour appellant en ladite Cour de Parlement de Thouloufe, & enfuicte dudit appel en forme
de requefte civile contre les fufdits Arrefts, &c. .... Enfin par l'entremife ....
de leurs parens ont terminé tous lefdits différens & fe font convenus & accordés,
en la forme & maniere qui s'enfuit. .... Pour ce eft-il ce jourd'hui cinqniefme
du moys de décembre mil fix cens quarante-huict, dans le Chafteau & maifon feigneuriale de la Serre, ... pardevant moi Notaire Royal hereditaire, foubfiné,
fe font conftitués ...., en leurs perfonnes lefdits Nobles Izaac de Savere, d'une

part; & ledit Jean-François de Montefquieu, affifté de Noble Charles de Luppé, Seigneur de la Caffaigne & du Garané, ... d'autre; lefquels .... ont renoncé ... auxdits différans, ... & ce faifant ledit Sieur Izaac de Savere a faict vente .... de tout le droict qu'il peut prétendre fur ladite Terre & Seigneurie de Marffan; & ce moyenent le prix & fomme de fix mille-livres-tournoyfes .... que ledit Noble Jean-François de Montefquieu a promts ..... payer ..... dans trois ans prochains .... (&) jufqu'aud. payement, ... ledit fieur de Montefquieu fe conftitue tenir lefdits biens dudit fieur Izaac de Savere, fon oncle, à titre de precaire; &c. .... préfens &c. .... & moy Bertrand Batz, Notaire fufdit de la Ville d'Aubiet. (*Signé*) Batz, Notaire Royal.

CXXXIII.
23 Fév. 1649.

Original en parchemin des Archives de la Maifon de Montefquiou.

Pactes de mariage de Noble Jean-François de Montefquiou, Seigneur de Marfan, avec Calixte de Bezolles.

Au nom de Dieu foit fait. Scachent tous préfens & advenir qu'aujourd'huy vingt & troifiefme jour du mois de febrier mil fix cens quarante-neuf ... dans la falle noble du Brouilhat en la Diocefe .... d'Aueh, ... pardevant moy Notaire Royal du lieu de Craftes foubzfigné, & préfens les tefmoings bas nommés, ont efté's establis en leurs perfonnes Noble Jouel de Befolles, Seigneur de Craftes & autres places, & Damoifelles Brandelfife & Catherine de Lautrec, faifans pour Damoifelle Califte de Befolles, filhe auditz Noble Jouel & à ladite Catherine .... ladite Damoifelle Califte affiftée de Noble haute & puiffante Dame Jammet *Jeanne de Rouilhac, ... d'une part; & Noble Jean-François de Montefquieu, Seigneur de Marfan & de Lafferre, affifté de Noble Charles de Luppé, Seigneur du Garrané & de la Caffaigne, fon oncle, d'autre; lefquelles parties ont accordé les Pactes ... de mariage d'entre ledit Noble Jean-François de Montefquieu, avec ladite Damoifelle Califte de Befolles, ... en contemplation duquel mariage ledit Sieur de Montefquieu fait donnation de la moitié de tous ... fes biens, ..à un des anfans mafles ... quy feront procréés du préfent mariage ... & à moy François d'Efpaignet, Notaire, m'ont requis lefditez parties leur retzenir les préfens Pactes de mariage, ce que ay fait.
(*Signé*) F. Defpaignet, Not°. Royal.

CXXXIV.
10 Octob. 1664.

Original en papier des Archives de la Maifon de Montefquiou.

Arrêté de compte entre Joel de Bezolles, Seigneur de Craftes, & Jean-François de Montefquiou, Seigneur de Marfan & de la Serre, fon gendre; relativement au payement de la dot de Calixte de Bezolles, fa fille, femme dudit Seigneur de Marfan & de la Serre.

L'an mil fix cens foixante quatre & le dixiefme jour du moys d'octobre, dans le Chafteau & maifon feigneurialle de Marffan ... pardevant moy Notaire Royal foubzfigné, préfens les tefmoings bas nommés, perfonnellement eftablis Noble Joel de Befolles, Seigneur de Craftes, d'une part; & JEAN-FRANÇOIS de MONTESQUIEU, Seigneur dud. Marffan & Lafferre, d'autre; lefquelles parties ont dit ... avoir faict cejourd'hui comptes entre eux, tant des intheretz dubs par led. Sieur de Craftes aud. Sieur de Marffan, de la fomme de fix mille livres à lui deue de reftes de la dot de Damoifelle Calixte de Befolles & de Craftes, fa femme, fille audit Seigneur de

* Sic.

Craftes ; .. fans en ce comprendre la fomme .. cédée par led. Seigneur de Marffan à
Noble Izac de Savere & de Marffan , Sieur de Barrau , fon oncle .... que aultres
chofes ; .. tout compre finé & calculé ... c'eft trouvé que led. Seigneur de Craftes
eft debiteur ... envers led. Seigneur de Marffan en la fomme de mil feptante une
livre trois fouz ... prefens , &c. , & moy Notaire Royal requis , fouffigné.
(*Signé*) Labobée , Nor°. Royal.

Original en papier des Archives de la Maifon de Montefquiou.　　　CXXXV.

Affirmation au Greffe de la Table de Marbre du Palais , à Tou-- 27 Juillet 1684.
loufe , par Noble Pierre de Montefquiou , Sieur de la Serre , fur un
procès que Noble Jean-François de Montefquiou , Seigneur de Marfan & de la Serre , fon pere , a en cette Cour.

Extrait des Regiftres du Siege de la Table de Marbre du Pallais en Thouloufe.

Cejourd'huy vingt-feptiefme juillet mil fix cent quatre-vingt-quatre , a comparcu an
Greffe NOBLE PIERRE DE MONTESQUIEU , SIEUR DE LA SERRE ... lequel
affirme ... eftre venu exprès ... pour la pourfuite du procès que NOBLE JEAN-
FRANÇOIS DE MONTESQUIEU , SEIGNEUR DE MARSSAN & LA SERRE ,
SON PERE , a pendant en la Cour contre le Syndic des Religieux du Couvent des
Peres Minimes de Samathan ; ... & s'eft figné au regiftre ...
(*Signé*) Delpech , pour le Greffier.

Original en parchemin des Archives de la Maifon de Mon-　　　CXXXVI.
tefquiou.　　　　　　　　　　　　　　　　　　　　　　　　　　2 Déc. 1692.

Teftament de Louis de Bezolles , en faveur de Meffire Pierre de
Montefquiou , Sieur de la Serre , fon neveu , fils de Jean - François
de Montefquiou , Seigneur de Marfan , & de Calixte de Bezolles.

L'an mil fix cens quatre-vingt-douze & le fecond jour du mois de decembre ... Je
Meffire Louis de Bezolles , Seigneur de Craftes ... confiderant la briefvité de cefte
vie mortelle & les accidens quy arrivent journellement à ceux quy font furpris de mort
foudaine , .. je fais & inftitue mon heritier univerfel & général MESSIRE PIERRE
DE MONTESQUIEU , Sieur de la Serre , mon neveu , FILZ de MESSIRE JEAN-
FRANÇOIS DE MONTESQUIEU , SEIGNEUR DE MARSAN , & de Dame Califte
de Bezolles , ma fœur , &c.
L'an mil fix cens quatre-vingt-douze & le fifieme jour du mois de Decembre ...
dans le Chateau de Craftes , ... pardevant moy Notaire & tefmoingz bas noumez
fut prefent en perfonne Meffire Louis de Bezolles , Seigneur dudit Craftes , lequel , ...
a dit & déclaré ... qu'il a fait efcripre par moy dit Notaire fon Teftament clos , ...
enfuite de quoy l'a cachepté de fon cachet ordinaire , .. voulant qu'il demeure fecret
jufques à fon defcés , après lequel veut que fans aucune formalité de juftice il foit
publié & enrégiftré par moy dit Notaire , ez-preffences , &c. , .. & moy ,
(*Signé*) Batailhe , Not°. Royal.

CXXXVII.

28 Juin 1695.

Original en parchemin des Archives de la Maison de Montefquiou.

Dépôt fait le 18 Janvier 1697, d'un

Accord paffé entre Meffire Pierre de Montefquiou, Seigneur de Marfan & de Craftes, fils de feu Noble Jean-François de Montefquiou, avec Bernarde de Pader, veuve de Noble Pierre de Montefquiou, Seigneur de Saint Aubin, & Jeanne de Montefquiou, leur fille.

L'an mil fix cens quatre-vingt-dix-fept & le dix-huitiefme jour du moys de janvier, ... dans la ville de Mauvaifin, pardevant moy Notaire Royal .... préfants les tefmoins bas només, a comparou en perfonne Guillaume Caftanet, habitant du lieu de Craftes, faifant pour & au nom de MESSIRE PIERRE DE MONTESQƲƲ, Seigneur de Marfan, lequel auroit requis moy Notaire de vouloir inferer fur mon regiftre tout au long, certaines convanfions accordées entre ledit. Sieur de Marfan & Damoyfelles Bernade de Parder & JEANNE DE MONTESQUIU, maire & fille, pour rayfon du proffès qui eftoit pendant au Senechal d'*Auh*, entre lefdites parties; .... ce que luy ay confedé. S'anfuit la teneur defd. convanfions : Articles & convanfions faites entre NOBLE PIERRE DE MONTESQUIU, SEIGNEUR DE MARSAN, & de Craftes, héritier au bénéfice d'invantaire de feu Noble Louis de Bezolles, & ycelui aufi heritier bénéficiaire de feu Noble Jouel de Befolles, Seigneur de Craftes, & Damoyfelles Bernade de Pader & JEANNE DE MONTESQUIU, maire & fille, héritiere de feu NOBLE PIERRE DE MONTESQUIU, SIEUR DE SAINT AUBIN : .... Premierement eft conveneü que le Proffès que lefd. Damoyfelles .... ont intanté .... contre led, Sieur de Marfan .... demurera pour eftaint ; .... enfemble toutes les faifies & banimanz faits au préjudice dud. fieur de Marfan, pour la fomme principale de cinq cens livres & intereftz, arrérages que lefd. Damoyfelles prétandet leurs eftre deus par la Maifon de Craftes; .... led. Sieur de Marfan tiendra lad. fomme .... en rante; .... tiendra aufi en rante .... la fomme de deux cens livres, que feu NOBLE JEAN-FRANÇOIS DE MONTESQUIU, SON PAIRE, devoit à feu Monfieur de Saint Aubin, paire à ladite de Montefquiu, pour tout reftes de la fomme de trois cens livres que led. Sieur de Montefquiu s'étoit obligé de payer audit Sieur de Saint-Aubin, &c. En foy de quoy les parties ont figné . ce vingt-huictiefme jour du moys de juin mil fix cens quatre-vingt-quinze, &c.

* Le refte du mot eft emporté. L'original defd convanfions .... a efté exibé à moy dit Notaire, prefens, &c. & moy Pierre San * Notaire Royal, ... foufigné, après avoir fait controllé ledit original au Regiftre de Mauvaifin. (*Signé*) Sannas, No. Royal.

Original en papier des archives de la Maifon de Montefquiou.

CXXXVIII.

24 Mai 1698.

Contrat de mariage de Meffire Pierre de Montefquiou, Seigneur de Marfan, Craftes, la Serre, &c. avec Demoifelle Jacquette de Bouffoft-de Campels.

L'an mil fix cent quatre-vingt-dix-huit & le vingt-quatriefme jour du mois de mai... dans le Chateau noble de Maferes de Campelz ... pardevant moy Notaire Royal au lieu de Montaut foubzfigné, & tefmoins bas nommés, furent préfens MESSIRE PIERRE

PIERRE DE MONTESQUIEU, Seigneur de Marfan, Craftes, Lafferre & autres
plaffes, habitant dud. Marfan, & Demoifelle Jacquette de Bouffoft-de Campelz, fille à
deffunctz Meffire Charles-de Bouffoft-de Campelz & Dame Marie d'Audric - de
Bafillac, mariés . . . lefquelles parties eftant affiftées, fçavoir, led. Seigneur de Marfau
de Meffire Philippe de Môntefquieu, fon frere, & d'autres fes amis, & lad. Demoifelle
de Campelz, de Meffire Marc-Anthoine Guy, & Jean-Denis de Bouffoft, fes freres,
fe font reciproquement promis & promettent fe prendre en mariage l'un l'autre . . .
Fait & paffé ez préfences &c. . . . fignés a la Cede avec lefd. parties & moy Francois
Merigon, Notaire Royal foubzfigné qui ay expedié ces prefentes audit Seigneur de
Marfan . . . .

(Signé) F. Merigon , N^re. R.

Original en papier des Archives de la Maifon de Montefquiou.

Teftament de Meffire Pierre de Montefquiou, Seigneur de Marfan
& de Craftes.

Au nom de Dieu foict faict. Amen. L'an mil fept cent dix & le dix-huitiefme jour
du moys de juillet . . . dans le Chateau *fegneurial* du lieu de Marfan . . . pardevant
moy Notaire Royal héréditaire du lieu de Nougarolet foubfigné, prefans les tefmoins
bas nommés, conftitué en fa perfonne MESSIRE PIERRE DE MONTESQUIEU,
Seigneur du préfent lieu & de Craftes: lequel . . . a . . . *volcu* . . . faire . . . fon
Teftament . . . . Il ordonne que . . . . . fon corps foict enfevely en fa fépulture dans
l'Eglize *parrofcielle* du prefant lieu de Marfan, en la fepulture des Seigneurs fes
Encetres . . . . ITEM a déclaré eftre marieé avec Noble Dame Jacquette de Bouffes,
& de Campeles, & que de leur mariage ils ont pour le jourd'hui enfans vivants qui
font troys garfons & deux filhes fçavoir NOBLES PHELIPPE, MARC-ANTOINE,
JEAN-DANIS, CHATERINE, MARIE-FRANÇOISE DE MONTESQUIEU,
ledit Seigneur teftateur nomme ledit Noble Phelipe de Montefquieu, fon fils aizné,
pour hérétiér ; . . . & venant aux légitimes des autres enfans cadets qui font au nombre
de quatre . . . . fydeffus nommés, & celui quy eft à neftre dont ladite Dame fon
époufe eft enfente, ledit Seigneur teftateur leur donne & legue la fomme de fept
mille livres, à chacun d'iceux, tant malles que filhes pour tous droictz de légitime; . . .
il charge fon héritier univerfel de payer ce-qui fe trouvera deub par feu Noble
Jacques de Beffoles, Sieur de Saint-Martin, frere à feu fa mere, quy eftoict fils a
Noble Jouel de Beffolles & Chaterine de Lautré; . . . ITEM ledit Sieur teftateur
veut que Noble Phelipe de Montefquieu, fon fils aizné venant a defceder fans enfans
malles de légitime mariage, Noble Marc-Anthoine de Montefquieu, fon frere -
recule par *fucfefion*, tant fefdits biens donnés, que l'hérédité ; & au cas Noble Marc,
Antoine de Montefquieu defcederoict fans enfans malles de ligitime mariage, il veut
que Noble Jean-Danis de Montefquieu, fon fils, recule par fufcefion, tant les
biens donnés que l'hérédite fufdite ; & au cas ledit Noble Jean-Danis de Montefquieu defcederoit fans anfans malle de loial mariage, veut que l'anfant poftume
dont Madame fon époufe eft enfente, sy c'eft un malle, recille par fufcefion tant fefditz
biens donnés que l'hérédité fufdite. . . . Faict es préfences de . . . tefmoins, & de moy
dit Notaire, de ce requis.

(Signé) du Faur , N^re. Royal.

M

CXL.   Original en papier des Archives de la Maison de Montesquiou.

24 Oct. 1710.   Inventaire après le décès de Pierre de Montesquiou, Seigneur de Marsan, de Craftes & autres places, fait à la requête de Jacquette de Bouffoft, fa veuve.

L'an mil fept cent dix & le quatorzieme jour du mois d'Octobre ... pardevant nous François du Faur, Notaire Royal héréditere du lieu de Nougarolet a comparu Pierre Sainct-Antholin, ... faifaut pour & au nom de Dame Jaquete de Bouffolz & Campels, veuve de feu MESSIRE PIERRE DE MONTESQUIEU, Seigneur de Marfan, Craftes & autres places, quy nous a dit que ledit feu Seigneur de Marfan feroit defcédé le vingt huitiefme juillet dernier ayant laiffe ladite Dame de Bouffolx fon efpouze enfuinte, & NOBLES PHELIPE, MARC-ANTOINE, JEAN-DANIS, CHATERINE & MARIE DE MONTESQUIEU, leurs enfans, les tous en age de pipi/arité; ... que pour conferver les biens de fefdictz enfans, ... elle a ... obtenu une Ordonnance ... quy luy permet de faiere procéder a l'invantere des effaicts del/aieffés par ledit feu Seigneur de Marfan, ... & quy nous comet pour faiere le fufdit invantere; & d'autant qu'il importe à lad. Dame d'y faire inceffement procéder, il nous prefente lad. Ordonnance qu'il nous requierent d'accepter; .. laquelle dite Ordonnance nous aurions prinse .. : . & ... aurions accepté noftre commiffion ... & offeret d'y proceder ... & advencu le fixiefine octobre, .. eftans arrivés au Chateau de Marfan a l'hure de onze, pardevant nous a comparcu led. Pierre Sainct-Antholin faifant pour ... ladite Dame de Bouffolz de Campeles & d'icelle aifté, qui nous a dit que ... lad. Dame a faict affigner Meffieurs PHELIPE DE MONTESQUIEU, Sieur de Lefcheaux, frere dudit feu Seigneur de Marfau, Marc-Antoine de Bouffolx de Campeles, Seigneur de Mazeres & autres places, frere à lad. Dame ... & attendu que lefd. Sieurs affignés font icy prefans ... il nous requiert de voloir proceder audit invantere ; Nous ayant efgard aux requifitions dudit Sainct-Antholin, .. aurions offert de proceder a la faction du fufdit invantere, & a ceft effaict avons prins le ferement de ladicte Dame Jacquete de Bouffolx de Campeles , .. . & avons procedé audit invantere ... tefmoins, &c., & ... moy fufdit Notaire ...
(Signé) du Faur, Note. Royal.

CXLI.   Original en papier des Archives de la Maifon de Montefquiou.

27 Août 1711.   Teftament de Meffire Philippe de Montefquiou, Sieur de Lefchaux, fils de Meffire Jean-François de Montefquiou, Seigneur de Marfan, & de Demoifelle Calixte de Bezolles.

Pardevant moy Curé du lieu de Marfan, Diocefe & Sénéchaufée d'Auch, préfens les témoins fi après només, pour l'abfence de Notaire, fut préfent en fa perfone MESSIRE PHILIPPE DE MONTESQUIEOUT, Sieur de Lefchaus, fils à feu MESSIRE JEAN-FRANÇOIS DE MONTESQUIOUT, SEIGNEUR DUD. MARSAN, & à Demoifelle Califte de Befoles, ... étant de préfent au lit malade dans fon Château dudit Marfan . . . . a fait & dicté le préfent Teftament . . . . Premierement, .. veut eftre inhumé dans l'Eglife dudit Marfan, au tombeau de fes pere & mere, & pour fes honneurs funébres & prieres pour fon ame il le laiffe à la difcrétion de Dame Jaquete de Boiffoft-de Campels, fa belle-fœur; ... legue . . . . . à HENRY DE MONTESQUIOUT, SON FRERE, la fome de mille livres; . . . à à Demoiselle Noble Catherine de Montesquiout , fille à Feu Messire Pierre de Montesquiout , sa niece, la some de mille livres, payables... lorſqu'elle ſe colloquera en mariage ou entrera en Religion ;... à Noble Marc-Antoine de Montesquiout, son nepveu, la ſome de mille livres; ... à Noble Jean-Denis de Montesquiout, son nepveu, la ſome de mille livres ;... à Demoiselle Marie-Françoise de Montesquiout, aussi sa niece , la ſome de mille livres ; à Demoiselle Françoise de Montesquiout, auſſi sa niece , la ſome de mille livres ;... fait & nomme ... Noble Philippe de Montesquiout; son filhol et nepveu, fils à feu Messire Pierre de Montesquiout , ſon heretier univerſel ;... & après que le preſent teſtament a eſté leu... audit teſtateur par moy Joſeph Darquier , Curé dudit Marſan , ſouſſigné , en préſence des teſmoins ;... ledit teſtateur a declaré qu'il y perſiſte & deſire ycelui eſtre exécuté ... Fait le ... vingt-ſeptieme aouſt mil ſept cens onſe.

(Signé) Lechaux de Marſan, Teſtateur ; Darquier, Curé, &c.

Original en papier des Archives de la Maiſon de Monteſquiou.

CXLII.
4 Févr. 1740.

Premier Teſtament olographe de Dame Jacquette de Bouſſoſt-de Campels , veuve de Meſſire Pierre de Monteſquiou-de Marſan.

Je Jaquette de Bouſſos-de Campeils , veuve de Messire Pierre de Montesquiou-de Marsan ... ay voulu faire mon préſent Teſtament clos .. en la forme & maniere que ſuit ... Je veus que mon corps ſoit enſeveli dans l'Egliſe de Marſan , dans le tombeau où Meſſire de Monteſquiou-de Marſan , mon epous , eſt enſeveli ... & comme de mon mariage avec feu Messire Pierre de Montesquiou-de Marsan il en eſt ſurvenu nombre d'enfans, & qu'il ne m'en reſte que cinq actuellement vivans , deux garçons & trois filles , ſçavoir , Philippe , Marc-Antoine , Catherine , Marie-Françoise & Françoise ; je..... legue..... à Meſſire Marc-Antoine de Monteſquiou-de Marſan , mondit fils , la ſomme de vingt mille livres ... je....., legue..... a Dame Catherine de Monteſquiou-de Marſan , madite fille ainée , veuve de Meſſire d'Arrous-d'Eſtarbelle , Seigneur de Saria , une legitime telle que de droit ;.. je declare avoir conſtitué à Dame Marie-Françoiſe de Monteſquiou-de Marſan, ma ſeconde fille , dans ſon Contrat de mariage avec M. le Comte de la Tour , la ſomme de ſeize mil livres ;... je .... legue ..... à Dame Françoiſe de Monteſquiou-de Marſan, ma troiſieme fille , Religieuſe au Couvent de Boulauc , une penſion viagere de la ſomme de trente livres ;... je nomme , crée & inſtitue Meſſire Philippe de Monteſquiou-de Marſan, mond. fils ainé , mon héritier général & univerſel. (Ce qui ſuit eſt écrit de la main teſtatrice.) Tel eſt ma derniere volonté que j'ay faite écrire par une perſonne à moy bien connue & affidáiée ... Fet à Marſan le catre fevrier mille ſet ſans quarante ...

(Signé) de Campels-de Marſan, Teſtatriſe.

CXLIII.   Original en papier des Archives de la Maison de Montesquiou.

14 Mars 1749. Procuration de Messire Philippes de Montesquiou, Comte & Seigneur de Marsan, Crastes, &c. de Messire Marc-Antoine de Montesquiou, Seigneur de Saint Arroman, Chevalier de l'Ordre de St.-Louis, & de Marie-Françoise de Montesquiou, Comtesse de la Tour, freres & sœur, héritiers de Messire Henry de Montesquiou, Brigadier des Armées du Roi, & Commandant pour Sa Majesté en la Citadelle de Perpignan, à haut & puissant Seigneur Messire Pierre, Comte de Montesquiou, Lieutenant-Général des Armées du Roi, & Sous-Lieutenant de la premiere Compagnie des Mousquetaires, pour recevoir au Trésor Royal les appointemens dûs aud. feu Henry de Montesquiou.

L'an mil sept cents quarante neuf & le quatorzieme jour du mois de mars, au Chateau noble de Marsan ... pardevant moy Notaire Royal d'Aubiet, & présens les temoins bas à nommer, constitués en leurs personnes MESSIRE PHILIPPE DE MONTESQUIOU, COMTE & SEIGNEUR DE MARSAN, CRASTES., & autres places; MESSIRE MARC-ANTOINE DE MONTESQUIOU, Chevalier de l'Ordre militaire de S. Louis, Seigneur de S. Arroman, habitant audit Chateau de Marsan, & DAME MARIE-FRANÇOISE DE MONTESQUIOU, Comtesse & Seigneuresse de la Tour & autres places ... lesquels en qualité de cohéritiers de feu MESSIRE HENRY DE MONTESQUIOU, BRIGADIER DES ARMÉES DU ROY & son Commandant à la Citadelle de Perpinan, ont ... constitué pour leur Procureur haut & puissant Seigneur PIERRE COMTE DE MONTESQUIOU, Lieutenant Général des Armées du Roy & Sous-Lieutenant de la premiere Compagnie des Mousquetaires, .. auquel lesd. Seigneurs constituans donnent pouvoir de pour eux & en leur nom demander & retirer du Trésor Royal ou autres, tous les arrérages des appointemens qui sont dus aud. feu Seigneur de Montesquiou, &c. ... Fait & récité es presences de Messire Antoine Bartis ... Curé dudit Marsan, &c., & de moy Notaire ...

(*Signé*) Biane, Note. Royal.

CXLIV.   Original en papier des Archives de la Maison de Montesquiou.

14 Mars 1751. Autre Procuration de Dame Jacquette de Boussost, veuve de Messire Pierre de Montesquiou, Comte de Marsan, à Messire Marc-Antoine de Montesquiou, Seigneur de Saint Arroman, Chevalier de l'Ordre de Saint-Louis, son fils, pour partager les successions de Marc-Antoine & de Guy (de Boussost) de Campels, à elle échues & à Madame la Comtesse de Montpezat, sa sœur.

L'an mil sept cent cinquante-un & le quatorfieme jour du mois de mars, au Chateau noble de Marsan ... pardevant moy Notaire Royal d'Aubiet, & presens les temoins bas à nommer, constituée en sa personne Dame Jacquette de Boussost de Campels, veuve de MESSIRE PIERRE DE MONTESQUIOU, Comtesse & Seigneuresse de Marsan, Crastes & autres places, .. laquelle ... a fait & constitué pour fon procureur MESSIRE MARC-ANTOINE DE MONTESQUIOU, Chevalier de l'Ordre Militaire de S. Louis, Seigneur de S. Arroman, habitant dudit Chateau de Marfan, fon fils, icy prefent & acceptant, auquel lad. Dame conftituante donne pouvoir de pour elle & en fon nom procéder au partage des biens qui font échus à lad. Dame & à la Dame Comteffe de Mompezat, fa fœur, des hérédités de Meffires Marc-Antoine & Guy de Campels, de la Maifon de Bazilac & de Pardeilhan ... Fait ... en préfence de Meffire Antoine Barrés, ... Curé dud. Marfan ... &c., & de moy Notaire. (*Signé*) Biane, No.^{re} Royal.

Original en parchemin des Archives de la Maifon de Montefquiou.

CXLV.

Contrat de mariage de haut & puiffant Seigneur Marc-Antoine, Comte de Montefquiou, Seigneur de Saint-Arroman, Lembege & autres places, avec Demoifelle Catherine de Narbonne-d'Aubiac.

9 Févr. 1752.

L'an mil fept cents cinquante-deux & le neuvième jour du mois de février, après midi, dans la ville de Flurance & dans le parloir des Dames Religieufes Sainte Urfule de lad. ville, pardevant moy Notaire Royal d'Aubiet, préfens les témoins bas à nommer, conftitués en leurs perfonnes HAUT ET PUISSANT SEIGNEUR MESSIRE MARC-ANTOINE COMTE DE MONTESQUIOU, SEIGNEUR DE SAINT ARROMAN, LEMBEGE ET AUTRES PLACES, réfidant au Château de Marfan, fils légitime & naturel à feu HAUT ET PUISSANT SEIGNEUR PIERRE DE MONTESQUIOU, COMTE DE MARSAN, SEIGNEUR DE CRASTES ET AUTRES PLACES, & de Dame Jacquette de Bouffoft-de Campels, Comteffe de Marfan, Seigneureffe de Leymont, Saint Michel, Sadournin, Bazet, Caftera & autres places, affifté de haut & puiffant Seigneur Meffire François de Lary, Comte de la Tour, Seigneur de Miramont, Gavarret, la Lane, Manfempuy & autres places, d'une part; & Demoifelle Catherine de Narbonne, ... fille légitime & naturelle de feu haut & puiffant Seigneur Meffire François, Comte de Narbonne, Seigneur d'Aubiac, Sapon, las Martres & autres places, & de Dame Olive-Angelique du Gout, fa mere, & de ladite Dame affiftée, & de Meffire François, Abbé de Narbonne, Bafchelier en Théologie de la Faculté de Paris, fon frere; de Meffire Jean du Gout, Seigneur de Taillac, Muret & autres places, fon oncle; de Dame Catherine du Gout, veuve de Meffire Jean de Groffolles, Seigneur de Saint Martin; de Meffire Jean-François de Monlezun, Seigneur de Boufigues; de Meffire Daniel, Marquis de Carbonneau, Seigneur de Saint Denis, de Pynjan; & de Meffire Paul-Florent de Manas, Sieur de Lamefan, fes coufins, d'autre part; lefquelles parties ont promis de fe prendre refiproquement en mariage & icelui folemnifer felon les conftitutions canoniques. Pour fupport des charges duquel mariage, en faveur & contemplation d'icelui, ledit Seigneur Abbé de Narbonne, en qualité de procureur fondé de haut & puiffant Seigneur Meffire Jean-François Comte de Narbonne, Colonel du Régiment de Soiffonés & premier *Jeantilhomme* de Son Alteffe Royale de l'Infant Dum Philippe, Duc de Parme, ... a conftitué en dot à ladite Damoifelle .... fa fœur, au nom dudit Seigneur, fon frere aîné, la fomme de quinze mille livres pour fa légitime paternelle ... Fait & recité es préfences de Me Arnaud Lomin, Procureur au Sénéchal de Lectoure .... & autres par moy Notaire.

(*Signé*) Biane, No.^{re} Royal.

CXLVI.

Original en parchemin des Archives de la Maison de Montesquiou.

31 Mars 1760.

Second Teftament olographe de Jacquette de Bouffoft de Campels, veuve de Meffire Pierre de Montesquiou-de Marfan, Comte de Marfan, & Acte d'ouverture dudit Teftament.

L'an mil fept cent foixante, & le trente unieme jour du mois de mars, ... dans le Château noble de Marfan près de la ville d'Auch, pardevant le Notaire Royal d'icelle fouffigné, en préfence des temoins bas nommés, feut préfent MESSIRE PHILIPPE DE MONTESQUIOU, SEIGNEUR COMTE DUD. MARSAN & autres lieux, demeurant dans ledit Château, qui nous a dit que pour parvenir à remplir les dernieres difpofitions de feue Dame Jacquete de Bouffo/s-de Campels, fa mere, veuve de MESSIRE PIERRE DE MONTESQUIOU, SEIGNEUR COMTE DUD. MARSAN, contenues dans fon Teftament myftique ... nous a fait prier de nous rendre au préfent Château pour en faire l'ouverture, & en même temps Dame MARIE-FRANÇOISE DE MONTESQUIOU, époufe de Meffire François de Lary, Comté de la Tour, Seigneur de Miramont, Gavarret, la Lane, Maufenpous, Pembiel &c. ... & fait affigner Dame CATHERINE DE MONTESQUIOU, veuve de Meffire François d'Arroux, Seigneur de Tilloufe, d'Eftanfan & autres lieux; ... pour être préfentes à lad. ouverture; ... & attendu que .. lad. Dame d'Eftanfan ne fe prefente point; .. & que ... MESSIRE MARC-ANTOINE DE MONTESQUIOU-DE MARSAN, led. Seigneur Comte de la Tour, chargé de procuration de lad. Dame de Montesquiou, fon époufe, .. font icy prefens, .. led. Seigneur Comte de Marfan, nous a requis ... de proceder .. à l'ouverture, leÉure, publication & enregiftrement dudit Teftament; .. ce que nous avons fait à l'inftant & tranfcrit l'un après l'autre, dont la teneur s'enfuit.

JE Jacquette de Bouffols-de Campels, veuve de MESSIRE PIERRE DE MONTESQUIOU-DE MARSAN, SEIGNEUR COMTE DE MARSAN, .. ay voulu faire mon préfent Teftament clos ..... en la forme & maniere que fuit ... Lorfqu'il plaira à Dieu de féparet mon ame de mon corps, je veux qu'il foit enfévely dans l'Eglife du préfent lieu de Marfan & dans le tombeau ou Meffire Pierre de Montesquiou, Seigneur Comte de Marfan, mon époux eft enfevely; .... je déclare que de mon mariage avec ledit Seigneur de Montesquiou, Comte de Marfan, il en eft furvenu nombre d'enfans, defquels il ne m'en refte que cinq aÉuellement vivans, deux garçons & trois filles fçavoir, PHILIPPE, MARC-ANTOINE, CATHERINE, MARIE-FRANÇOISE ET FRANÇOISE DE MONTESQUIOU, je déclare avoir conftitué aud. MARC-ANTOINE DE MONTESQUIOU, MON FILS CADET, dans fon contrat de mariage, paffé par Me Bianc, Notaire d'Aubiet, la fomme de vingt mille livres, au moyen de laquelle je le fais, nomme & inftitue pour mon héritier particulier; je donne, ... à Dame Catherine de Montesquiou-de Marfan, ma fille aynée, veuve de Meffire d'Arroux-d'Eftarbielle, Seigneur de Sariac, une légitime telle que de droit; .. je declare avoir conftitué à Dame Marie-Françoife de Montesquiou-de Marfan, ma feconde fille, dans fon Contrat de mariage avec Monfieur le Coæte de la Tour, la fomme de feize mille livres, .. je donne à Dame Françoife de Montesquiou-de Marfan, ma troifieme fille, Religieufe au Couvent de Bouleau, une penfion viagere de la fomme de trente livres; ... je fais, nomme & inftitue pour mon héritier général & univerfel ... led. Meffire Philippe de Montesquiou, Comte de Marfan, mon cher fils ayné. .... Telle eft ma volonté

qeu j'ay fait efcrire d'une main à moy affidée, & après l'avoir examiné . . . j'ay
figné au bas de chaque page. Fait à Marfan, le vingt un decembre mil fept cens
cinquante fept. De Campels de Marfan, Teftatrice, figné au bas de chaque page.
L'an mil fept cens cinquante fept & le vingt unième jour du mois de decembre . . .
dans le Château noble de Marfan, près la Ville d'Auch, pardevant le Notaire Royal dudit Auch, en prefence des temoins bas nommés, feut prefente
Dame Jacquete de Bouffols-de Campels, veuve de Meffire Pierre de Montefquiou,
Seigneur Comte de Marfan . . . laquelle nous a remis . . . le papier dans lequel
elle nous a declaré avoir fait fon Teftament clos, . . . & . . . elle nous a requis de
mettre le prefent acte de fubfcription fur ledit papier, que lui avons accordé.
Fait . . . en prefence des Sieurs Antoine Sanfo, &c. . . . & noufdit Notaire. . .
de laquelle ouverteure, lecteure, publication & enregiftrement ledit Seigneur
Comte de Marfan nous a requis acte . . . Fait . . . en prefence des Sieurs Raymond Duran, &c. . . , Expedié à mondit Sieur de Montefquiou, Comte de
Marfan, héritier, ledit jour.

(*Signé*) Courtade, Nore. Royal.

Original en papier des Archives de la Maifon de Montefquiou.

CXLVII.
1er. Avril 1783.

Contrat de mariage de très-haut & très-puiffant Seigneur, Monfeigneur Philippes-André-François de Montefquiou-Fezenfac, Vicomte de Montefquiou, Colonel en fecond du Régiment de Lyonnois
Infanterie, avec Demoifelle Louife-Jofephine de Lalive-du-Châtelet.

Pardevant les Confeillers du Roy, Notaires au Châtelet de Paris, fouffignés.
Furent prefents très-haute & très-puiffante Dame Madame Francoife de Chalus,
Ducheffe de Narbonne, Dame d'Honneur de Madame Adelayde de France, époufe
de très-haut & très-puiffant Seigneur Monfeigneur Jean-François Duc de Narbonne,
premier Gentilhomme de la Chambre de l'Infant Duc de Parme, Maréchal des
camps & armées du Roy, Commandant pour Sa Majefté dans les Evechés de Caftres,
Lavaur, & Alby, madite Dame Ducheffe de Narbonne, ftipulant icy au nom &
comme procuratrice, 1º. DE TRES-HAUT ET TRES-PUISSANT SEIGNEUR MONSEIGNEUR
MARC-ANTOINE DE MONTESQUIOU-FEZENSAC, COMTE DE MONTESQUIOU, BARON
D'AUBIET ET D'AIGNAN, CHEVALIER ANCIEN de l'Ordre Royal & Militaire de
Saint-Louis, & de très-haute & très-puiffante Dame Madame Marie Catherine
de Narbonne, Comteffe de Montefquiou, fon époufe, . . . 2º. & DE TRES-
HAUT ET TRES-PUISANT SEIGNEUR MONSEIGNEUR PHILIPPE DE MONTESQUIOU-
FEZENSAC, COMTE DE FEZENSAC, CHEF DU NOM ET ARMES DE LA MAISON DE
MONTESQUIOU, NOMMÉ CY-DEVANT LE COMTE DE MARSAN, SEIGNEUR DUDIT
LIEU DE MARSAN, CRASTES, LAYMONT, BAZET ET CASTERA, en vertu de la com-
mune procuration qu'ils ont paffée à madite Dame, devant Me. Biane, Notaire
Royal du lieu de Nogaroulet, en Armagnac, Diocefe & Senéchauffé d'Auch, . . .
le 23 fevrier dernier · · · · TRÈS-HAUT ET TRÈS-PUISSANT SEIGNEUR MON-
SEIGNEUR PHILIPPES-ANDRÉ-FRANÇOIS DE MONTESQUIOU-FEZENSAC,
VICOMTE DE MONTESQUIOU, Colonel en fecond du Régiment Lyonnois Infan-
terie, FILS DESDITS SEIGNEUR ET DAME COMTE ET COMTESSE DE
MONTESQUIOU, ET NEVEU DE MONDIT SEIGNEUR COMTE DE FE-
ZENSAC, emancipé · · · · par madite Ducheffe de Narbonne, fa tante ma-
ternelle, en vertu de la procuration cy-deffus énoncée du madit Seigneur Comte
de Montefquiou, fon pere, fuivant le procès-verbal fait · · · · pardevant Monfieur le
Lieutenant Civile dudit Châtelet · · · · Madite Dame Ducheffe de Narbonne &

mondit Seigneur Vicomte de Montefquiou , d'une part; Dame Marie Louife-Jofephe de Nettine, veuve de Meffire Ange-Laurent de Lalive , Chevalier, Baron du Châtelet , Marquis de Removille , Seigneur de Franc-Aleu noble de Saint Romain-de Vienne , Brunoy & autres lieux, Honoraire amateur de l'Académie Royale de Peinture & Sculpture , & de l'Académie Imperiale de Petersbourg , ancien Introducteur des Ambaffadeurs & Princes Etrangers auprès de Sa Majefté, ftipulante en fon nom ... & encore pour Louife-Jofephine de Lalive , Demoifelle âgée de dix-huit ans , fa fille , & de mondit feu Sieur de Lalive , à ce prefent & confentante ... Dame Rofalie-Claire-Jofephe de Nettine , epoufe de Meffire Jean-Jofeph de la Borde , Ecuyer , Vidame de Chartres ; Seigneur Chatelain de la Ferté-Vidame , de Marchainville & Neuville , Chataincourt & de Rottignon , Saint Lubin-de Crevant , Seigneur & haut-Jufticier de Saint Efcobille , Merobert , Boutervilliers , Mervilliers , Granville, Vaugrigneufe , Seigneur de Hattonville, Groflieu & autres lieux , Gouverneur pour le Roy de la Ville de Caffeneuil , Confeiller-Secrétaire de Sa Majefté , Maifon Couronne de France & de fes Finances , Honoraire .... & Dame Anne-Rofe-Jofephe de Nettine , epoufe de Meffire Jofeph Micault-d'Harvelay , Confeiller d'Etat , Garde du Tréfor Royal , Seigneur du Marquifat de Toucy , Fontaine-la-Bruere , du Comté de Seris , de Chatifer , Jablines , Varennes & autres lieux ... Mefdites Dame & Demoifelle de Lalive , & mefdites Dames de la Borde & d'Harvelay , d'autre part ; lefquels , avant de paffer outre à la célébration du mariage propofé .... entre mondit Seigneur Vicomte de Montefquiou & madite Demoyfelle de Lalive . . . ont fait & arrêté le traité civil dudit mariage , . . en préfence & de l'agrément de Leurs Majefté le Roy & la Reine , de Leurs Alteffes Royales Monfieur & Madame , de Leurs Alteffes Royales Monfieur le Comte & Madame la Comteffe d'Artois , de Monfeigneur le Duc d'Angoulême , de Madame Elifabeth , & de Mefdames Adelayde & Victoire ; & en la préfence ; favoir , de la part de mondit Seigneur Vicomte de Montefquiou , futur époux , de Illuftriffime & Reverendiffime Seigneur Monfeigneur François de Narbonne-Lara , Evêque d'Evreux , fon oncle maternel; DE TRES-HAUT ET TRES-PUISSANT SEIGNEUR MONSEIGNEUR ANNE-PIERRE DE FEZENSAC , MARQUIS DE MONTESQUIOU , BARON DE MONTESQUIOU , ET EN CETTE QUALITÉ PREMIER BARON D'ARMAGNAC ET CHANOINE HONORAIRE DE L'EGLISE MÉTROPOLITAINE D'AUCH, Seigneur de la Châtellenie Pairie de Coulommiers en Brie, Maupertuis , Touquin , Meilhan , Valentés & autres lieux , Maréchal des camps & armées du Roy , Premier Ecuyer de MONSIEUR , Frere de Sa Majefté, Capitaine des Chaffes de la Capitainerie Royale de Senars , Commandeur, Chancellier-Garde des Sceaux des Ordres Royaux & Militaires & Hofpitaliers de Notre-Dame du Mont-Carmel & de Saint-Lazare de Jérufalem ; & de très-haute & très-puiffante Dame Madame Jeanne-Marie Hocquart , Marquife de Montefquiou , fon époufe ; DE TRES-HAUT ET TRES-PUISSANT SEIGNEUR MONSEIGNEUR ELISABETH-PIERRE DE FEZENSAC DE MONTESQUIOU , BARON DE MONTESQUIOU , Premier Ecuyer de MONSIEUR , Frere du Roy , en furvivance de Monfieur le Marquis de Montefquiou , fon pere , & de très-haute & très-puiffante Dame Madame Louife-Charlotte-Françoife le Thellier-de Montmirail-de-Cruzy , Baronne de Montefquiou , fon époufe ; DE TRES-HAUT , TRES-PUISSANT SEIGNEUR MONSEIGNEUR JOSEPH-PAUL DE FEZENSAC-DE MONTESQUIOU , COMTE D'ARTAIGNAN , ancien Lieutenant au Régiment des Gardes Françoifes , Chevalier de l'Ordre Royal & Militaire de Saint-Louis ; DE TRES-HAUT ET TRES-PUISSANT SEIGNEUR MONSEIGNEUR LOUIS DE FEZENSAC-de MONTESQUIOU , CHEVALIER D'ARTAIGNAN , Seigneur de Jenfac , Barbachin , & autres lieux , Capitaine des Grenadiers au Régiment des Gardes Françoifes , Colonel d'infanterie , Chevalier de l'Ordre Royal & Militaire de Saint-Louis , Commandeur de celui de Saint-Lazare ;

zare ; mefdits Seigneurs de Montefquiou , tous quatre coufins paternels ; de très-
haute & très-puiffante Dame Madame Gertrude-Marie-Louife Bombarde. de Beaulieu , veuve de TRÈS-HAUT ET TRÈS-PUISSANT SEIGNEUR MONSEIGNEUR
PIERRE COMTE DE MONTESQUIOU , Lieutenant Général des armées du
Roi, qui étoit coufin paternel; de MONSIEUR LE BARON ET DE MADAME LA
BARONNE DE MONTESQUIOU; de Monfieur le Vicomte de Narbonne , coufin
maternel;.. & de plufieurs autres fes parens & amis; . . . & de la part de madite Demoifelle de Lalive , future époufe , de très-haute & très-puiffante Dame Madame Louife-Jofephine-Angelique de Lalive , Vicomteffe de Vintimille , fa fœur ,
époufe de très-haut & très-puiffant Seigneur Monfeigneur Jean-Baptifte.-Jofeph-
Hubert de Vintimille, des Comtes de Marfeille , Vicomte de Vintimille, Capitaine
des Vaiffeaux du Roy, Chevalier de l'Ordre Royal & Militaire de Saint Louis ; . . .
de haut & puiffant Seigneur Dominique de Belfunce , Vicomte. de Belfunce, Grand
Bailli du Pays de Mixe , Colonel d'Infanterie, & de haute & puiffante Dame Ange-
lique-Louife-Charlotte de Lalive , Vicomteffe de Belfunce, fon époufe, elle coufine
germaine paternelle ; . . . de haute & puiffante Dame Marie-Therefe-Emilie de Belfunce , Chanoineffe de l'Argentieres , coufine iffue de germain paternel , . . . & de
plufieurs autres parens & amis de madite Demoifelle future époufe ; . . . . madite
Dame Ducheffe de Narbonne, pour & au nom de fdits Seigneur & Dame, Comte
& Comteffe de Montefquiou , pere & mere, en vertu de leur procuration , fait . . .
donation entre-vifs . . . . . à mondit Seigneur Vicomte de Montefquiou , leur fils
ainé , ... 1°. de la Baronnie d'Aubiet & de la Baronnie de Daignan , leurs cir-
conftances & dépendances unies ou non unies, fituées entre Auch & Gimont , fur la
grande route d'Auch à Touloufe , appartenantes audit Seigneur Comte de Montefquiou pere. 2°. De tous les droits de ladite Dame Comteffe de Montefquiou,
mere, . . . qu'elle auroit à prétendre contre led. Seigneur fon mari, & fur fes biens.
3°. Et de tous les autres biens préfens & à venir . . . defd. Seigneur & Dame Comte
& Comteffe de Montefquiou ; . . . Madite Dame Ducheffe de Narbonne , pour &
au nom de mondit Seigneur Comte de Fezenfac , oncle , fait auffi . . . . donation
pareillement entre-vifs . . . . à mondit Seigneur Vicomte de Montefquiou , fon neveu . . . 1°. du Comté de Marfan , ... 2°. de la Baronnie de Craftes . . . 3°. de la Terre de Laymont , . . . dans le Diocefe de Lombés, 4°. de la
Terre de Bafets . . . . 5°. de la Terre de Caftera . . . .

Ces deux Terres font fituées en Bigorre.

6°. Et de tous les biens préfens & à venir de mondit Seigneur Comte de Fezenfac...
Ces donations ainfi faites par madite Dame Ducheffe de Narbonne . . . . fous
conditions expreffes , . . . 1°. de l'ufufruit en faveur de mefdits Seigneurs Comte de
Montefquiou & Comte de Fezenfac, freres , . . . de tous les biens ci-deffus énoncés , fauf toutesfois des Terres de Laymont , de Bafets & Caftera , . . . defquelles . . .
mondit Seigneur Vicomte de Montefquiou . . . . aura la jouiffance, à compter du
jour de fon mariage ; 2°. de l'ufufruit en faveur de madite Dame Comteffe de Montefquiou, mere , au cas qu'elle furvive mondit Seigneur de Montefquiou , fon mary ,
& mondit Seigneur Comte de Fezenfac, fon beau-frere , du Comté & Seigneurie
de Marfan ; . . . 3°. à la charge de fournir après le décès du furvivant de mefdits Seigneurs & Dame , Comte & Comteffe de Montefquiou & de mondit Seigneur Comte
de Fezenfac , ... la fomme de quarante mille livres , à chacun des quatre enfans de
mefdits Seigneurs & Dame Comte & Comteffe de Montefquiou . . . . . nommés ,
favoir , TRÈS-HAUT ET TRÈS-PUISSANT SEIGNEUR MONSEIGNEUR
FRANÇOIS-XAVIER-MARIE-ANTOINE DE MONTESQUIOU-FEZENSAC ,
Abbé de l'Abbaye Royale de Beaulieu ; TRÈS-HAUT ET TRÈS-PUISSANT SEI-
GNEUR MONSEIGNEUR FRANÇOIS-JOSEPH CHEVALIER DE MONTES-

N

QUIOU-FEZENSAC, Sous-Lieutenant des Gardes-du-Corps de Sa Majesté ; TRÈS-HAUTE ET TRÈS-PUISSANTE DEMOISELLE MADEMOISELLE JEANNE-ANNE DE MONTESQUIOU - FEZENSAC, ET TRÈS-HAUTE ET TRÈS-PUISSANTE DE-MOISELLE MADEMOISELLE JACQUETTE - PHILIPPINE DE MONTESQUIOU-FEZENSAC, &c....

Fait & passé, savoir ; à l'égard de leurs Majestés le Roy & la Reine, & de la Fa-mille Royale, au Château de Versailles ; à l'égard des Parties contractantes-, en la maison de mesdits Sieur & Dame ; & à l'égard des parents & amis de mesdits Sei-gneur & Demoiselle futurs époux, en leurs hôtels & demeures, l'an mil sept cent quatre-vingt trois, le premier avril.... & autres jours suivants, le tout du même mois. d'avril, & ont signé la minute des presentes, demeurée à Me. Ducloz-Du-fresnoy, l'un des Notaires soussignés.

(*Signés*) Quatremere & Ducloz.

SEIGNEURS D'ARTAGNAN &c.

CXLVIII.
17 Juillet 1418.

Archives de la Maison de Montesquiou.

Grosse en parchemin expédiée judiciairement en 1518. d'un

Accord passé entre Nobles Bertrand & Manaud de Montesquiou, freres, fils de Noble & puissant homme Messire Barthelemi de Mon-tesquiou, Seigneur de Marsan & de Salles, en Lauragais, par lequel Bertrand cede la Terre de Salles à Manaud qui lui cede celle de Marsan.

In nomine Domini. Amen.... Noverint universi... quod anno ab Incarnatione Domini millesimo quingentesimo decimo octavo & die decima quinta mensis junii, apud villam de Albineto, Auxis Diocesis, pro parte NOBILIS & POTENTIS VIRI PETRI de MONTEQUIVO, SCUTIFFERI, DOMINI LOCI DE MARSANO, fue-runt exhibite..... certe lictere compulsorie a Curia honorabilis viri Domini Judi-cis Fezenciaci, michi Bernardo de Palato, Notario, dicte ville de Albineto habi-tatori, per Anthonium de Balmes, Notarium publicum ac locum tenentem dicti Domini Judicis Fezenciaci, dicte ville de Albineto habitatorem, virtute quarum michi precepit... ad instanciam predicti Domini de MARSANO, .. eidem Nobili Domino de MARSANO tradere ... quoddam publicum quictacionis Instrumentum grossatum, .. in forma approbatoria, ... retentum per vitaffunctum Magistrum Geraldum Cuffaci, quondam Notarium dicte ville de Albineto, cujus collatio librorum michi pertinent ; ... quarum quidem licterarum precepti duplum tenor sequitur & est talis: Dominicus de Artivis, Dominus loci de Ardena ; in legibus licentiatus, Consiliarius Domini nostri * ... Francie, Comitis Armanhaci, Fezenciaci, .. ejus-que Judex ordinarius dicti Comitis Fezenciaci & Patrie Ripparie, .. salutem : pro parte NOBILIS ET POTENTIS VIRI PETRI de MONTESQUIVO, scurifferi, Domini LOCI de MARSANO, nobis, expositum extitit ... dicens se necessario habere & indigere, pro sui juris conservatione, quibusdam Instrumentis retentis per vitaffunc-tum Magistrum Geraldum Cuffaci, necnon per Magistrum Guilhermum Rabelli, quondam Notarium dicte ville de Albineto, que minime habere potest neque valet à Magistro Bernardo de Palato, etiam Notario & dictorum Notariorum collanario, ... quo circa singulis vestrum mandamus, quatinus ex parte dicti Domini nostri Comi-tis, .. dicto de Palato ... dicta Instrumenta eidem tangenti predicto de MONTES-QUIVO ..., tradere ... in forma approbatoria ... Datum in dicta villa de Albineto die decima quinta mensis junii anno Domini millesimo quingentesimo decimo octavo. (*Signé*) A. de Balmes, Notarius Regius, & ... processi ad ingrossacionem dicti Ins-tramenti, in dictis licteris notularibus dicti quondam Cuffaci, repperti, prout sequitur: Anno ab Incarnatione Domini millesimo quadringentesimo octagesimo tercio & die

Septima mensis julhii, . . apud locum de MARSANO, Comitatûs Fezenciaci, Auxis Diocesis, in predicti quondam Magistri Geraldi Cuffaci, Notarii publici, testiumque infrascriptorum presencia. Cum, prout ibidem dictum fuit, olim vivente NOBILI ET POTENTI VIRO DOMINO BARTHOLOMEO de MONTESQUIVO, MILITE, DOMINO DE MARSANO ET DE SALIS, NOBILES BERTRANDUS de MONTESQUIVO & MANALDUS DE MONTESQUIVO, FRATRES, filiique legitimi & naturales dicti Domini Bartholomey, de consensu . . . dicti eorum patris, invicem quandam quictationem fecerunt inter se, videlicet, quod dictus Nobilis Berttandus quictavit dicto Nobili Manaldo, locum de Salis, cum suis juribus, . . & dictus Nobilis Manaldus quictavit dicto Nobili Bertrando, locum de Marsano, cum suis redditibus ; . . de qua quictatione retentum fuit Instrumentum . . . per Magistrum Guilhermum Rabelli, Notarium publicum dicti loci de Albineto habitatorem, sub anno & die in eodem contentis ; hinc igitur fuit & est quod. . . constituti personaliter, videlicet, dictus Nobilis Berttandus de Montesquivo, ex una parte ; & dictus Nobilis Manaldus de Montesquivo, ex alia parte ; qui non decepti, . . . ratificando & confirmando dictam quictationem, . . . de novo & primo dictus Nobilis Bertrandus de Montesquivo . . . quictavit & remisit dicto Nobili Manaldo de Montesquivo, ejus fratri . . . locum de Salis, situm in Lauraguesio ; . . . & vice versa, dictus Nobilis Manaldus de Montesquivo . . . quictavit & remisit dicto Nobili Bertrando, de Montesquivo, . . . locum de Marsano, . . . necnon omnia jura, res . . . que & quas dictus Nobilis Manaldus de Montesquivo habet . . . in dicto loco de Marsano, . . racione juris nature, fratrisce, quarte trebellianice, . . . Acta fuerunt hec, . . . in presentia . . . Nobilium virorum JOHANNIS DE MONTESQUIVO, DOMINI LOCI DE MARSACO, Johannis de Golardo, Domini de Sancto Avito . . . & predicti condam Geraldi Cuffaci, Notarii publici, dicte ville de Albineto . . . habitatoris, qui de premissis, requisitus, presens instrumentum retinuit & in suis prothocollis regestravit; sed quia morte preventus, illud in publicam formam reddigere minime valuit, ideo ego Bernardus de Palato, Notarius publicus, dicte ville de Albineto habitator, cui collatio librorum, cedarum & prothocollorum dicti condam Cuffaci, per Dominum Judicem Fezenciaci, hoc presens Instrumentum, per alium michi fidelem Guoadjutorem scribi & grossari feci, indeque signo meo auctentico, quo in aliis meis utor Instrumentis, in fidem, robur & testimonium omnium & singulorum premissorum signavi.

(Signé) de Palato, *(avec sa marque.)*

Original en parchemin des Archives de la Maison de Montesquiou.

CXLIX.
13 Nov. 1490.

Lauzime donnée par Noble homme Manaud de Montesquiou, Ecuyer, Seigneur de Salles, de la vente d'un Mas mouvant de lui.

In nomine Domini. Amen. Noverint universi . . . quod anno ab Incarnatione ejusdem Domini millesimo quadringentesimo nonagesimo & die decima tertia mensis novembris, . . . apud locum de Salis, judicature Laurag * . . . Diocesis Mirapicensis & juxta Oratorium sive Crucem existentem prope cimeterium predicti loci, in mei Notarii publico & testium infrascriptorum presencia existens & personaliter constitutus . . . NOBILIS VIR MANALDUS DE MONTESQUIVO, SCUTIFFER, Dominus in alta, media & bassa Juridictione predicti loci de Salis, . . laudavit . . . & ex parte dominationis feudalis confirmavit, provido viro Guilhermo de la Serra, a paucis citra diebus habitatori predicto loci de Salis, . . . illam vendicionem nuper eidem Guilhermo de la Serra factam per Ramundum Malevila, habitatorem Borie sive Mansi de Copadels, Juridictionis . . . ipsius loci de Salis, de medietate predicte Borie de Copadels, . . sub precio ducentorum & sex decim scutorum cur-

* Le reste de ce mot est emporté dans l'original.

N ij

rentium ; . . prout in Inſtrumento dicte vendicionis per me Notarium infra ſcriptum ,
ſumpto die decima octava menſis octobris noviſſime pretheriti ; & anno preſenti . . .
prelibatus MANALDUS de MONTESQUIVO . . . dictam laudavit . . . venditionem . . .
eidem Guilhermo de la Serra, feudatario , . . ut ipſe feudatarius, ſuique heredes . . .
dent, . . & ſerviant Nobili MANALDO de MONTESQUIVO , Domino directo antedicto .
pro obliis & nomine obliarum, . . . ſingulis annis , . . duo ceſteria bladi frumenti,
medium ſcutum . . . . & duas gallinas . . . . Acta fuerunt hec anno , die, menſe
loco . . . quibus ſupra, in preſentia, teſtium & mei Guilhermi de Avinione, publici
auctoritate Regia Tholoſe Notarii, . . . loci de Avinhioneto habitatoris, qui de premiſſis, requiſitus, inſtrumentum recepi, hocque preſens . . . in hanc publicam formam redigi feci, deindeque hic manu mea propria me ſubſcripſi & ſigno meo publico & auctentico ſignavi . . .

(Signé) de Avinione. (avec ſa marque.)

CL.
26 Juillet 1492. Original en parchemin des Archives de la Maiſon de Monteſquiou.

Bail à fief & emphitéoſe paſſé par Noble homme Manaud de
Monteſquiou , Ecuyer , Seigneur de Salles , d'une piece de terre.

In nomine Domini. Amen. Noverint univerſi & ſinguli . . . quod anno ab Incarnatione Domini milleſimo quadringenteſimo nonageſimo ſecundo , & die viceſima
ſexta menſis Julii . . . apud locum de Salis, Dioceſis Mirapicenſis, in mei Notarii publici
& teſtium infraſcriptorum preſencia . . . conſtitutus perſonaliter videlicet NOBILIS VIR
MANALDUS de MONTESQUIVO, SCUTIFFER, Dominus in alta media & baſſa Juriſdictione
ejuſdem loci , cum mixto & mero imperio, necnón Dominus directus feudi infra-
ſcripti , dedit . . . . ad novum feudum ſive ad novam & perpetuam emphitheoſim
provido viro Guillermo dels Peyros , dicti loci de Salis, habitatori, . . . videlicet
quandam terre peciam , circa quinque carteriatas terre continentem . . . Acta
fuerunt hec . . . in preſentia teſtium . . . & Guilhermi de Avinione, publici Tholoſe Notarii, loci de Avinhioneto , in Lauraguaiſio, habitatoris , qui de premiſſis ,
requiſitus , . . manu mea propria me ſubſcripſi , & ſigno meo . . . ſignavi . . .

(Signé) de Avinione, (avec ſa marque.)

CL I.
3 Sept. 1492. Archives de la Maiſon de Monteſquiou.

Groſſe en parchemin délivrée judiciairement en 1518 , d'une

Vente faite par Noble homme Manaud de Monteſquiou , Seigneur
de Salles , comme procureur d'Agnès de Golard (Galard) veuve de
Meſſire Barthelemy de Monteſquiou , Chevalier , Seigneur de Salles
& de Marſan, à Noble Bertrand de Monteſquiou , Seigneur de Marſan , des droits appartenans à ladite Agnès de Golard , ſur la terre de
Marſan.

*Le commen-
cement de l'acte
eſt emporté par
vétuſté.

* . . . mini. Amen. Noverint univerſi . . . quod anno ab Incarnatione Domini milleſimo quingenteſimo decimo octavo & die decima quinta menſis junii , . . pro parte

NOBILIS ET POTENTIS VIRI Petri de Montesquivo, scutiffri, Domini Loci de Marsano, fuerunt exhibite . . . certe lictere compulsorie à Curia honorabilis viri Domini * . . . Bernardo de Palato, Notario, ... Ville de Albineto habitatori, per Magistrum Anthonium de Balmeys, Notarium publicum ac locum tenentem . . . Judicis Fezenciaci, dicte ville de Albineto, virtute * . . . . injunxit, ad instanciam dicti Domini de Marsano, illarum impetranti . . . expedire . . quoddam publicum emptionis Instrumentum grossatum, . . . retentum per vitaffunctum Magistrum Guilhermum Rabelli, condam Notarium; * . . . . collatio librorum pertinet michi cui quidem locum tenenti respondi & me obtuli obedire, quarum quidem . . . precepti duplum tenor, causa brevitatis, inseri omisi, * . . . . se * . . . . ., ingrossacionem dicti Instrumenti, in dictis licteris notularibus Rabelli, reperti, prout sequitur.

Anno ab Incarnatione Domini millesimo quadringentesimo nonagesimo secundo & die tertia mensis septembris constitutus . . . apud locum de Marsano, Comitatûs Fezenciaci, Auxis Diocesis, in predicti condam Magistri Guilhermi Rabelli, Notarii publici, testiumque infra scriptorum * . . . videlicet, NOBILIS VIR MANALDUS DE MONTESQUIVO, DOMINUS LOCI de SALIS, ut procurator . . . NOBILIS AGNE de GOLARDO, uxoris relicte DOMINI BARTHOLOMEY DE MONTESQUIVO condam, Militis * , . . . terrarum de SALIS & de MARSANO, . . . vendidit . . . NOBILI BERTRANDO DE MONTESQUIVO, DOMINO LOCI DE MARSANO . . . totum jus & omnem actionem quod & quam habebat supra locum de Marsano, ad causam cujusdem legati relicti per Dominum BARTHOLOMEUM DE MONTESQUIVO condam; . . . pro precio . . . ducentorum & quinquaginta scutorum; . . quod quidem precium predictorum dictorum ducentorum & quinquagenta scutorum, dictus NOBILIS MANALDUS de MONTESQUIVO, procuratorio nomine quo supra, ab eodem Nobili BERTRANDO DE MONTESQUIVO, Domino de Marsano, emptore, habuisse . . . recognovit, Acta fuerunt hec omnia . . . in presencia . . . Domini Geraldi de Fonte, Presbiteri, &c . . . testium & predicti condam Magistri Guilhermi Rabelli, Notarii publici, dicti loci de Albineto habitatoris, qui dictum instrumentum retinuit & in suis prothocollis regestravit, sed, quia morte preventus, illud grossare minime valuit, ideo ego Bernardus de Palato, Notarius publicus, dicti loci de Albineto habitator, cui collatio librorum, cedarum, notarum & prothocollorum dicti condam Magistri Guilhermi Rabelli facta existit, mediante collacione per Dominum Judicem Fezenciaci, hic, causa brevitatis, inseri omissa, hoc presens Instrumentum . . . grossari feci, indeque signo meo auctentico . . . in fidem . . . omnium & singulorum premissorum signavi.

[Signé] de Palato. (avec sa marque.)

Original en parchemin des Archives de la Maison de Montesquiou.

Cession faite par Ayssivet de Montesquiou, étant dans le dessein d'entrer en l'Ordre de Saint-Jean (de Jérusalem) à Noble Jean de Montesquiou le jeune, alias Galardon, son frere, de ses droits dans les successions de Noble & puissant homme Messire Barthelemy de Montesquiou, Chevalier Seigneur, de Salles & de Marsan, & d'Anne de Golard, (Galard) leur pere & mere.

In nomine Jhesu Xpi. Noverint universi . . . quod anno ab Incarnatione Domini millesimo quadringentesimo nonagesimo sexto, & die vicesima secunda mensis febroarii, apud locum de Manso-Sanctarum-Puellarum, Diocesis Sancti Papuli, NOBILIS EXIVETUS DE MONTESQUIVO, SCUTIFER, filius legitimus & naturalis NOBILIS ET POTENTIS VIRI DOMINI BARTHOLOMEI DE MONTESQUIVO, MILITIS

---

* * Le parchemin est encore emporté dans cet endroit de l'acte.
* idem.

* idem.

* * idem.

* idem.

* idem.

CLII.
21 Fév. 1496.

CONDAM, DOMINI LOCI DE SALIS, Diocefis Mirapifcenfis, & LOCI DE
MARSANO, Diocefis Auxis, & Nobilis Agne de Golardo, ejus uxoris, perfonaliter
conftitutus ... in mei Notarii publici & teftium prefencia fubfcriptorum, qui quidem
Nobilis Exivetus de Montefquivo ... dixit ... quod quatuor decim anni, vel
circà, poffunt effluxiffe, predictus condam Bartholomeus de Montefquivo, ejus pater,
ab hoc feculo migravit ... relictis fibi & eidem Domino Bartholomeo condam,
ejus patri, fuper viventibus, videlicet, NOBILIBUS VIRIS BERTRANDO DE MON-
TESQUIVO condam, MANALDO DE MONTESQUIVO, ARNALDO DE MON-
TESQUIVO, JOHANNE DE MONTESQUIVO, feniore, altero JOHANNE
DE MONTESQUIVO, Juniore alias GALARDO, MATHEO DE MONTES-
QUIVO, fcutifferis, & ipfo NOBILI EXIVETO DE MONTESQUIVO, nec
non JOHANNA de MONTESQUIVO, GALHARDA DE MONTESQUIVO, &
MARGARETA DE MONTESQUIVO, fororibus, omnibus filiis & filiabus legitimis
& naturalibus ejufdem condam Domini Bartholomei de Montefquivo, tam ex prima fua
uxore, quam ex dicta Nobili Domina Agneta de Golardo, ejus fecunda conjuge; dicens
ulterius idem Nobilis Exivetus de Montefquivo, quod poft deceffum ejufdem condam
Domini Bartholomei de Montefquivo, ejus patris, ad petendum ... & recipiendum
ab herede ejufdem condam Domini Bartholomei de Montefquivo, partem fuam bonorum & hereditatis predicti condam Domini Bartholomei de Montefquivo, eidem
Nobili Exiveto pertinentem, ... conftituit ... procuratorem fpecialem & generalem
videlicet, predictum Nobilem Matheum de Montefquivo, ejus fratrem, ... & ipfe
Nobilis Matheus parum fe minime curavit; quamobrem idem Nobilis Exivetus de
Montefquivo, eundem Nobilem Matheum de Montefquivo, ejus fratrem, a dicta
procuratione revocavit; ... & cum preffatus Nobilis Exivetus de Montefquivo ...
cupiat, defideret & affectet feu vellet effici feu fieri Religiofus Ordinis Sancti Johannis, & eidem Ordini, totis temporibus vite fue defervire, ac paffagium ultra-
marinum facere, propugnando, totis fuis viribus, contra inimicos Fidei Chriftiane; idcirco, anno & die fuperius fcriptis, idem Nobilis Exivetus de Montefquivo ... vendidit ... fupra nominato Nobili JOHANNI DE MONTESQUIVO, juniori, alias Golardo, ejus fratri ... omnia & fingula bona atque jura, omnesque raciones ... que
& quas predictus Nobilis Exivetus de Montefquivo habet ... feu pretendit ... in
bonis & hereditate predicti condam Nobilis & potentis viri Domini Bartholomey de
Montefquivo, Militis condam, ejus patris, quam etiam dicte Nobilis Domine Agne
de Golardo, ejus matris; ... hanc autem vendicionem fecit ... memoratus Nobilis
Exivetus de Montefquivo, venditor, preffato Nobili Johanni de Montefquivo,
alias Golardo, emptori, ... pro precio ... mille & ducentarum librarum turonenfium parvorum, monete currentis ... Acta fuerunt hec ... in prefencia .. Petri
Aycardy, ... teftium & mei Stephani Gilaberti, publici Tholofe auctoritate Regia, Notarii ejufdem Loci de Manfo-Sanctarum Puellarum habitatoris, qui
de premiffis requifitus, hoc prefens publicum vendicionis Inftrumentum recepi & in
meis libris regeftravi, indeque in hanc formam publicam redegi ... & groffari
feci, in quorum teftimonium ... figno meo auctentico confueto fignavi.

[Signé] Gilaberti, [avec fa marque.]

Original en parchemin des Archives de la Maifon de Montefquiou.
Arrêt du Parlement de Touloufe, rendu entre Pierre de Montefquiou, & Manaud de Montefquiou, fon oncle, d'une part; Jehan
alias Galardon, Arnaud, Jeannot, Aiffivet, Mathieu & Jeannette
de Montefquiou, freres & foeur dudit Manaud, & oncles & tante
dudit Pierre.

Entre PIERRE ET MANAUD DE MONTESQUIEU, oncle & nepveu, Efcuiers, appellans du Senefchal de Thouloufe . . . & défendeurs, d'une part ; & Jehan alias Golardon, Arnaud, Jehanot, Eyffivet, Mathieu & Jehannelle de Montefquieu, freres & fœur, appellez & requerans l'enterinement de certaines Leûres Royaulx, afin que la Court procedaft fur le principal avecque l'article d'appel, d'autre ; dit a efté que la Court . . . met l'appellation au néant & . . . enterinant lefdites Leûres . . . abfoult lefdits de Montefquieu, appellans & défendeurs, des peticions, demandes & conclufions . . . prinfes pardevant ledit Senefchal . . . par lefdits de Montefquieu, appellez & demandeurs, touchant la legitime de laquelle eftoit queftion, fur les biens de feu BARTHELEMY DE MONTESQUIEU, pere commun defd. Parties ; & fans defpens, tant de ladite caufe d'appel que de la matiere principale. Prononcé à Thouloufe, en Parlement le premier jour de juillet l'an mil cinq cens & feize.

[*Signé*] [de Boraffot].

Original en parchemin des Archives de la Maifon de Montefquiou.

Contrat de mariage de Noble Paul de Montefquiou, Ecuyer du Roy de Navarre, fils de Noble Manaud de Montefquiou, Seigneur de Salles, & de Noble Jacmete de Fontaines, avec Noble Jacmete d'Eftaing, Dame d'Artagnan.

In nomine Domini Amen. Noverint univerfi . . . Quod cum nuper Trataûum & proloqutum fuerit de matrimonio . . . contrahendo . . . . inter NOBILEM PAULUM MONTESQUIVO, Scutiferum Domini noftri Navarre Regis, Fuxi & Bigorre Comitis, filiumque naturalem & legitimum Nobilis Manaldi de Montefquivo & Nobilis Jacmete de Fontenes, conjugum, DOMINI LOCI DE SALIS, Patrie Lauraguefii & Mirapicencis Diocefis, ex una parte ; & Nobilem Jacmetam de Stagno, Dominam loci de Artanhano, filiamque etiam naturalem & heredem univerfalem Nobilium Sanfanerii de Stagno & Symone de Mairran, condam, ex alia parte ; & diûe partes & eorum amici communes velint . . . diûum Traûatum producere ad effeûum & diûum matrimonium . . . celebrare in facie Sanûe Matris Ecclefie ; & cum . . . ex antiqua confuetudine longediu . . . obfervatum fit dotes mulieribus que in matrimonium collocantur, conftitui . . . idcirco eft fciendum quod anno ab Incarnatione Domini millefimo-quingentefimo vicefimo quarto & die vicefima tertia menfis augufti . . . . apud diûum locum de Artanhano, Comitatûs Bigorre, & Tarvienfis Diocefis, in mei Notarii publici & teftium infra fcriptorum prefentia, exiftentes . . . fupra nominati Nobilis Paulus de Montefquivo, ex una parte ; & Nobilis Jacmeta de Stagno, Domina & heres univerfalis diûi loci de Artanhano, ex alia parte ; non induûi . . . fuper diûo matrimonio . . . ad invicem unanimiter . . . concordaverunt, eorumque Paûa . . . fecerunt, prout in quadam papiri cedula tenoris fequentis cavetur : « Paûes feytz paffatz & concordatz entre lo Noble Paulo de Montefquiu, Efcu- » dier de noftre Seigneur lo Rey de Navarre, Conte de Foix & de Begorre, filh na- » turau & legitima de Noble Manaud de Montefquiu, Senhor de Salas, en lo pays » de Lauragués, & Diocefa de Mirapés, & Noble Jacmeta de Fontenes, filha de » Feudelha, d'una part ; & la Noble Jacmeta d'Eftang, Donna d'Artanha, auxi filha » naturau & legitima de Nobles Saufane d'Eftang, & Symona de Maioran, en lor » vivant, Senhors deudit Artanha, d'autre part ; & affo fus lo matrimony convengut » entre lafdites partidas, en la forme & maneyra que s'enfeguis ; . . es eftat . . . con- » cordat entre lafd. partidas, que lod. Paulo de Montefquiu & Jacmeta d'Eftang feran » marit & molhe ; . . que per fuppottar los *cars* deudit mariatge, lodit Noble Paulo » de Montefquiu portara . . . fus los *biens* . . . de ladite Noble Jacmeta d'Eftang, fa » molhe, la foma de tres milla libras tornezas . . . Fetz & paffatz los prefens Paûes

» en ïodit loc de Artanha lo ving très deu mes d'agoust mil cinq cens vingt & quatre.
» en la prefencia deus Noble Johan de Serirac, Bertrand de la Seran, Senhor de
» Cafans en Armanhac, ... Quafquidem conventiones & Pacta predicta ... tenere ...
promiferunt ... Acta fuerunt hec ... in prefentia ... fupradictorum. Nobilium
Johannis de Seriraco, Domini dicti Loci, Bertrandi de la Serano, Domini de
Cafalibus, in Armanhaco, ... teftium ... & mei Enrici Roufelli, Clerici, publici,
auctoritate Nobilium virorum Dominorum de Capitulo Tholofe, Notarii, Ville de
Sellis, Bituricencis Diocefis oriundi, nunc vero predicti loci de Artanhano habitatoris, qui, requifitus, de premiffis Inftrumentum retinui & in notam fumpfi, a qua
hoc prefens publicum Inftrumentum in hanc publicam formam redactum propria manu
fcripfi ... & figno meo publico & auctentico fignavi ...

[*Signé*] Roufelli. [*avec fa marque.*]

C L V.
23 Sept. 1524.

Original en parchemin des Archives de la Maifon de Montefquiou.

Codicille de Puiffant & prudent homme Jean de Montefquiou,
dit Golardon, Seigneur de Gelas, Lados, Cumont, &c. par lequel
il nomme exécuteurs d'un Teftament qu'il a fait auparavant, Nobles
hommes Mathieu de Montefquiou, Seigneur de Bernet, fon frere,
Antoine & Paul de Montefquiou, fes neveux, inftitue fon héritier
Imbert de Montefquiou, fon fils, & lui fubftitue ledit Mathieu,
fon frere.

In Dei nomine amen. Noverint univerfi ... quod anno ab Incarnatione Domini millefimo quingentefimo vicefimo quarto & die quadam veneris intitulata vicefima tertia
menfis feptembris ... perfonaliter conftitutus apud aulam de Maferiis, Fuxi Comitatûs & Diocefis Mirappicenfis, in mei Notarii publici & teftium infra fcriptorum
prefentia ... POTENS ET PROVIDUS VIR NOBILIS JOHANNES DE MONTESQUIVO,
DIT GOLARDON, Dominus locorum de Gelas, Diocefis de Condom, de Lados,
Diocefis Bazadenfis, de Cumon, Diocefis Montifalbini, & de Leyfaus, Diocefis
Auxienfis ... aliqua gravi fui corporis infirmitate detentus, dicens ... fuum ultimum
condidiffe Teftamentum de bonis fuis fibi a Deo datis, fumptum ... per difcretum
virum Magiftrum Stephanum Cheza, Notarium Villefranque de Carran, Diocefis
predicte de Condom, aut per alium Notarium receptum ... & quia ob caufam
longanimitatis temporis perfecte fibi non recordatur quis Notarius dictum fuum
Teftamentum ... receperit ... quia ultima voluntas cujufque teftauris feu codi-
cillare volentis ambulatoria extitit ufque ad fupreme vite exitum, codicillando ...
prenominatus Nobilis Johannes de Montefquivo, addendo dicto fuo Teftamento
ordinavit, prout fequitur ... ratifficavit ... omnia legata per eum dimiffa in dicto
ejus Teftamento ... voluit ... inhumari ... ad locum predictum de Villafranqua
de Carran, in fepultura fuorum predeceforum, conftituit ... fuos executores dicti
fui Teftamenti & prefentis fue ultime voluntatis videlicet, NOBILES VIROS MA-
THEUM DE MONTESQUIU, Dominum de Berneto, dicti codicillanti fratrem, AN-
THONIUM DE MONTESQUIVO, & PAULUM DE MONTESQUIVO, dicti codicillantis
nepotes; ... heredem fuum univerfalem faciendo ... NOBILEM VIRUM YMBER-
TUM DE MONTESQUIVO, ejus filium, ... & cafu quo dictus ejus heres decederet
inteftatus fine libero vel liberis ... in eum cafum heredem fuum univerfalem inftituit ... dictum Nobilem Matheum de Montefquivo, Dominum de Berneto, dicti
codicillantis fratrem ... Acta fuerunt hec ... in prefentia providorum virorum Vola-
fii Roelli, Petri Fabri, Presbiterorum ... teftium ... & mei Petri Fortis, publici,
auctoritate

auctoritate Nobilium virorum Dominorum de Capitulo Tholose, Notarii, Ville prædicte Maseriatum habitatoris, qui de premissis, requisitus, .. Instrumentum retinui &
in notam sumpsi ac in hanc publicam & autenticam formam ... grossari feci, post-
quam hic me subscripsi & signo meo autentico ... signavi ...

     [*Signé*] Petrus Fortis, [*avec sa marque.*]

Archives de la Maison de Montesquiou.

Grosse en parchemin expédiée judiciairement en 1532, d'une

Donation de Noble Paulon de Montesquiou, fils de Noble Manaud de Montesquiou, Seigneur de Salles, à Jacmette d'Estaing, Dame d'Artagnan, son épouse, de deux sommes d'argent
qu'il lui a promises par leur contrat de mariage.

In nomine Domini. Amen. Noverint universi ... quod anno ab Incarnatione Domini millesimo quingentesimo vicesimo quinto, die ultima mensis junii ... apud locum de Artanhano; Tarbiensis Diocesis; Senescallie Bigorre & in Castro sive aula
Domini ejusdem loci; cum prout ibi dictum fuit quod in Contractu matrimonii Nobilium Pauloni de Montesquivo, filii legitimi et naturalis
Nobilis Manaldi de Montesquivo, Domini loci de Salis, Patrie Lau-
raguesi, Diocesis Mirapicensis & Jacmete de Astagno, Domine proprietarie jam
dicti loci de Artanhano, conjugum, inter Nobilis Paulonus de Montesquivo promiserit ... asportare in domo jam dicte de Astagno ..., . summam trium mille
librarum turonensium, .. quam summam trium mille librarum dicta Nobilis Jacmeta
de Astagno etiam promiserit jam dicto de Montesquivo, viro suo, yppothecare ...
super jam dicto loco de Artanhano, ... ut latius dicitur constare instrumento
dictorum Pactorum matrimonialium retento per Magistrum Henricum Rosselli, Notarium ; & insequendo tenorem eorumdem dictus de Montesquivo exsolverit in
deductionem predicte summe trium mille librarum, ab una parte, summam mille
quinque centum librarum, & ab alia parte, septem centum librarum receptas, &
recognitas per dictam Nobilem Jacmetam de Astagno, super dicto suo loco de
Artanhano ; ... hinc est quod anno, die, loco predictis, constitutus personaliter
supradictus Nobilis Paulonus de Montesquivo, Dominus de presenti, loci de Artanhano, maritus supradicte Nobilis Jacmete de Astagno, Domine proprietarie
dicti loci de Artanhano, aliarum suarum dominationum ... donavit ... prenominate
Nobili Jacmete de Astagno, Domine jam dicti loci de Artanhano, ejus
uxori ... videlicet predictas summas mille quinque centum librarum ab una parte, &
ab alia parte, septem centum librarum ... per dictam de Astagno, ejus uxorem receptas ; .. hanc autem donationem ... dictus Nobilis Paulonus de Montesquivo,
jam dicte Nobili Jacmete de Astagno, uxori sue, fecit. ... ad causam amoris car-
nalis ; ... presentibus in premissis Sanceto de Colmeriis, Jacobo Galhard, .. testibus ... & Magistro Francisco de Sanctailhiis, Notario, quondam ... Ville ...
Rapistagni habitatore, qui ... predictum instrumentum retinuit & in suis libris & prothocollis regestravit ; sed morte preventus, illud grossare ... non valuit ;
post ejus mortem, libri & prothocolla predicti quondam de Sanctailhiis, necnon
alia acthenus sibi collata, michi Dominico de Sanctailhiis, Notario, ejus filio &
heredi Ville predicte Rapistagni habitatori, collata exiterunt per venerabilem Dominum Senescallum Bigorre & hoc mediantibus suis patentibus ... licteris ...
Datum Tarbie decima nona die mensis martii anno Domini millesimo quingentesimo trigesimo secundo, .. Idcirco ego predictus Dominicus de Sanctailhis, Notarius

          O

& collationnarius ante dictus presens instrumentum a libris & prothocollis predicti quondam Magistri Francisci de Sanctailhis . . . grossari feci & in hanc publicam formam redigere feci & facta diligenti collatione hic me subscripsi , signoque meo auctentico . . . signavi . . .

(*Signé*) de Sanctailhis , (*avec sa marque.*)

CLVII.
5 Décem. 1526.

'Archives de la Maison de Montefquiou.

Grosse en parchemin expédiée judiciairement en 1532 , d'une

Reconnoissance de Noble Jacmette d'Estaing , Dame d'Artagnan , à Noble homme Paulon de Montesquiou , son mari , Ecuyer du Roi de Navarre , fils de Noble Manaud de Montesquiou , Seigneur de Salles , d'une somme d'argent en déduction de celle qu'il lui a promise par leur Contrat de mariage , & assignation de cette somme sur la terre d'Artagnan.

In nomine Domini. Amen. Noverint universi . . . quod anno Domini millesimo quingentesimo vicesimo sexto & die quinta mensis decembris . . . apud locum de Artanhano, Diocesis Tarbiensis, Senescallie Bigorre, & in aula sive Castro ejusdem; cum prout ibidem dictum fuit . . . quod Contractus matrimonii fuerit passatus . . . inter NOBILEM VIRUM PAULONUM DE MONTESQUIVO, SCUTIFFERUM DOMINI NOSTRI REGIS NAVARRE , FILIUM LEGITIMUM ET NATURA-LEM NOBILIUM MANALDI DE MONTESQUIVO, DOMINI LOCI DE SALIS , Patrie Lauraguesii , Diocesis Mirapicensis & Jacobe de Funtas, conjugum, ex una ; & Nobilem Jacmam de Astagno , Dominam proprietariam ejusdem loci de Artanhano , aliarum dominationum , in quo quidem matrimonii Contractu , inter alia fuerit conventum . . . quod idem de Montesquivo . . . asportare tenebatur in Domo predicta de Artanhano . . summam trium mille librarum turonensium, . . quam summam trium mille librarum , dicta de Astagno pariter supradicto ejus viro recognoscere promisit super dicto loco de Artanhano ; . . hinc igitur fuit . . . constituta personaliter supradicta Nobilis Jacma de Astagno , Domina jam dicti loci de Artanhano . . . recognovit . . . . se habuisse & realiter recepisse à supradicto Nobili Paulono de Montesquivo , Domino dicti loci de Artanhano , ejus viro , . . . summam ducentarum viginti librarum turonensium , . . in deduc-tionem dicte summe trium mille librarum turonensium, & ultra, summas mille quin-que centum , ab una parte , & septem centum librarum , ab alia parte , per ipsam a dicto ejus viro receptas & per ipsam recognitas ; . . . quam quidem summam dictarum viginti librarum . . . . jam dicta Nobilis Jacma sive Jacmeta de Astagno , Domina predicta supradicto de Montesquivo , ejus viro . . . . ypothecavit . . . super dominationem . . . . ejusdem loci de Artanhano . . . Acta fuerunt hec . . . in presentia . . . Jacobi Galhard , Sancti de Colomeriis , Ville Rapistagni . . . testium . . . . & Magistri Francisci de Sanctailhiis Notarii , quon-dam . . . Ville predicte Rapistagni habitatoris , qui . . . presens Instrumentum retinuit & in suis libris & prothocollis regestravit ; sed , morte preventus , illud grossare nec in auctenticam formam redigere non valuit ; post ejus mortem libri & prothocolla predicti quondam de Sanctailhiis nec non alia sibi acthenus collata , michi Dominico de Sanctailhiis , Notario ejus filio & heredi , Ville predicte Rapistagni habitatori, collata extiterunt , per venerabilem virum Dominum Senes-callum Bigorre & hec mediantibus suis patentibus & apertis tituli collationis licteris ... Datum Tarbie decima nona die menſis martii anno Domini milleſimo quingenteſimo trigeſimo ſecundo .... Idcirco ego predictus Dominicus de Sanctailhis, Notarius & collationnarius antedictus preſens Inſtrumentum a libris & protocollis predicti quondam Magiſtri Franciſci de Sanctailhis.... groſſari & in hanc publicam formam redigi feci & diligenti collatione facta, hic me ſubſcripſi, ſignoque meo auctentico ſignavi ....

(Signé) de Sanctailhis, Not. (avec ſa marque.)

Original en parchemin des Archives de la Maiſon de Monteſquiou.

CLVIII.
7. Nov. 1527.

Ceſſion de Catherine de Saint Paul, veuve de Jean d'Eſtaing, Seigneur d'Artagnan, à Noble Paul de Monteſquiou, & à Jacmette d'Eſtaing, ſon épouſe, de ſes droits ſur la terre d'Artagnan.

In nomine Domini. Amen. Noverint univerſi : ... quod anno & die infra ſcriptis, apud locum de Riquali, Dioceſis Tarvienſis; cum dudum Nobilis Johannes de Aſtangno, Scutiſſer, Dominus loci de Artanhano quondam, in ſuo ultimo Teſtamento legaverat .... Nobili Catherine de Sancto Paulo, ejus uxori .... ſummam duarum mille librarum turonenſium .... in & ſuper domo.... & pertinentiis dicti loci de Artanhano ...... & in tali voluntate dictus Nobilis Johannes de Aſtangno .... deceſſerat .... relicta, ipſa de Sancto Paulo, ab eo orbata, que nulla ſolutione dicte ſumme ſibi legate nec aliarum rerum ſibi per eundem de Aſtangno, ejus virum, debitarum huc uſque conſequi potuit ; .... & cum ipſa ſit Nobilis Catherina mulier & ex Nobili proſapia deſcendens, cui litigando aut alias vagari non decet, & ſine debato .... vivere obtans; hinc igitur ſi quidem fuit & eſt quod anno ab Incarnatione Domini milleſimo quingenteſimo viceſimo ſeptimo & die ſeptima menſis novembris .... apud predictum locum de Riquali ... in mei Notarii publici, teſtiumque infraſcriptorum preſentia .... perſonaliter conſtituta ſupradicta Catherina de Sancto Paulo, uxor Nobilis Patricii de Canna, ... ceſſit .... NOBILIBUS PAULO DE MONTESQUIVO & Jacmete de Aſtangno, conjugibus, totum & omne illud jus, omneſque actiones .... ſibi, ratione premiſſorum legati, dotis & agenſamenti, dicte Nobili Catherine .... pertinentes, ... in loco & domo de Artanhano; .... hanc autem ... ceſſionem ... feciſſe dixit dicta Nobilis Catherina de Sancto Paulo... pro precio ... duarum mille librarum turonenſium ... Acta fuerunt hec ... preſentibus Augerio de Superiori, Guilhameto de Comis, loci predicti de Riquali habitatoribus, teſtibus . ; & Johanne de Miranda, publico, auctoritate Comitali Bigorre, Notario, qui de premiſſis Inſtrumentum ſumpſi & in meis prothocollis regeſtravi, ex quibus hoc publicum inſtrumentum .... abſtraxi & ſignavi.

(Signé) de Miranda. (avec ſa marque.)

Original en parchemin des Archives de la Maiſon de Monteſquiou.

CLIX.
24. Octob. 1540.

Reconnoiſſance de Demoiſelle Jacquette d'Eſtaing, Dame d'Artagnan, à Noble Seigneur Paulon de Monteſquiou, ſon mari, de la ſomme de ſix mille livres par lui apportée en mariage, & abandon par elle au même, de la Seigneurie d'Artagnan, au cas qu'elle meure avant lui, juſqu'à ce qu'il ait été rembourſé de cette ſomme.

Au nom de Dieu. Amen. Saichent tous ... que l'an de grace mil cinq cens quarante

O ij

& le vingt quatriefme jour du moys d'octobre ... au lieu & maifon feigneuriale d'Artanhan, Comté de Bigorre & Diocefe de Tarbe, en la préfence des tefmoins bas nommés & pardavant moy Notaire foubzfigné, eftant en fa perfonne Damoyfelle Jacquete d'Aftaing, Dame propriétaire dudict lieu d'Arthanhan, ... époufe ... de NOBLE SEIGNEUR PAULON DE MONTSQUIU, laquelle, eftant quelque peu mal de fa perfonne ... & bien de fon fens, ... & en la préfence dudict de Montfquiu, fon mary ... a dict ... comment au Contrault du mariaige faict ... entre lefd. de Aftaing & de Montfquiu ... & depuis célébré en face de Saincte Maire Efglife .... fut accordé ... que ledict Paulon s'en viendroit faire fa demeurance avec ladicte d'Eftaing, audict lieu & maifon feigneurialle d'Artaignan, & .... portatoit ... en faveur dudict mariaige, à ladite d'Aftaing ... la fomme de troys mille livres ... laquelle dicte fomme la mefme d'Aftaing ... a confeffé ... avoir efté par ledict Seigneur fon mary a elle ... baillée; ... & convertie aulx affaires, ... utilité & mélioration de ladicte d'Aftaing, fes biens & maifons fufd.; ... & oultre ladicte fomme a le mefme de Montefquiu porté à ladicte d'Aftaing, fa fame ... aultres troys mille livres, ... revenant toute ladicte fomme à fix mille livres, laquelle dicte fomme ... ladicte d'Aftaing confeffe avoir reeue dud. fon mary, ... & ... par la teneur du préfent Inftrument, a affigné ... fur ... le bien, Seigneurie, rentes, ... de la maifon & Seigneurie d'Artaignan; ... & ... ladite d'Aftaing veult ... où cas qu'elle décéderoit ... premier que ledict Seigneur fon mary, fans enfans de leurdict mariaige, que ledict de Montfquiu, ... apres le trefpas de elle, il tienne & poffedé ... ladicte Seigneurie de Artaignan, rentes, revenuz, appartenences & deppendences d'icelle & tout & chefcun fondict bien de elle, ... jufques ad ce que par ycelluy ou ceulx y pretendentz droict, ladicte fomme de fix mille livres ... luy auret ... efté payée; ... & requis à moy Jehan de Beyria, Notaire foubzfigné en prendre & recevoir Inftrument publicque ... & tout ce deffus a efté faict ... aud. lieu d'Artaignan & maifon feigneurialle d'icelluy lieu, ez préfences de ... tefmoings ... & de moy abandit de Beyria, Notaire des auctorités Comtalle de Bigorre, & de Meff^rs. de Capitoulx de Thouloufe, ordinaire des Cours d'appeaulx de Meff^rs, le Senefchal & Juge d'appeaulx dud. Bigorre, à Tarbe habitant, qui en ce deffus fuis efté préfent & requis par lefd. parties, ay ... receu le préfent Inftrument publicque, regiftré en mes prothocolles & regiftres, redigé en forme probante & auctenticque, fcript d'aultre main & faicte deue collation à fon original l'ay figné de mon feing auctenticque acouftumé cy-bas mis en foy de tout ce deffus. (Signé) J. de Beyria, Not. (avec fa marque.)

C L X.
14. Déc. 1544.

Original en parchemin des Archives de la Maifon de Montefquiou.

Serment fait par Noble & puiffant Seigneur Paulon de Montefquiou, Seigneur d'Artagnan, Ecuyer du Roi de Navarre, aux Habitans d'Artagnan, de conferver leurs franchifes, libertés & privileges, & Serment de fidélité prêté par lefdits Habitans audit Seigneur d'Artagnan.

* Sic.

Au nom de Dieu foit. Saichent tous préfens & advenir que l'a* mil cinq cens quarante quatre & le quatorziefme jour du moys de décembre ... au lieu d'Artagnan deffoubz l'houme où la Commité a de coftume tenir le confeil, Diocefe de Tarbe & Conté de Bigorre, ez préfences de moy Notere & tefmoings bas nommés, conftituez en leurs perfonnes NOBLE ET PUISSANT SEIGNEUR PAULON DE MONTESQUIEU, ESCUYER DU ROY DE NAVARRE, SEIGNEUR D'ARTAIGNAN, d'une part; & Jehan de Ramond-Jehan, Baile, Peirotde Fontes, &c. ... tous Manantz & Habitantz du lieu d'Artaignan, d'autre, illec.... affemblez au fon de la cloche,..... aufquelz habitans préfens & aux autres abfens en la perfonne defdits préfens, led. Noble Paulon de Montefquieu, pour luy, fes hoirs & fucceffeurs parlant, a dict par telles paroîles ou femblables: Meffeigneurs je vous inthime & feys affçavoir que je fuis voftre *Seigneur* feudal par la fucceffion de mon prédéceffeur, vous requerant comme a mes *Vasalz* que vous m'ayez a recepvoir conme *Sieur* féudal ; item me recepvant, vous & ung chafcun de vous prefter jurement de fidélité conme Vaffaulx font tenus faire à leur Sieur féudal, moy offrant de mon cofté vous recepvoir conme mes Vaffaulx & prefter jurement conme eft de coftume de faire à chafcun Seigneur féudal à fes Vaffaulx en fidelité ; lefquelz manaus & habitantz.... ont refpondu .... par telles parolles ;... Monfieur, puyfque ainfi eft qu'eftes noftre Seigneur féudal, nous fommes .... preft de vous.... recepvoir pour noftre Seigneur féudal, à vous obeyr comme vrays Vaffaulx & *fubgetz* doibvent faire a Seigneur féudal, & vous prefter ferment & faire jurement de vous eftre vrays fidelz, pourveu que auffi vous *preignez* conme nous le jurement de fide-lité de nous tenir conme voz Vaffaux & *fubgetz*, & les tenir, garder & protéger en leur franchifes, libertés & prévileges, ainfi que leur prédéceffeur Sieur a faict ; led. de Montefquieu s'eft offert de prefter led. jurement avec lefd. habitans vaffaulx ; lequel a mis les deux genoulz en terre & le bonnet hors de la tefte & fur le *Te igiteur* & croix dans le livre miffa * a faict le jurement de fidélité d'eftre & fe porter vray Seigneur féudal envers lefd. habitans & Vaffaulx, ainfi conme ung vray Seigneur doict faire ; & après luy lefd. habitanz l'ung après l'autre, les genoulz en terre & la tefte defcouverte ont faict femblable ferment & jurement fur le *Te igiteur* & croix, led. livre miffal toché, d'eftre & fe porter envers lefd. Seigneur féudal, bons & vrays fubgetz, Vaffaux ; .... defquelles chofes fufd. lefd. Seigneur & habitantz ont requis... Inftrument leurs eftre faict & retenu par moy Notaire foubzfigné, ce que ay faict ès préfences de Noble Terfon de Forgues Chanoyne de Genfac, Maiftre Laurens le Fargues, Recteur de Montgailhard .... tefmoings a ce appelléz, & moy Anthoyne d'Aulon, Notaire publicque, du lieu de Lyac habitant, qui requis le préfent Inftrument ay retenu & en cefte forme par autruy a moy féable l'ay faict rediger, & après me fuys foubzfigné de mon feing *feguen* en foy dez chofes fufd.

* *Sic.*

(*Signé*) A. de Aulon, Not. (*avec fa marque.*)

Original en parchemin des Archives de la Maifon de Mon-tefquiou.

CLXI.
24 Sept. 1545.

Contrat de mariage de Noble Paul de Montefquiou, Seigneur d'Ar-tagnan, avec Claude de Terfac, fille de Noble Jean de Terfac, Sei-gneur de Montberaud.

Au nom de Dieu .... Saichent toutz .... que l'an de l'Incarnation noftre Seigneur mil cinq cens quarante cinq & le vingt quatriefme jour du mois de feptembre, .. en la préfence de moy Notere & tefmoings foubznommés, au lieu de Montberaud & Chafteau d'icelluy, perfonnellement eftablis Nobles Jehan de Terfac, Seigneur de Montberaud & PAUL DE MONTESQUIEU, SEIGNEUR D'ARTAIGNE, en Begorre, lefquelz ... ont patifé, accordé ... les Pactes de mariatge, fellon ... la teneur des articles cydeffoubz ... inferés ... A efté accordé ... entre les fufdites parties, que ... mariatge fe folempnifera ... en face de Saincte Mere Glife, entre le fufd. de Montefquieu, Seigneur d'Arti-gna, d'une part ; & Damoifelle Claude de Therfac, fille legitime & naturelle du fufdit de Terfac, Seigneur de Montberaud, d'autre ; eft accordé entre les fufdites partiez que pour fupportation des charges dudit mariatge ledit Jehan de Terfac, Seigneur de Montberaud, pere de ladite de Terfac, a conftitué... en douaire ... a la fufdite Claude de Terfac, fa filhe, la fomme de trois mil livres, & en ce comprins ung legaat... faict par Dame Marguerite Rouguere de Commenge, Dame de la Fittele, quand vivoit, enfemble les acotremens ; ... ledit de Montefquieu ... recognoict à lad. Claude de Terfac, fa fame, la fufdite fomme de trois mil livres, enfemble quinze cens livres tournois de augment, & les acotrementz fufdits fur tous fes biens ; .... & ainfi l'ont promis & juré, ... ès préfences de Nobles Jehan de Beon, Seigneur & Vifconte de Sere, Jehan-Jacques de Fontaynes, Seigneur de Feudeilhe, Maurin de Terfac, Seigneur de la Fitere, Meffire Anthoine d'Efpaigne, Chanoine Préfenteur de Rieux, Recteur du Plan, Odde de Venque, Seigneur de Venque, Jacques de Pegulan, Jacques de Cafteras, tefmoings, & de moy Hugues Vigier, Notere Royal de la Cité de Rieux habitant, qui de ce deffus requis, en ay retenu le prefent Inftrument, en foy de quoy me fuis ici foubzfigné de mon feing acoftumé.

(*Signé*) Vigier, Not.

CLXII.
14 Nov. 1555.

Original en papier des Archives de la Maifon de Montefquiou.

Inventaire des biens de défunt Noble Paulon de Montefquiou, Seigneur d'Artagnan, fait à la requête de Demoifelle Claude de Terfac, fa veuve, en qualité de tutrice de Jean, Arnaud, Antoine, Paulon, Jeanne & Madelene de Montefquiou, leurs enfans.

Inventaire de tous ... les biens que foulloyent eftre.... poffédés par feu NOBLE PAULON DE MONTESQUIEU ... ESCUYER, SIEUR DU LIEU D'ARTAIGNAN, advenus ... par fon décéz a Jehan, Arnauld, Anthoine, Paulon, Jehanne & Magdelene de Montefquieu, fes filz ... conftituez en éage de pupillarité, faict par moy Pierre Vidailhet, Subftitut principal du Greffier Civil eftably en la Senefchauffée de Bigorre, .. depputé par la Court de Monf. le Senefchal dud. Bigorre, fuivant les lectres de Commiffion fur ce expédiées, ... que ont efté exhibes ... par Damoyfelle Claude de Tarfac, vefve dud. feu Sieur d'Artaignan, tuterreffe onéraire des perfonnes & biens defd. pupilles, à ce crée ... par auctorité de la Court, ... à moy affiftans Noble Jehan de Tarfac, Escuyer, tuteur honoraire à elle adjoinct, Manauld de Genfac, Efcuyer, Seigneur de Pluvoys, procureur *par* icelle Damoyfelle, .. Me. Dominique Sentailhes, Notaire de la Ville de Rabaftenx, Me Jacques du Faur, Recteur de Vedeilhe, & plufieurs autres, & ce au lieu d'Artaignan, le XIIIIe. jour du moys de novembre mil cinq cens cinquante cinq, ... & advenu lendemain, ... amprès avoir préalablement faict lecture du préfent inventaire & dénombrement des biens.... y declarés, ... lad. Damóyfelle de Tarfac, tuterreffe .... en perfonne .... auroyt dict avoir iceulx biens en fon pouvoir, ... attendu laquelle declaration, ... lefdits biens ont efté baillés en garde ... à lad. de Tarfac... (*Signés*) Vidailet, Subftitut principal, Commiffaire fufd. ; comme tuteur honoraire, J. de Tarfac ; comme procureur, M. de Genfac ; D. Santailhes comme tefmoing ; & comme tefmoing, Jacques du Faur.

.Original en papier des Archives de la Maifon de Montefquiou.

CLXIII.
22 Fév. 1555.

Procuration de Demoifelle Claude de Terfac, veuve de Noble
Paulon de Montefquiou, Seigneur d'Artagnan, & tutrice de Nobles
Jean, Arnaud, Antoine, Jeanne & Madelene de Montefquiou,
leurs enfans, à Noble Jean de Terfac, Seigneur de Montberaud,
fon pere, pour confulter fur un procès pendant au Parlement de
Touloufe entre led. feu Seigneur fon mari, & la Ville de Vic-Bigorre.

Saichent tous . . . que l'an mil cinq cens cinquante cinq & le vingt dufieme
jour deu moys de febrier, au lieu d'Artaigna, au Conté de *Vigure*, Diocefe de
Tarbe, . . . pardavant moy Notaire foubzfigné . . . eftablie en perfonne Noble
Damoyfelle *Glauda* de Tarfac , *fama* veve de feu NOBLE PAULON DE MON-
TESQUI*u*, . . SEIGNEUR DEU LIEU D'ARTAIGNA , mere , legitime tutreffe ,
adminiftratreffe des perfonnes & biens de NOBLES JEHAN, ARNAUD, ANTHOI-
NE , JEANNA ET MAGDALENE DE MONTESQUIU , filz héritiers deud. feu
Paulon . . . conftitue . . . fon procureur efpeciel . . . Noble Jehan de Tarfac,
Seigneur de Montberault , fon pere & aucy teutur honetere avec lad. conftituante, ... pour & au nom de ladite Noble Damoyfelle de Tarfac, conftituante, que aucy au nom defd. heritiers. . . confulter le procès pendant en la Souveraine Cour du Parlement de Tholofe entre led. feu Seigneur d'Artaigna &
autres y nommés, demandeur, fur les limites, d'eune part ; & le Scindic, Confulz,
manantz & habitantz de la Ville de Vic-Vegure, defendeurs , d'auctre ; & . . .
accuder led. differant ; . . . ez prefences de Gafton de Sainct Melien . . . & moy
Dominique de Sanctailhes, Notaire de la Ville de Rabaftenx habitant , qui le
prefent . . . ay retenue . . . & de mon figne auctentique figné.
(Signé) de Sanctailhis, Not. (avec fa marque.)

Original en parchemin des Archives de la Maifon de Montefquiou ;

CLXIV.
28 Octob. 1556.

Acquifition par Noble Jean de Montefquiou, Seigneur d'Artagnan,
mineur, repréfenté par Noble Claude de Terfac, veuve de Paulon
de Montefquiou, Seigneur d'Artagnan, fa mere & tutrice.

Saichent tous . . . que l'an mil cinq cens cinquante fix & le vingt huytieme
jour du moys d'octobre . . . au lieu d'Artaignan, Conté de Bigorre, pardavant
moy Notaire & tefmoings bas fcriptz ftably . . . Bernard dez Barats, dud. lieu
habitant . . . a vendu au NOBLE JEHAN DE MONTESQUIUT, SIEUR DUDIT
LIEU D'ARTAIGNAN, pupil, abfent . . . préfenta Nobla Clauda de Terfac, Do-
maysela, relicta de *vitefunt* Noble Paulon de Montefquiut , Scuyer , Sieur
en fon vivant dud. lieu d'Artaignan, comme tutriffe & aminiftratriffa de la perfonne
& biens dud. Noble Jehan de Montefquiut, fon fiz, . . . une pieffa de terre
contenanta ung jornal & demy, afcife au terroir dudit lieu d'Artaignan ; . . .
pour le pris & fomme de nefz efcuts petitz & nefz fos bons ; . . es préfences
de . . . refmoingz . . . & de moy Anthoine Daulon , Notaire publicque , du
lieu de Lyac habitant , qui le prefent Inftrument ay retenu & en cefte forme
publicque fcript & figné de mon feing public accouftumé.
(Signé) A. de Aulon, Not. (avec fa marque.)

Original en parchemin des Archives de la Maison de Montesquiou.

Compromis entre Noble Demoiselle Claude de Terfac, veuve de Noble Paul de Montesquiou, & Noble Jean de Terfac, Seigneur de Montberaud, comme tuteurs de Jean de Montesquiou, fils dudit défunt Paul de Montesquiou & de ladite Demoiselle de Terfac, & les Syndics & Habitans de Vic - Bigorre, fur un procès pendant entr'eux au Parlement de Touloufe.

Saichent tous …. que comme ainfin foit procès de long tems ayt efté introduict & encores foyt pendant en la Souveraine Court de Parlement féant à Tholofe, entre feue Noble Damoyfelle Jacmete, Dame propriétere ….. du lieu d'Artaignan, au Comté de Bigorre, femme à feu NOBLE PAUL DE MONTES-QUYEU, Efcuyer … de feu Illuftre Prince Henry Roy de Navarre & Conte dudit Conté de Bigorre, demandeurs, d'une part; & le Scindic des Confuls, Manans & Habitans de la Ville de Vic-Bigorre, defendeur, d'autre; pour raifon des limites, bornes, diftrictz & juridictions de leurs terreoirs; .. que .. après les décès… defdictz de Montesquyeu & d'Aftan, NOBLE JEHAN DE MONTESQUYEU, fils legitime en fecondes nopces dudict Paul & Noble Claude de Terfac, fa femme, icelluy Jehan demeuré … en mains de tuteurs, affavoir de Noble Jehan de Terfac, Sieur de Monberault & de ladite Claude, fes ayeul & mere; que chafcune defdites parties.. defirans mectre fin audict procès, .. tractans aulcuns leurs confédérés amys, auroyent ils avifé de remectre & compromettre leurdit procès au jugement de quatre arbitres … Pour ce eft-il que l'an de grace mil cinq cens foixante & le vingt cinquiefme jour du moys de juing, audict lieu de Artaignan &, dans la maifon Seigneuriale de ce lieu, és préfences de moy Notaire & tefmoings bas efcriptz, eftablys … lefdictz Nobles Jehan de Terfac, Sieur de Monberault & Claude de Terfac, Damoyfelle d'Artaignan, tuteurs & legitimes adminiftrateurs des perfonnes & biens dudict Jehan de Montefquyeu, d'une part, & difcretes perfonnes … Dominique d'Efperon & Ramond Plantis, Scindics defd. Manans & Habitans dud. Vic; … remectent leurdict différent & procès pour eftre jugé à l'amyable, affavoir lefd, tuteurs à honorables & difcretes perfonnes Maiftres Jehan Babut & Jehan Morel, Docteurs ez droictz, Advocatz en ladite Court, & iceulx Scindics à honorables & difcretes perfonnes Meffieurs * … Caftelnovo auffi Docteur ez droitz & Advocats; ….. ès préfences de Nobles Affebat de Lavedan, Seigneur de Saubeterre, en Pardiac, Paulon de Forgues, Seigneur de Genfac, … tefmoings … & moy Jehan Panthaleon, Notaire de la Ville de Vic-Bigorre habitant … au nombre des réduictz … ay retenu le prefent contrat de remiffion & icelluy en mes prothocolles enregiftré, redigé, groffoyé en cefte forme & figné de mon faing acouftumé, en foi de tout ce deffus.
(Signé) Panthaleon.

* Il y a dans l'original un efpace en blanc d'environ deux pouces.

Original en parchemin des Archives de la Maifon de Montefquiou.

Lettres Royaux en faveur de Demoifelle Claude de Terfac, en qualité de tutrice de Jean de Montefquiou, Seigneur d'Artagnan, fon fils.

Charles, &c. Au premier Huiffier ou Sergent fur ce requis: falut. Noftre amée Claude de Turfac, Damoifelle, mere & legitime adminiftrareffe des
perfonnes

113

personnes & biens de Jehan de Montesquiou, Sieur d'Artagnan, nous a
fait démonstrer instance estre introduicte & pendant ... devant le Juge d'Appeaulx
ou Comté de Bigore, entre la suppliant, appellant du Seneschal dudit Bigore, ...
d'une part; & Barthelemy Maioran, Sieur d'Arcizas, appellé, d'autre; en
laquelle la suppliant, audit nom, vouldroit estre reçeue conclure, comme appellant
de certaine Ordonnance ou Sentence par laquelle ledit Seneschal auroit desnyé
luy faire droit sur les fins de non recevoir ... par la suppliant ... proposées;
mais doubte ... que pour n'avoir appellé ... relevé ... & exploicté dans le
temps ... fins de non recevoir. ... luy estre obgicés, si par nous lectres pro-
vision sur ce necessaires ne luy sont octroyées; . . parquoy te mandons. . . faire
de par nous .... ausd. Juge d'Appeaulx ou son Lieutenant ... que si ... luy
appert de ladite instance ... en la forme susdite ... pendant & indecise ...
admettre ... la suppliant .. comme appellant de lad. Ordonnance ou Sentence ...
Donné à Tholose le VIIᵉ. jour du mois d'aoust, l'an de grace mil cinq cens
soixante ung & de nostre regne le premier.
(Signé) par le Conseil, de Latanerie.

Original en parchemin des Archives de la Maison de Montesquiou.

CLXVII.
4 Août 1572.

Quittance de Noble Jean de Montesquiou, Seigneur d'Artagnan,
fils de Noble Paul de Montesquiou, aussi Seigneur d'Artagnan, à
Noble Claude de Tersac, sa mere.

Saichent tous ... que l'an de grace mil cinq cens septante deux & le quatriesme
jour du moys d'aoust ... en la Ville de Vic-Bigorre ... en la présence de moy
Notere publique, soubsigné & tesmoings bas escriptz, establi ... Noble
Johan de Montesquiu, Seigneur d'Artagnan, en Bigorre, lequel ... estant ...
adverty & par effait l'ayant cogneu despuis qu'il seroyt venu a l'eaige de majo-
ritté, que Noble Claude de Tersac, sa mere legitime & naturelle, despuis le
descès de feu Noble Paul de Montesquiu, Seigneur dudit lieu, pere legitime
& naturel dud. Jehan, auroit bien ... regi ... & administré la Maison d'Artaignan & autres biens dud. Jehan ... & iceulx augmenté par achaptz, ...
que ladite de Tersac a faictz au prouffict dudit Johan de Montesquiu, lequel
quitte ... remect ... a lad. Claude de Tersac, sa mere, toute restitution de
fruictz & reddition de comptes & tous autres biens, meubles & immeubles ....
Fait ez presences de Noble Paulon de Forgues, Seigneur de Gensac ... & moy
Arnoult Dandrest, Notere de lad. Ville de Vic habitant, que dessus requis, ay
receu, fait & expédié le présent acte de ma main propre grossoyé en ceste forme
& signé de mon seing manuel accostumé.
(Signé) Dandrest, Not.

Original en parchemin des Archives de la Maison de Montesquiou.

CLXVIII.
15 Novem. 1578.

Pactes de mariage de Noble Jean de Montesquiou, Seigneur
d'Artagnan, avec Demoiselle Claude de Bazillac.

Saichent tous ... que l'an de grace mil cinq cens septante huit, & le quinsine jour
du moys de novembre ... au lieu de Toustal, pardevant moy Notaire soubsigné &
tesmoings bas escriptz, constitué hault & puissant Seigneur Messire Estienne de Bazilhac, Chevalier, Seigneur & Baron dudit lieu, & Noble Damoyselle Claude de Bazilhac, sa sœur, d'une part; & Noble Jehan de Montesquieu, Seigneur

P

D'Artaignan, d'aultre ; lefquelz ... ont faitz les Pactes matrimoniaulx ... en la
forme ... que s'enfuyt. Pactes & convenances de mariaige faitz ... & accordez entre
Meffire Eftienne de Bazilhac, Seigneur dudit lieu, & Damoifelle Claude de Bazilhac,
fa foeur, filz legitimes & naturelz, & led. Eftienne, heretier univerfel de feu Jehan
de Bazilhac, ... Seigneur dud. lieu, d'une part ; & Noble Jehan de Montefquieu,
Seigneur d'Artaignan, d'autre ; ... a efté accordé que led. Jehan de Montefquieu,
Seigneur d'Artaignan, prendra pour femme ... ladite Claude de Bazilhac, & ladite
Claude de Bazilhac, par mefme moyen, prendra pour mary ... ledit de Montefquieu ; ... & pour fupportation ... dudit mariaige, ladite de Bazilhac pourtera en
douaire ... aud. de Montefquieu, fon futur mary, la fomme de fix mille livres,
faifant deux mil efcus d'or fol & fix cens livres, auffi faifant deux cens efcus d'or, pour
fes acouftremens à elle léguéz ... par le teftament ... dud. Jehan de Bazilhac, fon
feu pere, & pour le payement de mil efcus ... ledit Meffire Eftienne de Bazilhac,
comme heretier de fond. feu pere, luy ... délaiffe pour jouyffance la Seigneurie de
Barbachen ; .. ainfi l'ont promis & juré ... ez préfences de Nobles Baptifte de La-
mezan, Chevalier de l'Ourdre du Roy, Seigneur dudit lieu, Jehan Bourepaire, Seigneur dud. lieu, ... & moy, Notaire fufd. qui le prefent ay retenu, de vouloir ...
de toutes partyes, efcript & figné de ma propre main & defpuys groffoyé, en la forme
& maniere fufd. ; en foy de quoy me fuis foubzfigné de mon feing acouftumé.
(Signé) de Catan, Not.

Original en parchemin des Archives de la Maifon de Montefquiou.

CLXIX.
20 Octob. 1579.

Ratification en faveur de Claude de Terfac, Dame d'Artagnan,
& de Jean de Montefquiou, Seigneur d'Artagnan, fon fils, d'une
vente à eux faite avec faculté de rachapt, de la moitié de la Seigneurie de Mafous, avec renonciation à ladite faculté de rachapt.

Sachent tous ... que coma, ... fcidevant fue Nobla Chatherina d'Afta, Dama
de Eftampas, eue vandeu avec pacte de reichapt ... la moytié de la plaffe & Seicnho-
rie du lieu de Mafous, ... à Nobles Claude de Terfac, & JOHAN DE MONTES-
QUIU, mere & filz, DAMA & SEIGNHEUR DE ARTAIGNHAN, enfamble
toutz les fiefz que les fufditz de Terfac & de Montefquiu fafoynt à ladite Dama, ar-
rayfon des terres, par eulx achaptées au lieu d'Eftampas, pour le pris & foma de faut
tretz efqucus dus tiers d'or fol ... par infturmant de vante reteneu par Mᵉ. Johan
Caftera, Notaire, du vingt-huifticfme jour du moys d'octobre mil cinq cens feptante ; ..
or eft-il que fe jourdhui vingtiefme jour du moys d'octobre mil cinq cens feptanta
& nuf, au lieu de Eftampas & dans la mayfon de Nobles Arnaud-Françoys de Burguierres & Paul de Burguierres, frayres, Seygneurs d'Eftampas & aultres lieus, au
Conté de Pardiac, Seneichaufée de Armaignhac ... conftituéz les fufd. Arnauld-
Françoys & Paul de Burguierres, Seygnheurs fufd. ... ont vandeu ... remis ... aulx
fufdictz de Terfac & de Montefquiu, mere & filz, ... toute la moytié de ladita plaffe
& Seignorie ... & expreffément le droict de reichapt ... enfamble defdictz fiefs ...
& ce moyenant le pris & fome de quatre fans efqus d'or fol ; .. anfin l'ont promis
& juré ez préfences de Domenge Larrin ... & de moy Françoys Sanéthailhis, Notaire, Contal de la Ville de Rabaftenx, qui ... ay reteneu le préfent infturmant ...
& figné de mon feyn auétanticque.
(Signé) F. de Sanéthailhis, Not.

Original en parchemin des Archives de la Maifon de Montefquiou.

Teftament de Demoifelle Claude de Terfac, Douairiere d'Artagnan, veuve de Noble Paulon de Montefquiou.

Au nom de Dieu. Saichent tous ... que cejourd'huy vingtfixiefme jour du moys

de feptambre mil cinq cens nonante, environ l'heure de une aprés midy, dans la maifon Seignorialle d'Artaignan, en Bigorre, pardevant moy Notaire foubzfigné, & prefans les tefmoings baz només, conftituée en perfonne Damoifelle Claude de Tarfac, Douariere de la maifon & place d'Artaignan, malade dans fon lict, . . . a faict . . .
fon dernier Teftement, comme s'enfuict . . . a volu . . . aprés fon decés fon corpz eftre
honnorablement inhumé en l'Eglize Parrochielle dudit lieu d'Artaignan ; au fepulchre
de feu NOBLE PAULON DE MONTESQUIEU, fon mary, & tout ainfin qu'appertient
à Damoyfelle de fa qualité ; & pour le regard de fes funerailles, honneurs & aultres
louables folemnités requifes en telz actes de fepulture, elle teftatriffe l'a remis . . .
à la bonne dévotion & difpofition de DE NOBLE JEAN DE MONTESQUIEU, SEI-
GNEUR D'ARTAIGNAN, fon filz ; . . legué à DAMOYSELLE JEANNE DE MONTES-
QUIEU, SA FILLE . . . procréée avec led. feu Seigneur d'Artaignan, la fomme de
troys cens trante troys efcus d'or fol & ung tiers ; . . . à Jean & Olivier de la
Trau, fes riere-filz, & filz de ladite Jeanne, . . . & à DAMOYSELLES CATHERINE
ET FRANÇOISE DE MONTESQUIEU, fes riere-filles, & filles dudit Sieur d'Artaignan,
toutes les gazailles, ... que la teftatriffe a au lieu de la Fitolle ; . . . .
en tous & chafcuns fes autres biens . . . nomme . . . fon heretier univerfel & général
led. Noble Jean de Montefquieu, fon filz, . . . & à préfent Seigneur d'Artaignan ; . .
luy fubftituant, toutes foys aprés fa fin, NOBLE PAULE DE MONTESQUIEU,
SON FILZ AYNÉ ; . . . & a efleu fes exécuteurs teftamentaires, Nobles Jean-Grabiel
d'Abeillac, Seigneur de Villepinte, & Hector de Luppé, Seigneur de Sanfac . . . . .
Faict . . . ez prefences dud. Noble Hector de Luppé, . . . & moy Manauld de Lucia,
Notaire publique de Bigorre, habitant de la Cité de Tarbe, qui le prefent Teftement
ay refeu dans mes prothocolles . . . & l'ay faict groffoyer, . . . & en foy de fe, me
fuys foubzfigné.

[*Signé*] Lucia, Not^e.

Original en parchemin des Archives de la Maifon de Montefquiou.

Ceffion de Demoifelle Jeanne de Montefquiou, veuve de Jean-
Pierre de Latrau, Seigneur de la Terrade, à Noble Jean de Montefquiou, Seigneur d'Artagnan, fon frere, de fes droits en la fucceſ-
fion de Noble Paulon de Montefquiou, leur pere.

Dans la maifon Seigneuriale d'Artaignan, au Comté de Bigorre, ce jourd'huy vingt
fixiéme du moys de feptembre mil cinq cens nonante, pardevant moy Notaire foubzfigné & préfens les tefmoings bas nommés, conftituée . . . Damoyfelle JEHANE DE
MONTESQUIEU, vefve à feu Noble Jehan-Pierre de Latrau, . . Seigneur de la Terrade, laquelle quitte, remet . . . en faveur de NOBLE JEHAN DE MONTESQUIEU,
SEIGNUR D'ARTAIGNAN, fon unique frere, . . . tous & chefcuns les droictz &
actions que lad. Jehane a de prefent on pourroit avoir . . . en ladite maifon d'Artaignan, tant par le decés de feuz NOBLE PAULON DE MONTESQUIEU, SON PERE,
que de NOBLES ARNAUD, ANTHOINE, AUTRE PAULON, ET MAGDALEINE
DE MONTESQUIEU, SES FRERES ET SŒUR, . . . & ce moyennant le prix
& fomme de deux cens efcus d'or fol, oultre *l'adot* qu'en a ci-devant receu ; . . & ainfi
l'ont refpectivement juré obferver . . . ez prefences de . . . Noble Hector de Luppé,
Seigneur de Sanfac, . . . & Jacques du Caffe . . . de la Cité de Tarbe, . . & moy
Manauld de Lucia, Notaire publicque, habitant dud. Tarbe, qui, de ce requis,
le prefent acte ay retenu, faict groffoyer par aultre main à moy fidelle, & en foy
de ce me fuys foubzfigné.

(*Signé*) Lucia, Not^e.

116

Original en papier des Archives de la Maison de Montesquiou.

Testament olographe de Noble Jean de Montesquiou, Seigneur d'Artaignan.

CLXXII.
13 Mars 1608.

Au nom de Dyeu... Je Noble Jehan de Montesquyeu, Seygneur d'Artaygnan & autres Plasses... j'ay faict... mon présent Testament... affyn qu'après mon deffès entre mes enfans n'y ayt procès... fy ay voulu... que mon corps soyt enterré au tombeau de mes prédécesseurs, & dans l'Eglyze dudit Artaygnan, fy se n'est que quant Dyeu m'appellcroyt au voyage que j'entreprends en Court, je remetz ma sepulture, à la discretyon & jugement de mes amys, & en tel Eglyze que bon leur semblera... fy declayre avoyr reçeu de Demoyselle Glaude de Bazyllacq, ma... fame, la some de six mylle lyvres, laquelle je l'y recognoys... sur la Plasse & Seygneurye de Barbachen;... fy auroys promys en maryage à Damoyselle Francoyse de Montesquyeu, ma fylle, fyancée avecq le Seygneur de Castelmauron, la some de syncq mylle lybres... laquelle je veux que luy soyt payée;... legue aussy en constytutyon doutalle à Damoyselles Jehanne & Andrée de Montesquyeu, mes fylles, & chascune d'ycelles, la some de quatre mylle six sans lybres, payables lorsqu'elles treuveront leur party de maryage;... a Nobles Jehan, Gratyen, Anthoyné, Leonart, et Henry de Montesquyeu, mes enfans, & à chascun d'yceux la some de quatre mylle six sans lybres;.. ay faict... & instytué mon heretier unyversel Noble Arnaut de Montesquyeu, mon filz aysné,... & au cas que icelluy Noble Arnaut vyenne à décéder sans enfans,.. je substytue... le premier enfant masle survyvant, après le décès d'icelluy,... le premier enfant quy sera par ordre, savoyr du prémyer au segont;... sy ay faict mes exécuteurs testamentayres Noble Paul de Bazyllac, Seygneur & Baron. dud. lyeu, & Noble Hector de Luppé, Seygneur de Sansaq & Saynt Maryn. Fait dans madytte mayson Seygueuryalle d'Artaygnan se jourd'uy trezieme du moys de mars myl sis sans & huyt. [Signé au bas de chaque page], J. de Montesquicu Testateur (& à la fin), J. de Montesquieu Testateur, escryt en deux feuilletz papier comprynt celuy-cy.

Original en papier des Archives de la Maison de Montesquiou.

Inventaire des biens de défunt Noble Jean de Montesquiou, Seigneur d'Artagnan.

CLXXIII.
28 Novem. 1608.

Inventaire des biens meubles & immeubles que feu Noble Jean de Montesquieu, Seigner d'Artagna, possédoit à l'heure de son descès, à la Requeste de Damoiselle Glaude de Bazcillac, sa feme, ce jourd'huy par nous Pierre Durent, Juge ordinaire de la Ville de Vic, escripvant de Ganderatz, Notere, pour la conservation d'iceux & en l'absence de Noble Arnaut de Montesquieu, filz aysné, heretier dud. feu Seigneur d'Artagna, lesquels biens lad. Damoiselle Glaude... a desclairé nous voloir denombrer, comme elle a faict... Aud. lieu d'Artagna & maison segneuriale, ce vingt-huitiesme novembre mil six cens huit... a desclairé que led. feu Sieur son mary... possedoyt troys places Nobles; scavoyr, Artagnan, Barbachen, Aufost & Masous;.. qu'en la maison seigneuriale d'Artagnan y a six chambres... qui sont garnies chascune d'un lict, &c...lesquels susd. meubles... lad. Damoyselle Glaude nous a monstré,... en la présence de Messire Paul de Bazcillac, Sénéschal de Nebozan, son frere, & Nobles Jean & autre

Jean-François de la Terrade, nepveus dud. feu Sieur, quy fe font fignés avec lad. Damoyfelle, prefens, & à nous affiftans, Jean Sentous & Jean de Bos, Cappitaine. (*Signés*) de Bafillac, de Bazillac, affiftant; J. de la Terrade, affiftant; J. F. de la Terrade, affiftant; J. de Bos, prefent, Burdes, J. Ordié, & de Ganderatz, Not.

Original en parchemin des Archives de M. le Comte de Rochefort-Marquain, Seigneur de Salles, en Lauragais.

CLXXIV.
9 Août 1611.

Arrêt du Parlement de Toulouse du 9 Août 1611, qui maintient Jean-Sebaftien de Rochefort, Baron de Marquain, dans la poffeffion de la Barónnie de Salles, contre les prétentions de Dame Françoife de Montefquiou, Vicomteffe de Sadirac, veuve de Bernard de Mioffens, Seigneur de Sanfous, & de Georges de Pontaut, Seigneur de Pontaut, fur le fondement de l'acquifition de cette Baronnie, faite par François de Rochefort, pere du même Baron de Marquain, de Michel-Bernard de Pontaut, oncle du même Georges, lequel Michel-Bernard étoit neveu & héritier, par Gabrielle de Montefquiou, fa mere, de François de Montefquiou, Baron de ladite Baronnie; du Préambule duquel Arrêt on apprend que Jean de Montefquiou *, & le même Michel-Bernard de Pontaut avoient obtenu des Lettres Royaux, en forme de Requête civile contre un autre Arrêt de la même Cour, du 27 Août 1567, qui avoit adjugé la moitié de la même Baronnie de Salles à Arnoul de Montefquiou, Seigneur du Vernet, lequel étoit fils de Mathieu, & petit-fils de Barthelemy, qui avoit fait fon teftament le 7 Juillet 1481, & ayeul, par Roger fon fils, de la même Françoife de Montefquiou, Vicomteffe da Sadirac; que les mêmes Jean & Arnoul avoient cédé leurs droits fur cette Baronnie au même François de Rochefort; que Paul de Montefquiou, 2e. fils de Manaud, lequel étoit fils du même Barthelemy, & par conféquent coufin germain du même Arnoul, avoit auffi cédé à celui-ci fes droits fur la même terre; que Jean de Montefquiou, fus-nommé, étoit intervenu au procès & avoit allégué que s'il y avoit une fubftitution de cette terre, cette fubftitution devoit être ouverte en fa faveur, &c.

* Il étoit fils de
Paul de Montef-
quiou, comme il
eft prouvé par dix
autres actes.

Louis, par la grace de Dieu, Roy de France & de Navarre, à tous ceulx qui ces prefentes, verront, falut. Comme dès le moys de janvier mil fix cens dix, DAME FRANÇOISE DE MONTESQUIEU, Vifcomteffe de Sedirac, vefve à feu Meffire Bernard de Mienfans, Sieur de Saufous, euft introduict inftance par devant noz amés & feaulx Confeilliers & Commiffaires tenans les Requeftes de noftre Palais à Tholouze, contre Jean-Sebaftien de Rochefort, Sieur de Marquain, en maintenue de la moytié de la Place & Baronnye de Salles, en Lauraguoys; qu'elle difoit luy appartenir, au moyen d'ung Arreft donné par noftre Cour de Parlement de Tholouze le vingt-feptiefme jour du moys d'aouft mil cinq cens foixante fept, au proffict de feu Meffire ARNULPHE DE MONTESQUIEU, fon ayeul, & pactes de mariage d'entre feus ROGIER DE MONTESQUIEU & Geoffrine d'Ax, Damoyfelle, fes pere & mere, du troyfiefme decembre mil cinq cens feptante ung; en laquelle inftance c'eftant ledict de Rochefort arresté à fins de non recevoir, fondées sur ung contract d'achapt faict par feu Françoys de Rochefort, son père, de ladicte place de Salles de feu Michel-Bernard de Pontaut, pour le prix & somme de quarante deux mil livres, du dernier jour du moys de may mil cinq cens septante sept ; & sur ce aussy que ledict *Arrest* n'avoict pas esté exécutté ny sourty effaict à cause des lettres en forme de *Requeste Civille & oppositions obtenues envers icelluy par ledict feu de Pontaud, JEAN DE MONTESQUIEU, Sieur D'ARTIGAN, & Michel de Pontaud ; & encore sur ce que par deux contractz d'accord des huictiesme de janvier & quatorziesme du moys d'apvril audit an mil cinq cens septante sept, ledict feu Arnulphe de Montesquieu & Jean de Montesquieu, Sieur d'Artignan avoinct quitté le prethandu droict qu'ilz disoinct avoyr sur ladicte Place de Salles, l'ung, moyennant la somme de dix mille livres, & l'autre de quatre mille livres* ; lesdicts* Conseillers & Commissaires le sep-tiesme jour du moys de decembre audict an mil six cent dix, tenant pour défendeu, sans presjudice desdictes fins de non recevoir, & sauf au préalable estre faict droit sur icelles, ayant par leur appoinctement reçeu les Partyes à bailher par escript & produire, lesdictes Partyes eussent respectivement faictes leurs productions ; veu les-quelles, lesdicts Conseillers & Commissaires, par leur Jugement du vingt-duxiesme jour du moys de janvier dernier passé, en ce que concernoit la moytié de ladicte Place & Baronnye de Salles, & maintenue pour raison d'icelle demandée eussent dé-

claré ledict * de Montesquieu non recevable, sans préjudice toutesfoys de ladite somme de dix mil livres que ledit feu de Rochefort c'estoit chargé, par ledict contract d'achapt, payer audict feu Arnulphe de Montesquieu, à l'acquict dudict feu Michel de Pontaud, pour raison de laquelle somme lesdicts Conseillers & Commissaires au-roict ordonné que dans quinzaine ledict de Rochefort feroict apparoir des payemens d'icelle somme, pour après, Partyes plus amplement ouyes, estre sur ce pourveu & ordonné ce qu'il appartiendroict, despens réservés en fin de cause : duquel Jugement lad. de Montesquieu eust interjecté appel en nostredicte Court de Parlement de Tho-louse, & à ce moyen ayant lesdictes Partyes comparu en icelle, par leurs Procureurs & par eulx, estant conclud sur ledict appel comme en procès par escript, ladicte de Montesquieu eust obtenu certaines noz lettres du neufviesme jour du moys de may nussy dernier, passé en maintenue, tant en la moytié de ladicte Place & Baronnye de Salles, que de tous. & chascungz les aultres biens ayans appartenu audict feu Arnulphe de Montesquieu ; comme aussi ledict de Rochefort auroict impetré, aultres noz lettres pour estre relaxé definitivement de la demande de ladicte de Montesquieu & aultres fins y contenues ; sur lesquelles lettres ayant esté aussi conclud, ensemble sur l'asis-tance de cause & reliefz d'indemnité, requize par ledict de Rochefort contre George de Pontaud, Sieur dudict lieu, ladicte de Montesquieu eust bailhé ses griefz, & par iceulx représenté que par les susdicts Pactes de mariage d'entre lesd. Rogier de Montesquieu & d'Ax, ledit feu Arnulphe de Montesquieu auroict donné tous sesd. biens audict Rogier de Montesquieu, son filz, & par mesme moyen icelluy Rogier, la moytié des siens, lors presens & advenir au premier enfant masle que naîstroict dudit mariage, &, en deffaut de masle, à la première filhe, qu'estoit icelle de Montesquieu ; & par les mesmes Pactes ladicte d'Ax auroict constitué en dot & payé la somme de dix mille cinq cens livres aud. Rogier de Montesquieu ; que lesd. biens dudit Ar-nulphe conçistuinct en ladicte moytié de ladicte Place & Baronnye de Salles, les Pla-ces & Seigneuries du Vernet, Saint-Leon, Caussidieres & la Roque, certaine directe au lieu du Bugan, aultre directe à Cintegabelle, dix arpens de pred nobles, sartués en la Jurisdiction de Noailhons, & une maison, aussi noble, dans le forr dudict Noxailhons ; & que despuis lesdictz décès toutes lesdictz Places & aultres biens au-roinct esté alliennés par lesdicts Arnulphe & Rogier de Montesquieu, sy que après leur décès advenus, scavoyr celluy dudict Arnulphe, en l'an mil cinq cens nonante,

& dudict Rogier, en l'an mil fix cens cinq, ladicte de Montefquieu les avoict tru-
vées occuppés entierement en aultre main ; qu'avoict efté caufe qu'elle avoict introduict ladite inftance , efdictes Requeftes , contre ledict de Rochefort , tenantier de
la moytié de ladicte Place de Salles ; & defpuis ayant interjecté ledict appel en noftred.
court du fufdicte Jugement, obtenu nofd. lettres en maintenue de toutz lefdictz biens,
fans avoyr efgard à la fufdicte tranfaction , par led. de Rochefort produicte aufd. Requeftes ; aufquelz appel & lettres icelle de Montefquieu fe difoict bien fondée, d'aultant , premierement , que ledict Jugement eftoict contraire en foy , ladicte de Montefquieu ayant efté declairée non recepvable en ladicte maintenue & l'affere interlo-
qué pour ladicte fomme de dix mil livres contenue en ladicte tranfaction ; fecon-
dement , qu'il auroict apparetu aufdictz Confeillers & Commiffaires de la donnation
contenue aufdictz Pactes de mariage, par le moyen de laquelle tous lefdictz biens appartenoinct à ladicte de Montefquieu , defquelz biens depandoict ladicte moytié de
la Place de Salles , ledict feu Arnulphe de Montefquieu y ayant efté maintenu par
ledict Arreft , doncques ilz les luy debvoinct adjuger ; tiercement , que fy ledict Jugement avoict lieu , icelle de Montefquieu demureroict fruftrée & privée , non-
fullement de l'effaict de ladicte donnation ; mais bien encore de ladicte fomme de dix
mil cinq cens livres conftituée en dot à ladicte feue de d'Ax , fa mere, & recogneus fur
lefdictz biens ; quatriefmement , que l'allocation de ladicte moytié de l'lace eftoict la
plus remarquable de celles que auroinct efté faict des aultres biens par lefd. feus Arnulphe & Rogier de Montefquieu, fans neceffité ny utilité , pour n'avoyr efté les deniers d'icelle receus par ledict Rogier , ny employés à l'acquict & defcharge defd.
aultres biens, & encores ce n'avoict pas efté ledict Rogier que l'avoict faicte, ains
ledict Arnulphe ; & quand aulx alienations defdictz aultres biens , elles eftoinct la
plus part précédantes , & les deniers du prix d'iceulx receus & employés au defgage-
ment d'une partye defdits biens; cinquiefmement , que après qu'elle auroict efté
maintenue aufditz biens, elle n'auroict pas pourtant tout ce que lui appartenoict de
fon chef propre defditz biens, ayantz appartenu audict feu Arnulphe de Montefquieu,
ou pour ladicte moytié à elle donnée par fondict pere , ou pour ladicte fomme de dix
mille cinq cens livres dudict dot conftitué à ladite de d'Ax ; & qu'il ne feuft ainfy ,
lad. Place entiere de Salles avoict efté vandeue pour ledict pris de quarante deux
mille livres , dont la moytié revennoict à vingt une mille livre ; lad. Seignurie du
Vernet, treizize mille cinq cens livres ; celles de Sainct Leon, Cauffidieres & la Rocque , comprins ladicte directe de Cintegavelle ; quatorze mille cinq cens livres ; ladicte directe du Bugan, douzize cens livres ; & pour regard dudict pred , il eftoict de
valleur de deux mille livres , & ladicte mayfon , doueize cens livres , montans toutes
lefdictes fommes en bloc à la fomme de cinquante troys mille quatre cens livres ,
de laquelle , detrahant ladicte fomme de dix mille cinq cens livres dudict dot , reftoict
de clair & net quarante deux mille fept cens livres , dont la moytié en appartenoict
à ladicte de Montefquieu, de fond. chef , comme donnataire de ladicte moytié de
biens ; par ainfin , eftant icelle de Montefquieu maintenue en ladicte moytié de Baronnye , il luy refteroict encore entierement lefdictz dix mille cinq cens livres dudict
dot, troys cens cinquante livres fur les aultres biens de fondict chef propre , accor-
dant néanmoingz auoyr recen, defpuis le décès dudict feu Rogier de Montefquieu, deux
mille cinq cens livres de refte du pris de la vente de ladite Seigneurie du Vernet,
neuf mille livres auffy de refte du prix de l'engaigement & vente de celle de St.
Leon & Cauffidieres & la Rocque , & quatre cens livres reftante du prix de la vente
de ladicte directe de Bugan ; lefquelles fommes joinctes , faifoinct unze mille neuf
cens livres don elle auroict payé neuf mille livres à la Dame d'Auffum , fa maraftre,
vefve dudict feu Rogier de Montefquieu, pour la reftitution de fon dot & aultres fommes à elles deues , moyennant la ceffion que ladicte Dame d'Auffum luy auroict

faicte, par tranfaction, de tous les droicts luy appartenmans, fur lefdictz biens, tant de fon chef., que comme hérétiere teftamentaire d'icelluy, foubz beneffice d'inventaire ; de forte que par ce moyen elle ne tenoict du dot de fadicte mere que la fomme de deux mille neuf cens livres, luy refte deus d'icelluy par confequent, la fomme de fept mille fix cens livres, avec les inthéretz d'icelle, puys le décès dudict feu Rogier de Montefquieu, fon pere, fans fçavoyr ou les prendre : pour le regard defdictes lettres, difoict icelle de Montefquieu, toutz lefdictz biens ayans appartenu audict feu Arnulphe de Montefquieu luy appartenoinct, fçavoyr, la moytié, comme

donnataire dudict feu Rogier de Montefquieu, à quy * lefdictz biens avoinct appartenu audict feu Rogier de Montefquieu, en vertu de la donnation contenue aulx fufdictz Pactes de mariage d'entre luy & ladicte d'Ax, & l'autre moytié, comme ceffionaire de ladicte Dame d'Auffum héritiere inftituée par ledict feu Rogier de Montefquieu, fans que l'allocation faicte par ledict feu Arnulphe de Montefquieu, de lad. moytié de Place de Salles pour ladicte fomme de dix mille livres, pour venir en confidération, veu les fufdictes donnations contenues auxdictz Pactes de mariage ; & que quand bien ladicte allocation euft peu eftre par luy faicte, ce que non, il faudroict du moings fupler le jufte pris, à proportion de ce que au temps de lad. allienation, ladicte moytié feuft vandeue, qu'eftoict, heu efgard à la vente d'icelle, unze mille livres de plus, & payer ce quy reftoict de ladicte fomme de dix mille livres, pour laquelle ladicte allienation auroict efté faicte ; car les acquitz mefmes dont ledict de Rochefort avoict faict communiquation, juftifierent que la plus grand partye de ladicte fomme n'avoict pas efté payée, enfemble les intheretz du tout , defpuis ladicte allienation ; moingz pouvoit venir en confidération qu'icelle allienation avoict efté faicte par forme de tranaction, d'aultant qu'elle ne l'avoict peu eftre au préjudice du donataire, & qu'elle avoict efté faicte en fraulde dudict donataire ; ce que fe defcouvroict de ce que quinze jours avant tranfiger, ledict Arnulphe auroict faict la procuration audict Rogier, pour confentir & fre ladicte vente, & s'en falloit tant que, par le moyen de ladicte tranfaction & procuration, ladicte allienation peult fubfifter, que au contraire, elles la diftrefoinct par quatre rayfons ; la premiere, que ledict feu Arnulphe n'auroit confenti par ladicte procuration à ladicte allienation que couditionel'ement & convention expreffe que à faulte de payement, aulx termes preffigez, ladicte tranaction ne pourroit en rien préjudicier à l'Arreft fufdict ; la feconde, qu'il feuft accordé par lad. tranfaction que fy, dans le moys de may lors prochain, troys mille livres, & fix moys après fuyvans, les fept mille livres reftans, n'eftoinct payés audict Arnulphe de Montefquieu que les avoict deftinés à une fort advantageufe acquizition, ladicte tranfaction feroict pour non faicte, & icelluy Arnulphe remis en fes premiers droicz, fans pouvoir eftre prethendu aulcung aultre dellay à faire ledict payement, pour quelque caufe que ce fuft ; la quatriefme, que par lefdicz acquitz communiqués par ledict de Rochefort apparoiffoict ledict payement n'avoyr efté aufaicz termes, & quy eftoict bien plus, ladicte fomme de dix mille livres n'avoict pas efté entierement payée ; & la cinquiefme, que ladicte tranfaction n'avoict pas efté ratiffiée par ledit Arnulphe de Montefquieu, ainfy qu'auroit efté pareil'ement convenu par icelle; beaucoup moingz pouvoict venir en confidération ce qu'en prefupozant ladicte tranfaction avoyr efté faicte fur une prethandue Requefte civille & lettres en oppofition impetrées contre ledict Arreft , pour aultant que ce n'eftoict que ung pretexte recherché pour attribuer tiltre , & non de tranfaction à ladicte allienation; & fy encore il n'en refultoict poinct , & quand bien cella euft efté ainfy, lad. prethandue Requefte civille euft efté fans aulcune apparence, juftice, ny fondement; & que d'ailleurs par le narré de ladicte tranfaction mefme , il apparoiffoict qu'elle eftoict fondée fur ce que les *Pactes de mariage de* MANAUD DE MONTESQUIEU *, & Damoyfelle Jacquette des Fontaines n'avoinct pas efté veus lors dudict*

dudict Arreft , & *que par iceulx feu* BARTHELEMY DE MONTESQUIEU *avoiet donné* audict Manaud , fon fils , en contemplation dudict mariage , ladicte Baronnie de Salles , foubz la fulle reftitution de l'uzusfruict d'icelle , & de pouvoyr tefter de la fomme de mille efcus en fauveur de fes aultres enfans , & toutesfoys lefdictz Pactes eftoinct mentionnés & dactés à veu dudict Arreft ; & , fy ledict de Rochefort remetoict l'expedition en forme dudict Arreft qu'il avoit devers luy , il fe verroit que , pour empefcher led. Arnulphe à eftre maintenu en lad. Baronnye , on n'opofoict pour tout que lefd. Pactes de mariage ; & touchant ladicte oppofition prethandeue avoyr efté formée par ledict Sieur d'Artaignan , l'artifice eftoit manifefte , en tant qu'icel-luy Sieur d'Artaignan , par la tranfaction paffée auec luy , en laquelle ledict Arnulphe n'eftoict comprins ny nommé, avoict quitté toutes fes prethantions de ladicte Baron-nye pour quatre mille livres fullement , n'eftant croyable que s'il y euft heu quelque droict , il euft vouleu en démordre pour une fy petite fomme ; puifque deux moys aprés ladicte Baronnye feuft vandeue pour ladicte fomme de quarante deux mille li-livres ; que fy ledict de Rochefort vouloict dire que ledict feu Rougier eftoict inter-venu à ladicte tranfaction , eftoict refpondeu que ce avoict efté , comme procureur dudict feu Arnulphe , fon pere , & qu'il n'avoict promis aulcune eviction par icelle , ny obligé fes biens , ains ceulx d'icelluy feu Arnulphe , & que quatre jours aupara-vant il avoict protefté par acte publicque , qu'en intervenant à ladicte tranfaction , il n'entendoict fe préjudicier , ni à fa pofterité , aulx droicts & actions qu'il avoict fur la-dicte Baronnye ; veoire quand bien ledict Rougier de Montefquieu euft faicte à fon nom ladicte tranfaction , fy ne pouvoict cela nuyre à ladicte de Montefquieu , le droict luy eftant acquis par les fufdictes donnations ; & à ce qu'on pouvoict dire que plus de trente aus qu'eftoinct efcheus puys ladicte tranfaction , icelle de Montefquieu refpondoict que pour regard dud. Rogier aulcung tems n'avoict peu courir utillement durant la vie dudict feu Arnulphe , fon pere , du decès duquel n'eftoinct paffés que vingt ans , ny auffy à ladicte de Montefquieu , que après le decès dudict feu Rou-gier , fon pere , que feuft audict an mil fix cens cinq , adjouftant , à fon grand regret , que lefdictz feus Arnulphe & Rougier de Montefquieu avoinct efté fy indignes des fuf-dictes donnations par eulx faictes , qu'ilz n'avoinct du tout rien acquis de ladicte fomme de dix mille cinq cens livres du dot de ladicte feue d'Ax , ny rachapt de ladicte fomme de dix mille livres du pris de ladicte allienation , que fullement ladicte Seignurie de Sainct Leon & Cauffidieres , engagée au Sieur de Cumies pour quatre mille livres qu'ilz auroient depuis rengaigée , & ladicte directe de Bugan engaigée pour mille livres , & fy ledict Rougier venant à fes derniers jours auroict faict heretiere ladicte Dame d'Auffum , fa femme , fans avoyr rien laiffé à ladicte de Montefquieu , fa filhe , que ce qu'il ne luy avoict peu ofter ; fy eftoict confidérable que le-dict de Rochefort recognoiffant ladicte allienation eftre nulle , auroict faict appeller en aciftance de caufe ledict de Pontaud ; parquoy jcelle de Montefquieu con-cluoict avoyr efté mal jugé par lefd. Confeillers & Commiffaires & bien appellé par elle & à ce que noftre dicte Court inthérinant fefdictes lettres , fans avoyr efgard à ladicte prethandeue tranfaction & alliénation , la maintinft en ladicte moytié de la Baronnye de Salles , & généralement en toutz lefdictz aultres biens ayant appartenu aud. Arnulphe , fon ayeul , au temps defdicts Pactes de mariage , la moytié de fon pro-pre chef , & l'autre moytié , du chef dudit Rogier , fon pere , foubz ledict beneffice d'inventaire , & fans confuzion de fes droictz , avec reftitution de fruictz , defpans , domaiges & inthéretz & aultrement pertenement ; & pour le foutien de fefdictz appel & lettres auroit ladicte de Montefquieu produict extraict du Teftement dudict feu Rougier , fon pere , du douzzizefme jour d'octobre mil cinq cens nonante ung , plus l'inventaire des biens d'jcel uy , faict à la requefte de ladicte Dame d'Auffum , com-mencé le vingt duxiefme Juillect mil fix cens cinq , plus l'Extraict des fufdictz Pactes de

Q

mariage, faiƈt, partye appellee, avec l'aƈte d'infignuation d'iceulx du treitziefme juing mil cinq cens feptante deux ; *plus pour monftrer que lediƈt Arnulphe avoiƈt droiƈt à ladiƈƈte place de Salles*, tant de fon chef & comme fubftitué en jcelle , par lediƈt feu *Barthelemy de Montefquieu*, fon ayeul ; mais bien auffy du chef de feu PAUL DE MONTESQUIEU , fecond filz dudiƈt feu *Manaud de Montefquieu* , ung contraƈt d'ef-change faiƈt entre lediƈt Paul de Montefquieu & MATHIEU DE MONTESQUIEU, *pere dudit Arnulphe*, par lequel jcelluy Paul auroiƈt cedé tout le droiƈt qu'il avoiƈt à ladiƈte Baronnye de Salles, led. contraƈt daƈté du vingt feptiefme decembre mil cinq cens feiƈƈze. A quoy contredifant lediƈt de Rochefort, difoiƈt lefdiƈtes fins de non recepvoyr par luy propozées efdiƈtes Requeftes eftre pertenantes, confidéré le temps efcheu puys le fufdiƈt contraƈt d'achapt par luy ou fon diƈt pere faiƈt de ladiƈte Ba-ronnye de Salles & tranfactions paffées entre lefdictz Arnulphe & Rogier de Mon-

Ce doit être tefquieu a *de Pontaut & Seigneur d'Artignan , fans que lefdictes fins de non recep-
&*, voyr puiffent eftre effacées , au moyen defdictz Pactes de mariage , parce que lors d'iceulx ladicte Baronnye n'appartenoict pas aud. Arnulphe de Montefquieu, & de faict, dans lefditz Pactes lediƈt Arnulphe avoiƈt expecifié tous les biens qu'il poffe-doiƈt, fans parler en auculne façon de lad. Baronnye de Salles, fçaichant bien que la prétantion qu'il avoiƈt fur icelle , en confequance dud. Arreft, demeuroiƈt reduiƈte à néant , à caufe de ladiƈte Requefte civille & lettres en oppofition , contre icelles ob-tenues , incontinant après lediƈt Arreft donné, fondées fur juftes caufes, mefme fur le Teftement de feu FRANÇOYS DE MONTESQUIEU, *Sieur de la diƈte place de Salles* , quy avoiƈt fubftitué audiƈt Bernard - Michel , décédant fans enfans masles , lediƈt Michel de Pontaud, lequel , fans impetrer aulcune Requefte civille povoit fere retraƈter lediƈt Arreft : auffi fur le plaédé defdiƈtes lettres jcelluy Arreft ne feuft point declairé exécutoire contre luy ; joinƈt que pour furcroiƈt , lediƈt Sieur d'Artigan eftoiƈt intervenu en l'inftance , fouftenant que s'il y avoiƈt fubftitution en ladiƈte place de Salles elle debvoiƈt eftre ouverte en fa fauveur , en vertu du Teftement dudiƈt feu Barthelemy de Montefquieu; tellement qu'il ne fe falloiƈt pas esbahir fy tant de prethantions rendoinƈt lediƈt Arreft inutile & lediƈt Arnulphe plain d'aprehantion de perdre tout, avec les frais de la pourfuitte , & fy cela mesmes luy fift defirer ung tel procès par lediƈt accord & tranfaƈtion , ayant par icelle reculhy plus de proffiƈt qu'il n'en pou-voiƈt attandre en playdant ; que d'alleguer que ladiƈte tranfaƈtion eftoiƈt en eff. iƈt une vente , & qu'il n'y avoiƈt heu jamais Requefte civille contre lediƈt Arreft, appa-roiffant du contraire par le contenu & difcours d'icelle tranfaƈtion , & par lefdiƈtes lettres de Requefte civille , que debvoinƈt eftre produiƈtes par lediƈt de Pontaut ; d'al-leguer auffy qu'il y avoiƈt claufe en lad. tranfaƈtion refolutoire pourtant que à faulte par lediƈt de Pontaud payer ladiƈte fomme de dix mille livres , promife aulx termes y expecifiés , lediƈt feu Arnulphe de Montefquieu pourroiƈt reprendre les arremeniz dudiƈt procès, ne pouvoiƈt fervir à ladiƈte de Montefquieu, refultans par les acquitz dont feroiƈt faicte production lediƈt payment avoyr efté faiƈt , & que jamais lediƈt feu Arnulphe ne fe feroiƈt plainct du prethandu deffault dudiƈt payement . & feroiƈt bien eftrange que , après environ trente fept ans, que ladiƈte tranfaƈtion avoiƈt efté faicte , il feuft loyfible d'en demander caffation foubz ung fy foible pretexte ; d'alleguer pareil-hement que lediƈt feu Arnulphe de Montefquieu n'avoiƈt pas ratiffié ladiƈte tranfaƈtion n'eftoiƈt confidérable , puysqu'il avoiƈt faict ladiƈte procuration à l'effaiƈt d'icelle , moye ant ladiƈte fomme de dix mille livres , & que lediƈt Rongier de Montefquieu n'avoiƈt pas excédé ce que eftoiƈt de fa charge , ayant tranfigé fel on ce qu'eftoiƈt pourté par ladiƈte procuration , oultre que lediƈt Arnulphe l'avoiƈt affés ratiffiée , ayant prins payement de lad. fomme de dix mille livres y contenue ; & quaud à ce qu'icelle de Montefquieu demandoiƈt que lediƈt de Rochefort fupleaft le jufte prix de ladiƈte Place de Salles, lediƈt de Rochefort oppofoiƈt à cela la force de telles tranfaƈtions ,

le laps du temps efcheu defpuis que celle dont eftoit queftion avoict efté paffée, &
noz ordonnances quy refiftoinct à femblables demandes, au moyen de quoy & que
toutz les aultres difcours deduictz par lad. de Montefquieu en fefdictz griefz eftoinct
vains & inutilles, ainfy que ledict de Rockefort fouftenoict, & qu'en tout cas il de-
meuroict bien fondé en ladicte garantye, veu ledict contract d'achapt, icelluy de
Rochefort concluoict que ladicte de Montefquieu debvoict eftre déclarée non recepvable en fefdictz appel & lettres, avec defpans & l'amande ordinaire; & a ce que
en intherinant les fiennes noftredicte Court le relaxat deffinitivement de la demande
de ladicte fomme de dix mille livres, impofant fur ce filance perpetuelle à ladicte
de Montefquieu & tous aultres, & en tout événement & dict droict par ordre con-
demnaft ledict de Pontaud relevver indempne ledict de Rochefort, tant du principal
que de tous defpans, domaiges & interefts avec defpans de ladicte garantye & aultrement
pertenement; & pour juftiffication de fon intention auroict ledict de Rochefort produict les acquitz des payemens qu'il difoict avoyr efté faictz audict feu Arnulphe de
Montefquieu, ou de fon mandement, à fes créanciers, par ledict feu pere dudict de
Rochefort, enfemble ung Arreft donné par noftre dicte Court entre Claude d'Arconfieu
& Maiftre Francoys Vergade, pour lui fervir de préjugé, préthandant icelluy eftre intervenu fur ung pareil faict que celluy don s'agiffoit du treictziefme de feptembre mil
fix cens dix. De la part dudict de Pontaud furent obtenues aultres noz lettres tendans
en ouverture de la fubftitution appozée au Teftement de feu Francoys de Montefquieu, Sieur & Baron dudict Salles, & pour eftre maintenu en tout & chafcungs les
biens que luy avoinct appartenu, comme auffy en la moytié des biens de feus Bernard
& aultre Michel de Pontaud fes ayeul & pere, en vertu de la donnation mentionnée
aulx Pactes de mariage d'entre ledict feu Michel de Pontaud, fondict pere, & Damoyfelle Francoyfe de Chateauverdun, fa mere, & à ce que l'autre moytié defdictz
biens feuft déclairée affecté & ypothéquée audict de Pontaud pour la moytié des droits
de feue damoyfelle Gabrielle de Montefquieu, * . . . . . par elle donnée audict premier
enfant mafle par lefdictz Pactes de mariage, enfamble pour les fommes & autres
droictz que ladicte feüe de Chafteauverdun avoict apporté à fon dict pere, & encore à
ce qu'il feuft relaxé de la garantye contre luy requife par ledict de Rochefort; lefquelles lettres ayant efté prefantées en noftre dicte Court, ledict de Pontaud euft fait re-
monftrer par efcript que ledict feu de Montefquieu avoict par fon dict Teftement du
quinziefme de may mil cinq cens foixante deux inftitué fon herettier univerfel feu
Michel-Bernard de Pontaud, filz de ladicte feue Gabrielle de Montefquieu, fa fœur,
à la charge de pourter le nom & armes de fa Maifon; & au cas il décederoict fans enfans mafles, luy auroict fubftitué ledict Michel de Pontaud-& de Montefquieu, pere
dudict George de Pontaud, autre filz de ladicte feue Gabrielle de Montefquieu, à la
mefme condition de pourter le nom & armes de fadicte Maifon & audict feu Michel
de Pontaud-& de Montefquieu, décédant auffy fans enfans mafle, luy auroit fubftitué feu Bertrand de Pontaud, & audict Bertrand, au pareil cas, Sebaftien de Pontaud,
& à luy, encore au mefme cas, les enfans de feüe MARGERITE DE MON-
TESQUIEU, fon autre fœur, en laquelle voulonté ledict Francoys de Montefquieu
eftoit décédé, & après luy ledict feu Bernard-Michel, fans avoyr efté marié, par le décès
duquel ledict Michel de Pontaud-& de Montefquieu, pere dudict George de Pontaud auroict reculhy l'hérédicté dudict feu Francoys de Montefquieu; & auparavant avoict efté maryé avec ladicte de Chafteauverdun, en faveur duquel
mariage, par les fufdictz Pactes; ledict feu de Pontaud-& de Montefquieu donné ladicte moytié de fefdictz biens au premier enfant mafle que
feroit procrée dudict mariage, & lad. de Chafteauverdun, la moytié des fiens; fy
bien qu'eftant ledict feu Michel de Pontaud-& de Montefquieu décédé, ledict de
Pontaud, fon filz, auroict fuccédé en tous lefdictz biens dudict feu Francoys de Mon-

* Il y a dans l'ori-
ginal un pareil efpace
en blanc.

Q ij

tefquieu, & en ladicte moytié de ceulx de feu Michel de Pontaud, fondict pere, comme donataire contractuel d'icelluy, & l'autre moytié luy eftoict affecté ypothequée pour les fufdictz droictz ayant appartenu aufdictes feues Gabrielle de Montefquieu & de Chafteauverdun, luy n'ayant accepté l'heritaige de fondict pere que avec bénéffice d'inventaire; de quoy pouvoict eftre reculhy qu'il eftoict bien fondé aufd. lettres fans qu'il feuft bezoing s'arrefter à refpondre aulx griefs de ladicte de Montefquieu, tant parce qu'il y avoict éfté fuffifement refpondu par ledict de Rochefort que pour aultant que ledict appel demuroit en effect couvert, au moyen defd. lettres & defpaus fufdictz; & touchant ladicte garantye contre luy requize par ledict de Rochefort, elle eftoict fans apparence, en premier lieu, puyfque ladicte de Montefquieu ne pouvoict rien prethandre fur ladicte Baronnye de Salles; pour ung fecond, que quand bien il y auroict lieu de ladicte garantye à caufe de la vente de ladicte Place aud. feu de Rochefort par ledict feu Michel de Pontaud, l'eviction d'icelle ne porroict eftre dreffée contre ledict de Pontaud, luy n'eftant heretier que avec bénéffice d'inventaire de fondict pere & fans confuzion de fes droictz; que fy bien il tenoict les biens delayffés par fondict pere, c'eftoict en la fufd. qualité de donnataire contractrel, & pour les aultres fufdictz droictz, toutz prefférables à lad. vente; en troyfiefme lieu, heu efgard aulx fufdiz Teftement dudict feu Françoys de Montefquieu & fufd. Pactes de mariage d'entre leflitz feus Michel de Pontaud & de Montefquieu, & de Chafteauverdun fefdictz pere & mere; en quatriefme lieu, qu'on ne pouvoiêt mettre en difficulté que ladicte fubftitution ne feuft ouverte au proffict dud. George de Pontaud, pofées les conditions contenues audict Teftement, ainfy que noftredicte Court entendift trop mieulx, & par ainfy la vente de ladicte Baronnye de Salles ne poûvoiêt eftre foustenue fingulierement, que c'eftoiêt la place la plus remarquable de l'héréditê, voire, le chef de la Maifon dudict feu Françoys de Montefquieu, & qu'il y avoiêt d'aultres biens moingz utiles que pouvoinêt eftre vendus pour le payement des prethandus debtes paffif dudict feu Françoys de Montefquieu, denombrés au contract de ladicte vente, joinêt que lors du décés dudict feu Françoys de Montefquieu, il laiffa de grandes commodictés feuft en grains, chevaulx, hardes, or, argent de valleur de ving-cinq à trente mille livres; déclairant au furplus ledict de Pontaud, au cas de l'ouverture de ladicte fubftitution en fa fauveur, qu'il fe veult contenter des fufdictes donnations faictes auxdictz Pactes de mariage d'entre fefdictz pere & mere, à la charge de la déclaration d'ypotheque fur les biens defquelz fondict pere pouvoiêt difpozer, pour les fommes doctales & augmens acquis, tant à lad. feue Gabrielle de Montefquieu, que à ladicte feue de Chafteauverdun & de fes droictz parofhernaulx par elle apportés audict feu Michel de Pontaud; que fy on vouloiêt dire que ledict de Pontaud avoiêt trop demuré à demander l'ouverture de ladicte fubftitution, il refpondoiêt que ledict feu Michel de Pontaud, fon pere, eftoiêt decedé l'an mil cinq cens huictante-ung, dou trente ans n'eftoinêt encore paffés, & avoiêt delayffé ledict George de Pontaud pupille, en laquelle pupillaritê & après en minoritê il avoiêt demeuré plus de vingt ans; & ne pouvoiêt fervir audict de Rochefort l'Arreft par luy produiêt pour préjugé, pour aultant qu'il avoiêt efté donné fur ung faiêt differand de celluy d'entre lefdictes partyes, occafion de quoy ledict George de Pontaud concluoiêt à ce que fans avoyr efgard à l'appel de ladicte de Montefquieu ny aulx lettres par elle obtenues, ny auffy à celles dudict de Rochefort, il feuft par noird. Court relaxé de ladicte garantye, & intherinant les lettres par luy impetrées, déclaire ladicte fubftitution eftre ouverte à fon proffict, & luy, en ce faifant, maintenu, nonobftant lad. vente, en la poceffion & jouiffance de ladicte Place & Baronnye de Salles, avec reftitution de fruiêtz, domaiges & inthereftz, & où ladicte garantye feroiêt adjugée audict de Rochefort, icelluy de Pontaud feuft auffy maintenu en ladicte moytié de toutz & chfacungz lefdictz biens ayans appartenu au-

dict feu Michel de Pontaud, fon pere; à luy acquis par la donnation faicte efdictz
Pactes de mariage, & l'autre moytié déclairée affecté, ypothequée pour le payement
du dot defd. Gabrielle de Montefquieu & de Chafteauverdun & autres droicz à luy
appartenans, & qu'il avoict fur lefdicts biens & aultrement pertenement ; fy auroict
ledict de Pontaud faict production defdictes lettres en forme de Requefte civille, enfemble d'aultres lettres en pourfuitte d'inftance & playdés faictz fur ladicte Requefte
civille, le tout dacté des vingtfixiefme novembre mil cinq cens foixante fept. &
treitziefme mars mil cinq cens feptante-deux ; plus, d'ung acte contenant le jour de fa
naiffance ; plus, de l'acte de déclaration de fa majorité, du vingtiefme octobre mil fix
cens troys ; plus, d'ung certificat du jour du décès dudict feu Michel de Pontaud ;
plus, de l'acte de la ratification faicte par ledict feu Arnulphe de Montefquieu de
ladicte tranfaction du dixiefme may mil cinq cens feptante fept, plus, de l'inventaire
des biens dudict feu Michel de Pontaud ; plus, pour monftrer la différance du faict
d'entre lefdictes partyes, & celluy fur lequel ledict Arreft produict, pour préjugé,
avoict efté donné, auroict ledit de Pontaud faict production du Teftement fur lequel
ledict Arreft auroict efté donné ; à quoy repliquant ledict de Rochefort euft foufte-
nu que ladicte prethandue fubftitution ne pouvoict eftre ouverte en faueur
dudict George de Pontaud, pour plufieurs rayfons fur ce defduictes, confideré
le contenu audict Téftement dudit feu Francoys de Montefquieu & le fufdict Arreft
de préjugé, oultre que quand elle le pourroict eftre, ce que non, encore ne porroict
ledict de Pontaud rien prethandre fur ladicte Place de Salles par deux confiderations,
la premiere, que la moytie d'icelle, quy eftoict demeurée audict feu Michel de
Pon aud, fon pere, par les fufdictz tranfactions, paffées entre lefdictz feus Arnulphe
de Montefquieu, Michel de Pontaud & ledict fieur d'Artignan ; eftoict hors des biens
dudict feu Francoys de Montefquieu teftateur, par confequant elle ne pouvoict eftre
fubjecte à ladicte fubftitution ; la feconde, que l'autre moytié de ladicte Place
auroict efté confumée pour les debtes hédéditéres dudict feu Francoys de Montefquieu
teftateur, payés par ledict feu de Rochefort, fuyvant le fufdit contract de vente,
ainfin que fe veriffioict par les acquitz dont ledict de Rochefort auroict faict production ; davantaige, pofé qu'il y euft quelque chofe de refte du prix de ladicte moytié,
que ne pouvoict revenir au pix que à la fomme de troys mil livres, fy pouvoict
ledict feu de Pontaud en difpozer, quand bien ladicte fubftitution auroict lieu, veu
que la quarte trebellianique quy avoict appartenu audict feu Michel-Bernard de
Pontaud, herettier dudict feu Francoys de Montefquieu, luy demeureroict acquize,
que reviendroict à beaucoup plus que le furplus dudict prix ; d'abondant eftoict
confiderable, pour le faict de ladicte garantye, que ledict de Pontaud n'eftoict
donataire de feu fon pere que de la moytie de fes biens, & par ainfy ledit de Pontaud
ne la pourroict efviter, ce que icelluy de Rochefort proteftoict dire fans fe defpartir
des fins de non recepvoyr qu'il avoict propofées, tant contre ladicte de Montefquieu
que contre ledict de Pontaud, aufquelles il perfiftoit, enfemble aulx aultres conclufions par luy jà prinfes ; au contraire ledit de Pontaud pour fere voyr que ledit feu
de Rochefort n'avoict pas payé, comme ledict George de Pontaud fouftenoict, aulx
creantiers comprins au fufd. Contract de vente ce qu'il eftoict tenu de payer du prix
d'icelle, & que ledict de Pontaud avoict plufieurs aultres droictz fur ladicte Baronnye
de Salles, mefmes du chef de Damoyfelle Miramonde de Dornezan, de laquelle
ladicte feue Gabrielle de Montefquieu feuft herettiere, & luy, d'icelle de Montefquieu,
auroict produict ung contract d'accord paffé entre lad. Gabrielle de Montefquieu
& Francoys de Garaud, Sieur de Balbianes, ung defdictz créantiers, contenant que
icelle de Montefquieu & Bernard de Pontaud avoict payé aud. de Garaud la
fomme y mentionnée de leurs deniers propres, dacté ledict contract du vingt fixiefme
febvrier mil cinq cens foixante fix ; plus aultre contract d'accord auffy paffé entre

Jad. de Montefquieu & Eftienne de Garaud, Sieur de Blayens, autre créantier, comprins audict contraét, avec l'acquict de partye de la fomme y contenue, payée des propres deniers d'icelle de Montefquieu, du vingt uniefme feptambre mil cinq cens foixante fix ; plus l'extraict d'aultre quitance a elle faicte par ung nommé Argoufe, aultre créantier, du feictziefme oCtobre mil cinq cens foixante cinq ; plus les Pactes de mariage & Teftement de ladicte feu de Dornezan des dixieme janvier mil cinq cens cinq, & neufiefme febvrier mil cinq cens cinquante ung, confequement ayant noftredicte Court fur les fufd. productions procédé au jugement du Procès, & les Préfidans & Confeillers y aciftans s'eftans truvés partys en leurs oppinions, ladicte de Montefquieu de ce advertye euft obtenu aultres noz lettres en ouverture de la fubftitution appozée au Teftement de feu Barthelemy de Montefquieu, Sieur de ladicte Place de Salles, ayeul dudict feu Arnulphe de Montefquieu, ayeul d'icelle de Montefquieu, & pour eftre maintenue en tous & chafcungz les biens dudict feu Barthelemy de Montefquieu, prefupozant y eftre appellé par ledit Teftement du feptiefme juillet mil quatre cens huitante ung, qu'elle auroiet produict, avec plufieurs contracts de vente faicte par ledict Arnulphe des biens mentionés en iceulx, fuablement ayant efté conclud fur lefdictes lettres & par lefdictes Partyes produict, dict, defduict & remonftré plus amplement tout ce que bon leur auroiet femblé, tant fur le principal, que fur certains incidens y joinctz, par les appointemens des Commiffaires à ce depputés, fcavoyr faifons qu'en l'inftance d'entre ladicte Dame Francoyfe de Montefquieu, Vifcontefle de Sedirac, Seignurefle de Saufsous, appellant dudict Jugement donné par nofdictz Confeillers & Commiffaires, tenans les Requeftes de noftre Pallais, ledict jour vingt deuxiefme janvier dernier paffé, impetrant & requérant l'intherinement de certaines noz lettres du neufiefme mars auffy dernier paffé, pour eftre maintenue, tant en la moytié de ladicte Place & Baronnye de Salles, qu'en tons & chafcungs les aultres biens dudict feu Arnulphe de Montefquieu, fon ayeul, & aultres fins y contenues, d'une part ; & ledit Meffire Jean-Sebaftien de Rochefort, Chevalier, Sieur & Baron de Marquain, Salles & aultres Places, appellé & deffandeur, d'autres ; & entre led. de Rochefort, demandeur en affiftance de caufe, éviction & garantie, d'une part ; & ledict Meffire George de Pontaud, Sieur dudict Pontaud, deffandeur, d'aultre ; & entre ladicte de Montefquieu, fuppliant & demanderefle à ce que ledict de Pontaud foict tenu déclairer s'il entand s'ayder dudict Jugement, ou eftre appellant d'icelluy, d'une part ; & ledict de Pontaud, deffandeur, d'aultre ; & entre ledict de Rochefort requérant l'intherinement d'aultres noz lettres du vingt-uniefme apvril pareillement dernier paffé, tandent à ce qu'il foict relaxé, tant de la maintenue contre luy requize par ladicte de Montefquieu, que de la demande de ladicte fomme de dix mille livres, pour raifon de laquelle par ledict Jugement il a efté chargé fere apparoir du payement d'icelle, & aultres fins poürtées par lefdictes lettres, d'une part ; & lefdicts de Montefquieu & de Pontaud, refpectivement deffandeur, d'aultre ; entre ledict de Pontaud, comme filz & heretier, avec bénéfice d'inventaire, & fans confufion de fes droicts, dudict feu Michel de Pontaud & de Montefquieu, auffy Sieur dudict lieu, héretier fubftitué dudict feu François de Montefquieu, Sieur & Baron de ladicte Place de Salles, impétrant, & requérant l'intherinement d'aultres noz lettres du dernier dudict moys d'avril dernier paffé, en ouverture de la fubftitution appozée au Teftament dudict feu Françoys de Montefquieu, & pour eftre maintenu en tous & chafcuns les biens d'icelluy, enfemble en la moytié des biens dudict feu Michel de Pontaud, & relaxé de la garantye contre luy requize par ledict de Rochefort, & aultres fins contenues en icelles, d'une part ; & ledict de Rochefort & de Montefquieu deffandeurs, d'aultre ; & encores entre ladicte de Montefquieu, requérant l'intherinement d'aultres nos lettres du feictziefme juillet auffy dernier, paffé

en ouverture de fubftitution maintenue & autres fins portées par icelle , d'une part;
& lefdictz de Pontaud & de Rochefort , deffandeurs , d'aultre. NOSTREDITE
COURT , veu ledict procès , playdés des vingt neufiefme janvier , dix huitiefme
dud. moys de mars , vingt fixiefme dudict moys d'avril , vingtiefme juing &
vingtiefme dudict moys de juillect dernier , lefd. incidentz joinctz au principal par
les appointements des Commiffaires à ce depputés , des dix feptiefme du mefme
moys de mars , douctziefme dudict moys d'avril & vingt cinquiefme dud. moys de
juing dernier ; coppie du Teftement de feu Barthelemy de Montefquieu , du feptiefme
juillect mil quatre cens quatre vingtz ung; coppie d'Arreft en forme, du feptiefme aouft
mil cinq cens foixante fept ; Teftement de feu Françoys de Montefquieu , du quinziefme may mil cinq cens foixante deux ; autre Teftement de feu Michel-Bernard de
Pontaut , du vingt quatriefme juing mil cinq cens foixante neuf ; griefs , contredictz
& aultres productions defd. Partyes , par fon Arreft ce jourd'huy donné à meure
& grande délibération , a mis & met l'appellation & ce dont a efté appellé au néant ,
& fans avoyr efgard aulx lettres defdictz de Montefquieu & de Pontaud , en ce que
tandent en maintenue de la Place & Baronnye de Salles , a relaxé & relaxe led. de
Rochefort des fins & conclufions par eulx contre luy prinfes , & partant que bezoing
feroit , a maintenu & gardé , maintient & garde ledict de Rochefort en la poceffion
& jouiffance de ladicte Place & Baronnye de Salles , & par mefme moyen a relaxé
& relaxe ledit de Pontaud de la garantye contre luy requize par jcelluy de Rochefort & fans defpans & pour caufe ; fans préjudice du furplus des lettres defdictz de
Montefquieu & de Pontaud , pour fe pourvoyr ainfin & comme il appartiendra; en
témoing de quoy avons fait mettre noftre fceel à ces préfantes , par lefquelles mandons & comettons au premier noftre Magiftrat fur ce requis , à la Requefte dudict
de Rochefort , appellés ceulx qu'il appartiendra , le fufdict Arreft de noftredicte Cour
mettre à deue & entiere éxécution felon fa forme & tenur , conftraignant y obéyr
ceulx que pour ce feront à conftraindre par toutes voyes deues & rayfonnables ; mandons en oultre & commandons à toutz noz Jufticiers , Officiers & Subjectz ce faifant
obeyr. Donné à Toulouze , en Noftre Parlement , le neufiefme jour du moys
d'aouft , l'an de grace mil fix cens unze , & de noftre regne le fecond. (Signé) Par
Arreft de la Cour, de Catellan , (& dit) fcellé dernier May 1612.

Original en parchemin des Archives de la Maifon de Montefquiou.

CLXXV.
1er. Avril 1628.

Commiffion adreffée à Henry de Montefquiou , Sieur d'Artagnan ,
pour commander dans le Château de Montaner.

Louis, par la grace de Dieu, Roy de France & de Navarre , à noftre cher & bien
amé HENRY DE MONTESQUIOU , Sieur d'Artaignan , Salut. Eftant arrivé le decedz du
feu Sieur de Vanzé vivant , Cappitaine & Gouverneur de noftre Chafteau de Montaner, en noftre Pays de Bearn , il eft néceffaire de pourvoir à la garde & confervaª
tion de cette Place , en attendant que nous en ayons autrement ordonné , & d'en
donner la charge à quelqu'un fur la valeur & prudhommie duquel nous nous en puif-
fions repofer , & fçachant que pour cet effect nous ne fçaurions faire meilleur ny plus
digne chcoix que de voftre perfonne , pour l'entiere & parfaicte cognoiffance que
nous avons d'icelle . . . Nous vous avons commis . . . pour commander dans nof-
tredit Chafteau de Montaner & aux vingt hommes de guerre à pied François que
nous voulfons y eftre préfentement eftabliz en garnifon , & dont vous ferez la levée . . prendre foignenfement garde à la feureté , deffenfe & confervation de lad.
Place , [&c.] Donné à Paris, le premier jour de avril l'an de grace mil fix cent vingt-
huit , & de noftre Reigne le dix huictiefme. (Signés) Louis, (plus bas) Par le Roy ,
de Lomenie , (& fcellé.)

CLXXVI.
25 Janv. 1630. Original en parchemin des Archives de la Maison de Montesquiou.

Provisions de la Charge de Capitaine Gouverneur du Château de Montaner, accordée par le Roy au Sieur d'Artagnan.

Louis [&c.] ayans esgard aux bons & fidelles services que le Sieur d'ARTAIGNAN nous a renduz en toutes les occasions qui s'en font présentées, mesmes en la garde & conservation de nostre Chasteau de Montaner en Bearn, où il a le commandement des gens de guerre que nous y avons cy-devant establis en garnison,.. à icelluy... avons donné & octroyé... l'Estat & Charge de Cappitaine & Gouverneur de nostre dit Chasteau de Montaner, vaccant par le decedz & trespas du feu Sieur de Vanzé, dernier possesseur d'icelluy ... pour... y commander sous la charge & authorité du Sieur Comte de Gramont, Gouverneur, & nostre Lieutenant Général en nostre Royaume de Navarre & Pais de Bearn... Donné à Paris le xxvᵉ. jour de janvier l'an de grace mil six cent trente, & de nostre Regne le vingtiesme. (*Signés*) Louis, (*sur le reply*) Par le Roy, de Lomenie.

CLXXVII.
25 Novem. 1635. Original en parchemin des Archives de la Maison de Montesquiou.

Commission de Capitaine au Régiment de Bearn, Infanterie, accordée par le Roi au Sieur d'Artagnan.

Louis, (&c.) A nostre cher & bien amé le Cappitaine ARTAIGNAN, Salut. Ayant resolu pour le bien de nostre service de mettre sus pied un Régiment d'Infanterie de vingt enseignes, soubz le tiltre de nostre Régiment de Bearn, commandé par le Sieur Comte de Toulonjon, Mestre de camp d'icelluy, nous vous... commettons... pour lever & mettre sus ... une compagnie de cent hommes de guerre à pied François en nostredit Régiment de Bearn ... laquelle compagnie vous commanderez, (&.) Donné à Saint-Germain en Laye le xv1ᵉ, jour de novembre l'an de grace mil six cent trente-cinq, & de nostre Reigne le vingt-sixiesme. (*Signés*) Louis, (*plus bas*) Par le Roy, Servien, (& scellé.)

CLXXVIII.
3 Décemb. 1635. Original en parchemin, des Archives de la Maison de Montesquiou.

Réception du Sieur d'Artaignan, en la Charge de Lieutenant au Gouvernement de Bayonne & pays circonvoisins.

Anthenin de Gramont-Toulonjon, (&c.), Gouverneur & Lieutenant Général pour Sa Majesté en ses Royaumes de Navarre & Principauté de Bearn, Gouverneur de la Ville de Bayonne & pays circonvoisins, à tous, &c.... Veu par nous les Lettres patentes du Roy données à Chantilly le seiziesme Août mil six cent trente cinq ... par lesquelles Sa Majesté commet & ordonne le Sieur d'ARTAGNAN pour avoir la Charge de nostre Lieutenant au Gouvernement de la Ville & Chasteau de Bayonne & Pays circonvoisins, vacquante par le décès du feu Sieur de la Salle., . Nous avons icelluy d'ARTAIGNAN mis & installé, metons & instalons en l'exercise de lad. Charge ... Faict à Bayonne le troisiesme jour de decembre mil six cens trente-cinq. (*Signés*) Gramont, (*plus bas*) Par mondit Seigneur Gailliardiet, (& scellé.)

Original

Original en papier des Archives de la Maifon de Montefquiou.

Accord entre Meffire Jean de Gaffion, Préfident au Parlement de Navarre ; & Jeanne de Gaffion, fa fœur, époufe de Meffire Henry de Montefquiou-d'Artaignan, Gouverneur de Montaner & Lieutenant pour le Roy au Gouvernement de Bayonne, relativement à la dot à elle conftituée par fon Contrat de mariage de l'année 1632, & Ratification dudit Accord par ledit Sieur d'Artagnan.

Aujourd'hui feptiefme febvrier mil fix cens trente fix conftitués en leurs perfonnes pardevant moy Notaire & tefmoins bas nommés Meffire Jean de Gaffion, Confeiller du Roi en fes Confeils d'Eftat & Privé & Préfident en la Cour du Parlement de Navarre & Damoifelle Jeanne de Gaffion, frere & fœur, ... ont convenu & accordé comme il s'en fuit ; fçavoir eft, que le Contrat de mariage d'entre NOBLE HENRY D'ARTAIGNA, LIEUTENANT A PRESENT AU GOUVERNEMENT DE BAYONNE & ladite Damoifelle fortira fon plein & entier effect pour la fomme de dix mille francqs Bourdallois tant feulement. .... Faict à PAU .... tefmoins Jean de Rimbergés, Gaillard de Suberbie, Jean de Bordenave ; Clercqs & moy Guillaume de Sanforroy, Greffier. (Signés) J. de Gaffion, Jeanne de Gaffion, Eftandau, affiftant; Rimbergés, préfent ; Suberbie, préfent ; (&) Sanfarroy, Greff.

Conftitué en fa perfonne pardevant moy & tefmoins bas només MESSIRE HENRY DE MONTESQUIU, GOUVERNEUR DE MONTANER, LIEUTENANT POUR LE ROY AU GOUVERNEMENT DE BAYONNE, lequel de fa franche volonté a confirmé & ratifié ... l'Accord & Convention paffés entre Meffire Jean de Gaffion, Confeiller du Roy en fes Confeihs & Préfident au Parlement de Navarre & Dame Jeanne de Gaffion, fa fœur & femme dudit fieur d'Artaigna, qui eft fy deffus, dont lecture a efté faict de mot à mot par luy mefme et par moy dit Notaire & a déclaré avoir fait plufieurs foixs audit Seigneur Préfident la mefme confirmation vervallement & par efcript particulier le vingt fixiesme may mil fix cens trente huict, dont il m'a apparu à moy dit Notaire avec promeffe de le faire rédiger par main public, cequ'il n'auroit peu faire jufque à ce jourd'hui à caufe de fes longues abfences hors de Bearn, cequ'il execute par le préfent acte detant plus volontiers qu'il n'a jamais prétendu que la fomme de dix milLE franxc, ... & de fait il c'eft toujours contenté de l'intereft de ladite fomme ... puis l'année mil fix cens trente deux, datte de fon contract ; .... ce que ledit Sieur d'Artaigna a accepté ... & pour tout ce deffus garder & obferver ledit fieur d'Artaignan a obligé (&c.) .... Fait à Pau le vingt dvhieme juin mil fix cens trente neuf, tefmoins ..... & moy Pierre de Purac, Notaire de ladite Ville, qui le préfent ay retenu, figné avec lefdits Seigneurs & tefmoins. (Signés) Artaignan, acceptant; Cachalon, préfent, Bordenave, préfent, Fouron, préfent (&) de Purac, Not.

Original en parchemin des Archives de la Maifon de Montefquiou.

Quittance de légitime, donnée par Henry de Montefquiou, Gouverneur du Château de Montaner, à Noble Arnaud de Montefquiou, Seigneur d'Artagnan.

Ce jourd'hui feptiefme du mois de janvier mil fix cent trente fept, dans le Chafteau d'Artaignan .... pardevant moy Noteu Royal foubfigné, & préfens les tefmoins bas només , a efté prefoune en fa perfoune NOBLE HENRY de MONTESQUIEU , Gouverneur du Chafteau de Montaner, & Lieutenant pour le Roy dans la Ville de Bayonne, lequel . . . a confeffé avoir reçu de NOBLE ARNAULT DE MONTIS-QUIEU, SEIGNEUR D'ARTAIGNAN , la fomme de cinq mille fept cens livres, prove-nantes , tant de la légitime à luy léguée par feu Noble JEAN DE MONTESQUIEU , SON PERE , fupplément d'icelle légitime & fupplément de feue CLAUDE DE BASI-LHAC, en fon vivant DAME D'ARTAIGNAN , SA MERE, que de fa cotte de l'eri-tage de feu Noble LEONARD DE MONTESQUIEU , fon frere , defcédé ab inteftat . . . prefens . . . & moy Jean la Clotte , Notaire Royal de la Ville de Vic , requis ledit acte ay retenu & expédié ceft extrait efcript d'autre main , à moy fidelle , deument collationné; l'ayant foubfigné , en foi de ce deffus. (Signé) de La Clotte, Noᵗᵉ.

<table>
<tr><td>CLXXXI.
24 Juin 1639.</td><td>Original en papier des Archives de la Maifon de Montefquiou.</td></tr>
</table>

Quittance donnée par Meffire Henry de Montefquiou , Gouverneur de Montaner ; Lieutenant pour le Roy au Gouvernement de Bayonne , de la dot de Dame Jeanne Gaffion , fon époufe , à Meffire Jean de Gaffion, Préfident au Parlement de Navarre , fon beau-frere.

Conftitué en fa perfonne , pardevant moy Notaire , & tefmoins bas nommés , MES-SIRE HENRY DE MONTESQUIEU, Gouverneur de Montaner , Lieutenant pour le Roy au Gouvernement de Bayonne, a recogneu . . . . avoir reçu de Meffire Jean de Guaffion , Confeiller du Roy en fes Confeils , Préfident au Parlement de Na-varre , en qualité d'héretier au bénéfice d'inventaire de feu Meffire Jacques de Guaf-fion , Préfident , & contractuel de Dame Marie d'Efclaüs , fes pere & mere , la fomme de onze mille franx Bordalois , faifant en livres hüit mille deux cens cinquante livres , pour l'entier payement de la dot & légitime de Dame Jeanne de Guaffion , fa femme , & pour tout ce qu'ils peuvent prétendre fur les biens délaiffés par ledit feu Sieur de Guaffion , Préfident , & ceulx de Madame de Guaffion, pere & mere de lad. Dame , & les biens propres dudit Seigneur Préfident . . . Fait à Pau , le vingt & quatre juin mil fix cent trente-neuf . . . . (Signés) Artaignan , de Gaffion , du Caffo , préfent, de Peyret , préfent, Seguelaft , préfent. Rapporté à Pau le quinzieme dudit mois & an, à moy David de Cradey, Notaire. (Signé) de Cradeys, Not.

<table>
<tr><td>CLXXXII.
14 Févr. 1644.</td><td>Original en parchemin des Archives de la Maifon de Montefquiou.</td></tr>
</table>

Commiffion du Roy au Capitaine d'Artagnan de lever & comman-der l'une des vingt Compagnies de chacune cent hommes, qui doivent compofer un Régiment dont Sa Majefté a jugé à propos augmenter fon Infanterie Françoife.

Louis, (&c.) A noftre cher & bien amé le Cappitaine ARTAIGNAN , Salut. Ayant eftimé à propos pour le bien de noftre fervice d'augmenter les Trouppes que nous avons fur pied , d'un Régiment d'Infanterie Françoife , compofé de vingt Compagnies de cent hommes chacune , foubz la charge du Sieur de Toulonjon , Meftre de Camp d'iceluy , . . . Nous vous . . . . commettons . . . . pour lever , & mettre fus . . . . une defd. Compagnies , . . laquelle vous commanderez, (&c.) Donné à Paris le XIV febvrier l'an de grace mil fix cent quarante quatre , & de notre Reigne le premier. (Signé) Louis, (plus bas,) Par le Roy , la Royne Regente, fa Mere, prefente , le Tellier, (& fcellé.)

Original en papier des Archives de la Maifon de Montefquiou.

Procuration donnée par Meffire Henry de Montefquiou, à Dame Jeanne de Gaffion, fon époufe, pour paffer le Contrat de mariage de Marie leur fille, avec M. le Baron de Sauveterre.

Ce jourd'huy vingtiefme du mois de juin mil fix cent foixante cinq, après midy, en la Ville & Cité de Bayonne, pardevant moy, Notaire Royal foubzfigné, prefens les tefmoingz bas nommez, a efté conftitué en fa perfonne MESSIRE HENRY DE MONTESQUIEU, Sieur d'Artaignan, Lieutenant pour le Roy au Gouvernement de ladite préfente Ville, lequel . . . . a . . . . conftitué fa procuratrice . . . . Dame Jeanne de Gaffion, fon efpouze, pour . . . . paffer Contrat de mariage pour DEMOISELLE MARIE D'ARTAIGNAN, LEUR FILLE naturelle & légitime, avec Monfieur le Baron de Sauveterre; & ce conformément aux Articles de mariage que lefdictz Seigneur d'Artaignan & de Sauveterre ont paffé & figné le vingtuniefme du mois d'avril dernier. Ainfy l'a . . . juré ez préfences de . . . tefmoins, . . & moy. (Signés) Artaignan, J. Reboul, préfent, du Holde, préfent, & de Reboul, Nore. Rl.

Original en papier des Archives de la Maifon de Montefquiou.

Quittance donnée par Noble Henry d'Artaignan, à Jeanne de Dame Gaffion, fa mere, de la fomme de 6000. liv., dont 3000. livres à lui léguée par le Teftament de feu Henry d'Artagnan, fon pere, Lieutenant de Roy en la Ville de Bayonne, & les autres 3000. l. formant fa légitime.

Conftitué en fa perfonne, pardevant moy Notaire, & tefmoins bas nommés, NOBLE HENRY D'ARTAIGNAN, lequel . . . . a reconnu . . . . avoir . . . reçeu la fomme de fix mille livres de Dame Jeanne de Gaffion, vefve & héritiere teftamentaire de feu Meffire Henry d'Artaignan, fon mari, Lieutenant, quand vivoit, du Roy en la Ville de Bayonne, & icelle pour raifon de trois mille livres que ledit Seigneur, SON PERE, luy avoit laiffées & leguées par fon Teftament .... & les trois mille livres reftantes, pour raifon de la légitime que lad. Dame fa mere lui a conftitué fur fes biens, autres que fur fa dotte .... Faict à Montané le fixiefme novembre mil fix cent feptante . . . tefmoings . . . . & moy Pierre de Peyragude, Notayre de Montaney. (Signé) de Peyragude.

Original en papier des Archives de la Maifon de Montefquiou.

Articles de mariage de Noble Henry d'Artagnan, avec Demoifelle Ruth de Fortaner.

Scachent tous prefentz & advenir que le dix & huitiefme febrier mil fix cent feptante un, Artigles & Conbention de mariage ont efté faictz & paffés entre NOBLE HENRY D'ARTAIGNAN, habitant à Montanné, d'une part; & Damoifelle Ruth de Fortaner-de-Moncaup, affiftée & authorifée du Sieur de Fortaner, fon pere, & de Damoifelle Maigdalenne de la Puyade, fa mere; . . . en contemplation duquel mariage led. Sieur de Fortaner a inftitué . . . lad. Damoifelle Ruth de Fortaner, fa fille, heritiere de tous . . . fes biens; . . ledit Sieur d'Artaignan . . . promet de porter en dot, avant les nopces, la fomme de fix mille livres que la Dame Jeanne de Gaffion, fa mere, lui a payées en ceffions, par tranfaction du fixiefme novembre dernier . . . Ainfi l'ont promis & juré . . . Fait à Moncaup . . . préfens tefmoings . . . & moy Jean de la Forcade, Notaire publicq de Lembeye, qui ces prefentes ay retenu, groffoyé & figné.

(Signé) la Forcade, N.re

R ij

CLXXXVI.
18 Nov. 1681.
Original en parchemin des Archives de la Maifon de Montefquiou.

Acquifition d'une maifon fife à Moncaup par Noble Henry de Montefquiou, Sieur d'Artagnan.

Sachent tous prefens & advenir que Jeanne de Gurs, vefve à feu Jean de Filhucau, dit Pantalon, du prefent lieu de Moncaup,.. a vendu... en faveur de NOBLE HENRY DE MONTESQUIUT, Sieur d'Artagnan, habitant audit lieu de Moncaup,.. une maifon fituée audit lieu,... pour le prix & fomme de cent vingt efcus petits.... Fait à Moncaup le dix huit novembre mil fix cens quatre vingt un... tefmoings... lefquels avec ledit Sieur d'Artaignan ont figné avec moy Antoine de Guilhemarnaud, Coadjuteur du Notaire public de Lembaie, quy la note du prefent ay retenu, fait groffoyer & figné.

(*Signé*) Guilhemarnau, Coad^{eur}.

CLXXXVII.
29 Sept. 1685.
Original en parchemin des Archives de la Maifon de Montefquiou.

Procuration de Meffire Louis de Montefquiou, Abbé de Sordes, à Meffire Louis de Montefquiou-d'Artagnan, Ecuyer, fon frere, pour pourfuivre le payement de fes droits fur les fucceffions de feus Meffire Henry de Montefquiou-d'Artagnan, Lieutenant de Roi de la Ville de Bayonne, & de Dame Jeanne de Gaffion, leurs pere & mere.

Cejourd'hui vintg neufiefme du mois de feptembre mil fix cent quatre vingt cinq, en la Ville de Sorde, maifon Abbatialle dudit lieu, pardevant moy Notaire Royal foubzfigné, prefens les tefmoings bas nommés, a efté préfent en fa perfonne Meffire LOUIS DE MONTESQUIEU-D'ARTAGNAN, Seigneur, Baron & Abbé dud. Sorde, lequel.. a faict & conftitué... fon procureur... NOBLE HENRY DE MONTESQUIEU-D'ARTAGNAN, Efcuier, fon frere, pour... pourfuivre... le payement des droits & prétentions que led. Seigneur conftituant a' & peut avoir fur les biens & effets de feu MESSIRE HENRY DF MONTESQUIEU-D'ARTAGNAN, Lieutenant pour le Roy en la Ville de Bayonne, & de Dame Jeanne de Gaffion, fes pere & mere;.. promettant avoir le tout pour agréable... ainfi l'a promis ez prefences de... tefmoings.... & moy.

(*Signés*) Artaignan, Abbé de Sorde,... & de Verges, Not^e. Royal.

CLXXXVIII.
6 Octobre 1687.
Original en parchemin des Archives de la Maifon de Montefquiou.

Donation par Meffire Pierre de Montefquiou, Chevalier, Seigneur d'Artagnan, Capitaine & Major des Gardes Françoifes du Roy, à MESSIRE HENRY DE MONTESQUIOU, Chevalier, Seigneur d'Artagnan, fon frere, de fes droits fur la légitime de feue Dame Jeanne de Gaffion, leur mere.

Pardevant les Confeillers du Roy Notaires au Chaftelet de Paris fouffignez; fut préfent MESSIRE PIERRE DE MONTESQUIEU, CHEVALIER, SEIGNEUR D'ARTAGNAN, Capitaine & Major des Gardes Françoifes du Roy,.. lequel a... réconnu... avoir

donné . . . . . à Messire Henry de Montesquieu , Chevalier , Seigneur
d'Artaignan, son frere, demeurant ordinairement au lieu de Moncan en Bearn , . .
la part & portion qui peut competer & appartenir aud. Sieur d'Artaignan sur la
légitime de deffunte Dame Jeanne de Gassion, leur mere , au jour de son décés veuve
de Messire Henry de Montesquieu , aussi Chevalier , Seigneur dudit
Artagnan, Lieutenant de Roy de la Ville de Bayonne , & Gouverneur du Chasteau
de Montaner . . . . . Fait & passé à Paris . . . . l'an mil six cent quatre vingt six le
sixiesme octobre après midy, & ont signé la Minute des présentes demeurée en la
possession de Lauverdy, l'un desdits Notaires soussignéz.

(Signés) Coullineau (&) Lauverdy.

Original en papier des Archives de la Maison de Montesquiou.

CLXXXIX.
13 Oct. 1696.

Acquisition par Dame Ruth de Fortaner, veuve de Noble Henry de
Montesquiou , Sieur d'Artagnan , d'une maison sise à Moncaup.

Sachent tous présens & avenir que Arnaud de Sarremes . . . a vendu . . . en faveur
de Dame Ruth de Fortaner , veuve à feu Noble Henry de Montesquiu , Sieur
d'Artaignan , . . une maison situeé au lieu de Moncaup , . . pour le prix & somme
de trois cents livres : . . Fait à Moncaup le traize octobre mil six cents quatre-vingts-
saize , . . tesmoins . . . & . . . moy Antoine de Guilhemarnod , Notaire public de
Lembeye , qui la notte du present ay reçeue , fait grossoyer & signé pour ladite
Dame. (Signé) Guilhemarnaud , Nore.

Original en parchemin des Archives de la Maison de Montesquiou.

CXC.
15 Sept. 1709.

Provisions de l'Office de Maréchal de France, accordé par le
Roy à son cher & bien amé Pierre de Montesquiou-d'Artaignan ,
Lieutenant Général de Ses Armées, Gouverneur de Ses Ville &
Citadelle d'Arras , Son Lieutenant Général en la Province d'Ar-
tois , & Directeur Général de son Infanterie.

Louis, par la grace de * . . . . . Roy de France & de Navarre, à tous ceux qui ces
présentes lettres verront , Salut. Les guerres que nous soutenons d* . . . . . sque
toutes les Puissances de l'Europe , nous ayant obligé de tenir sur pied des Armées con-
sidérables , nous avons eu une particuliere attention au * . . . . ix des Officiers pour le
commandement de nos troupes , & no * . . . . p. . . . plus hautes dignités de la guerre
ceux qui se sont distinguez par leurs services & leur capacité ; c'est dans cette veue
que nous avons résolu de revêtir de l'Etat & Office de Maréchal de France, notre cher
& bien amé Pierre de Montesquiou-d'Artaignan , Lieutenant Général de
nos Armées, Gouverneur de nos Ville et Citadelle d'Arras, et notre
Lieutenant Général en notre Provi ce d'Artois, Directeur Général
de notre Infanterie. Nous avons par nous mesme connoissance de son mérite
personnel & des grandes qualités qu'il possede ; car, outre l'ancienneté de sa Noblesse & les
Illustres alliances que sa naissance luy donne, nous l'avons veu dans toutes ses actions plus
particulierement qu'aucun de nos autres sujets ; après avoir esté. esslevé Page de notre
Ecurie & avoir servi dans la Premiere Compagnie de nos Mousquetaires, il entra en
qualité d'Enseigne en notre Régiment des Gardes Françoises ; il a servy pendant une
longue suite d'années avec distinction dans les Emplois de Lieutenant , de Capitaine &
Major du même Regiment , ausquels il a esté eslevé par son merite , ensorte que la

* Les espaces
ici ponctués &
marqués d'un asté-
risque, sont em-
portés dans l'ori-
ginal.

capacité qu'il s'y eftoit acquife , nous fit faire choix de luy pour rédiger & eftablir des regles uniformes d'exercice & de difcipline pour notre Infanterie , dont il fut fait Infpecteur & enfuite Directeur Général , dans les fonctions defquels emplois il mérita d'eftre fait Brigadier & enfuite Maréchal de nos Camps & Armées, & eftant fatisfaits de l'affiduité , de la valeur & de la capacité qu'il avoit témoigné dans toutes les actions de guerre & les fieges de Places où il s'eft trouvé, nous l'honorames en 1695. de la dignité de Lieutenant Général de nos Armées : enfuite nous fifmes choix de luy pour eftre près de notre Petit Fils le Duc de Bourgogne , à fa première campagne , croyant ne luy pouvoir donner un plus fage & plus experimenté Capitaine en l'art de la guerre, Pendant les Campagnes qui ont fuivy , il a toujours réuffy dans les Commandemens qu'il a eü & dans les entreprifes qu'il a fait avec une valeur & une conduite qui ne laiffent rien defirer ; ce qu'il a encore fait paroitre pendant la campagne derniere, en contenant nos ennemis avec le Corps qu'il commandoit & par la prife du Pofte de Varneton qu'il emporta l'épée à la main , & à la Bataille qui vient d'eftre donnée en Flandres, en laquelle ayant de plus en plus fait connoitre fa grande valeur, fon intrépidité, fa bonne conduite & fon expérience confommée , nous n'avons pas voulu différer plus longtems à luy donner des marques d'une entiere confiance. A ces caufes , ... nous avons fait .... & eftably , faifons & eftabliffons ledit Sr. Pierre de Montefquiou , Maréchal de France , & led. Etat & Office que nous avons créé & augmenté , ... en fa faveur , (outre & pardeffus ceux qui font à préfent) luy avons donné ..... Car tel eft notre plaifir .... Donné à Verfailles le quinzieme jour de Septembre l'an de grace mil fept cent neuf & de notre Regne le foixante feptieme. (Ces Provifions fignées). Louis (fur le reply) Par le Roy, Phelypeaux ; (& fcellées en cire jaune fur double queue de parchemin).

CXCI.
17 Août 1713.

Original en papier des Archives de la Maifon de Montefquiou.

Procès verbal des Preuves de Nobleffe faites par Meffire Louis de Montefquiou , Prince de Raches , Colonel d'Infanterie , devant MM. les Marquis de Créquy-Hémont , & de Mouchy & Baron du Pire , pour être reçu aux Etats d'Artois.

Veu par Nous, Meffire Alexandre-Henry de Créquy , Chevalier , Marquis d'Hémont , Député de la Nobleffe d'Artois vers Sa Majefté ; Meffire Jean-Charles de Bournel , Chevalier, Marquis de Mouchy , Maréchal des Camps & Armées du Roy , Grand Maître de la Garde-Robbe de Monfeigneur le Duc de Berry ; Meffire Nicolas-Alexandre , Chevalier Baron du Pire & d'Hinge , Colonel de Dragons, Aide-Major Général de l'Armée de Flandre , & Grand Bailly de Bethune , la Requefte préfentée à l'Affemblée de la Nobleffe d'Artois, par Meffire Louis de Montefquiou , Prince de Rache , Colonel d'un Régiment d'Infanterie , portante à ce qu'attendu que les Titres de fa Maifon font entre les mains de M. le Maréchal de Montefquiou , fon oncle , il plût à ladite Affemblée de nommer des Commiffaires du Corps de la Nobleffe pour examiner à Paris , lefdits Titres , affin d'avoir entrée aux Affembléez defdit Eftat , en marge de laquelle Requefte ladite Affemblée à la main tenu * , Arras le cinq Juillet dernier , nous auroit nommez & authorifez à l'effet requis d'en dreffer noftre Procès verbal & le faire tenir à M. le Marquis d'Hefdigneul , Député général & ordinaire dudit Corps, pour qu'il le puiffe comprendre dans la lifte qui fera envoyée à la Cour , contenante les noms de ceux qui doivent recevoir les ordres du Roy pour affifter aufdit État.

* Sic.

« Pour à quoy parvenir Monsieur le Maréchal de Montesquiou nous auroit envoyé Messire Louis de Montesquiou d'Artaignant, Abbé de Sorde & d'Artous, son frere, lequel nous auroit représenté, premiérement;

Le Contrat de Mariage dudit Messire Louis de Montesquiou, son nepveu, avec Damoiselle Louise-Alphonse de Berghes, Princesse de Rache, Dame de Boubers-sur-Canche, passé pardevant les Notaires Roiaux d'Artois, au Chasteau dudit Boubers, le trois de février mil sept cent treize, où il conste que Messire Louis de Montesquiou, Colonel d'un Régiment d'Infanterie, est fils de feu Messire Henry de Montesquiou d'Artaignant & de Dame Marie de Fortanès, ses pere & mere, que ladite terre de Boubers (qui est une terre à clocher) appartient à ladite Dame Princesse de Rache, sa femme, & que Messire Pierre Baron de Montesquiou, Comte d'Artaignant, Maréchal de France, est son oncle paternel ; avec la clause inférée à la fin dudit Contrat que ledit Seigneur de Montesquiou signera Montesquiou, Prince de Rache.

Autre Acte de Messire Pierre, Baron de Montesquiou, Comte d'Artaignant, Maréchal de France, en datte du premier de février mil sept cent treize, par lequel il déclare que Messire Louis de Montesquiou, Colonel d'un Régiment d'Infanterie, est fils de feux Messire Henry de Montesquiou & de Dame Marie de Fortanès, & que ledit Messire Henry de Montesquiou estoit son frere, &, eux deux, enfans de feu Henry de Montesquiou d'Artaignant, Lieutenant pour le Roy au Gouvernement de la Ville de Bayonne & pays adjacent, Gouverneur pour Sa Majesté du Chasteau de Montanès, dans la Province de Bearn, & de Dame Jeanne de Gassion, sœur de feu Mr. le Maréchal de Gassion, leur pere & mere.

Le Contrat de mariage dudit Henry de Montesquiou avec Damoiselle Jeanne de de Gassion, par l'entremise & moien de Noble Antoine de Montesquiou, Sieur de St. Pastons, son frere, & son procureur spécial, & de Messire Jean de Gassion, Conseiller du Roy en ses Conseils, & Président au Parlement de Navarre, frere de ladite Damoiselle, à Pau en Bearn, le trois de juin mil six cent trente-deux, ratifié par ledit Noble Henry de Montesquiou, Capitaine & Gouverneur de Montanès, le onze juin audit an mil six cent trente-deux.

Testament dudit Sieur Henry de Montesquiou, Lieutenant pour le Roy au Gouvernement de Bayonne & y Commandant, en datte du deux aoust mil six cent soixante sept, par lequel il déclare qu'il a esté marié avec Dame Jeanne de Gassion, & que dudit mariage il y a eu procréation de plusieurs enfans vivans nommés Raimond de Montesquiou, Henry de Montesquiou, Antoine de Montesquiou, Pierre de Montesquiou & Louis de Montesquiou.

Acte de Partage passé à Montanès le cinquieme de may mil six cent quatre vingt-six, fait en conséquence d'une Transaction du vingt neuf de septembre mil six cent soixante neuf, entre feu Dame Jeanne de Gassion, vufve de feu Messire Henry de Montesquiou-d'Artaignant, en son vivant Lieutenant pour le Roy au Gouvernement de Bayonne, par lequel lesdit Sieurs de Montesquiou, au nombre de cinq, partagent les biens de leurdit feu pere & mere, sçavoir entre Raimond de Montesquiou, qui est l'aisné, Henry de Montesquiou, qui est le second, Antoine de Montesquiou, le troisieme, Pierre de Montesquiou, Capitaine & Major du Régiment des Gardes du Roy, le quatrieme, & Louis de Montesquiou, Abbé de Sorde & Artous, le cinquieme.

Le Contrat de mariage de Noble Jean de Montesquiou, Seigneur d'Artaignant, avec Damoiselle Claude de Basillac, sœur de Messire Estienne Baron de Basillac, passé sous les Regnes d'Henry Roy de France & de Pologne, & d'Henry Roy de Navarre, Comte de Bigorre, le quinze de Novembre mil cinq cent soixante & dix-huit.

Testament dudit Noble Jean de Montesquiou, Seigneur d'Artaignant, passé dans sa Maison Seigneurialle dudit Artaignan, le treizieme de juin mil six cent huit, par lequel il paroît que Dame Claude de Basillac estoit sa femme, & qu'il partage ses biens entre ses six enfans, sçavoir Arnaud de Montesquiou, son fils aisné, qu'il fait son héritier, léguant quatre mil livres à chacuns de ses enfans, sçavoir Jean, Gabriel, Antoine, Léonard & Henry de Montesquiou; ce qui démonstre que ledit Henry de Montesquiou, marié avec laditte Dame de Gassion, estoit son fils.

Contrat de mariage de Noble Paul de Montesquiou, Escuier d'Henry Roy de Navarre, fils de Noble Manaud de Montesquiou & de Noble Janmette de Fontaine, Seigneurs de Sales, en Lauraguiës, Diocese de Mirepoix, en datte du vingt d'aoust mil cinq cent vingt quatre, avec Damoiselle Jaquette d'Estang, Dame d'Artaignant, fille de feu Noble Sansano d'Estang & de Dame Simono Marrace, Seigneurs dudit Artaignant.

Testament de Noble Jacquette d'Estang, Dame d'Artaignant, femme dudit Noble Paulon de Montesquiou, son mary, en datte du vingt cinq octobre mil cinq cent quarante & un, laquelle n'ayant point d'enfans, fait donation audit Paulon de Montesquiou de sa Terre d'Artaignant.

Second mariage dudit Noble Paul de Montesquiou, Seigneur d'Artaignant, avec Noble Claude de Tersac, fille de Noble Jean de Tersac, Seigneur de Montberraud, passé au Chasteau de Monberraud, le vingt quatre de septembre mil cinq cent quarante cinq.

Testament de Noble Dame Claude de Tersac, Douairiere de la Maison d'Artaignant, passé en la Maison Seigneurialle dudit Artaignant, en Bigorre, le vingt six de septembre mil cinq cent quatre vingt-dix, par lequel elle fait son héritier universel Noble Jean de Montesquiou, Seigneur d'Artaignant, son fils.

Ce qui prouve que ledit Jean de Montesquiou, Seigneur d'Artaignant, mentionné aux actes ci-devant, est fils de Paul de Montesquiou & de laditte Dame Claude de Tersac.

Donation du vingt deux de février mil quatre cent quatre-vingt seize, par Exinnet de Montesquiou, Chevalier de l'Ordre de St. Jean de Jérusalem, en faveur de Jean de Montesquiou, son frere, par lequel acte il est encore prouvé qu'ils sont fils de Noble & puissant Seigneur Barthelemy de Montesquiou, Chevalier Seigneur de Sales, au Diocese de Mirepoix, & de Marsan, au Diocesse d'Auche, & de Dame Anne de Goulard, leur pere & mere, que Bertrand de Montesquiou, Manaud de Montesquiou, Arnaud de Montesquiou, Jean de Montesquiou, le Vieux, Jean de Montesquiou, dit Gaillardon, aussy bien que ledit Exinet de Montesquiou, avec Jeanne de Montesquiou, Gaillarde de Montesquiou & Marguerite de Montesquiou, tous freres & sœurs, sont enfans légitimes dudit Seigneur Barthelemy de Montesquiou, tant de sa premiere que de sa seconde femme.

Acte

Acte de Compulsoire obtenu à la requeste de Noble & puissant Seigneur Pierre de Montesquiou, le quinze de juin mil cinq cent dix huit, de certaine Transaction faitte & passée le septieme juillet mil quatre cent quatre vingt trois, Charles Roy de France regnant, Jean estant Archevesque d'Auch, entre Nobles personnes Bertrand de Montesquiou & Manaud de Montesquiou, tous deux fils de Noble & puissant Seigneur Barthelemy de Montesquiou, Chevalier, Seigneur de Marsan & de Sales.

Arrest du parlement de Toulouse en datte du vingt sept d'aoust mil cinq cent soixante sept, dans lequel il est exprimé que le Contrat de mariage d'entre Manaud de Montesquiou, fils de Barthelemy, d'une part, avec Jacquette de Fontaine, est du vingt neuf de juin mil quatre cent soixante & dix-huit, & que ledit Barthelemy de Montesquiou a fait un Testament le septieme de juillet mil quatre cent quatre-vingt un.

Testament du sept de juillet mil quatre cent quatre vingt & un, de Noble & puissant Seigneur Barthelemy de Montesquiou, Seigneur de Sales & de Marsan, énoncé & datté dans l'Arrêt du Parlement de Toulouse du vingt sept aoust mil cinq cent soixante sept, cy-devant rapporté, dans lequel il est encore porté que ledit Barthelemy avoit pour fils aisné Bertrand de Montesquiou, à qui il donne la Seigneurie de Marsan, & à Manaud de Montesquiou, la Seigneurie de Sales ; il dénomme encore pour ses autres enfans Arnaud de Montesquiou, Jean de Montesquiou, Jean de Montesquiou, dit Gaillardon, Mathieu de Montesquiou & Exinet de Montesquiou, tous Nobles & Escuyers, & trois fille, Jeanne de Montesquiou, Gaillarde de Montesquiou, & Marguerite de Montesquiou, tous ses enfans tant de sa premiere que de sa seconde femme.

Autre Acte de Compulsoire du dernier avril quinze cent soixante & dix-sept, à la requeste de Jean de Montesquiou, d'un autre Testament dudit Noble Seigneur Barthelemy de Montesquiou, Seigneur de Sales & de Marsan, par lequel il fait Bertrand de Montesquiou son principal héritier, donne la Seigneurie de Sales à Manaud de Montesquiou, un de ses autres enfans, dénommant Arnaud de Montesquiou, Jean de Montesquiou, Jean, dit Gaillardon de Montesquiou, Mathieu de Montesquiou, & Exinet de Montesquiou, tous Escuiers ; trois filles, Jeanne de Montesquiou, Gaillarde de Montesquiou, & Marguerite de Montesquiou, pour ses enfans.

Les cinq derniers Titres cy-devant énoncez prouvent que Manaud de Montesquiou, pere de Paul de Montesquiou, Seigneur d'Artaignant, estoit frere d'Arnaud de Montesquiou, de Jean de Montesquiou, d'Exinet de Montesquiou & autres, & qu'ils estoient tous enfans de Barthelemy de Montesquiou.

Cession ou Donation de la terre de Marsan, du vingt neuf avril mil quatre cent soixante & onze, par Noble & puissant Seigneur Bertrand de Montesquiou, Chevalier, Seigneur de Montesquiou & de ladite Terre de Marsan, en faveur de Barthelemy de Montesquiou, son frere.

Autre Acte de Donation de Jean de Montesquiou, en faveur de Noble Seigneur Barthelemy de Montesquiou, Seigneur de Sales, son oncle, de tous les droits qu'il a en ladite Terre de Sales, par lequel Acte il est dit que Gaillarde d'Espagne, jadis Dame de Sales, au Diocesse de Mirepoix, Séneschaussée de Toulouse, estoit en ce temps là femme de Noble Seigneur *Ayssivius*, Chevalier, Seigneur de Mon-

S

tefquiou & d'Angles , & auffi mere de Noble Seigneur Barthelemy de Montefquiou , Chevalier , Seigneur dudit Sales ; d'Ayffinius de Montefquiou , Chevalier,
Seigneur dud. lieu de Montefquiou ; de Jean de Montefquiou , Archidiacre & Chanoine de l'Eglife Cathédralle de St. Etienne à Touloufe, de Bertrand de Montefquiou, Chevalier , Seigneur dudit Montefquiou ; de Noble Roger de Montefquiou,
Seigneur de Marfan , tous freres & enfans légitimes dudit Seigneur Aiffinius leur
pere , & de ladite Dame Gailharde d'Efpagne leur mere , ainfi qu'il eft dit cy-
devant , & que ladite Dame Gailharde d'Efpagne , eftoit Dame de Sales ; cet acte
eft du fept de juillet mil quatre cent foixante & onze.

Autre Arreft du Parlement de Touloufe du huit avril mil quatre cent foixante
& dix , par lequel il eft prouvé que Bertrand de Montefquiou , Barthelemy de
Montefquiou , & Roger de Montefquiou , font enfans dudit Meffire Aiffinius de
Montefquiou , & qu'un autre Aiffinius de Montefquiou eftoit fils dudit Aiffinius &
frere defdit Bertrand , de Barthelemy & Roger de Montefquiou , & que Gaillarde
d'Efpagne eftoit femme dudit Meffire Aiffinius de Montefquiou, pere & mere defdit
Aiffinius , Bertrand, Barthelemy & Roger , cy-devant énoncés.

Autre Acte du dix huit de juillet mil quatre cent foixante & fept , par lequel il
eft énoncé que Noble & puiffant Seigneur Barthelemy de Montefquiou , Chevalier,
Seigneur de Sales , eft fils de Noble & puiffant Seigneur Arfivus de Montefquiou,
Chevalier , Baron d'Angle , & de Noble & puiffante Dame Gaillarde d'Efpagne,
que Noble & puiffant Seigneur Bertrand de Montefquiou, Chevalier , Seigneur
defdit lieux , eftoit fils dudit Arfivus & de ladite Dame Gaillarde d'Efpagne , &
auffi frere dudit Barthelemy de Montefquiou.

Autre Arreft du Parlement de Touloufe du dix neuf avril mil quatre cent cinquante neuf , entre Belgarde de Montefquiou , femme de Meffire Simon de Garcie ,
Chevalier , Seigneur de Lavedan , demandereffe , d'une part ; contre Bertrand de
Montefquiou , Chevalier , deffendeur , d'autre part ; où ladite Belgarde de Montefquiou foutient que la Baronnie de Montefquiou luy appartient acaufe qu'elle
eftoit fille d'Aiffinius , Baron de Montefquiou & d'Angle , & icelluy fils aifné d'Aiffinius , Baron de Montefquiou & d'Angle, (que ledit Arreft énonce avoir efté un
Chevalier d'une grande valeur & réputation) & de Dame Gaillarde d'Efpagne ,
grand pere & grande mere de ladite Belgarde ; icelluy Arreft maintient ladite
Dame Belgarde de Montefquiou dans fes droits à l'exception de l'hérédité fubftituée,
dont eft la Baronnie de Montefquiou, qui eft adjugée audit Bertrand de Montefquiou , fon oncle.

Donation en datte du vingt trois de janvier mil quatre cent quarante huit , par
laquelle Noble & puiffant Seigneur Aiffinius , Chevalier , Seigneur de Montefquiou
& de toute la Terre & Baronnie d'Angle , donne à Noble & puiffant Seigneur
Barthelemy de Montefquiou, Seigneur de Sales, fon frere , toute la Terre de Marfan,
fituée au Diocefe d'Auch.

Les fix dernieres Pieces ont efté raportées pour prouver que Barthelemy de
Montefquiou, pere de Manaud de Montefquiou , eftoit fils d'Aiffinius , Baron de
Montefquiou ; que ledit Barthelemy eftoit frere d'Aiffinius de Montefquiou , de
Bertrand de Montefquiou, de Roger de Montefquiou & d'Exinet de Montefquiou, &
que Dame Gaillarde d'Efpagne ,eftoit leur mere.

Et pour plus grande & plus illuftre Preuve de Nobleffe de ladite Maifon de Montefquiou, il nous auroit repréfenté un Extrait d'un Regiftre ou Cartulaire manufcrit repofant dans les Archives du Chapitre de Sainte Marie d'Auch, intitulé : *Compilator feu Collector factorum Capituli Aufcitani, Vici, Nugatolii, Sancti Orientii, tùm Archiepifcoporum diverforum.*

Livre ancien de Sainte-Marie d'Auch, *five Liber Honorum Capituli Aufcitani.*

Le premier Chapitre contient les noms de tous les anciens Archevefques d'Auch.

Le fecond Chapitre intituléz : *de Confulibus Gafconiæ,* commence par ces mot :

Prifcis temporibus cum Gafconia Confulibus effet orbata & Francigens timentes perfidiam Gafconum Consules de Francia addiùtos * *interficere folitorum, Confulatum refpucrunt : maxima pars Nobilium virorum Gafconiæ Ifpaniam ad Confulem Caftellæ ingreffi funt, poftulantes ut unum de filiis fuis eis in Dominum daret. Hic autem quamvis, audita perfidia eorum, fibi & filiis fuis timeret, fi quis ex ipfis venire vellet, conceffit. Tandem Sancius Mitarra, minimus filiorum ejus, cum viris illis Gafconiam venit, ibique Conful factus, filium, qui Mitarra Sancius vocatus eft, genuit. Hic Mitarra Sancius genuit Garciam Sancium Curvum, qui tres filios genuit, Sancium Garciam, & Vuillelmum Garciam, & Arnaldum Garciam, quibus Gafconiam divifit. Sancio Garcia dedit majorem Gafconiam, Guillelmo Garcia dedit Fidenciacum, Arnaldo Garcia dedit Aftaracum. Sancius Garcias genuit duos filios Manzeres, Sancium Sancium & Guillelmum Sancium. Guillelmus Sancius genuit Nobilem Ducem Gafconiæ Sancium & fratres & forores ejus.*

Chapitre 3 intitulé : de Confulibus Fidenciacii.

Guillelmus Garcias Conful Fidenciacii genuit Otonem, cognomine Faltam, & Bernardum Lufcum, qui conftruxit Monafterium Sancti Orientii, & divifit eis Confulatum fuum. Otoni dedit Fidenciacum, Bernardo dedit Armaniacum. Oto genuit Bernardum Otonem, cognomine Maneium Tineam, Bernardus Oto genuit Aimericum, Aimericus genuit Guillelmum Aftam Novam, qui, cum Autendo Archiepifcopo, majorem edificavit Eclefiam Aufcitanam, quæ prius parva erat. Guillelmus Afta-Nova genuit Aimericum, qui & Forto nominatus eft. Ifte Aimericus genuit Aftam Novam. Afta Nova filium non genuit, fed filiam nomine Adalmur, matrem Beneatrieis, quæ non genuit.

Chapitre 4 intitulé : de Confulibus Armaniaci.

Bernardus Lufcus, Conful Armaniaci, genuit Geraldum Trencaleonem, Geraldus genuit Bernardum Tumapaler, Bernardus Tumapaler genuit Geraldum, Geraldus genuit Bernardum, Bernardus genuit Geraldum & forores ejus.

Chapitre 5 intitulé : de Confulibus Aftaracii.

Arnaldus Garcias Comes Aftaraci genuit Garciam Atnaldi, Garcias Arnaldi genuit Arnaldum, Arnaldus genuit duos filios, Guillelmum & Bernardum Pelagos; Vuilelmo dedit Aftaracum, & Bernardo Pelagos dedit, Pardiniacum. Guillelmus genuit Sancium, Sancius genuit Bernardum, Bernardus genuit Sancium; Bernardus Pelagos genuit Otgerium, Otgerius genuit Guillelmum, Guillelmus genuit Boamundum.

* *Sic.* C'eft *adductos;* le point fur le premier membre de l'u a donné cette mauvaife leçon.

Chapitre 37, intitulé : *de Fremozeinx*.

Notu mfit omnibus tum prefentibusquam futuris quod ego ARSIVUS DE MONTES-QUIVO, FILIUS VIDELICET RAIM UNDI EIMERICI, FRATRIS COMITIS GUILLELMI ASTA NOVÆ, dedit Ecclefiam quandam in honore S¹¹, Laurentii Martiris fundatam, Domino & Sanctæ Mariæ Sedis Aufcienfis, nec non & Archiepifcopo *V*uillelmo & Canonicis ejufdem loci, in Villa mea, quæ vocatur de Fremozeinx, quæ mihi procedebat ex alodio matris meæ Aurianæ, nomine de la Mota, pro remiffione peccatorum meorum nec non & fupra dictorum parentum meorum ; & ut firmior effet conceffio accepi à fupra dicto Archiepif-copo Guillelmo LXX. Solidos Aufcienfis monetæ, & fuper altare Beatæ Mariæ manu mea, cum Carta ifta, donationem feci coram Canonicis ejufdem Eclefiæ & fide mea, nec non & fidejufforibus Oggerio de Montealto & Perdigone de Cama-rada, illud tenendum promifi. Superdictam Eclefiam ita ab integro donavi, cum omnibus allodiis fuis cultis & incultis & cum decimis & oblationibus, cum donatione Clericorum, ibi manentium, quod nec ego, nec aliquis ex parentibus meis cenfum vel donationem ibi requirat.

Chapitre 39, intitulé : *de Sancta Chriftina*.

Ego Aimericus Comes, filius *Afta nova* Comitis, donum quod pater meus Afta nova de Villa Sanctæ Chriftinæ Beatæ Mariæ fecerat, per multum temporis calumnians, dicens patrem meum non dediffe ipfius Villæ militiam ; tandem juftitiam recognofcens, laudavi donum quod pater meus fecerat, & ex parte mea dedi Beatæ Mariæ prædictam Villam, pro peccatis meis, totam & ab integro, ficut pater meus tenuerat & poffiderat, nec non Domino. *V*uillelmo Archiepifcopo & fuccefforibus ejus, Sedisque Aufcienfis Canonicis. Eft autem ibi honor Vuillelmi Aurioli de Solonez, honor videlicet Arnaltafi Defpuy & honor de Loftavilla, nec non & honor Hugonis Defgavarred, & quod in prædicta Villa habet & Vicaria quam Vil-

Sic. C'eft Se-nioratum.

licus ibi tenet. De his omnibus dedi Semoratum * & Dominatum Beatæ Mariæ, in manu Vuillelmi Archiepifcopi, ficut pater meus & ego habuimus & tenuimus ; tali conditione ut nullus Epifcoporum, Prepofitorum vel Clericorum audeat dare vel vendere alicui hominum de honore prædictæ Villæ ; quod fi fecerint, heredes mei aufferant quibus datum fuerit, & reddant Beatæ Mariæ abfque calomnia & aliqua contradictione. Si quis autem filiorum, vel parentum vel fucceftorum meorum hoc donum quod pater meus & ego pro peccatis noftris fecimus, infringere vel evacuare prefumpferit, iram Dei & Beatæ Mariæ incurrat, fit que à Sanctæ Mariæ gremio expulfus & eliminatus, donec ad emendationem & fatisfactionem veniat. Factum eft hoc donum apud Monafterium Elifanum, fub ulmo, ante Eclefiam fcilicet *Lupenfis* Martiris, anno ab Incarnatione M.XC.IIII. Refidente in Romana Sede Papa Urbano, Regnante Philippo Rege Francorum. Ut autem hoc donum firmum & ftabile perma-neat dedit predictus Archiepifcopus Comiti Aimerico LX. folidos Morlanos ; Antea dederat enim ipfi Comiti pro eodem honore C. Solidos ejufdem monetæ. Fide juffores ejufdem negotii, Raimundus Bernardi de Montalt & Girardus de Arbeifani, *V*ifoxes & teftes eidem ipfi & uxor Comitis Biverna & Bernardus, frater Comitis, nec non & Petrus de Meo & Bernardus de Cafanova, in manu Archiepifcopi Vuillelmi, in urbe Aufcienfi, fub ulmo, ante Salam, in prefentia patris fui & matris. Valeat in perpetuam. Amen.

Chapitre 72, intitulé : *de Dono Pictavinæ*.

Notum fit tam prefentibus quam futuris quod ego Pictavina, dedi, ob remiffionem peccatorum meorum, Deo & Beatæ Mariæ filium meum Odonem, cum parte quàm habeo in eclesia de la Artiga, & totum Casallum de Laians integre, cum quarta parte Eclesiæ de Pipuins, & cum quarta parte Eclesiæ de Gaubifan & cum quarta parte Eclesiæ de Castellonovo. Super hæc omnia dedi me ipsam Domino & Beatæ Mariæ & Vuillelmo Aufcienfi Archiepifcopo & Canonicis ejufdem Eclefiæ, in prefentia totius Capituli, ut tam fpiritualium quam actualium bonorum illius Eclefiæ particeps fierem. Donum hoc feci xiiij. idibus octobris anno m.cxliij. ab Incarnatione Domini, Regnante Lodoico Rege Francorum. Teftes hujus rei fuerunt Bertrandus de Montagud, Bernardus de la Tor, Arnaldus Deiadjuva, Bidal de Priai, Arpinus Arremon de Solzan, Perpetit Perbey & plures alii.

Chapitre 103. intitulé : De Arfivo de Montefquiù.

In nomine Domini Jefu Chrifti. Ego Arfivus de Montefquiu, ob remiffionem peccatorum meorum, trado & incano, meum offero hunc filium Bertrandum Domino & Beatæ Mariæ Aufcienfis Eclefiæ : dono etiam, cum eo, Deo & Beatæ Mariæ quid quid juris habeo, vel, ex paterna fucceffione habere debeo in Eclefiis ubicumque fint, videlicet in Eclefia Sancti Martini de Berdala, in Eclefia d'Angles, de Bafiano Defpos, de Fremozeinx. Nullus igitur de pofteritate mea Eclefiam Aufcienfem ulterius fuper hic inquietare prefumat ; quod fi quis, Diabolico furore commotus, donationem hanc in irritum revocare temptaverit, anatematis gladio fevius percellatur & cum Datan & Abiron maledictioni Divinæ in perpetuum fubjiciatur ac a terminibus Sanctæ Matris Univerfalis Eclefiæ longius fequeftretur, à Sancta Communione Domini Corporis ac Sanguinis, ut indignus, alienetur, honore fepulturæ privetur, omni que beneficio totius Chriftianitatis fpolietur. Hic Arfivus genuit Bertrandum, cujus filius nomine Raimundus Aimericus per excurfum longi temporis in Eclefia Aufcitanea, fe fe canonicatum & hujus modi donationem avi fui fuper fanctum altare Beatæ Mariæ propria manu confirmavit.

On lit fur la fin du livre :

Bertrandus de Monteefquivo originaliter defcendit a Rege Caftellæ per filium fuum Sancium Mitarram, qui venit Vafconiam, ibique Dominus factus, genuit filium quem vocavit Mitarram Sancium & hic Mitarra Sancius genuit Garciam Sancium Curvum, qui tres filios genuit, fcilicet Sancium Garciam & Guillelmum Garciam & Arnaldum Garciam, quibus Gafconiam divifit; Sancio Garciæ dedit majorem Gafconiam; Guillelmo Garciæ, dedit Fidenciacum ; Arnaldo Garciæ dedit, Aftaracum. Quod autem per iftum Guillelmum Garciæ Comitem Fidenciaci Dominus meus predictus de Monteefquivo defcendit fufficiat profequi de ipfo, qui fcilicet Garcias genuit duos filios, fcilicet Otonem, cognomine Faltam, & Bernardum Lufcum, & divifit eis terram fuam; fic que Otoni dedit Fidenfiacum & Bernardo, Armaniacum. Oto genuit Bernardum Otonem, cognomine Mancium Tineam; & Oto genuit Aimericum. Ifta omnia patent in principio libri 2. & 3. Capitulis. Aimericus genuit Guillelmum Aftam Novam, ficut patet fuperius in Capitulis, & Raimundum Aimerici, ficut patet 37. Capitulo, ubi legitur de Fremozeinx, qui fcilicet Raimundus Aimericus genuit Arfivum de Montefquivo; patet ibi ; Guillelmus Afta Nova genuit Aimericum qui Forto nominatus eft & Cognatus prædicti Arfivi.

Ceft Extrait eft collationnéz par le Sr. de la Roche, Secrétaire du Roy ; Maifon Couronne de France & de Ses Finances, près le Parlement de Touloufe.

Et pour confirmer tout ce que deffus, il nous auroit produit un Extrait intitulé :

Natitia utriufque Vafconiæ, *tam Iberica quam Aquitanica*, Authore Arnaldo Oihenarto, Mauleonenfi, dit Arnaud Dhoyenard, qui exprime tout ce qui eft advancé cy-devant, au fujet de ladite Maifon de Montefquiou.

Au furplus des Donations que les defcendans de ladite Maifon de Montefquiou ont fait à l'Abbaye de Berdoues, au Dioceffe d'Auch, depuis l'an onze cent cinquante jufques en l'an douze cent foixante & dix, tirés par Extrait des Archives de ladite Abbaye de Berdoues, tous collationnés & authentiques, fçavoir, un Engagement fait audit Monaftere par Raimond Aimeric, fils de Bertrand de Montefquiou, l'an 1150, Louis eftant Roy de France, Sancius Comte d'Aftarac, Guillaume Archevefque d'Auch. Autre par lequel Raimond Aimeric de Montefquiou acheptant le Chafteau d'Eftipoy, confirme des dons & achapt audit Monaftere de Berdoues, l'an 1167, fous les mêmes Regnes. Autre Engagement de Raimond Aimeric de Montefquiou, Dame *Pictavina* fa femme, & Raimond Aimeric, leur fils, de l'an 1184. Autre de ladite *Pictavina*, fille de Pictavinoe Matrau, avec Raimond Aimeric de Montefquiou, fon mary, fes fils & filles, de l'an 1185. Donation do 200 fols Morlas par Raimond Aimeric & par *Arfivus* de Montefquiou, fon frere, fils de Raimond Aimeric, de l'an 1204, Philipe eftant Roy de France, Bernard Archevefque d'Auch. Autre Engagement d'Arfivus de Montefquiou, frere de Raimond Aimeric, fils de Raimond Aimeric, de l'an 1209. Autre dudit *Arfivus* de Montefquiou, de Braida, fa fœur, & de Behel, fille de Braida, de l'an 1210. Autre dudit *Arfivus* de Montefquiou, fils de Raimon Aimeric, de l'an 1211, s'en allant en Efpagne contre les Sarafins. Autre dudit *Arfivus* de l'an 1213. Achapt dudit *Arfivus* de l'an 1215. Autre engagement dudit *Arfivus de Montefquivo*, de l'an 1230. Autre Donation audit Monaftere par *Arfivus de Montefquivo*, du confentement de Raimond Aimerie, fon fils, & de fes autres héritiers, en la main de Seguine Conteffe d'Aftarac, l'an 1245, Louis eftant Roy de France, *Centulus* Comte d'Aftarac, & *Hifpanus* Archevefque d'Auch. Autre de Raimond Aimeric *de Montefquivo*, fils de *Arfivus* Seigneur de Montefquiou, de fon confentement & de ceux d'*Aimericus* & de *Gentifquivus*, fes freres, dont font témoins *Arfivus*, *Aimericus* &. Herfquinus, fils dudit *Arfivus*, de l'an 1258. Autre Vendition de Raimond Aimeric, fils d'*Affivius*, de l'an 1269. Autre Confirmation par Raimond Aimeric *de Montefquivo*, du confentement d'Aimeric & Hugon fes freres, de la donation faite par *Arfivus de Montefquivo*, fon pere, & par *Braida*, fa fœur, de l'an 1270. Tous les titres cy-deffus prouvant cinq générations.

Avec l'Information des Preuves pour eftre reçus Chevalier de l'Ordre, de Meffire Adrien de Monluc, Prince de Chabanois, Comte de Carmain, Baron de Sen Felix, Montefquiou-d'Angles & autres lieux, Confeiller du Roy en fes Confeils, Maréchal de Camps en Ses Armez, Capitaine de cent hommes d'Armes de Ses Ordonnances, Sénefchal, Gouverneur & Lieutenant-général pour le Roy en fon Pays & Comté de Foix, Terres Souveraines d'Omeffan *, d'Audour *, pour monftrer que la Maifon Noble de Monluc-Mafencomme, de laquelle il prend fon extraction maternelle étant tombé en quenouille il y a plus de trois cent ans, reprins fon nom en fa continuation dans la Maifon Noble de Montefquiou, de laquelle il prend fon extraction paternelle, parce que Odon de Montefquiou, Cadet de ladite Maifon de Montefquiou, efpoufa l'héritiere de Maçencome, à condition d'en porter les Noms & Armes & de quiter le nom de Montefquiou, comme de telles conventions fe pratiquoient lors entre les bonnes Maifons : deux des puifnés mêmes de Louis le Gros ayant efpoufés les héritieres de Dreux & de Courtenay, dont ils prirent les Noms & les Armes ; dans le cahier defquelles Preuves, il eft dit que ladite Maifon de Montefquion eft iffue, il y a fept ou huit cent ans, des Roys de Caftille & de Navarre,

* * Sic. C'eft Donnezan & Andore.

qui eſtoient Seigneurs de toute la Gaſcogne, l'un des puiſnéz deſquels Roys ayant eu pour ſon appanage le pays de Gaſcogne, qu'il diviſa entre ſes enfans, dont l'on eut la Comteẓ de Feſenſac, lequel eut deux enfans, laiſné fut Comte de Feſenſac, le cadet Baron de Monteſquiou-d'Angle, dépendant dudit Comté de Fezeſenſac. Le Cahier deſdittes Preuves eſt du vingt janvier mil ſix cent vingt-neuf, ſigné d'un des Commiſſaires, l'autre ſignature ſe trouvant deſchirée.

Veu auſſy le Reglement pour l'entrée auſdit Eſtat à nous envoié à cet effet portant que les Prétendans feront tenus de faire Preuve de quatre générations de Nobleſſe de ſang, portant au moins cent ans de même maniere que les Chevaliers de Malthe, d'un ſeul Chef ſeulement, & qu'ils feront Seigneurs d'une Terre à Clocher des plus Seigneurialles.

Nous Commiſſaires ſuſdit &, en vertu du pouvoir à nous donnés par ladite Aſſemblée de Nobleſſe, déclarons avoir veu, leu & meurement éxaminé tous les Titres cy-devant mentionnés, à Nous repréſentés & rendus, & en conſéquence déclarons encor de les avoir trouvés en bonne & deue forme, au moyen de quoy Nous en avons dreſſé le préſent Procès verbal pour eſtre envoié à M. le Marquis d'Heſdigneul, conformément à l'Ordonnance de ladite Aſſemblée. Fait à Paris le dix ſept d'aouſt mil ſept cent treize. (Signés) Alexandre-Henry de Crequy Heſmon, Bournel, Marquis de Monchy & le Baron Dupire d'Hinge.

Original en papier des Archives de la Maiſon de Monteſquiou.

CXCI.
20 Sept. 1723.

Teſtament olographe de Pierre de Monteſquiou, Comte d'Artagnan, Maréchal de France, & dépôt dudit Teſtament.

Au nom du Pere, du Fils & du St. Eſprit. C'eſt icy mon Teſtament, .. que je prie mon légataire univerſel, d'accord avec ma femme, mon frere l'Abbé & le Comte d'Artagnan, Capitaine Lieutenant de la premiere Compagnie des Mouſquetaires du Roy, mon couſin germain, de faire éxécuter ſuivant ſa forme & teneur.

Je donne mon ame à Dieu & mon corps à la terre, & deſire d'être enterré ſans nulle cérémonie.....

Je deſire qu'il ſoit donné aux Pauvres de la Paroiſſe où je ſeray enterré, deux cens livres, une fois payer...

J'inſtitue PAUL ARTAIGNAN, L'AISNÉ DE MES NEVEUX, BRIGADIER D'INFANTERIE, FILS DE MON FRERE ARTAIGNAN-DE MONCO, mon legataire univerſel; & en cas qu'il meurt ſans enfant, avant moy, je ſubſtitue LOUIS, SON FRERE CADET, qu'on nomme MONTESQUIOU, BRIGADIER, CORNETE DE LA PREMIERE COMPAGNIE DES MOUSQUÉTAIRES; ſi celuy-là n'a point d'enfans legitimes, à leur défaut je ſubſtitue LEUR FRERE CADET, qui eſt MARECHAL DES LOGIS ET MAJOR DE LA PREMIERE COMPAGNIE DE MOUSQUETAIRES DU ROY...

Je donne à MON NEVEU ARTAIGNAN-DE BEUSTE, quinze mille livres, a luy & à ſes enfans; & en cas qu'il meurt ſans enfans, je les ſubſtitue a SON FRERE CADET; mais comme il eſt deſtiné à l'Egliſe, s'il ſe trouve pourvu d'une Abbaye, il n'en jouira pas, & cette ſomme de quinze mille livres retournera de ſon frere, après ſa mort, à mon légataire univerſel.

Je donne a mon NEVEU LOUIS DE MONTESQUIOU, CORNETE DES MOUSQUETAIRES, vingt mille livres une fois payer.

J'ay donné en mariage A MA NIECE D'ARTAIGNAN, en ſe mariant avec Monſieur de Loigny, par ſon Contrat de mariage, la ſomme de trente ſix mille livres; .. c'eſt une dette que je deſire eſtre payée...

Je donne à MES QUATRE NIECES, RELIGIEUSES, en penſions viageres ; ; ſavoir, à celle qui eſt a Eſtrun, près d'Arras, cent cinquante livres par an, cent livres à celle du Val de Grace, & cinquante livres à chacune des deux qui ſont Religieuſes en Bearn ...

Je donne quinze mille livres à ma niece d'Altermat ...

Je prie & deſire que la liquidation faite entre ma femme & moy, de nos repriſes reciproques ſur la communauté, faite le vingt ſix octobre mil ſept cent dix ſept, reconnue devant le Sieur Lefevre, Notaire a Paris, ne reçoive nulle difficulté ....

Comme le Roy m'a accordé un Brevet de retenue de cinquante mille eſcus ſur mon Gouvernement d'Arras, j'en donne cinquante mille livres à mon NEVEU MONTES-QUIOU, CORNETE DES MOUSQUETAIRES DE LA PREMIERE COMPAGNIE ...

Fait au Pleſſis-Picquet ce vingt ſeptembre mil ſept cent vingt trois, lequel j'ai écrit & ſigné de ma main, ſigné, Pierre d'Artaignan, Maréchal de Monteſquiou.

Enſuite eſt écrit :

Madame la Maréchale & moy avons acheté cent mille livres de billets de liquida-tion, qui nous ont couſté vingt mille livres, dont nous nous ſommes faits quatre mille livres de rente viagere, dont la moitié eſt ſur ſa teſte, & l'autre moitié ſur la teſte DE PIERRE DE MONTESQUIOU, CHEVALIER D'ARTAIGNAN, MARECHAL DES LOGIS ET AYDE-MAJOR DES MOUSQUETAIRES DU ROY, dont il jouira après ma mort, ſigné, Mal. de Monteſquiou.

Audeſſous eſt écrit :

Parafé, ne varietur, par le Sieur Joſeph-Louis Le Nain, Secrétaire de mondit Seigneur le Maréchal de Monteſquiou, & nous Commiſſaire, ſouſſigné, ſuivant notre Procès-verbal d'apoſition de nos ſcélez, au Chateau du Pleſſis-Piquet, ce douze aouſt mil ſept cent vingt-cinq, ſigné Le Nain & le Comte, avec parafes.

Au dos du verſo du quatrieme feuillet, eſt écrit :

C'eſt icy mon Teſtament fait en deux feuilles, écrit de ma main. Fait le vingt ſeptembre mil ſept cent vingt-trois.

Plus bas eſt encore écrit :

Parafé, ne varietur, par le Sieur Joſeph Le Nain, Secrétaire de mondit Sieur le Maréchal de Monteſquiou & nous Commiſſaire, ſouſſigné, ſuivant notre Procès verbal d'apo-ſition de nos ſcélez, au Chateau du Pleſſis-Piquet, ce douze aouſt mil ſept cent vingt-cinq, ſigné Le Nain & le Comte, avec parafes.

En l'original du Teſtament de TRÈS HAUT ET TRÈS PUISSANT SEIGNEUR MONSEIGNEUR PIERRE BARON DE MONTESQUIOU, COMTE D'ARTAIGNAN, MARÉCHAL DE FRANCE, GÉNÉRAL DES ARMÉES DU ROY, GOUVERNEUR DES VILLE, CITÉ ET CITADELLE D'ARRAS, CHEVALIER-COMMANDEUR DES ORDRES DE SA MAJESTÉ; contrôlé a Paris par Naleau, & dépoſé pour Minute à Lefevre, l'un des Notaires à Paris, ſouſſignez, cejourd'hui dix neuf aouſt mil ſept cent vingt cinq, ſuivant le Procès verbal d'apoſition de ſcélez dudit Sieur Commiſſaire le Comte, du douze du préſent mois, jour du décès dudit Seigneur Maréchal, arrivé en ſon Chateau du Pleſſis-Piquet près Paris.

(Signés) de la Balle (&) Lefevre. (En marge) ſcellé led. jour.

Procès verbal des Preuves de Nobleſſe de M. le Comte d'Artagnan, pour l'Ordre du St. Eſprit.

Extrait des Titres produits par haut & puiſſant Seigneur Meſſire JOSEPH DE MONTESQUIOU, Chevalier, Seigneur & Comte d'Artagnan, Lieutenant Général des Armées du Roy, Capitaine-Lieutenant de la 1ᵉ. Compagnie des Mouſquetaires à cheval de la Garde ordinaire de Sa Majeſté, Gouverneur des Ville & Citadelle de Niſmes, nommé Chevalier de Ses Ordres, pour les Preuves de ſa Nobleſſe.

Na. Les Armes des Sujets de la ligne di-recte & celles de leurs alliances ſont peintes dans ce Procès verbal, à chaque degré. On a penſé qu'il étoit inu-tile de les faire graver ici.

DEVANT Monſieur le Duc de Tallard, Mareſchal de France, & Monſieur le Marquis d'Huxelles, auſſy Mareſchal de France, Chevaliers & Commandeurs des meſmes Ordres, Commiſſaires à ce deputez par Lettres patentes du 22 fevrier 1724.

Iᵉ. DEGRÉ.

Joſeph de Monteſquiou, Comte d'Artagnan, Lieutenant Général des Armées du Roi, Capitaine-Lieutenant de la premiere Compagnie des Mouſquetaires de Sa Majeſté, Gouverneur de Nimes.

LETTRES PATENTES du Roy, Chef & Souverain Grand Maitre des Ordres de Sᵗ. Michel & du Sᵗ. Eſprit, adreſſées à ſes très-chers & bien amez Couſins le Mareſchal de Tallard, Duc d'Hoſtun, & le Mareſchal

T

d'Huxelles, Chevaliers & Commandeurs de Ses Ordres; portant que
son cher & bien amé le Comte d'Artagnan ayant été élu au Chapitre
du 2 de ce mois pour être reçu Chevalier de Ses Ordres à la première
Cérémonie, en satisfaisant aux Preuves requises par les Statuts : Sa
Majesté les a commis pour les éxaminer, sur le rapport qui leur en sera
fait par le Sieur Clairambault, Généalogiste des mêmes. Ordres; & que
s'il les trouvent suffisantes, ils en signeront le Procès-verbal avec lui, & y
feront appliquer le cachet leurs Armes, pour être ensuite remis à son très-
ainé & féal * Abbé de Pomponne, Commandeur & Chancelier desdits
Ordres, pour en faire Rapport au premier Chapitre : ces Lettres données
à Versailles le 22 de février 1724. signées Louis, & plus bas Par le
Roy, Chef & Souverain Grand Maître des Ordres de St. Michel & du
St. Esprit, le Bas, à costé, visa, signé, Arnaud de Pomponne, & scellées
du Grand Sceau & Contre-sceau desdits Ordres, en cire blanche.

* On a oublié
les mots : le Sieur.

MÉMOIRE des Services de Joseph de Montesquiou, Comte d'Artagnan,
Seigneur de Gensac, Barbachin & Masous, donnée pour satisfaire aux
Articles XXIV. & LXIX. des Statuts.

Le Roi me donna en 1668. la Casaque des Mousquetaires; je servis
en cette qualité pendant les années 1669. 1670. 1671. & 1672. dans
tous les Sieges que le Roy fit en Hollande.

En 1673. je fus Volontaire avec M. le Marquis d'Hautefeuille au
passage du Canal de Bruges; il batit l'arriere-garde des ennemis : je fus
ensuite au Siege de Mastrick, à la reprise de la demie-lune, où fut tué
M. le Comte d'Artaignan, Commandant la Premiere Compagnie des
Mousquetaires, & le Roy me donna une Enseigne aux Gardes.

En 1674. je servis au Siege de Gray, qui se fit dans l'hiver : je fus
fait, la même année Sous-Lieutenant aux Gardes, & au commencement
de la Campagne je fus au Siege de Besançon, où je fus détaché pour
attaquer la contrescarpe & le retranchement; en sortant de cette attaque
le Roy me fit Garçon Major : je me trouvai aussi la même année à la
prise de Dole & d'autres postes & Châteaux en Franche-Comté, après
quoy je suivis le Roy à Paris, où il ne fut pas plutôt arrivé que je fus
détaché avec six Compagnies aux Gardes au secours d'Oudenarde, où je
fis les fonctions d'Aide-Major.

En 1675. je me trouvai au Combat de Meulhosen & à la Bataille de
Turquem, sous les ordres de M. le Maréchal de Turenne.

En 1676. je fus de l'attaque des dehors de Condé & à la prise de
Bouchain, & la même année à la Bataille de Treve, sous M. le Maréchal
de Créquy.

En 1677. je fus détaché pour attaquer les dehors de Valenciennes, &
j'entrai dans la Place avec le détachement : on m'envoya en sortant de-là
à Cambray, où je me trouvay à l'attaque de la contrescarpe de la
Citadelle.

En 1678. je fus au Siege d'Ypres & à celui de Gand, & à la Bataille de S. Denis.

En 1680. je fus fait Lieutenant aux Gardes.

En 1681. le Roi me fit Ayde-Major.

En 1682. j'achetai une Compagnie aux Gardes.

En 1683. je fus détaché au Siege de Courtray, pour attaquer la contrescarpe qui fut prise.

En 1684. le Roi me donna l'agrément de la Cornette des Mousquetaires moyennant 45000. livres.

En 1688. je commandois le détachement des Mousquetaires qui alla avec feu Monseigneur le Dauphin au Siege de Philisbourg.

En 1690. j'allai avec Monseigneur le Dauphin, & je commandois le détachement des Mousquetaires en Allemagne.

En 1691. je fis la Campagne en Flandres, je fus détaché avec les Mousquetaires pour reprendre l'ouvrage à corn de Mons, & je fus fait Brigadier la même année.

En 1692. je servis au Siege de Namur, & je fus détaché avec les Mousquetaires pour reprendre le retranchement de la Cassote; l'hiver ensuite j'eus le commandement de la Cavalerie sur la Meuse.

En 1693. je commanday le détachement des Mousquetaires qui étoit en Allemagne avec Monseigneur le Dauphin.

En 1694. je commanday le détachement des Mousquetaires qui étoit avec Monseigneur le Dauphin en Flandres.

Là, la même année le Roy jugea à propos de doubler les Officiers des deux Compagnies de Ses Mousquetaires; par son arrangement il fit passer M. le Marquis de Mirepoix second Lieutenant à la seconde Compagnie, & voulut que je fus second Sous-Lieutenant dans la premiere, quoique M. de Mirepoix fut Enseigne dans la premiere, & que je ne fus que Cornette dans la même Compagnie.

En 1695. je servis auprès du Roy.

En 1696. je commanday le détachement des Mousquetaires, sous les ordres de M. le Maréchal de Villeroi, & je fus fait la même année Maréchal de Camp.

En 1697. je servis auprès du Roy.

En 1701. je commanday le détachement des Mousquetaires qui fut en Franche-Comté & en Alsace, sous les ordres de M. le Maréchal de Tallard.

En 1702. je fus sur les côtes de Normandie avec la Cornette des Mousquetaires, & je fus fait Lieutenant Général la même année.

En 1703. je servis en Flandres en qualité de Lieutenant Général, & je commanday le détachement des Mousquetaires, sous les ordres de Mrs. les Mareschaux de Villeroy & de Boufiers.

En 1704. je servis auprès du Roy.

En 1705. je marchay avec le détachement des Mousquetaires que je commandois sur la Moselle, où je joignis au Camp de Circq l'Armée que commandoit M. le Maréchal de Villars, où je servis en qualité de

Lieutenant General, & j'eus ordre la même Campagne de paſſer en Flandres, où je ſervis en la même qualité, ſous les ordres de M. le Mareſchal de Villeroy.

En 1706. je ſervis auprès du Roy.

En 1707. je fis la Campagne en Flandres ſous les ordres de M. le Duc de Vendoſme, en qualité de Lieutenant Général & Commandant le détachement des Mouſquetaires.

En 1708. je partis, par ordre du Roy, pour aller commander en Provence, où étant arrivé je fis fortifier tous les poſtes & plages de la mer, depuis Marſeille juſques au Broc ſur le War, en y faiſant diſpoſer pluſieurs batteries de canon, ce qui empeſcha la flotte ennemie de faire aucune entrepriſe. Je receus enſuitte ordre de M. le Mareſchal de Villars de marcher à Vigille avec les troupes que j'avois à Thourame & Colmar ; j'y apris que M. de Muret avoit été repouſſé du Montgenevre ; cela me fit prendre le party de marcher fortement avec les Regiments de Soiſſonnois & de Caſtellas, que j'avois avec moi, & je donnay ordre à celui de Heſſy de me ſuivre diligemment ; j'arrivay fort à propos au Moneſlier ſous Briançon, où je trouvay le Regiment de Vexin. M. de Savoye étoit campé à la Vachette avec vingt quatre bataillons & quelques eſcadrons de Houſſards ; je fis d'abord occuper les poſtes de Buffere & de Criſtoue par le Regiment de Vexin, que les ennemis attaquerent le lendemain avec douze cens Grenadiers ; mais ayant héſité long temps à en faire l'attaque, cela donna le temps au Regiment de Heſſy Suiſſe d'y arriver, & dans le moment j'en fis marcher un au poſte de Buffere, & dès que les ennemis en virent la teſte qui ſe commençoit à ſe former, après quelques eſcarmouches, ils prirent le party de ſe retirer : toutes ces précautions & marches forcées nous firent conſerver la petite route, ce qui empeſcha les ennemis de pénétrer pour faire le blocus de Briançon qu'il auroit été impoſſible de ſecourir, & par conſéquent de ſauver le Dauphiné & la Provence, & donnerent le temps à M. le Mareſchal de Villars d'y arriver avec ſon armée qui étoit dans la Morienne, ce qui fit determiner M. le Duc de Savoie de décamper de la Vachette, où il étoit depuis ſept à huit jours, repaſſa le Montgenevre & brûla les deux villages qui y étoient ; & s'étant retirez à Sezanne, on attaqua leur arriere-garde, le pont fut fort conteſté, ils y perdirent une centaine d'hommes; je commandois l'Infanterie de cette attaque.

En 1709. & 1710. j'ay ſervy en Provence & Dauphiné ſous les ordres de M. le Mareſchal de Barwick.

En 1711. j'ay ſervy en Flandres en qualité de Lieutenat Général & Commandant le détachement des Mouſquetaires, ſous les ordres de Mrs. les Mareſchaux de Villars & de Monteſquiou.

En 1713. j'ay ſervy en Allemagne en qualité de Lieutenant Général & Commandant le détachement des Mouſquetaires, ſous les ordres de M. le Mareſchal de Villars : nous avons eu pendant le cours de cette Campagne les Sieges de Landau & Friſbourg ; je commandois la tranchée au dernier la veille de la Touſſaints, je fis attaquer vers les dix heures du foir la demie Lune qui eft dans le foffé , & fut prife le lendemain dès le matin ; les ennemis fe retirent dans le Château, & les Bourgeois fe préfenterent fur le Baftion pour capituler ; j'envoyay avertir M. le Maréchal de Villars, & je donnay ordre en même temps à M. le Duc de Tallard de s'emparer de la breche avec les Grenadiers, & défenfes de laiffer entrer qui que ce foit dans la Place, ce qui empefcha qu'elle ne fut pillée ; j'entray enfuitte, par ordre de M. le Maréchal de Villars, dans la Ville avec cinq Compagnies de Grenadiers ; je commanday dans la Place, & y établis l'ordre jufqu'à ce qu'on commence l'attaque des Forts.

En 1716. je fus fait Capitaine-Lieutenant de la Première Compagnie des Moufquetaires par la retraite de M. de Maupertuis.

Je certifie ce que deffus véritable. Signé D'ARTAIGNAN.

RÉCAPITULATION.
SIEGES.

En 1672. tous les fieges que le Roy fit en Hollánde.
En 1673. Maftrick.
En 1674. Gray , Befançon, Dole, & plufieurs autres poftes & Châteaux.
En 1676. Condé , Bouchain.
En 1677. Valenciennes , Cambray.
En 1678. Ypre & Gand.
En 1683. Courtray.
En 1688. Philisbourg.
En 1691. Mons.
En 1692. Namur.
En 1713. Landau & Frisbourg en Brifco.

COMBATS.

Maftrick , à la demie Lune.
A Befançon , la contrefcarpe & le retranchement.
Meulhofen.
Condé , les dehors.
Valenciennes , les dehors.
Cambray , la contrefcarpe de la Citadelle.
Courtray , prife de la contrefcarpe.
Mons , la prife de l'ouvrage à corne.
Namur , les retranchemens de la Cafotte.

BATAILLES.

Turquem.
Treves.
Saint Denis.

BREVET du 29 novembre 1679. le Roy étant à S. Germain en Laïe ,

& étant satisfait des services qui lui ont été rendus par le Sieur d'Artagnan dans le Régiment de Ses Gardes Françoises, Sa Majesté lui a donné l'une des Charges de Sous-Aide-Major qu'elle a jugé nécéssaire d'établir dans ce Régiment. Signé Louis, & contresigné le Tellier.

BREVET du 12 février 1681. le Roy étant à S. Germain en Laie, voulant témoigner au Sieur d'Artagnan, Lieutenant au Régiment de ses Gardes Françoises, la satisfaction que Sa Majesté a de ses services, de sa valeur, expérience & bonne conduite, l'a établi en la Charge de Major de ce Régiment, au lieu du Sieur de Varennes; signé Louis, contresigné le Tellier.

COMMISSION de Capitaine-Lieutenant de la Compagnie Colonelle du Régiment des Gardes, vaccante par la mort du Sieur Ollier, accordée par le Roy à son cher & bien amé le Sieur d'Artagnan, Aide-Major du Régiment, du 11 novembre 1682. Signée Louis, & au-dessous, Par le Roy, signé le Tellier, & scellée.

BREVET du 23 décembre 1682. le Roy étant à Versailles, ordonne que le Sieur d'Artagnan, Capitaine-Lieutenant de la Compagnie Colonelle du Régiment des Gardes Françoises de Sa Majesté, & qui a rang de Capitaine, commande suivant l'ancienneté de sa Commission un Bataillon du Régiment préférablement aux Capitaines moins anciens, quoique la Compagnie Colonelle ne soit pas dans le Bataillon, pourvu néanmoins qu'elle soit dans le champ de Bataille ou dans le Camp. Signé Louis, & contresigné le Tellier.

AUTRE brevet du 4 juin 1684. le Roy étant à Cambray, voulant reconnoître les bons & fidels services que lui a rendu pendant plusieurs années le Sieur d'Artagnan, en qualité de Capitaine, & auparavant comme Officier subalterne dans le Régiment de Ses Gardes Françoises, Sa Majesté l'a établi en la Charge de Cornette en la première Compagnie de Ses Mousquetaires à cheval servant ordinairement à la Garde de Sa Personne, vaccante par la promotion du Marquis de Mirepoix à celle d'Enseigne. Signé Louis, & plus bas le Tellier.

COMMISSION du Roy à son cher & bien amé le Sieur d'Artagnan, Cornette de la Première Compagnie des Mousquetaires à cheval servant à la Garde de Sa Personne, pour avoir rang de Mestre-de-Camp dans la Cavalerie légère du jour de son Brevet de Cornette. Donné à Versailles le 12 aoust 1684. Signée Louis, & au-dessous, Par le Roy, signé le Tellier, & scellée; avec l'attache du Comte d'Auvergne, Colonel de la Cavallerie légere Françoise & Etrangere, du 12 juin 1688. signé le Comte d'Auvergne, contresigné la Peirouze.

BREVET du 25 avril 1691. le Roy étant à Versailles, par lequel il établit le Sieur d'Artagnan, Cornette de la Première Compagnie des

Moufquetaires à cheval, dans la Charge de Brigadier en Sa Cavalerrie. Signé Louis, & contrefigné le Tellier.

LETTRE du Roy à Mr. d'Artagnan pour lui dire de fervir dans fa Charge de Brigadier à l'Armée de Flandres, commandée en Chef par Mr. le Dauphin, Fils de Sa Majefté, du dernier avril 1692.

Autre pour fervir l'hiver fur la Meuze, fous le Comte de Gacé, Marefchal de Camp, du 29 octobre fuivant; toutes deux fignées Louis, & plus bas, le Tellier.

BREVET du premier février 1693. le Roy étant à Verfailles, & voulant pourvoir à la Charge de Sous-Lieutenant que Sa Majefté a réfolu de créer dans la Premiere Compagnie des Moufquetaires à cheval, fervant ordinairement à la Garde de Sa Perfonne, & voulant reconnoître les fervices que lui a rendus le Sieur d'Artagnan, Brigadier en Ses Armées & Cornette en ladite Compagnie, Elle lui a fait don de ladite Charge de Sous-Lieutenant. Signé Louis, & contrefigné le Tellier.

LETTRES du Roy à Mr. d'Artagnan, pour lui dire de fervir en fa Charge de Brigadier dans fon Armée de Flandres, commandée en Chef par fon Fils le Dauphin. Efcrite à Verfailles le 28 & dernier avril 1694. Signées Louis, & contrefignées le Tellier.

BREVET du 3 janvier 1696. le Roy étant à Verfailles, Sa Majefté a étably le Sieur d'Artagnan Brigadier de Cavalerie & Sous-Lieutenant de la Premiere Compagnie des Moufquetaires de Sa Garde, dans la Charge de Marefchal de Camp en fes Armées. Signé Louis, & contrefigné le Tellier.

LETTRE du Roy à Mr. d'Artagnan, pour le faire fervir de Marefchal de Camp dans l'Armée de Flandres, commandée par M. le Marefchal Duc de Villeroy; efcrit à Verfailles le 2 may 1696. Signée Louis, & au deffous le Tellier.

Autre pour fervir au Camp de Compiegne fous le Duc de Bourgogne, du 13 aouft 1698. Signée de même.

PROVISIONS de la Charge de Gouverneur du Fort d'Exilles en Dauphiné, vaccante par le decez du Sieur de Caumont, accordées par le Roy au Sieur d'Artagnan, Marefchal de Camp en Ses Armées, & Sous-Lieutenant de la Premiere Compagnie des Moufquetaires. Données à Verfailles le premier mars 1699. Sur le reply, par le Roy Dauphin, Signé Colbert; & fcellées en cire rouge, avec le même ferment du 21 décembre de la même année, fait entre les mains du Chancelier de France; figné Paraire.

LETTRE du Roy à M. d'Artagnan, pour lui dire de fervir de Marefchal de Camp dans l'Armée d'Allemagne, fous M. le Duc de Bourgogne, &

fous lui le Marefchal Duc de Villeroy ; efcrite à Verfailles le 21 juin 1701. Signée Louis, contrefignée Chamillart.

Pouvoir de Lieutenant-Général des Armées du Roy, en faveur de fon cher & bien amé le Sieur d'Artagnan, Marefchal de Camp en Ses Armées, & Premier Sous-Lieutenant de la Première Compagnie des Moufquetaires à cheval de Sa Garde ordinaire, en confidération des fervices fignalez, de fa capacité & de fa valeur ; donné à Verfailles le 23 decembre 1702. Signé Louis, & fur le reply, Par le Roy, figné Chamillart, & fcellé.

Lettres du Roy à Monsr. d'Artagnan, pour lui dire de fervir en qualité de l'un des Lieutenans Généraux dans l'Armée de Flandres, fous le Marefchal Duc de Villeroy, du 5 avril 1705. fous le Duc de Vendofme, du 20 avril 1707. en Provence & Comté de Nice, fous le Comte de Grignan l'hiver prochain, du 26 décembre de la même année ; en Piémont fous le Marefchal de Villars, le 10 may 1708. l'hiver fous le Comte de Grignan en Provence & Comté de Nice, le 15 novembre de la même année ; fur la frontiere de Piémont fous le Marefchal Duc de Barwick, du 18 juin 1709. l'hiver fous le Comte de Grignan en Provence & Comté de Nice, du 25 octobre de la même année ; en Piémont fous le Marefchal de Barwick, du 3 may 1710. en Provence & Nice, du 17 octobre fuivant ; en Flandres fous le Marefchal Duc de Villars, le 2 may 1711. fous les Marefchaux de Villars & de Befons fur le Rhin, du 18 may 1713. toutes fignées & contrefignées Voifin.

Commission de Capitaine Lieutenant de la Première Compagnie des Moufquetaires à cheval, fervant à la garde ordinaire du Roy, accordée par Sa Majefté à fon cher & bien amé le Sieur d'Artagnan, Lieutenant Général de fes Armées, Premier Sous-Lieutenant en ladite Première Compagnie, vaccante par la mort de M. de Maupertuis ; donnée à Paris le 18 fevrier 1716. Signée Louis, & au-deffous, Par le Roy le Duc d'Orléans, Régent, prefent, figné Phelypeaux, & fcellée.

Commission du Roy à fon cher & bien amé le Sieur Comte d'Artagnan, l'un de Ses Lieutenans Généraux de Ses Armées, Gouverneur des Ville & Château de Nifmes, Ville d'Allais & Château Saint Hipolite, pour continuer d'y commander, nonobftant la démiffion qu'il en a faite, & le Prince de Montauban pourveu ; donnée à Verfailles le 12 feptembre 1722. Signée Louis, & plus bas, Par le Roy, le Duc d'Orléans, Régent, préfent, figné le Blanc, & fcellée.

Inventaire des biens de feu Noble Arnauld de Montefquiou, Seigneur d'Artagnan, fait au Château d'Artagnan le 29 de juillet de l'an 1652. à la requefte de Dame Anne de Lambès, fa veuve & heritiere par bénéfice d'inventaire, & en préfence de Noble Henry de Montefquiou, Lieutenant de Roy au Gouvernement de la Ville de Bayonne, proche parent dudit

feu

feu Sieur d'Artagnan, par lequel il se voit que ledit deffunt par son Testament du 25 février dernier, avoit institué lad. Dame sa femme pour son héritiere universelle, la priant néantmoins de rendre son hérédité à Noble Joseph de Montesquiou, leur fils, âgé seulement de onze mois, lors du deceds dud. Sieur d'Artagnan arrivés le 27 des mesmes mois & an ; cet acte receu par la Fargue, Notaire Royal de la Ville de Vic en Bigorre, delivré par Copie collationnée à l'original le 5 de may de l'an 1700. par Beray, Notaire Royal de la même Ville de Vic.

EXTRAIT du Registre des Batesmes de l'Eglise de S. Nazaire du lieu d'Artagnan, portant que Joseph, fils de Noble Arnaud de Montesquiou, Seigneur d'Artagnan, & de Dame Anne de Marambat sa femme, naquit le 27 & fut batisé le 29 de mars de l'an 1651. Cet extrait delivré le 27 de février de l'an 1724, signé Castelnau, Curé d'Artagnan, & légalisé.

IIe. DEGRÉ.

Arnaud de Montesquiou, Seigneur d'Artagnan.
Anne de Lambés-de Marambat, sa femme, 1638.

TESTAMENT de Noble Arnaud de Montesquieu, Seigneur d'Artagnan, fait le 25 de Fevrier de l'an 1652. par lequel il ordonne qu'on l'enterre dans la Parroisse de St. Nazaire du même lieu d'Artagnan & avec ses predecesseurs ; il veut que son heritier soit payé de toute la dépense que noble Antoine de Montesquiou, son frere, Seigneur de St. Pastoux & sa femme auoient faite dans sa Maison l'espace de 14. ans ; il fait son Legataire Noble Joseph de Montesquiou, son fils, & il institue son heritier Noble Dame Anne Lambés, sa femme ; cet Acte receu par la Fargue, Notaire Royal de la Ville de Vic en Bigorre ; Delivré par Copie collationnée a l'Original le 5 May 1700. par Beray Notaire Royal de la même ville de Vic.

ARTICLES du mariage de Messire Arnaud de Montesquiou, Seigneur d'Artagnan, de Masons & de Barbachin, accordez le 22 de fevrier de l'an 1638. avec Demoiselle Anne de Lambés, fille de Fréderic de Lambés, Seigneur & Baron de Marambat, de Morede & de la Motte-Giraud, & de feue Demoiselle Quitteré de Bezolles ; ces articles receus par Bernard de Gimart, Bachelier ès Droits, Avocat au Siege Royal de Vic, en qualité de Notaire & de lui signé, furent reconnus par les parties le 18 de décembre de l'an 1639. & insinué aux Greffes des Sénéchaussées d'Armagnac & de Bigorre.

TESTAMENT de Noble Jean de Montesquieu, Seigneur d'Artagnan, fait le 13 mars de l'an 1608. par lequel il ordonne qu'on l'enterre dans l'Eglise d'Artagnan, avec ses predecesseurs ; il legue à Nobles Jean, Gabriel, Antoine, Léonard & Henry de Montesquieu, ses enfans, &

V.

de Demoiselle Claude de Bazillac, sa femme; il donne à Françoise de Montesquieu, sa fille, fiancée avec le Sieur de Castelmore, la somme de 5000. livres, & à Jeanne & Andrée de Montesquieu, aussi ses filles, la somme de 4000. liv. à chacune; il institue son héritier universel Noble Arnaud de Montesquieu, son fils aîné, & il nomme pour éxécuteurs Nobles Paul de Bazillac & Hector de Lupé, Seigneurs de Sanfac & de St. Martin : ce Testament signé de Montesquieu.

IIIᵉ. DEGRÉ.

Jean de Montesquiou, Seigneur d'Artagnan.
Claude de Bazillac, sa femme. 1578.

DON fait par le Roy le 4 may de l'an 1602 au Sieur d'Artagnan; Enseigne d'une Compagnie dans le Régiment de ses Gardes Françoises, en récompense de ses services, des biens de Paul de Montesquiou, Seigneur de Gaillas, & d'Anne de Latréau, sa femme, confisquez au profit de Sa Majesté, à cause du meurtre par eux commis en la personne de Jean de Gabaret; ces Lettres données à Blois, signées Henry, contresignées de Neufville.

PACTES du mariage de Noble Jean de Montesquieu, Seigneur d'Artaignan, accordés le 15 novembre de l'an 1578. avec Noble Demoiselle Claude de Bazillac, fille de feu Jean de Bazillac, Seigneur de Bazillac, & assistée de haut & puissant Seigneur Messire Estienne de Bazillac, son frere, Baron de Bazillac; ces Pactes receus par de Catan, Notaire du lieu de Toussac, en Bigorre, & de lui signés.

TESTAMENT de Demoiselle Claude de Tersac, Douairiere de la Maison d'Artaignan, fait le 26 septembre de l'an 1590. par lequel elle ordonne qu'on l'enterre en l'Eglise d'Artaignan, auprès de Noble Paul de Montesquieu, son mary; elle fait des legs aux Eglises des Convents de Rieux, de St. Girons, de Tarbes, de Rabastens & de Marciac; elle fait ses légataires Demoiselle Jeanne de Montesquieu, sa fille, Jean & Olivier de Latrau, ses petits fils, & Demoiselles Catherine & Françoise de Montesquieu, ses petites filles, & elle institue son héritier universel Noble Jean de Montesquieu, son fils, Seigneur d'Artaignan, auquel elle substitue Noble Paul de Montesquieu, son fils aîné; ce Testament receu par Lucia, Notaire de la ville de Tarbes en Bigorre, & de lui signé.

IVᵉ. DEGRÉ.

Paul de Montesquiou, Seigneur d'Artagnan, Escuyer d'Escurie du Roi de Navarre.
Claude de Tersac de Montberaud, sa femme.

DON fait par le Roy de Navarre le 8 de fevrier de l'an 1532. à son cher & bien amé Paulon de Montefquieu, Sieur d'Artaignan, fon Efcuier d'Efcurie, en confidération des grands & utils fervices qu'il lui avoit rendus, & qu'il continuoit de lui rendre, de la fomme de 3000. efcus petits; ces Lettres fignées Henry, & fur le reply, Par le Roy de Navarre, d'Affy, & fcellées.

SERMENT de fidelité fait le 14 de décembre de l'an 1544. par les Habitans du lieu d'Artaignan, à Noble & puiffant Seigneur Paul de Montefquieu, Efcuier du Roy de Navarre & Seigneur d'Artagnan; cet Acte figné d'Aulon, Notaire habitant à Lias, en Bigorre.

CONTRACT de mariage de Noble Paul de Montefquieu, Seigneur d'Artaignan en Bigorre, accordé le 24 de feptembre de l'an 1545. avec Demoifelle Claude de Terfac, fille legitime & naturelle de Noble Jean de Terfac, Seigneur de Montberaud; ce Contract paffé devant Vigier, Notaire à Rieux, & de lui figné.

CONTRACT du premier mariage de Noble Paul de Montefquieu, Efcuier du Roy de Navarre, fils de Noble Manaud de Montefquieu, Efcuier, Seigneur de Salles en Lauraguais, au Dioceze de Mirepoix, & de Noble Jaumette de Fontaines, accordé le 23 d'aouft de l'an 1524. avec Noble Jaumette d'Eftang, Dame d'Arftanhan, & fille de Noble Sanffave d'Eftang & de Simonne de Majorran; ce Contract paffé devant Rouffele, Notaire aud. lieu d'Artagnan, & de luy figné.

Vᵉ. DEGRÉ.

Manaud de Montefquieu, Seigneur de Salles.
Jaumette de Fontaines-Fendilles, fa femme.

TESTAMENT de Noble Hugues de Fontaines, Seigneur de Fendilles, au Dioceze de St. Papoul, fait le 29 décembre de l'an 1533. par lequel entr'autres chofes il inftitue fon héritier univerfel Noble Jean-Jacques de Fontaines, fon fils, & il lui fubftitue Noble Jean de Montefquieu, fon neveu, fils de Noble Manaud de Montefquieu, Seigneur de Salles en Lauraguais, & de Noble Jaumette de Fontaines, fa fœur; ce Teftament receu par Mezeres, Notaire à Caftelnaudary.

ACTE du 20 de février de l'an 1496. par lequel Noble homme Aiffinet de Montefquiou (*Exinetus de Montefquivo*) Efcuier, déclare devant le Notaire de Ste. Savelle, au Dioceze de St. Papoul, qu'il y avoit environ 14 ans que Noble & puiffant homme Meffire Barthelemy de Montefquiou, fon pere, Chevalier, Confeigneur de Salles, au Dioceze de Mirepoix, & de Marfan, au Dioceze d'Auch, étoit mort, & qu'il

avoit laiſſé pour enfans & de Noble Dame Anne de Goulard, ſa femme ;
Nobles hommes Bertrand, Manaud, Jean, l'aîné, Mathieu, Jean, le
jeune, dit Gallardon, Eſcuiers, Jeanne, Gaillarde & Margueritte de
Monteſquiou, tous ſes freres & ſœurs; que comme il ſe diſpoſoit à ſe
faire recevoir Religieux dans l'Ordre de St. Jean de Jeruſalem, & de
faire le paſſage *au dela* mer, il cede pour le prix de 1200. liv. audit Jean
de Monteſquiou, le jeune, ſon frere, toute ſa legitime & généralement
tout ce qui pourroit lui appartenir dans les ſucceſſions de ſeſd. pere &
mere; cet Acte receu par Gilbert, Notaire à Toulouze; delivré par
Copie collationnée le 9 de janvier de l'an 1710. par Broguiere, Notaire
à Mirande, ſur une autre copie Collationnée à l'original par Fontbouze,
Notaire au lieu de Fajet, dans la Baronnie d'Auriac, auquel led. original
avoit été repreſenté le 15 de mars de l'an 1681. par Dame Margueritte
de Caſtelnau, femme de Meſſire Alexandre de Monteſquiou-Ste. Colombe,
Seigneur & Baron d'Auriac & de Faget.

VIe. DEGRÉ.

Barthelemy de Monteſquiou, Chevalier, Seigneur de Salles:
Anne de Goulard, ſa femme.

TESTAMENT de Noble & puiſſant Seigneur Meſſire Barthelemy de
Monteſquiou, Seigneur de Salles & de Marſan, fait le 7 de juillet de
l'an 1481. par lequel il veut que Noble Annette de Goulard, ſa femme, ait
la jouiſſance de la moitié des revenus de ſes terres, & il laiſſe à Manaud de
Monteſquiou, leur fils, la moitié du Chaſtel & Seigneurie de Salles &c.
Cet Acte expedié ſur la Minutte originalle trouvée parmy les Eſcritures
de feu Me Guillaume d'Avignon, Notaire au lieu *d'Avignon* & Dioceze
de St. Papoul, par Arnaud Gabaudin, Notaire, collationnaire deſdites
Eſcritures, en vertu d'un Commandement à luy fait le 15 de février de
l'an 1567. par le Sénéchal de Lauraguais, repreſenté par Copie collationnée
à une Copie de lad. Expédition le 9 de janvier de l'an 1710. par
Brequiere, Notaire à Mirande, & legaliſée par le Juge de la même Ville.

DONATION faite le 23 de janvier de l'an 1448. du lieu de Marſan
en Fezenzac, au Dioceze d'Auch, par Noble & puiſſant homme Meſſire
Barthelemy Aiſſieu de Monteſquiou, Chevalier, Seigneur de Monteſ-
quiou & de la Terre & Baronnie d'Angle, à Noble & puiſſant homme
Meſſire Barthelemy de Monteſquiou, ſon frere, Seigneur de Salles, en
Lauraguais, lequel ſe charge, tant au nom de ſond. frere, que de feue
Noble & puiſſante Dame Gaillarde d'Eſpagne, leur mere, de payer à
Noble Jeanne de Bonnäy, leur niece, le reſtant de la dote qui avoit
été promiſe à ſa mere: cet acte receu par Jean *de Furne*, Notaire
Imperial du lieu de Riquepeu, fut vidimé & groſſoyé par led. Notaire
le 18 de juillet de l'an 1467. en vertu d'un Mandement du Bailly dud.

lieu de Riquepeu & du Juge ordinaire de la Baronnie d'Angle, à la requeſte de Noble & puiſſant homme Bertrand de Monteſquiou, Chevalier, Seigneur deſd. lieu & Baronnie de Monteſquiou, repréſenté par Copie collationnée, ſignée Charron, Conſeiller Secrétaire du Roy en la Chancelerie de la Cour des Aides de Montauban.

VIIe. DEGRÉ.

Aiſſieu de Monteſquiou, Chevalier, Seigneur & Baron de Monteſquiou d'Angle.

Gailharde d'Eſpagne-de Monteſpan, ſa femme.

TESTAMENT de Noble & puiſſante Dame Gaillarde d'Eſpagne, Dame du lieu de Salles, veuve de Noble & puiſſant homme Meſſire Aiſſieu de Monteſquiou, Chevalier, fait le 29 de mars de l'an 1439. par lequel elle veut que ſes legs ſoient payez ſur la dote à elle conſtituée par feu Noble & puiſſant homme Meſſire Roger d'Eſpagne, Chevalier, ſon pere, & elle inſtitue ſon heritier univerſel, Noble & puiſſant Meſſire Barthelemy de Monteſquiou, Chevalier, ſon fils legitime & naturel.

TRANSACTION faite le 19 de ſeptembre de l'an 1400. entre Meſſire Arſieu de Monteſquiou, Chevalier, Seigneur dud. lieu & de toute la Baronnie d'Angle, & Bernard de Caſtelbayac, le jeune, fils de feu Raimond-Arnaud de Caſtelbayac, Chevalier, ſur les differents qu'ils avoient au ſujet du payement de la dote qui avoit été promiſe à Noble Dame Conſtance de Caſtelbayac, ſa mere: cet acte receu par Bernard Trobats, Notaire de la Ville de Vic Fezenzac, & ſcellé.

QUITTANCE donnée le 14 de juin de l'an 1381. par Noble & puiſſant homme Meſſire Aiſſieu de Monteſquiou, Seigneur dud. lieu, à Nobles & puiſſants hommes Arnaud d'Eſpagne, Seigneur de Monteſpan, & Roger d'Eſpagne, pere & fils, de la ſomme de 200. livres, faiſant partie de la dote promiſe à Noble Gaillarde d'Eſpagne, fille dud. Roger d'Eſpagne, lors de ſon mariage avec Aiſſinet de Monteſquiou, petit fils dud. Aiſſieu de Monteſquiou: cet acte paſſé au lieu de Bazan en Fezenſac, & receu par Arnaud de Juniac, Clerc du Diocefe d'Auch, Notaire Impérial.

VIIIe. DEGRÉ.

Genſes de Monteſquiou.

Conſtance de Caſtelbayac, ſa femme.

TRAITÉ de mariage de Noble & puiſſant Meſſire Genſes de Monteſquiou, fils de Noble & puiſſant Meſſire Aiſſieu de Monteſquiou, & petit fils de Noble & puiſſant Meſſire Raimond-Aimery de Monteſquiou, Chevalier, Seigneur de Monteſquiou & de toute la Baronnie d'Angle, accordé le 15 octobre de l'an 1359. avec Conſtance de Caſtelbayac, fille de Meſſire Arnaud-Raymond de Caſtelbayac : ce contract paſſé devant Fortanier de Condom, Notaire public de la ville de Toulouze, fut groſſoyé le 17 de mars de l'an 1438 par Vital de *Heſterio*, Clerc de Saintrailles, au Dioceze d'Auch, Notaire du lieu de Monteſquiou, ſur les Minutes dud. feu Fortanier de Condom, en vertu d'une Sentence de l'Official d'Auch, du 13 deſd. mois & an.

I Xᵉ. D E G R É.

Aiſſieu de Monteſquiou, Chevalier, Seigneur de Monteſquiou & de la Baronnie Angles.
Margueritte de l'Iſle, ſa femme.

TESTAMENT de Noble & puiſſant homme Meſſire Aiſſieu de Monteſquiou, Chevalier, Seigneur de Monteſquiou & de toute la Baronnie d'Angles, Seigneur des Châteaux de Marſan, de Marſac & de Baſignan, fait le 5 de juin de l'an 1387. par lequel il reconnoiſt avoir receu partie de la dote de Dame Marguerite de l'Iſle, ſa femme ; il legue à Meſſire Aiſſinet de Monteſquiou, Chevalier, ſon petit fils, fils de feu Meſſire Genſes de Monteſquiou, ſon fils, outre ce qu'il lui avoit donné lors de ſon mariage avec Gaillarde d'Eſpagne, &c. ce Teſtament receu par Jean *d'Eſtang*, Notaire du lieu d'Aubinet.

TESTAMENT de Noble & puiſſant Baron Raimond-Aimery de Monteſquiou, Chevalier, Seigneur dud. lieu & de toute la Baronnie d'Angles, fait le mercredy apres la Pentecôte de l'an 1373. par lequel il inſtitue ſon heritier univerſel Noble & puiſſant homme Meſſire Aiſſieu de Monteſquiou, Chevalier, ſon fils naturel & legitime ; il confirme les Conventions du mariage de Noble homme Meſſire Genſes de Monteſquiou, ſon petit fils, avec Dame Conſtance de Caſtelbayac, & veut qu'après la mort de ſond. fils, Aiſſinet de Monteſquiou, fils dud. Meſſire Genſes de Monteſquiou, lui ſuccede en toute la Terre & Baronnie d'Angles : cet acte paſſé au lieu d'Eſtipoy, & receu par Arnaud de Juniac, Clerc du Dioceze d'Auch, Notaire Impérial.

Xᵉ. D E G R É.

Raimond-Aimery de Monteſquiou, Seigneur & Baron de Monteſquiou d'Angle.
Belleſgarde d'Aſpect, ſa femme.

QUITTANCE originale en parchemin donnée par Raimond-Aimery, Chevalier, Sire de Monteſquiou, Capitaine de Montreal, à Jean Chauvel, Treſorier des guerres du Roy, ſur ſes gages de lui Banneret, un Chevalier Bachelier, trente-ſept Ecuyers & quatre-vingt Sergens de pied de la Compagnie, employez aux guerres de Gascogne en la garde de Montreal, du 16 mars 1346. au 20 juin 1347. sous le gouvernement de M. Girard de Montfaucon, Chevalier, Sénéchal de Toulouze & d'Albigeois, lors Capitaine pour le Roi esd. Sénéchaussées & Païs de Gascogne, outre la riviere de Garonne : dattée de Toulouze, sous son scel, le 3 avril 1347. scellée en cire rouge d'un sceau, ainsi figuré :

Cabinet de M. Clairambault. vol. 76 des Titres scellés. fol. 5985.

HOMMAGE fait au Comte d'Armagnac le 26 de fevrier de l'an 1343. par Noble & puissant Baron Raimond-Aimery de Montesquiou, Damoiseau, Seigneur du Château de Montesquiou, de la Baronnie d'Angle & du Château de Marsan, a cause desd. Chasteaux & Baronnie & de tout ce qu'il possedoit dans le Comté de Fezenzac, comme heritier de Noble & puissant homme Genses de Montesquiou, son pere, Damoiseau : cet acte passé au lieu de Levignac, dans le Comté de Fezenzac, receu par Estienne Brun, Notaire du Comté d'Armagnac, representé par Extrait collationné sur l'original le 6 de fevrier de l'an 1663. par le Sieur Daspe, Conseiller du Roy, Président & Juge Mage en la Senechaussée d'Auch ; & Commissaire deputé par la Chambre des Comptes de Navarre, pour la Reformation du Domaine d'Armagnac, & de lui signé.

QUITTANCE donnée le 19 janvier de l'an 1322. par Noble homme Messire Genses de Montesquiou, Seigneur de Montesquiou, de la Terre d'Angle & du Château de Marsan, au nom de Noble Raimond-Aimery de Montesquiou, son fils, a Noble homme Messire Arnaud-Raimond d'Aspect, de la dote par lui promise à Noble femme Madame Bellesgarde d'Aspect, sa fille, lors de son mariage avec led. Raimond-Aimery de Montesquiou : cet acte receu par Arnaud du Fortino, Notaire du lieu de Maziere, fut expédié en forme sur le Protocole dud. feu Notaire par Vital Brarla, Notaire Royal, en vertu d'une Ordonnance du Senechal de Touloufe.

TESTAMENT de Noble & puissante Damé Madame Contesse d'Antin, Conseigneuresse de Trie, fait le premier d'aoust de l'an 1340. par lequel elle institue son heritier universel Noble homme Raimond-Aimery de Montesquiou, son cher fils naturel & legitime, & après lui Aissieu de

Montefquiou, fon petit fils, fils dud. Raimond-Aimery : ce Teſtament receu par Jean de Annefato, Notaire Royal du lieu de Trie.

XIe. DEGRÉ.

Genſes de Montefquiou, Seigneur & Baron de Montefquiou-d'Angle, Comteſſe d'Antin, ſa femme.

SENTENCE arbitrale, rendue le 21 fevrier de l'an 1354 par le Cardinal Piétavin, fous le titre des douze Apôtres, fur les differends qui étoient entre Noble homme Raimond-Aimery de Montefquiou, fon neveu, Seigneur de Montefquiou & de la Terre d'Angle, en Fezenzac, fils & heritier de feu Noble homme Genſes de Montefquiou, Seigneur de Montefquiou, & de Noble Guilhem-Arnaud de Montefquiou, fon oncle, frere defd. Piétavin & Genſes de Montefquiou, par laquelle ce Cardinal adjuge audit Guilhem-Arnaud de Montefquiou la Terre de Saint Jean-d'Angle, pour la tenir en baſſe Juſtice, avec vingt deux arpens de bois & terre noble pour ſa legitime & pour tous les droits qu'il pourroit avoir dans les ſucceſſions de ſes pere & mere : cet acte paſſé à Avignon, receu par Vivien Johanneti, Clerc du Dioceze de Tulles, Notaire Apoſtolique & Imperial, repreſenté par copie collationnée fur l'original le 15 de juillet de l'an 1619. ſignée Batrit & de Buc, Notaires Royaux du lieu de Montefquiou & de la Ville de Mirande.

DONATION faite le 7 de janvier de l'an 1308. par Noble femme Dame Longue de Montault, femme de Noble homme Meſſire Raimond-Aimery de Montefquiou, Chevalier, à Genſes de Montefquiou, Damoifeau, fon fils naturel & legitime, de tous les droits qu'elle avoit fur les Chaf-teaux de Saintrailles & de S. Jean, & fur la Baronnie de Montefquiou, dont elle fe referve l'ufufruit : cet acte receu par Pierre de Rejuno, Notaire public des lieux de Montault & de Marfan.

EMANCIPATION faite le mardy après la feſte de la Purification de l'an 1301. par Meſſire Raimond-Aimery de Montefquiou, Chevalier, de la perfonne de Genſes de Montefquiou, fon fils, Damoifeau, auquel il donno toute ſa Baronnie, avec les Châteaux de Montefquiou, d'Eſtipoy, de Hauterive, de Saintrailles, de Riquepeu, du Château neuf d'Angle, de Poylobon & de Marfan, au Comté de Fezenzac, s'en refervant neanmoins l'ufufruit : cet acte paſſé au lieu de Barran, & receu par Arnaud-Guillaume de Guifcos, Notaire de la Ville de Vic.

CONTRACT de mariage de Genſes de Montefquiou, Damoifeau, fils de Noble homme Meſſire Raimond-Aimery de Montefquiou, Chevalier, prefent, accordé le Dimanche dans l'octave de la S. Martin d'hiver de l'an 1291, avec Conteſſe d'Antin, fille de feu Comte Bon d'Antin,
Damoifeau,

Damoiseau, & de Noble Dame Marie de Montlezun, sa veuve, ses pere
& mere : ce Contrat passé devant Guillaume Morety, Notaire des Senes-
chauffées de Toulouze & d'Alby ; en la Ville de Mirande.

XIIᵉ. DEGRÉ.

Raimond-Aimery de Montefquiou, Seigneur & Baron de Montefquiou
d'Angle , Chevalier.

Longue de Montault, sa femme.

TESTAMENT de Noble Baron Messire Raymond-Aimery de Montefquiou,
Chevalier, fait le 16 d'aoust de l'an 1300. par lequel il legue à Dame
Longue, sa femme, l'usufruit sa vie durant des Châteaux de Saintrailles
& de S. Jean ; il fait heritier de tous ses biens, notamment de sa Baronnie,
Terres & Châteaux de Montefquiou & de Marfan, Genfes de Montef-
quiou, son fils legitime, & il nomme pour éxécuteurs Nobles hommes
Messires Otton de Montault , Chevalier, Bernard de Pardailhan &
Arnaud de Podenas, Damoiseaux : ce Testament receu par Guilhaume de
Cadelhan, Notaire du lieu d'Aubinet.

ACTE de l'an 1270. par lequel Raimond-Aimery de Montefquiou ,
du consentement d'Aimery & de Hugon de Montefquiou, ses freres,
confirme pour le salut de son ame & celle de ses parents, la donation
que Messire Aissieu de Montefquiou, son pere, avoit faite du territoire de
l'Homs à l'Abé & Convent de Berdoues : cet Acte passé au lieu de
Montcassin, du consentement de Bernard, Comte d'Astarac, fut receu par
Brun Notaire du Comté d'Astarac : Extrait du Cartulaire de ladite Abbaie
de Berdoues, représenté par Dom Jacques du Pont, Prieur de cette Abbaie,
& collationné à l'original par Broquiere, Notaire de la Ville de Mirande,
& légalisé par le Juge de la même Ville.

ACTE du 18 des kalen. de fevrier de l'an 1258. par lequel Raimond-
Aimery de Montefquiou, confirme la donation que Mr. son pere Aissieu ,
fils de Raimond-Aimery de Montefquiou, Dame Braide, sœur dudit
Aissieu de Montefquiou & Behel, fille de ladite Dame, avoient faite
dès l'an 1210. de certains biens à l'Abé & Convent de Berdoues : cet
acte passé au lieu de Seissan, fut receu par Pierre Saubolla, Notaire du
Comté d'Astarac, fut extrait le 21 d'octobre de l'an 1619. du Cartulaire
de lad. Abaye de Berdoues, représenté par Bernard de Monfegu, Prieur
de cette Abaye, ledit Extrait signé du Buc, Notaire Royal de la Ville
de Mirande, & Barrit, Notaire Royal du lieu de Montefquiou.

XIIIᵉ. DEGRÉ.

Arfieu ou Aissieu de Montefquiou, Seigneur de Montefquiou, Chevalier.

ACTE de l'an 1245. par lequel Aissieu, Seigneur de Montefquiou,
(*Arsivus* ou *Aisivus de Montefquivo*) du consentement de Raymond-

X

Aimery, fon fils, & de tous fes heritiers, & auffi du confentement de Dame Seguine, Comteffe d'Aftarac, & de Centoul & Bernard, enfans de lad. Comteffe, fait une donation à Dieu, à la Sainte Vierge, à Hugues, Abbé de Berdoues & aux Freres de cette Abbaye, de toute la Terre de Sanfofpocis: cet acte fcellé du fcel de ladite Comteffe qui eft un écartelé, & fur le contre-fcel un loup rampant, & autour eft efcrit ; S. Seguine Comitiffe de Aftaraco, & du fcel dudit Arfieu de Montefquiou, qui eft un parti dont le premier eft plein & le fecond chargé de 2 bezans ou tourteaux, & fur le contre-fcel un homme à cheval, tenant l'épée haute & un écu aux mêmes armes, & autour eft efcrit, S. Arcionis de Montefquivo *: fut extrait du Cartulaire de ladite Abbaye de Berdoues, reprefenté par Dom Jacques du Pont, Prieur de cette Abbaye, & collationné à l'original par Broquiere, Notaire de la Ville de Mirande, & légalifé par le Juge de cette Ville.

*

Acte du 5 des Ides de feptembre de l'an 1226, par lequel Arfieu de Montefquiou, pour le falut de fon ame & celle de fes parents, fait une donation de plufieurs dimes & droits qui lui appartenoient à l'Eglife d'Auch, dont il est fils & l'un des Chanoines, & ce moyennant 200. sols morlas : cet acte passé dans le Cloître de l'Eglise d'Auch, représenté par Extrait collationné le 27 novembre 1619. sur l'Original étant dans les Archives du Chapitre de l'Eglise d'Auch, exhibé par les Sieurs Argué & Chapuis, Sindics dudit Chapitre ; ledit Extrait signé desdits Sindics & Aselafer & Lafont, Notaires Royaux en la Ville d'Auch.

ACTE de l'an 1212, par lequel Aissieu de Montesquiou, fils de Raimond-Aimery de Montesquiou, étant prest de partir pour aller servir en Espagne dans l'Armée contre les Sarrazins, engage à Dieu, à Notre-Dame de Berdoues, à Guillaume Abbé, & au Couvent dudit lieu de Berdoues, pour la somme de 160. sols morlas, toutes les terres & domaines qu'il avoit au lieu de la Fitte, près S. Romain : cet acte Extrait le 21 d'octobre de l'an 1619. du Cartulaire de lad. Abbaie, représenté par Bernard de Monsegu, Prieur de lad. Abbaye ; led. Extrait de luy signé & Dubuc, Notaire Royal de la Ville de Mirande, & Barrit, Notaire Royal du lieu de Montesquiou.

ACTE de l'an 1204. par lequel Raimond-Aimery de Montesquiou, fils de Raimond-Aimery de Montesquiou, se sentant accablé de langueur & reconnoissant qu'il avoit beaucoup offensé Dieu & les hommes, & mesme les Freres de l'Abbaie de Berdoues, fait une donation à Dieu, à la Sainte Vierge & ausd. Freres, de toutes les terres que led. Raimond-Aimery, son pere, avoit engagées au profit desd. Freres, & il ratifie ce don conjointement avec Aissieu de Montesquiou, son frere : cet acte extrait le 21 octobre de l'an 1619. du Cartulaire de ladite Abbaie, représenté par Bernard de Monsegu, alors Prieur de lad. Abbaie ; led. Extrait de luy signé & Dubuc, Notaire Royal de la Ville de Mirande, & Barrit, Notaire du lieu de Montesquiou.

XIVᵉ. DÉGRÉ.

Raimond-Aimery de Montesquiou. Pictavine, sa femme.

ACTE de l'an 1184. par lequel Raimond-Aimery de Montesquiou, Pictavine, sa femme, & Raimond-Aimery leur fils, engagent pour la somme de 1200. sols morlas au profit de l'Abbaye de Berdoues, toutes les terres qu'ils avoient au lieu de Mezeras &c. : cet acte extrait le 21 d'octobre de l'an 1619. du Cartulaire de lad. Abbaie, représenté par Bernard de Monsegu, alors Prieur; led. Extrait de luy signé & Dubuc, Notaire Royal de la Ville de Mirande, & Barrit, Notaire Royal du lieu de Montesquiou.

ACTE de l'an 1185, par lequel Pictavine, fille de Pictavine de Marast, engage pour la somme de 1200. sols morlas au profit de l'Abbaye de Berdoues, tout ce qu'elle avoit où pouvoit avoir, *infra maretas ante Breixiam & retro, & retras las saulsidas que sunt infra prescriptos terminos,*

X ij

le tout rachetable par elle, par Raimond-Aimery de Montefquiou, fon mary, & par fes fils & filles, pour la fomme de 1300. fols morlas : cet Acte extrait du Cartulaire de lad. Abbaye de Berdoues, repréfenté par Dom Jacques du Pont, Prieur de cette Abbaie, & collationné à l'original par Broquiere, Notaire de la Ville de Mirande, & legalifé par le Juge de la même Ville.

Acte de l'an 1151, par lequel Raimond-Aimery de Montefquiou, fils de Bertrand de Montefquiou, engage pour la fomme de. 400. fols morlas au profit d'Arnaud, Abbé de Berdoues, & des Religieux de ladite Abbaye, toute fa terre de Villeneuve, de Cazal & de la Gorga : cet Acte extrait le 21 octobre de l'an 1619. du Cartulaire de ladite Abbaie, repréfenté par Bernard de Monfegu, alors Prieur ; led. Extrait de luy figné, & collationné par Dubuc & Barrit, Notaires Royaux des Ville & lieu de Mirande & de Montefquiou, & d'eux figné.

XVe. DEGRÉ.

Bertrand de Montefquiou.

SENTENCE arbitrale rendue par le Prieur de Sainte Marie de Toulouze, & le Prévoft de S. Eftienne, fur les differents qui étoient entre le Prieur de S. Orens & W * Archevefque d'Auch, au fujet des limites de certaines terres qu'ils pretendoient être de leur jurifdiction, dans laquelle eft fait mention de la Terre, *quam olim poffidebat, hereditario Jure Confulum, Arfivus fenex de Montefquiu, Cognatus Fortoni Comitis de Fedeciacenfis & poftea dedit illam Contrario de Preffag, fuo Cognato & ille vinctis manibus devenit fuus homo.* Item. *Bertrandus de Montefquiu, filius prædicti Arfivi dedit poftea eamdem terram Odoni de Preffac, filio Contrario & ipfe fimiliter fecit hominium, vinctis manibus ; & il eft dit que Bertrand de Montefquiou étoit préfent à la vifite que lefdits Arbitres firent defd. limites : cet acte paffé fous le Pontificat du Pape Eugene **. Extrait d'un ancien Manufcrit confervé dans les Archives du Chapitre de Sainte Marie d'Auch, fous le titre de *Compilator feu Collector factorum antiquorum Capituli Aufcitani.* Chap. LVIII. intitulé : *de Parrochia Sancte Marie.*

XVIe. & XVIIe. DEGRÉ.

Arfieu de Montefquiou, fils de Raimond-Aimery de Montefquiou & de Aurianne de la Motte, fa femme.

ACTE par lequel Arfieu de Montefquiou, fils de Raimond-Aimery de Montefquiou, frere du Comte Guillaume Aftenove (*Arcivus de Montefquivo, filius videlicet Raimondi-Aimerici fratris Comitis Guillelmi Aftanovæ*) donne à Dieu, à Sainte Marie d'Auch, à l'Archevefque

* Guillaume, Archevefque d'Auch, depuis 1148 jufqu'en 1170.
Na. Cette remarque ainfi que la fuivante, eft dans la Preuve.

** Eugene III, Pape depuis le 25 février 1145 , jufqu'au 9 juillet 1153.

Guillaume * & aux Chanoines, pour la remiffion de fes pechez & de ceux de fes parents, une Eglife fondée en l'honneur de S. Laurent, Martir, dans fa Ville de Fremofeins, qui luy appartenoit de l'héritage de fa mere, *Aurianne de la Motte, in Villa mea que vocatur Fremozeinx que mihi procédebat ex alodio matris mee, Aurianne nomine de la Mota*: cet acte Extrait comme le précédent du Cartulaire de Sainte Marie d'Auch, chap. XXXVII, intitulé: *de Fremozeinx.*

Guillaume-Bernard de Montault, élu Archevêque d'Auch, vers 1068, mort en 1097.

Na. Cette remarque est dans la Preuve.

NOUS CAMILLE D'HOSTUN, Duc d'Hoftun & de Lefdiguieres, Comte de Tallard, Maréchal de France, Gouverneur & Lieutenant Général du Comté de Bourgogne, Gouverneur des Ville & Citadelle de Befançon, ci-devant du Confeil de Régence, & NICOLAS-CHALONS DU BLÉ, Marquis d'Huxelles, Comte de Cormaftin, Marefchal de France, Gouverneur & Lieutenant Général de la Haute & Baffe Alface, Gouverneur de la Ville & Citadelle de Strasbourg, cy-devant du Confeil de Régence, Chevaliers & Commandeurs des Ordres du Roy, CERTIFIONS à Sa Majefté & à tous ceux qu'il appartiendra, que nous avons, en vertu de notre Commiffion du 22 février dernier, veu & éxaminé, au rapport du Sieur Clairambault, Généalogifte defdits Ordres, les Titres produits par Meffire JOSEPH DE MONTESQUIOU, Seigneur Comte d'Artagnan, Lieutenant Général des Armées du Roy, Capitaine-Lieutenant de la Première Compagnie des Moufquetaires à cheval de Sa garde, & vérifié qu'il eft Gentilhomme de nom & d'armes d'une très ancienne Maifon de Guienne; & digne d'être receu Chevalier des Ordres de Sa Majefté: en foy de quoi nous avons figné le préfent Procès verbal, & fait appofer le cachet de nos armes. A Paris le 27e jour d'avril mil fept cens vingt quatre. (*Signés*) CAMILLE, Duc d'Hoftun, Mal de France, HUXELLES, (&) CLAIRAMBAULT. Et fcellé en Placards des cachets defd. Commiffaires & Généalogifte.

LES Preuves mentionnées cy deffus, avec l'Information des vie & mœurs & la Profeffion de foy, ont été rapportées par M. l'Abbé de Pomponne, Chancelier, & admifes au Chapitre tenu dans le Cabinet du Roy; enfuitte M. le Comte d'Artagnan a prefté ferment, & a receu le Collier des mains de Sa Majefté dans la Chapelle du Château à Verfailles, le famedy veille de la Pentecofte 3e. juin 1724. (*Signé*) Phelypeaux.

Procès verbal des Preuves de Noblesse de M. le Maréchal de Montesquiou, pour l'Ordre du Saint-Esprit.

Extrait des Titres produits par haut & puissant Seigneur Messire Pierre de Montesquiou-d'Artagnan, Baron de Graville, Seigneur de Fontaineriant, Escures, la Pilliere, le Bouillon, Hieville, Montchamps, Roste, Berville, Maify &c., Maréchal de France, Général des Armées du Roi, Gouverneur des Ville, Cité & Citadelle d'Arras, nommé Chevalier des Ordres de Sa Majesté, pour les Preuves de sa Noblesse.

DEVANT Monsieur le Duc de Tallard, Mareschal de France, & Monsieur le Marquis d'Huxelles, aussy Mareschal de France, Chevaliers & Commandeurs des mesmes Ordres, Commissaires à ce deputez par Lettres patentes du 22 février 1724.

Ier. DEGRÉ.

Pierre de Montesquiou-d'Artagnan, Mareschal de France, Gouverneur d'Arras.
Elisabeth l'Hermite-d'Hieville, sa femme.

LETTRES patentes du Roy, Chef & Souverain Grand Maitre des Ordres de St. Michel & du St. Esprit, adressées à ses chers & très bien amez

Coufins le Marefchal de Tallard , Duc d'Hoftun , & le Marefchal d'Huxelles Chevaliers-Commandeurs de Ses Ordres , portant que fon tres cher & bien amé Coufin le Marefchal de Montefquiou ayant été eslu au Chapitre du 2 de ce mois, pour être receu Chevalier de Ses Ordres à la première Ceremonie , en satisfaisant aux Preuves requifes par les Statuts : Sa Majefté les à commis pour les examiner, fur le rapport qui leur en fera fait par le Sieur Clairambault , Généalogifte defdits Ordres , & que s'ils les trouvent fuffifantes, ils en fignent le Procès Verbal avec lui , & faffent apofer le cachet de leurs Armes , pour être enfuite remis à fon tres amé & féal le Sieur Abbé de Pomponne, Commandeur & Chancelier de Sefdits Ordres , pour en faire raport au premier Chapitre : ces Lettres données à Verfailles le 22 de fevrier 1724. Signées Louis , & plus bas, Par le Roy , Chef & Souverain Grand Maitre des Ordres de St. Michel & du St. Esprit , le Bas, à cofté, vifa , Arnaud de Pomponne , & fcellées du Grand Sçeau & Contrefçeau defdits Ordres en cire blanche.

MÉMOIRE des Services de M. de Montefquiou , donné pour fatisfaire aux Articles XXIV. & LXIX. des Statuts.

J'ay efté eslevé Page du Roy en la Petite Efcurie en 1660. d'ou je fortis en 1665. pour porter le moufquet dans une Compagnie de Cadets à Pignerol pendant 10 mois.

En 1666. le Roi me donna une cafaque dans la première Compagnie des Moufquetaires , qui alloient en Hollande dans la guerre contre l'Evefque de Munfter , où nous fimes le Siege de Lokem.

En 1667. & 1668. j'ay fervi en la mefme qualité aux Sieges de Lille, Tournay , Douay , Befançon , & à tous ceux que Sa Majefté fit en Franche-Comté , & au Combat de Marfin ; le Roi me donna la mefme année une Enfeigne aux Gardes , & me fit Sous-Lieutenant.

En 1671. & 1672. j'ay fervi à tous les Sieges que Sa Majefté fit en Hollande.

En 1673. le Roy me donna une Lieutenance aux Gardes.

En 1674. je fervis à la Bataille de Senef , où j'ay receu fept contufions, & on fut fi content de moy qu'on me fit Aide-Major des Gardes.

En 1675. je me trouvai au Combat de Millofen en qualité de Volontaire, ayant *fervy* M. de Turenne , enfuite à la bataille de Turquem fous ce Général , en qualité de Major de Brigade , & à celle de Treves fous M. le Marefchal de Crequi , en celle de Major général.

En 1676. j'eus commiffion du Roy pour faire les fonctions de Major des Gardes en l'abfence de celui qui l'étoit ; je me trouvai la mefme année aux Sieges de Condé & de Bouchain.

En 1677. à celui de Valenciennes ; j'entrai dans cette Place avec des détachemens de la tranchée & celui des Moufquetaires & des Grenadiers à cheval, pelle mefle avec les Ennemis ; je fus enfuite au Siege de Cambray.

En 1678. aux Sieges d'Ypres & de Gand : le Roy me fit la mefme année Capitaine aux Gardes, avec ordre de continuer les fonctions de Major, aprés quoi la paix fe fit.

En 1681. j'eus la Charge de Major des Gardes.

En 1682. Sa Majefté m'envoya dans toutes les places du Royaume pour faire obferver à l'Infanterie un exercice uniforme que j'avois compofé.

En 1683. la guerre fut déclarée, d'ou je fus Major Général du Camp de la Sarre, fous M. le Duc de Villeroy; de là on m'envoya Major Général de l'Armée de Flandres fous M. le Marefchal d'Humieres : nous fîmes le Siege de Courtray, où je fus obligé comme Major Général de conduire la tranchée, les Ingenieurs ayant été bleffés; & en mefme temps je fis prendre la contrefcarpe, aprés quoy nous fîmes le Siege de Diximude; enfuite il y eut une Treve qui dura jufqu'en 1688. qu'on me fit Brigadier, & on m'envoya en mefme temps pour deffendre Cherbourg, qui étoit menacé de Siege par le Prince d'Orange.

En 1689. je me trouvai au Combat de Valcourt; l'hiver enfuite je fus envoyé Infpecteur à Metz.

En 1690. étant Major Général, au Combat & à la Bataille de Fleurus; l'hiver fuivant je fus commander Diximude, où je fis le projet de paffer le Canal du Nord, que j'exécutai entre Bruges & Oftende, où je pris le Fort de Plafcandal & un autre Fort de l'autre cofté du Canal, avec les garnifons prifonnieres de guerre, au moyen de quoy je mis tout le pais du Nord à contribution.

En 1691. je fervis au fiege de Mons, aprés lequel le Roy me fit Marefchal des Camps; je me trouvai en cette qualité au Combat de Leuze.

En 1692. au Siege de Namur & à la Bataille de Steinkerque.

En 1693. à la Bataille de Nerwinde, dont j'aportai la nouvelle au Roi, qui me donna le Gouvernement de la Ville & Citadelle d'Arras, la Lieutenance Générale de la Province d'Artois, un Régiment d'Infanterie qui fut reformé à la paix de Rifwick, & me fit Directeur Général de l'Infanterie en Flandres.

En 1694. je fis la Campagne fous Monfeigneur.

En 1695. au Combat d'Antreguemme contre M. de Vaudemont, où comme Marefchal des Camps de jour j'attaquai & battit l'arriere garde des ennemis : Sa Majefté me fit Lieutenant Général de fes Armées.

En 1696. je commandai un Corps de troupes pour faciliter la communication des deux Armées du Roy, commandées par Mrs. les Maréchaux de Villeroy & de Boufflers.

En 1697. je fervis de Major & de Lieutenant Général au Siege d'Ath; pendant cette Campagne on fit la paix de Rifwick.

En 1698. je quittai le Regiment des Gardes, & le Roi pour marquer la fatisfaction qu'il avoit de mes fervices, me laiffa mes penfions,

entrées,

entrées & mesme mon logement à Verſailles, & je ſervis cette même année de Lieutenant Général au Camp de Compiegne.

En 1699. je fus envoyé en Flandres avec ordre d'entrer dans Mons, avec les Troupes de Sa Majeſté, & d'en prendre poſſeſſion, d'accord avec les Eſpagnols; ce que j'éxécutai au commencement de l'année 1700. ſous M. le Mareſchal de Bouflers; après quoi le Roy m'envoya une Commiſſion pour aller commander à Bruxelles, à Anvers, à Malines, dans le païs de Waſt, à commencer à Gand & dans tout le Brabant, juſqu'à Namur, non compris; laquelle Commiſſion fut ratifiée par l'Electeur de Baviere qui commandoit dans le pais, & qui me donna des Lettres pour tous les Gouverneurs; j'y ai reſté juſqu'en 1702. que la guerre étant declarée, Sa Majeſté m'ordonna de faire la Campagne avec M. le Duc de Bourgogne, de ne prendre jour de Lieutenant Général à l'Armée qu'une fois, & de ne point le quitter le reſte de la Campagne; je me trouvai la meme année au Combat de Nimegue.

En 1703. je fis la Campagne en Flandres ſous M. le Marechal de Villeroy, en qualité de Lieutenant Général; je fus détaché pour prendre la Ville d'Huy, que j'emportai en deux fois vingt quatre heures, & j'obligeai la garniſon à ſe retirer dans le Chaſteau dont M. le Mareſchal de Villeroy vint faire le Siege.

En 1704. je fis un Combat avec douze Eſcadrons contre le Sieur de Trogny, qui s'eſtoit venu emparer du poſte d'Elſem ſur nos lignes de Brabant : je lui tuay 200. hommes & pris 500; & comme on craignoit pour Namur que les ennemis menaçoient, j'y fus envoyé pour le deffendre, & j'y commanday pendant l'hiver, auſſi bien que toute l'Entre Sambre & Meuze.

En 1705. les ennemis ayant forcé les lignes du Brabant, & ſe preſentant à Louvain, on m'y envoya dans le temps qu'ils étoient devant pour y commander & pour le deffendre; la meſme année ſur la fin de la Campagne, j'emportay, l'épée à la main, la Ville de Dieſt, qui étoit fermée de bonnes murailles, flanquées avec des dehors & un foſſé plein d'eau, où il y avoit quatre Bataillons & quatre Eſcadrons de Dragons, que je fis priſonniers de guerre : cela avoit été jugé impoſſible par nos Généraux, auxquels je fus obligé d'envoyer un courrier pour leur dire que s'ils me permettoient d'attaquer, je répondrois de l'éxécution ſur ma teſte, au moyen de quoy ils me l'accorderent.

En 1706. je commandai l'Infanterie à la Bataille de Ramilly; on avoit mis 11 Bataillons dans le Village de ce nom, qui étoit à la teſte de ma ligne d'Infanterie; les ennemis l'eſtant venu attaquer, les Hollandois ayant encore nos piques, ils en chaſſerent nos 11 Bataillons; voyant ce déſordre j'y marchay avec 16 Bataillons, & j'en rechaſſay les ennemis; après quoi m'eſtant aperceu que leur Cavalerie s'eſtoit emparée du flanc de ce Village, & que leur Infanterie marchoit pour s'emparer de l'autre, je pouſſay à la Brigade des Gardes Françoiſes & Suiſſes, & je fus avec eux charger cette ligne d'Infanterie qui s'avançois; je l'a battis & la

Y

repouſſay au delà du ruiſſeau ; cela me donna le temps d'envoyer un Aide-de Camp aux 27 Bataillons que j'avois laiſſé dans le Village, avec ordre d'en ſortir & de me venir joindre : je ſauvai ainſi ces 27 Bataillons qui ſans cette manœuvre étoient pris ; apres quoi la brigade des Gardes ayant été repouſſée, & voyant le deſordre par tout, je pouſſay pour rallier d'autres Bataillons avec leſquels j'arretay la Cavalerie des ennemis qui pourſuivoit chaudement la nôtre, & avec 27 Bataillons je fus aſſez heureux, faiſant teſte aux ennemis, de donner le temps à une partie de notre Cavalerie de paſſer le défilé de Jusdogne ; enſuite je fis ma retraite en bon ordre.

En 1707. je fis la Campagne comme Lieutenant Général avec M. de Vendoſme.

En 1708. je commandai l'Infanterie à la Bataille d'Oudenarde ; j'eus ordre de M. de Vendoſme d'attaquer avec 35 Bataillons les ennemis dans le centre, leſquels avoient percés un bois & étoient dans des brouſſailles; je les en chaſſay, les pourſuivant juſqu'au bout du bois ; mais n'eſtant point ſoutenu d'une ſeconde ligne d'Infanterie qu'on avoit employée ailleurs, je me tins ſur le bord du bois ; je n'y fus pas un quart d'heure que je fus rechaſſé de ce poſte & ramené au lieu où j'avois commencé l'attaque. La Maiſon du Roi qui eſtoit derriere moi me donna lieu d'arreſter les fuyards & de raſier toute mon Infanterie ; apres quoi je rattaquai les ennemis avec le meſme ſuccez ; enſuite on me ramena de meſme ; je fis ce manége juſqu'à 10 fois, avec les meſmes troupes, choſe que je n'avois point crû juſqu'à lors de la fermeté de notre Infanterie, &, m'apercevant que je n'avois d'autre ſecours à attendre que la nuit, je maintins l'affaire par les attaques réitérées juſqu'à la brune ; alors ne recevant nul ordre, & les ennemis noùs entourans de tous coſtés, je pris le party de me retirer avec la Maiſon du Roy, que je menay avec moy par Dinche juſqu'à Gand, où l'Armée ſe raſſembla & où je trouvai les eſprits fort étonnés de me voir, croyant que j'avois été pris avec toutes leurs Troupes que je ramenois : j'eus dans cette occaſion deux chevaux, l'un tué, l'autre bleſſé, ſous moi, & je receus deux coups dans mes armes : c'eſt la premiere fois que j'en ai porté. Je fus enſuite attaquer le Fort-Rouge ſous Gand, que j'emportai : après quoi on me deſtina pour me jetter dans Mons & y commander ; mais l'Electeur de Baviere voulant y mettre un Officier des Troupes d'Eſpagne, je fus commander à Valenciennes ; delà on m'envoya au Pont-à Marque avec 35 Bataillons & 4 Mareſchaux de Camps. Je me rendis maître de ce poſte, après en avoir chaſſé les ennemis, & je fis combler la petite riviere de Marque, où pour mieux dire le foſſé, car elle étoit à ſec, ne doutant point que notre Armée étant campée au Mont en Puel, ne marcha à moi pour faire lever le Siege de Lille ; m'apercevant, apres que j'eus pouſſé juſqu'au bout du bois, qu'il n'y avoit rien qui me ſepara de l'Armée des ennemis, qui n'eſtoit éloignée que d'une portée de canon ; paroiſſant fort en deſordre ; ayant poſé mes gardes de Cavalerie à la portée de piſtolet de celles des ennemis, je fis

venir le Sieur de Chérigny, Colonel de Cavalerie, qui commandoit cinq
céns chevaux avec moy, je lui fis remarquer ce qui fe préfentoit à nous,
apres quoy je l'envoyai à M. de Vendofme pour lui dire l'état où je me
trouvois, & que certainement les ennemis ne tiendroient point dès que
notre Armée fe préfenteroit dans la plaine ; qu'il étoit feure que Lille
étoit fecouru par là ; je luy marquay mefme que je luy ferois des debou-
chés par les bois, par lefquels il pourroit déboucher dans la plaine avec
cinquante efcadrons de front : l'on ne fit point grande attention à mon
ambaffade.

Le lendemain un détachement des ennemis de deux mil hommes
d'Infanterie vint attaquer un Chafteau qui eftoit a cinq ou fix cens pas de
ma droite, dans lequel j'avois mis trois cens hommes ; dès que j'entendis
leur premier feu, j'y marchay avec tous les Grenadiers : j'y trouvay en
arrivant qu'ils avoient déja paffé le foffé & entrés dans la cour : je les en
chaffay & ils y eurent beaucoup de monde de tuez. Les ennemis commen-
cerent vers les quatre heures du foir un retranchement devant tout le front
de leur Armée qu'ils continuerent au flambeau pendant la nuit : le lendemain matin je renvoyai encore mon ambaffadeur dire à M. le Duc de
Bourgogne & à M. de Vendofme que ce retranchement étoit fort peu de
chofe, & que certainement, fi on vouloit faire marcher l'Armée à moy,
je répondois de la levée du Siege ; je ne fus point écouté, au grand
regret de M. de Vendofme, qui en eftoit au défefpoir.

En 1709. je commandée un corps de Troupes vers la Baffée, d'où je fus
envoyé pour attaquer le Fort de Warneton fur la Lys; je l'emportay, l'épée
à la main, & j'y fis 8 à 9 cens prifonniers de guerre ; après quoi je
rejoignis l'Armée, & je fus à la Bataille de Malplaquet où je commanday
l'aifle droite de l'Infanterie. J'y eus cinq chevaux tuez ou bleffez fous
moy ; je reccus deux coups dans mes armes; j'eus a foutenir le feu de toute
l'Infanterie Hollandoife, qui fut prefque entierement détruite par celle
que je commandois, &, comme la gauche de l'Armée & le centre furent
pouffés, & ne recevant de mon cofté nul ordre des Marefchaux de
Boufters & de Villars, je pris le parti de me retirer avec toute la droite de
l'Infanterie ; ce que je fis en fi bon ordre que les ennemis ne purent
m'entamer : c'eft apres cette action que Sa Majefté m'honora de la Dignité
de Marefchal de France; enfuite de qhoy Elle me laiffa commander pendant
l'hiver dans toute la Flandre.

En 1710. & 1711. je commandai l'Armée conjointement avec M. le
Maréchal de Villars. Etant refté l'hiver de 1710. a 1711. Commandant la
Flandre, les ennemis etant maitres de Lille, Douay & Tournay, laifferent
un gros corps entre ces 3 Places, leur deffein etant d'affieger Cambray ou
Arras, & faire avancer toutes leurs provifions fur Douay, je pris le parti
de faire combler ou mettre des grands empefchemens fur les rivieres
d'Efcarpe & de la Baffe-Deulle ; ce que j'exécutay heureufement, après que
le Roy eut aprouvé mon projet. Les ennemis ne purent déboucher ces
rivieres qu'apres 3 ou 4 mois de travail, cela rompit leurs mefures & ils

furent obligés de s'attacher à Bouchain : comme ils avoient pris un poſte
que nous avions a Arleux ſur le Senſé, dans lequel ils avoient mis ſix
cens hommes, après l'avoir fait tres bien fortifier, pour s'aſſurer le paſſage
des Marais, ce Fort étant entouré de deux foſſés pleins d'eau, le tout bien
fraizé & paliſſadé n'eſtant qu'a deux lieues de Douay, où ils avoient une
groſſe garniſon, leur Armée étant du coſté de Bethune, nous jugeames
qu'il étoit néceſſaire de reprendre ce Fort : comme il faloit uſer de précaution & de diligence, ce poſte étant ſeparé de nous par le Senſé, qui a
un quart de lieue de chauſſée pour y arriver, & le Commandant ayant
promis à ſes Généraux de tenir au moins ſix jours, je me chargeay de
l'attaquer moi-meſme : je marchay ſecrettement la nuit avec 16 Bataillons
18 Eſcadrons & 6 pieces de canon ; je paſſay le Senſé au bacq à Bainſeu,
& j'y arrivai à la pointe du jour. Je fis attaquer d'abord les moulins qui
étoient ſur la digue d'Arleux, je les emportai & j'y pris 150 hommes ;
enſuite je fis canoner le Fort ; mais comme il étoit trop raſant, mon canon
n'y faiſoit rien ; cela fit que je l'attaquai de vive force en deux attaques
de mil hommes chacune. Le Commandant de ces détachemens ayant eſté
tué, mes attaques commencoient à ſe rebuter ; alors je pris le parti de
faire marcher une Brigade entiere de 6 Bataillons, M. le Prince d'Iſenghien, Mareſchal des Camps à la teſte. Ils marcherent droit au Fort : cela
ranima mes deux attaques, & M. le Prince d'Iſenghien avec ſes Bataillons
s'étant jetté dans le premier foſſé d'eau, tout le reſté fit de meſme,
paſſerent ce foſſé, ſe jetterent dans le ſecond, & enfin aborderent les
palliſſades qu'ils écarterent avec les mains & entrerent dans le Fort, qui
fut pris, l'épée à la main ; ce qui reſtoit des ſix cens hommes avec le
Commandant fut fait priſonnier de guerre : cette Expédition fut achevée
à deux heures apres midy, apres quoi ce Fort fut entierement raſé.

Eſtant reſté l'hiver ſuivant Commandant en Flandres, faiſant mon
ſéjour à Arras, les ennemis ayant fait deſſein de s'aſſeurer un paſſage ſur
le Senſé, s'aviſerent de vouloir fortifier une vieille Redoute qui eſt à
l'Ecluſe ſur cette riviere, de notre coſté, laquelle eſtoit déja bonne par
elle même : ils y firent porter des palliſſades & tout ce qu'il falloit pour
leur travail : je le laiſſay faire pendant trois jours. Ils avoient mis douze
cens hommes dedans ; comme il etoit de grande importance de leur oſter
ce paſſage, je le fis attaquer par M. le Comte de Broglio & M. de Vieuxpont, que je fis partir d'Arras & de Cambray ; je l'emportay, l'épée à la
main, & j'y fis les 1200. hommes & 300 chevaux priſonniers de guerre ;
enſuite je fis raſer tous leurs travaux. Leur deſſein étant toujours d'attaquer
Cambray & Arras, ils laiſſerent un corps pendant l'hiver entre la Deulle
& l'Eſcarpe, ſous prétexte des débouchemens des rivieres. Ayant ſçeu
que ce corps s'augmentoit, & qu'ils avoient près de quarante mil hommes,
je faiſois de mon coſté avancer des troupes à portée dans une marche
forcée de ſe porter ſur le Senſé, & fortifier les garniſons d'Arras & de
Cambray qui n'en étoient qu'a trois lieues : comme j'étois fort éveillé ſur
leurs mouvemens, & qu'ils ne pouvoient arriver ſur le Senſé qu'en vingt

quatre heures, dès que j'apris qu'ils se mettoient en marche, je fis partir de Cambray M. de Vieuxpont avec vingt Bataillons pour se saisir des postes des passages depuis Palliancourt jusqu'a Oisy, & M. le Comte de Broglio, d'Arras, avec vingt autres Bataillons, pour s'emparer de tous les postes qui sont sur cette riviere depuis Oisy jusqu'à Biache, avec la précaution de faire jetter la riviere d'Escarpe dans le Senfé, pour boucher un passage qui y étoit, & je fis marcher toutes les troupes que j'avois fait avancer sur la frontiere, au nombre de quatre vingt Bataillons, qui arriverent sur le Senfé, au moyen d'une marche forcée. Le lendemain matin les ennemis y étant aussy arrivés avec dessein de passer à l'Ecluse furent étonnez de trouver tous les postes garnis, & ils n'oserent tenter le passage : c'est ce qui fut le salut de la Campagne ; car ne pouvant forcer ce passage, ils resolurent d'aller attaquer le Quesnoy, qu'ils prirent. Ils allerent ensuite investir Landrecy : ils tiroient tous leurs vivres de Marchiennes, & ils avoient mis un gros corps à Denain qu'ils avoient bien retranché pour la seureté de leurs convois. J'envoyai reconnoître les retranchemens de Denain, & voyant l'importance qu'il y avoit d'enlever ce Poste, pour oster les vivres aux ennemis, je proposai à M. le Mareschal de Villars de l'aller attaquer en passant le Senfé au bacq à Bainseu, par une marche secrette. Il ne gouta point mon avis, & comme nous estions campés sur l'Escaut, derriere Cambray, nous eumes ordre du Roi de secourir Landreci, à tel pris que ce fût. Nous marchames avec l'Armée sur la Sambre en deux ou trois jours. Les ennemis voyant notre résolution formée de secourir Landrecy, firent avancer toute leur Infanterie sur cette Place, preste à se jetter dans leurs lignes de circonvalation qui étoient fort bonnes. M. le Mareschal de Villars voyant que nous trouverions toute l'Infanterie ennemie, étoit fort indéterminé sur l'attaque des lignes, la trouvant très hazardeuse. Je pris ce temps pour lui proposer de nouveau le dessein que j'avois d'attaquer Denain, en lui disant que par ce moyen on couperoit les vivres aux ennemis, & qu'on assuroit moralement la levée du Siege de Landrecy, ce qu'il n'aprouva pas d'abord ; mais après qu'il eut reflechy pendant une demie heure sur mon avis, il vint à moy & me dit qu'il acceptoit mon conseil. Je luy repondis que s'il vouloit tenir l'affaire secrette, & que nous puissions dérober huit heures de marche, l'affaire seroit certaine, que pour cela il ne le faloit dire à personne, pas mesme à un Officier Général ; qu'il faloit au contraire faire achever nos ponts sur la Sambre, & répandre dans le Camp qu'on attaqueroit les lignes de circonvalation, le lendemain matin ; qu'il étoit necessaire de marcher dès le soir mesme. Apres avoir surmonté quelques difficultez qu'il me proposa, l'affaire fut resolue. J'avertis seulement quatre hommes pour mener les colonnes, & sur les cinq heures du soir vingt Bataillons de la gauche marcherent, suivis de vingt pieces de canon & des pontons pour aller à Neufville sur l'Escaut. Une heure après toute l'Armée se mit en marche pour suivre cette avant-garde, qui étoit commandée par M. de Vieuxpont, qui ayant marché toute la nuit, manda à cinq heures du matin qu'il ne pouvoit arriver fur l'Efcaut que vers les huit heures. Comme il étoit grand jour, M. le Marefchal de Villars crut que le Prince Eugene, pouvant voir notre marche, étoit un obftacle invincible, & ordonna à tous Officiers du campement d'arrefter l'Armée & de la faire camper là ; ce qu'ayant apris, j'allay joindre M. le Marefchal de Villars, à qui je dis que l'Armée des ennemis ne pouvant marcher à Denain qu'a notre veue par la hauteur de Quérénain, fur laquelle on ne voyoit perfonne, je le priois de vouloir toujour marcher fur l'Efcaut, *qui* étant arrivé, nous verrions fi les ennemis marchoient à Denain, que fi on apercevoit leur Armée marcher & eftre à portée de fecourir le pofte, nous ferions toujours les maîtres de ne point paffer l'Efcaut & de camper, moiennant quoi il n'y avoit nulle rifque à courre. Il fe rendit à mes raifons, & nous continuames notre marche après avoir perdu une heure de temps. Le Prince Eugene, perfuadé que nous attaquerions les lignes le lendemain, n'eut le veritable avis de notre deffein que vers les quatre heures du matin. Nous arrivâmes fur l'Efcaut à huit heures, & M. le Maréchal de Villars, s'occupant à diligenter l'Armée, je fis conftruire 3 ponts en 3 quarts d'heure, & fis paffer les Troupes auffitôt : M. le Maréchal de Villars m'ayant joint, nous paffames les ponts enfemble, & nous avançames fur les lignes des ennemis qui s'étoient allongées jufqu'a Marchiennes. Ils quitterent d'abord la premiere ligne pour fe retirer dans le retranchement où il y avoit 17 Bataillons & 15 Efcadrons ; mais le Prince Eugene, fitôt qu'il fceut la détermination de notre marche, vint au galoz de Landrecy à Denain avec 5 ou 6 Officiers, & voyant que notre Armée paffoit l'Efcaut, il retira les 15 efcadrons qui eftoient plus que fuffifants pour deffendre l'eftendue du Pofte. M. le Maréchal de Villars étant retourné aux ponts pour diligenter les troupes, me chargea de la difpofition de l'attaque ; ce que je fis en formant 11 colonnes d'Infanterie, de 3 Bataillons chacune, les Grenadiers & les Piquets devant former une efpece de ligne, les colonnes a 25 pas l'une de l'autre. Comme je commençois à voir la refte de l'Infanterie de l'Armée des ennemis, qui eftoit encore à une demie lieue, & qui venoit au fecours du Pofte, M. le Marefchal de Villars ne m'ayant pas encore rejoint, je refolus d'attaquer ; dans le temps que j'eftois en mouvement, M. le Marefchal de Villars m'envoya Mrs. de Nangis & de Contade pour me dire de retarder, qu'on lui confeilloit de fe retrancher ; mais ne pouvant aprouver ce fentiment, je voulus perfifter dans mon attaque, voyant que le temps preffoit, fur quoy M. de Contade me follicita fi vivement d'amitié de ne point attaquer, fans parler à M. le Maréchal de Villars, qui n'eftoit point éloigné, m'affurant que j'eftois un homme perdu fi l'attaque ne reuffiffoit pas, que j'y confentis, & fus le trouver à cinq cens pas qui venoit à moy. Il me demanda en m'abordant fi j'eftois encore d'avis d'attaquer, que les ennemis étoient préparés, & qu'on lui confeilloit de fe retrancher, & lui dis tout ce qui devoit l'en empefcher ; après quoi il fe rendit en me difant : puifque vous êtes d'avis d'attaquer, marchons. L'attaque fe fit avec beaucoup d'ordre & une magnifique difpofition, le

Pofte fut emporté, & on prit Milord d'Albermale, qui commandoit avec 15 Officiers Généraux & les 17 Bataillons, dont il y en a eu beaucoup de tuez & de noyez, un pont, qu'ils avoient, s'eftant caffé.

Le lendemain matin à 5 heures, M. le Maréchal de Villars m'ayant fait prier de venir le trouver dans fa chambre, me fit beaucoup d'amitié fur la conduite de cette affaire, & me pria de faire le fiege de Marchiennes, où il y avoit 7 Bataillons & un Régiment de Cavalerie. Je pris la place en 5 jours de tranchée, la garnifon prifonniere de guerre, & me rendis maître de tous leurs magafins & de 500 Belandes, qui éftoient fur l'Efcarpe, chargées de toutes fortes de munitions. Le Prince Eugene fe voyant fans vivres & fans munitions, fut obligé de lever le Siege de Landrecy, & tout de fuite cela nous donna lieu de reprendre Douay, le Quefnoy & Bouchain: cet échec ramolit les propofitions de Paix que les Plenipotentiaires des ennemis avoient fait, &, dans l'hiver fuivant, elle fut conclue.

Je reftay cet hiver en Flandres, où je convins avec le Comte de Tilly, Général des Hollandois, & de l'évacuation des Places qu'on rendoit de de part & d'autre; c'eft ce qui fut exécuté l'efté 1713, & j'entray dans Lille avec les troupes du Roy; apres quoy n'eftant plus néceffaire en Flandres, Sa Majefté me rapella & me marqua eftre très contente de moi, & qu'il m'en donneroit des preuves inceffamment. Il mourut & m'a laiffé des efperances.

En 1717. le Duc d'Orléans, Régent, m'envoya commander en Bretagne, où je rendis un fervice confidérable à l'Etat, en découvrant & empefchant une Révolte générale de toute la Province; on me rappella en 1720. qu'on m'honora d'une place au Confeil de Régence, & Sa Majefté vient de me faire l'honneur de me nommer Chevalier de Ses Ordres.

RÉCAPITULATION des fervices importans & des plus marqués du Marefchal de Montefquiou.

Batailles où il s'eft trouvé; dix, fçavoir; Senef, Treves, Turquem, Fleurus, Steinkerque, Nervinde, Ramilli, Oudenarde, Malplaquet & Denain, qui peut bien paffer pour Bataille.

Combats, huit, fçavoir; Marfin, Fleurus, Milhaufen, Valcourt, Leufe, d'Antreguemme, Nimegue & Alfem.

Sieges où il s'eft trouvé, vingt & un, fans compter tous ceux que le Roy a fait en Franche-Comté & en Hollande, aufquels il a fervy, fçavoir; Lokem, Lille, Tournay, Douay, Befançon, Condé, Valenciennes, Cambray, Bouchain, Ypres, Gand, Courtray, Diximude, Mons, Namur, Ath, Huyville & Chateau, Marchiennes, Douay, Quefnoy & Bouchin.

Actions où il a commandé en chef, douze, fçavoir; le Paffage du Canal du Nord, la prife de Plafcandal & d'une Redoute, la prife de poffeffion de la Ville de Mons, la prife de Dieft, celle de la Ville d'Huy, celle de Warneton, celle d'Arleux, celle du Fort-Rouge ; celle de la Redoute de l'Eclufe fur le Senfé, le comblement des rivieres de la Baffe-Deulle & de l'Efcarpe, la prife des Poftes du Senfé, où il arriva quatre heures avant les ennemis, & la prife de Marchiennes.

Il a commandé pendant trois années confecutives l'Armée de Flandres, conjointement avec M. le Marefchal de Villars.

Il a auffi commandé, étant Lieutenant Général, plufieurs corps détachés de l'Armée.

Retraites qui ont abfolument roulés fur luy, trois ; fçavoir ; Ramilli qu'il fit avec vingt fept Bataillons & une partie de notre Cavalerie, à qui il donna le temps, faifant tefte aux ennemis, de paffer le défilé de Jusdogne, Oudenarde & Malplaquet, où apres avoir batu toute l'Infanterie Hollandoife, il retira la fienne en bon ordre, quoiqu'il fut fuivi de toute l'Armée ennemie ; on trouva cette retraite fi belle que le Roy, le fit Marefchal de France.

Places & Provinces où il a commandé, à Cherbourg, dans tout le Brabant, païs de Vaaft, à commencer depuis Gand jufqu'à Namur compris.

A Namur & toute l'Entre Sambre & Meuze.

A Louvain, comme les ennemis étoient devant.

A Valenciennes.

Toute la Flandre depuis la Meufe jufqu'a la mer, & le païs d'Artois depuis 1709. jufqu'en 1713.

En Bretagne depuis 1716. jufqu'en 1720. apres quoi il fut nommé du Confeil de Regence.

Il a été plus de 20 ans Directeur de l'Infanterie.

Rapporte pour Preuves.

BREVET du 27 feptembre 1674. le Roi étant à Verfailles, & defirant reconnoître les fidels fervices du Sieur d'Artagnan, Lieutenant d'une Compagnie au Regiment de Ses Gardes Françoifes, l'a établi dans la charge d'Aide-Major du mefme Regiment, vaccante par la mort du Sieur de Vernoy. Signé Louis, & contrefigné, le Tellier.

COMMISSION de Capitaine d'une Compagnie dans le Regiment des Gardes Françoifes, accordée par le Roy à fon cher & bien amé le Sieur d'Artagnan, Aide-Major dud. Regiment, vaccante par la mort du Sieur de Pauliac : donnée à S. Germain en Laye le 28 avril 1678. Signée Louis, & au deffous, Par le Roy, figné le Tellier, & fcellée.

ORDRE du Roy pour faire éxercer par le Sieur d'Artaignan, Capitaine d'une Compagnie dans le Regiment de Ses Gardes, la Charge de Sergent Major de ce Regiment, en l'abfence du Sieur de Cezan : fait à S. Germain en Laye le 28 decembre 1678. Signé Louis, & plus bas, le Tellier.

COMMISSION du Roy à fon cher & bien amé le Sieur d'Artagnan, Capitaine

Capitaine d'une Compagnie au Regiment de Ses Gardes, de la charge de Major au mefme Regiment, vaccante par la mort du Sieur de Cezan, en confidération de fa capacité & des fervices qu'il a rendus : donnée à S. Germain en Laye le 15 fevrier 1681. Signée Louis, & au deffous, Par le Roi, figné le Tellier, & fçellée. Autre Commiffion du mefme jour, pour tenir rang de Capitaine : fignée & fçellée comme la pré-cedente.

BREVET du 18 avril 1683. le Roi étant à Verfailles & defirant recon-noiftre les bons & fidels fervices du Sieur d'Artagnan, ci-devant Capitaine au Regiment de Ses Gardes, & a préfent Major, Sa Majefté l'a eftabli en la charge de Major général de Son Infanterie. Signé Louis, contrefigné le Tellier.

LETTRE du Roy à M². d'Artagnan . pour le faire fervir en qualité de Major général de fon Infanterie dans l'Armée campée fur la Sarre, frontiere de Lorraine, commandée par le Marefchal Duc de Villeroy : écrite à Verfailles le 28 avril 1683. Signée Louis, & plus bas le Tellier.

BREVET du 24 aouft 1688. le Roy étant à Verfailles, mettant en confideration les bons & fidels fervices que le Sieur d'Artagnan, Major du Regiment des Gardes Françoifes de Sa Majefté, Major général en l'Infan-terie, lui a rendus, & des preuves qu'il a données de fa valeur, elle l'a retenu & eftabli dans la charge de Brigadier en Son Infanterie. Signé Louis, & conttrefigné le Tellier.

ORDRE du Roy au Sieur d'Artagnan, Major du Regiment de Ses Gardes Françoifes, Brigadier en Son Infanterie, de fe tranfporter en diligence en la ville de Cherbourg, pour en l'abfence du Sieur Comte de Matignon, Lieutenant général en la baffe Normandie, Gouverneur particulier de Cherbourg, & fous fon autorité, en fa préfence, commander aux troupes qui font en lad. place, & aux habitans pour la confervation & feureté de la Ville : fait à Fontainebleau le 30 feptembre 1688. Signé Louis, & contrefigné le Tellier.

LETTRE du Roy à M². d'Artagnan, pour luy dire de fe rendre en fon Armée de Flandres, commandée par le Marefchal d'Humieres, & y fervir de Major général de l'Infanterie : écrite à Verfailles le 24 avril 1689. Signée Louis, & contrefignée le Tellier.

ORDRE du Roy au Sieur d'Artagnan, Brigadier de Son Infanterie & Major du Regiment de Ses Gardes Françoifes, pour commander dans la ville de Dixmude : à Verfailles le 29 octobre 1690. Signé Louis, & plus bas le Tellier.

AUTRE ordre du Roi au Sieur d'Artagnan, Brigadier de Son Infanterie,

Z

pour, en qualité d'Inſpecteur général de Ses troupes d'Infanterie Françoiſes & Etrangeres, viſiter celles qui ſont & ſeront pendant l'hiver en garniſon dans les Villes & Places de Thionville, Metz, Nancy, Pontamouſſon, Toul, Marſal & Dieuſe, les faire rétablir, & qu'elles ſoient miſes en état de bien ſervir la Campagne prochaine : fait à Verſailles le 16 novembre 1689. Signé Louis, contreſigné le Tellier.

BREVET du 25 avril 1691. par lequel le Roi fait le Sieur d'Artagnan Brigadier de Son Infanterie & Major du Regiment de Ses Gardes Françoiſes, Maréchal de Camp en Ses Armées. Signé Louis, & contreſigné le Tellier.

LETTRE du Roi pour faire ſervir Mr. d'Artagnan en qualité de Major général dans ſon Armée de Flandre, commandée par le Duc de Luxembourg, Pair & Mareſchal de France : écrite à Verſailles le 28 avril 1691. Signée Louis, & contreſignée le Tellier.

PROVISIONS de la Charge de Lieutenant Général en Artois, vaccante par le décez du Comte de Montchevreuil, tué à la Bataille de Sainte Croix, accordées par le Roi à Son cher & bien amé le Sieur d'Artagnan, Maréchal de Ses Camps & Armées, & Major du Régiment de Ses Gardes Françoiſes, faiſant la fonction de Major Général de l'Armée de Flandres, en conſidération de ſes Services : données à Verſailles le 13 aouſt 1693. Signées Louis, & ſur le reply, Par le Roi, ſigné le Tellier, & ſcellées. Avec le Serment preſté entre les mains du Roi le 8 décembre, & regiſtrées au Conſeil Souverain d'Artois, le premier octobre de la meſme année.

AUTRES Proviſions de Gouverneur de la Ville, Cité & Citadelle d'Arras, du meſme jour que les précédentes, & ſignées & ſcellées de meſme ; preſtation de Serment entre les mains du Chancelier de France, du 14 décembre. Regiſtrées au Grand Mémorial de l'Echevinage d'Arras, le 2 octobre 1693. Signé Privat.

POUVOIR de Lieutenant Général dans les Armées du Roy, accordé par Sa Majeſté à Son très cher & bien amé le Sieur d'Artagnan, Maréchal de Camp, Lieutenant Général en Artois & Gouverneur d'Arras, en conſidération de ſa capacité, valeur, bonne conduite & de ſes Services: donné à Verſailles le 23 janvier 1696. Signé Louis, & ſur le reply, Par le Roy, ſigné le Tellier & ſcellé.

PROVISIONS de l'Etat & Office de Maréchal de France, accordées par le Roy à Son cher & bien amé Pierre de Monteſquiou-d'Artagnan, Lieutenant Général de Ses Armées, Gouverneur des Ville & Citadelle d'Arras, & Lieutenant Général en la Province d'Artois, Directeur Général de l'Infanterie, en confidération de fon mérite perfonnel, de fes grandes qualités, de l'ancienneté de fa Nobleffe, &c. : données à Verfailles le 15 feptembre 1709. Signées Louis, & fur le reply, Par le Roy, Phely-peaux, & fcellées; A ces Provifions eft joint un Brevet de Maréchal de France, du 20 feptembre, figné Louis, contrefigné Voifin : LETTRE du Roy à Mr. d'Artagnan, portant que les Services qu'il a rendus, & parti-culierement à la Bataille du xi de ce mois, l'ont déterminé à le faire Maréchal de France, & qu'il lui en envoye le Brevet: écrite à Verfailles le 20 feptembre 1709. Signée Louis, contrefignée Voifin.

POUVOIR du Roy pour Commander l'Armée de Flandres à fes très chers & bien amez Coufins le Duc de Villars, Pair & Maréchal de France, & le Sieur de Montefquiou, auffy Maréchal de France : donné à Marly le 30 avril 1712. Signé Louis, & fur le reply, Par le Roy, figné Voifin, & fçellé fur double queue en cire jaune.

COMMISSION pour commander en Chef en la Province de Bretagne, en l'abfence du Comte de Touloufe, Gouverneur de la Province, accor-dée par Sa Majefté à fon très cher & bien amé Coufin le Maréchal de Montefquiou : donnée à Paris le premier aouft 1716. Signée Louis, & plus bas, Par le Roi, le Duc d'Orléans, Régent, préfent, figné Phely-peaux, & fcellée. Regiftrée en la Chambre des Comptes de Bretagne à Nantes, le 23 janvier 1717. Signé Barillay, & aux Tréforiers de France, le même jour, figné Mellier & Perrot, & fçellée, & au Parlement de Rennes le 14 du même mois & an, figné Piquet.

CONTRACT de Mariage paffé devant les Notaires au Chaftelet de Paris, de haut & puiffant Seigneur Meffire Pierre de Montefquiou-d'Arta-gnan, Chevalier, Lieutenant Général des Armées du Roi, Gouverneur pour Sa Majefté des Ville, Cité & Citadelle d'Arras, Lieutenant Général de la Province d'Artois, & Directeur Général de l'Infanterie de France ; avec haute & puiffante Demoifelle Elifabeth l'Hermite-d'Hiéville, fille de haut & puiffant Seigneur Meffire François l'Hermite, Chevalier, Seigneur & Patron d'Hiéville, Monchamp, Mezy, Toftes & autres lieux, & de haute & puiffante Dame Dame Catherine d'Angennes, fon époufe, demeurant ordinairement en leur Château de Robillart, Paroiffe de Lieury : en la préfence & de la permiffion & confentement du Roy, & des Princes & Princeffes de la Maifon Royale, & encore en la préfence de Meffire Antoine de Montefquiou-d'Artagnan, Chevalier, Meffire Louis de Montefquiou-d'Artagnan, Abé de Sorde & d'Artoux, freres du futur époux; Urs Altermat, Chevalier de l'Ordre de S. Louis, Capitaine au Régiment des Gardes Suiffes, Dame Marie de Montefquiou, fon époufe, niéce; Meffire Jofeph de Montefquiou-d'Artagnan, Cheva-lier, Sous-Lieutenant de la premiere Compagnie des Moufquetaires du Roy, Maréchal de Ses Camps & Armées, coufin germain ; Meffire

Louis de Castelmor-d'Artagnan , Chevalier , coufin ; Meffire Jean de Gaffion , Chevalier , Lieutenant Général des Armées du Roy , & des Gardes du Corps ; Meffire Charles de Gaffion , Marquis de Gaffion , Meftre de Camp de Cavalerie , & Sous-Lieutenant des Chevaux Légers de Monfeigneur le Duc d'Anjou , coufins. Fait au Chafteau de Verfailles & à Paris le 23 mars 1700. Signé Lambon & Mouffe , Notaires , avec l'acte de Célébration fait en la Paroiffe de Sainte Marie-Magdeleine du Pleffis-Piquet , le 27 du mefme mois & an : délivré le 14 octobre 1717. Signé Pinchaut de la Marfiliere , Curé.

IIe. DEGRÉ.

Henry de Montefquiou , Chevalier , Seigneur d'Artagnan.

Jeanne de Gaffion , fa femme.

Testament fait le 22 aouft 1667. à Bayonne devant Notaire , par Meffire Henry de Montefquiou , Siéur d'Artagnan , Lieutenant pour le Roi au Gouvernement de la Ville de Bayonne & païs adjacens , & Commandant en l'abfence de M. le Duc de Gramont , pour le Service de Sa Majefté , lequel étant au lit malade , ordonne d'être inhumé en l'Eglife de Notre Dame des Carmes de cette Ville ; que fes honneurs funebres y foient faits , fuivant fa condition ; ordonne des prieres & des aumones ; déclare avoir été marié avec Dame Jeanne de Gaffion , qu'il en a eu plufieurs enfans , dont il lui en refte cinq vivans , nommez Raimond , Henry , Antoine , Pierre & Louis , à chacun defquels il laiffe 3000. livres payables lorfqu'ils auront atteint 25 ans , ou pris le le party du mariage ; inftitue héritiere la Dame de Gaffion fon époufe ; fait exécuteurs Mr. le Marquis de Gaffion , & Mr. le Chevalier d'Auffonne : paffé devant Dereboul , Notaire : délivré le 25 may 1712. fur l'Original. Signé Pinaquy , Notaire Royal , légalifé le 27 , figné de Lefpes & du Clerc.

Lettres patentes du Roy , portant don à Son cher & bien amé le Sieur d'Artagnan , Lieutenant au Gouvernement de Bayonne de la place & matériaux du Château de Montanés , en Bearn , à condition de l'hommage à chaque mutation , d'un fer de lance doré & de l'entretien d'un Archer en temps de guerre : Données à Fontainebleau au mois de fevrier 1642, fignées Louis , & contrefignées de Lomenie : regiftrées à la Chambre des Comptes de Navarre. Collationné à Paris le 25 may 1714. Signé Bouron.

Contract de Mariage du 3 Juin 1632. paffé devant Notaire dans la Ville de Pau , de Noble Henry de Montefquiou , Capitaine & Gouverneur de Mantanés , par l'entremife de Noble Antoine de Montefquiou ,

Sieur de Sanpaſtour, ſon frere, fondé de procuration; avec Damoiſelle Jeanne de Gaſſion, aſſiſtée de Meſſire Jean de Gaſſion, ſon frere, Conſeiller du Roy en Ses Conſeils, Préſident au Parlement de Navare, héritier contractuel de feu Meſſire Jacques de Gaſſion, Conſeiller du Roi en Ses Conſeils, Préſident audit Parlement; & a Dame Marie Deuſclaus, ſes pere & mere, ſe réſervant de choiſir tel de leurs enfants qu'il leur plaira pour héritier : Fait à Pau devant *Goueix*, Notaire; Ratification par Noble Henry de Monteſquiou, le 11 Juillet 1632. en préſence de Noble Arnaud d'Armagnac, Sieur de la Beirie, Capitaine au Château de Pau. Signé d'*Agoueix*, Notaire. Collationné ſur la Groſſe le 25 avril 1686. Signé de Lapiſeau, Notaire.

IIIᵉ. DEGRÉ.

Jean de Monteſquiou, Seigneur d'Artagnan.

Claude de Bazillac, ſa femme.

TESTAMENT de Noble Jean de Monteſquiou, Seigneur d'Artagnan, fait le 13 mars 1608. ordonne qu'on l'entere à Artagnan avec ſes prédéceſſeurs; legue à Nobles Jean, Gabriel, Antoine, Leonard & Henry de Monteſquiou, ſes enfans, & de Damoiſelle Claude de Bazillac, ſa femme; donne à Françoiſe de Monteſquiou, ſa fille, fiancée avec le Sieur de Caſtelmore, 5000. livres, & à Jeanne & Andrée de Monteſquiou, auſſi ſes filles, chacune 4000. livres : inſtitue ſon héritier univerſel Noble Arnaud de Monteſquiou, ſon fils aiſné, & fait exécuteurs Nobles Paul de Bazillac & Hector de Lupé, Seigneur de Sanzac & de Sᵗ. Martin : ce Teſtament ſigné de Monteſquiou.

CE Jean de Monteſquiou, Seigneur d'Artagnan, & Claude de Bazillac, ſa femme, étant Ayeuls communs de M. le Maréchal de Monteſquiou & de Meſſire Joſeph de Monteſquiou, Seigneur Comte d'Artagnan, Lieutenant Général des Armées du Roy, Capitaine de la première Compagnie des Mouſquetaires à cheval de la Garde de Sa Majeſté, ſon couſin germain, auſſi nommé Chevalier des Ordres, il ſe rapporte ſuivant l'Article XXVI. des Statuts à la Preuve qu'il a faite devant les meſmes Commiſſaires, dans laquelle il remonte la Nobleſſe & l'ancienneté de ſa Maiſon par 18 degrez juſqu'en l'an 1068.

NOUS, CAMILLE D'HOSTUN, Duc d'Hoſtun & de Lesdiguieres, Comte de Tallard, Maréchal de France, Gouverneur & Lieutenant Général du Comté de Bourgogne & des Ville & Citadelle de Beſançon, ci-devant du Conſeil de Régence; & NICOLAS-CHALONS DU BLÉ,

Marquis d'Huxelles, Comte de Cormatin, Maréchal de France, Gouverneur & Lieutenant Général de la Haute & Baſſe Alſace, & de la Ville de Strasbourg, & cy-devant du Conſeil de Régence, Chevaliers & Commandeurs des Ordres du Roy, Certifions à Sa Majeſté & à tous, ceux qu'il appartiendra, que Nous avons, en vertu de notre Commiſſion du 22 fevrier dernier, veu & examiné, au rapport du Sieur Clairambault, Généalogiſte deſdits Ordres, les Titres produits par Meſſire PIERRE DE MONTESQUIOU, Maréchal de France, & Meſſire Joſeph de Monteſquiou, Seigneur, Comte d'Artagnan, Lieutenant Général des Armées du Roy, Capitaine Lieutenant de la premiere Compagnie des Mouſquetaires de Sa Garde, & vérifié qu'ils ſont Gentilshommes de nom & d'Armes, d'une très ancienne & illuſtre Maiſon, & que ledit Seigneur Maréchal eſt digne d'eſtre receu Chevalier des Ordres de Sa Majeſté: en foy de quoi nous avons ſigné le préſent Procès verbal, & fait appoſer le cachet de nos armes. A Paris le 27ᵉ jour d'avril mil ſept cent vingt quatre. (*Signés*) CAMILLE, Duc d'Hoſtun, Mᵃˡ de France, HUXELLES, (&) CLAIRAMBAULT, & ſçellé en placards des cachets deſdits Commiſſaires & Généalogiſte.

LES Preuves mentionnées ci-deſſus, avec l'Information des vie & mœurs & la Profeſſion de foy, ont été rapportées par Mr. l'Abbé de Pomponne, Chancelier, & admiſes au Chapitre tenu dans le Cabinet du Roy; enſuite M. de Monteſquiou, Maréchal de France, a preſté ſerment & a receu le Collier des mains de ſa Majeſté dans la Chapelle du Chaſteau de Verſailles le ſamedy veille de la Pentecoſte 3ᵉ. juin 1724. (*Signé*) PHELYPEAUX.

CXCIV.
12 Août 1725.

Original en papier des Archives de la Maiſon de Monteſquiou.

Extrait mortuaire de très haut & très puiſſant Seigneur Monſeigneur Pierre Baron de Monteſquiou, Comte d'Artagnan, Maréchal de France, Général des Armées du Roi, Gouverneur des Ville, Cité & Citadelle d'Arras, & Chevalier Commandeur des Ordres de Sa Majeſté.

Extrait des Regiſtres de l'Egliſe Parroiſſialle de Stᵉ. Marie-Madeleine du Pleſſis-Piquet, (au Diocèſe de Paris) pour l'année mil ſept cent vingt cinq.

L'an mil ſept cens vingt cinq le quatorzieſme d'aouſt a eſté inhumé dans cette Paroiſſe, au pied de l'Autel de la Chapelle de la Sainte Vierge, le corps de TRÈS HAULT ET TRÈS PUISSANT SEIGNEUR MONSEIGNEUR PIERRE BARON DE MONTESQUIOU, COMTE D'ARTAIGNAN, MARESCHAL DE FRANCE, GÉNÉRAL DES ARMÉES DU ROY, GOUVERNEUR DES VILLE, CITÉ ET CITADELLE D'ARRAS, CHEVALIER COMMANDEUR DES ORDRES DE SA MAJESTÉ, décédé le douze dudit mois, agé de quatre vingt cinq ans; à l'inhumation ont eſté préſents HAULT ET PUISSANT SEIGNEUR MESSIRE LOUIS DE MONTESQUIOU-D'ARTAIGNAN, ABBÉ DE SORDES, ARTOUS ET MAZAN, HAULT ET PUISSANT SEIGNEUR PAUL DE MONTESQUIOU-

D'Artaignan ; Brigadier d'Infanterie , Hault et puissant Seigneur Louis de Montesquiou-d'Artaignan , Brigadier de Cavalerie et Cornette de là première Compagnie des Mousquetaires du Roy , haut et puissant Seigneur Pierre de Montesquiou-d'Artaignan , Mestre de Camp de Cavallerie et Aide-Major de la première Compagnie des Mousquetaires du Roy , Messire Paul-Charles d'Altermat , Capitaine au Regiment Suisse de Brindelé , & Enseigne de la Compagnie Générale des Suisses , qui ont tous signé avec nous . . .

Je soussigné Prestre Curé du Plessis-Piquet, Diocese de Paris , certifie le présent extrait conforme à la Minutte de nos Registres. Fait au Plessis-Piquet ce neuvieme decembre mil sept cent vingt six. (*Signé*) N. Pinchault de la Marsilliere , Curé du Plessis-Piquet.

Original en parchemin des Archives de la Maison de Montesquiou. **CXCV.** 26 Sept. 1726.

Contrat de mariage de haut & puissant Seigneur Messire Paul de Montesquiou-d'Artagnan , Seigneur de Tostes , le Plessis , & autres lieux , Brigadier des Armées du Roy , & Chevalier de l'Ordre de Saint Louis ; avec Demoiselle Anne-Elizabeth Filleul-de-Ponts.

Pardevant les Conseillers du Roi , Notaires au Châtelet de Paris , soussignez ; furent présens haut & puissant Seigneur Messire PAUL DE MONTESQUIOU-D'ARTAIGNAN , SEIGNEUR DE TOSTES , LE PLESSIS , ET AUTRES LIEUX , Brigadier des Armées du Roi , Chevalier de l'Ordre Militaire de Saint-Louis , fils de deffunts haut & puissant Seigneur MESSIRE HENRY DE MONTESQUIOU , COMTE D'ARTAIGNAN , & Dame Ruth Fortauer, son épouse, ... d'une part ; & Pierre Filleul , Ecuyer , Seigneur & Patron de Ponts , Berniere , Jors , Pierrefitte , Sainte Honorine-la-Guillaume , & autres lieux , Chevalier de l'Ordre de Saint-Michel , Conseiller , Secrétaire du Roi , Maison , Couronne de France & de Ses Finances , & Grand-Maitre des Eaux & Forêts de la Généralité d'Alençon , stipulant pour Damoiselle Anne-Elizabeth Filleul , fille de luy & de deffunte Dame Elizabeth Masson, son épouse, ...d'autrepart; lesquelles Parties en la présence & de l'avis des Sieurs & Dames leurs patens & amis , cy-après nommez , savoir , de la part dudit Seigneur futur époux, de haut & puissant Seigneur Messire LOUIS DE MONTESQUIOU D'ARTAIGNAN, BRIGADIER DES ARMÉES DU ROI , ENSEIGNE DE LA PREMIERE COMPAGNIE DES MOUSQUETAIRES DE SA MAJESTÉ , frere ; haut & puissant Seigneur MESSIRE PIERRE DE MONTESQUIOU-D'ARTAIGNAN , MESTRE DE CAMP DE CAVALERIE , ET CORNETTE DE LA PREMIERE COMPAGNIE DES MOUSQUETAIRES DU ROI , frere , haute & puissante Dame DAME MARIE DE MONTESQUIOU - D'ARTAIGNAN , veuve de haut & puissant Seigneur Messire Urs d'Altermat , Maréchal des Camps & Armées du Roy , Inspecteur Général d'Infanterie , & Capitaine de la Compagnie générale des Suisses , soeur ; ... & de haut & puissant Seigneur , MESSIRE LOUIS DE MONTESQUIOU-D'ARTAIGNAN , Abbé de Sorèes , Arthousse & Mazan , oncle ; .... ont reconnu avoir fait entr'elles le Traité de mariage qui suit ; c'est à sçavoir que led. Sieur Filleul promet donner en mariage lad. Damoiselle , sa fille , aud. Seigneur d'Artaignan , qui , de son consentement , la promet prendre pour sa femme & légitime épouse ; ... en faveur dud. mariage led. Sieur Filleul , pere de la Damoiselle future épouze, lui donne & constitue en dot la somme de trois cent mille livres . . . . Fait & passé . . . . à Paris . . . le vingt six septembre mil sept cent vingt six ; . . & ont signé la Minute des présentes, demeurée à Me. Dionis, l'aîné, l'un des Notaires à Paris soussignés. (*Signés*) Dupuys (&) Dionis.

CXCVI.
8 Août 1727.

Extrait baptistaire de Joseph-Paul de Montesquiou, fils de haut & puissant Seigneur Messire Paul de Montesquiou, Comte d'Artagnan, Mestre de Camp d'Infanterie, Brigadier des Armées du Roy, & de Dame Anne-Elizabeth Filleul, son épouse.

Extrait des Registres de la Paroisse Saint-Roch, à Paris.

L'an mil sept cent vingt sept le huit aoust, JOSEPH-PAUL, fils de haut & puissant Seigneur MESSIRE PAUL DE MONTESQUIOU, COMTE D'ARTAIGNAN, MESTRE DE CAMP D'INFANTERIE, BRIGADIER DES ARMÉES DU ROY, & de Dame Anne-Elizabeth Filleul, son épouse ,... né ce jour, a été baptisé ; le parrein haut & puissant Seigneur Messire JOSEPH DE MONTESQUIOU, COMTE D'ARTAIGNAN, CHEVALIER-COMMANDEUR DES ORDRES DU ROY, &c. représenté par Messire de MONTESQUIOU, Brigadier des Armées du Roy ; la marreine Dame Marie de Montesquiou-d'Artaignan, veuve de M. d'Altermat, Maréchal des Camps & Armées du Roy, &c. Collationné à l'original par nous Prêtre soussigné, Vicaire de ladite Paroisse, & délivré le 26 Juillet 1783. (*Signé*) de Chantepie.

CXCVII.
23 Avril 1729.

Archives de la Maison de Montesquiou.

Expédition en forme en papier de 1754, d'une

Transaction passée entre haut & puissant Seigneur Messire Paul de Montesquiou, Comte d'Artagnan, Seigneur de Toftes, Brigadier des Armées du Roy, & légataire universel de très haut & puissant Seigneur Monseigneur Pierre de Montesquiou, Comte d'Artagnan, Maréchal de France, Général des Armées de Sa Majesté, Chevalier-Commandeur de Ses Ordres, &c. d'une part ; & très haute & très puissante Dame, Madame Catherine-Elizabeth l'Hermite-d'Hieville, veuve dudit feu Seigneur Maréchal, d'autre part ; sur leurs prétentions respectives.

Furent présens haut & puissant Seigneur Messire PAUL DE MONTESQUIOU, COMTE D'ARTAIGNAN, SEIGNEUR DE TOSSES, BRIGADIER DES ARMÉES DU ROY, héritier, quant aux biens situés en Normandie, & légataire universel dans les autres Coutumes, de deffunt TRÉS HAUT ET TRÉS PUISSANT SEIGNEUR MONSEIGNEUR PIERRE DE MONTESQUIOU, COMTE D'ARTAIGNAN, MARÉCHAL DE FRANCE, GÉNÉRAL DES ARMÉES DU ROY, GOUVERNEUR DES VILLE, CITÉ ET CITADELLE D'ARRAS, CHEVALIER COMMANDEUR DES ORDRES DE SA MAJESTÉ, ... d'une part ; & très-haute & très puissante Dame, Madame Catherine-Elizabeth l'Hermitte-d'Hyeville, Baronne de Graville, Dame de Fontaineriant, Escures, le Bouillon, Berville, Hyeville,

Hyeville, la Motte, de Tosses; Malzy, Montchamps, & autres lieux, veuvé
de mond. feu Seigneur le Maréchal de Montesquiou, d'autre part; ... lesquelles
Parties voulant terminer à l'amiable les contestations qui font pendantes entr'elles en
la première Chambre des Requêtes du Palais, résultantes de leurs prétentions respectives, ... font convenus ... que ledit Seigneur Comte d'Artaignan se désiste de sa
demande ..... concernant les améliorations & augmentations faites par ledit feu
Seigneur Maréchal de Montesquiou, aux Châteaux de Robillard & de Fontaineriant .... au moyen de quoi lad. Dame Maréchalle de Montesquiou quitte & dé-
charge mondit Seigneur Comte d'Artaignan des ouvrages restans à faire au Château de Robillard, (&c.) .... Fait & passé à Paris... l'an mil sept cent vingt neuf,
le vingt trois avril, & ont signé; ... ainsi signés Elizabeth Lermitte, M^{alle}. de
Montesquiou, avec Tournois & Sellier Notaires. ... L'an mil sept cent cinquante
quatre, le dix neufvieme jour de juin, ces présentes ont été expédiées, collationnées
& délivrées par les Conseillers du Roy, Notaires au Châtelet de Paris, soussignés
sur la Minute étant en la possession de M^e. Boulard, l'un d'eux, comme successeur
dudit M^e. Sellier, ci-devant Notaire. (Signés) Raince (&) Boulard.

Archives de la Maison de Montesquiou.

CXCVIII.
14 Sept. 1731;

Autre expédition en forme en parchemin de 1775, d'une

Autre Transaction passée entre hauts & puissans Seigneurs Paul de
Montesquiou, Comte d'Artagnan, Brigadier des Armées du Roy, Louis
Comte de Montesquiou-d'Artagnan, Chevalier, Seigneur de Maupertuis, &c., aussi Brigadier des Armées du Roy, & Sous-Lieutenant
de la première Compagnie des Mousquetaires de Sa garde, & le
procureur fondé de haut & puissant Seigneur Pierre de Montesquiou,
Chevalier d'Artagnan, Enseigne de la même Compagnie, & de
haute & puissante Dame Marie de Montesquiou-d'Artagnan, veuve
d'Urs d'Altermat, Maréchal des Camps & Armées du Roy, Inspecteur Général d'Infanterie, &c.; lesdits Seigneurs Comte d'Artagnan,
Comte de Montesquiou-d'Artagnan, Chevalier d'Artagnan, & Dame
d'Altermat, freres & sœurs, enfans & héritiers de feu Messire-
Henry de Montesquiou-d'Artagnan-de Moncaup, & de Dame Ruth de
Fortaner, son épouse, & ledit Seigneur Comte d'Artagnan, seul
représentant haute & puissante Dame Jeanne de Montesquiou, leur
sœur commune, au jour de son décès femme de Pierre Gaignat-de
Saint Andiol, Baron de Longny, &c.; par laquelle Transaction lesd.
Seigneurs Comte de Montesquiou, Chevalier d'Artagnan, & Dame
d'Altermat cédent audit Seigneur Comte d'Artagnan, tous leurs droits
dans les successions desdits Seigneur & Dame, leurs pere & mere,
moyennant la somme de neuf mil livres.

Pardevant les Conseillers du Roy, Notaires au Châtelet de Paris, soussignés,
furent présens HAUT ET PUISSANT SEIGNEUR PAUL DE MONTESQUIOU,
COMTE D'ARTAIGNAN, BRIGADIER DES ARMÉES DU ROY, ... HAUT

ET PUISSANT SEIGNEUR, LOUIS COMTE DE MONTESQUIOU-D'AR-
TAIGNAN, CHEVALIER, SEIGNEUR DE MAUPERTUIS, LA BARRE. &
autres lieux, BRIGADIER DES ARMÉES DU ROI, SOUS-LIEUTENANT
DE LA PREMIERE COMPAGNIE DES MOUSQUETAIRES DE LA GARDE
A CHEVAL DE SA MAJESTÉ, .. haut & puiffant Seigneur, Louis Gilles de
Cardaillac, Abbé Commandataire de l'Abbaye de Saint Savin ,... au nom &
comme fe faifant fort de HAUT ET PUISSANT SEIGNEUR, PIERRE DE
MONTESQUIOU, CHEVALIER D'ARTAIGNAN, ENSEIGNE DE LA PRE-
MIERE COMPAGNIE DES MOUSQUETAIRES DU ROY ... & HAUTE ET
PUISSANTE DAME MARIE-DE MONTESQUIOU-D'ARTAIGNAN, veuve de
haut & puiffant Seigneur Urs d'Altermat, Maréchal des Camps & Armées du Roy,
Infpecteur Général d'Infanterie, & Capitaine de la Compagnie générale des
Suiffes, ... lefdits Seigneurs Comte d'Artaignan, Comte de Montefquiou, Chevalier d'Artaignan, & Dame d'Altermat, freres & fœur, enfans & héritiers de
deffunt MESSIRE HENRY de MONTESQUIOU-d'Artaignan-de Moncaup, &
Dame Ruitth de Fortaner, fa femme, & encore ledit Seigneur Comte d'Artaignan,
créancier de leurs fucceffions, & feul repréfentant HAUTE ET PUISSANTE
DAME JEANNE DE MONTESQUIOU-D'ARTAIGNAN, fœur commune, au jour
de fon décès, époufe de haut & puiffant Seigneur Pierre Gaignat de-Saint Andriol-
de-la-Couronne, Baron de Longny, Vicomte de Remalat, Gentilhomme ordinaire
du Roi, laquelle Dame étoit auffi héritiere defdits Seigneur & Dame fes pere &
mere; lefquels Seigneur Comte de Montefquiou, Abbé de Cardaillac, pour ledit
Seigneur Chevalier d'Artaignan, & Dame d'Altermat, ont par ces préfentes cédé &
tranfporté, par forme de Partage & accommodement de famille, ... audit Seigneur
Comte d'Artaignan, .. tous les droits fucceffifs, mobiliers & immobiliers ... qui
peuvent leur ... appartenir ès fucceffions defd. deffunts Seigneur & Dame, leurs
pere & mere .... à la charge d'acquitter .... les frais funéraires defd. deffunts, (&c.)
& outre moyennant la fomme de neuf mille livres ... Fait & paffé à Paris ... l'an
mil fept cent trente un le quatorze feptembre ,... & ont figné ... avec Marchand &
de la Balle, Notaires.

L'an mil fept cent foixante & quinze, le 28 février, Collation & Expédition des
préfentes ont été faites par les Confeillers du Roy, Notaires au Châtelet de Paris,
fouffignés fur la Minute de ladite Tranfaction ... étant en la poffeffion de Me. Dupré
l'aîné, l'un defdits Notaires, comme fucceffeurs aux Office & pratique dudit Maître
de la Balle, Notaire. (Signés) Domot (&) Dupré.

Archives de la Maifon de Montefquiou.

Expédition en forme en papier de 1737, du

Teftament olographe de Louis de Montefquiou-d'Artaignan, Maréchal de Camp, & Sous-Lieutenant de la premiere Compagnie des
Moufquetaires de la Garde du Roy, par lequel il fait des legs à Paul de
Montefquiou, fon frere aîné, & à Madame d'Altermat, fa fœur, &
inftitue fon légataire univerfel Pierre de Montefquiou, Chevalier d'Artaignan, Enseigne de la même Compagnie, auffi fon frere ; & Dépôt
dudit Teftament.

Aujourd'hui eft comparu devant les Notaires à Paris fouffignés, HAUT ET PUIS-
SANT SEIGNEUR LOUIS DE MONTESQUIOU-D'ARTAIGNAN, COMTE DE MON-

TESQUIOU ; SEIGNEUR DE MAUPERTUIS , & autres lieux ; MARÉCHAL DES
CAMPS ET ARMÉES DU ROI, & Sous-Lieutenant de la premiere Compagnie
des Mousquetaires de la Garde ordinaire du Roy , . . lequel a déposé pour Minute
à Robineau, l'un defdits Notaires . . . . l'original de fon teftament fait olographe à
Paris , le fix avril mil fept cent trente-cinq . . . dont acte. Fait à Paris . . . le treize
janvier mil fept cent trente-fept , . . .

Suit la teneur dudit Teftament.

Je fouffigné , LOUIS DE MONTESQUIOU D'ARTAIGNAN , MARÉCHAL DE
CAMP , ET SOUS-LIEUTENANT DE LA PREMIERE COMPAGNIE DES MOUS-
QUETAIRES DU ROY , dans la vue de la mort, je fais le préfent mon Teftament olo-
graphe . . . Je donne & légue à PAUL DE MONTESQUIOU, COMTE D'ARTAIGNAN,
MON FRERE AINÉ, le contrat de trois mille livres qu'il me doit . . , Je donne & legue
à Madame D'ALTERMAT , MA SŒUR , cinq cens livres de rente viagere . . . Je déclare
que j'ai un fils naturel . . . baptifé à la Paroiffe de Saint-Sulpice , fous le nom de
Louis-Joachin , le 20 Mars 1727. je lui donne & legue trois cens livres de rente
viagere . . . Quant au furplus de tous mes biens . . . j'en fais don & legs à PIERRE
DE MONTESQUIOU , CHEVALIER D'ARTAIGNAN , MON FRERE , ENSEIGNE
DE LA PREMIERE COMPAGNIE DES MOUSQUETAIRES DU ROY , que je fais
& inftitue mon légataire univerfel . . . Fait à Paris , le fix Avril mil fept cent trente-
cinq . . . (Signé) Louis de Montefquiou d'Artagnan . . . . L'original des préfentes eft
annexé à la Minute de l'acte de Dépôt d'iceluy , dont Expédition eft des autres parts ;
le tout demeuré audit Me. Robinot, Notaire. (Signés) Tournois (&) Robinot.

Original en papier des Archives de la Maifon de Montefquiou.

C C.
30 Janv. 1737.

Déclaration faite par hauts & puiffants Seigneurs Paul de Montefquiou-d'Artagnan , Comte d'Artagnan , Brigadier d'Infanterie , &
Pierre de Montefquiou-d'Artagnan , Chevalier de l'Ordre de Saint-
Louis , Enfeigne de la premiere Compagnie des Moufquetaires de
la Garde du Roy , & par haute & puiffante Dame Marie de Montefquiou-d'Artagnan , veuve de M. d'Altermat , freres & fœur , portant qu'ils s'abftiennent de la fucceffion de haut & puiffant Seigneur
Louis de Montefquiou-d'Artagnan , Comte de Montefquiou , leur
frere , Seigneur de Maupertuis , Maréchal des Camps & Armées de
Sa Majefté , & Sous-Lieutenant de la même Compagnie des Moufquetaires de Sa Garde , pour s'en tenir aux legs faits en leur faveur
par fon Teftament.

Aujourd'hui font comparus devant les Confeillers du Roy, Notaires à Paris fouf-
fignés , HAUT ET PUISSANT SEIGNEUR PAUL DE MONTESQUIOU-D'AR-
TAIGNAN , COMTE D'ARTAIGNAN , BRIGADIER D'INFANTERIE , demeurant
ordinairement à Saint-Germain-en-Laye . . . . HAUT ET PUISSANT SEIGNEUR
PIERRE DE MONTESQUIOU-D'ARTAIGNAN , CHEVALIER DE L'ORDRE
ROYAL ET MILITAIRE DE SAINT-LOUIS , ENSEIGNE DE LA PREMIERE
COMPAGNIE DES MOUSQUETAIRES DU ROY . . . . & HAUTE ET PUISSANTE
DAME MARIE DE MONTESQUIOU - D'ARTAIGNAN , veuve de haut &

A a ij

puiffant Seigneur . . . . . d'Altermat ; Maréchal des Camps & Armées du Roy, . . .
lefquels ont par ces préfentes déclaré qu'ils s'abftiennent purement & fimplement
de la fucceffion de HAUT ET PUISSANT SEIGNEUR LOUIS DE MONTES-
QUIOU-D'ARTAGNAN, COMTE DE MONTESQUIOU, SEIGNEUR DE MAU-
PERTUIS, & autres lieux, LEUR FRERE, MARÉCHAL DES CAMPS ET AR-
MÉES DU ROY, ET SOUS-LIEUTENANT DE LA PREMIERE COMPAGNIE
DES MOUSQUETAIRES DE LA GARDE ORDINAIRE DU ROY, pour s'en tenir par
chacun defd. Seigneurs & Dame comparans, au legs fait en leur faveur par ledit feu
Seigneur Comte de Montefquiou, par fon Teftament olographe du 6 avril 1735. dépofé
à Robineau, l'un des Notaires fouffignés, le 13 du courant ; ... Fait & paffé à Paris ...
l'an mil fept cent trente fept, le trente janvier, & ont figné la Minute des préfentes reftée
à Me. Robineau l'un des Notaires . . . . fouffignés. (*Signés.*) Tournois (&) Robineau.

CCI.
21 Janv. 1739.

Original en parchemin des Archives de la Maifon de Montefquiou.

Contrat de Mariage de haut & puiffant Seigneur Meffire Pierre
de Montefquiou-d'Artagnan, Seigneur de Maupertuis, &c. Sous-
Lieutenant de la premiere Compagnie des Moufquetaires du Roy,
Chevalier de l'Ordre Royal & Militaire de St. Louis ; avec Demoifelle Marie-Louife-Gertrude Bombarde-de Beaulieu.

Pardevant les Confeillers du Roy Notaires au Châtelet de Paris fouffignez furent
préfens HAUT ET PUISSANT SEIGNEUR MESSIRE PIERRE DE MONTES-
QUIOU-D'ARTAIGNAN, SEIGNEUR DE MAUPÉRTUIS, FONTAINE,
ARCHER & autres lieux, SOUS-LIEUTENANT DE LA PREMIERE COM-
PAGNIE DES MOUSQUETAIRES DU ROY, CHEVALIER DE L'ORDRE
ROYAL ET MILITAIRE DE ST. LOUIS . . . . & Meffire-Pierre-Paul Bombarde
de Beaulieu, Seigneur de Sigognes, Montifon & autres lieux, Confeiller du Roi en
fon Grand Confeil, .. ftipulant pour Demoifelle Marie-Louife Gertrude-Bombarde
de Beaulieu, fa fille mineure, & de défunte Dame Marguerite-Françoife Doublet, fon
époufe d'autre part ; ... lefquels de l'agrément de Leurs Majeftés, le Roy & la Reine,
Monfeigneur le Dauphin, Mefdames de France Louife-Elifabeth & Henriette-Anne,
S. A. R. Madame la Ducheffe d'Orléans, S. A. S. Madame Louife-Adelaïde d'Orléans, *Abeffe* de Chelles, S. A. S. Madame Louife-Françoife de Bourbon, Ducheffe
Douairiere, S. A. S. Madame Caroline de Heffe-Rhinfels, Ducheffe de Bourbon,
S. A. S. Madame Louife-Elifabeth de Bourbon-Condé, Princeffe de Conty,
S. A. S. Mademoifelle Louife-Anne de Bourbon-Condé, S. A. S. Mademoifelle
de la Roche fur-Yon, Louife-Adelaïde de Bourbon-Conty, & S. E. Monfeigneur
le Cardinal de Fleury ; & encore, en la préfence des Seigneurs & Dames leurs parens & amis ; cy-après nommés, fçavoir, de la part dudit Seigneur de Montefquiou-
d'Artaignan, HAUT ET PUISSANT SEIGNEUR PAUL DE MONTESQUIOU-D'ARTAIGNAN,
BRIGADIER DES ARMÉES DU ROY, FRERE, haute & puiffante Dame Anne-Elizabeth

* L'article de a été
publié dans l'original.
* Il y a des points
dans l'original.

* Idem.

Filleul, fon époufe ; haute & puiffante Dame MARIE * MONTESQUIOU, veuve de haut
& puiffant Seigneur *   d'Altermat, Marechal
des Camps & Armées du Roy, Infpecteur Général de l'Infanterie, foeur . . . . . &
haute & puiffante Dame Elifabeth l'Hermite, Veuve de HAUT ET PUISSANT SEI-
GNEUR *   de MONTESQUIOU-D'ARTAIGNAN MARESCHAL
DE FRANCE, tante à caufe dudit feu Seigneur Marefchal de Montefquiou : & de la
part de ladite Demoifelle Bombarde de Beaulieu, Demoifelle Marguerite-Paule Bombarde de Beaulieu, fille, foeur, ... ont fait & accordé entre eux, les Traité &
conventions de mariage qui fuivent, [&c.]

Fait & paffé, ... à l'égard des parties contractantes ..... le 16 janvier ; de **Leurs**
Majeftés le Roy, la Reine, Monfeigneur le Dauphin, les Dames de France, des
Princeffes du Sang & de Monfeigneur le Cardinal de Fleury, à Verfailles, le 18 dud.
mois de Janvier, & des Seigneur & Dames parens & amis defdits Seigneurs & Demoifelle futurs époux ... A Paris le 11 dudit mois de janvier le tout de l'année 1739,
& ont figné la Minute des prefentes demeurée Bouron l'un defdits Notaires .....
fouffignés (*Signés*) Defmeures (*&*) Bouron.

Extrait Baptiftaire d'ANNE-PIERRE de MONTESQUIOU, fils de   CCII.
Meffire Pierre de Montefquiou, Sous-Lieutenant de la premiere Com-   17 Octobre 1739.
pagnie des Moufquetaires de la Garde du Roy, & de Dame Gertrude-
Marie-Louife Bombarde-de Beaulieu, fon époufe.

Extrait des Regiftres de Baptêmes de l'Églife Paroiffiale de Saint
Sulpice de Paris.

    Le dix fept du mois d'octobre de l'année mil fept cent trente-neuf a été baptifé
ANNE-PIERRE, né d'aujourd'hui, fils de MESSIRE PIERRE de MONTESQUIOU,
SOUS-LIEUTENANT DE LA PREMIERE COMPAGNIE DES MOUSQUETAIRES, & de
Gertrude-Marie-Louife Bombarde de Beaulieu, fon époufe, demeurant rue de l'Uni-
verfité .....le pere prefent. Collationné à l'original par moi fouffigné, Prêtre &
Vicaire de ladite Paroiffe. A Paris ce premier du mois d'Aouft de l'année mil fept cent
foixante & quatorze (*figné*) Symon Pr.

    Original en parchemin des Archives de la Maifon de Montefquiou.   CCIII.
                                                                                  11 Octobre 1742.

    Tranfaction entre haut & puiffant Seigneur Meffire Paul de Mon-
tefquiou, Comte d'Artagnan, Seigneur & Patron d'Artagnan, Toftes,
le Pleffis, &c., ancien Brigadier des Armées du Roy, Chevalier de
l'Ordre Royal & Militaire de Saint-Louis, & haute & puiffante
Dame Anne-Elifabeth Filleul, fon époufe, d'une part ; & Meffire
Pierre-Antoine Filleul, Chevalier, Seigneur de Ponts, Jors, Bernieres, Pierrefitte, Sainte Honorine-la-Guillaume, d'autre part ; fur
le Partage de la fucceffion du Sieur Filleul, leurs pere & beau-pere.

    Pardevant les Confeillers du Roy, Notaires au Châtelet de Paris, fouffignés, fu-
rent préfens HAUT ET PUISSANT SEIGNEUR MESSIRE PAUL DE MONTES-
QUIOU, COMTE D'ARTAGNAN, Seigneur & Patron d'Artagnan, Toftes, le
Pleffis & autres lieux, ANCIEN BRIGADIER DES ARMÉES DU ROY, CHE-
VALIER DE L'ORDRE MILITAIRE DE SAINT LOUIS, & haute & puif-
fante Dame Anne-Elifabeth Filleul, fon epoufe, ... d'une part ; & Meffire Pierre-
Antoine Filleul, Chevalier, Seigneur de Pons, Jors, Bernieres, Pierrefitte &
Sainte-Honorine la-Guillaume, ... d'autre part ; lefquels ont dit qu'après le décès
du Sieur Filleul, pere commun dud. Sieur Filleul, arrivé le vingt-neuf feptembre mil fept cent quarante fix, en fon Château de Pont en Normandie, il a été appofé fcellé à la Requefte dudit Sieur Filleul
de Pont, fur les meubles, effets, titres & papiers dudit Sieur Filleul, pere, & procédé enfuite, ... aux Inventaires de ladite fucceffion, en préfence dudit Sieur de

Pont & du . . . . . fondé de procuration . . . , des Seigneur & Dame d'Artaignan ; . . . que pour raifon des droits & prétentions refpeétives des Partyes,
tant fur la fucceffion du Sieur Filleul, leur pere, que fur la fucceffion de Dame
Jeanne de la Folie, veuve Maffon, leur ayeulle maternelle, & au fujet de l'éxécution du Contrat de mariage des Seigneur & Dame d'Artaignan, & de la dot à
eux promife, montant à la fomme de trois cens mille livres, il s'eft élevé entre les
comparans des difcurions fur lefquelles ils ont demandé au Roy d'être renvoyés
pardevant des Commiffaires qui ont été nommés par Sa Majefté, par Arreft du Confeil d'Etat, du vingt-quatre juillet mil fept cent quarante fept, à l'effet de juger
toutes les conteftations, . . . en dernier reffort; qu'en éxécution dud. Arreft lefd.
Comparans ont refpeétivement etably leurs droits & prétentions devant lad. Commiffion où font intervenus plufieurs Jugements, & notamment Arreft deffinitif,
le fix feptembre de la préfente année mil fept cent quarante neuf, qui fixe les maffes
mobiliaires & immobiliaires defd. fucceffions, tant à l'égard des biens foumis à la
Coutume de Normandie, qu'à l'égard des biens foumis à la Coutume de Paris . . . .
lefdites Parties comparantes, de l'avis de leurs confeils & amis, fe font affemblés pour
régler à l'amiable toutes les opérations à faire en éxécution dudit Jugement deffinitif,
auquel elles déclarent fe foumettre; à cet effet lefdites Parties comparantes ont refpectivement reconnu que la fucceffion de la Dame veuve Maffon, leur ayeulle maternelle, confifte . . . . (&c.); que la maffe des biens de la fucceffion du Sieur Filleul,
pere, foumife à la Coutume de Paris, confifte . . . (&c.); que la maffe générale des
biens de la fucceffion du Sieur Filleul pere, foumife à la Coutume de Normandie,
eft compofée . . (&c.) Fait & paffé à Paris, en la demeure defdits Seigneur & Dame
d'Artaignan . . . . l'an mil fept cens quarante neuf, le unze octobre; . . . . ledit
Seigneur d'Artaignan a déclaré ne pouvoir figner ny écrire, attendu l'affoibliffement
de fa vue, & les autres Partyes ont figné, ainfy qu'il eft dit en la Minute des préfentes, demeurée à Mr. de May, l'un des Notaires fouffignez.

(Signés) Ballot (&) May, (En marge eft écrit), Scellé ledit jour.

CCIV.
15 Juillet 1752.

Archives de la Maifon de Montefquiou.

Expédition en forme en papier de 1754, du

Teftament olographe de PIERRE de MONTESQUIOU, Lieutenant
Général des Armées du Roy, & Sous-Lieutenant de la premiere
Compagnie des Moufquetaires de la Garde de Sa Majefté, &
Dépôt dudit Teftament.

Aujourd'hui eft comparue devant les Confeillers du Roy Notaires au Châtelet de
Paris fouffignez très haute & tres puiffante Dame Gertrude-Marie-Louïfe Bombar-
des-de Beaulieu, veuve de TRES-HAUT ET TRES-PUISSANT SEIGNEUR PIERRE
COMTE DE MONTESQUIOU, LIEUTENANT GÉNÉRAL DES ARMEES DU ROY, GOUVER-
NEUR DE FORT-LOUIS DU RHIN, cy-devant, SOUS-LIEUTENANT DE LA PREMIERE COM-
PAGNIE DES MOUSQUETAIRES DE LA GARDE DU ROY, décédé cejourd'huy à unze
heures d'emie du matin . . , laquelle a repréfenté à Bouron, Notaire fouffigné & l'a
requis d'annexer à ces préfentes, pour être mife, au rang de fes Minutes, une demie
feuille de papier, . . . que ladite Dame a déclaré être le Teftament olographe dudit deffunt Seigneur Comte de Montefquiou . . . . Fait & paffé à Paris . . . . le dix huit juillet
mil fept cent cinquante quatre, . . . & a figné la Minutte des préfentes demeurée audit
Bouron, Notaire.

Suit la teneur dudit Teſtament.

Au nom du Pere, du Fils & du Saint Eſprit. Amen. Je ſouſſigné PIERRE DE MON-
TESQUIOU, LIEUTENANT GÉNÉRAL DES ARMÉES DU ROY, ET SOUS-LIEUTE-
NANT DE LA PREMIERE COMPAGNIE DES MOUSQUETAIRES, dans la vûe de la
mort, je fais le préſent mon Teſtament olographe ...ainſi qu'il ſuit. Je veux que mon
Convoy & Enterrement ſoit fait ſans tenture; ... mais avec toute la ſimplicité & modeſtie
Chretienne... Je donne & legue cent livres aux pauvres de la Paroiſſe de Maupertuis...
Quant au ſurplus de mes biens ... j'en fais don & legs à ANNE-PIERRE DE MONTES-
QUIOU, MON FILS UNIQUE, que je fais & inſtitue mon légataire univerſel... Je ſubſtitue
mà terre de Maupertuis & ſes dépendances à mon dit fils ; ... mais il pourra en diſpoſer
après lui en faveur de qui il jugera à propos , & autant que cette diſpoſition ne pourra
préjudicier aux droits de Gertrude-Marie-Louiſe de Beaulieu, ma femme..... Je recommande particulierement à mon fils de ne s'éloigner jamais du reſpect & de la ſou-
miſſion qu'il doit à ſa mere, qui ſera ſa tutrice juſqu'à ce qu'il ait atteint l'age preſcrit
par les loix ; cette mere tendre lui donnera de bons conſeils tant pour ſa fortune que
pour ſe conduire dans le monde. Fait à Compiegne le quinze juillet mil ſept cent
cinquante deux. Signé Monteſquiou. L'original des préſentes eſt demeuré annéxé à
la Minute de l'Acte de dépôt dont Expédition eſt des autre parts ; le tout demeuré audit Bouron Notaire. (Signés ,) Nau (&) Bouron.

Original en papier des Archives de la Maiſon de Monteſquiou.

CCV.
2 Juin 1753.

Nomination de M. Joſeph-Paul de Monteſquiou-d'Artagnan ,
Sous-Lieutenant dans le Régiment des Gardes Françoiſes, à l'Ordre
Royal & Militaire de Saint-Louis.

Mons. Joſeph-Paul de Monteſquiou-D'artaignan, la ſatisfaction que j'ay de vos
ſervices, m'ayant convié à vous aſſocier à l'Ordre Militaire de Saint-Louis, je vous
ecris cette Lettre pour vous dire que j'ay commis le Sieur de la Courneufve, Gouverneur de mon Hôtel Royal des Invalides, & Commandeur dudit Ordre, pour, en
mon nom, vous recevoir & admettre à la dignité de Chevalier de Saint-Louis, &
mon intention eſt que vous vous adreſſiés à luy pour prêter entre ſes mains le ferment
que vous etes tenu de faire en ladite qualité de Chevalier dudit Ordre, & recevoir de
luy l'accollade & la Croix que vous devés dorefnavant porter ſur l'eſtomac, attachée
d'un petit ruban couleur de feu: voulant qu'après cette reception faite, vous teniés
rang entre les Chevaliers dudit Ordre, & jouiſſiés des honneurs qui y ſont attachés ;
& la préſente n'eſtant pour autre fin, je prie Dieu qu'il vous ait Mons. Joſeph-Paul
de Monteſquiou-Dartaignan en ſa ſainte garde. Ecrit à Verſailles le deux juin mil
ſept cent cinquante-trois. (Signé) Louis, (& contreſigné) M. P. de Voyer-d'Argenſon.

(La Juſcription eſt :) A Mons. Joſeph-Paul de Monteſquiou-d'Artagnan, Sous-
Lieutenant dans le Régiment de mes Gardes Françoiſes.

Original en papier des Archives de la Maiſon de Monteſquiou.

CCVI.
8 Juin 1753.

Réception de M. Joſeph-Paul de Monteſquiou-d'Artagnan, Sous-
Lieutenant du Régiment des Gardes Françoiſes du Roy , dans l'Ordre Royal & Militaire de Saint-Louis.

Nous Jean-Marie Cormier-de la Courneufve , ancien Meſtre-de Camp de

Dragons , Commandeur de l'Ordre Militaire de Saint-Louis , Lieutenant pour le
Roi des Ville & Château de Foix , & Gouverneur de l'Hôtel Royal des Invalides , &c.
Certifions, qu'en éxécution des Ordres dont le Roy nous a honoré le deux juin mil
sept cent cinquante trois , nous avons conféré aujourd'hui huit dudit mois , la Croix
de Chevalier de l'Ordre Militaire de Saint Louis à Mr. Joseph-Paul de Montesquiou-
d'Artaignan , Sous-Lieutenant au Régiment des Gardes Françoises. En foi de quoy
nous lui avons délivré le préfent figné de notre main & cacheté de nos armes. Fait à
Paris dans ledit Hôtel Royal des Invalides , le huitieme jour de juin mil sept cent
cinquante-trois. (*Signé*) de la Cournenfve , (*& fcellé du cachet de fes armes en cire
rouge.*)

CCVII.
8 Octobre 1755.

Original en papier des Archives de la Maifon de Montesquiou.

Inventaire des biens de haute & puiffante Dame Anne-Elizabeth
Filleul, décédée veuve de haut & puiffant Seigneur Paul de Montesquiou , Chevalier , Comte d'Artaignan , Brigadier des Armées
du Roy.

L'an mil sept cent cinquante-cinq ... le huitieme jour du mois d'octobre , à la
requefte de HAUT ET PUISSANT SEIGNEUR JOSEPH-PAUL DE MONTESQUIOU ,
COMTE D'ARTAIGNAN , SOUS-LIEUTENANT DANS LE RÉGIMENT DES GARDES
FRANÇOISES , CHEVALIER DE L'ORDRE ROYAL ET MILITAIRE DE SAINT-
LOUIS , & Maître Jean-Jacques Richard , Avocat au Parlement ... au nom & comme
tuteur aux actions immobiliaires DE HAUT ET PUISSANT SEIGNEUR LOUIS DE
MONTESQUIOU , CHEVALIER D'ARTAIGNAN , ENSEIGNE DE GRENADIERS AU
MÊME RÉGIMENT DES GARDES FRANÇOISES , fils mineur émancipé d'age
de feu HAUT ET PUISSANT SEIGNEUR PAUL DE MONTESQUIOU , CHE-
VALIER , COMTE D'ARTAIGNAN , BRIGADIER DES ARMÉES DU ROY ,
& de feue haute & puiffante Dame Anne-Elizabeth Filleul , fon époufe ... & encor
ledit Sieur Richard , curateur dudit Seigneur Chevalier d'Artaignan , émancipé d'age
par Lettres obtenues en la Chancellerie du Palais à Paris , le unze décembre mil sept
cent cinquante un , .. en laquelle qualité de tuteur dudit Seigneur Chevalier d'Artaignan & de curateur à ladite émancipation , ledit Sieur Richard a été élu au lieu
& place de Maître Joseph Huby , Avocat au Parlement , par Sentence rendue en la
Prévoté de Saint Germain en Laye , le trois octobre mil sept cent cinquante-deux ,
lefquelles charge & qualité ledit Sieur Richard a accepté par ladite Sentence ; à
l'égard desdites Lettres d'émancipation elles ont été enthérinées en ladite Ville de
Saint Germain , le dix janvier mil sept cent cinquante deux , par Sentence qui a
nommé ledit Sieur Huby , curateur à ladite émancipation ; & en la préfence de
Maître Pierre Euftache Meunier , Avocat en Parlement , Confeiller du Roy,
Subftitut de Monfieur le Procureur de Sa Majefté au Châtelet de Paris , ..
appellé pour l'abfence dudit Seigneur Chevalier d'Artaignan , émancipé d'age ; ....
ledit Seigneur Joseph-Paul de Montesquiou , Comte d'Artaignan , & ledit Seigneur
Louis de Montesquiou , Chevalier d'Artaignan , freres , feuls habiles à fe dire & porter
heritiers chacun pour moitié de ladite feue Dame Comteffe d'Artaignan , leur mere;..
à la confervation des droits desdites parties efdits noms & qualités , il va être par les
Confeillers du Roy Notaires au Châtelet de Paris , fouffignez , fait Inventaire .....
de tous les meubles .... vaiffelle d'argent , deniers comptans , titres , papiers &
autres renfeignemens dépendans de la fucceffion de ladite feue Dame Comteffe
d'Artaignan , trouvés ... dans un appartement qu'elle occupoit ; ... d'un corps de
logis dépendant de la Communauté des Filles de la Croix , ... dans lequel appartement
ladite

193

laditte Dame Comtesse d'Artaignan est décédée le jeudy deux du present mois d'octobre (&c.) Du quatorze octobre mil sept cent cinquante cinq... Suivent les papiers, (&c.) Expédition du Procès verbal d'apposition & levée des scéllés mis après le décès dudit Seigneur Comte d'Artaignan, ... daté au commencement du vingt cinq novembre mil sept cent cinquante un. ... Ce fait ont signé ... le tout étant en la possession dudit Me Sauvaige, l'un desdits Notaires. (*Signés*) Judde (&) Sauvaige.

Original en papier des Archives de la Maison de Montesquiou.

CCVIII.
21 Mars 1756.

Ordre du Roi au Sr. Anne Pierre de Montesquiou, de se rendre à la suite de son Régiment Royal-Pologne Cavalerie, pour y servir en qualité de Lieutenant Réformé.

De par le Roy.

Sa Majesté ayant jugé à propos d'accorder au Sr. Anne-Pierre de Montesquiou, une Place de Lieutenant Réformé, & voulant lui donner moyen d'en faire les fonctions, Elle lui ordonne de se rendre incessament à la suite de Son Régiment Royal-Pologne de Cavalerie, pour y servir dorénavant en qualité de Lieutenant Réformé, sans cependant pouvoir prétendre aucuns appointemens. Fait à Versailles le vingt un mars 1756. (*Signé*) Louis , (*& plus bas*) M. P. de Voyer-d'Argenson.

Original en parchemin des Archives de la Maison de Montesquiou.

CCIX.
10 Sept. 1756.

Congé de la Compagnie des deux cent Chevaux-Légers de la Garde du Roy, accordé par M. le Duc de Chaulnes, Lieutenant de cette Compagnie, à Pierre de Montesquiou, Seigneur de Maupertuis.

Michel-Ferdinand d'Albert-d'Ally, Duc de Chaulnes, Pair de France, Vidame d'Amiens, Baron de Picquigny & de Briot, Seigneur Châtelain de Vignacourt, Flexicourt & autres lieux, Chevalier des trois Ordres du Roi, Lieutenant de la Compagnie des deux cens Chevaux-Légers de Sa Garde ordinaire, Gouverneur & Lieutenant Général pour Sa Majesté en la Province de Picardie, Artois & Pays reconquis, Gouverneur particulier des Ville & Citadelle d'Amiens & de Corbie, Lieutenant Général des Armées de Sa Majesté,

Certifions que Pierre de Montesquiou, Seigneur de Maupertuis, a été reçu dans la Compagnie des deux cens Chevaux-Légers de la Garde ordinaire du Roi, le 31 août mil sept cent cinquante quatre, & qu'il y a servi Sa Majesté avec beaucoup de zèle & d'exactitude jusqu'au 31 août dernier qu'il nous a demandé la permission de se retirer, ce que nous lui avons accordé. En foi de quoi nous avons fait expédier le présent Certificat, signé de notre main, scellé du sceau de nos armes, & contresigné par notre Secrétaire ordinaire. Donné à Chaulnes le dixième septembre mil sept cent cinquante six, (*signé*) le Duc de Chaulnes. (*Plus bas*) Par Monseigneur, Chemeau, (*& scellé du cachet de ses armes en cire rouge.*)

Bb

Original en parchemin des Archives de la Maison de Montesquiou.

Commission de Capitaine au Régiment du Roy Cavalerie, accordée par Sa Majesté au Sr. Anne-Pierre Marquis de Montesquiou, Lieutenant Réformé à la suite de Son Régiment Royal-Pologne, Cavalerie.

Louis, (&c.) à notre cher & bien amé le Sr. Anne-Pierre Marquis de Montesquiou, Lieutenant Réformé à la suite de notre Régiment Royal-Pologne de Cavalerie, salut. La Compagnie dont étoit pourvu le Sr. de Montesquiou dans notre Régiment de Cavalerie, étant à présent vacante par sa promotion à la Charge de Lieutenant-Colonel de notredit Régiment, & désirant la remplir d'une personne de qui s'en puisse bien acquitter, nous avons estimé que nous ne pouvions faire pour cette fin un meilleur choix que de vous, par les services que vous nous avez rendus dans toutes les occasions qui s'en sont présentées, où vous avez donné des preuves de votre valleur, courage, expérience en la guerre, vigilance & bonne conduite, & de votre fidélité & affection à notre service ; à ces causes . . . . . . nous vous avons commis . . . . . & estably . . . . . . Capitaine de ladite Compagnie . . . . . . Donné à Versailles le douzieme jour d'avril l'an de grace mil sept cent cinquante sept, & de notre Regne le quarante deuxieme, (signé) Louis, (& plus bas) R. de Voyer.

Original en parchemin des Archives de la Maison de Montesquiou.

Commission accordée par le Roy au Sr. Anne-Pierre Marquis de Montesquiou, Capitaine dans son Régiment de Cavalerie, pour tenir Rang de Colonel dans ses Troupes d'Infanterie.

Louis, (&c.) à notre cher & bien amé le Sr. Anne-Pierre Marquis de Montesquiou, Capitaine dans notre Régiment de Cavalerie, Salut. Mettant en considération les services que nous avez rendus dans toutes les occasions qui s'en sont présentées, & voulant vous en témoigner notre satisfaction, à ces causes. . . . nous vous avons commis . . . & établi . . . . pour prendre & tenir Rang de Colonel dans nos Troupes d'Infanterie, du jour & datte de ces présentes, à l'effet de servir dans le Régiment des Grenadiers de France, toutes les fois que nous jugerons à propos de vous employer en cette qualité, sous notre autorité & sous celle de nos Lieutenans Généraux. . . . Donné à Versailles le quatorzieme jour de mars l'an de grace mil sept cent cinquante huit, & de notre Regne le quarante troisieme. (Signé) Louis, (plus bas) Par le Roy, R. de Voyer, (& scellé en cire jaune.)

Original en parchemin des Archives de la Maison de Montesquiou.

Provisions de Gentilhomme de la Manche de Monseigneur le Duc de Bourgogne, accordées par le Roy au Sr. Anne-Pierre de Montesquiou, Colonel d'Infanterie au Régiment des Grenadiers de France.

Louis, (&c.) à tous ceux qui ces présentes lettres verront, salut. Voulant pourvoir à ce qu'il y ait toujours près de Notre très-cher & très-amé Petit-Fils le Duc de Bourgogne, des Personnes pour le suivre par tout, veiller sur ses pas & prévenir les accidents qui peuvent arriver aux enfans de son âge, nous avons fait choix à cet effet de notre cher & bien amé le Sr. Anne-Pierre Marquis de Montesquiou, Colonel d'Infanterie au Régiment des Grenadiers de France. Le zele héréditaire dans sa Maison pour notre Personne & pour notre service ; & celui qu'il fait déja paroître ; la sagesse de sa conduite & les autres bonnes qualités que nous connoissons en lui, nous assurent qu'il remplira dignement la Place dont nous l'honorons. A ces causes... nous avons ledit Sr. de Montesquiou commis... & établi... pour suivre notredit Petit-Fils le Duc de Bourgogne par tout, demeurer assidu auprès de sa personne en qualité de Gentilhomme de la Manche, ne le point perdre de vue, & prendre exactement garde qu'il ne lui arrive aucun inconvénient.... Donné à Versailles le vingt sixieme jour d'Avril l'an de grace mil sept cent cinquante huit, & de notre Regne le quarante troisieme. (Signé) Louis, (sur le reply) Par le Roy, Phelypeaux, (& scellé sur double queue de parchemin en cire jaune).

(A côté est écrit à droite) Aujourd'hui premier may mil sept cent cinquante huit le Sr. Marquis de Montesquiou, dénommé en ces présentes, a prêté le serment accoutumé entre les mains de nous Gouverneur & Premier Gentilhomme de la Chambre de Monseigneur le Duc de Bourgogne, à cause de la Charge de Gentilhomme de la Manche de Monseigneur le Duc de Bourgogne, dont Sa Majesté l'a pourvu. (Signé) le Comte de la Vauguyon.

Archives de la Maison de Montesquiou.

Expédition en forme en parchemin de 1774 du

Contrat de Mariage de haut & puissant Seigneur Anne-Pierre Marquis de Montesquiou, Baron de Montesquiou, Seigneur d'Ozon, de Maupertuis, &c. Colonel aux Grenadiers de France & Gentilhomme de la Manche de Monseigneur le Duc de Bourgogne ; avec Demoiselle Jeanne-Marie Hocquart de Montfermeil.

Pardevant les Notaires au Châtelet de Paris soussignés furent présens HAUT ET PUISSANT SEIGNEUR ANNE PIERRE MARQUIS DE MONTESQUIOU, BARON DE MONTESQUIOU, SEIGNEUR D'OZON, DE MAUPERTUIS ET AUTRES LIEUX, COLONEL AUX GRENADIERS DE FRANCE ET GENTILHOMME DE LA MANCHE DE MONSEIGNEUR LE DUC DE BOURGOGNE, Fils deffunt haut & puissant Seigneur PIERRE COMTE DE MONTESQUIOU, LIEUTENANT GÉNÉRAL DES ARMÉES DU ROY, GOUVERNEUR DU FORT-LOUIS DU RHIN, ET ANCIEN PREMIER SOUS-LIEUTENANT DE LA PREMIERE COMPAGNIE DES MOUSQUETAIRES DU ROI, & de haute & puissante Dame Gertrude-Marie-Louise Bombarde-de Beaulieu, son épouse, à présent sa veuve.... autorisé de ladite Dame Comtesse de Montesquiou, sa mere & curatrice, ... d'une part, & Messire Jean-Hiacinthe Hocquart, Chevalier Seigneur de Montfermeil, Coubron & autres lieux, stipulant pour Demoiselle Jeanne-Marie Hocquart, Demoiselle, sa fille & de deffunte Dame Marie-Anne-Françoise Gaillard-de la Bouexiere, son épouse, ...
d'autre part, & Messire Pierre-Paul Bombarde de Beaulieu, Conseiller honoraire au Grand Conseil, ... encore d'autre part ; lesquelles parties, par la permission & de l'agrément de très haut, très puissant, très excellent, & très Auguste Monarque Louis XV. par la grace de Dieu, Roi de France & de Navarre, de la Reine, de Monseigneur le Dauphin, de Madame la Dauphine, de Mesdames de France, des Prin-

tes & Princeffes du Sang, & autres Seigneurs parens & amis & Dames, qui ont figné enfin de la Minute du préfent Contrat de mariage, ont reconnu avoir fait entr'elles le Traité & les conventions de mariage qui fuivent : . . . . lefdits Seigneur & Demoifelle futurs époux font mariés avec les biens & droits qui leur appartiennent ; ceux dudit Seigneur futur époux confiftent en la Terre & Seigneurie de Maupertuis en Brie. (&c.) . . ledit fieur Bombarde de Beaulieu donne, ... par donation. . . . entrevifs, . . . audit Seigneur Marquis de Montefquiou, fon petit-fils, . . . la Baronnie, Terre & Seigneurie de Montefquiou . . . . fituée en Armagnac, ... la Terre & Seigneurie d'Ozon, fituée en Bigorre; . . . pour defdites Baronnie Terres & Seigneuries . . . . jouir . . . dès à préfent en toute propriété par ledit Seigneur futur époux ; . . . mais n'en avoir la jouiffance que du jour du décès dudit Sieur de Beaulieu, ... nonobftant l'ufufruit réfervé par ledit Sieur de Beaulieu de ladite Baronnie, . . ledit Seigneur futur-époux aura le *droit, place & préhéminence de Chanoine honoraire dans l'Eglife Cathédrale d'Auch* . . . *appartenant de toute ancienneté aux Seigneurs de Montefquiou, Barons dudit Montefquiou,* COMME ISSUS DES ANCIENS COMTES DE FEZENSAC, *auffi, Barons dudit lieu, en qualité de Fondateurs de ladite Eglife d'Auch, & defquels ledit Seigneur futur époux eft iffu & defcendu en ligne directe mafculine,* fuivant & conformement aux titres des anciens & fubféquens Seigneurs de Montefquiou, Barons de ladite Terre. Cette donation ainfi faite fous les conditions fuivantes : la première que lefdites Baronnie, Terres & Seigneuries, . . & dépendances de Montefquiou & d'Ozon demeureront fubftitués comme ledit Sieur de Beaulieu les fubftitue . . . par fubftitution graduelle & perpétuelle, fuivant les degrés prefcrits par les Ordonnances, auxquels font fujets les lieux de la fituation defdites Terres, en faveur des enfans mâles dudit Seigneur futur époux. . . . l'ordre de primogéniture obfervé dans tous les degrés ; & en cas de décès des aînés mâles dudit Seigneur futur époux, fans poftérité mafculine, il veut que ladite fubftitution ait lieu en faveur des enfans maffes des aînés des cadets, à quelques degrés qu'ils foient, & dans le même ordre de primogéniture . . . . & que ladite fubftitution ait lieu également en faveur des autres branches mafculines des cadets, toujours dans le même ordre de primogéniture ; . . . la feconde, ledit Sieur de Beaulieu veut . . . . qu'à deffaut de mafle dans la defcendance dudit Seigneur futur époux . . . les filles procréées dudit mariage recueilleront l'effet de ladite fubftitution, fous la condition . . . . d'époufer un homme *du nom & des armes de Montefquiou*, le choix réfervé à l'aînée defdites filles, & aux cadettes fucceffivement, au refus des aînées ; . . . & dans le cas où il ne fe trouveroit aucunes filles à marier, ou qu'elles le fuffent, ou hors d'état de l'être par âge trop avancé, avant l'ouverture de ladite fubftitution, celui qui fe trouvera alors grevé de ladite fubftitution pourra difpofer en faveur de qui bon lui femblera, des biens qui en font chargés, & les charger d'une fubftitution telle qu'il jugera à propos en faveur de fes parens *du nom de Montefquiou*. . . . &c. Fait & paffé, à l'égard du Roy, de la Reine, de Monfeigneur le Dauphin, de Madame la Dauphine, Princes & Princeffes de Maifon Royale, à Verfailles, dans le Château de Sa Majefté, le douze, & pour les Princes & Princeffes du Sang, tant au Chateau de Verfailles, qu'en leurs palais & hôtels à Paris, le * . . . & pour les Parties contractantes, & aucuns des Seigneurs, Dames . . . . leurs parens & amis, en la Maifon dudit Sieur Hocquart, le feize . . . . le tout du mois d'avril de l'année mil fept cent foixante, (&) ont figné . . . avec . . . Garcerand & Bricault, Notaires.

* Il y a des points dans l'Expédition.

L'an mil fept cent foixante quatorze, le cinq aout, Collation des préfentes, a été faite par les Confeillers du Roy, Notaires au Châtelet de Paris, fouffignés fur la Minute dudit Contrat de mariage, demeurée en la poffeffion de Me. Quatremere, l'un defdits Notaires, comme fucceffeur aux Office & pratique dudit feu Me. Bricault, Notaire.

(*Signés*) de Herain (&) Quatremere.

Original en papier des Archives de la Maison de Montesquiou.

CCXIV.
16 Janvier & 9
Février 1761.

Liquidation & Partage des biens de haut & puissant Seigneur Paul de Montesquiou, Comte d'Artagnan, Brigadier des Armées du Roy, & Chevalier de l'Ordre Royal & Militaire de Saint-Louis, & de haute & puissante Dame Anne-Elisabeth Filleul, son épouse, entre haut & puissant Seigneur Joseph-Paul de Montesquiou, Comte d'Artagnan, & Louis de Montesquiou, Chevalier d'Artagnan, leurs fils, le premier, Lieutenant, & le second, Sous-Lieutenant au Régiment des Gardes Françoises.

Pardevant les Conseillers du Roy Notaires au Châtelet de Paris, soussignés, furent présens HAUT ET PUISSANT SEIGNEUR JOSEPH-PAUL DE MONTESQUIOU, COMTE D'ARTAIGNAN, LIEUTENANT DANS LE RÉGIMENT DES GARDES FRANÇOISES, CHEVALIER DE L'ORDRE ROYAL ET MILITAIRE DE ST. LOUIS, ... ET HAUT ET PUISSANT SEIGNEUR LOUIS DE MONTESQUIOU, CHEVALIER D'AR-TAIGNAN, SOUS-LIEUTENANT DANS LE MÊME RÉGIMENT, seuls & uniques héritiers, chacun pour moitié sous bénéfice d'Inventaire, ... de feue haute & puissante Dame Anne Elisabeth Filleul, veuve de HAUT ET PUISSANT SEIGNEUR PAUL DE MONTESQUIOU, COMTE D'ARTAIGNAN, BRIGADIER DES ARMÉES DU ROY, CHEVALIER DE L'ORDRE ROYAL ET MILITAIRE DE ST. LOUIS, leur pere & mere, l'un & l'autre décédés, savoir, led. Seigneur Comte d'Artaignan, à St. Germain en Laye, le vingt-cinq novembre mil sept cent cinquante un; & lad. Dame Comtesse d'Artaignan, à Paris, le deux octobre mil sept cent cinquante cinq; lequel Seigneur Comte d'Artaignan étoit héritier, quant aux biens scitués en Normandie, & légataire universelle des autres biens de feu TRES HAUT ET TRES PUISSANT SEIGNEUR MONSEIGNEUR PIERRE BARON DE MONTES-QUIOU, COMTE D'ARTAIGNAN, MARÉCHAL DE FRANCE, GÉNÉRAL DES ARMÉES DU ROY, GOUVERNEUR DES VILLE CITÉ ET CITADELLE D'ARRAS, CHEVALIER DES ORDRES DE SA MAJESTÉ, décédé le douze aoust mil sept cent vingt cinq, oncle dud. feu Seigneur Comte d'Artaignan, institué par son Testament olographe du vingt septembre mil sept cent vingt trois... & déposé pour Minute à Me. Lefebvre, Notaire à Paris, le dix neuf dud. mois d'aoust... duquel legs universel délivrance a été faite par acte du vingt neuf janvier mil sept cent vingt six, passé devant led. Mc. Lefebvre, Notaire, d'une part; & Noel-Blaise Troussard, Bourgeois de Paris, au nom & comme Curateur créé par Sentence du Châtelet de Paris du premier avril mil sept cent soixante... à la suc-cession dud. Seigneur Comte d'Artaignan, pere, devenue vacante par les renoncia-tions qui y ont été faites tant par led. Seigneur Comte d'Artaignan, fils ainé, que par led. Seigneur Chevalier d'Artaignan; lesquels Seigneurs Comte & Chevalier d'Artaignan desirans fixer avec led. Troussard en lad. qualité, tant les droits, créan-ces & indemnités qu'ils ont à exercer, du chef de lad. Dc. leur mere contre & sur les biens délaissés par led. feu Seigneur Comte d'Artaignan, tous procédans du legs uni-versel dud. feu Seigneur Maréchal de Montesquiou, .. que ce qui leur revient per-sonnellement, soit à cause du tiers coutumier sur les biens de Normandie, ou pour raison de partie du fonds du douaire constitué par led. Seigneur Comte d'Artaignan à lad. Dame son épouse, à prendre sur les autres biens, suivant le Contrat de leur mariage... l'un & l'autre à eux acquis ;.... lesdits Seigneurs Comte & Chevalier d'Artaignan ont observé... que par le Contrat de mariage desdits Seigneur Comte

& Dame Comteſſe d'Artaignan, paſſé devant M^e. Dionis l'aîné & ſon Confrere, Notaires à Paris le vingt ſix ſeptembre mil ſept cent vingt ſix il a été ſtipulé communauté des biens entr'eux . . . . (&c.)

D'après ces obſervations il va eſtre procédé

1° Au Compte tant en Recette que Dépenſe du bénéfice dudit Inventaire.

2°. A la liquidation des droits de créances & indemnités que leſdits Seigneur Comte & Chevalier d'Artaignan ont à exercer du chef de ladite Dame, leur mére, comme ſes ſeuls héritiers ſous bénéfice d'Inventaire, ſur les biens de la ſucceſſion dudit feu Seigneur leur pere.

Et 3°. à l'Etat qui contiendra le Compte des ſommes qui devoient être imputées & déduites ſur leſdites créances & indemnités.

Compte du Benefice d'inventaire :

La dépenſe du préſent Compte eſt de la ſomme de cent quatorze mille ſept cent ſoixante trois livres. . . .

Et la Recette de cent quatorze mille cinq cent dix neuf livres quatre ſols trois deniers.

Liquidation des créances que leſdits Seigneurs Comte & Chevalier d'Artaignan ont à exercer du chef de lad. Dame leur mere . . . . ſur les biens procédans de la ſucceſſion dud. feu Seigneur Comte d'Artaignan, leur pere , ... montantes à la ſomme de deux cent cinquante cinq mille vingt ſept livres trois ſols deux deniers . . . . . Fait & paſſé ez Etudes l'an mil ſept cent ſoixante un , le ſeize janvier apres midy & ont ſigné la Minute des préſentes, demeurée audit M^e. Sauvaige, Notaire. (Signés) Marechal (&) Sauvaige.

Et le neuf fevrier audit an mil ſept cent ſoixante un ſont comparus pardevant les Notaires à Paris ſouſſignés , ledit Seigneur Joſeph-Paul de Monteſquiou , Comte d'Artaignan , & ledit Seigneur Louis de Monteſquiou , Chevalier d'Artaignan, leſquels deſirans procéder au Partage tant des biens immeubles à eux délaiſſés par led. acte ci-devant , en leurd. qualité de ſeuls héritiers ſous bénéfice d'Inventaire de lad. Dame Comteſſe d'Artaignan, leur mere, que de ceux procédans directement de la ſucceſſion de lad. Dame à eux appartenans dans la même qualité.

Il en a été dreſſé la maſſe qui ſuit, dont les biens y mentionnés ſont eſtimés la ſomme de deux cent quarente trois mille neuf cent ſoixante dix livres ſix ſols huit deniers. . . .

Pour fournir aud. Seigneur Comte d'Artaignan la ſomme de cent vingt neuf mille deux cent ſoixante cinq livres trois ſols deux deniers à lui revenante. . . . .

Il aura & lui appartiendra . . . la terre & ſeigneurie de Toſte. . . . .

Et pour fournir aud. Seigneur Chevalier d'Artaignan les cent vingt mille ſept cent cinq livres trois ſols deux deniers à lui revenant . . .

Il aura & lui appartiendra. . . 1°. . . deux mille livres de rente au principal au denier vingt de quarente deux mille livres due par la Compagnie de M^{rs}. les Secretaires du Roi .. (&c.)

Fait & paſſé à Paris ès Etudes . . . . . & ont ſigné la Minute des préſentes, étant enſuite de celle de l'acte des autres parts, expedié; le tout demeuré aud. M^e. Sauvaige. (Signés) Marechal (&) Sauvaige.

Original en papier des Archives de la Maifon de Montefquiou.

CCXV.
20 Mars 1761.

Ordre du Roy au St. Marquis de Montefquiou , Colonel dans le Régiment des Grenadiers de France ; pour s'employer dans les fonctions de la Charge d'Ayde-Maréchal Général des Logis furnuméraire en l'Armée commandée par M. le Maréchal Prince de Soubife.

De par le Roy.

Sa Majefté ayant choify le St. Marquis de Montefquiou , Colonel dans le Régiment des Grenadiers de France , pour remplir la Charge d'Ayde-Maréchal Général des Logis furnuméraire de l'Armée dont elle a donné le commandement au Maréchal Prince de Soubife, pendant la campagne prochaine , à commencer du premier may prochain , Elle a ordonné & ordonne ledit St. Marquis de Montefquiou pour s'employer dans les fonctions de ladite Charge , felon & ainfy qu'il lui fera ordonné par le Maréchal Prince de Soubife, auquel Sa Majefté mande & ordonne de faire reconnoître ledit St. Marquis de Montefquiou en ladite qualité d'Ayde-Maréchal Général des Logis furnuméraire de ladite Armée , de tous ceux & ainfy qu'il appartiendra. Fait à Verfailles le vingt mars 1761. (Signé) Louis , (& plus bas) le Duc de Choifeul.

Original en parchemin des Archives de la Maifon de Montefquiou.

CCXVI.
30 Nov. 1761.

Commiffion de la Charge de Colonel-Lieutenant du Régiment Royal des Vaiffaux , accordée par le Roy au St. Anne-Pierre Marquis de Montefquiou , Colonel dans le Régiment des Grenadiers de France.

Louis , (&c.) à notre cher & bien amé le St. Anne-Pierre Marquis de Montefquiou , Colonel dans le Régiment des Grenadiers de France , Salut. La Charge de Colonel-Lieutenant de notre Régiment Royal-Vaiffeaux , dont étoit pourvu le St. Comte de Civrac , étant à préfent vacante par fa promotion au grade de Maréchal de Camp de nos Armées , & défirant la remplir d'une perfonne qui s'en puiffe bien acquitter , nous avons eftimé que nous ne pouvions faire un meilleur choix que de vous , pour les fervices que vous nous avez rendus dans toutes les occafions qui s'en font préfentées , où vous avez donné des preuves de votre valeur, courage, expérience en la guerre , vigilance & bonne conduite , & de votre fidélité & affection à notre Service. A ces caufes .... nous vous avons commis . . . . . . & eftably ... Colonel-Lieutenant de notre dit Régiment , lequel vous commanderez... fous notre autorité & fous celle de nos Lieutenans Généraux.... Donné à Verfailles le trentieme jour de novembre l'an de grace mil fept cent foixante un , & de notre Regne le quarante feptieme. (Signé) Louis , (plus bas) Par le Roy, le Duc de Choifeul , (& fcellé fur fimple queue de parchemin en cire jaune.)

Original en papier des Archives de la Maison de Montesquiou.

CCXVII.
13 Fév. 1763.

Nomination de Mons. Anne-Pierre Marquis de Montesquiou, Colonel du Régiment Royal des Vaisseaux, à l'Ordre Royal & Militaire de St. Louis.

Mons. Anne-Pierre Marquis de Montesquiou, la satisfaction que j'ay de vos services, m'ayant convié à vous associer à l'Ordre Militaire de St. Louis, je vous écris cette lettre pour vous dire que j'ay commis le Sr. Comte de la Serre, Lieutenant Général en mes Armées, Gouverneur de mon Hôtel Royal des Invalides, & Grand'Croix dudit Ordre, pour, en mon nom, vous recevoir & admettre à la dignité de Chevalier de St. Louis, & mon intention est que vous vous adressiés à luy pour prêter en ses mains le serment que vous êtes tenu de faire en ladite qualité de Chevalier dudit Ordre, & recevoir de lui l'Accollade & la Croix que vous devés doresnavant porter... Fait à Versailles le treize février 1763. (*Signés*) Louis, (& *plus bas*) le Duc de Choiseul.
(*La suscription de cette lettre est*) : à Mons. le Marquis de Montesquiou, Colonel du Régiment Royal des Vaisseaux.

CCXVIII.
15 Fév. 1763.

Original en papier des Archives de la Maison de Montesquiou.

Réception de Monsieur Pierre-Anne Marquis de Montesquiou, Colonel du Régiment Royal des Vaisseaux, Infanterie, dans l'Ordre Royal & Militaire de St. Louis.

Nous François d'Azemard-de-Panat, Comte de la Serre, Seigneur de la Motte-la-Brosse, Lieutenant Général des Armées du Roi, Inspecteur Général d'Infanterie, Grand'Croix de l'Ordre Royal & Militaire de St. Louis, & Gouverneur de l'Hôtel Royal des Invalides, &c. Certifions qu'en éxécution des Ordres dont le Roi nous a honoré le treize février mil sept cent soixante trois, nous avons conféré aujourd'hui quinzieme de février de la même année, la Croix de Chevalier de l'Ordre Militaire de Saint Louis, à Monsieur Pierre-Anne Marquis de Montesquiou, Colonel du Régiment d'Infanterie de Royal Vaisseaux. En foi de quoi nous lui avons délivré le présent, signé de notre main & cacheté de nos armes. Fait à Paris, dans ledit Hôtel Royal des Invalides, le quinzieme jour du mois de février mil sept cent soixante & trois. (*Signé*) la Serre, (& *scellé du cachet de ses armes en cire rouge.*)

CCXIX.
21 Août 1764.

Original en parchemin des Archives de la Maison de Montesquiou.

Provisions de Gentilhomme de la Manche de Messeigneurs les Ducs de Berry & Comtes de Provence & d'Artois, accordées par le Roy, au Sr. Anne-Pierre Marquis de Montesquiou, Colonel du Régiment Royal des Vaisseaux.

Louis, (&c.) à tous ceux qui ces présentes lettres verront, Salut. Les mêmes motifs qui nous ont déterminé à faire choix de notre cher & bien amé le Sr. Anne-Pierre Marquis de Montesquiou, Colonel du Régiment Royal-Vaisseaux, pour remplir

la Charge de Gentilhomme de la Manche de nos très chers & très amés Petits *
Duc de Berry & Comte de Provence, nous déterminent à luy confier les mêmes
ctions près notre très-cher & très amé Petit-Fils le Comte d'Artois, perfuadés
il répondra toujours dignement à notre confiance. A ces caufes ... nous avons
it S. Marquis de Montefquiou commis .... & établi ... pour fuivre nofdits
its Fils les Duc de Berry, Comte de Provence & Comte d'Artois, par tout où ils
ont, demeurer affidus près de leurs Perfonnes en qualité de Gentilhomme de la
nche, .. & fans qu'il puiffe être tenu de prêter un nouveau ferment dont nous le
penfons, ... attendu celuy qu'il a déja prêté entre les mains de notre .... Coufin
Duc de la Vauguyon, pour raifon de pareille Charge dont il a été revêtu près feu
re Petit Fils le Duc de Bourgogne. ... Donné à Verfailles le vingt deuxieme
r d'aouft l'an de grace mil fept cent foixante quatre, & de notre Regne le qua-
te neuvieme, (fignés) Louis, (fur le reply) Par le Roy, Phelypeaux, (& fcellé
double queue de parchemin en cire jaune.)

*Le mot Fils
eft obmis dans l'o-
riginal.

Archives de la Maifon de Montefquiou.

Expédition en papier en forme de 1783. de l'

Extrait Baptiftaire de Henry de Montefquiou, fils d'Anne-Pierre
iron & titré, Marquis de Montefquiou, &c. & de Dame Jeanne-
arie Hocquart, fon époufe.

Du Regiftre dépofé au Greffe de la Chambre Civile du Châtelet
Paris, aux termes de la Déclaration du Roy du 9 Avril 1736. &
tres Déclarations antérieures, fervans de feconde Minute pour les
ctes de Baptêmes faits dans la Paroiffe de Saint Sulpice, à Paris,
ndant l'année mil fept cent foixante-huit; à la page deux dudit
egiftre recto, a été tiré l'Acte dont la teneur fuit.

L'an mil fept cent foixante huit, le trois janvier, a été baptifé Henry, fils de très-
ut & très-puiffant Seigneur Anne Pierre de Montefquiou, premier Baron
Armagnac et de Normandie, Baron de Montefquiou, Chanoine Ho-
orair de l'Eglise Cathédrale d'Auch, Seigneur de la Baronnie,
ulte-Juftice et Viderie de Pont-Saint-Pierre, Seigneur d'Auson,
auperuis et autres lieux, Gentilhomme de la Manche de Monseigneur
Dauphin, Colonel du Régiment Royal des Vaisseaux, Chevalier de
l'Ordre Royal et Militaire de Saint-Louis, & de très-haute & très puif-
nte Dame Jeanne-Marie Hocquart, fon époufe, demeurant Quay des Théatins ...
gné audit Regiftre ... de Gruel, Prêtre.
Collationné & délivré pour Copie, comme conforme audit Regiftre, fervant de
conde Minute, étant en la poffeffion de nous fouffigné Avocat en Parlement, Gref-
r des Chambres Civile & de Police dudit Châtelet de Paris, dépofitaire des dou-
es Minutes des Regiftres de Baptême, Mariages, Sépultures, Vêtures & Profef-
ns de la Ville, Prévôté & Vicomté de Paris, cejourd'hui ving huitieme jour
aouft mil fept cent quatre vingt trois. (Signé) Moreau.

CCXXI.
10. Avril 1768.

Original en parchemin des Archives de la Maison de Montef-quiou.

Brevet de Brigadier d'Infanterie dans les Armées du Roy, accordé par Sa Majesté au Sr. Anne-Pierre Marquis de Montefquiou, Colonel-Lieutenant du Régiment Royal des Vaisseaux.

Aujourd'hui vingtieme du mois d'avril 1768. le Roi, étant à Verfailles, mettant en confidération les bons & fidels fervices que le Sr. Anne-Pierre Marquis de Montefquiou, Colonel-Lieutenant du Régiment Royal des Vaiffeaux, lui a rendus en diverfes Charges & Emplois de guerre, qui lui ont été confiés, dans lefquels il a donné des preuves de fa valeur, courage, expérience en la guerre, diligence & bonne conduite, ainfi que de fa fidélité & affection à Son fervice, & voulant lui en marquer Sa fatisfaction, Sa Majesté l'a retenu ... & établi en la Charge de Brigadier d'Infanterie en Ses Armées, pour dorénavant en faire les fonctions, en jouir & ufer aux honneurs, autorités, prérogatives & prééminences qui y appartiennent, ... & aux appointemens qui lui feront ordonnés par les Etats de Sa Majesté, Laquelle, pour témoignage de Sa volonté, m'a commandé de lui expédier le préfent Brevet, qu'Elle a figné de fa main & fait contrefigner par moi fon Confeiller Secrétaire d'Etat & de fes Commandemens & Finances. (Signé) Louis, (& plus bas) le Duc de Choifeul.

CCXXII.
1er. Janv. 1771.

Original en parchemin des Archives de la Maison de Montefquiou.

Provifions de la charge de Premier Ecuyer de Monfeigneur le Comte de Provence accordée par le Roi au Sieur Anne-Pierre Marquis de Montefquiou, Brigadier des Armées du Roy, Colonel du Régiment Royal des Vaiffeaux.

LOUIS, (&c.) Notre tendreffe pour Notre très-cher & très-amé Petit-Fils le Comte de Provence nous a déterminé à penfer de bonne heure à un mariage qui pût remplir nos vœux & ceux de notre dit Petit-Fils; & voulant qu'il foit fervi avec la dignité convenable, Nous avons réfolu de former fa Maifon des perfonnes les plus dignes de cet honneur; .... & à cet effet Nous avons fait choix du Sieur ANNE-PIERRE MARQUIS DE MONTESQUIOU, Brigadier es nos Armées, Colonel du Regiment Royal Vaiffeau, pour remplir la Charge de Premier Ecüyer de Notre dit Petit-Fils. Nous ne pouvions en revêtir perfonne plus capable de la remplir dignement, Nous trouvons en lui le même zéle pour notre fervice & la même valeur qui ont diftingué fes Ancêtres dans toutes les occafions les plus intéreffantes où ils ont été employés, & il réunit toutes les autres qualités que nous pouvions attendre de fa naiffance; A CES CAUSES ... Nous avons audit Sieur Marquis de Montefquiou donné & octroyé ... donnons & octroyons l'Etat & Charge de Premier Ecuyer de notredit Petit-Fils .... Donné à Verfailles le premier jour de janvier l'an de grace mil fept cent foixante onze & de notre regne le cinquante fixieme, (Signé) Louis, (Sur le reply) Par le Roy, Phelypeaux. (Ces Provifions, fcellées fur double queue de parchemin du Grand Sceau de cire jeaune, & à côté eft écrit.

(à droite.)

Aujourd'huy cinq may mil fept cent foixante onze, le Roy étant à Verfailles, le Sieur Marquis de Montefquiou, Premier Ecuyer de Monfeigneur le Comte de Provence dénommé en ces préfentes a fait & preté entre les mains de Monfeigneur le ferment dont il étoit tenu pour raifon de ladite Charge ; moy Confeiller du Roy en tous Ses Confeils, Miniftre & Secretaire d'Etat de Ses Commandemens & Finances , Commandeur de Ses Ordres, préfent. (*Signé*) Phelypeaux.

(*Et à gauche.*)

Enregiftrées ès Regiftres du Contrôle Général de la Maifon de Monfeigneur le Comte de Provence , par Nous Confeiller du Roy en Ses Confeils , Contrôleur Général de la Maifon & Chambre aux deniers de Monfeigneur. Fait à Verfailles , Monfeigneur le Comte de Provence y étant , le vingt-neuf may mil fept cent foixante & onze. (*Signé*) Charlain.

Original en parchemin des Archives de la Maifon de Montefquiou.

Commiffion accordée par le Roy au Sieur Louis de Montefquiou-d'Artagnan, Lieutenant de Grenadiers dans Son Régiment des Gardes Françoifes, pour tenir Rang de Colonel dans fes Troupes d'Infanterie.

Louis, (&c.) à notre cher & bien amé le Sieur Louis * Montefquiou-d'Artaignan , Lieutenant de Grenadiers dans le Régiment de nos Gardes-Françoifes, Salut. Mettant en confidération les fervices que vous nous avez rendus dans toutes les occafions qui s'en font préfentées, & voulant vous en témoigner notre fatisfaction , à ces caufes ... nous vous avons commis .... & établi , commettons ... & établiffons .... pour prendre & tenir Rang de Colonel dans nos Troupes d'Infanterie , , Donné à Verfailles le neuvieme jour de-may l'an de grace mil fept cens foixante onze , & de notre Regne le cinquante fixieme. (*Signé*) Louis, (*plus bas*) Par le Roy, Monteynard. (& fcellé en cire jaune.)

* L'article *de* eft omis dans l'original.

Original en parchemin des Archives de la Maifon de Montefquiou.

Commiffion de Capitaine en fecond d'une Compagnie de Grenadiers dans le Régiment des Gardes-Françoifes, accordée par le Roy au Sieur Louis de Montefquiou-d'Artagnan , Lieutenant , avec rang de Colonel.

Louis, (&c.) à notre cher & bien amé le Sieur Louis * Montefquiou-d'Artagnan , Lieutenant avec rang de Colonel , falut. Étant néceffaire de pourvoir à la charge de Capitaine en fecond de la Compagnie des Grenadiers de Daldar dans le Régiment de nos Gardes Françoifes, vacante ... & defirant de la remplir d'une perfonne qui s'en puiffe bien acquitter, nous avons eftimé que nous ne pouvions faire .... un meilleur choix que de vous, pour les fervices que vous nous avez rendus dans toutes les occafions qui s'en font préfentées, òu vous avez donné des preuves de votre valeur, courage , expérience en la guerre , ... de votre fidélité & affection à notre fervice; à ces caufes .... nous vous avons commis ... & eftabli, commettons ... & eftabliffons ... Capitaine en fecond de ladite Compagnie .... Donné à Verfailles le trente unieme jour d'aouft, l'an de grace mil fept cent foixante dix fept , & de notre Regne le quatrieme. (*Signé*) Louis, (*plus bas*) Par le Roy, le Prince de Montbarey. (& fcellé en cire jaune.)

* L'article *de* eft encore omis dans l'original.

Original en papier des Archives de la Maiſon de Monteſquiou.

CCXV.
9. Nov. 1777.

Permiſſion accordée par le Roy à M. le Marquis de Monteſquiou, Premier Ecuyer de MONSIEUR, Frere de Sa Majeſté, & à toutes les Perſonnes de ſa Maiſon, de joindre au nom de Monteſquiou celui de Fezenſac, comme leur nom véritable & originaire, & à l'aîné de s'appeller Comte de Fezenſac.

Fontainebleau, 9. Novembre 1777.

J'ai, Monſieur, l'honneur de vous prévenir que j'ai mis, ſous les yeux du Roi, les titres relatifs à VOTRE DESCENDANCE DES COMTES DE FEZENZAC & que Sa Majeſté ayant reconnu que cette deſcendance étoit authentiquement juſtifiée, m'a chargé de vous marquer qu'Elle vous permet; ainſi qu'à toutes les perſonnes de votre Maiſon, de joindre à leur nom celui de Fezenzac, comme leur nom véritable & originaire, & qu'elle permet à l'aîné de s'appeller le Comte de Fezenzac. Je dois vous ajouter qu'afin que le Public puiſſe être inſtruit des intentions de Sa Majeſté, elle m'a chargé de faire inſérer dans la Gazette de France un article qui les faſſe connoître. C'eſt avec un véritable plaiſir que je vous l'annonce, en vous renouvellant les aſſurances du très parfait attachement avec lequel j'ai l'honneur d'être, Monſieur, votre très humble & très obeiſſant ſerviteur. (Signé) Amelot.

(Au bas eſt écrit:) M. le Marquis de Monteſquiou, Premier Ecuyer de Monſieur.

CCXXVI.
20. Déc. 1778.

Original en parchemin des Archives de la Maiſon de Monteſquiou.

Proviſions de la Charge de Chancelier Garde des Sceaux des Ordres de Notre Dame du Mont-Carmel & de St. Lazare de Jeruſalem accordée par MONSIEUR, Fils de France, Frere du Roy, Grand Maître deſdits Ordres, à Anne-Pierre Marquis de Monteſquiou-Fezenſac.

LOUIS-Staniſlas-Xavier, Fils de France, Frere du Roi, Grand Maitre Général, tant au ſpirituel qu'au temporel, des Ordres Royaux, Militaires & Hoſpitaliers de Notre-Dame du Mont-Carmel & de St. Lazare de Jéruſalem Bethleem & Nazareth, tant deçà que delà les mers. A tous ceux qui ſes préſentes Lettres verront, ſalut. La Charge & Dignité de Chancelier, Garde des Sceaux de noſdits Ordres devenant vacante par la démiſſion volontaire qu'en a fait entre nos mains notre cher & bien amé Frere Antoine-René de Voyer-d'Argenſon, Marquis de Paulmy, Miniſtre d'Etat, &c. qu'il nous a prié inſtamment de recevoir, Nous eſtimons qu'il eſt important pour le bien & & l'avantage de noſdits Ordres de choiſir, pour remplir cette Charge & Dignité, une perſonne qui, comme notre dit Frere de Paulmy, joigne à une Naiſſance Illuſtre une probité, un mérite, une capacité & une expérience reconnue; & toutes ces qualités ſe trouvant réunies en la perſonne de notre cher & bien amé Frere ANNE-PIERRE MARQUIS DE MONTESQUIOU-FEZENSAC, CHEVALIER DE NOSDITS ORDRES ET DE CELUI DE SAINT LOUIS, BRIGADIER D'INFANTERIE ÈS ARMÉES DU ROY, Notre Premier Ecuyer; étant d'ailleurs ſuffiſamment informé de ſes bonnes vie & mœurs, Religion Catholique, Apoſtolique & Romaine, de ſa fidélité au ſervice du Roy, du zéle avec lequel ſes Anceſtres ont ſervi l'Etat dans les différens Emplois importans qui leur ont été confiez & de fon attachement pour Nofdits Ordres & pour notre Perfonne, dont il nous a donné des preuves dès Notre plus tendre jeuneffe, en qualité d'un de nos Gentilshommes de la Manche & qu'il continue de nous donner dans la Charge de notre Premier Ecuyer. A ces caufes . . . nous avons donné conferé, donnons & conférons . . . . à notredit Frere Anne-Pietre Marquis de Montefquiou-Fezenzac la Charge & Dignité de Chancelier Garde des Sceaux des Ordres Royaux, Militaires & Hofpitaliers de Notre Dame de Mont-Carmel & de St. Lazare de Jérufalem. . . . Donné à Verfailles le vingtieme jour du mois de décembre l'an de grace mil fept cent foixante dix huit. (*Signé*) Louis-Stauiflas-Xavier. (*Sur le reply*,) Par Monfeigneur le Grand Maître, Dorat-de Chameulles, Vifa, de Voyer de Paulmy. (*Ces provifions fcellées fur lacs de foie rouge & verte du Grand Sceau defdits Ordres en cire rouge ;*) (*& à côté eft écrit :*)

Aujourd'hui vingt décembre mil fept cent foixante & dix huit, le Sieur Marquis de de Montefquiou-Fezenzac, dénommé es préfentes, a fait & prefté entre les mains de Monfeigneur le Grand Maître le ferment de fidélité pour raifon de la Charge & Dignité de Chancelier Garde des Sçeaux des Ordres Royaux, Militaires & Hofpitaliers de Notre-Dame du Mont-Carmel & de Saint Lazare de Jérufalem, moy Chevalier Commandeur & Secrétaire général defdits Ordres préfent.

(*Signé*) Dorat de Chameulles.

Original en parchemin des Archives de la Maifon de Montefquiou.

CCXXVII.
31. Janv. 2. 4.
5. 8. 9. 10. & 18.
Mars 1779.

Contrat de mariage de très haut & très puiffant Seigneur Monfeigneur Anne-François de Laftic, Chevalier, Marquis de Laftic, Capitaine d'Infanterie au Régiment de Beaujollois ; avec très-haute & très-puiffante Demoifelle, Mademoifelle Anne-Louife-Hiacinthe-Auguftine de Fezenfac-de Montefquiou.

Pardevant les Confeillers du Roi Notaires au Châtelet de Paris, fouffignés, furent préfents très haut & très puiffant Seigneur Monfeigneur François de Laftic, Chevalier, Comte de Laftic & d'Aleuze, Vicomte de Murat, Baron de Buiffon, Seigneur de Sieujac, Neuve-Eglife, Laftic, Ciftrieres, Runies-Corbieres, Tanavelie-Larga, la Tremaliere, Vabres, St. Georges, Varillettes, Laval en haute Auvergne, Baron de Perttes, la Fouilloufe, le Broc, Bergonne, Gignac & St. Yvoine, Seigneur de Parantignac en baffe Auvergne, de Behouft au Pays Chartrain & autres lieux, Maréchal des Camps & Armées du Roy, & très-haute & très-puiffante Dame Madame Anne Charron de Menars, Comteffe de Laftic, Dame de Madame Sophie, fon époufe, . . . ftipulans pour très haut & très puiffant Seigneur Monfeigneur Anne-François de Laftic, Chevalier, Marquis de Laftic, Capitaine d'Infanterie au Régiment de Beaujollois, leur fils . . . mineur . . . à ce préfent . . . d'une part ; & TRÈS-HAUT ET TRÈS-PUISSANT SEIGNEUR MONSEIGNEUR ANNE-PIERRE DE FEZENSAC, MARQUIS DE MONTESQUIOU, Seigneur de Maupertuis, Coulommiers, Touquin, Pezarches, Meilhan, Valentés & autres lieux, BARON DE MONTESQUIOU, ET EN CETTE QUALITÉ CHANOINE HONORAIRE DE L'EGLISE MÉTROPOLITAINE D'AUCH, PREMIER BARON D'ARMAGNAC, Brigadier des Armées du Roi, Premier Ecuyer de Monfieur, Frere du Roi, Chancelier Garde des Sceaux des Ordres Royaux, Militaires & Hofpitaliers de Notre-Dame de Mont-Carmel & de Saint-Lazarre de Jérufalem, & Capitaine des Chaffes de la Capitainerie Royale de Senars, & très-haute & très-puiffante Dame Madame Jeanne-Marie Hocquart, Marquife de Montefquiou, fon époufe . . .

ftipulans pour très-haute & très-puissante Demoiselle Mademoiselle Anne-Louise-Hiacinthe-Auguftine de Fezenfac-de Montefquiou, leur fille ... mineure ... à ce préfente ... de fon confentement, d'autre part, lefquelles parties par la permiſſion & de l'agrément de très haut, très puiſſant, très excellent & très auguſte Monarque Louis Seize, par la grace de Dieu, Roi de France & de Navarre ; de très haute, très puiſſante, très excellente & très augufte Princeffe Marie-Antoinette, Reine de France & de Navarre ; de très haut, très puiſſant & très excellent Prince Monſeigneur Louis-Staniflas Xavier Monſieur, Frere du Roi ; de très haute, très puiſſante & très excellente Princeffe, Madame Marie-Jofephine-Louife de Savoie, Madame, fon époufe ; de très haut, très puiſſant & très excellent Prince Monſeigneur Charles-Philippes Comte d'Artois, Frere de Sa Majefté ; de très haute, très puiſſante & très excellente Princeffe, Madame Marie-Thérefe de Savoie, Comteffe d'Artois ; de très haute, très puiſſante & très excellente Princeffe Madame Elizabeth-Philippe-Marie-Helene de France, Sœur du Roi ; de très haute, très puiſſante & très excel-lente Princeffe Madame Marie-Adelaïde de France, tante du Roi ; de très haute, très puiſſante & très excellente Princeffe Madame Victoire-Louife-Marie-Thérefe de France, tante du Roi ; de très haute, très puiſſante & très excellente Princeffe Madame Sophie-Philippine-Elizabeth-Juftine de France, tante du Roi ; de très-haut, très puiſſant & très excellent Prince Monſeigneur Louis-Philippe Duc d'Orléans ; de très haut, très puiſſant & très excellent Prince Monſeigneur Louis-Philippe-Jofeph d'Orléans, Duc de Chartres, fon fils ; de très haute, très puiſſante & très excellente Princeffe Madame Louife-Marie-Adelaïde de Bourbon-Penthievre, Ducheffe de Chartres ; de très haut, très puiſſant, très excellent Prince Monſeigneur Louis-Jofeph de Bourbon, Prince de Condé ; de très haut, très puiſſant, très excellent Prince Monſeigneur Louis-Henry-Jofeph de Bourbon, Duc de Bourbon, fon fils ; de très haute, très puiſſante & très excellente Princeffe Madame Louife-Marie-Therefe-Bathilde d'Orléans, Ducheffe de Bourbon ; de très haut, très puiſſant & très excellent Prince Monſeigneur Louis-François-Jofeph de Bourbon, Prince de Conty ; de très haute, très puiſſante & très excellente Princeffe Madame Fortunée-Marie d'Eft, Princeffe de Conty ; & en préfence de leurs parens & amis ... : favoir, du côté dudit Seigneur futur époux, de très haute & très puiſſante Dame Anne Cafteras-de la Riviere, veuve de très haut & très puiſſant Seigneur Jean-Baptifte Charon, Marquis de Menars, ayeule maternelle ; de très haut & très puiſſant Seigneur Monſeigneur Charles-Antoine Vicomte de Laftic, Brigadier des Armées du Roi & Gouverneur de Carcaffone ; de très haute & très puiſſante Dame Madame Françoife-Pauline-Jeanne-Renée le Prêtre, Vicomteffe de Laftic, oncle & tante paternels ; de très haute & très puiſſante Demoifelle Mademoiselle Charlotte-Helene de Laftic, fœur ; de Meffire Dominique de Laftic, Prêtre, Vicaire général du Diocefe de Vexin-Rouen, Archidiacre de Vexin-François, Official à Pontoife ; de très haute & très puiſſante Dame Antoinette de Laftic, veuve de très haut & très puiſſant Seigneur Antoine de Montagnac, Comte de Montagnac, tante paternelle ; .. de très haut & très puiſſant Seigneur Monſeigneur Victurnien-Jean-Baptifte-Marie de Rochechouart, Duc de Mortemart, Pair de France, Colonel du Régiment de Lorraine Infanterie, coufin ; de très haut & très puiſſant Seigneur Monſeigneur Victurnien-Bonaventure-Victor de Roehechouart, Marquis de Mortemart, Colonel en fecond du Regiment de Brie Infanterie, coufin ; de très haut & très puiſſant Seigneur Monſeigneur Victurnien-Henry-Elzear de Roche-chouart, Vicomte de Mortemart, Enfeigne de Vaiffeau, coufin ; ... de très haut & très puiſſant Seigneur Monſeigneur Antoine-Louis-François Comte de la Rocheaymon, Marechal des Camps & Armées du Roy, Chevalier de Ses Ordres, & Gouverneur de S. Venant, coufin ; de très haut & très puiſſant Seigneur Monſei-

gnieur Guillaume-Marie Vicomte de la Rocheaymon , Gentilhomme d'honneur de
Monseigneur le Comte d'Artois , Mestre en second du Regiment de Belsunse ,
Dragons , cousin ; de très haut & très puissant Seigneur Monseigneur Antoine-
Charles-Guillaume Marquis de la Rocheaymon , Mestre de Camp Commendant du
Regiment Royal Navarre , ancien Menin de Monseigneur le Dauphin , aujourd'hui
Roi , cousin ; . . du côté de la future , de Messire Pierre-Paul Bombarde de Beaulieu,
Conseiller honoraire au Grand Conseil , bisayeul maternel , de très haute & très
puissante Dame Madame Gertrude-Marie-Louise Bombarde-de-Beaulieu , veuve de
TRES HAUT ET TRES PUISSANT SEIGNEUR MONSEIGNEUR PIERRE DE FEZENSAC,
COMTE DE MONTESQUIOU, Lieutenant Général des Armées du Roi , Lieutenant
de la premiere Compagnie des Mousquetaires de la garde de Sa Majesté , &
Gouverneur du Fort-Louis du Rhin , ayeule paternelle , de TRES HAUTS ET TRES
PUISSANTS SEIGNEURS ELISABETH-PIERRE DE FEZENSAC , BARON DE MONTES-
QUIOU, & HENRY DE FEZENSSAC DE MONTESQUIOU , SES FRERES . . . . de
MONSIEUR LE COMTE D'ARTAGNAN , oncle à la mode de Bretagne (&c.) . . . . En
faveur dudit mariage led. Seigneur Comte de Lastic . . . institue led. Seigneur futur
époux , son fils , son héritier contractuel universel dans tous ses biens . . . . & . . . . .
constitue dès à present en dot audit Seigneur futur époux, 1°. les terres & Seigneuries de Sieujac , Neuve-Eglise & leurs dependances . . . dans la propriété desquelles
ledit Seigneur de Lastic a été grévé de substitution par deffunt très haut & très
puissant Seigneur Monseigneur François Marquis de Lastic , son pere , Lieutenant
Général des Armées du Roy & Commandeur de l'Ordre Royal & Militaire de
S. Louis ; & à laquelle substitution led. Seigneur futur époux a été appellé par led.
feu Seigneur Marquis de Lastic , son ayeul . . . aux termes du Contrat de mariage
dud. Seigneur Comte de Lastic , son pere , passé devant Vanin & de la Manche ,
Notaires à Paris , le vingt huit avril mil sept cent cinquante cinq ; 2°. & la terre &
Vicomté de Murat , . . toutes lesd. terres situées dans la Coutume d'Auvergne ; . . .
de sa part mad. Dame Comtesse de Lastic aussi en faveur dud. mariage , institue
pareillement led. Seigneur Marquis de Lastic , son fils , pour son heritier contractuel
universel dans tous ses biens . . . & constitue dès à present en dot audit Seigneur
futur époux , son fils , les terres & Seigneuries de Lastic , Cistrieres , Ruines-
Corbieres , Tanavelle-Latga . . . . . & dependances , situées dans ladite Coutume
d'Auvergne . . . . Fait & passé , l'égard du Roi , de la Reine & de la Famille Royale
au Château de Versailles , le trente un & dernier jour de janvier mil sept cent
soixante dix neuf ; à l'égard des parties contractantes & d'aucuns des Seigneurs &
Dames parens & amis en l'Hôtel desdits Seigneurs Marquis & Dame Marquise de
Montesquiou , le même jour trente un dudit mois de janvier . . . & à l'égard des
Princes & Princesses du Sang & des autres Seigneurs & Dames parens & amis en
leurs Palais , Hôtels & demeures , les deux , quatre , cinq , huit , neuf , dix &
dix huit mars audit an , & ont signé la minute des présentes , demeurée à M° Quatremere , l'un des Notaires soussignés.

        (*Signés*) Griveau (&) Quatremere.

Original des Archives de la Maison de Montesquiou.

CCXXVIII.
5. Déc. 1779.

Provisions accordées au Sieur Elizabeth - Pierre de Fezensac ,
Baron de Montesquiou , de la Charge de Premier Ecuyer de Monsieur ,
Frere du Roy , en survivance du Sieur Anne-Pierre de Fezensac ,
Marquis de Montesquiou , son pere.

Louis-Stanislas-Xavier , fils de France , Frere du Roy , Duc d'Anjou , d'Alençon , de Vendôme & de Brunoy, Comte du Maine , du Perche & de Senonches , à tous ceux qui ces préfentes verront ; falut. Le Sieur Anne-Pierre de Fezenfac , Marquis de Montefquiou, pourvû de la Charge de notre Premier Ecuyer, nous ayant fupplié de vouloir bien agréer fa démiſſion de ladite Charge , en datte du vingt un novembre dernier , & à condition de furvivance en faveur du Sieur Elizabeth-Pierre de Fezenfac, Baron de Montefquiou , fon fils , nous nous fommes d'autant plus volontiers déterminés à accorder cette grace audit Sieur Marquis de Montefquiou , que fans le priver de continuer à nous donner dans cette Charge les preuves du zêle qu'il a toujours fait paroître pour tout ce qui peut intéreffer notre fervice, elle nous procure l'occaſion de lui faire connoître l'eſtime & la bienveillance dont nous l'honorons , & que nous nous perfuadons que le Sieur Baron de Montefquiou , fon fils , remplira les fonctions de ladite Charge d'une maniere à mériter notre confiance : a ces caufes..... nous avons donné . . . audit Sieur Baron de Montefquiou , fils , l'Etat & Charge de notre Premier Ecuyer, vacant comme dit eſt; pour par lui l'avoir tenir & éxercer en l'abfence & furvivance du Sieur Marquis de Montefquiou , fon pere ; . . . . car tel eſt notre plaiſir ; en témoin de quoy nous avons fait mettre notre Sçel à cefdites préfentes. Donné à Verfailles le cinquieme jour du mois de décembre mil fept cent foixante dix neuf. (Signé) Louis-Staniſlas-Xavier , (fur le reply) par Monſieur, Taillepied-de la Garenne, (feellé en cire rouge fur double queue de parchemin ; & à coté) Aujourd'hui huitieme jour du mois de décembre mil fept cent foixante dix neuf, Monſieur, étant à Verfailles , le Sieur Elizabeth-Pierre de Fezenfac, Baron de Montefquiou , a prêté, entre fes mains , le ferment dont il étoit tenu pour raifon de la Charge de Premier Ecuyer dont il eſt pourvû . . . en furvivance du Sieur Anne-Pierre de Fezenfac, Marquis de Montefquiou , fon pere, moi Confeiller de Monſieur en tous Ses Confeils, & Secretaire de Ses Commandemens , Maiſon & Finances & de Son Cabinet , préfent. (Signé) Taillepied-de la Garenne.

CCXXIX.
4. Jany. 1780.

Original en papier des Archives de la Maifon de Montefquiou.

Extrait du

Contrat de mariage de très haut & très puiſſant Seigneur Monſeigneur Eliſabeth-Pierre de Fezenfac-de-Montefquiou , Baron de Montefquiou , Premier Ecuyer de MONSIEUR, FRERE DU ROI , en furvivance ; avec très haute & très Puiſſante Demoifelle Louiſe-Charlotte-Françoife le Tellier-de Montmirail-de Creuſy.

Par Contrat paſſé devant Mͤ Quatremere , l'un des Notaires fouffignés , qui en a la Minute & fon Confrere ; le quatre janvier mil fept cent quatre vingt , figné au Château de Verfailles le deux du même mois.

Entre TRÈS HAUT ET TRÈS PUISSANT SEIGNEUR MONSEIGNEUR ANNE-PIERRE DE FEZENSAC, MARQUIS DE MONTESQUIOU, Seigneur de la Châtellenie-Pairie de Coulommiers en Brie, Maupertuis, Touquin, Pezarches, Longmarchais, Malvoiſine, Meillan, Valencés & autres lieux , BARON DE MONTESQUIOU, PREMIER BARON DU COMTÉ D'ARMAGNAC, CHANOINE HONORAIRE DE L'ÉGLISE MÉTROPOLITAINE D'AUCH, BRIGADIER DES ARMÉES DU ROY , PREMIER ÉCUYER DE MONSIEUR, FRERE DU ROY , CAPITAINE DE LA CAPITAINERIE ROYALE DES CⸯASSES DE SENARS, CHANCELIER GARDE DES SCEAUX DES ORDRES ROYAUX , MILITAIRES ET HOSPITALIERS DE NOTRE DAME DU
MONT-

MONT-CARMEL ET DE SAINT LAZARE DE JÉRUSALEM, & très haute
& très puiſſante Dame Madame Jeanne-Marie Hocquart, Marquiſe de Monteſquiou,
ſon épouſe,... ayant ſtipulé pour TRÈS HAUT ET TRÈS PUISSANT SEIGNEUR
MONSEIGNEUR ELISABETH-PIERRE DE FEZENSAC-DE MONTESQUIOU, BARON DE
MONTESQUIOU, PREMIER ÉCUYER DE MONSIEUR, EN SURVIVANCE DUDIT
SEIGNEUR MARQUIS DE MONTESQUIOU, SON PERE, leur fils encore mineur, préſent
audit acte.... & de ſon conſentement, d'une part ; très haute & très puiſſante Dame
Madame Charlotte-Benigne le Ragois de Bretonvilliers , Marquiſe de Montmirail ,
Dame des Terres & Seigneuries de Saint Chriſtophe , la Jobtiere , Binanville , Arnou-
ville , Boinville , le Breuil , Boisrobert , la Broſſe , Chevanne & autres lieux , veuve de
très haut & très puiſſant Seigneur Monſeigneur Charles-François-Céſar le Tellier ,
Marquis de Montmirail , Seigneur de la Ferté-Gaucher & autres lieux , Capitaine-
Colonel des Cents Suiſſes de la Garde ordinaire du Corps du Roi , Brigadier de Ses
Armées & Meſtre de Camp du Régiment Royal-Rouſſillon Cavalerie , ayant ſtipulé
pour très haute & très puiſſante Demoiſelle Mademoiſelle Louiſe-Charlotte-Françoiſe le Tellier-de Montmirail-de Creuſy , ſa fille mineure , &-dudit feu Seigneur
Marquis de Montmirail , ſon mari , préſente audit contrat & de ſon conſentement ,...
d'autre part ; & très haut & très puiſſant Seigneur Monſeigneur François-Céſar le
Tellier , Duc de Doudeauville , Marquis de Courtanvaux , de Villequier & de Creuſy ,
Comte de Tonnere , Premier Baron du Boulonnois , Baron de Montmirail , d'Ancy-
le-Franc , Chaunes & Laigues, Seigneur de Tourpes , de Beaugy , Bonnevaux , Vancé ,
la Cour-du-Bois & autres lieux , Grand d'Eſpagne de la Première Claſſe , & Capitaine
Colonel des Cent Suiſſes de la Garde ordinaire du Corps du Roi , ayant ſtipulé tant en
ſon nom que comme ayeul paternel & tuteur honoraire, conjointement avec ladite
Dame Marquiſe de Montmirail , de lad. Demoiſelle de Montmirail-de Creuſy , ſa
petite fille , auſſi d'autre part ; ledit Contrat fait de l'agrément & par la permiſſion du
Roy , de la Reine , de Monſieur , de Madame , de Monſeigneur Comte d'Artois , de
Madame Comteſſe d'Artois , & de Meſdames Eliſabeth , Adelaïde , Victoire & Sophie
de France ; plus en préſence de très haut & très illuſtre Seigneur Monſeigneur
Ambroiſe-Policarpe de la Rochefoucauld , Duc de Doudeauville , & de très haute &
très illuſtre Dame Madame Benigne-Auguſtine-Françoiſe le Tellier-de Montmirail ,
ſon épouſe, Ducheſſe de Doudeauville, beau frere & ſœur de ladite Demoiſelle
future épouſe , de Monſeigneur le Marquis de Laſtic & Madame la Marquiſe de
Laſtic , beau frere & ſœur dudit Seigneur futur époux ; appert avoir été ſtipulé les
différentes clauſes & conditions civiles du mariage dudit Seigneur Eliſabeth-Pierre
de Fezenſac-de Monteſquiou, Baron de Monteſquiou, avec ladite Demoiſelle Louiſe-
Charlotte-Françoiſe le Tellier-de Montmirail de Creuſy. Extrait par les Conſeillers
du Roi Notaires au Châtelet de Paris, ſouſſignés, cejourd'hui vingt ſix aouſt mil ſept
cent quatre vingt-trois de la Minute dudit Contrat de mariage , demeurée audit
Me Quatremere , l'un desdits Notaires.

(Signés) Aleaume (&) Quatremere.

Original en parchemin des Archives de la Maiſon de Monteſquiou.

Brevet de Maréchal des Camps & Armées du Roi , accordé par
le Roi à ANNE-PIERRE MARQUIS DE MONTESQUIOU-FEZENSAC.

Aujourd'hui premier du mois de Mars 1780. le Roi étant à Verſailles , mettant en
conſidération les bons & fideles ſervices que le SIEUR ANNE-PIERRE MARQUIS
DE MONTESQUIOU-FEZENSAC, BRIGADIER D'INFANTERIE , lui a rendus

en diverses Charges & Emplois de guerre qui lui ont été confiés, dans lesquels il a donné des preuves de fa valeur, courage, expérience en la guerre, diligence & bonne conduite, ainfi que de fa fidélité & affection à Son fervice ; & voulant lui en marquer fa fatisfaction, Sa Majefté l'a retenu, ordonné & établi en la Charge de Maréchal de Camp en Ses Armées &c. (*Signés*) Louis , (*& plus bas*) le P^{ce}. de Montbarey.

CCXXXI.
26. Avril 1780.

Original en papier des Archives de la Maifon de Montefquiou.

Lettre du Roi à M. le Maréchal de Biron, Colonel du Régiment des Gardes Françoifes, pour faire reconnoître le Sieur Louis de Fezenfac de Montefquiou - d'Artaignan, Capitaine en fecond, en la Charge de Capitaine - Commandant de Grenadiers du même Régiment.

Mon coufin, ayant donné au Sieur Louis de Fezenfac de Montefquiou-d'Artaignan, Capitaine en fecond, la Compagnie vacante dans le Régiment de mes Gardes Françoifes, qui eft fous votre charge, par le changement du Sieur *Daugny* à une charge de Capitaine - Commandant de Grenadiers, je vous écris cette lettre pour vous dire que vous ayiés à le recevoir & faire reconnoître en qualité de Capitaine de ladite Compagnie, de tous ceux & ainfi qu'il appartiendra, avec le rang qu'il a tenu jufqu'à préfent dans ledit Régiment & dans mes Troupes d'Infanterie. & la préfente n'étant pour autre fin, je prie Dieu qu'il vous ait, mon Coufin, en fa fainte & digne garde. Ecrit à Verfailles le feize avril mil fept cent quatre vingt. (*Signé*) Louis. (*Et contrefigné*) le P^{ce}. de Montbarey.
(*La fufcription eft*) A mon Coufin le M^{al}. Duc de Biron, Colonel du Régiment de mes Gardes Françoifes.

CCXXXII.
23. Juillet 1781.

Original en parchemin des Archives de la Maifon de Montefquiou.

Brevet de Sous - Lieutenant au Régiment Dauphin de Dragons, accordé au Sieur Elizabeth-Pierre de Montefquiou, Garde du Corps de Monfieur, Frere du Roy.

Aujourd'huy treizieme du mois de juillet mil fept cent quatre vingt un, le Roy étant à Verfailles, prenant une entiere confiance en la valeur, courage, expérience en la guerre, vigilance & bonne conduite du SIEUR ELIZABETH-PIERRE DE MONTESQUIOU, ci devant Garde de Monfieur, & en fa fidélité & affection à Son fervice, Sa Majefté lui a donné . . . . la charge de Sous- lieutenant en pied fans appointement, de la premiere Compagnie du Régiment Dauphin de Dragons, de nouvelle création . . . m'ayant Sa Majefté pour témoignage de fa volonté, commandé de lui en expédier le préfent Brevet qu'elle a figné de fa main, & fait contrefigner par moi fon Confeiller-Secrétaire d'Etat & de fes Commandemens & Finances.
(*Signé*) Louis, (*& contrefigné*) Segur.

Extrait baptiſtaire de Charles-Eugene de Fezenſac-Monteſquiou , fils d'Eliſabeth-Pierre , Baron de Montefquiou , & de Dame Louiſe-Char-lotte-Françoiſe le Tellier de Montmirail , ſon épouſe.

CCXXXIII.
16. Août 1782.

Extrait des Regiſtres des Baptêmes de l'Egliſe Paroiſſiale de Saint Sulpice de Paris.

Le feize du mois d'août de l'année mil ſept cent quatre vingt deux , a été baptiſé CHARLES - EUGENE , né d'hier, fils de TRÈS HAUT , TRÈS PUISSANT SEIGNEUR MONSEIGNEUR ELIZABETH-PIERRE DE FEZENSAC, BARON DE MONTESQUIOU , PREMIER ECUYER DE MONSIEUR EN SURVI-VANCE , Sous-Lieutenant au Régiment Dauphin Dragons , & de très haute , très puiſſante Dame Madame Louiſe-Charlotte-Françoiſe le Tellier de Montmirail , ſon épouſe ; . . . . . le parein TRÈS HAUT , TRÈS PUISSANT SEIGNEUR MONSEIGNEUR ANNE-PIERRE DE FEZENSAC , MARQUIS DE MON-TESQUIOU , Maréchal des Camps & Armées du Roi, PREMIER ECUYER DE MONSIEUR , CHANCELIER GARDE DES SCEAUX DES ORDRES ROYAUX MILITAIRES ET HOSPITALIERS DE NOTRE DAME DU MONT-CARMEL ET DE S. LAZARE DE JERUSALEM , &c. grand pere paternel de l'enfant; la mareine très haute puiſſante Dame Madame Charlotte-Benigne de Bretonvilliers, veuve de très haut, très puiſſant Seigneur François-Ceſar le Tellier, Marquis de Montmirail , grand'mere de l'enfant , le pere préſent , & ont ſigné.
Collationné à l'original par moi ſouſſigné Prêtre & Vicaire de ladite Paroiſſe , à Paris ce dix du mois de ſeptembre de l'année mil ſept cent quatre vingt trois.
(Signé) Pichot, Vic.

Original en parchemin.

Arrêt du Parlement de Paris qui fait défenſes aux Sieurs la Boul-bene de prendre à l'avenir les Noms & Armes de Montefquiou , & de ſe dire directement ou indirectement iſſus par mâles de la Maiſon de Montefquiou , autoriſe la Radiation du nom de Montefquiou de tous Regiſtres & Actes, dans leſquels leſdits Sieurs la Boulbene pourroient l'avoir pris , ordonne que les Mémoires des mêmes Sieurs la Boul-bene feront & demeureront ſupprimés , &c.

CCXXXIV.
31. Juillet 1783;

Louis , par la grace de dieu , Roi de France & de Navarre : Au premier Huiſ-ſier de notre Cour de Parlement , ou autre notre Huiſſier ou Sergent ſur ce requis : Sçavoir faiſons , qu'entre MESSIRE ANNE-PIERRE DE MONTESQUIOU-FEZENZAC, MARQUIS DE MONTESQUIOU , Seigneur Châtelain de Coulommiers , d'Ozon , Touquin & autres lieux , Baron de Montefquiou , & en cette qualité Chanoine Honoraire de l'Egliſe Métropolitaine d'Auſch , Baron d'Armagnac , Maréchal de nos Camps & Armées , Commandeur de nos Ordres , Premier Ecuyer de notre

Dd ij

Frere, Monsieur, Chancelier Garde des Sceaux de nos Ordres Militaires & Hospitaliers de Saint Lazare de Jérusalem, & de Notre-Dame de Mont-Carmel, Capitaine des Chasses de notre Capitainerie de Senart; Messire Joseph-Paul de Montesquiou-Fezenzac, Comte d'Artaignan; Messire Louis de Montesquiou-Fezenzac, Chevalier d'Artaignan; Messire Philippe de Montesquiou-Fezenzac, Comte de Marsan et autres lieux; Messire Marc-Antoine de Montesquiou-Fezenzac, Baron d'Aubiet et autres lieux; Messire Philippe-André-François de Montesquiou-Fezenzac, Colonel en second du Régiment de Lyonnois; Messire François-Joseph de Montesquiou-Fezenzac, Sous-Lieutenant de nos Gardes-du-Corps; Messire François-Xavier-Marc-Antoine de Montesquiou-Fezenzac, Abbé de Beaulieu, et Vicaire-Général d'Aix; Messire Jean de Montesquiou-Fezenzac-Pouylebon, Vicaire Général du Diocèse de Limoges; et Messire Pierre de Montesquiou-Fezenzac-Xaintrailles, Curé d'Amades, tous Appellans de Sentence des Requêtes du Palais du vingt mars 1783, & Intimés, d'une part; & les Sieurs François la Boulbene, Capitaine d'Infanterie, Jean-Henri la Boulbene, Vicaire Général du Diocèse d'Aire, & Jean la Boulbene, notre Garde du Corps dans la Compagnie de Villeroy, Intimés & Appellans de la même Sentence dudit jour vingt mars dernier, en ce que par icelle leurs fins de non recevoir ont été jointes au fonds d'autre part; & entre ledit Sieur Marquis de Montesquiou & Consorts, Demandeurs en Requête du 26 juillet dernier, tendante à ce que les appellations & ce dont étoit appel fussent mis au néant; émendant, évoquant le principal, en recevant lesdits Philippe de Montesquiou, Comte de Marsan, Marc-Antoine de Montesquiou, Baron d'Aubiet, Philippe-André-François de Montesquiou, François-Joseph de Montesquiou, François-Xavier-Marc-Antoine de Montesquiou, de Montesquiou, Comte d'Artaignan, de Montesquiou, Chevalier d'Artaignan, Jean de Montesquiou-Puoylebon, & Pierre de Montesquiou-Xaintrailles, Parties intervenantes, & faisant droit, tant sur ladite intervention & demandes y portées, que sur la demande du Marquis de Montesquiou, portée aux Committimus & Exploits des 13, 15, 18 mars & 4 mai 1782, il leur fût donné acte de la déclaration par eux faite par acte du . . . . . . dernier, & qu'ils réitéroient qu'ils n'entendoient plus se servir des actes des 16 août 1667. & 20 décembre 1669. attendu l'inutilité desdits actes pour la décision de la Cause; en conséquence, sans s'arrêter aux Requêtes & demandes des Sieurs la Boulbene, dans lesquelles ils seroient déclarés non recevables, ou dont, en tous cas, ils seroient déboutés; il leur fût fait défenses de prendre le Nom & Armes de Montesquiou, de se dire directement ou indirectement issus par mâles de la Maison de Montesquiou; qu'il fût ordonné que le Nom de Montesquiou seroit rayé dans tous les Registres de baptêmes, mariages & sépultures, & dans tous Actes de quelque espece qu'ils fussent, dans lesquels on auroit pu donner auxdits Sieurs la Boulbene, & dans lesquels lesdits Sieurs la Boulbene auroient pu prendre le Nom de Montesquiou, & que mention seroit faite en marge desdits Actes de baptêmes, mariages & sépultures, sur les Registres qui les contenoient & sur les Minutes de tous lesdits Actes, de l'Arrêt qui interviendroit, par tous Huissiers porteurs d'icelui, aux frais & dépens desdits Sieurs la Boulbene, qu'il fût ordonné que les Mémoires imprimés pour les Sieurs la Boulbene seroient supprimés, & que l'Arrêt qui interviendroit seroit imprimé, publié & affiché aux frais des Sieurs la Boulbene, & que lesdits Sieurs la Boulbene fussent condamnés aux dépens des causes principales d'appel & demandes, dans lesquels entreroient les frais desdites mentions à faire, ainsi qu'il étoit demandé plus haut, de l'Arrêt qui interviendroit, d'une part; & les Sieurs la Boulbene, Défendeurs & Demandeurs en Requête du 29 dudit mois de juillet, tendante à ce qu'ils fuſſent reçus incidemment appellans de ladite Sentence du 20 mars dernier, par laquelle leurs fins de non recevoir avoient été jointes au fond, que l'appel fût tenu pour bien relevé, & faiſant droit ſur leſdits appels en ce qui touchoit celui interjetté par le Marquis de Monteſquiou & Conſorts de ladite Sentence, l'appellation fût miſe au néant, il fût ordonné que ce dont étoit appel ſortiroit ſon plein & entier effet, & que le Marquis de Monteſquiou & Conſorts fuſſent condamnés en l'amende ordinaire de douze livres; & en ce qui touchoit l'appel par eux interjetté de la même Sentence, l'appellation & ce dont étoit appel fuſſent mis au néant, émendant que le Marquis de Monteſquiou & Conſorts fuſſent déclarés non recevables dans leur Demande, à ce qu'il leur fût fait défenſes de prendre le Nom & les Armes de Monteſquiou, & à ce que ledit Nom fût rayé de tous les Actes & Regiſtres où ils pourroient l'avoir pris; en conſéquence, qu'ils fuſſent maintenus dans le droit & poſſeſſion deſdits Noms & Armes, comme auſſi faute par le Marquis de Monteſquiou & ſes Conſorts d'avoir prouvé qu'ils fuſſent iſſus par mâles de la Maiſon de Monteſquiou, de laquelle deſcendoit Bernard; qui épouſa l'héritiere de la Maiſon Xaintrailles, ils fuſſent déclarés non recevables dans leurs Demandes à ce qu'il leur fût fait défenſes de ſe dire directement ni indirectement iſſus par mâles de la Maiſon de Monteſquiou, qu'il leur fût donné acte de la Déclaration faite par le Marquis de Monteſquiou & ſes Conſorts, qu'ils adoptoient la Généalogie des prétendues Branches de la Maiſon de Monteſquiou, qui étoit imprimée au tome 7 de l'Hiſtoire Généalogique des Grands Officiers de la Couronne, édition de 1733, page 262 & ſuivantes: & à cauſe de l'indue vexation, que le Marquis de Monteſquiou & ſes Conſorts fuſſent condamnés conjointement & ſolidairement en cent mille livres de dommages & intérêts envers chacun d'eux, & aux dépens des cauſes d'appel & Demandes, d'autre part; & le ſieur Marquis de Monteſquiou & Conſorts, Défendeurs encore d'autre part.

Après que Treilhard, Avocat du Marquis de Monteſquiou, du Comte d'Artaignan, de l'Abbé de Poylobon, Monteſquiou-Marſan, de l'Abbé de Monteſquiou-Saintrailles & autres; Delamalle, Avocat de l'Abbé de Monteſquiou la Boulbene, Henry, Avocat de Monteſquiou la Boulbene, & Polverel, Avocat du Chevalier de Monteſquiou la Boulbene, ont été ouïs pendant onze Audiences : enſemble Séguier pour notre Procureur Général, & qu'il en a été délibéré.

NOTREDITE COUR faiſant droit ſur les appels reſpectifs des Parties, a mis & met les appellations & ce dont eſt appel au néant; émendant, évoquant le principal & y faiſant droit, reçoit les intervenans Parties intervenantes; faiſant droit ſur ladite Intervention, ſur les Demandes des Parties de Treilhard, enſemble ſur les Concluſions de notre Procureur-Général, donne acte aux Parties de Treilhard de leur Déclaration qu'elles n'entendent point ſe ſervir des deux pieces arguées de faux; ſans avoir égard aux fins de non recevoir propoſées par les Parties de Delamalle, Polverel & Henry, fait défenſes auxdites Parties de prendre à l'avenir le Nom & Armes des Parties de Treilhard, & de ſe dire directement ou indirectement iſſus par mâles des Auteurs deſdites Parties de Treilhard; en conſéquence, autoriſe leſdites Parties de Treilhard à faire rayer le Nom de Monteſquiou de tous Regiſtres de baptêmes, mariages & ſépultures, & de tous Actes dans leſquels leſdites Parties de Delamalle, Polverel & Henry auroient pu prendre ledit Nom de Monteſquiou, & à faire faire mention en marge deſdits Regiſtres & Minutes d'Actes du préſent Arrêt; à cet effet, tous dépoſitaires deſdits Regiſtres & Actes, contraints de les repréſenter, quoi faiſant déchargés: donne acte à notre Procureur-Général des réſerves & proteſtations qu'il fait contre les Noms & qualités de Fezenſac & Baron d'Armagnac prifes par aucunes des Parties de Treilhard, dans les différentes Requêtes fignifiées en la Caufe, toutes défenfes au contraire réfervées auxdites Parties de Treilhard : ordonne que les Mémoires des Parties de Delamalle, Polverel & Henry, feront & demeureront fupprimés ; & néantmoins permet auxdites Parties de Treilhard de faire imprimer & afficher le préfent Arrêt à leurs frais & dépens ; condamne les Parties de Delamalle, Henry & Polverel aux dépens des Caufes principales d'appel & demandes ; fur le furplus des demandes, fins & conclufions des Parties, les met hors de Cour : Si MANDONS mettre le préfent Arrêt à éxécution. FAIT en Parlement le trente un Juillet, l'an de grace mil fept cent quatre vingt-trois, & de notre regne le dixieme. Collationné BRION. Par la Chambre, (Signé) DUFRANC.

A cet Arrêt font attachées fous le contre-fcel de la Chancellerie les Lettres de Paréatis expédiées fur icelui le 13 août fuivant, fignées, Par le Roy, en fon Confeil, (Lhéritier.)

Sous l'article, Montesquiou-Fézensac, (Anne Pierre marquis de) dans la Biographie universelle, tome 29, page 523, on lit la note suivante :

« Soutenant un procès avec des Sieurs de la Boulbène qui prétendoient porter le nom et les armes de Montesquiou, il avoit établi dans un Mémoire, qu'il descendoit de Clovis, en ligne directe : Il gagna son procès par arrêt du 31 juillet 1783. » Maintenant, lui » dit alors le Comte de Maurepas, nous espérons qu'au moins » vous voudrez bien ne pas retraire le royaume de France. »

Quelque soit le motif de cette note, on doit en relever les erreurs :

1.° Le Comte de Maurepas étoit mort dès le 21 novembre 1781 ; c'est à dire, plus de vingt mois avant l'arrêt du 31 juillet 1783 : d'ailleurs, il n'auroit pas hasardé la plaisanterie qu'on veut lui prêter ; car, comme on le voit, il ne s'est point agi de la descendance de Clovis, et l'arrêt est absolument contraire à cette idée.

2.° M.M. de Montesquiou n'ont pas prétendu qu'ils descendoient de ce Roi, mais seulement d'Aymery, Comte de Fézensac, et dont l'ascendance très incertaine, même dans le 10.e siècle, n'a été qu'alléguée par eux. (vid. sup.)

3.° Le Parlement loin de reconnoître que M.M. de Montesquiou avoient établi qu'ils descendoient d'Aymery, a donné acte au Procureur général de ses réserves et protestations contre le nom et qualités de Fézensac et Baron d'Armagnac, prise par quelques uns d'eux. On considéra donc comme surprise, la Lettre écrite par le Ministre Amelot, le 9 novembre 1777, (page 204), et qu'ils présenterent comme une reconnoissance de leur prétention.

Depuis l'impression de la Généalogie et quel on connut la cause de la Lettre ministérielle, l'incrédulité étant devenue générale à leur égard, MM. de Montesquiou ont réuni tous leurs moyens pour parvenir à justifier leur descendance d'Aymery, par des titres suffisans et dans les formes utiles au Conseil d'État et au Parlement. La révolution est arrivée avant qu'ils eussent pu y réussir; et MM. de Montesquiou (de ce <del>fait</del> fut l'un des premiers à ~~trouver~~ oublier la chimère que sa famille se propose, sans doute, de reproduire:

Voir les Mémoires de Bachaumont, tome 23, pages 93 et 126.

SUITE

DE L'EXTRAIT DES TITRES
SERVANT DE PREUVES
A LA GÉNÉALOGIE
DE LA MAISON
DE MONTESQUIOU-FEZENSAC.
SUPPLÉMENT.

Original du Cartulaire en vélin in 8°. de l'Eglife Métropolitaine   CCXXXV.
de Notre Dame d'Auch, d'une écriture du XIII°. fiecle, intitulé : Environ 1036.
Cartulaire noir de l'Eglife Sainte Marie d'Auch, coté *Y*, *N°. 11*, fol.
32 R°. & V°. d'une cotte moderne.

Reftitution à l'Eglife Métropolitaine d'Auch par Guillaume Comte
(d'Auch ou de Fezenfac,) & par Conftance, fa femme, entre les
mains de l'Archevêque Raymond, oncle dudit Comte, d'un alleu
fitué au territoire d'Auch, & donation par le même de ce qu'il
poffede dans la terre de Sainte Chriftine.

(*Chap. ou N°.*) XI.

Gilelmus Comes.

Ego in Dei nommine GILELMUS COMES ET UXOR MEA CONSTANCIA reddimus
Alodium cum Rufticis quod eft in Pago Aufcienci, Deo & Sanéte Marie fupradiéte
Civitatis que eft Metropolitana, pro peccatis & negligenciis meis, que ego feci pro
uxore mea quam dimifi & accepi aliam fupradiéam. Ego reddo & firmo in palam
altari Sanéte Marie atque Raimundo Archiepifcopo, Avunculo meo, pro penitentia
quam ego indignus accipio, & dono in alia Villa que eft Sanéta Xpina, omnem
cenfum meum & proprietatem terrarum & vinearum, pro remedio anime mea, five
pro patre meo & aliis parentibus meis. Si quis vero ex heredibus noftris hanc redditionem atque donationem infringere voluerit, damnatum fe fciat cum Jada traditore &
Acar filio Carini Anathemate perpetualiter damnato.

CCXXXVI.

Environ 1040.

Original du Cartulaire en vélin in fol. de l'Eglise Métropolitaine de Notre Dame d'Auch, d'une écriture du XIII°. fiecle, intitulé : *Cartulaire blanc de l'Eglife Sainte Marie d'Auch, cotté Y, N°. III.* fol. LXVIII. V°. de la cotte ancienne, & 62 V°. de la cotte moderne.

Dotation des Chanoines Réguliers du Chapitre d'Auch par l'Archevêque Raymond, & par Guillaume (Aftanove) Comte (de Fezenfac.)

(*Chap. ou N°.*) C.

De Inftitutione Canonicorum.

Pridie Kalendas Marcii apud Civitatem Auxiorum, W. COMES & Raimundus Archiepifcopus, inftitueunt Canonicam in fede Archiepifcopali per manus Rainaadi Presbiteri & Gramatici, per Aquitaniam & Gociam ad predicandum a Deo acciti, hec pro victu fuo & Canonicorum donantes Archiepifcopus dedit V. Archidiachonatus Juliages, Savanes, Angles, Armarag, Maioag & mediatem oblationis penitentium; mediam partem mercati ad eum pertinentem & terram que ad fedis Ecclefiam pertinet. Comes vero dedit Ecclefias de Spans, ficut in prelibata fcripta continet, de Seran ; mediam partem Ecclefie de Oodezan in Villa de Saucta Xpina, XV. denaratas de vineas, unum Rufticum, & totam vineam & terram de Gafant, vineam & terras de Panicas.

CCXXXVII.

Vers 1046.

Original du Cartulaire en vélin in fol. de l'Eglise Métropolitaine de Notre Dame d'Auch, d'une écriture du XIII°. fiecle, intitulé : *Cartulaire blanc de l'Eglife Sainte Marie d'Auch, cotté Y. N°. III.* fol. XIII. R°. & V°. de la cotte ancienne, & fol. 15 R°. & V°. de la cotte moderne.

Etabliffement des fépultures dans l'Eglife Métropoiltaine d'Auch, par l'Archevêque Raymond, du confentement de Guillaume Comte (d'Auch ou de Fezenfac) & autres.

(*Chap. ou N°.*) XXIIII.

De Cimiterio.

Cunctis Ecclefie Fidelibus pateat Raimundum Metropolis Aufcie Sedis Prefulem, eum confenfu five favore COMITIS GUILELMI feu Clericorum, nec non tocius populi, conveniffe Matrem Ecclefiarum, que, favente fupradicto Comite vel Prefule, jam adornata Canonicorum regula extiterat, confecrari, quo Canonici vel Principes terre five tocius Urbis vel Regionis Plebs, qui vellent corpora fua poft mortem in eadem facra fede tumulari, effet licitum ac abfolutum ; ita tamen ut non folum a prefente Epifcopo, fed a cunctis etiam fuccefforibus, talis & tam magna abfolutio conceffa & ordinata fit, quo omnes qui hunc locum Deo dicatum fui Corporis tumulatione honoraverunt, cunctis careant peccatis & infuper benedictione omnium Epifcoporum locupletentur cum Patriarchis & Prophetis & Apoftolis, Martiribus,

& Confefforibus ac Virginibus, collocati in fuperna Polorum fede. Conftituta funt hec II. Nonas novembris, Regnante Henryco nobiliffimo Francorum Rege. Signum Raimundi, Prefulis. Signum GUILELMI COMITIS. Signum Mach. Abbatis. Signum Ginardi Burgundini. Signum Auftindi, Clerici Burdigalenfis Ecclefie.

Original du Cartulaire en vélin in 8°. de l'Eglife Méttopolitaine de Notre Dame d'Auch, d'une écriture du XIIIe. fiecle, intitulé : *Cartulaire noir de l'Eglife Sainte Marie d'Auch, cote Y. N°. II.* fol. 66 V°. & 67 R°. d'une cotte moderne.

Privilege accordé par Aimery Comte d'Auch, aux Habitans de cette Ville.

(*Chap. ou N°.*) XLV.
De Securitate Civitatis.

Notum fit omnibus hominibus tam prefentibus quam futuris quod ego AIMERICUS COMES AUSCIENSIS fub jurejurando promitto falvationem Deo, omnibus hominibus infra muros Aufcie manentibus vel manfuris, quod nec ego nec aliquis pro me auferat res illorum, vi diripiendo, ultra precium XII. denariorum, & illos emendare faciam infra fpatium quindecim dierum. Si vero aliquis, quod abfit, ex meis vel aliorum hoc infringere temptaverit, fecundum poffibilitatem meam reddere aut emendare illud faciam. Si quis autem extraneis hanc meam falvationem violaverit, fidelis adjutor ero Archiepifcopo prefenti W. & fuccefforibus ejus; fic me Deus adjuvet, & ifte Sancte Reliquie.

Original du Cartulaire en vélin in fol. de l'Eglife Méttopolitaine de Notre Dame d'Auch, d'une écriture du XIIIe. fiecle, intitulé : *Cartulaire blanc de l'Église Sainte Marie d'Auch, cotté Y. N°. III.* fol. IIII. V°. de la cotte ancienne, & fol. 6 V°. & 7 R°. de la cotte moderne.

Reftitution faite à l'Eglife Cathédrale d'Auch par Forton Comte (de Fezenfac,) d'un fief mouvant de lui.

(*Chap. ou N°.*) VII.
Bernard Aricard.

In publica via que vadit ad pontem Aufone & vocatur Guarda, Berardus quidam Miles de Pertgeda, fevium, quod habebat DE SANCTE MARIE Aufcienfi, in manu Archiepifcopi Auftindi & Arnaldi ejufdem Sedis Prepofiti, pro penitentia & remiffione peccatorum fuorum; poftea venit COMES FORTO & abftulit fupra dictam terram Sancte Marie & dedit illam Bernardo Ricardo de Marambad. Poft mortem vero Archiepifcopi Auftindi fucceffit W. B. Archiepifcopus & fecit clamationem de fupra memorata terra & jam dictum Comitem Fortonem, & accepto ab Archiepifcopo equo fexaginta folidorum, abftraxit illam de Bernardo Ricardo & reddidit Sancte Marie & Canonicis ejus in manu Archiepifcopi in alodium. Deinde venit Guilelmus filius fupradicti Bernardi Ricardi, dicens prefatam terram effe fui juris, acceptis XX. fol. firmavit eam fuper altare Sancte Marie. Iterum Guarnerius quidam nepos fupradicti Bernardi, conquerens fuper illa, moriens, pro remedio anime fue, dimifit ac dedit Sancte Marie, quicquid ibi jufticie habebat, in qua terra Archidiachonus Eicius vineam ad opus Sancte Marie optimam plantavit.

Ee

CCXL.
1088.

Original du même Cartulaire fol. XXIX. R°. & V°. de la cotte ancienne, & fol. 31 R°. & V°. de la cotte moderne.

Donation, avec quelques réferves, par Aimery Comte (de Fezenfac) fils d'Aftanove, à l'Archevêque & aux Chanoines de l'Eglife de Sainte Marie d'Auch, des moulins qu'il a fait conftruire dans la Ville d'Auch, &c.

(*Chap. ou N°.*) XLVI.

De Molendinis.

Placitum hujufmodi fecit COMES AIMERICUS, FILIUS ASTENOVE, cum Archiepifcopo W. & Canonicis Sanĉte Marie, de Molindinis quos fecerat, contra voluntatem eorum, in villa Aufcie. In manu Archiepifcopi W. & Arnaldi-Aimerici, Prepofiti & aliorum Canonicorum reliquit eos, Beate Marie, poft mortem fuam; & interim fi ipfe iret in Jerufalem, effent Beate Marie & Archiepifcopi & Canonicorum, tali tenore, ut fi ipfe rediret de Jerufalem, recuperaret eos, fi vellet, & poft mortem fuam effent Beate Marie; ita tamen ut partem quam cuidam Judeo Benevifco dederat, non prenderet, fcilicet, feptenam concam, & interim in vita fua dedit Comes decimam Beate Marie. Vifores hujus negocii, fuerunt Poncius Epifcopus Bigorre, Raimundus-Bernardus de Montalt, Bernardus, Decanus, Bernardus Capellanus Archiepifcopi, Sancius Archidiaconus, W. Archidiachonus, Eicius Archidiachonus & alii quam plures. Faĉta eft autem Carta hec anno Incarnationis Domini M. LXXXVIII. vi. vente * Gregorio Papa VII. Regnante Philippo Rege Francorum. Sigillum AIMERICI COMITIS.

Sic.

CCXLI.
De 1088 à 1896.

Original du Cartulaire en vélin in 8°. de l'églife Métropolitaine de Notre Dame d'Auch, d'une écriture du XIII°. fiecle, intitulé : *Cartulaire noir de l'Eglife Sainte Marie d'Auch*, cotte Y. N°. II. fol. 46 V°. & 47 R°. d'une cotte moderne.

Donation de l'Eglife de Marceillan à la Cathédrale d'Auch, de laquelle eft témoin Forton Comte (de Fezenfac.)

(*Chap. ou N°.*) XXVII.

De Marcelano.

Mulier Palumma & Guilelmus Garfia & Leofrancs, filii fui, dederunt Ecclefiam Sanĉte Marie de Marcilan, que eft fuper flumen Roffo, cum filio fuo Vidiano Domino Deo & Sanĉte Marie Sedis Auxienfi & Metropolitane, hoc eft decimas & honores ecclefiafticos & totam dominationem illius Ecclefie & que ad illam pertinent fcilicet de ipfa filva padoentiam ad Ecclefiam faciendam & ad omnes manfiones & officinas & ad ignem & ad porcos & ad omnes beftias & unum Rufticum, cum toto honore fuo ubi vocant ad Cellam : ifta omnia dederunt fuper altare Sanĉte Marie in manu Guilelmi Archiepifcopi & Stephani Archidiachoni & aliorum Canonicorum. Vifores

& teſtes ſunt FORTO COMES ; in tempore Urbani Papé, & Bertrando de Marrencs ; Giraldo de Arbeiſano, & ceteris omnibus qui fecerunt ſupraſcripta ſigna.

Original du Cartulaire en vélin. in fol. de l'Egliſe Métropolitaine de Notre Dame d'Auch, d'une écriture du XIIIe. ſiecle, intitulé : *Cartulaire blanc de l'Egliſe Sainte Marie d'Auch,* cotté Y. No. III. fol. CI. Vo. CII. Ro. & Vo. de la cotte ancienne, & fol. 95. Vo. & 96 Ro. & Vo. de la cotte moderne.

CCXLII.
Environ 1096.

Notice de la Confirmation par Aimery ſurnommé Forton, Comte (de Fezenſac) de la Reſtitution de l'Egliſe de S. Pierre de Vic à l'Egliſe Métropolitaine d'Auch, dans laquelle ſont rappellés Aimery Comte (de Fezenſac,) & Guillaume Aſtanova, ſon fils.

Adnotatio brevis de honore Sancti Petri de Big, ſicut fama veritatis vulgante ad nos pervenit. ex relatu quorumdam, Eccleſiam Sancti Petri de Big, jure hereditate in alodium poſſidere videbatur Eccleſia Sancte Marie de Aucxis, ſcilicet AIMERICUS COMES, PATER W. ASTANOVE in ſua cuidam ſuo Militi nomine Garſiaſaus de Mazeras, in feodum dedit & poſt mortem ipſius filii ejus nomine A. Garſias de Pradueron & Sans Garſias de Mazeras & Etz Garſias de Big ſimiliter injuſticiam faciente in feodum poſſederunt a ſucceſſoribus ſupradicti COMITIS EMERICI. Petrus vero de Big qui fuit filius Etz Garſie jam dicti, fuit oblatus Deo & Sancte Marie & in ſubdiachonis ordinatus per manum W. B. Archiepiſcopi, qui relinquens ſuum propoſitum, armatulit, uxorem duxit, qua, propter ab Archiepiſcopo ſuo excomunicatus, medietatem Eccleſie Sancti Petri de Big in manu W. Archiepiſcopi dimiſit, preſentibus Arnaldo Eimerico, Prepoſito & Sancio Armaniacenſi Archidiachono & Eicio de Jaurens & multis aliis. Poſt multos vero annos, Deo volente, Jeroſolimitanum iter arripiens, penitentiam accipiens, alteram medietatem vuerpivit Deo & Beate Marie, accipiens a ſupradicto Preſule multitudinem denariorum C. ſcilicet ſolidos, retinendo ſibi medietatem cenſus Ville ipſius & medietatem lerde mercati ; rediens vero, accipiens penitenciam, uxorem quam injuſte diu habuerat dimiſit, dans Deo & Sancte Marie, pro ſuis peccatis, quendam filium ſuum nomine W. B. in Canonicum & Eccleſiam de Lugaiano & medietatem Eccleſie de Caſtelpuliot & Culturam que eſt ante frontem Eccleſie Sancti Petri de Big, ſuper caput pontis & molendinum & vineam que eſt ante Clauſtrum, tali tenore ut ſi aliquando, Diabolo ſuadente, quod abſit, infans ille ſuum relinquit propoſitum, omnia que ſupra diximus ex integro poſſideat Sancta Maria & infans ille alienus ſit a poſſeſſione honoris iſtius ſupra dicti. In hora vero mortis ſue vepitiones illas quas in vita fecerat, moriens firmavit, adiciens inſuper & dans Deo & Sancto Petro de Big, medietatem illius lerde quam ſibi in vita retinuerat & medietatem cenſus Ville, reliquid & quendam filium ſuum nomine Arnaldum in Bailia Dompno Archiepiſcopo W. cum parte illius honoris qui ſe contingebat, ſcilicet Baginaguit & Culturam de Molino Chamléng & Culturam de Buier & plantam ſuper Eccleſiam & Franchetatem de Gieſtar, cum aliis de ipſa Villa, & ſic mortuus eſt. Eodemque mortuo, COMES A. cognomento F. omnia in bannium. Veniens autem Dompnus W. Archiepiſcopus a Clarmontenſi Concilio, dedit Comiti Cavallum, C. ſol. & firmavit Comes donationem illam : tali pacto ut ſi puer ille A. vellet habere partem iſtam inferiorem, C. ſol. Morlan. monete perſolveret Archiepiſcopo ; quod ſi obiſſe contingeret eum, pars illa eſſet alterius fratris Canonici ; quod ſi uterque obierit, ſint Sancte Marie de Auxis & Sancti Petri de Big. Omnia hec que ſuperius adnotata habentur, preſente & adſiſtente

Ee ij

Archidiachono Sancio cognomento Nigoros, facta fuerunt. Benedictus Deus in omnibus. Amen.

CCXLIII.
1134.

Original du Cartulaire en vélin in fol. de l'Abbaye de Berdoues, d'une écriture du XIIIe. siecle, fol. XXXI. col. 1 & 2.

Donation par Bernard Comte d'Astarac & Sanche son fils, à Vautier, Abbé de Morimond, de la Terre, Eglise & Casal de Berdoues, pour y bâtir une Abbaye & Monastere de l'Ordre de Cîteaux, de laquelle est témoin Bernard de Montesquiou, Archidiacre.

De Comite.

Sciendum est quod Bernardus Comes Astaracensis & Sancius dictus ejus filius, bono animo & bona voluntate, bona fide & sine omni retentione, pro se & pro omnibus successoribus suis presentibus & futuris, pro salute animarum suarum & tocius sui generis, donaverunt, concesserunt & absolverunt Deo & Beate Marie Morimundi & Vualcherio Abbati & Conventui ejusdem loci presenti & futuro, terram de Berdonis & Ecclesiam, ejusque Casale, cum omnibus ex integro pertinentiis eorum, quas habebant vel habere debebant per se vel per aliam personam, cultas & incultas, ut ibi construeretur Abbatia, Cisterciensis Ordinis. Donaverunt & bono animo & bona voluntate, bona fide & sine omni retentione, pro se & pro omnibus successoribus suis presentibus & futuris, totum ex integro nemus de Buolas, cum omnibus pertinentiis ejus. Hoc totum, ut predictum est, predicti donatores donaverunt predicto Abbati & predicto Conventui, cum omnibus terris cultis & incultis, cum ingressibus & egressibus, aquis, pascuis & nemoribus, cum decimis & primiciis, & cum omnibus ad venatum pertinentibus, ut habeant & possideant libere & quiete, sine omni sua & suorum contradictione in perpetuum & debent inde facere bonam & firmam garentiam de omnibus amparatoribus, predictis habitatoribus Morimundi & Berdonarum. Hoc totum factum est in presentia Guillelmi Auxiensis Archiepiscopi & Romane Ecclesie Legati & Fortonis de Vico. Hujus doni & absolutionis sunt testes BERNARDUS DE MONTEESQUIL, ARCHIDIACONUS, Arnaldus de Petrucia, Assivus de Marrast. Factum est hoc anno ab Incarnatione Domini M°. C°. XXXIIII. Regnante Lodovico Rege Francorum, Bernardo Comite Astaracensi, Guillelmo Auxitano Archiepiscopo.

CCXLIV.
1135 & années suivantes.

Original du Cartulaire en vélin in fol. de l'Eglise Métropolitaine de Notre Dame d'Auch, d'une écriture du XIIIe. siecle, intitulé : *Cartulaire blanc de l'Eglise Sainte Marie d'Auch, cote Y. N°. III.* fol. LXVII. R°. & V°. & LXVIII. R°. de la cotte ancienne, & fol. 61. R°. & V°. & 62. R°. de la cotte moderne.

Notice énonciative de la Restitution faite à l'Eglise Métropolitaine d'Auch, par Adalmur Comtesse de Fezensac, des moulins de Chélers, & de la moitié de l'Eglise de Notre Dame d'Euze; & de la Confirmation de cette Restitution par Gerand Comte d'Armagnac, après la mort de la même Comtesse, & de Beatrix sa fille, dont il prétend l'hérédité.

(Chapitre ou N°.) XCVIIII.
De Molendino de Felera.

Ad Noticiam universorum tam presentium quam futurorum pervenire volumus;

quòd COMITISSA FEZECIACENSIS NOMINE AZALMUS, pænitentia ductâ, cum adhuc effet fana & incolumis, reddidit Deo & Beate Marie, Molendina de Felera, que anteceffores ejus & ipfa poft eos, Canonicis Auxienfis Ecclefie violenter & injufte abftulerant & in hac aperta & injufta violentia pertinaciter diu perduraverant ; tandem hec, voluntate fpontanea fe malè egiffe recognovit, divinitus infpiratâ & Canonicos quos per multum temporis fpoliatos tenuerat, plenè reinveftivit de Molendinis, in manu Domni Willelmi Archiepifcopi, reddidit quoque, hec eadem Comitiffa, eidem Archiepifcopo, medietatem Ecclefie Sancte Marie in Civitate Elifana, Archiepifcopus, autem femper conquerebatur, femper reclamavit pro reliqua medietate ejufdem Ecclefie, & ut hec redditio firma ac rata effet atque in feculum feculi illibata permaneret, adjecit Comitiffa ut nulli fuccefforum fuorum liceret ulterius manum poteftatis reponere fuper illa, omnibus tam prefentibus quam fecuturis parentibus fuis, omnem in eis reclamationem refcindens, ut pote in quibus nichil juris haberent aut habere deberent. Si quis autem huic devotioni, huic voluntati, contrarie attemptaret, gladio anathematis feverius plecteretur ufque ad integram & condignam fatisfactionem. Nec eft fub filentio pretereundum quod oportuit Canonicos perfolvere prius centum folidos Arnaldo d'Efcoz, pro quibus a Comitiffa jure pignoris obligatos fibi habebat molinos. Vifores & teftes hujus rei funt Raimundus de Podio, Willelmus de Sancto Petro, Arnaldus de Montpuei, Arnaldus d'Efcoz, Sancius Bigorra & plures alii qui reddi tioni illi prefentes interfuerunt.

Deinde poft mortem iftius Comitiffe fimul & filie ejus Benetricis Geraldus Comes Armaniacenfis, Confulatum Fezenciaci habere defiderans fupra fcriptam redditionem, una cum filio fuo primogenito Bernardo, confirmare curavit, & circumftante populo innumero, fuper altare Beate Marie, propria manu uterque juravit, fcilicet, pater & filius & tam pro fe quàm pro fuis gurpivit in perpetuum regreffum omnem in molinos.

Original du Cartulaire en vélin in 8°. de l'Eglife Métropolitaine de Notre Dame d'Auch, d'une écriture du XIIIe. fiecle, intitulé : *Cartulaire noir de l'Eglife Sainte Marie d'Auch*, cote Y. No. II. fol. 101. V°. & 102. R°. d'une cotte moderne.

Donation à l'Eglife Métropolitaine d'Auch, par Pictavine, (de Marraft, femme de Raymond-Aimery de Montefquieu,) d'Odon fon fils, & de diverfes parties de plufieurs Eglifes à elle appartenantes.

(*Chap. ou No.*) LXXII.

De dono Pictavine.

Notum fit tamen prefentibus quam futuris, quòd ego PICTAVINA, dedi, ob remif fionem peccatorum meorum Deo & Beate Marie, FILIUM MEUM ODDONEM, cum parte illa quam habeo in Ecclefia de la Artiga, & totum Cafallum de Laians integre, cum quarta parte Ecclefie de Pipuins & cum quarta parte Ecclefie de Gaubifan & cum quarta parte Ecclefie de Caftellonovo ; fuper hec omnia dedi me ipfam Deo & Beate Marie & W. Auxienfi Archiepifcopo & Canonicis ejufdem Ecclefie, in prefentia totius Capituli, ut tam fpiritualium quam actualium bonorum illius Ecclefie particeps fierem. Donum hoc feci XIIII. Kalendas octobris anno M. C.

XLIII. ab Incarnatione Domini , Regnante Lodoico Rege Francorum. Teftes hujus rei fuerunt Bertran de Montagud , Bertran de la Tor, Arnaldus Deiadjuva, Bidal de Priai, Arpinus Arremon de Solzan , Perpetit Perbeg , & plures alii.

CCXLVI.
De 1177 à 1191.
Original du Cartulaire en vélin in fol. de l'Eglife Métropolitaine de Notre Dame d'Auch , d'une écriture du XIIIe. fiecle , intitulé : *Cartulaire blanc de l'Églife Sainte Marie d'Auch , cotté Y. N°. III.* fol. LVIII. V°. LIX. R°. dé la cotte ancienne ; & fol. 52. V°. & 53. R°. de la cotte moderne.

Donation du lieu d'Afclens à l'Eglife Métropolitaine d'Auch , par Raymond-Aimery de Montefquiou.

(*Chap. ou N°.*) LXXVIIII.

De Villa de Afclens.

Notum habeat tam prefens etas quam futurorum pofteritas , quod R. AIMERICI DE MONTESQUIVO , devotionis ftudio , pro redemptione anime fue & parentum fuorum, cum confenfu CONSANGUINEE SUE ANGLESE, dedit Deo & Beate Marie Aucienfi , & Ge. ejufdem Sedis Archiepifcopo & Apoftolice Sedis Legato , totam Villam de Afclens , liberam & francam & in omni pace & quiete in perpetuum poffidendam , in prefentia plurium Canonicorum , F. Prioris , A. de Logoizano , Oddonis de Arbexano , Bertrandi Birano & Bonihominis , Archidiachonorum , G. de Piano , Sacrifte , Fortonis de Angles , Abbatis de Idrac , Petri de Antiffano , & Eicii de la Serra. Fidejuffores hujus rei exifterunt Bernardat d'Arbexano & Triuelier del Bruel. Ad hec notandum quod Domnus prefatus Archiepifcopus pro hoc dono numeravit prelibato Raimundo-Aimerici D. folidos morl. monete. (*&c.*)

CCXLVII.
1200.
Original du Cartulaire en vélin in folio de l'Abbaye de Notre Dame de Gimont , Ordre de Cîteaux , au Diocefe d'Auch , d'une écriture du XIIIe. fiecle , intitulé : *Hic liber eft Monafterii Sancte Marie Gimontis* , &c. coté A. fol. 48. R°. & V°.

Donation à l'Abbé & au Monaftere de Gimont , au Diocefe d'Auch , par Raymond-Aimery de Montefquiou , du droit d'ufage & pafcage dans toutes fes terres.

(*Chap. ou N°.*) CXXXIIII.

De Raimundo-Aimerico de Montefquivo.

Sciendum eft quod RAIMUNDUS-AIMERICUS DE MONTEESQUIVO, bono animo & bona voluntate , bona fide , fine omni retentione , pro fe & pro omnibus fucceforibus fuis prefentibus & futuris , pro amore Dei & redemptione anime fue & parentum fuorum donavit , conceffit & abfolvit Deo & Beate Marie & Sancio Abbati Gemundi & habitatoribus ejufdem loci prefentibus & futuris , pafchua & herbagges & expletam & liberum introitum & exitum per omnes terras fuas , exceptis terris bladatis , ortis , & vineis cultis & debet inde facere bonam & firmam guirentiam de omnibus amparatoribus , predictis habitatoribus Gemundi promifit etiam & dixit ut fit fidelis amicus

& amparator omnium habitatorum Gemundi; & totius fuburbie ejufdem loci. Omnium predictorum teftes funt Bernardus Defparvers, Prior Gemundi, Johannes Signarius, Willelmus Petri, qui hanc cartam fcripfit, Arnaldus de Mormont, Willelmus Bernardus de Ponteiac, Monachi Gemundi, Bertrandus de Panafac & Aimericus d'Efclazano, fratres ejus. Factum eft hoc anno ab Incarnatione Domini M. CC. Regnante Philippo Rege Francorum, Giraldo Comite de Fezanzac. Auxitana Sede vacante.

Original en parchemin des Archives de l'Abbaye de l'Efcalle-Dieu, Ordre de Cîteaux, au Diocefe de Tarbes.

CCXLVIII.
1211.

Donation par Arfieu de Montefquiou, à l'Abbaye de l'Efcalle-Dieu, de tout ce qu'il poffède dans le terroir de Domian, & Confirmation du don de l'Hôpital de Baftan, & des pâturages, de Sabarte, avec droit de chaffe, &c.

Noverint tam prefentes quam futuri quod ego ASIU DE MONTESQUIU, pro redemptione peccatorum meorum, dedi in helemofinam Deo & Beate Marie & Fratribus Scale-Dei, quicquid habeo vel aliqua ratione habere debeo in omni territorio de Domaia. Infuper confirmavi eifdem Fratribus Scale-Dei per me & per omnes fuccefíores meos Hofpital de Baftan, in quo Ofpitali Fratres Scale-Dei jam pridem accomadaverant C. fol. Nunc vero fuper his & etiam fuper pafcua de Sabarta, accomadeverunt michi unum bovem valentem XXX. fol; in quibus pafcuis quandiu predicti Fratres, cum fuis fuerint animalibus, habeant liberum ingreffum in aquis, in pafcuis, in nemoribus, in omni venatione tam in apibus quam in aliis venationibus. Infuper fi aliquid dampnum per me vel per meos quamdiu ibi fuerint, aliquo modo incurrerint, ego teneor illis integre reftituere & ipfi Fratres pro amore Dei fecerunt me participem omnium bonorum fuorum fpiritualium. Teftes hujus rei funt Fr. S. de Garda, Grangiarius, & Fr. R. de Sentmarti & Fr. W. Garfias de Cartada, & R. de Gital & Arnaldi & B. de Panafac & A. fr. ejus. Fidejuffores Vitalis de Zacorcia, Bajulus ejus & R. filius ejus dicti Bajuli. Hoc fuit factum anno ab Incarnatione Domini M. CC. XI.

Original en parchemin des Archives de l'Abbaye de Berdoues.

CCXLIX.
1210 & 15 Janvier 1257.

Donations, ventes & engagemens de diverfes terres, faites à l'Abbaye de Berdoues par Arfieu de Montefquiou, fils de Raymond-Aimery de Montefquiou, par Braide, fa fœur, & par Behes fille de ladite Braide; & Confirmation d'icelles par Raymond-Aimery de Montefquiou, fils dudit Arfieu de Montefquiou.

In Xpi nomine. Notum fit cunctis prefentibus & futuris quod ego RAMUNDUS AIMERICI DE MONTESQUIVO, de confilio & affenfu amicorum meorum, qui ad hoc erant vocandi per me ... cum hac prefenti carta firmiter in perpetuum valitura, non vi, non metu, nec ab aliquo deceptus, fed mea ac propria fpontanea voluntate, pietatis intuitu & remiffione omnium peccatorum meorum & omnium parentum meorum, laudo, approbo & concedo Domino Deo & Beate Marie Berdonarum & omni Conventui ejufdem loci prefenti & futuro, omnes illas donationes omnium terrarum poffeffionum, decimarum & pafcuorum, quas DOMINUS PATER MEUS ASSIVUS ET DOMINA BRAIDA, SOROR EJUS ET BEHES, FILIA EJUSDEM DOMIE, dederunt monafterio jam dicto, prout in Inftrumento inde confecto donatio eorum pleniffime continetur, cujus tenorem de verbo ad verbum

In hoc publico Inftrumento ad majorem rei firmitatem conceffi & volui apponi, cujus tenor talis eft.

In Dei nomine. Ego ASSIVUS DE MONTESQUIVO , DICTUS FILIUS RAMUNDI AIMERICI DE MONTESQUIVO & EGO BRAIDA , SOROR PREDICTI ASSIVI & EGO BEHES , FILIA DOMINE BRAIDE PREDICTE , nos omnes infimul per nos & per omnes noftros ... donamus & concedimus & in prefenti tradimus per proprium alodium Deo & Beate Marie Berdonarum & tibi Guillelmo Abbati ejufdem loci & omni Conventui illius loci tam prefenti quam futuro, totum hoc quod habemus & habere debemus & aliquo modo ad nos pertinere videtur, cultum videlicet & incultum, in Abbatia Berdonarum & in omnibus terminis fuis & in omnibus grangiis Berdonarum, cultis fcilicet & incultis. &, in omnibus terminis & totum hoc quod habemus & habere debemus & aliquo modo ad nos pertinere videtur de Mazeras en fus ufque ad Tels , exceptis Caftris de Paders & de Serris & de Bellog, & exceptis hominibus & feminis predictorum Caftrorum & ferviciis & ufaticis eorum , & exceptis honoribus quos homines predictorum Caftrorum tenebant ... quando hec Carta facta fuit. Alia vero omnia jura noftra aliquo modo ad nos pertinentia de Mazeras enfus ufque ad Tels donamus & concedimus firmiter Deo & Beate Marie Berdonarum & tibi Guillelmo Abbati & omnibus Fratribus illius loci prefentibus & futuris, videlicet ante Baifam que tranfit per Berdonas ... retro Baifam & Cafale Abbatie de Paders & Cafale Sancti Johannis & Cafale des Caftai & Cafale de Samarca & Cafale de Spanicamp , & Cafale d'Eftrei & Cafale de * .... & tocius terre que eft ante Baifam & retro , & totas culturas de Ulmis ... & decimas etiam * . . Ecclefiarum , videlicet duarum Ecclefiarum de Ulmis , quarum una eft ante Baifam & altera retro Baifam , tertia vero eft ad Sanctum Clementem. Donamus etiam ... totas las lauffedads que modo funt & in antea effe poterunt infra predicta loca . . . & omnes Begarias & omnes donationes omnium cafalium & de Biole , & omnium terrarum cultarum fcilicet & incultarum quas in predictis locis & in prefcriptis terminis habemus . . . . . Donamus etiam ... pafcua & erbagges & omnem efplettam & liberum introitum & exitum & quicquid ad venatum pertinet , per omnes terras noftras cultas & incultas, exceptis terris bladatis, ortis, & vineis cultis, falva tamen pace Fratrum de Marrencs, quibus ante jam dedimus pafcua in terris de Bafies . . . . Et eft verum quod Fratres Berdonarum tenebant & poffidebant olim prefcriptos honores ab Affivo & ab Antecefforibus fuis , quibus per partes quondam Fratres Berdonarum jam dederant tria milia fol. Morl. fuper honores predictos tam pro pignoribus quam pro donis & vendicionibus ; fed quod cumque Fratres Berdonarum ufque modo tenuerunt & poffederunt five pro pignore five pro dono , five pro vendicione , in prefcriptis honoribus , & in predictis locis a me dicto Affivo & ab Antecefforibus noftris , illud totum five fit pignus , five fit donum , five fit vendiio, ego predictus Affivus & ego Braida prefcripta & ego Behes jam dicta donamus, relinquimus & abfolvimus fine omni retencione... Et ego Guillelmus Abbas predictus , recipio vos predictos donatores pro fratres & facio vos participes omnium beneficiorum fpiritualium que fiunt in domo Berdonarum. Hoc totum fuit factum & firmatum in manu Petri de Maceriis , Bajuli Montifcaffini , qui hoc totum debet facere bonum & firmum predictis Fratribus Berdonarum. Hujus rei funt teftes Bertrandus de Panafac & Guillelmus de Saurag , & Guillelmus Gaffie , de Sancto Romano & Bernardus de Siurag, & Fr. Gafto de Saing , & Fr. Arnaldus de Vallecava, & Fr. Petrus de Bilfano , & Fr. Petrus de Montealto , & Fr. Arnaldus de Logorfano, & Fr. Ramundus de Spinos , Monachi Berdonarum. Factum eft hoc anno ab Incarnatione Domini MCCX. Philippo Rege Francorum Regnante. Bernardo Auxitano Archiepifcopo. Bernardo Comite Convenarum , vicem Comitis in Aftarac tenente. Et eft verum quod predictus Affivus accepit pro prefcriptis donis cccctos, fol. morl. ab Abbate predicto & a predictis Fratribus Berdonarum,

Omnia

)mnia fupra dicta fingula & univerfa diftributive & in unum collecta & etiam
ditionem territorii de Sanfofpoeis & pignus de Paders & omnes alias dona-
es , venditiones , impignorationes , permutationes , libertates & immunitates
s dictus Dominus Affivus , pater meus & Domina Braida , ejus foror & etiam
ies alii eorum predeceffores in toto Comitatu Aftaracenfi & alibi , dicto Monaf-
o donaverunt , vendiderunt , impignoraverunt & conceflerunt cum hoc publico
rumento , ego fupradictus Ramundus-Acimerici , filius fupradicti Affivi per me
ier omnes meos , prefentes & futuros , laudo , approbo & concedo & pafcua dono
imni terra mea omnibus animalibus cabanarum dictorum Fratrum & hoc fine eorum
ne , damno & impedimento . . . & in omnibus fupradictis eos veros Dominos
quam in rem propriam conftituo & facio veros poffeffores . . . . Actum eft hoc
III. Kalendas februarii , apud Saiffanum , anno Domini M. CC. LVII. Regnante
lovico Francorum Rege & Domino B. Aftaraci Comite. & Domno Ifpano
xitano Archiepifcopo. Hujus rei funt teftes Dominus Assivus de Montesquivo
Giraldus de Marrencs , & Arualdus de Matraft & Fortonetus de Maffahas &
ggerius de Marrencs , & Fr. W. A. de Saviaco , Prior Berdonarum , & Fr. P.
Cortada , Procurator Berdonenfis , & Fr. Deusadjuva , & W. den Bernadet , & W.
Lomaia , & P. A. de Dors , & P. Saubola , & Brunus , Scriptor publicus , Notarius
araci , qui de mandato & voluntate utriufque partis , hanc Cartam fcripfit & fignavit ,
eftimonio premifforum.

(*Signé de la marque dudit Notaire.*)

Original en parchemin des Archives de l'Abbaye de Berdoues.

Donation de la terre de Sanfofpouy , à l'Abbaye de Berdoues ,
r Arfieu de Montefquiou , du confentement de Raymond-Aimery ,
i fils.

Noverint omnes prefe * paginam infpecturi quod ego * de *
affenfu Ra * A * nerici , filii mei & omnium heredum meorum ,
manu Domine Seguin Com * e Af * ci , laude & aff * f *
intulli & Bernardi & aliorum heredum fuorum , in remiffione * donavi
rram eam de Sanzos p * extenditur in latitudine a territorio de
irmont & del Pel , quod territorium Fratres Berdonenfes poffident in proprium
idium & de cetero , jure perpetuo , poffidebunt ufque ad * iamque de fanc * lice
cit ad Sanctum Romanum & in medio cadit in guttam ; in longum vero exten-
ur a Serra que refpicit Occidentem ufque ad Terram de la Fite , & de Tre-
oled ; hanc inquam terram donavi ego dictus Arsivus , laude & affenfu , tam
redum meorum , quam * aracenfium , Deo & Beate Virgini Marie &
ugoni Abbati Berdonarum & Fratribus ibidem Deo famulantibus prefentibus &
turis , libere & quiete , abfque omni retentione & contradictione , bona fide , prout
elius intelligi vel dici poteft , ad utilitatem dictorum Fratrum Berdonenfium , jure
rpetuo , in proprium alodium , poffidendam. Si quis vero heredum meorum ,
alicia animi ductus , quod abfit , in pofterum aliquid reclamare voluerit , primo
ctis Fratribus Berdonenfibus donet duo milia fol. Morl. . . preterea fi in pofterum
iquis homo vel femina in dicto territorio aliquid reclamare voluerit , ego dictus Arfivus
heredes mei firmam garentiam dictis Fratri * portare debemus & ad plenam defen-
inem dicte terre ad utilitatem fepedictorum Fratrum , nos & noftros obligamus
* petuum. Hujus rei teftes funt Domnus Hyfpanus Auxitanenfis * rchiepif-
ipus , Bernardus de Panefac , Petrus dez Barads , Oddo de M*rencs , Petrus d'Ef-
irros , Bertrandus de Las , Bernardus de Saviag , Milites , Vitalis de Marrencs ,

Nota. La cuti-
cule du parche-
min de cette Char-
te eft enlevée en
plufieurs endroits
qu'on a marqués
ici d'aftériques.

F f

Guillelmus de Ma* , Frater P. de Cortade, Prior, Frater J. de Saviag, Cella-
rius, Frater Deusadjuva, Monachus, Frater Forgue, Grangiarius Sancti Felicis
& Frater R. Calvetus, Grangiarius d'Al*is. Ut autem iftud donum noftrum ratum &
illibatum maneat in futurum, prefentem paginam Sigilli noftri & Sigilli Domine
Seg* fupradicte Com* ille *ftaraci, fecimus *unimine roborari. Actum anno
Domini M. cc. xLv. menfe aprili. Regnante Lodovico Rege Francorum. Centullo Comite Aftaraci. Hyfpano Auxitano Archiepifcopo.

Nota. A cette Charte pendent deux fceaux en cire jeaune, fur lacs de foie rouge;
le premier, qui eft celui d'Arfieu de Montefquiou, le repréfente à cheval, tenant
d'une main l'épée haute, & de l'autre, un écu parti, le premier, vuide, & le fecond,
chargé de deux tourteaux pofés l'un fur l'autre, avec cette légende, ✠ S. ARCIONIS
DE MONTESQUIVO; le contre-fceau eft aux mêmes armes, & contient la même
légende. Le fecond, qui eft celui de Seguine, Comteffe d'Aftarac, eft un efcartelé
& a pour legende . . VINE COMITISSE DE ASTARACO : au contre fceau eft un
loup rampant, avec cette légende : S. SEGUINE Com. . . e . . . raco.

*Nota encore. Cette Charte eft imprimée ci-devant pages 21 & 22, d'après le
Cartulaire de Berdoues. On a donné à cette derniere page la defcription des fceaux
d'Arfieu de Montefquiou & de Seguine Comteffe d'Aftarac, d'après une Expédition
faite le 27 avril 1714. fur le préfent original, & on y a renverfé, par inadvertance,
l'ordre dans lequel fe trouve ces fceaux.*

CCLI.
Juin 1259.

Original en parchemin des Archives de l'Eglife Métropolitaine de
Notre Dame d'Auch.

Vente aux Chanoines de l'Eglife Métropolitaine d'Auch, d'une
terre fituée au Comté d'Aftarac, par Arnaud-Bernard de Bedcave,
de laquelle eft témoin Arfieu de Montefquiou, Chevalier.

Conegude caufe fia aus prefentz & aus abinedors, que nos Arnaud B. de Badcave avem
terre eu Comtad d'Eftarach, près la Barte de Gavere, ladite terre benom. . . aus Canonies
de ma Daune Senéte Marie d'Auxs, aus préfentz & aus abiedors els ditz Canoinhes,
au nom d'ads & bonemenz pagads ccc. fol. de bos morl. . . ho Ugh da Rochelaure, cofin
deldit Arnaud-Bernard, rechonet que tot artant quant jo tein ni deus aver por a
razon de pair ni de mair en ladiéte terre. . . . avi venude al dit Arnaud-Bernard. . . .
per que jo lauzi lautregit ladite-terre, per mi e per toz fos mees . . . e peus abieders
aus dits Canonihes . . . ho Na Pelegrie cofie delt Arnaud-Bernaud, e for del dit
Ugh, rechonet quel dit Arnaud-Bernard a a dréct faire ladite vende . . . . Teftimoins
fon d'aizo G. deu Bas, Sacrifta Auxitanus. . . P. de Betos, Archiacine Maioag : . .
AYSIU DE MONTESQUIU, MILES . . . . Ego R. Sancii Molier, Notarius Auxitanus,
qui hanc Cartam fcripfi feria III. poft feftum Sancti Johannis Baptifte anno Domini
M. CC. L. nono, Regnante Lodoico Rege Francie. Domno Ifpano exiftente
Archiepifcopo Auxitano. G. Comite Fedenciaci & Armaniaci.

Original du Cartulaire en vélin in 8°. de l'Eglise Métropolitaine de Notre Dame d'Auch, d'une écriture du XIII°. siecle, intitulé : *Second Cartulaire blanc de l'Eglise d'Auch,* cote Y. N°. *IV.* fol. XXI. R°.

CCLII.
Août 1264.

Engagement au Chapitre de l'Eglise Métropolitaine d'Auch, de la dixme de l'Eglise de Saint Michel de Ltr, dans l'Archidiaconé de Pardiac, par Guillaume Garsie de Ltr, duquel est témoin Arsieu de Montesquiou, Abbé d'Idrag.

a

a Del Cer

Deu Ltr. *a*

Noverint universi presentes litteras inspecturi quod Guillelmus-Garsie deu Ltr obligavit Capitulo Beate Marie Auxitane., decimam Ecclesie Sancti Michaelis deu Ltr, Archidiaconatûs Pardiniacensis, pro LXXX. fol. Morl. de quibus se tenuit pro pacato, & promisit per sacramentum dicto Capitulo de dicti obligatione pro se & suis portare bonam & validam garentiam, sed tamen dictam decimam rehabere, quantumcunque sibi placuerit, de Festo omnium Sanctorum ad Pasca, cum pecunia superius nominata. Testes hujus rei sunt ARSIVUS DE MONTESQUIVO, ABBAS YDRACI, J. de Besias, Abbas Sellefracte .... & Ego Seguinus de Thogeto, publicus Auxis Notarius, qui presentem Cartam scripsi. Datum apud Auxim Dominica. post Festum Decollationis Beati Johannis anno Domini M. CC. LX. IIII. Regnante L. Rege Francorum. Domno A. Archiepiscopo Auxitano. G. Comite Armaniaci & Fezenciaci.

a

la

Original du même Cartulaire, fol. X. R°. & V°. & fol. XI. R°.

CCLIII.
25 Juillet 1267.

Vente à l'Eglise Métropolitaine d'Auch par le Seigneur Raymond-Aimery de Montesquiou, & par Dame Longue, son épouse, sœur d'Odon de Montaut, de la dixme de l'Eglise de S. Jean de Bretos, & de la moitié de celle de l'Eglise de S. Pierre de Prechac, donnée en dot à ladite Dame par Arnaud-Guillaume de Biran, le Vieux, son pere.

Notum sit quod Dominus Guillelmus-Arnaldi de Birano, Senior, recognovit quod dederat in dotem & pro dote Domine Longue, filie sue, uxori DOMINI RAYMUNDI-AYMERICI DE MONTESQUIOU, decimam Ecclesie Sancti Johannis de Britos & medietatem decime Ecclesie Sancti Petri de Preychog; & quicquid juris habebat vel habere poterat in decimis supradictis, qua recognitione sic facta, Dominus Raymundus-Aymerici & Domina Longua predicti dictas decimas & quicquid ratione decimarii habent, tenent, seu possident quequemodo vel alius seu alii nomine eorumdem in territoriis predictarum Ecclesiarum, Archidiaconatûs Savanensis, vendiderunt Domino Forcio deu Costau, Canonico Auxitano & in personam ejus, Deo & Ecclesie reddiderunt & quitaverunt per in perpetuum ipsas decimas pro se & suis heredibus, abjurantis Sacrosanctis Evangeliis super hoc manu tactis per ipsos venditores & Dominum Guillelmum-Arnaldi de Birano predictum & Dominum Odonem de Monte-

alto ; filium ejus & fratrem Domine Longue predicte, pro quingentis quinquaginta
fol. Morl. quos dictus Dominus Forcius folvit ipfis venditoribus feu redditoribus fupradictis, pro dictis decimis, ut eas poffet convertere in ufum Ecclefie & de manu eripere
laycali ; quam totam pecuniam ipfi venditores feu redditores recognoverunt fibi
folutam fore & etiam numeratam ; de quibus, inquam, decimis, juribus & pertinenciis earumdem Dominus Raymundus – Aymerici & Domina Longua predicti fe
deveftierunt & prefatum Dominum Forcium, nomine fuo, Dei & Ecclefie inveft-
tierunt .... Teftes hujus rei funt Magifter Sancius Archidiaconus Pardiniacenfis,
Guillelmus de Sedelaco, Miles, Hugo de la Fite, Guillelmus-Bernardi de Mon-
tèlauro, Guillelmus-Sancii, frater ejus, Bernardus Tore, Vitalis Tore, Dominicus de
Tornefod, Vitalis de Graulaas, Clerici , & Ego Seguinus de Thogeto , publicus
Auxitanus Notarius, qui omnibus predictis interfui & ea, de mandato & affenfu
communium dictarum partium, in publicam formam redegi & huic Inftrumento fignum
meum appofui. Datum & actum apud Montemaltum in Correnfaguefio, in die
Beati Jacobi Apoftoli, anno Domini MCCLX. feptimo, Regnante L. Rege Francorum. A. Archiepifcopo Auxitano. G. Comite Fezenciaci & Armaniaci.

CCLIV.
Mars 1268.

Original du même Cartulaire fol. III. V°. & IIII. R°.

Engagement à l'Archidiacre de Pardiac , d'une partie de la dixme
de l'Eglife de Montagudet, par Bernard de Montagut, Damoifeau ,
duquel eft témoin Arfieu de Montefquiou, Sacriftain d'Auch.

De Monteacuto , de Pardiniaco.

Notum fit cunctis, quod Bernardus de Monteacuto, Domicellus, impignoravit
Magiftro Sancio , Archidiachono Pardiniaci , quartam partem decime Ecclefie de
Montaguded, dicti Archidiaconatûs, pro viginti fol. Morl , quos dictus Bernardus de
Monteacuto recognovit fe habuiffe a predicto Magiftro Sancio in pecunia numerata ; ita
tamen quod dictus Archidiachanus vel quicumque alius qui predictam quartam decime
teneret vel poffideret, ejus nomine, teneretur reddere dicto Bernardo, vel ejus ordinio
aut mandato , dictam quartam partem decime, quantumcumque ipfi voluerint eandem
cum pecunia fupradicta .... Hujus autem rei teftes funt DOMNUS ARSIVUS DE
MONTESQUIVO, SACRISTA AUXITANUS, Guillelmus-Arnaldi de Montealto , Cano-
nicus ejufdem loci, ... & Ego Johannes deu Bas, publicus Auxis Notarius , qui
Cartam iftam fcripfi & eidem fignum meum appofui. Factum fuit hoc Auxis die
Lune ante Feftum Beati Gregorii, anno Domini MCCLXVIII. Regnante Lodovico
Rege Francorum. Amanevo Archiepifcopo Auxitano , & Geraldo Comite Fezenfiaci
& Armaniaci.

Original en parchemin des Archives de l'Abbaye de Berdoues.

CCLV.
28 Février 1269.

Vente du Cafal de Sanfofpouy à l'Abbaye de Berdoues , par
Raymond-Aimery de Montefquiou , du confentement d'Aimery &
de Hugues , fes freres.

In Xpi nomine. Notum fit cunctis prefentibus & futuris quod ego RAMUNDUS-
AIMERICI DE MONTESQUIVO, DICTUS FILIUS DOMINI ARSIVI DE MONTESQUIVO,
non feductus , neque deceptus in aliqua parte ab aliquo , fed mea propria ac fpontanea
voluntate inductus, cum confilio, affenfu & voluntate AÆIMERICI ET UGONIS,
FRATRUM MEORUM, per me & per omnes meos ... vendidi tibi R°. Abbati Monafterii
Berdonarum & toto Conventui ejufdem loci prefenti & futuro, totum Cafale de Sanzof

poels, cum omnibus pertinentiis, adjacentiis, scilicet, cum terris cultis & incultis, pascuis, aquis, nemoribus, arboribus fructiferis & non fructiferis & etiam introitibus, statibus & exitibus & quicquid ad dictum Casale de Sanzospoeis spectat, ab abisso usque ad celum, sicut includitur territorium dicti Casalis infra terminos subscriptos, quod extenditur in latitudine, scilicet, a parte meridiana a territorio Casalis deu Pelo, usque ad territorium de Marmont, in longum vero extenditur à Serva que respicit Occidentem & est ante Grangiam Sancti Felicis, usque ad territorium de la Fita & de Tremoled, quod est versus orientem & versus Castrum Sancti Romani, & de Rivo qui descendit dez Marmont versus Tremoled & est versus aquilonem, usque ad dictum territorium deu Pelo, quod est versus meridiem : sic dictum territorium Casalis dicti terminatum . . . vendidi vobis supradictis Domnis . . . & vos in stabilem & perfectam juris & facti possessionem, tanquam veros Dominos & possessores induco, & omne illud quod ad usum hominis & animalium spectat, quocumque modo appelletur vel censeatur, quod est infra dictos terminos vel fuerit in futurum, dictis Fratribus dicti Monasterii omnino absolvo . . . . ita quod non sit alicui hominum licitum de cetero infra dictos terminos, sine voluntate Fratrum Berdonarum, terras dictas excolere nec quicquam operis ibidem facere . . . . Acta sunt hec omnia de voluntate & assensu Domini B. Comitis Astariaci, II. Kalendas marcii apud Montemcassinum, anno Domini MCCLXIX. Regnante Ledovico Francorum Rege & Domino B. Astariaci Comite & Domno A. Auxitano Archiepiscopo. Hujus rei sunt testes Dominus Azemarius de Maloleone, & Dominus Giraldus de Marrenes, & B. de Marrast, & Vitalis de Sancto Romano, & Willelminus Bajulus Montiscassini, & N. Bresq. Milites, & W. de Mauro, & Arnautorius & Giraldus de Burgano, & W. de Santo Jermano. En Esacle de Montesquivo.... & ego Brunus scriptor publicus, Notarius, Astariaci, qui hoc vidi & audivi, & de mandato assensu & voluntate utrarumque partium, hanc Cartam scripsi & signavi, in testimonium premissorum.

(Signé de la marque dudit Notaire.)

Original en parchemin des Archives de l'Abbaye de Berdoues.

CCLVI.
30 Mai 1274.

Sentence arbitrale entre le Noble Baron le Seigneur Raymond-Aimery de Montesquiou, Chevalier, Seigneur du Château de Montesquiou ; & les Dames Religieuses & le Prieur du Monastere du Brouilh, de l'Ordre de Fontevrault, au sujet de certains droits d'usage sur plusieurs terres, pacages, eaux & bois y désignés, &c.

* universi presentes pariter & futuri, hoc presens Instrumentum publicum inspecturi seu adituri, quod NOBILIS BARO DOMINUS RAIMUNDUS - AIMERICI DE MONTESQUIVO, MILES, DOMINUS CASTRI DE MO* QUIVO, pro se rater Johannes de Montepagano, Prior Domûs & Monasterii de Brolio & Soror Galicia de Berduzano, Priorissa de Claustro ejusdem Monasterii, & Soror Gensors de Lobadetz, Priorissa de Celario, ejusdem Domûs ... de voluntate & consensu totius Conventus predicte Domûs seu Monasterii, ex altera, compromiserunt gratis in Dominum Geraldum de Berduzano, & Bernardum de Siuraco, Milites, tanquam in Arbitros . . . super omnibus actionibus, controversiis, petitionibus que inter eos vertebantur . . ., . . . ratione terrarum cultarum & incultarum, possessionum & aquarum * erbarum & folliarum & nemorum, vel aliarum rerum, ita scilicet quod quicquid dicti Arbitri inde fecerint, dixerint vel cognoverint, . . . dicte partes promiserunt se perpetuo firmiter & inviolabiter servaturas, & hoc sub pena mille solidorum . . . Arbitri, deliberato prudentium consilio, concorditer in presentia partium predictarum, . . , . pronuntiaverunt seu diffinierunt dictum suum seu arbitrium, pro bono

* On a marqué ici par des asterisques plusieurs mots ou parties de mots qui sont emportés ou effacés dans l'original par la vétusté du parchemin.

pacis, *· in hunc modum videlicet, quod dictus Dominus Raimundus-Aimerici de Montefquivo, pro fe & omnibus fuis in perpetuum quiètat, & abfolvat & gurpiat, & relinquat predicte Domui & Monasterio de Brolio *· terras cultas & incultas, quas dictus Dominus Raimundus-Aimerici de Montefquivo habebat *· infra terminos inferius affignatos, & omnia jura & omnes rationes & actiones .... quas & que ipfe Dominus Raimundus-Aimerici de Montefquivo habebat & habere debebat. .... in illis terris cultis *· herbis, aquis currentibus vel non currentibus, montibus feu cumbis, planis & decimis, que funt in Parrochiis Sancti Sigifmundi, Sancte Marie de la Bena, Sancti Andree, & Sancti Laurentii de Speroos & Sancti Patr * Sancti Orientii de Maferas, Dyocefis Auxitanenfis, inter Rivum de Tabula, ficut dictus Rivus mardat ufque ad Serram que dividit terram Domini Oddonis de Birano, a predictis terris, qui vadit & cadit in aquam que vocatur la Offa, ex parte una, & Rivum de Pradets, qui cadit in *· ficut aqua Rivus mardat ufque ad dictam Serram, ex altera; & inter dictam Serram ex parte una, & dictam aquam vocatam la Offa, ex altera; ... excepto tamen quod voluerunt, dixerunt & diffinierunt * Arbitri quod dictus Dominus Raimundus-Aimerici de Montefquivo & ejus ordinium, poffit & ei liceat quocumque & quotiensenique ei placuerit, immittere animalia in predictis terris ad pafcendum... Item voluerunt & dixerunt predicti Arbitri quod fi forte contingeret quod in pre* committeretur aliquid homicidium, quod predictus Dominus Raimundus-Aimerici & ejus ordinium habeat & recipiat totum illud quod pro predicto homicidio daretur; & fi forte accideret quod in terris predictis effent afturcones vel cervi, vel apri, vel alia animalia agralia * Dominus Raimundus-Aimerici & ejus ordinium habeat & habere debeat predictos afturcones & cerverios & fpatulas de predictis animalibus, ficut dantur in Fezenfiaco, vel dari confuetum eft ab antiquo, excepto tamen quod fi Fratres vel eorum familia predicta animalia * invenirent feu ... caperent, non teneantur .... dare predicto Domino Raimundo-Aimerici .... quod fuperius eft expreffum, Item dixerunt & voluerunt predicti Arbitri .... quod fi aliquis Miles, Domicellus vel aliquis alius dederat, legaverat, vendiderat feu feodaverat predicte Domui & Conventui de Brolio, aliquas terras vel res alias que a dicto Domino Raimundo-Aimerici tenerentur in feodum, vel alio modo, quod ipfe Dominus Raimundus-Aimerici pro fe & omnibus fuis in perpetuum quitet & confirmet predictas donationes, legationes, venditiones feu feodationes.... Item dixerunt & voluerunt prenominati Arbitri quod idem Prior & Prioriffe Conventûs de Brolio pro iftis fic factis conceffis fuperius & expreffis, dent folvant &·dare & folvere teneantur dicto Domino Raimundo-Aimerici de Montefquivo vel ejus ordinio, DCCCL. fol. Morl. .... Et ibidem dicte partes prefentes, fcilicet, dictus Dominus Raimundus-Aimerici pro fe & omnibus fuis & Prior & Prioriffe & Conventûs dicti Monafterii pro fe & dicto Monafterio & omnibus Fratribus·& Sororibus ejufdem de Monafterii prefentibus & futuris, omnia predicta & fingula .... laudaverunt, acceptaverunt & approbaverunt ...... Recognofcens infuper * Dominus * Aimerici ... fi ... haberet aliquod jus in predictis rebus fuperius expreffis, quocumque modo... dictis Priori & Prioriffis ... quitavit... ad faciendum & complendum de omnes eorum proprias voluntates, videlicet, pro dictis DCCCL. fol. Morl. quos dictus Dominus Raimundus-Aimerici recognovit... recepiffe .... Predicta omnia & fingula fuerunt facta, pofita & conceffa infra dictum Conventum de Brolio, fecunda die in exitu menfis maii. Teftes funt Dominus Oddo de Birano, Domicellus, Dominus Brefca, Dominus Bertrandus de Gardera. Milites ... & Ego Foncius de Birano ... Notarius Vicenfis, qui, de voluntate & concenfu utriufque partis * Anno Domini MCCLXX quarto. Dominante Amaneyo Archiepifcopo Auxitano, Geraldo, Comite Fezenfiaci & Armaniaci.

(*Signé de la marque dudit Notaire.*)

Original du Cartulaire en vélin in fol. de l'Eglise Métropolitaine d'Auch, d'une écriture du XIIIe. siecle, intitulé : *Cartulaire blanc de l'Eglise Sainte Marie d'Auch*, *cote Y. No. III. fol. CXVII. Ro. &* Vo. de la cotte ancienne, & III. Ro. & Vo. de la cotte moderne.

CCLVII.
24 Juin 1280.

Inféodation d'une place située dans la Paroisse de l'Eglise Métropolitaine d'Auch, par les Dignitaires du Chapitre de cette Eglise, dont le premier est Arsieu de Montesquiou, Sacristain, à Raymond de Preneron.

Notum sit quod Religiosi ac discreti viri Capitulum Beate Marie Auxitane, videlicet, DOMNUS ARSIVUS DE MONTEESQUIVO, SACRISTA, Magister Vitalis de Stella, Lector in Teologia, Dominus Bernardus de Monteacuto, Archidiachonus Armaniaci, Bernardus de Panasaco, Archidiachonus Corrensaguesii, Raymundus-Guillelmi, Archidiachonus Astaraci, Magister Geraldus de Boneto, Archidiachonus Elisone, Guillelmus - Raymundi, Archidiachonus Suipodii, Bertrandus-Guillelmi, Archidiachonus d'Anglées, Guillelmus de Resuas, Archidiachonus de Manyaacho, Guillelmus - Arnaldus de Montealto ; Archidiachonus Pardiniaci, Guillelmus-Arnaldus de Narbieu, Abbas Sellefracte, Petrus de Baulato, Canonicus Ecclesie Auxitane, pro se & successoribus suis infeudaverunt. ...Raymundo de Pratonerone... illam Placeam ... que est in Parochia Beate Marie Auxitane... pro duobus solidis Morl. reddendis inde annuatim in Festo Beati Johannis Baptiste. ...... Capitulo Auxitano. ..... Testes Johannes de Serra, Capellanus de Reqnie (&c.) & ego Seguinus de Thogeto, publicus Auxitanus Notarius, qui premissis interfui & ea in publicam formam redegi & huic Instrumento signum meum apposui, cui etiam Instrumento sigillum suum apposuit Capitulum Auxitanum... Datum Auxis in Festo Beati Johannis Baptiste anno Domini MCCLXXX. Amanevo existente Archiepiscopo Auxitano. G. Comite Fezenciaci & Amarniaci.

Original en parchemin des Archives de l'Eglise Métropolitaine d'Auch.

CCLVIII.
Déc. 1291.

Acte par lequel Centul Comte d'Astarac donne le Seigneur Aimery de Montesquiou, Chevalier, & d'autres Chevaliers & Damoiseaux, pour pleiges de l'exécution d'une Sentence arbitrale qui doit être prononcée sur un différend mû entre lui & Amanieu Archevêque d'Auch, son Eglise, &c.

Noverint universi quod cum Nobilis vir Centullus Dei gratia Comes Astariaci, ratione & causa compromissi & facti inter ipsum, ex parte una ; & Reverendum in Xpo Patrem Amanevum Dei gracia Archiepiscopum Auxitanum & Bernardum de Maurieto, Canonicum in Ecclezia Auxitana & Procuratorem & Syndicum Ecclesie predicte & Abbatem de Pessano & de Fageto & nomine Capitulorum suorum ..... ex altera; super omnibus questionibus, controversiis, causis seu litibus quas habebant inter se ... ratione aliqua sive causa, de jure vel de facto, in Nobiles & discretos viros Dominum Hotonem de Lomania, Militem, & Reverendum Patrem Domnum Arnaldum-Othonis Dei gracia Abbatem Condomii, promisisset inter cetera pro predictis & singulis & *singulis* * in Instrumento dicti Compromissi, manu mei Notarii infra scripti, confecti, attendendis & complendis ... plures fidejussores dare, preter illos nominatos in predicto Instrumento dicti Compromissi & plura alia Castra, preter nomi-

* Sic.

nata & tradita dictis Arbitris ;. . . volens attendere quod promisit pro parte ejusdem Domini Comitis, pro predictis omnibus & singulis in Instrumento dicti Compromissi per ipsum Dominum Comitem & ejus partem promissis & concessis ; attendendis, complendis & firmiter observandis, & pro solutione pene in predicto Instrumento dicti Compromissi contente, si in totum vel in parte in contrarium ageretur ; ad preces & instanciam dicti Domini Comitis ad requisitionem ejusdem per dictos Arbitros eidem factam, obligaverunt se principaliter & in solidum constituentes se super hoc principales, scilicet, Dominus Bernardus d'Orbassanis, DOMINUS AYMERICUS DE MONTESQUIVO, Dominus Arnaldus de Sancto Roma, Dominus Hugo de la Serra, Dominus Caudero, Milites ; Arnaldus-Bernardi de Vallecava, Do. de Sabalhano, Domicelli, se suaque bona omnia pro predictis specialiter obligando, qui se facturos & curaturos cum effectu & sub pena predicta in predicto Instrumento dicti Compromissi contenta, comitenda & solvenda pro medietate alteri parti & quo ad aliam medietatem Domino nostro Regi & michi Notario infrascripto stipulanti sollempniter vice & nomine ipsorum, quod pars predicti Comitis tenebit & observabit omnia predicta & singula in Instrumento dicti Compromissi contenta, nec non . . . Sententiam seu Sententias dictorum Arbitrorum . . . que ipsis inter partes predictas pronunciari contigerit super predictis omnibus & singulis vel aliqua de predictis in predicto Instrumento contentis, & quod nulla ratione vel modo adversus & contra . . . predicta, vel aliquod predictorum, dictus Dominus Centullus per se vel per alium, restitutionem aliquam implorabit . . . Item pro dicta exactione & exequtione facienda per dictos Arbitros Arbitratores de eorum laudo, Sentencia seu pronunciatione proferendis inter partes predictas, auctoritate Compromissi predicti, ad requisitionem dictorum Arbitrorum, dictus Dominus Comes & alii sponsores principales superius nominati tradiderunt . . . Arbitris antedictis, Castra & loca de Labeiano & de Altaripa & de Silva . . . & se traditoros die crastina juxta mandatum per dictos Arbitros eis factum promiserunt. . . . possessionem . . . eorumdem Castrorum, scilicet, dicti Castri de Labeiano, Guillelmo Boias, & de Altaripa, Guiraudo de Savinhaco, & de Silva, Hotoni de Lalanda, quos ibidem ad recipiendum possessionem Castrorum predictorum & receptam retinendum & recipiendum sacramenta fidelitatis hominum Castrorum predictorum & colligendum fructus & redditus eorumdem, procuratores constituerunt in predictis Arbitri memorati ad habendum, tenendum & possidendum . . . quousque exactionem & exequtionem ad plenum fecerint de predictis in dictis Castris & eorum pertinenciis, juxta Instrumentum dicti Compromissi concessam per dictum Dominum Comitem eis formam, . . . volentes & concedentes tam idem Dominus Comes quam alii sponsores seu principales quod Curia Sigilli Domini Regis Senescallie seu Vicarie Tholose, Jurisdictioni, cujus ex certa scientia se sub posuerunt . . . compellat ipsos . . . ad tenendum & servandum . . . Sententiam seu pronunciationem dictorum Arbitrorum . . . & ad solvendum dictam penam . . . per captionem & venditionem bonorum suorum & specialiter dictorum Castrorum & per captionem suorum corporum ad tenendum hostagia infra Castrum Narbonensem Domini Regis Tholose, & quod ipsis existentibus vel non existentibus in dictis hostagiis, Curia dicti sigilli possit bona & res ipsorum specialiter dicta Castra occupare . . . & garnisionem Servientum in domibus, terra & bonis eorum ponere, & tenere quousque predicta omnia & singula in Instrumento dicti Compromissi contenta & . . . Sententiam dictorum Arbitrorum . . . ad effectum duxerint, prout in eorum dicto & pronunciatione videbitur contineri . . Hoc ita factum apud Pabiam die Sabbati post festum Beati Andree Apostoli, Regnante Philippo Francorum Rege, Hugone Episcopo Tholosano, anno ab Incarnatione Domini M. CC. XC. primo. Hujus rey sunt testes Dominus Fredolus de lo Lobenquis . . . Stephanus de Nigrostanno, & Vitalis Aycardi, publicus Tholose Notarius qui de predictis ad faciendum inde Cartam receperat

mandamentum ; ſeed morte preventus , eam perficere non potuit , poſt cujus moitem
Venerabiles viri Domini de Capitulo Urbis & Suburbii Tholoſe ... receptis in parte
papiris materiis & protocollis dicti quondam Magiſtri Vitalis Aycardi , tradiderunt eas
Paulo de Caſanova, Notario Tholoſe publico , cognoſcentes eorum judicio & dicentes...
ſedentes pro tribunali in eorum Conſiſtorio quod dictus Paulus de Caſanova faciat
& facere poſſit Inſtrumentum ſeu etiam Inſtrumenta de omnibus illis materiis & protocollis ſibi collatis, quas dictus Magiſter Vitalis Aycardi receperat ... & quod ...
illa Inſtrumenta confecta per dictum Paulum , habeat illam efficaciam . . . ac ſi ab
eodem Magiſtro Vitali Aycardi fierentur & manu ſua propria ſcriberentur. Hoc fuit
datum , cognitum & aprobatum a predictis Dominis de Capitulo. XVI. die exitûs
menſis auguſti , Regnante Domino Karolo Francorum & Navarre Rege , & Johanne
Archiepiſcopo Tholoſano , anno ab Incarnatione Domini M. CCC. viceſimo ſexto....
Et Paulus de Caſanova predictus publicus Tholoſe Notarius, qui Cartam iſtam ....
ſcripſit tam ex cognitione dictorum Dominorum de Capitulo quam de mandato Domini
Jacobi de Lathorongia, Legum Doctoris , Judicis ordinarii Tholoſe ac cuſtodis Sigilli
majoris Regii Seneſcallie & Vicarie Tholoſane, literatorie ſibi facto, prout inferius
continetur ; verum cum dictum Inſtrumentum videtur fuiſſe receptum ad vires dicti
Sigilli, per dictum Magiſtrum Vitalem Aycardi quondam , prout in materia ejuſdem videbatur contineri & comode ex mandato dictorum Dominorum de Capitulo,
predictus Paulus de Caſanova, Notarius Tholoſe publicus , Inſtrumentum predictum
groſſare nec conficere non poſſet, niſi mediante mandato Superioris & ſpecialiter Judicis
Ordinarii, cui regimen dicti Sigilli pertinebat, prefatus Dominus Jacobus de Lathorongia, Judex predictus , ad requiſitionem & ſuplicationem Diſcreti viri Magiſtri Bernardi de Noguayroſſo, Juriſperiti , procuratoris Reverendiſſimi in Xpo Patris Domni
Archiepiſcopi Auxitanis .... mandavit dicto Magiſtro Paulo ut dictum Inſtrumentum
groſſaret .... Tenor vero litere mandati facti per dictum Dominum Jacobum dicto
Magiſtro Paulo, de qua ſupra fit mentio , talis eſt : Jacobus de Lathorongia, Legum
Doctor , Judex ordinarius Cuſtoſque Sigilli majoris Regii Seneſcallie & Vicarie
Tholoſane, dilecto Magiſtro Paulo de Caſanova, Notario Tholoſe ſalutem & dilec-
tionem : cum Magiſter Vitalis Aycardi , Notarius ad Sigillum predictum quondam ,
dûm vitam ducebat in humanis, quedam Inſtrumenta Compromiſſi & Arbitragii
receperit ... & quedam alia pertinencia Domno Auxitano Archiepiſcopo, que recepta
ad dictum Sigillum in ſuis libris notavit, cumque vos ejdem ſubrogatus fueritis ...
dicta Inſtrumenta in formam publicam eidem Domno Archiepiſcopo ſeu ejus certo
procuratori reſtituatis .... Datum Tholoſe ſecunda die ſeptembris anno Domini
M. CCC. XXXI.

(Signé de la marque dudit Notaire.)

Original en parchemin des Archives de l'Egliſe Métropolitaine
d'Auch.

CCLIX.
16 Mai 1301.

Conceſſions des nouvelles Coutumes d'Auch données par l'Archevêque Amanieu (d'Armagnac) & par Bernard (VI.) Comte d'Armagnac, delaquelle eſt témoin Genſes de Monteſquiou, Damoiſeau, &c.

In nomine Patris & Filii & Spiritus Sancti. Amen. Noverint univerſi quod anno
Domini M. trecenteſimo primo die veneris in craſtinum feſtivitatis Aſcenſionis
Domini , Nobilis vir Dominus Odo de Maſſanis, Miles , & Arualdus Willelmi de
Arconis, Burgenſis Civitatis Auxitane , Arbitri ..... electi ..... amicabiliter per
Reverendum in Xpo. Patrem Domnum A. Dei gratia Archiepiſcopum Auxitanum

G g

& Dominum B. eadem gratia Comitem Armaniaci & Fezenciaci & per Confules Univerfitatis Auxitane, fuper controverfia mota inter ipfos Dominos Archiepifcopum & Comitem & Confules ac Univerfitatem predictos, ficut in quodam Compromiffo facto per me Notarium infrafcriptum plenius continetur, fuper Confuetudinibus de novo in predicta Civitate Auxitana per dictos Dominos ftatuendis. Dixerunt & pronunciaverunt fuper predictis Confuetudinibus & Statutis, prout inferius continetur; primo fuit pronunciatum quod Domini dicte Civitatis Auxitane, fcilicet, Domnus Archiepifcopus Auxitanus & Dominus Comes Armaniaci & Fezenciaci & Univerfitas & Confules Civitatis Auxitane & fucceffores eorum habeant Domum communem per medium & in emendo eam, edificando vel reparando, teneantur per medium ad expenfas quas ob hoc facere oportet vel in pofterum oportebit, (&c.) ... Prefentes Confuetudines fuerunt laudate & approbate & etiam confirmate per Magnificium virum

Dominum B. Dei * Comitem Armaniaci & Fezenciaci... & per Venerabiles & difcretos viros Dominos Guillelmum-Arnaldi de Montealto, Pardiniaci & B. de Maurieto, Suipodii, Canonicos & Archidiaconos in Ecclefia Auxitana, habentes fuper hoc fpeciale mandatum a Reverendo Patre in Xpo. Domno A. divina miferatione Archiepifcopo Auxitano ... nec non & per Venerabilem & difcretum virum Domnum P. de Baulaco, Canonicum & Archidiaconum Savenefii in eadem Ecclefia Auxitana, Syndicum ... Venerabilis Capituli Auxitani & nichilominus per Bertrandum de Fabrica, P. Deftrabo, Cives Auxitanos, procuratores Sindicos & autores Confulum & Univerfitatis Civitatis & Ville Auxitane ... Hoc vero prefens publicum Inftrumentum retentum fuit per me Notarium infrafcriptum, in Clauftro Beate Marie Auxitane, anno & die quibus fupra.... Hujus prononciationis & compofitionis & rei funt teftes ... Domnus B. de Monteacuto, Abbas Fageti, EN GENCLS DE MONTEESQUIVO, Domicellus, Dominus B. de Balermo, Miles, B. de Pardelhano, A. de Podenas, Hugo de Arbeyffano, Domicelli .... Dominus Guillelmus de Sedelhaco, Miles ... & ego Oliverius de Spina, publicus Auxitanus Notarius, qui requifitus per dictum Dominum Comitem & per ... procuratores Domni Archiepifcopi Auxitani... & per fupradictum ... Sindicum ... Venerabilis Capituli ejufdem Ecclefie Auxitane & per .... Sindicos & procuratores Univerfitatis Civitatis & Ville Auxitane, de predictis omnibus ..... hoc prefens Inftrumentum publicum retinui, manu propria fcripfi, fignoque meo folito confignavi.

(Signé de la marque dudit Notaire.)

CCLX.
14 Avril 1368.

Archives de la Maifon de Montefquiou.

Groffe en parchemin expédiée judiciairement en 1406, des

Conventions & Traité de Mariage de Noble & puiffant Seigneur Odon, Seigneur de Montaut, Chevalier; avec Noble Bellegarde de Montefquiou, fille d'Arfieu de Montefquiou, dans lefquelles ladite Bellegarde eft affiftée dudit Arfieu, fon pere, du Seigneur de Montefquiou, fon ayeul, & de Genfes de Montefquiou, fon frere.

In Dei nomine. Amen. Noverint univerfi prefentes pariter & futuri quod anno M°. quadringentefimo fexto die octava menfis januarii, prefentatis pro parte NOBILIS DOMINE BELESGART DE MONTEZQUIVO, uxor Nobilis & potentis viri Domini Oddonis de Montealto, Militis, Domini de Montealto, michi Arnaldo Mutonis, Notarii Auxis publici, quibufdam patentibus litteris a Venerabili & circumfpecto viro Magiftro Philippo de Maferiis, Bacallario in legibus, Judice ordinario Fezenciaci citra Bayfiam, pro Illuftriffimo Principe & Domino noftro Domino Bernardo Dei gratia Comite Armaniaci, emanatis, in papiro scriptas, manuque propria dicti Domini Judicis in fine earum cum incausto, ut in ipsis apparebat, consignatis & sigillo dicte sue Judicature auctentico in dorso earum, cera rubea sigillatis, quarum tenor talis est: Philippus de Maseriis, Bacallarius in Legibus, Judex ordinarius Fezensiaci citra Baysiam, pro Domino nostro Comite Armaniaci, Dilecto nostro Magistro Arnaldo Mutonis, Notario Auxis, cui Collacio librorum, notularum & Prothocollorum defuncti nuper Magistri Arnaldi de Astuga, Notarii, per nos facta, extitit, salutem. Ad supplicacionem & Requestam Nobilis Belesgart de *   squivo, vobis, tenore presencium, precipimus & mandamus quatenus quoddam Instrumentum dotale sive Matrimoniale & Convencionum matri *   contracti inter Dominum de Montealto, ex una parte, & Nobilem Belesgart de Montesquivo, ejus uxorem, partibus ex altera, in *   libros & notas dicti deffuncti Notarii reppertum & per Magistrum Fortanerium de Condomio, Notarium quondam, ut in Protocollo dicti Instrumenti... ut premicitur, invento non cancellato noscitur, sumptum & retentum, a Prothocollo predicto dicti Instrumenti non *non* cancellato, abstrahatis, grossetis & in publicam formam redigatis, ... & signo vestro publico & consueto signetis, abstractumque in publicam formam redactum & signo vestro solito signatum, dicte Supplicanti tradatis & liberetis ... volentes insuper & discernentes harum serie dicto Instrumento Matrimoniali sic per vos abstracto & in publicam redacto ac signo vestro consueto signato & contento in eodem tot & tantam adhiberi fidem.... in quocumque judicio & extra, ac si per dictum quondam Fortanerium de Condomio, Notarium, abstractum, grossatum, in publicum redactum & signo suo publico, tempore quo vivebat, signatum, extitisset; presens vero nostrum mandatum in predicto Instrumento, ad plenum inserentes. Datum Auxis die VIIIe. mensis januarii anno Domini millesimo quadrin- gentesimo sexto. (*Signé*) de Maseriis, (&) de Solla.... Et vigore & auctoritate earundem licterarum & contentorum in eisdem ad abstractionem, grossationem & in publicam redactionem dicti Instrumenti Matrimonialis & Convencionum ejusdem, de quo in prescriptis licteris mentio habetur, sive Protocolli, ejusdem inter libros dicti quondam *   gistri Arnaldi de Astuga quondam, reperti, & per dictum quondam Magistrum Fortanerium de Condomio", Notarium ... recepti & scripti in Romancio & non ampliati, a nota sive dicto Protocollo originali ... processi in hunc modum, & tenor dicte, note .... dicti Instrumenti Matrimonialis facti inter dictum Dominum de Montealto & dictam Nobilem Belesgart de Montes *   talis est:

L'an M.cccL.xiiii. lo dia xiiii. d'abriu son scriutas las Convenensas sober lo Tractament deu *   ter Moss. de Montaut e Belesgart, filha de Moss. Ayssiu de Montesquiu, enter Iodit Moss. Ayssiu e Moss. de Gr*   e Moss. Galin de Montaut, tuto deudit Moss. de Montaut, & los Nobles & los Cossolatz de la Terra deudit Moss. de *   taur. Prume que Iodit Matrimoni se celebre en Sancta Gleysa can sera temps e hora e a Moss. Ayssiu & los tutos deudit Moss. de Montaut sera vist. Item que Iodit Moss. Ayssiu e Senhor de Montesquiu pay de ladita Belesgart prometon da en dot audit Moss. de Montaut, per causa deudit Ma- trimoni, coate milia floris d'aur e arnes nuptiau........Item que sia feyta. reconeycensa de la dita suma per Iodit Moss. En Galin e a quera assignara sober tota la terra que Moss. de Montaut ten de Moss. lo Compte d' *   hac e a quera terra obligara, en cas de restitucion deudit dot, e otra a sola terra que Iodit Moss. de Montaut a ben Comdat de Comenge .... Item que si convien deudit Matrimoni ser enfans mascles hun o trops, que lo prume engendrat si es hun o si son trops aia a succedi en tota la terra que Iodit Moss. ... ten deudit Moss. lo Compte : ... e en la terra que ten en *   dat de Comenge. Item que si convien deudit Matrimoni sia enfans famellas femnas, que la prumiera engendrada sia dota de quatre milia floris d'aur, e las autras cum semblara a lo pay. Item que totas las caufas fobreditas e ordenadas juren * de obferva lodit Moff. de Montaut & Moff. En Galin de Montaut, tuto foberdit. e los Nobles, fo es affaber, Moff. Galin de Montaut, Senhor de Gramont, Moff. Amaubin de la Ylha, lo Senhor de Prinhau, lo Senhor d'Arnés, Arman d'Efparbes, Arnaut-Guilhem d'Arnés, Bernat de Gaudos, Yumbert deus Angres, lo Senhor deu Malartic, Ar. Bertran, Manaut de Berloc, Item Guilhem de Lafferan, BERTRAN DE MONTESQUIU, Gaute d'Arrigapeu, Donzels; por la part de Moff. Ayffiu de Montefquiu, los Coffolatz Br. de Robert, Guilhem Arnaut d'Augas, Coffelhs de Montaut, Bertran Deuffoles, Maeftre Johan de Leftanh, Coffelhs d'Aubiet, Odet deu Pi, Guilhem Daymrit, Coffelhs de Nogaro, de procura per los pode ab lodit Moff. de Montaut, que las caufas foberditas obfervara. . . . Item que lodit Moff. de Montefquiu & lodit MOSS. AYSSIU E GENSES, SON FILH, e ladita Belefgart e los autres Nobles de la terra deud. Moff. de Montefquiu, deu caus lodit Moff. Ayffiu per lodit Moff. de Montaut fera requirit, juraran las foberditas caufas de tenir fere & obferva e ladita Belefgart lodit Matrimoni fere e compli. Item que la fumma dotau prometens de paga lodit MOSS. DE MONTESQUIU, MOSS. AYSSIU, SON FILH, GENSES, FILH DEUDIT MOSS. AYSSIU, E LADITA BELESGARDA e fe obligaran a obliganfas de Saget e en autra maneyria à la voluntat de Moff. de Montaut e deudit fon tuto. Teftimonis de totas aqueftas caufas Moff. Sans de Belloc. . . . Moff. Vidau de Aufon. . . .

L'an defufdit lo dia de Dimenches d'avant la fefta de Sent Marc, Moff. de Montefquiu, Genfes, fon filh, Peytevin de Mon * , Donzels, juren l'article en cau es contengut lo Matrimoni fere & procura. Item ladita Belefgart prometon. . . . & juret fere lodit Matrimoni. . . . Item de Montefquiu, Moff. Ayffiu, fon filh, & de fa licencia, e Genfes de Montefquiu, filh deudit Moff. Ayffiu, e de fa licencia & lad *. Belefgart, de licencia deudit pay fon, prometon paga ladita fumma audit Senhor de Montaut. . . e volon efte compellitz per totas Cortz. . . . e fpeciaument per la Cort de Moff. lo Officiau d'Aux, e per la Cort. . . . de Moff. lo Compte, & per la Cortt. . . . de Moff. lo Princep de Gala e deu Dugat de Guiayna, & per. . . la Cort de Tholofa. . . Teftimonis BERTRAN DE MONTESQUIU, DONZEL, . . . Frater Petrus de Refpalhes, Canonge dela Cafa-Diu. . . . Item fo convent enter lofditz Moff. de Montefquiu e Moff. de Montaut * l'an LXVIII. e lo jorn que lo Matrimoni fe celebret en loc de Montefquiu, que fi ladita Belefgart convie de mori fes enfans, que en * pofqua tefta e fer teftament entio la fumma de miau floris d'aui. . . . Item l'an e lo dia foberditz, lodit Moff. de Montefquiu, e Moff. Ayffiu, fon filh, e de fa licen * de Lafferan, Senhor de Mancencoma, Johan de Ferraboc, Senhor de Plefot; PEYTEVIN DE MONTESQUIU, totz enfemps & cafcun. . . . de la prumera obliganfa feyta per lofditz Moff. de Montefquiu, Ayffiu, fon filh, & Genfes, fon filh, e lodit Peytevin, paga e compli las cau * . . . . das heus prefens artigles, a las foberditas caufas volon efte compellitz, ayffi cum defus es dit a las forfas deu Saget de * Compte d'Armanhac, e a las forfas deu Saget deu Princip de Guiayna, e deu Rey de Franfa. . . . & tie hoftatges ben Caftet d'Aux o ça autre loc de la terra de Moff. lo Compte à la leyta deudit * de Montaut e de fon procuray. . . . Teftimonis lo Noble Od de Prinhan, Arnaut-Guilhem d'Arnes, Manaut de Berloc . . . e jo Fortane de Condom, Notari, en las foberditas obliganfas e Convencios prefent fu e affi me fcriptu. (Signé) de Condom.

Verumtamen quia dicti Magiftri Arnaldus de Aftuga & Fortanerius de Condomio, Notarii quondam, divina voluntate procedente, morte preventi, dictum Inftrumentum Matrimoniale feu Convencionum ejufdem dictorum Nobilium Conjugum a dicta ipfius Magiftri Fortanerii quondam, nota five Protocollo, manu ipfius, ut in ipfo nocitur fcripto, abftrahere, groffare & in publicum redigere nequiverunt, ego Arnaldus

Mutonis, Notarius prediƈtus * gore & auƈtoritate diƈti preinfenti Mandatis diƈti Domini Judicis ordinarii . . . , diƈtum Inſtrumentum Matrimoniale a pre * originali feu nota ejufdem diƈti quondam Magiſtri Fortanerii , & per ipſum ſcripto nundum cancellato ſive cancellata , abſtraxi gróſſavi * modo & forma quibus in ipſo continetur Protocollo & hoc pro parte Nobilis Domine Belefgart de Monteſquivo tantum & ſigno meo * quo utor in publicis Inſtrumentis per me retentis , ſignavi , quod eſt tale. (Signé) A. M. (avec ſa marque.)

Original du Cartulaire en papier in fol. de l'Eglife Métropolitaine d'Auch , d'une écriture du milieu du XVe. fiecle, intitulé : *Vieux livre vert , cotté* ⊕ *No. III;* fol. IIIIxx. Ro. d'une cotte ancienne.

CCLXI.

Les pieces pré-cédentes ſont de l'année 1441.

Hommage & ferment de fidélité fait au Chapitre de la Cathédrale d'Auch , par Noble Seigneur Arfieu de Monteſquiou , Seigneur de Monteſquiou , en qualité de Chanoine d'honneur du même Chapitre, & Confirmation par le même Seigneur, de la donation des dixmes d'Yos , faite par le Seigneur Arſieu , ſon pere.

Juramentum fidelitatis per Dominum de Monteſquivo preſtitum Capitulo.

Item anno quo ſupra & die XXIIII. menſis martii, hora prime, in Clauſtro , Capitu-lantibus Domnis Bernardo de Montelugduno, Savaneſii ; Bertrando de Joculatore, Soſſii ; Johanne Combrerii , Correnſagueſii ; Archidiaconis ; Bernardo de Aqua , Abbate de Ydraco , Ramundo de Ripperia , Priore de Monteſquivo , in decretis Baccallariis , Manaldo de Befola, Sacriſta, Johanne Barreae, Archidiacono Aſtariaci, Johanne de Monteclaro , Baptiſta de Boſco , Johanne de Ruppe , Bernardo de Borrolhanno , Bernardo de Abbatia , Canonicis in diƈta Ecclefia ; Nobilis Dominus Ayssivus de Montesquivo , Dominus de Montesquivo , exiſtens , genu flexo , coram diƈtis Domnis Canonicis & teuente librum Martiiogii diƈti Venerabilis Capituli, prediƈto Domno Ramundo de Ripperia , nomine totius Capituli, recognovit quod predeceſſores ſui Domini de Monteſquivo tenebantur & erant aſtriƈti preſtare ; ſeque etiam teneri preſtare diƈto Venerabili Capitulo & Domnis Canonicis ejufdem prediƈti Venerabilis Capituli nomine , homagium & fidelitatis juramentum ſemel in vita ; & ibidem ipſe Dominus Ayſſivus volens ſervare & tenere ea adque eſt aſtriƈtus , ſuique predeceſſores ſervarunt, manibus ambabus poſitis ſuper Martilogium prediƈtum juravit & juramento medio promiſit diƈto Venerabili Capitulo & Domnis Canonicis ejufdem, eſſe bonus & fidelis ac legitimus, utilia procurare, inutilia evitare, ſecreta tenere, ſiniſtra propalare , &c. & diƈti Domni Canonici Capitulantes recognoverunt diƈtum Vene-rabile Capitulum teneri prediƈto Domino de Monteſquivo, quicumque ſit , reſpondere ſingulis diebus quibus ipſe Dominus de Monteſquivo advenit & intrat preſentem Civitatem, illa tamen die quam aliunde ad preſentem venit Civitatem & non alia, de una Prebenda panis & vini, tali ſicuti unus ex Prebendariis diƈte Ecclefie , eam quolibet die recipit & recipere conſuevit , eaque ſibi teneri dare & ſolvere recognoverunt , ac promiſerunt prout aƈthenus predeceſſoribus ſuis reſpondere & ſolvere conſueverant. Et ibidem cum Dominus Ayssivus quondam pater dicti Domini Ayssivi, dediſſet donatione pura & inter vivos faƈta irrevocabili , diƈto Venerabili Capitulo & Domnis Canonicis ejufdem, decimas fruƈtuum recolligendorum, perpetuis temporibus , in terri-torio vocato de Yos , ſcito in pertinenciis de Monteſquivo, mediante Inſtrumento per me recepto ; diƈtus Dominus Ayſſivus volens , contemplatione patris ſui & dileƈtione , peraƈta per ipſum teneri & ſervari gratis &c. ratifficavit & approbavit diƈtam donatio-nem & noviter, quantum in ipſo erat & poterat, dedit , &c. diƈto Venerabili Capitulo &

Domnis Canonicis predictis presentibus, &c. dictam decimam, &c. per omnes voluntates
Capituli faciendis eis modo & forma quibus ejus pater eam dederat ; de quibus partes
requisierunt Instrumentum. Testes Domni Bernardus de Gardia, Vitalis de Ponsano,
Arnaldus Guillelmi de Atahano , Presbiteri Auxis & Magister Ramundus-Bertrandus
de Guarrossio , Notarius qui de premissis Instrumentum retinuit.

CCLXII.
21 Mai 1484.

Original en parchemin des Archives de l'Eglise Métropolitaine d'Auch.

Réception de Charles Comte d'Armagnac , de Fezensac, &c. comme
Comte de Fezensac, en qualité de Chanoine d'honneur de l'Eglise Mé-
tropolitaine d'Auch , de laquelle est témoin Jean de Montesquiou ,
Baron de Montesquiou.

In Dei nomine. Amen. Noverint universi . . . quod anno ab Incarnatione Domini
millesimo quadringentesimo octuagesimo quarto & die veneris intitulata vicesima
prima mensis may . . . in nostrorum Notariorum publicorum ac testium infrascriptorum
presentia , hora prime seu circa, Illustris ac prepotens Princeps Dominus Karolus,
Comes Armaniaci , Fezenciaci , Ruthene , & Insule , Vicecomes Leomanie ,
Fezensagnelli, Brulhesii, Creysselli, Altivillatis & Gimoesii ac Dominus terrarum
Riparie, Vallis Aure, Manhoaci, Monthanorum Ruthene & Baroniarum de Seuraco &
Calciata , ut Comes dicti Comitatûs Fezenciaci , fecit suum novum ingressum &
intravit Capitulum Ecclesie Metropolitane Beate Marie Auxis in immensa multitudine
& copiosa Prelatorum & Nobilium & in Capitulo ipsius Ecclesie , tanquam Canonicus,
ad prebendam panis & vini locum recepit ; & assistentibus ibidem & Capitulantibus
Veneralibus ac magne Religionis Viris Domnis Petro de Armaniaco , Sancte Sedis
Apostolice Prothonotario Anglesii , Petro de Rocurto , Bernardo de Barrano ,
Armaniaci & decretorum Professoribus , Baptista de Bosco , Sossii , Johanne de
Rupe , Astaraci , Aymerico de Vico , utriusque juris Baccalaureo, Manhoaci, Merigono
Manhani , Vici , Archidiaconis, Petro Lati, in decretis Baccalaureo, Sacrista , Arnaudo
de Baradato , etiam in decretis Baccalaureo , Abbate Ydraci , Sancio de Area , Ber-
nardo de Birano , Johanne de Forcesio , Petro Roche , Balthazare de Belloforii &
Oddone de Montelugduno , Canonicis dicte Ecclesie Auxitane , supradictus Dominus
Comes accedens ad Altare majus ipsius Ecclesie , assignatis sibi prius stallo in choro
& loco in Capitulo , ut de consuetudine cujuslibet Canonici intrantis canonice ,
dictam Ecclesiam de novo se ipsum Beate Virgini Marie comendavit, prestito prius per
eundem Dominum Comitem in dicto Capitulo corporali juramento supra Sancta
Dei Evangelia . . . quod ipse Dominus Comes Fezenciaci libertates , usus , consuetudines & privilegia ipsius Ecclesie & jura Capituli ejusdem servabit , custodiet &
amparabit , atque sustinebit , servare , custodire , amparare & substinere faciet , & dictus
Dominus Comes . . . . . . ante dictum Altare majus & reiterans dictum juramentum
quod ibidem Beate Virgini Marie sua gratia , & spontanea voluntate offerendo ,
genibus flexis, ante dictum altare suppliciter exhibuit, licet & esto offere teneretur
tummodo unum turonensem argenteum , & ibidem ac confestim prefati Domni
Archidiaconi & Canonici . . . . statuerunt quod a modo in perpetuum in missa majori
que decantabitur ante Corpus Xpi. ipsius Ecclesie & post elevationem Corporis Xpi.
post Pater noster, dum rogatur pro Ecclesia & Rege, ipsi Canonici & Prebendati
ipsius Ecclesie teneantur rogare Deum pro dicto Domino Comite & ejus bono statu
ac vita successorum suorum . . . De quibus omnibus & singulis premissis dictus Dominus
Comes pro se, & dicti Domni Canonici pro se & toto predicto Capitulo petierunt
& requisiverunt sibi fieri publicum Instrumentum per nos Notarios publicos infrascriptos
quod & fecimus. Acta fuerunt hec in dicto Capitulo ac Ecclesia predicta, presentibus

in premiffis Reverendis Patribus Domnis Clemente de Brilliaco , Sancti Papuli ,
Hugone de Yfpania , Lectorenfis .... Epifcopis .... Nobilibus & potentibus viris
Dominis Bernardo de Riperia , Domino de Lebatuto , Senefcallo Armaniaci pro
Domino noftro Rege, Philipo de Montealto , Baronie de Montealto , JOHANNE DE
MONTESQUIVO , BARONIE DE MONTESQUIVO , Johanne de Pardelhano , Batonie de
Pardelhano , Guafpardo de Infula , terre de Infula , Baronis & Militibus , & Nobis
Johanne Louzenge , Clerico Cenomanenfis Diocefis , auctoritate Imperiali ac dicti
Domini Comitis Notario & Secretario preffati Domini Comitis & Bernardo de
Ferris , auctoritate Nobilium virorum Dominorum de Capitulo Tholofe Notario
publico infrafcriptis. Subfequenter vero dictus Dominus Comes Fezenciaci & tanquam
Canonicus ipfius Ecclefie , dicta die , in domo Archiepifcopali Auxitanea , fuam de
dicto Capitulo panis & vini recepit prebendam , in eademque domo Archiepifcopali
ftetit & cubuit per certos dies! , femper in premiffis teftibus prenominatis & me
Bernardo de Ferris , publico fupradicto Notario , Curie Archiepifcopalis Auxitane
Jurato , Civitatis Auxitane habitatore , qui premiffis omnibus ... prefens fui ... .
una cum fupranominato. ... Johanne de Louzenge ... in hac parte Collega meo ,
notam fumpfi , ex quaquidem nota hoc prefens publicum Inftrumentum in hanc
publicam formam per alium michi & dicto de Lozenge fidelem redigi feci & facta
debita collatione cum originali & dicto Collega , meo figno ... inftrumentali folito
fignavi, in fidem omnium & fingulorum premifforum.

(Signé) Ber   dus , (avec fa marque.)

Et me fupradicto Johanne Louzenge ... Notario publico atque Secretario dicti
Domini Comitis, qui premiffis omnibus ... una cum .... Magiftro Bernardo de
Ferris , Notario publico , in hac parte Collega meo , prefens fui ... & de hiis notam
fumpfi , una cum dicto Collega meo , a qua hoc prefens publicum Inftrumentum
extraximus & in hanc publicam formam, manu aliena fideliter fcriptam , reddigimus ,
ideo hic figno meo auctentico .... quo .... utor , fubfcripfi & fignavi, in fidem
& teftimonium premifforum requifitus & rogatus.

(Signé) J. L. (avec fa marque.)

Original en parchemin des Archives de l'Eglife Métropolitaine
d'Auch.

Procuration à Vénérable & Religieux homme Meffire Bertrand de
Montefquiou , Chanoine & Archidiacre de Pardiac , dans l'Eglife
Métropolitaine d'Auch , pour poftuler François de Clermont , Archevêque de Narbonne , Cardinal du titre de Saint Adrien , pour Archevêque de ladite Eglife.

In nomine Domini. Amen. Noverint univerfi & finguli quod cum ibidem dictum
fuerit... per Venerabilem & Religiofum virum Domnum BERTRANDUM DE MONTES-
QUIVO, Canonicum & Archidiaconum Archidiaconatûs Pardiaci , in Ecclefia Metropolitana Auxis , condam Reverendiffimum in Xpo. Patrem & Dominum Dominum
Johannem de Tremolia , Archiepifcopum dicte Ecclefie Metropolitane Beate Marie
Auxis , a paucis diebus citra , diem fuam clauferat extremum , per cujus deceffum Ecclefia
erat viduata & carebat Paftore , Canonicique Ecclefie decreverunt de futuro eligendo
feu poftulando in dicta Ecclefia Paftore , ipfique Canonici feu eorum Vicarii ab eis ,

sede vaccante, depputati, contra Canonicos dicte Ecclesie tam absentes quam presentes
& dicte future electioni seu postulationi interessent, concesserunt citationem exequtioni
contra ipsum de Montesquivo demandari fecerunt, prout dixit, ipsoque constituente
existente apud locum de Bassoa, fuit sibi notifficatum & legitime intimatum per
Discretum virum Magistrum Petrum de Fontana, Presbiterum, quod per alios Canonicos; die jovis proxima que intitulabitur octava mensis julii, debebat fieri electio,
provisio, seu postulatio futuri Pastoris in ipsa Ecclesia Metropolitana Beate Marie
Auxis & quod veniret ad dictam electionem, provisionem seu postulationem ad id
agendum, cum intimatione quod aliter in sui absencia, alii Domini Canonici procede-
rent ad dictam electionem, provisionem seu postulationem & rationis dicti futuri Pastoris;
prout juris ordo dictaret & rationis, ipseque, inquam, de Montesquivo, nolens suam
absenciam esse ipsi Ecclesie dampnosam, sed ipsius Ecclesie volens utilitatem, quantum
in ipsum est & ipsius tangit, & tangere potest & ipse de Montesquivo, certis legitimis
impedimentis sibi occurrentibus, quod ad dictam Ecclesiam Metropollitanam &
Capitulum accedere & dicte electioni, provisioni seu postulationi interesse non vallet
nec potest prout asseruit. Hinc est quod anno ab Incarnatione Domini millesimo
quingentesime septimo & die sexta mensis julii ... in mei Notari publici & testium
infrascriptorum presentia existens et personaliter constitutus prefatus Dominus Bertrandus de Montesquivo, Cannonicus & Archidiaconus predicte Ecclesie Metropollitane
Beate Marie Auxis, qui gratis & sponte constituit .... procuratorem generalem ac
nuncium specialem, videlicet, Venerabilem & Religiosum virum Dominum Bernardum
Fabri, Presbiterum, Canonicumque & Archidiaconum de Sevanesio in dicta Ecclesia
Metropollitana Auxis, specialiter quidem & expresse dedit & concessit eidem procuratori
suo potestatem & mandatum ad postulandum, vice & nomine ipsius continuentis, in
Archiepiscopum & Pastorem dicte Ecclesie Reverendissimum in Xpo. Patrem &
Dominum. Dominum Franciscum de Claromonte, Archiepiscopum Narbonensem ac
Cardinalem Sancti Adriani tituli, Sancte Romane Ecclesie, & nichilominus dedit ...
concessit... dicto suo procuratori mandatum ... jurandi .... prout ipse juravit ....
quod ... est taliter impeditus quod predicte postulationi seu provisioni non potest
interesse ... Acta fuerunt hec .... presentibus .... testibus ... & me Petro de
Langonesches Apostolica & Regia auctoritatibus Tholose Notario, qui requisitus ...
Instrumentum retinui & in hanc publicam formam, manu mea propria redegi & ...
sigao meo auctentico, quo in meis actibus publicis utor, signavi, in fidem & testimonium omnium & singulorum premissorum.
(Signé) P. de Langonesches, (avec sa marque.)

CCLXIV.
31 Déc. 1527, &
1 Janvier suiv.

Original en parchemin des Archives de l'Eglise Métropolitaine d'Auch.

Description de l'Entrée solemnelle de Henry d'Albret, Roi de Navarre, & de Marguerite de France, son épouse, Comte & Comtesse
d'Armagnac, de Fezensac, &c. dans la Ville d'Auch, & de la Cérémonie de la Réception de ce Prince en qualité de Chanoine d'honneur
de l'Eglise Métropolitaine de cette Ville, en présence du Seigneur
de Montesquiou, l'un des premiers Barons du Comté d'Armagnac.

In nomine Domine. Amen. Noverint universi, ... quod anno ab Incarnatione
Domini millesimo quingentesimo vicesimo septimo & die quadam martis computata
ultima mensis decembris, in vigilia Circumcisionis Domini nostri Jhesu Xpi, venerunt
Serenissimi Enricus Rex & Margareta de Francia, Regina Navarre, Conjuges &
Comites Armaignaci & Fidenciaci & Domini multarum aliarum Terrarum, qui
digressi à Patria Biarnii versus presentem Civitatem Auxis, que est prima & Capitalis
Comitatus Armaignaci & Fidenciaci, & ibidem dum fuerunt Clerus & Populus obvia-
verunt

verunt dictis Regi & Regine honorifice & processionaliter cum Cappis Ecclesie &
vestibus consularibus, recipientes eosdem valde honorifice .... primo Serenissimus
Rex intravit & Crucem humiliter osculatus est & juramentum supra librum Civitatis
prestitit, jurando statuta, privilegia & consuetudines. Civitatis observare; quiquidem
Clerus & Populus comitaverunt illum usque ad Templum Beate Marie & altare majus ;
& demum reversi sunt Clerus & Populus simili modo processionaliter ad obviandum
Serenissime Regine & eandem recipiendum in eorum Dominam & Comitissam, que
similiter intravit Civitatem & Templum Beate Marie, concomitata dictis Clero &
Populo; & deinde recessit ad domum Archiepiscopalem, ubi ambo fuerunt hospitati.
Consequenter vero die sequenti , que fuit prima mensis januarii & Festum Circumcisionis
Domini Nostri Jhesu Xpi, venerunt ambo, circa horam prime de mane, ad Templum
Beate Marie & intraverunt venerabile Capitulum seu locum capitularem Ecclesie
Metropollitane Civitatis predicte, capitulantibus ibidem & in dicto Capitulo ....
existentibus ... Venerabilibus & magne Religionis viris Dominis Bernardo Fabri, Sancte
Sedis Apostolice , Prothonotario , Priore Sancti Orientii Auxis , Archidiacono
Savanesii .... Johanne de Tremoleto , decretorum Doctore , Vitali de Fageto ,
Sacrista, ... Canonicis Ecclesie predicte, ibidem etiam presentibus & assistentibus
honorabilibus & egregiis viris Dominis & Magistris * de Brayssio,
Cancellario Navarre , * Liseti , Procuratore Regio in Parlamento
Parisiensi .... ac potentibus & Nobilibus viris Johanne de Vicinis, de Montealto
& * DE MOTESQUIVO, PRIMIS BARONIBUS DICTI COMITATUS &
Johanne de Pardelhano, Scutifero , Domino de Panyanis & pluribus aliis Nobilibus . . .
& dictis Dominis Comite & Comitissa in dicto Capitulo supra quadam sede parata seden-
tibus; ... Venerabilis vir Dominus Bernardus Fabri, Prior Sancti Orientii ac Canonicus & Archidiaconus predictus tanquam Sindicus dicti Venerabilis Capituli Ecclesie predicte ..... eisdem Dominis Comiti & Comitisse dixit & verbo narravit quomodo
quilibet Comes Armaignaci, & Fidenciaci in eorum primo & jocundo adventu ac prima
intrata dicti Capituli ... & ante illius receptionem, tenebatur ... jurare ... in libro
Martilogii ... de tenendo & observando jura, privilegia & consuetudines dicte Ecclesie . & premissis sic in modum predictum, eisdem Dominis Comiti & Comitisse, per
dictum Dominum, Fabri, ... ipse idem Fabri, ... nomine tocius Capituli ... supplicavit
& requisivit eosdem Dominos Comitem & Comitissam quathinus dictum juramentum
juxta formam in dicto libro Martilogii descriptam, prestare ... & obtulit eundem Illus-
trissimum Dominum Comitem recipere in Canonicum ... & obtulit eidem Domino
Comiti dare ... prebendam panis & vini, prout uni ex Canonicis Ecclesie, ... ipsi
Domini Comes & Comitissa ... juraverunt & dictam formam juramenti in dicto libro
Martilogii descriptam ... perlegerunt ... & dicto juramento sic in modum premissum
per dictos Dominos Comitem & Comitissam prestito .... ipsi Canonici eosdem
Comitem & Comitissam ... in dicto Capitulo & Ecclesia receperunt, assignando
eidem Dom. ino Comiti ... sedem in Capitulo predicto & stallum seu Catedram in Choro,
dictusque Fabri, ... in signum possessionis, superpellicium seu habitum Sancti Augustini
per eosdem Canonicos portari solitum, eidem Domino Comiti tradidit & illo eundem
Dominum Comitem investivit, Almussiamque etiam ...... eidem tradidit & in suo
brachio posuit; deinde vero & premissis ita factis, dicti Domini Comes & Comitissa
exiverunt dictum Capitulum, ipso tamen Domino Comite cum Superpellicio induto
& Almussia in brachio , & dicti Fabri & de Tremoleto Canonici cum cappis induti ,
adduxerunt eum ad altare majus dicte Ecclesie per brachia & ibidem Dominus Comes,
Capite discoperto, dictum Altare humiliter osculatus fuit , & est; & similiter dicta
Domina Comitissa dictum altare majus benigne & humiliter osculata est, ibidem se
commendantes Deo, & Virgini Marie offerendo prout & quilibet ipsorum obtulit
& dicto de Fageto Sacriste dicte Ecclesie tradidit unum scutum auri cugni solis,

* Il y a dans l'ori-
ginal un espace en
blanc d'environ deux
doigts.
* Idem ou à peu
près.
* Idem.

deinde dictus Dominus Comes ad chorum Ecclesie predicte accedens, dicti Fabri
& Tremoleto eundem Dominum Comitem in possessionem predictam posuerunt,
illum in dicto Choro & parte sinistra veniendo ab altare predicto & ad dictum Chorum
accedendo, in Cathedra & sede, ubi ejus Predecessores Comites sedere consueverunt,
stallando & sedere faciendo in signum vere possessionis adhepte, ubi idem Dominus
Comes indutus dicto superpellicio & cum Almussia in brachio, stetit, durante . . .
missa; . . . . & deinde, finita Missa, idem Dominus Comes dictos superpellicium &
almussiam dimisit, quos receperunt dicti Fabro & Tremoleto, cum honore ; . . . &
premissis sic peractis, dictus Dominus Comes simul cum dicta Domina Comitissa
recesserunt ad Domum Archiepiscopalem, ubi erant hospitati. De quibus. . . . . dictus
Dominus Fabri, Sindicus, petiit . . . retineri publicum Instrumentum per me Notarium
infrascriptum, quod & feci presentibus . . . testibus . . . & me Bernardo de Picamora,
Notario publico, dicte Civitatis Auxis habitatore, qui de premissis Instrumentum
retinui & in notam sumpsi, a qua hoc presens Instrumentum abstraxi & in hanc formam
publicam . . . . redegi, indeque . . hic me subcripsi & signo meo auctentico consueto,
in fidem premissorum, signavi, requisitus.

(Signé) de Picamora. (avec sa marque.)

CCLXV.
4 Janvier 1577.

Original en papier des Archives de l'Eglise Métropolitaine d'Auch.

Réquisition faite par le Chapitre de la Métropole d'Auch à Noble
& très puissant Seigneur N. de Montesquiou, Baron de Montesquiou,
& Sénéchal d'Aure, de lui prêter secours, en conséquence de son
serment de fidélité, contre les Hugenots, qui se proposent de venir
détruire leur Eglise, comme ils ont détruit celle de Lectoure.

Réquisition faite par le Sindic du Chapitre d'Aux à Monsʳ. le Baron de Montesquieu.

L'an mil cinq cens soyxante ung & le cinquiesme jour du moys de julhet en Aux &
dans la mayson du Prieuré de Sainct Orens dud. Aux, personnellement estably Monsʳ.
Jacques Gauray, Bachelier & come Sendic du Venerable Chapitre de l'Esglise Métropolitaine dud. Aux, lequel parlant à la persoñe de NOBLE ET TRÈS PUISSANT SEI-
GNEUR * DE MONTSQUIEU, SENÉSCHAL D'AURE ET BARON DUDIT LIEU,
luy a dict & remontré come par cy-devant icelluy Seigneur avoir presté le serment de
fidélité auxd. Messʳˢ. de Chanoynes dud. Chapitre & que au temps où nous somes,
attendu qu'il y a certaine congrégation de Gentz, appellés Huganaux qui journellement se jactent venir en la presente Ville & Cité d'Aux, pour ruyner & destruyre
leur Eglise, ainsi que dernierement ont faict en la Cité de Lectoure & que lesd.
Messʳˢ. craignent qu'ilz viengnent en la presente Ville & Cité d'Aux & fassent
semblablement come ilz ont faict aud. Lectore, parquoy led. Gauray come Sendic &
au nom dud. Chapitre a requis aud. Seigneur de Montsquieu leur vouloir bailler
secors, faveur & ayde tant de sa persoñe, Gentz que de Arnoys, suyvant la fidelité
par luy prestée aud. Chapitre; lequel Seigneur a dict & respondu aud. Gauray que
suyvant le serment de fidélité & promesse qu'il a presté aud. Chapitre, qu'il estoit
prest de bailler secors, faveur & ayde aud. Chapitre, & au cas susd. de leur fournir
de Gentz & de Arnoys, le tout à leurs despens, suyvant sad. promesse, saufz &
réservé que là & quant playroit au Roy, Nostre Sire ou à Monsʳ. le Compte d'Armanhac
là où il est premierement obligé, le commander, que en ce cas plairoyt auxd. Messʳˢ.
le tenir pour excusé; maint faictes lesd. reservations, s'est offert fere en la forme &
maniere qu'il a promis & est tenu fere; led. Gauray en cas que led. Seigneur ne le
voulsist fere en a protesté & aussi pareilhement led. Seigneur, la & quant l'on le

* Il y a dans
l'original un es-
pace en blanc.

vouldroit conftraindre contre lefd. refervations, en a protefté. De quoy led. Gauray au nom que deffus en a requis acte luy en eftre retenue par moy Notaire Royal foubzfigné, ce que ay faict, ez préfences de honorable perfonne Monsʳ. Pierre Compena, Docteur en la Saincte Theologie & Aumofnier dud. Sainct Orens d'Aux, Maiftres Guillaume Seres, Notaire, Andrée Legniere, Clerc & Bertrand de Señar, Brodeur, dud. Aux habitantz & de moy,

(*Signé*) L. de Sahuro; Not. R.

Minute originale du Regiftre de Mᵉ. Jean Maffiot, Notaire Royal de la Ville de Touloufe, de l'année 1577, fol. 19. Rᵒ. & Vᵒ. 20. Rᵒ. & Vᵒ. & 21. Rᵒ. & Vᵒ.

CCLXVI.
8 Janvier 1577.

Accord fur procès pendant au Parlement de Touloufe, pour raifon de la Place & Baronnie de Salles, en Lauragais, paffé entre Jean de Montefquiou, Seigneur d'Artagnan, fils de Paul de Montefquiou, petit fils de Manaud de Montefquiou & de Jacquette de Fontaines, & arriere petit-fils de Barthelemy de Montefquiou, Seigneur & Baron de ladite Baronnie de Salles, d'une part; & Michel de Pontaut (dit) de Montefquiou, Seigneur de Pontaut, d'antre; par lequel ledit Seigneur d'Artagnan cede audit Seigneur de Pontaut fes droits fur ladite Baronnie, moyennant la fomme de 4000 livres; dans le préambule duquel Accord il eft dit qu'Arnoul de Montefquiou avoit obtenu en cette Cour un Arrêt, (C'eft celui du 27. Août 1567. rapporté ci-devant page 73. qui lui avoit adjugé la moitié de la même Baronnie.) fur les fauffes allégations faites par lui & par Mathieu de Montefquiou, fon pere, portant que toute la poftérité mafculine dudit Manaud, premier fils du fecond mariage dudit Barthelemy, étoit éteinte, & que par cette extinction, ainfi que par celle des autres mâles du même Barthelemy, lui Arnoul étoit appellé à fa fucceffion; que ledit Jean de Montefquiou, Seigneur d'Artagnan, avoit obtenu des lettres d'oppofition à l'exécution dudit Arrêt; que Michel-Bernard de Pontaut, (frere dudit Seigneur de Pontaud,) avoit auffi obtenu des lettres en forme de Requête civile, fur le *retrattement* du même Arrêt, &c.

Au nom de Dieu comme ainfi foit que procès foit pendent en la Court de Parlement de Tholofe, pour raifon de la Place & Baronie de Sales, ENTRE JEHAN DE MONTSQUIEU, FILS DE FEU PAUL, ET NEPVEU * DE FU MANAUD DE MONTSQUIEU, impetrant lettres en oppofition, & à ce que l'Arreft qui avoit efté donné par ladite Court au proffit D'ARNOULPHE DE MONTSQUIEU, FILS A MATHIEU, pour raifon des biens, fucceffion & hérédité de feu BARTHELEMY DE MONTSQUIEU, quand vivoit SIEUR ET BARON DUDIT SALES, fuft éxécuté au profit DUDIT JEHAN en la moitié defdits biens; comme ayant efté obtenu ledit Arreft fur faulces allegations dudit Arnoulphe, & dudit feu Mathieu, fondit pere, qui auroient foubftenu que toute la pouftérité mafculine dudit fu Manaud, premier fils du fecond mariage dudit feu Barthelemy, eftoit decédée; & que par le décès de ladite poftérité, & des autres mafles dudit feu Barthelemy, qui eftoient premierement appellés par la fubftitution mentionnée au Teftament dudit feu Barthelemy, il eftoit appellé à ladite fucceffion, comme de ce

* C'eft-à-dire; petit fils.

Hh ij

aparoiſſoit par la lecture & narré dudit Arreſt, & que Michel de Pontaud-de Montſquieu, Sieur dudit lieu de Pontaud, diſoit ledit Arreſt ne pouvoir ni debvoir eſtre exécuté, au proffit dudit Jehan, ny dudit Arnoulphe, en ce qu'il y avoit lettres en forme de requête civille ſur le retractement dudit Arreſt obtenues par feu Michel-Bernard de Pontaud, fondées en mynorité, & ſur ce que par iceluy Arreſt ne luy auroit eſté faict droict ſur la diſtraction des biens donnés aux Pactes de mariaige, AUDIT FU MANAUD DE MONTSQUIEU, PAR LEDIT FEU BARTHELEMY en faveur dudit mariage contracté, avec FUE JACQUETTE DE FONTAINES ; leſquels biens n'eſtoient aulcunement ſubject à AULCUNE SUBSTITUTION, & leſquels luy apartenoient par preſiput comme eſtant heritier dudit feu Manaud, par vertu du Teſtament de FU FRANÇOIS DE MONTSQUIEU NEPVEU * D'ICELUY FU MANAUD ; ſurquoi parties, pour vivre en paix & amitié, & pour obvier aux frais de procès, traitans aulcuns leurs parens & amys, ont tranſigé & accordé comme s'enſuit, ſoubs le bon plaiſir du Roi, & de ladite Cour.

* C'eſt-à-dire, petit fils.

Pour ce eſt-il que cejourd'hui huictieſme du mois de janvier mil cinq cens ſoixante dix ſept, regnant très Chreſtien Prince Henry par la grace de Dieu Roi de France & de Poloignie, en Tholoſe, & dans la maiſon des heritiers de feu Me. Antoine Parvy, quant vivoit Procureur en la Court, en la preſence de moy Notaire Royal & teſmoings bas nommés eſtablys en leurs perſonnes leſdits Michel de Pontaud-de Montſquieu, Sieur dudit lieu de Pontaud, & LEDIT JEHAN DE MONTSQUIEU, SIEUR D'ARTAKHAN, leſquels, de leur gré & franche volonté, ont renuncé audit procés & procédures entre eulx, pour raiſon de ladite Place & BARONIE DE SALES faictes, eſt accordé que pour tous droicts, noms, voix & actions que ledit Jehan de Montſquieu pourroit ou prethendoit avoir de preſent, où à l'advenir ſur ladite Place & Baronie de Sales, appartenances & dependances, que iceluy Michel de Pontaud-de Montſquieu ſera tenu, & a promis paier & ſatisfaire audit Jehan de Montſquieu, dans deux ans prochains, à conter du jour & datte du preſent, la ſomme de quatre mil livres tournoiſes, à peine de tous dépens, domaiges & intereſts, moienant laquelle ſomme, ledit JEHAN DE MONTSQUIEU A MIS ET SUBROGÉ ledit Michel de Pontaud & de Montſquieu en ſon lieu, place, droicts, noms, voix & actions qu'il a & pouvoit avoir, comme dict eſt, à l'advenir ſur ladite Place, ET BARONIE DE SALES, en quelque façon & maniere que ce ſoit, conſentant que ledit Michel de Pontaud & de Montſquieu les puiſſe pourſuyvre, ou autre qu'il apartiendra & de faire d'iceulx à ſes plaiſirs & volontés, auquel de Ponthaud & de Montſquieu iceluy JEHAN DE MONTSQUIEU, tant pour lui que pour les ſiens à l'advenir, moienant ladite ſomme de quatre mil livres, à quicté, & quicte tous leſdits droicts, & actions que deſſus ; promettant ne rien plus quereler ny prethendre ſur iceulx ; eſt accordé que ſi ledit Michel de Pontaud & de Montſquieu dans ledit terme de deux ans obtenoit Arreſt en ladite inſtance, à l'encontre dudit Arnoulphe de Montſquieu, ou qu'il s'accordaſt avec iceluy & que ladite Place & Baronie de Sales ſe vendiſt, audit cas, dezlors que ledit Arreſt ſera obtenu, en ſuivant iceluy, ou accord, qui pourroit eſtre faict, ladite Place ſeroit vendue, ladite ſomme de quatre mil livres ſera paiée par ledit de Pontaud-de Montſquieu audit Jehan de Montſquieu, ores ledit terme de deux ans ne fuſt eſcheu ; & à tenir, garder, obſerver & accomplir tout ce deſſus leſdits de Ponthaud-de Montſquieu, & Jehan de Montſquieu parties ſuſdites, lung envers l'autre & chacun en droict ſoy reſpectivement, ont obligés & yppotequés tous & chacuns leurs biens meubles, immeubles, préſans & advenir, que ont ſoubmis aux forces & rigueurs de toutes Courts, & Scels royaulx du preſent Royaulme, par chacune des quelles veullent eſtre conſtraints par prinſe & vente deſdits biens & autres voyees de juſtice dues & rayſonables, renunrieans à toutes exceptions de droicts par leſquels pourroient venir au contre ;

& ainfi l'ont juré fur les Saints Evangilles de Dieu, de quoy lefdites parties refpectivement ont requis à moy Notaire Royal leur retenir Inftrument, ce que ay faict; &
à ce que le préfent Inftrument d'Accord, Tranfaction & furrogation foit auctorifé lefdites
parties ont faictz & conftitués leurs procureurs en ladite Court de Parlement de
Tholofe, fcavoirs ledit de Pontaud-de Montfquieu, M°. Giles de la Mote, & ledit
Jehan de Montfquieu, M°. Galhardi, Procureurs en ladite Court, aufquels lefdites
parties ont donné & donnent plain pouvoir, & mandement faire toutes requifitions,
& confentemens néceffaires pour le faict de ladite auctorifation, prométant avoir pour
agréable tout ce que par eulx fera faict, dict & convenu & les relever indempnes
de toute charge de procuration, foubz-mefmes obligations, foubmiffion, & ferment
que deffus, ez préfences de Nobles Meffire Bertrand de Pontaud, Sieur de Sainte
Heremye, Jehan de Gavarret, Sieur de St. Léon, François de Gavarret, Sieur de
Parneville, Jehan de Galans, Sieur du Pin, & ARNAUD DE MONTSQUIOU, Sieur de
Pons; M°. Pierre Ramond, Praticien au Palais, Martin Dronot, de Carcaffone &
Pierre Raheu dudit Tholofe habitans, tefmoings à ce appellés foubzignés avec lefdites
parties, & moy. De Montefquieu, Michel de Pontaut-de Montefquiou, B°. Pontaut,
de Galfans, A. de Montefquieu, Panonzvile, Jehan du Pin, Raymond, tefmoing,
P. Ravolz, Dronot & Maffiot Note. Royal. (Ainfi fignés à la Minutte.)

Original inféré au Regiftre des Minutes du même Me. Jean Maffiot,
Notaire Royal de la Ville de Touloufe, de la même année 1577, fol. 244,
R°. & V°. 245, R°. & V°. 246, R°. & V°. 247, R°. & V°. 248,
R°. & V°. 249, R°. & V°. & 250 R°.

CCLXVII.
14 Avril 1577.

Tranfaction paffée entre Noble Arnoul de Montefquiou, Seigneur
du Vernet, repréfenté par Noble Simon-Roger de Montefquiou,
Vicomte de Sadirac, fon fils aîné & procureur, d'une part; & Noble
Michel de Pontaut, Seigneur de Pontaut, d'autre; par laquelle ledit
Seigneur du Vernet cede audit Seigneur de Pontant, moyennant la
fomme de 10000 livres, tous les droits à lui appartenans fur la place
& Seigneurie de Salles, en Lauraguais, tant en vertu de la légitime de
Mathieu de Montefquiou, fon pere, de celles de Paul de Montefquiou
& de Jean de Montefquiou, dit Grillardon, le premier, neveu, & le
fecond, frere dudit Mathieu, par lui acquifes; qu'en vertu de deux
Arrêts du Parlement de Touloufe, des 31. Mars 1565. & 27. Août
1567; dans le préambule de laquelle Tranfaction il eft dit que Barthelemy de Montefquiou, Seigneur & Baron de Salles, laiffa trois
fils, fçavoir, Manaud, ledit Mathieu & Jean, dit Gaillardon; que ledit
Manaud, Seigneur & Baron de Salles, époufa par contrat du 29. Juin
1478. Jacquette de Fontaines, & en eut 1°. Jean de Montefquiou, auffi
Seigneur de Salles, pere de François, également Seigneur de Salles,
mort fans poftérité, & Gabrielle, mere de Michel, Seigneur de
Pontaut, & 2°. ledit Paul de Montefquiou; que lors du procès fur
la poffeffion de la Baronnie de Salles, commencé entre lefdits Jean &
Paul de Montefquiou, & fuivi par François, fils du même Jean, &

ledit Mathieu , Chaude de Terfac, mere d'autre Jean ; Seigneur d'Artagnan , (Ce Jean eſt dit fils de Paul dans l'Accord du 8. Janvier 1577. rapporté ci-deſſus page 243.) s'étoit miſe en inſtance , ſoutenant que dans le cas où il y auroit une ſubſtitution de la Terre de Salles , François de Montesquiou n'ayant pu diſpoſer de cette Terre , cette ſubſtitution devoit être ouverte au profit du même Jean ſon fils, *comme appellé le premier en icelle , &c.*

Comme ſoyt ainſin que pour raiſon de la Place & Seigneurie de Salles, en la Séneſchauſſée de Lauragois , & des comitês & portions préthendues en icelle, inſtance euſt été long-tems y a introduicte , pardevant M. le Séneſchal de Tholoſe ou ſon Lieutenent, entre FEUS PAUL DE MONTSQUIEU , FILS PUISNÉ DE MANAUD DE MONTSQUIEU , quand vivoit SIEUR ET BARON DUDIT SALLES , ET JEHAN DE MONTSQUIEU, FILS-AYSNÉ, ET HÉRITIER UNIVERSEL DUDIT MANAULT, ſur ce que LEDIT PAUL ſoubſtenoit aveir ſuccédé à l'hérédité & ſucceſſion dudit feu MANAULD PERE, par moytié; & que pendent ledit procès, feu MATHIEU DE MONTSQUIEU, FRERE DUDIT FEU MANAULD euſt acquis les droiêts dudit feu PAUL, SON NEPVEU; comme auſſi de JEHAN DE MONSTQUIOU, DIT GAILHARDON, PLUS JEUNE SON FRERE, ET DUDIT FEU MANAULD, & la deſſus, par ledit Mathieu euſſent eſté obtenues Lettres Royaulx de la Chancellerie pour eſtre joinêt à ladite inſtance, tant à demander ſon droiêt de légitime ſur ladite PLACE DE SALLES & autres biens paternels , que pour eſtre ſubrogé au lieu & droiêt dudit PAUL, SON NEPVEU, & dudit JEHAN DIT GAILHARDON, SON DIT FRERE, par le moyen des ceſſions & tranſport à lui faiêt par leſdits neveu & frere ; & que depuys par Ordonnance dudit Seneſchal ou ſondit Lieutenent ledit Mathieu euſt été joinêt & en aprez de ladite demande appel fuſt eſté rellevé en la Court Souveraine de Parlement à Tholoſe, par ledit JEHAN DE MONTSQUIEU, FRERE DUDIT PAUL , & en icelle depuys par Arreſt la cognoiſſance de la cauſe & inſtance principale retenue , eſtant cependent ledit Mathieu , avant le Jugement dudit procès, décédé, délaiſſant ARNULPHE DE MONTESQUIEU, SIEUR DU VERNET, SON FILS, héritier univerſel en bas eaige de puppilarité, comme auſſi pareillement eſtant auparavant décédé ledit JEHAN DE MONTSQUIEU, FILS ET HÉRITIER DUDIT FEU MANAULD, délaiſſé FRANÇOIS DE MONTSQUIEU, SON FILS ET SUCCESSEUR UNIVERSEL; & que long-tems après ledit Arnulphe adverti deſdites inſtances euſt icelles repririſes, comme héritier dudit feu Mathieu ſon pere, & faiêt aſſigner auſdites fins en ladite Court ledit François, fils audit feu Jehan, qui pareillement auroit repriſes leſdites inſtances, comme héritier de ſondit feu pere ; enfin par autre Arreſt de ladite Court du dernier de mars, mil cinq cens ſoixante cinq , entre autres choſes euſt eſté adjugé audit Arnulphe , comme fils & héritier dudit feu Mathieu , & comme eſtant au lieu dudit FEU PAUL DE MONTSQUIEU , la légitime qu'apartenoit audit PAUL ſur les biens dudit MANAULD, SON PERE , avec les *effruicts* d'icelle depuis le décez dudit feu Manauld, extimés & évalués leſdits légitime & fruiêtz par le meſme Arreſt, déduit & détrait tout ce que faiſoit à deſduire , à la ſomme de quatre mil livres ; comme auſſi par meſme Arreſt fuſt adjugé audit Arnulphe la ſomme de quatre cens eſcus petits , pour les fruiêts des légitimes qu'apartenoient auſdits feus Mathieu , & Jehan , dit Gallardon, ſes pere & oncle , que lui avoient eſté auſſi adjugés ſur les biens dudit feu Barthelemy de Montſquieu, leur pere , & ayeul dudit Arnulphe, pour leſquelles ſommes éxécution auroit eſté depuis faiête , à la requête dudit Arnulphe , ſur les biens tenus & poſſédés par ledit François depuis décédé ; & ſur l'interpoſition de décret , Michel-Bernard de Pontauld & GABRIELLE DE MONTSQUIEU, mere & fils , comme héritiers & ſucceſſeurs dudit FRANÇOIS, leur frere & oncle , aſſignés en ladite

Court de Parlement , eſtant depuis conclud en ladite inſtance , pendent laquelle ayant icelluy Arnulphe obtenu autres Lettres Royaulx de la Chancellerie , dreſſées à ladite Court , à ce que diſant droict ſur ladite inſtance d'interpoſition de decret , lui fuſt faict pareillement droict par ladite Court ſur la maintenue diffinitive qu'il requéroit à ſon proffict de tous les biens de ladite Baronie & Seigneurie de Salles , comme advenue à luy par les diſpoſitions dudit feu Barthelemy , ſon ayeul , par luy produictes & employées à ces fins audit procés ; auſquelles inſtances tant procédé que par autre Arreſt de ladite Court du vingt ſeptieme d'aouſt mil cinq cens ſoixante ſept , auroict eſté dict & ordonné , ſans avoir eſgard à ladite adjudication dudit decret requiſe par ledit Arnulphe , & ayant eſgard auſdites Lettres par luy obtenues & préſentées , que celuy Arnulphe eſtoit maintenu diffinitivement en la poſſeſſion & ſayſine de ladite Baronie & Place de Salles , ſes apartenances & dépendances , de laquelle eſtoit maiſtre & Seigneur ledit feu Barthelemy de Montſquieu , au temps de ſon trépas ; & ledit Michel-Bernard de Pontauld , comme héritier dudit François en l'autre moytié , & ce pour la légitime , & carte trebellianique dues & apartenans audit feu François , ſon oncle maternel , ſaufs & réſervé l'uſufruict de ladite moitié adjugée audit de Pontauld , lequel auroit eſté adjugé à ladite Gabrielle de Montſquieu , ſa mere , pour en jouyr , ſa vie durant , ſuyvant le Teſtement dudit François , & ſans deſpens & reſtitutions des fruits ; contre lequel Arreſt ledit Michel-Bernard de Pontauld ayant depuys obtenues Lettres en forme de Requeſte civilles & retractement d'icelluy , & tant luy que ladite Gabrielle de Montſquieu , relleve appel de l'éxécution dudit Arreſt faicte par feu Meſſire Antoine de Paulo , Chevalier , Conſeiller du Roy & ſecond Préſident en ladite Court de Parlement , & de feu Me. Guilhien Doujac , auſſi Conſeiller en ladite Court , ſon ſubrogé , & ledit de Pontauld en ſeul * . . . obtenues autres Lettres Royaulx en oppoſition contre ledit Arreſt , le tout fondé ſur ce que ledit feu Barthelemy de Montſquieu ayant , en faveur & contemplation du mariage contracté par ledit feu MANAUD , SON FILS , AVECQUES JACQUETE DES FONTAINES , le VINGT NEUFVIESME DE JUING MIL QUATRE CENS SEPTANTE HUIT , donné à icelluy MANAUD , LADITE PLACE ET SEIGNEURIE DE SALLES , avec ſes apartenances & dépendences , SANS LE CHARGER D'AULCUNE SUBSTITUTION , reſervé ſeulement l'uſufruit ſa vie durant , & la ſomme de mil eſcus pour pouvoir teſter en faveur de ſes autres enfens , ſeroit advenu que ledit MANAUD AUROIT PROCRÉÉ DUDIT MARIAGE LESDITS FEUS JEHAN ET PAUL DE MONTSQUILU , SES ENFENS , duquel Jehan qui auroit recully dudit Manauld l'hérédité de ladite Place & Seigneurie de Salles , auroit eſté en après procréé ledit François , qui auroit auſſi pareillement ſuccédé en toute ladite Place de Salles , & auquel François leſdits Gabrielle de Montſquieu & Michel-Bernard de Pontauld , mere & fils , auroient par diſpoſition teſtementaire ſuccédé eſdits biens , l'ung en propriété & l'autre en l'uſufruict , & que c'eſtoit en conſéquent à eulx à qui ladite ſucceſſion & hérédité de ladite Place & Seigneurie de Salles appertenoit , & non audit Arnulphe ny autres ; combien que au contraire ledit Arnulphe défendent auſdites Lettres dict & ſoubztint que ceſtoit luy ſeul qui eſtoit ſubſtitué & appellé à ladite ſucceſſion univerſelle de ladite maiſon & biens contencieulx par le trépas dudit feu François de Montſquieu , comme eſtant décédé ſans enfens & icelluy Arnulphe eſtant le plus prochain maſle en degré deſcendent de la droicte ligne dudit feu Barthelemy , ſon ayeul paternel , & en conſéquence ſubſtitué & appellé par le Teſtement d'icelluy , meſmes par vertu de la clauſe portant perpétuelle excluſion des filles , & vocation des maſles par ordre de primogeniture , & en deffault des enfens maſles des collateraulx maſles dudit teſtateur , par pluſieurs & divers degrés de ſubſtitution faicts pour la conſervation du NOM ET ARMES DE LADITE MAISON , tous en faveur deſdits maſles ; laquelle ſubſtitution ledit Barthelemy auroit ainſin peu fere par ledit Teſtement nonobſtant

ladite donnation faicte audit Manauld , fondit fils , de la moytié de fes biens par les
Pactes de fon mariage , veu mefmes que par iceulx ledit pere & donnateur c'eftoit
réfervé faculté de pouvoir fubftituer efdits biens donnés; pendant laquelle inftance de
retractement eftant ledit Michel-Bernard de Pontauld décédé , & par le moyen dudit
decez , ayant autre Michel de Pontauld-de Montfquieu ; frere dudit Michel Bernard ,
efté appellé à la fucceffion & hérédité dudit feu François , leur oncle , fuivant le Teftement dudit François , icelluy Michel de Pontauld-de Montfquieu auroit obtenues
autres Lettres Royaulx , tant en pourfuicte & reprinfe de ladite inftance de retractement & appellation interjectée defdits Sieurs de Paulo & Doujac , que pour eftre
reçeu , par tant que befoing feroit , à oppofition envers l'exécution dudit Arreft , laquelle oppofition ledit de Pontauld fondat principallement fur les fufdits Pactes de
mariage dudit feu Manauld , par le moyen defquels ledit feu François auroit peu
tefter defdits biens contencieulx en fa faveur , & dudit feu Michel-Bernard , fondit
frere , & en difpoufer à fon plaifir , de tant que par lefdits Pactes il ny auroit aulcune
fubftitution , voite moingz par le Teftement dudit feu Barthelemy , en ce que con-
cerne ladite Place de Salles , pour avoir icelle auparavant & audit Contract de mariage
dudit Manauld , donné audit feu Manauld , fans le charger d'aucune fubftitution ,
comme dict eft , finon de pouvoir tefter jufques à mil efcus en faveur de fefdits
autres enfens , fi que la claufe de fubftitution oppofée audit Teftement ne regardoit
que le bien que reftoit audit feu Barthelemy qu'eftoit le bien & hérédité de
Marfan , pour lequel il eftabliffoit ladite loy de fubftitution , & non en conféquent
pour ladite Seigneurie de Salles , & par ainfin au fufdit Arreft y auroit eu équivo-
cation de l'ung bien prins pour l'autre , feul moyen & occafion que lefdites Lettres
auroient efté obtenues non-feulement en reftitution en entier envers ledit Arreft
par ledit feu Michel-Bernard , mays principallement en oppofition par ledit Michel
de Pontauld-de Montfquieu envers l'éxécution dudit Arreft , non-feulement comme
héritier dudit feu Michel-Bernard , fondit frere , mays pour foy & *jure proprio* , appellé
à ladite hérédité & fucceffion par ledit feu François , laquelle exécution depuys PAR
AUTRE ARREST DE IADITE COURT DONNÉ JUDICIELLEMENT LE TRETZIESME
DE MARS MIL CINQ CENS SEPTANTE DEUX , en playdant les appellations defdits
Sieurs de Paulo & Doujac AUROIT ESTÉ CASSÉ , fans préjudice feulement dudit
Arreft dudit jour vingt feptiefme aoûft mil cinq cens foixante fept , & éxécution
d'icelluy contre les y nommés & compris , & pour alnfin cogneu par ladite Court
en partie la civillitté defdites Lettres d'oppofition dudit de Pontauld-de Montfquieu ,
n'ordonnant ladite éxécution que contre les y comprins & nommés , joinct , qu'advant
ledit Arreft , & playdant lefdites appellations , CLAUDE DE TERSAC , DAMOYSELLE ,
COMME MERE ET LÉGITIME ADMINISTRARESSE DE JEHAN DE MONTSQUIEU ,
Sieur d'Artaignan , fon fils , fe feroit mife en inftance , difant & foubtenant qu'au cas
qu'il y auroit lieu de fubftitution , & que ledit feu François de Montfquieu n'auroit
peu difpoufer , que ladite fubftitution debvoit eftre ouverte au profict dudit Jehan , fon
fils , comme appellé le premier en icelle , & non ledit Arnulphe , avec lequel Jehan
de Montfquieu , Seigneur d'Artaignan , depuys ledit de Pontauld & de Montfquieu ,
auroit , pour fortir de procès , tranfigé & accordé , & par ledit accord il auroit efté
mis en fon lieu , droict & caufe ; contredifant aufquelles Lettres d'oppofition &
droit que ledit Michel de Pontauld prethendoit avoir acquis & obtenu dudit Jehan
de Montfquieu , Seigneur d'Artaignan , difoict & infiftoict ledit Arnulphe de
Montfquieu , icelluy de Pontauld-de Montfquieu ne fere recevoir comme oppofant ,
& ce par les mefmes raifons qu'eftoient defduictes & propofées contre ledit Michel-
Bernard , fondit frere , & autres à plain contenues ez plaidés faicts & intervenu fur la
reprinfe defdites inftances , appellations & préfentations defdites Lettres , fur lefquelles
ledit Arreft dudit jour tretziefme de mars mil cinq cens feptante deux , feroit
                                                                        intervenu,

349
=======

intervenu , par lequel l'appellation & ce dont avoit efté appellé mys au néant ; demeurant certaine enquefte , faicte à la requefte dudit Arnulphé , par ledit Sieur de Paulo , les Parties pour le regard defdites aultres inftances auroient efté receues à mettre & produire devers ladite Court ce que bon leur fembleroit dans huictaine , & au Confeil , fans préjudice cependant dudit Arreft dudit jour vingt feptiefme aouft mil cinq cens foixante fept , & exécution d'icelui contre les y comprins & nommés , comme dict eft ; laquelle exécution n'auroit pas efté depuys pourfuivie ny effectuée par ledit Arnulphe , tant pour raifon des troubles furvenus bientoft après en ce Royaulme , que pour autres occafions & empêchemens ; aufquels procès & différends vollant lefdites Parties metre fin tant pour efviter plus grands fraiz & dépens , que pour vivre en paix & amytié , comme parens & coufins , eu efgard à la difficulté qu'ils ont trouvé en leur Confeil fur le fuccez du Jugement defdites inftances , & par eulx & leurs amys & paranz confeillées , elles feroient venues en accord & tranfaction en la forme & maniere que s'enfuis , faufs & réfervé le bon plaifir de ladite Court de Parlement.

Pour ce eft il que ce jourd'huy quatorziefme jour du mois de avril mil cinq cent feptante fept , regnant très Chreftien Prince Henry , par la grace de Dieu , Roi de France & de Poloigne , en Tholofe , & Boctique de moy Notaire foubfigné , eftablis en préfence de moy dit Notaire & témoings bas nommés en leurs perfonnes , lefdits Michel de Pontauld - de Montfquieu , Sieur dudit lieu de Pontauld , & Simon-Rougier de Montfquieu , Vifconte de Sadirac , fils ayfné dudit Arnulphe de Montfquieu , Seigneur du Vernet , comme procureur expreffément fondé & conftitué à ce deffus par fondit pere , ainfin qu'apert par ladite Procuration icy incérée , de teneur.

Sçaichent tous préfens & advenir que le pénultiefme jour de mars l'an de grace mil cinq cens foixante dix fept , regnant Henry , par la grace de Dieu , Roi de France & de Poloigne , dans le lieu de Madiran , en Rivierebaffe , Diocefe de Tarbe , Sénef-chauffée d'Armaignac , ez préfence de moi Notaire & témoings foubs nommés , perfonnellement eftablis Noble Arnulphe de Montfquieu , Seigneur du Vernet & autres Places , lequel fans révocquation de fes autres procureurs cy debvant ordonnés , de nouveau par teneur de la préfente & de fon bon gré , ceffant tout dol & fraude , fait & conftitue fon procureur expécial & général , fi que l'expécialité ne déïroge à la généralité ny an contraire , fçavoir eft Noble Symona-Rougier-de Montfquieu , fon fils ayfné , expéciallement & expreffe , pour & au nom dudit Sieur conftituant , aller ou befoing fera , tranfiger & accorder avec noble Michel de Pontauld-de Montfquieu , Seigneur dudit lieu de Pontauld , des droicts adjugés audit Sieur conftituant par Arrêt de la Court de Parlement de Tholofe , fur la Terre & Seigneurie de Salles , en Lauragois , & qui pour le préfent luy peuvent competer & apartenir , & mefmes préfenter & donner confentement audit Sieur de Pontauld de vendre , aliéner ou engaiger ladite Place & Seigneurie de Salles , apartenences & deppendences d'icelles à qui & pour tel pris que bon luy femblera , moyenant que icelluy Sieur de Pontauld foit tenu paier & fatisfere audit Sieur conftituant ou metre ez mains , d'autre ayant expreffe charge de luy , la fomme de dix mil livres tournoiz , les trois mil , dans le mois de may prockain , & les fept mil reftantes , dans cinq mois après en fuyvant , & que pour à ce fatisfere icelluy Sieur de Pontauld par mefme Contract de Tranfaction affecte & oblige fes biens , avec condition expreffe que à faulte de payement , les termes expirés , ladite Tranfaction ne pourra de rien préjudicier aux Arretz que ledit Sieur conftituant a obtenus defdits droictz ny à l'éxécution d'iceux , ains demeureront en leur entier & validité , & tout autrement fere , & procurer comme feroit ledit conftituant , & fere pourroit , fi préfent & en perfonne y eftoit , encores le cas requift plus expécial mandement , promettant avoir pour agréable & ne revocquer ce

I i

que par ledit fon fils & procureur aura pour ceft effaict efté tranfigé, convenu &
accordé & l'en rellever indempne, & pour ce a obligé tous & chacuns fes biens,
les foubfmectant tant aux rigueurs de ladite Court de Parlement que autres du préfent
Royaulme, toutes renonciations de droict & de faict, & avec les claufulles à ce néceffaires & requifes; & ainfin l'a juré. Ce faict & paffé en préfence de Jofeph de
Mefmes, de Lectore, figné à la Note, & Peyrot de Corron, du lieu de Madiran,
lequel ne fcait efcripre, ledit Seigneur conftituant c'eft auffi figné à la Note, & de
moy Bernard de Prelié, Notaire inftitué audit Rivierebaffe, qui par ledit Seigneur
conftituant requis ay retenu la préfente extraicte de fa Cede originalle, & figné de ma
main, en tefmoing de ce de Prielié, Notaire Royal, ainfin figné.

Lefquels de leur bon gré pure & franche volonté, ledit de Pontauld faifant pour
foy & ledit Symon-Rogier de Montfquieu, Vicomte de Saditac, au nom & comme
procureur dudit Arnulphe de Montfquieu, fondit pere, ont rennuncé & rennuncent
audit procès & procédure faictes pour raifon de ladite Place & Seigneurie de Salles,
fes apartenences & deppendences, confentens refpectivement que icelles prennent
fin & demeurent de nul effaict & valleur, moyennant le contenu du préfent Inftrument d'Accord & Tranfaction, par lequel eft pacté, & convenu & accordé entre lefdites
Parties, que ledit Michel de Pontauld-de-Montfquieu pour tous droicts, noms, voix &
actions que pourroient competer & apartenir audit Arnulphe de Montfquieu, Sieur
du Vernet, fes hoirs & fucceffeurs quelconques à l'advenir fur ladite hérédité &
fucceffion de ladite Place & Seigneurie de Salles, fes apartenences & deppendences, tant pour le droict dudit feu Mathieu, fondit pere, que pour les droits de
légitimes & autres préthendus, par le moyen defdits feus Paul & Jehan de
Montfquieu, dit Gailhardon, ou autrement pour fon chef, par vertu defdits
Arrêtz, ou en toute autre maniere qu'il pourroit préthendre droict à préfent ou par
l'advenir ezdits biens, fera tenu comme a promis & promet par la tenneur du préfent Inftrument, payer, bailler & délivrer audit Arnulphe de Montfquieu, abfent,
ledit Symon-Rougier, fondit fils, comme fon procureur préfent, ftipullant & acceptant pour luy, fcavoir, eft la fomme de dix mil livres tournoiz, payables, trois mil
livres par tout le mois de may prochain venant, & les fept mil livres reftantes pour
fin de paye, dans fix mois lors & après en fuyvant, & lefquelles fommes ledit
Michel de Pontauld-de Montfquieu promect & fera tenu à ces propres coftz &
dépens, apporter ou fere apporter en cefte Ville de Tholofe, où lefdits payemens
feront faictz, moyenant laquelle fomme ledit Symon-Rougier, audit nom, a promis
& promet que ledit Arnulphe, fon pere, ne pourra rien plus demander, prethendre,
ny quereller, luy ny fes hoirs & fucceffeurs à l'advenir fur ladite Place & Seigneurie
de Salles, apartennances & dépendences d'icelle, ains le tout par le préfent Inftrument,
quicte, cede & remect en faveur & entre les mains & pouvoir dudit Pontauld,
confentent à ces fins qu'icellui de Pontauld, fi bon luy femble, pour le payement de
ladite fomme, vende, aliene, ou engaige ladite Place & Seigneurie de Salles, ces
apartennances & dépendences à telles perfonnes & pour tel pris quil pourra & bon lui
femblera; plus eft accordé & convenu que fi dans ledit moys de may prochain, & dans
lefdits cinq mois après en fuyvantz, terme fur ce convenus & accordés, ledit de Pontauld-
Montfquieu ne paye, baille & délivre lefdites fommes de trois mil livres, d'une
part, & fept mil d'autre, audit Sieur du Vernet, ou autre ayant de luy fouffifente
charge & procuration, qu'en ce cas le préfent Accord & Tranfaction fera pour non
faict & advenu & demeurera de nulle valeur, & ledit Sieur du Vernet fera remys en
fon entier & en fes premiers droits, & pourra pourfuivre, fi bon lui femble, lefdites
inftances & éxécutions defdits Arreftz, tout ainfin & en la forme & maniere qu'il porroit
fere à préfent, ne s'en départant à ces fins aulcunnement d'iceulx, jufques à l'effectuel
payement & fatisfaction de ladite fomme de dix mil livres tournoiz, fans que ledit

Sieur de Pontauld puyffe demander ny prethendre aulcune prorogation de temps ezdits payemens pour quelconque caufe & raifon que ce foiƈt ; convenu auffi & accordé que jufques à l'entiere fatisfaƈtion & payement de ladite fomme de dix mil livres tournoiz , que toutes & chafcunes les pieces dudit procès & procédures demeureront devers ladite Court de Parlement où elles font , & lors d'icelluy payement lefdites parties ou leurs Procureurs porront retirer refpeƈtivement leurs produƈtions & partir les facs au Greffe , comme ayant lors ledit procès entiérement prins fin par l'acompliffement du préfent Accord : eft en oultre convenu & accordé que ledit Seigneur du Vernet fera teneu , comme ledit Symon-Rogier a promis fere ratiffier à fondit pere , lors de la réception defdits deniers , tant que befoing feroit , le contenu du préfent Inftrument d'Accord & Tranfaƈtion , & pour tenir , garder & obferver ce que deffus , ledit de Pontauld-de Montfquieu & ledit Symon-Rogier ont foubmis & obligés , fcavoir, ledit de Pontauld , tant ladite place & Seigneurie de Salles, que tous & chafcuns fes autres biens , meubles & immeubles préfens & advenir , & ledit Symon-Rogier , ceulx dudit Sieur du Vernet, que ont foubmis aux forces & rigueurs des Courts & Scel maige de la Sénefchauffée & Viguerie dudit Tholofe , & autres Courts & Scels du préfent Royaulme , par chefcune defquelles veulent eftre conftrainƈts par prife & vente defdits biens & autres voyes de Juftice deues & raifonnables , renuntians à toutes exceptions & droiƈts par lefquels pouroient venir au contrez ; & ainfi l'ont juré fur les Sainƈts Evangilles de Dieu , de quoy lefdits de Pontauld - de Montfquieu & Symon-Rogier , audit nom que procede, ont requis à moy Notaire Royal leur retenir Inftrument , ce que ay faiƈt ez préfences de Sires Arnauld Cormier , François Tholas , Mes. Chauffetiers , & Charles Raynal , Praticien dudit Tholoze habitans , foubzfignés avec lefdites parties , M. de-Pontauld-de Montfquieu, S. R. de Montfquieu , comme Procureur ; A. Cormier, tefmoings, Fr. Tholas & Raynal préfent : ainfi fignés à la Cede originelle , & de moy Jehan Maffiot , Notaire Royal dudit Tholofe , requis foubzfigné. Maffiot , Notaire Royal. (Ainfi figné.)

Minute originale du Regiftre de Me. Jean Maffiot , Notaire Royal de la Ville de Touloufe, de l'année 1577, fol. 244. Rº. & 245. Rº. & Vº. & 246. Rº. & Vº.

Ratification de la Tranfaƈtion précédente faite par Noble Paul de Montefquiou , Baron de Crofilhes , au nom & comme procureur de Noble Arnoult de Montefquiou , fon pere , Seigneur de Vernet, Sadirac , & autres places.

Ce jourd'huy dixiefme du mois de may mil cinq cens feptante fept en Tholofe & dans la maifon des heritiers de feu Me. Jehan de Plin, Licentier & Advocat, en la préfence de moy Notaire Royal & temoings bas nommés, perfonellement eftabli NOBLE PAUL DE MONTSQUIEU , BARON DE CROSILHE, FILS A NOBLE ARNULPHE DE MONTSQUIEU , SEIGNEUR DE VERNET, lequel comme comis & expécialement & expreffement fondé par ledit Seigneur Arnulphe, fon pere, ainfi qu'il a monftré par fa Procuration du penultiefme d'avril dernier., retenue par Me. Bernard de Priélé , Notaire de Rivierebaffe ; habitant de Madiran, eftant de la teneur : Scachent tous que le penultieme jour d'avril mil cinq cens feptante fept , regnant Henry par la grace de Dieu Roy de France & de Poloignie , au lieu de Madiran, en Bafferiviere, Senefchauffée d'Armagnac, pardevant moy Notaire, préfens les temoings foubs nommés, a efté perfonnellement eftabli Noble Arnulphe de Montfquieu , Sieur de Vernet, Sadirac & autres places, lequel, fans

Ii ij

revocation de fes autres procureurs, de nouveau par la teneur de la prefente faict, &
conftitue ; de fon bon gré, fon procureur efpécial & général fi que l'expéciallité ne
deroge a la généralité, ny au contre, c'eft Noble Paul de Montfquieu, fon fecond
fils, expécialement & par exprés, pour au nom dudit Sieur conftituant, ratiffier, agréer
& efmologuer le Contract de Tranfaction faict & paffé par Noble Symon-Rogier de
Montfquieu, fon fils ayfné, & comme procureur à ces fins par luy, conftitué, avec
Noble Michel de Pontauld & de Montfquieu, Sieur du lieu de Pontaud, tochant les
droicts adjugés audit Sieur conftituant fur la terre & Seigneurie de Salles en Lauragois retenu le 14e. du prefent mois d'avril par Me. Jehan Maffiot, Notaire Royal
de Tholofe, néantmoins auffi pour & au nom dudit Sieur conftituant recevoir paiement
dudit Sieur de Pontaud de la fomme de trois mil livres tournoiz, que luy eft obligé par
le mefme Contract & raifon y contenues & d'icelle fomme de trois mil livres
tournoizes lui fere receu & quictance, ainfi que le cas le requiert, & généralement en
ce que deffus eft dict fere excerfer & procurer tous actes en après néceffaires &
requis, tout ainfi que le mefme Sieur conftituant fere pourroit fi prefent en perfonne y
eftoit, jaçoit que le cas refquift mandement plus expécial, promectant tenir faict &c.
agréable tout ce que par ledit fon fils & procureur fera procédé, faict & procuré, faict
& negotié, & ni le revocquer à jamais, ains le rellever indempne, foubz obligation de
fes biens, que pour ce foubfmet aux rigueurs de juftice, avec toute renunciation de
droict & de faict à ce requis & néceffaires, ainfi l'a juré; ce faict ez préfences de Noble
Martin de Donemele, Sieur de Sarrant, Jehan de Faur, de Monfaucon, fignés à la Cede
avec ledit Sieur Conftituant & moy Bernard de Prielé, Notaire inftitué en Rivierebaffe
qui requis, l'ay retenu, extraict de fa Cede originelle, collationné deuement; & en tefmoing de ce, figné de mon feing auctentiq coftumé. B. de Prielé, Note. Royal, ainfi
figné &lequel Paul de Montfquieu fils, & procureur fufdit ayant entendu la teneur &
contenu de l'Inftrument d'Accord & Tranfaction faict & paffé entre Symon-Rogier de
Montfquieu, Vifcomte de Sadirac, fon frere, fils audit Sieur Arnulphe, au nom &
comme procureur dudit Arnulphe, d'une part; & Michel de Pontaud-de Montfquieu,
Sieur dudit lieu, d'autre, retenu par moy Notaire foubzfigné le quatorziefme dudit mois
d'avril, par la lecture que luy en a efté faicte, de fon bon gré, fuyvant ladite Procuration,
& contenu en icelle, pour & au nom dudit Arnulphe, fondit pere, a ratifié, approuvé,
efmologué, & confirmé ledit Inftrument d'Accord & Tranfaction & par celtuy préfent
Inftrument le ratifie, approuve, efmologue & confirme, promet audit nom iceluy
tenir garder & accomplir de point en point, felon fa forme & teneur, & aulcunement
ny y contrevenir, foubz les mefmes foubmiffions, obligations, renunciations & ferment,
& claufulles contenues en ladite procuration; & a l'inftant ledit Seigneur de Pontaud
préfant & acceptant ladite Ratification & efmologation, a, fuyvant la teneur dudit Inftrument d'Accord & Tranfaction, réellement & comptant payé, baillé & delivré audit Paul de
Montfquieu, fils & procureur dudit Arnulphe, fondit pere, la fomme de trois mil livres
tournoiz, pour le paiement premier contenu audit Inftrument d'Accord, qui eft a la
fin du préfent mois de may, en déduction de la fomme de dix mil livres tournoiz y
contenues, lequel paiement de la fomme de trois mil livres luy a faict en fix cens
quatrevingt huit efcus fol, cent vingt quatre efcus piftoletz, vingt fix doubles ducatz
à deux teftes & le demeurant en teftons, & monoye, faifant ladite fomme de trois
mil livres tournoiz, bien comptée, nombrée, receu réellement & emborfée par ledit
Paul de Montfquieu, audit nom, comme procureur dudit Arnulphe, fondit pere, préfent
moy dit Notaire & tefmoings bas nommés, tellement que d'icelle fomme de trois mil
livres f'en tient pour bien content & paié & audit nom en a quicté & quicte ledit
Sieur de Pontaud & les fiens à l'advenir, promect à raifon d'icelle fomme de trois mil
livres ne luy rien plus demander, foubz lefdites obligations & fubmiffions faictes par
fondit pere de fes biens contenues en ladite Procuration; & ainfi d'a juré, de quoy ledit

Sieur de Pontaud a requis a moy Notaire luy retenir acte, ce que ay faict, ez presenses de Sieur Jehan Paris, Marchand de Tholose, Me. Jehan Engelbert, Notaire de la Garde, en Lauragois & Me. Pierre Ramond, Praticien de Tholose, soubzsignés, avec lesdites parties & moy P. de Mont.sqnieu; Pontault de Montesquiu, Engelbert, Raymond, tesmoing, Paris, & Massiot Nore. (Ainsi signés.)

Original en papier des Archives de la Maison de Montesquiou.

CCLXIX.
30 Novembre 1753.

Extrait Baptistaire de Philippe-André-François, (Vicomte) de Montesquiou - Marsan.

Extrait des Registres de l'Eglise Paroissielle St. Pierre du lieu de Marsan, au Dioceze d'Auch, pour l'année 1753.

Ce trentieme jour du mois de novembre a été baptizé par moi Curé soussigné, Noble Philippe-André-François de Montesquiou-Marsan, né d'aujourd'hui du légitime mariage de Messire Marc-Antoine Conte de Montesquiou-Marsan, Chevalier de l'Ordre de Saint Louis, présent à la Cérémonie, & de Noble Dame Marie-Catherine de Narbonne, Contesse de Montesquiou de Marsan, de cette Paroisse ; le Parrein a été Messire Philippe de Montesquiou, Conte de Marsan, & la Marreine Noble Dame Angélique-Olive du Gout, Contesse de Narbonne (&c.) Signés... Barris, Curé.

Expédié au susdit Marsan, sans y avoir rien ajouté ni diminué, le dixieme septembre mil sept cens quatre vingt trois. (signé) Barris, Curé de Marsan.

(Au dos est écrit) Louis-Apollinaire de la Tour-du-Pin-Montauban, ... Archevêque & Seigneur d'Auch, Primat de la Novempopulanie & du Royaume de Navarre , Conseiller du Roi en Ses Conseils, & Conseiller d'honneur du Parlement de Lorraine &c. certifions que la signature cy-contre est du Sieur Barris, Curé de Marsan, en notre Diocèse. Donné à Auch sous le seing d'un de nos Vicaires Généraux, le sçeau de nos armes & le contre-seing du Secrétaire de notre Archevêché, le treize septembre mil sept cent quatre-vingt trois. (Signé) Campardon, Vic. Gén. (Plus bas) Par Monseigneur, Dulme, Secrétaire, (& scellé en placard.)

Original en papier des Archives de la Maison de Montesquiou.

CCLXX.
21 Août 1755.

Extrait Baptistaire de François-Xavier-Marc-Antoine, (Abbé) de Montesquiou-Marsan.

Extrait des Registres de la même Eglise, pour l'année 1755.

Noble François-Xavier-Marc-Antoine de Montesquiou-Marsan, fils légitime de Messire Marc-Antoine de Montesquiou-Marsan, Chevalier de l'Ordre de Saint-Louis, & à Dame Marie-Catherine de Narbonne, Contesse de Montesquiou-Marsan, est né le trise août mil sept cent cinquante cinq, & fut baptizé dans l'Eglise de Marsan, le vingt un dudit mois : ayant été Parrein Noble François de Narbonne, Prêtre, Vicaire-Général du Dioceze d'Agen, ... & Marreine Dame Catherine de Montesquiou-Marsan-d'Estansan, Seigneuresse de Sariac, . . qui ont signé avec moy : l'Abbé de Narbonne, Montesquiou-d'Estansan, Barris, Curé, ainsi signés à l'original.

Expédié au fuſdit Marſan, fans y avoir rien ajouté ny diminué, le dixieme ſeptembre mil ſept cent quatre-vingt trois. (*Signé*) Barris, Curé de Marſan.

(*Au dos eſt écrit*) Louis - Apollinaire de la Tour - du Pin - Montauban , ... Archevêque & Seigneur d'Auch , Primat de la Novempopulanie & du Royaume de Navarre , Conſeiller du Roi en Ses Conſeils , & Conſeiller d'honneur du Parlement de Lorraine , &c. certifions que la ſignature cy-contre eſt du Sieur Barris, Curé de Marſau, en notre Dioceſe. Donné à Auch ſous le ſeing d'un de nos Vicaires Gé-néraux , le ſceau de nos armes , & le contre-ſeing du Secrétaire de notre Arche-vêché , le treize ſeptembre mil ſept cent quatre vingt trois. (*Signé*) Campardon, Vic. Gén. (*Plus bas*) Par mandement , Dulme , Secrétaire , (& *ſcellé en placard.*)

Original en papier des Archives de la Maiſon de Montefquiou.

C C L X X I.
22 Octobre 1738.

Extrait Baptiſtaire de Mademoiſelle Jeanne Anne de Montefquiou-Marſan.

Noble Jeanne-Anne de Montefquiou , fille légitime de Meſſire Marc-Antoine Comte de Montefquiou , Seigneur de Saint Aroman , & de Dame Catherine de Narbonne-Lara, Comteſſe de Montefquiou, mariés enſemble, eſt née & baptiſée , le vingt deux octobre mil ſept cent cinquante huit, dans l'Egliſe du fuſdit Saint Aroman ; elle a eu pour Parrein Noble Jean-Denis de Bouſſaus , Marquis de Campels, & pour Marreine Dame Anne Chalus , Comteſſe de Narbonne , non préſens , qui par procuration ont fait tenir la fuſdite Noble Jeanne-Anne de Montefquiou ſur les fonts baptiſmaux... (*Signé*) J. Lacoſte, Vic.

Je ſouſſigné certifie avoir tiré mot à mot, ſans avoir rien ajouté ni diminué l'Extrait ci-deſſus, du Regiſtre des Baptêmes de l'Egliſe de Saint Aroman , à la Garde noble le 30 Novembre 1778. (*Signé*) Cenac, Curé de Saint Aroman.

(*Au dos eſt écrit*) Claude-Marc-Antoine d'Apchon , ... Archevêque & Seigneur d'Auch , Primat de la Novempopulanie & du Roïaume de Navarre , &c. certifions que la ſignature cy-contre eſt du Sieur Cenac, Curé de St. Aroman, en notre Dioceſe. Donné à Auch le premier decembre mil ſept cens ſoixante dix huit , ſous le ſeing d'un de nos Vicaires Généraux. (*Signé*) Duprat, Vic. Gén. (*plus bas*) Par Monſeigneur , Lartet, (& *ſcellé en placard du ſceau des armes dud. Seigneur Archevêque.*)

Original en papier des Archives de la Maiſon de Montefquiou.

C C L X X I I.
8 Juillet 1762.

Extrait Baptiſtaire de Demoiſelle Marie-Philippine-Jacquette de Montefquiou-Marſan.

Extrait des Regiſtres de l'Egliſe Paroiſſielle St. Pierre du lieu de Marſan , au Dioceſe d'Auch , pour l'année 1762.

Noble Demoiſelle Marie-Philippine-Jaquette de Montefquiou-Marſan , fille légitime à Meſſire Marc-Antoine de Montefquiou-Marſan , Chevalier de l'Ordre de Saint-Louis, & à Dame Marie-Catherine de Narbonne , Comteſſe de Montefquiou-Marſan,

255

eſt née le deux juillet mil ſept cens ſoixante deux, & a été baptizée le trois dudit mois, dans l'Egliſe de Marſau ; ayant été Parreins Nobles Philippe & Jacquette de Monteſquiou-Marſan, frere & ſœur, le Parrein a ſigné ... de Monteſquiou, Barris, Curé, ainſi ſignés à l'original.

Expédié au ſuſdit Marſan, ſans y avoir rien ajouté ny diminué, le dixieme ſeptembre mil ſept cens quatre vingt trois. (*Signé*) Barris, Curé de Marſan.

(*Au dos eſt écrit*) Louis-Apollinaire de la Tour-du-Pin.Montauban, ... Archevêque & Seigneur d'Auch, Primat de la Novempopulanie & du Royaume de Navarre, Conſeiller du Roy en Ses Conſeils, & Conſeiller d'honneur du Parlement de Lorraine, &c. certifions que la ſignature cy-contre eſt du Sieur Barris, Curé de Marſan, en notre Dioceſe. Donné à Auch ſous le ſeing d'un de nos Vicaires Généraux, le ſceau de nos armes & le contre-ſeing du Secrétaire de notre Archevêché, le treize ſeptembre mil ſept cents quatre vingt trois. (*Signés*) Campardon, Vic. Gén. (*plus bas*) Par mandement, Dulme, Secrétaire, (*Scellé en placard.*)

Original en papier des Archives de la Maiſon de Monteſquiou.

Extrait Baptiſtaire de Charles-Eugene de Monteſquiou-Fezenſac.

CCLXXIII.
16 Août 1782.

Extrait des Regiſtres des Baptêmes de l'Egliſe Paroiſſiale de Saint-Sulpice de Paris, fol. Vᵒ. Rᵒ.

Le ſeize du mois d'aouſt de l'année mil ſept cent quatre vingt deux, a été baptiſé CHARLES-EUGENE, né d'hier, fils de TRÈS HAUT, TRÈS PUISSANT SEIGNEUR, MONSEIGNEUR ELISABETH-PIERRE DE FEZENSAC, BARON DE MONTESQUIOU, PREMIER ECUYER DE MONSIEUR, EN SURVIVANCE, Sous-Lieutenant au Régiment Dauphin-Dragon, & de très haute, très puiſſante Dame, Madame Louiſe-Charlotte-Françoiſe le Tellier-de Montmirail, ſon épouſe ; . . . . . le parein TRÈS HAUT, TRÈS PUISSANT SEIGNEUR, MONSEIGNEUR ANNE-PIERRE DE FEZENSAC, MARQUIS DE MONTESQUIOU, Maréchal des Camps & Armées du Roy, PREMIER ECUYER DE MONSIEUR, CHANCELLIER-GARDE DES SCEAUX DES ORDRES ROYAUX, MILITAIRES ET HOSPITALIERS DE NOTRE-DAME DU MONT-CARMEL ET DE SAINT-LAZARE DE JERUSALEM, &c., grand-père paternel de l'enfant ; la mareine, très haute, très puiſſante Dame, Madame Charlotte-Benigne de Bretonvilliers, veuve de très haut, très puiſſant Seigneur François-Céſar le Tellier, Marquis de Montmirail, grand'mere de l'enfant, le pere préſent, & ont ſigné.

Collationné à l'Original par moi ſouſſigné Prêtre & Vicaire de ladite Paroiſſe. A Paris ce dix du mois de Septembre de l'année mil ſept cent quatre vingt trois.

(*Signé*) Pichor, Vic.

Original en parchemin des Archives de la Maison de Montesquiou.

Commiſſion de Meſtre de Camp en ſecond du Régiment d'Infanterie de Lyonnois, accordée par le Roi, au Sieur Philippe-André-François de Fezenſac, Vicomte de Montesquiou-Marſan.

Louis, (&c.) à notre très cher & bien amé le Sr. PHILIPPE-ANDRÉ-FRANÇOIS DE FEZENSAC, VICOMTE DE MONTESQUIOU-MARSAN, Capitaine Commandant dans le Régiment de Lorraine, Dragons : Salut. La charge de Meſtre de Camp en ſecond du Régiment d'Infanterie de Lyonnois, dont étoit pourvu le Sr. Marquis de Guerchy, étant à préſent vacante par ſa promotion à la Charge de Meſtre de Camp Commandant du Régiment d'Infanterie d'Artois ; & deſirant la remplir d'une perſonne qui ait toutes les qualités requiſes. (&c.) A ces cauſes nous vous avons commis, ordonné & établi, commettons, ordonnons & établiſſons, par ces préſentes, ſignées de notre main, Meſtre de Camp en ſecond dudit Régiment d'Infanterie de Lyonnois . . . . . ; notre intention étant que vous teniez & preniez rang parmi les Meſtres de Camp, à compter du 13. avril 1780. (&c.) Donné à Verſailles, le onzieme jour de novembre, l'an de grace mil ſept cent quatre vingt deux. (Signé) Louis. (& plus bas), Par le Roy. Ségur.

(En marge eſt l'attache de Son Alteſſe Sérénisſime Monſeigneur le Prince de Condé, Prince du Sang, Colonel Général de l'Infanterie Françoiſe & Etrangere, datée du 15 Mai 1783. (Signée) Louis-Joſeph de Bourbon, (& contreſignée) Boulogne de Laſcours.

Original en parchemin des Archives de la Maison de Montesquiou.

Commiſſion de Lieutenant Colonel de Cavalerie accordée par le Roi au Sieur François-Joſeph de Fezenſac, Comte de Montesquiou (Marſan), Soûs-Lieutenant des Gardes du Corps du Roi dans la Compagnie de Luxembourg, pour tenir rang de Lieutenant Colonel de Cavalerie.

Louis, (&c.) à notre cher & bien amé le S. FRANÇOIS-JOSEPH DE FEZENSAC, COMTE DE MONTESQUIOU, SOÛS-LIEUTENANT EN LA COMPAGNIE DE LUXEMBOURG DES GARDES DE NOTRE CORPS, Salut. Mettant en conſidération les ſervices que vous nous avez rendus dans toutes les occaſions qui s'en ſont préſentées, & voulant vous en témoigner notre ſatisfaction , ... nous vous avons commis, ordonné & établi, commettons, ordonnons & établiſſons par ces préſentes, ſignées de notre main, pour prendre & tenir rang de Lieutenant-Colonel dans nos Troupes de Cavalerie, du jour & datte de ces préſentes, & ce ſous notre autorité & ſous celle du S. Marquis de Bethune, Colonel Général de notre Cavalerie Legere, & du S. Marquis de Caſtries, Meſtre de Camp Général d'icelle, la part & ainſi qu'il vous ſera par Nous ou nos Lieutenans Généraux commandé & ordonné pour notre ſervice ; de ce faire vous donnons pouvoir, commiſſion, autorité & mandement ſpécial. Mandons à tous qu'il appartiendra de vous recevoir & faire reconnoître en ladite qualité & qu'à vous en ce faiſant ſoit obei : car tel eſt notre plaiſir. Donné à Verſailles le vingtieme jour de décembre l'an de grace mil ſept cens quatre vingt deux & de notre Regne le neuvieme, (Signé) Louis, (plus bas) Par le Roi, Segur.

Procès

Original en parchemin des Archives de la Maifon de Montefquiou.

Procès verbal des Preuves de Nobleſſe de M. le Marquis DE MONTESQUIOU-FEZENSAC, pour l'Ordre du S. Eſprit.

Extrait des Titres produits par haut & puiſſant Seigneur Meſſire ANNE - PIERRE DE MONTESQUIOU - FEZENSAC, appellé Marquis DE MONTESQUIOU, Chevalier, Baron de Montefquiou, & en cette qualité, l'un des Premiers Barons d'Armagnac & Chanoine d'honneur de l'Eglife Métropolitaine d'Auch, Seigneur de la Châtellenie-Pairie de Coulomiers, de Maupertuis, de Touquin, &c. Maréchal des Camps & Armées du Roy, Premier Ecuyer de MONSIEUR, Frere de Sa Majeſté, Chevalier - Commandeur-Chancelier-Garde des Sceaux des Ordres Royaux, Militaires & Hoſpitaliers de Notre Dame du Mont-Carmel & de Saint Lazare de Jéruſalem, Capitaine en Second de la Capitainerie Royale des Chaſſes de Senard, nommé Chevalier - Commandeur des Ordres de Sa Majeſté, pour les Preuves de ſa Nobleſſe.

DEVANT Monſieur le Maréchal Duc de Duras, Pair de France, & Monſieur le Maréchal de Levis, Chevaliers-Commandeurs des Ordres de Sa Majeſté, Commiſſaires députés pour la vérification de ces Preuves, par Lettres Patentes du 8 juin 1783.

LETTRES PATENTES du Roy, Chef & Souverain Grand Maître des Ordres de St. Michel & du St. Eſprit, du 8 juin 1783, adreſſées à ſon très cher & bien amé Couſin le Duc de Duras, Pair & Marechal de France, premier Gentilhomme

Kk

le Sa Chambre, & à son cher & bien amé Cousin le Marechal Marquis de Levis ; Gouverneur Général de la Province d'Artois, & Capitaine des Gardes du Corps de Monsieur, Frere de Sa Majesté ; Chevaliers-Commandeurs de ses Ordres ; portant que son cher & bien amé Anne-Pierre de Montesquiou de Fezensac, Premier Ecuyer de Monsieur, ayant eté élu au Chapitre tenu le même jour pour être associé auxdits Ordres à la Première Cérémonie, en satisfaisant par lui aux Preuves requises par les Statuts de l'Ordre du St. Esprit, Sa Majesté les a commis pour les examiner sur le rapport qui leur en sera fait par le Sieur Chérin, Généalogiste des mêmes Ordres ; & que, s'ils les trouvent suffisantes, ils en signent le Procès verbal avec ledit Sieur Chérin, & y fassent apposer le cachet de leurs Armes, pour être ensuite le tout remis à son très amé & féal Commandeur-Chancelier-Garde des Sceaux desdits Ordres & Sur-Intendant des deniers d'iceux, le Sieur Georges-Louis Phelypeaux-d'Herbaut, Patriarche Archevêque de Bourges, Primat des Aquitaines, qui en fera rapport au premier Chapitre : ces Lettres données à Versailles, Signées Louis, & sur le repli, Par le Roi, Chef & Souverain Grand Maître des Ordres de St. Michel & du St. Esprit, Amelot ; à côté, Visa, Geor. Louis Phelypeaux, P. P. Arch. de Bourges, & scellées du grand Sçeau & contresceau desdits Ordres en cire blanche.

Ier. DEGRÉ.

Anne - Pierre de Montesquiou - Fezensac, appellé Marquis de Montesquiou, Chevalier, Baron de Montesquiou, Maréchal des Camps & Armées du Roy, Premier Ecuyer de MONSIEUR, Chevalier, Commandeur - Chancelier - Garde des Sceaux des Ordres Royaux de Notre Dame du Mont-Carmel & de Saint-Lazare de Jérusalem, nommé Chevalier-Commandeur des Ordres de Sa Majesté.

Dame Jeanne - Marie Hocquart-de Montfermeil, son épouse.

Hocquart-de Montfermeil, de gueules, à 3. roses d'argent.

Mémoire des Services de M. le Marquis de Montesquiou, pour satisfaire à l'article XXIV. des Statuts de l'Ordre du Saint-Esprit, portant qu'en

1752. le 17. octobre il entra dans la première Compagnie des Mousquetaires de la Garde du Roy, & y servit jusqu'au 30. août 1754.

1756. le 21. mai, étant Chevau-Léger de la Garde ordinaire du Roi, où il servoit depuis le 31. août. 1754., fut fait Lieutenant Réformé à la suite du Régiment Royal-Pologne Cavalerie.

1757. le 12. avril, nommé Capitaine dans le Régiment du Roy Cavalerie.

1758. le 14. mars, obtint une Commission pour tenir rang de Colonel d'Infanterie, & le 26. avril suivant fut nommé Gentilhomme de la Manche de Monseigneur le Duc de Bourgogne.

1761. fit la Campagne d'Allemagne sous M. le Maréchal Prince de Soubise, en qualité de Maréchal des Logis surnuméraire de son Armée, & le 30. novembre fut nommé Colonel du Régiment Royal des Vaisseaux.

1763. le 13. février, Chevalier de l'Ordre Militaire de Saint Louis, & reçu le 15. suivant.

1764. le 11. aoust, nommé Gentilhomme de la Manche de Monseigneur le Duc de Berry, (aujourd'huy le Roy) de Monseigneur Comte de Provence, (à présent Monsieur) & de Monseigneur Comte d'Artois.

1771. le 1er. janvier, pourvu de la Charge de Premier Ecuyer de Monseigneur le Comte de Provence.

1777. le 9. novembre, obtint du Roy la permission de joindre à son nom celui de Fezensac, comme étant son nom véritable & originaire.

1780. le 1er. mars nommé Maréchal de Camp des Armées de Sa Majesté.

BREVET de Maréchal de Camp dans les Armées du Roy, accordé par Sa Majesté le 1 mars 1780. au Sieur Anne-Pierre Marquis de Montesquiou-Fezensac, Brigadier d'Infanterie, en considération des bons & fideles services qu'il lui a rendus en diverses Charges & Emplois qui lui ont été confiés : datté de Versailles ; signé, Louis ; & plus bas, le Prince de Montbarey. Original.

PROVISIONS accordées par Louis-Stanislas-Xavier, Fils de France, Frere du Roy, Grand Maître Général tant au spirituel qu'au temporel des Ordres Royaux, Militaires & Hospitaliers de Notre Dame du Mont-Carmel & de Saint-Lazare de Jérusalem, Bethleem & Nazareth, tant deçà que delà les mers, le 20. décembre 1778., à son cher & bien amé frere Anne-Pierre Marquis de Montesquiou-Fezensac, Chevalier de sesdits Ordres & de celui de Saint-Louis, Brigadier d'Infanterie des Armées du Roy, son Premier Ecuyer, de la Charge & Dignité de Chancelier-Garde des Sçeaux desdits mêmes Ordres de Notre Dame du Mont-Carmel & de Saint Lazare de Jérusalem, vacante par la démission volontaire qu'en a faite entre ses mains son cher & bien amé frere Antoine-René de Voyer-d'Argenson, Marquis de Paulmy, Ministre d'Etat : ce Prince ayant estimé qu'il est important pour le bien & l'avantage de sesdits Ordres de choisir, pour remplir cette Charge & Dignité, une personne qui, comme sondit frere de Paulmy, joigne à une naissance illustre, une probité, un mérite & une expérience reconnue ; & toutes ces qualités se trouvant réunies en la personne de sondit frere de Montesquiou, & étant d'ailleurs informé de sa fidelité au service de Sa Majesté, de son attachement pour lesdits Ordres & pour sa personne, dont il lui a donné des preuves dès sa plus tendre jeunesse en qualité d'un de ses Gentilshommes de la Manche, & qu'il continue de lui donner dans la Charge de son Premier Ecuyer, & du zéle avec lequel ses ancêtres ont servi l'Etat dans les différens emplois importans qui leur ont été confiés. Ces Provisions dattées de Versailles ; signées, Louis-Stanislas-Xavier ; sur le reply, Par Monseigneur le Grand Maître, Dorat-de-Chameulles ; à côté, visa, R. de Voyer de Paulmy ; & scellées sur lacs de soye rouge & verte du grand Sçeau desdits Ordres en cire rouge ; avec la Prestation de serment dudit Sieur Marquis de Montesquiou-Fezensac, du même jour, entre les mains de Mondit Seigneur le Grand Maître, pour raison de ladite Charge ; signé, Dorat-de-Chameulles. Original.

Lettre de M. Amelot, (Secrétaire d'Etat ayant le Département de la Maison du

Roy) à M. le Marquis de Montefquiou , Premier Ecuyer de Monfieur , dattée de Fontainebleau, du 9. Novembre 1777. , & conçue en ces termes : « J'ai , Monfieur , » l'honneur de vous prévenir que j'ay mis fous les yeux du Roi , les titres relatifs à » votre defcendance des Comtes de Fezenzac , & que fa Majefté ayant reconnu que » cette defcendance étoit autentiquement juftifiée , m'a chargé de vous marquer qu'Elle » vous permet, ainfi qu'à toutes les perfonnes de votre Maifon , de joindre à leur » nom celui de Fezenfac , comme leur nom véritable & originaire , & qu'Elle » permet à l'aîné de s'appeller le Comte de Fezenzac; je dois vous ajouter qu'afin que » le Public puiffe être inftruit des intentions de Sa Majefté , Elle m'a chargé de faire » inférer dans la Gazette de France un article qui les faffe connoître. C'eft avec » un véritable plaifir que je vous l'annonce , en vous renouvellant les affurances du » très parfait attachement avec lequel j'ai l'honneur d'être , Monfieur , votre très » humble & très obéiffant ferviteur , figné , Amelot. Au bas eft écrit : M. le Marquis » de Montefquiou , Premier Ecuyer de Monfieur. Original.

Procès verbal des Preuves de Nobleffe de Meffire Anne-Pierre de Montefquiou , appellé Marquis de Montefquiou , Baron de Montefquiou , Seigneur d'Ozon , de Maupertuis , de Touquin , &c. , Brigadier des Armées du Roy , Premier Ecuyer de Monfieur , Frere de Sa Majefté , nommé Chevalier des Ordres Royaux , Militaires & Hofpitaliers de Notre Dame de Mont-Carmel & de Saint-Lazare de Jérufalem , faites à Paris le 16. mars 1775. , devant M. le Comte d'Angiviller & M. le Chevalier de la Ferriere , Chevaliers-Commandeurs defdits Ordres , Commiffaires à ce députés par Lettres-Patentes de Monfieur , Fils de France , Frere du Roy , Grand Maître des mêmes Ordres , du 20. octobre précédent ; par lequel lefdits Commiffaires certifient à Monfieur , qu'en vertu de leur Commiffion , ils ont vu & examiné en préfence de M. Dorat-de Chameulles , Chevalier-Commandeur , Secrétaire Général defdits Ordres , au Rapport du Sieur Chérin , Généalogifte des Ordres du Roy , & commis à l'examen des Preuves de Nobleffe de ceux qui fe préfentent pour entrer dans les fufdits Ordres de Notre Dame de Mont-Carmel & de Saint-Lazare de Jérufalem , les titres produits par ledit Sieur Marquis de Montefquiou , qu'ils ont vérifié qu'il a prouvé huit races de Nobleffe paternelle ; qu'ainfi il a fatisfait aux articles III. & IV. du Réglement concernant le Régime & l'Adminiftration des mêmes Ordres , donné par le feu Roi , en qualité de Souverain Chef Fondateur & Protecteur d'iceux , le 20. mars 1773. , lû , publié & enregiftré au Chapitre des mêmes Ordres le 17. décembre fuivant , tenu par Monfieur , Grand-Maître , & qu'ainfi il eft fufceptible par fa naiffance d'être reçu Chevalier-Commandeur des mêmes Ordres, Ce Procès-verbal , figné Flahaut de la Billardie , Comte d'Angiviller , de Maffo , Chevalier de la Ferriere , Dorat-de Chameulles ; & Chérin , & fcellé des cachets de leurs armes. Ces Preuves rapportées & admifes au Chapitre tenu par Monfieur , dans la maifon des Miffionnaires deffervans l'Eglife Royale & Paroiffiale de Saint-Louis de Verfailles le 27. du même mois de mars , & fuivies de la Réception dudit Sieur Marquis de Montefquiou auxdits Ordres , par Monfieur , dans la même Eglife , à l'iffue de la Grand'-Meffe. Original.

Provifions accordées par le Roy le premier janvier 1771. , au Sieur Anne-Pierre Marquis de Montefquiou , Brigadier de Ses Armées , Colonel du Régiment Royal Vaiffeaux ; de la Charge de Premier Ecuyer de Son très cher & très amé Petit-fils le Comte de Provence : Sa Majefté ayant jugé ne pouvoir revêtir de ladite Charge perfonne plus capable de la remplir dignement , trouvant en lui le même zele pour fon fervice & la même valeur qui ont diftingué fes ancêtres dans toutes les occafions les plus intéreffantes où ils ont été employés , & qu'il réunit auffi en lui toutes les autres qualités qu'Elle pouvoit attendre de sa naissance. Ces Provisions dattées de Versailles; signées, Louis; sur le reply, Par le Roy, Phelypeaux; sçellées sur double queue en parchemin en cire jaune; & enregistrées le 29. mai suivant au Contrôle général de la Maison de Monseigneur le Comte de Provence, signé Charlain; avec la Prestation de serment dudit Sieur Marquis de Montesquiou, du 5. du même mois de may, entre les mains de Monseigneur le Comte de Provence, pour ladite Charge. Signé, Phelypeaux. Original.

Brevet de Brigadier d'Infanterie dans les Armées du Roy, accordé par Sa Majesté le 20. avril 1768., au Sieur Anne-Pierre Marquis de Montesquiou, Colonel-Lieutenant du Régiment Royal des Vaisseaux, en considération des bons & fideles services qu'il Lui a rendus en diverses charges & emplois de guerre qui lui ont été confiés, dans lesquels il a donné des preuves de sa valeur, & Sa Majesté voulant lui en marquer sa satisfaction : datté de Versailles, signé, Louis, & plus bas, le Duc de Choiseul. Original.

Provisions accordées par le Roy le 22. aoust 1764., à son cher & bien amé le Sieur Anne-Pierre Marquis de Montesquiou, Colonel du Régiment Royal-Vaisseaux, de la Charge de Gentilhomme de la Manche de ses très chers & très amés Petits-fils les Ducs de Berry, Comte de Provence & Comte d'Artois; pour par lui en jouir aux honneurs, autorités, prérogatives & prééminences qui y appartiennent, & sans qu'il soit tenu de prêter un nouveau serment, attendu celui qu'il a déja prêté entre les mains de son très cher & bien amé Cousin le Duc de la Vauguyon, leur Gouverneur, pour raison de pareille Charge dont il a été revêtu près feu Son Petit-fils le Duc de Bourgogne. Ces Provisions dattées de Versailles, signées, Louis; sur le reply, Par le Roy, Phelypeaux, & scellée sur double queue de parchemin en cire jaune. Original.

Lettre du Roy à Mons. Anne-Pierre Marquis de Montesquiou, Colonel du Régiment Royal des Vaisseaux, du 13. février 1763., par laquelle Sa Majesté lui mande que la satisfaction qu'Elle a de ses services l'ayant conviée à l'associer à l'Ordre Militaire de Saint Louis, Elle a commis le Sieur Comte de la Serre, Lieutenant-Général en Ses Armées, Gouverneur de Son Hôtel Royal des Invalides, & Grand Croix dudit Ordre, pour le recevoir & admettre à la Dignité de Chevalier de Saint-Louis, & que Son intention est qu'il s'adresse à lui pour prêter en ses mains le serment accoutumé : datté de Versailles, signée Louis; & plus bas, le Duc de Choiseul; avec le Certificat de M. le Comte de la Serre du 15. du même mois de février, portant que le même jour il a conféré la Croix de Chevalier de l'Ordre Militaire de Saint-Louis à Monsieur Pierre-Anne Marquis de Montesquiou, Colonel du Régiment d'Infanterie de Royal Vaisseaux; datté de l'Hôtel Royal des Invalides, signé la Serre, & scellé du cachet de ses armes en cire rouge. Originaux.

Commission de la Charge de Colonel-Lieutenant du Régiment Royal-Vaisseaux, vacante par la promotion du Sieur Comte de Civrac au grade de Maréchal de Camp, accordée par le Roy le 30. novembre 1761., à son cher & bien amé le Sieur Anne-Pierre Marquis de Montesquiou, Colonel dans le Régiment des Grenadiers de France : datté de Versailles; signée Louis; plus bas, par le Roy, le Duc de Choiseul; & scellée en cire jaune. Original.

Ordre du Roi du 20. mars 1761., portant que Sa Majesté ayant choisi le Sieur Marquis de Montesquiou, Colonel dans le Régiment des Grenadiers de France, pour remplir la Charge d'Ayde-Maréchal général des Logis furnuméraire de l'Armée dont Elle a donné le commandement au Maréchal Prince de Soubife, pendant la campagne prochaine, à commencer du premier may prochain, Elle lui enjoint de s'employer dans les fonctions de ladite charge, felon & ainfi qu'il lui fera ordonné par le Maréchal Prince de Soubife, auquel Sa Majefté mande de le faire reconnoître en ladite qualité. Cet ordre datté de Verfailles; figné, Louis; & plus bas, le Duc de Choifeul. Original.

PROVISIONS accordées par le Roy le 26. avril 1758. à fon cher & bien amé le Sieur Anne-Pierre Marquis de Montefquiou, Colonel d'Infanterie au Régiment des Grenadiers de France, de la Charge de Gentilhomme de la Manche de Son très cher & très amé Petit-fils le Duc de Bourgogne : Sa Majefté étant affurée par la connoiffance qu'Elle a du zéle héréditaire dans fa Maifon pour fa perfonne & pour fon fervice, & de celui qu'il fait déja paroître, qu'il remplira dignement la place dont elle l'honnore. Ces provifions dattées de Verfailles; fignées, Louis; fur le reply, Par le Roy, Phelypeaux; & fcellées, fur double queue de parchemin, en cire jaune : avec la preftation de ferment dudit fieur Marquis de Montefquiou, du premier mai fuivant, entre les mains de M. le Comte de la Vauguyon, Gouverneur & Premier Gentilhomme de Monfeigneur le Duc de Bourgogne, pour raifon de ladite Charge; figné, le Comte de la Vauguyon. Original.

Commiffion accordée par le Roy le 14. mars 1758., à fon cher & bien amé le Sieur Anne-Pierre Marquis de Montefquiou, Capitaine dans Son Régiment de Cavalerie, pour prendre & tenir rang de Colonel dans Ses Troupes d'Infanterie, à l'effet de fervir dans le Régiment des Grenadiers de France, toutes les fois que Sa Majefté jugera à propos de l'employer en cette qualité; Sa Majefté voulant lui témoigner la fatisfaction qu'Elle a des fervices qu'il lui a rendus dans toutes les occafions qui s'en font préfentées : dattée de Verfailles; fignée, Louis; plus bas, Par le Roy, R. de Voyer; & fcellée en cire jaune. Original.

Autre Commiffion de Capitaine d'une Compagnie dans le Régiment du Roy Cavalerie, dont étoit pourvu le Sieur de Montefquiou, & vacante par fa promotion à la charge de Lieutenant-Colonel du même Régiment, accordée par Sa Majefté, le 12. avril 1757., à fon cher & bien amé le Sieur Anne-Pierre Marquis de Montefquiou, Lieutenant réformé à la fuite de fon Régiment Royal-Pologne Cavalerie; dattée de Verfailles; fignée, Louis, & plus bas, Par le Roy, R. de Voyer. Original.

Certificat de M. le Duc de Chaulnes, Pair de France, Chevalier des trois Ordres du Roy, Lieutenant de la Compagnie des 200. Chevaux-Légers de Sa Garde ordinaire, du 10. septembre 1756., portant que Pierre Montefquiou, Seigneur de Maupertuis, a été reçu dans ladite Compagnie, le 31. aoust 1754, & y a fervi Sa Majefté avec beaucoup de zele & d'exactitude jufqu'au 31 aoust de la même année 1756, datté de Chaulnes; figné, le Duc de Chaulnes; plus bas, Par Monfeigneur, Chemeau; & fcellé en cire rouge du cachet de fes armes. Original.

Ordre du Roy du 21. may 1756., par lequel Sa Majefté ayant jugé à propos d'accorder au Sieur Anne-Pierre de Montefquiou, une place de Lieutenant réformé, & voulant lui donner moyen d'en faire les fonctions, Elle lui enjoint de fe rendre à la fuite de fon Régiment Royal Pologne Cavalerie, pour y fervir en ladite qualité; datté de Verfailles; figné, Louis; & plus bas, M. P. de Voyer-d'Argenfon. Original.

Certificat de M. le Comte de Carvoiſin , Brigadier des Armées du Roy , Sous-
Lieutenant · Commandant la Premiere Compagnie des Mouſquetaires à cheval ſervant
à la Garde ordinaire de la Perſonne de Sa Majeſté , &c. , du 30. avril 1754. , portant
que M. Anne-Pierre de Monteſquiou a très bien ſervi dans ladite Compagnie en qualité de Mouſquetaire , depuis le 17. octobre 1752. juſqu'audit jour 30. aouſt , qu'il lui
a été accordé ſon congé : datté de Paris ; ſigné , de Carvoiſin ; & ſcellé du ſceau de
ſes armes en cire rouge. Original.

Contrat de mariage paſſé au Château de Verſailles le 4. janvier 1780. , devant
Quatremere & Aleaume , Notaires au Châtelet de Paris , de très haut & très puiſſant
Seigneur Monſeigneur Elizabeth-Pierre de Fezenſac-de Monteſquiou , Baron de
Monteſquiou , Premier Ecuyer de MONSIEUR , en ſurvivance , fils de très haut &
très puiſſant Seigneur Monſeigneur Anne-Pierre de Fezenſac , Marquis de Monteſ-
quiou , Seigneur de la Châtellenie-Pairie de Coulomiers en Brie , Maupertuis , Tou-
quin , Pezarches , Longmarchais , Malvoiſine , Meillan , Valentés , &c. Baron de
Monteſquiou , Premier Baron du Comté d'Armagnac , Chanoine honoraire de l'Egliſe
Métropolitaine d'Auch , Brigadier des Armées du Roy , Premier Ecuyer de Monſieur ,
Frere de Sa Majeſté , Capitaine de la Capitainerie Royale des Chaſſes de Senard , Chancelier-Garde des Sceaux des Ordres Royaux , Militaires & Hoſpitaliers de Notre
Dame du Mont Carmel & de Saint Lazare de Jéruſalem , & de très haute & très
puiſſante Dame Madame Jeanne-Marie Hocquart , Marquiſe de Monteſquiou , ſon
épouſe ; avec très haute & très puiſſante Demoiſelle Mademoiſelle Louiſe-Charlotte-
Françoiſe le Tellier-de Montmirail-de Creuſy , fille de défunt très haut & très puiſ-
ſant Seigneur Monſeigneur Charles-François-Céſar le Tellier , Marquis de Montmirail,
Seigneur de la Ferté-Gaucher , &c. Capitaine-Colonel des Cent Suiſſes de la Garde
ordinaire du Corps du Roy , Brigadier de Ses Armées & Meſtre de Camp du Régiment Royal Rouſſillon , Cavalerie , & de très haute & très puiſſante Dame Madame
Charlotte-Benigne le Ragois-de Bretonvilliers , Marquiſe de Montmirail , Dame de
Saint-Chriſtophe , la Jobliere , Binauville , Arnouville , Boinville , le Breuil , Bois-
Robert , la Broſſe , Chevaine , &c. , ſa veuve ; de l'agrément & par la permiſſion du Roy ,
de la Reine , de MONSIEUR , de MADAME , de Monſeigneur Comte d'Artois ,
de Madame Comteſſe d'Artois , & de Meſdames de France ; & aſſiſtés , ſçavoir , ledit Seigneur futur époux , deſdits Seigneur & Dame Marquis & Marquiſe de Monteſquiou ,
ſes pere & mere , & de Monſeigneur le Marquis de Laſtic, & de Madame la Marquiſe de
Laſtic , ſes beau frere & ſœur ; & ladite Demoiſelle future épouſe , de ladite Dame
de Bretonvilliers , ſa mere , & de très haut & très illuſtre Seigneur Monſeigneur Am-
broiſe Policarpe de la Rochefoucauld , Duc de Doudeauville , & de très haute & très
illuſtre Dame Madame Benigne-Auguſtine-Françoiſe le Tellier de Montmirail , Ducheſſe de Doudeauville , ſon épouſe , ſes beau-frere & ſœur. Groſſe par extrait.

CONTRAT de mariage paſſé les 12. & 16. avril 1760. devant Bricault & ſon
confrere , Notaires au Châtelet de Paris , de haut & puiſſant Seigneur Anne-
Pierre Marquis de Monteſquiou , Baron de Monteſquiou , Seigneur d'Ozon ,
de Maupertuis , &c. Colonel aux Grenadiers de France , & Gentilhomme de la
Manche de Monſeigneur le Duc de Bourgogne , fils de défunt haut & puiſſant Seigneur
Pierre Comte de Monteſquiou , Lieutenant-Général des Armées du Roy , Gouverneur
du Fort-Louis-du Rhin , & ancien Premier Sous-Lieutenant de la Premiere Compagnie des Mouſquetaires de Sa Majeſté , & de haute & puiſſante Dame Gertrude-
Marie-Louiſe Bombarde de Beaulieu , ſa veuve ; avec Demoiſelle Jeanne-Marie Hocquart , Demoiſelle , fille de Meſſire Jean-Hiacinthe Hocquart , Chevalier , Seigneur
de Montfermeil , Combron , &c. , & de défunte Dame Marie-Anne-Françoiſe

Gaillard-de la Bouexiere, fon époufe ; par la permiffion & de l'agrément du Roy, de la Reine, de Monfeigneur le Dauphin, de Madame la Dauphine, de Mefdames de France, des Princes & Princeffes du Sang ; & du confentement des Seigneurs & Dames leurs parens & amis ; favoir, de la part dudit Seigneur futur époux, de ladite Dame fa mere, de Meffire Pierre-Paul Bombarde de Beaulieu, Confeiller honoraire au Grand Confeil, fon aïeul, &c. ; & de la part de ladite Demoifelle future époufe, dudit Seigneur de Montfermeil, fon pere, &c. ; par lequel lefdits Seigneur & Demoifelle futurs époux fe marient refpectivement avec les biens & droits à eux appartenans ; & ledit Sieur de Beaulieu fait donation audit Seigneur Marquis de Montefquiou, fon petit-fils, de la Baronnie, Terre & Seigneurie de Montefquiou, fituée en Armagnac, & de la Terre & Seigneurie d'Ozon, affife en Bigorre, & les fubftitue aux enfans mâles à naître du préfent mariage, fuivant l'ordre de primogéniture. Expédition délivrée le 5. aouft 1774. par Me. Quatremere, Notaire au Châtelet de Paris, détenteur des Minutes de feu Me. Bricault fufdit Notaire, fignée, de Herain & Quatremere.

Extrait des Regiftres des Baptêmes de l'Eglife Paroiffiale de Saint-Sulpice de Paris, portant qu'Anne-Pierre de Montefquiou, fils de Meffire Pierre de Montefquiou, Sous-Lieutenant de la premiere Compagnie des Moufquetaires, & de Gertrude Marie-Louife Bombarde-de Beaulieu, fon époufe, né le 17. octobre 1739. y a été baptifé le même jour ; délivré par le Prêtre Vicaire de ladite Paroiffe, le premier avril 1774. Signé, Symon. Original.

IIe. DEGRÉ.

PERE ET MERE.

Pierre de Montefquiou, appellé Comte de Montefquiou, Seigneur de Maupertuis, &c., Lieutenant-Général des Armées du Roy, Gouverneur du Fort-Louis-du-Rhin, & Premier Sous-Lieutenant de la Premiere Compagnie des Moufquetaires de la Garde ordinaire de Sa Majefté.

Dame Gertrude-Marie-Louife-Bombarde-de Beaulieu, fon époufe.

Bombarde-de Beaulieu, d'azur à un canon d'or fur un affut de gueules ; les roues d'or, accompagné en chef d'une fleur de lys d'argent.

Provifions accordées par le Roy le 23. avril 1751., à fon cher & bien amé le Sieur Comte de Montefquiou, l'un de Ses Lieutenans Généraux en Ses Armées, & Sous-Lieutenant en la Premiere Compagnie des Moufquetaires de Sa Garde ; de la Charge de Gouverneur du Fort-Louis-du Rhin, vacante par la promotion du Sieur Comte du Roure à celle de Gouverneur des Ville & Citadelle du Pont-Saint Efprit ; Sa Majefté ayant jugé par la connoiffance qu'Elle a de fa valeur, courage, expérience en la guerre, activité, fage conduite, zele, fidélité & affection à fon fervice, que perfonne n'eft plus capable que lui de remplir ladite Charge & de veiller à la défenfe & confervation d'une Place de cette importance. Ces Provifions dattées de Verfailles ; fignées Louis ; & fur le reply, Par le Roy, M. P. de Voyer-d'Argenfon ; avec la Preftation de ferment fait par ledit Sieur Comte de Montefquiou, du 8. may fuivant, entre les mains de M. le Garde des Sceaux, pour ladite Charge. Signé, Langloys. Original.

Pouvoir

Pouvoir de Lieutenant Général des Armées du Roy, accordé par Sa Majefté le 10. mai 1748, à Son cher & bien amé le Sieur Comte de Montefquiou, Maréchal de Ses Camps & Armées, & Sous-Lieutenant en la Premiere Compagnie des Moufquetaires de Sa Garde, en confidération des bons & fideles fervices qu'il Lui a rendus en qualité de Maréchal de Camp, ainfi qu'en diverfes charges & employs de guerre qui lui ont été confiés, dans lefquels il a donné des preuves.diftinguées de fa valeur, de fa capacité & expérience en la guerre ; & Sa Majefté defirant lui témoigner l'eftime particuliere qu'Elle fait de fa perfonne, & le mettre en état de la fervir de plus en plus utilement : datté de Verfailles ; figné, Louis; fur le reply, Par le Roy, M. P. de Voyer-d'Argenfon. Original.

Brevet de Maréchal de Camp dans les Armées du Roy, donné par Sa Majefté le 2. may 1744., au Sieur Comte de Montefquiou, Brigadier de Cavalerie, Sous-Lieutenant de la Premiere Compagnie de Ses Moufquetaires : datté de Verfailles ; figné & contrefigné, comme le précédent.

Autre Brevet de Brigadier de Cavalerie des Armées du Roy, accordé par Sa Majefté le premier janvier 1740., au Sieur Chevalier d'Artaignan, Sous Lieutenant de la Premiere Compagnie des Moufquetaires : datté de Verfailles ; figné, Louis; & plus bas, Phelypeaux. Original.

Autre Brevet de la Charge de Sous-Lieutenant en la Premiere Compagnie des Moufquetaires du Roy, vacante par la promotion du Sieur de Junillac à celle de Capitaine-Lieutenant de ladite Compagnie, accordé le 24. may 1738. par le Roy au Sieur d'Artaignan, Premier Enfeigne de la même Compagnie : datté de Verfailles; figné, Louis ; & plus bas, Bauyn. Original.

Autre-Brevet de la Charge d'Enfeigne de la Premiere Compagnie des Moufque-taires à cheval fervant à la Garde ordinaire de la Perfonne du Roy, vacante par la pro-motion du Sieur de Montefquiou à une Charge de Sous-Lieutenant en ladite Com-pagnie, accordé par Sa Majefté, le 9. février 1729., au Sieur Chevalier d'Artaignan, Cornette en la même Compagnie : datté de Marly ; figné & contrefigné comme le précédent. Original.

Autre Brevet de la Charge de Cornette de la Premiere Compagnie des Moufque-taires à cheval fervant à la Garde ordinaire de la Perfonne du Roy, vacante par la promotion du Sieur de Montefquiou à une Charge d'Enfeigne de ladite Compagnie, accordé par Sa Majefté le 25. janvier 1726., au Sieur Chevalier d'Artaignan-de Montefquiou, Maréchal des Logis de la même Compagnie : datté de Verfailles ; figné, Louis ; & plus bas, de Breteuil. Original.

Teftament olographe fait à Compiegne le 15. juillet 1752., de Pierre de Mon-tefquiou, Lieutenant Général des Armées du Roy, & Sous-Lieutenant de la Pre-miere Compagnie des Moufquetaires, par lequel il demande à être inhumé avec toute la fimplicité & la modeftie chrétienne ; ordonne qu'il foit célébré cent Meffes dans l'Eglife de Maupertuis ; fait des legs pieux & inftitue Anne-Pierre de Montefquiou, fon fils unique, fon légataire univerfel ; fubftitue à fondit fils fa terre de Maupertuis ; lui recommande particuliérement de ne s'éloigner jamais du refpect & de la fou-miffion qu'il doit à Gertrude-Marie-Louife de Beaulieu, fa mere, & nomme exécu-teur de fon Teftament Monfieur de Beaulieu, fon beau-pere. Ce teftament, figné de Montefquiou, & dépofé le 18. juillet 1754. à Bouron, Notaire au Châtelet de Paris, par très haute & très puiffante Dame Gertrude-Marie-Louife Bombarde-de Beaulieu, veuve de très haut & très puiffant Seigneur Pierre Comte de Montef-quiou, Lieutenant Général des Armées du Roy, Gouverneur du Fort Louis du Rhin, cy-devant Sous-Lieutenant de la Premiere Compagnie des Moufquetaires de la Garde du Roy, décédé ledit jour 18. juillet. Expédition fignée Nau & Bouron.

L l

Contrat de mariage paſſé le 21. janvier 1739. , devant Deſmeure & Bouron ; Notaires au Châtelet de Paris , de haut & puiſſant Seigneur Meſſire Pierre de Monteſquiou-d'Artaignan , Seigneur de Maupertuis , Fontaine , Archer , &c. , Sous-Lieutenant de la Premiere Compagnie des Mouſquetaires du Roy , Chevalier de l'Ordre Royal & Militaire de Saint Louis ; avec Demoiſelle Marie-Louiſe-Gertrude de Bombarde-de-Beaulieu , fille de Meſſire Pierre-Paul Bombarde-de Beaulieu , Seigneur de Sigognes , Montiſon , &c. Conſeiller du Roy en Son Grand Conſeil, & de défunte Dame Marguerite-Françoiſe Doublet , ſon épouſe; de l'agrément de Leurs Majeſtés, le Roy & la Reine, de Monſeigneur le Dauphin , Meſdames de France , S. A. R. Madame la Ducheſſe d'Orléans , S. A. S. Madame Louiſe-Adelaide d'Orléans , Abbeſſe de Chelles , S. A. S. Madame Louiſe-Françoiſe de Bourbon , Ducheſſe Douairiere , S. A. S. Madame Caroline de Heſſe-Rhinfeld , Ducheſſe de Bourbon, S. A. S. Madame Louiſe-Eliſabeth de Bourbon-Condé , Princeſſe de Conty , S. A. S. Mademoiſelle de Bourbon-Condé , S. A. S. Mademoiſelle de la Roche-ſur-Yon ; & de S. E. Monſeigneur le Cardinal de Fleury ; & encore en la préſence des Seigneurs & Dames leurs parens & amis , ſavoir , de la part dudit Seigneur de Monteſquiou , de haut & puiſſant Seigneur Paul de Monteſquiou-d'Artaignan , Brigadier des Armées du Roy , frere , haute & puiſſante Dame Marie de Monteſquiou , veuve de haut & puiſſant Seigneur . . . Altermat , Maréchal des Camps & Armées du Roy , Inſpecteur Général d'Infanterie , ſœur ; & haute & puiſſante Dame Eliſabeth l'Hermite , veuve de haut & puiſſant Seigneur . . . de Monteſquiou-d'Artaignan , Maréchal de France , tante à cauſe dudit feu Seigneur Maréchal de Monteſquiou ; & de la part de ladite Demoiſelle future épouſe , dudit Sieur ſon pere , Demoiſelle Marguerite-Paule Bombarde-de Beaulieu , ſœur , Meſſire Paul-Céſar-Fabrice Bombarde de Beaumé , ancien Capitaine de Cuiraſſiers de S. A. E. l'Electeur de Baviere , oncle , & autres ſes parens ; par lequel ledit Sieur de Beaulieu donne en dot à ladite Demoiſelle , ſa fille , la ſomme de 372900 livres , tant pour ſes droits maternels qu'en avancement ſur ſa ſucceſſion à échoir ; & ledit Seigneur futur époux déclare ſes biens conſiſter en ſa terre & Seigneurie de Maupertuis , en ſa Charge de Sous-Lieutenant des Mouſquetaires , en penſions de Sa Majeſté , &c. Groſſe ſignée deſdits Notaires.

TESTAMENT olographe fait à Paris le 6. avril 1735. , de Louis de Monteſquiou , Maréchal de Camp & Sous-Lieutenant de la Premiere Compagnie des Mouſquetaires du Roy , par lequel il ordonne qu'il ſoit célébré 100. Meſſes en l'Egliſe paroiſſiale de Maupertuis , & 50. dans celle du Couvent des Capucins de Coulommiers ; fait divers legs pieux ; legue à Paul de Monteſquiou , Comte d'Artaignan , ſon frere aîné , différentes ſommes d'argent qu'il lui doit , entr'autres , celle de 5000. livres reſtante du legs fait à lui teſtateur par feu M. le Maréchal de Monteſquiou , ſon oncle ; à Madame d'Altermat , ſa ſœur , une rente viagere de 500. livres ; à Mademoiſelle d'Altermat , ſa niece , une pareille rente ; à Mademoiſelle d'Artaignan , ſa ſœur , Religieuſe à l'Abbaye d'Eſtrun en Artois , une penſion viagere ; inſtitue ſon légataire univerſel Pierre de Monteſquiou , Chevalier d'Artaignan , ſon frere , Enſeigne en la Premiere Compagnie des Mouſquetaires du Roy , & le nomme éxécuteur de ſes dernieres volontés. Ce Teſtament ſigné Louis de Monteſquiou-d'Artaignan , & par lui dépoſé le 13. janvier 1737. à Robineau , Notaire au Châtelet de Paris , dans lequel acte de dépôt il eſt nommé & qualifié haut & puiſſant Seigneur Louis de Monteſquiou-d'Artaignan , Comte de Monteſquiou , Seigneur de Maupertuis , &c. , Maréchal des Camps & Armées du Roy , & Sous-Lieutenant de la Premiere Compagnie des Mouſquetaires de la Garde ordinaire de Sa Majeſté. Expédition originale , ſignée Tournois & Robineau.

TRANSACTION paſſée à Paris le 14. ſeptembre 1731. , devant Marchand & de la Balle , Notaires au Châtelet de la même Ville , entre haut & puiſſant Seigneur Paul de Monteſquiou , Comte d'Artaignan , Brigadier des Armées du Roy , d'une

part ; haut & puiffant Seigneur Louis Comte de Montefquiou-d'Artaignan, Chevalier, Seigneur de Maupertuis, la Barre, &c., Brigadier des Armées du Roy, Sous-
Lieutenant de la Premiere Compagnie des Moufquetaires de la Garde à cheval de Sa
Majefté, & haut & puiffant Seigneur Louis-Gilles de Cardaillac, Abbé Commendataire de l'Abbaye de Saint Savin, Ordre de Saint Benoît, au Diocèfe de Poitiers, au
nom & comme ftipulant pour haut & puiffant Seigneur Pierre de Montefquiou,
Chevalier d'Artaignan, Enfeigne de la premiere Compagnie des Moufquetaires, & pour
haute & puiffante Dame Marie de Montefquiou-d'Artaignan, veuve de haut &
puiffant Seigneur Urs d'Altermat, Maréchal des Camps & Armées du Roy, Infpecteur Général d'Infanterie, & Capitaine de la Compagnie Générale des Suiffes, d'autre
part ; lefdits Seigneurs Comte d'Artaignan, Comte de Montefquiou, Chevalier d'Artaignan, & Dame d'Altermat, enfans & héritiers de défunt Meffire Henry de Montefquiou-d'Artaignan-de Moncaup, & Dame Ruth de Fortaner, fon époufe, & encore ledit Seigneur Comte d'Artaignan, comme leur créancier & feul repréfentant
de haute & puiffante Dame Jeanne de Montefquiou-d'Artaignan, fa fœur, décédée
époufe de haut & puiffant Seigneur Pierre Gaignat-de Saint Andriol-de-la Couronne, Baron de Longny, Vicomte de Remalar, Gentilhomme ordinaire du Roy ;
fur la demande en Partage faite par lefdits Seigneurs Comte de Montefquiou, Chevalier d'Artaignan, & Dame d'Altermat, audit Seigneur Comte d'Artaignan, leur
frere, des biens des fucceffions defdits feus Seigneur & Dame leurs pere & mere,
dont, depuis leur ouverture, ils n'avoient touché aucuns revenus, & n'en avoient pu
prendre aucune connoiffance, à caufe de leur éloignement, & de leur attachement
au fervice du Roy ; par laquelle les mêmes Seigneurs Comte d'Artaignan & Abbé
de Cardaillac, au nom dudit Seigneur Chevalier d'Artaignan & de ladite Dame d'Altermat, cedent audit Seigneur Comte d'Artaignan tous leurs droits dans lefdites
fucceffions, moyennant la fomme de 9000 livres, & à la charge de les acquitter des
dettes de l'une & de l'autre fucceffion, &c. Enfuite de laquelle Tranfaction eft la Ratification qui en a été faite par ledit Seigneur Chevalier d'Artaignan, le 4. avril 1732,
devant les mêmes Notaires. (Expédition délivrée le 28. février 1775, par les Confeillers du Roy Notaires au Châtelet de Paris, fur la Minute de ladite Tranfaction &
acte de Ratification étant en la poffeffion de Me. Dupré, l'un deux, comme fucceffeur
aux office & pratique dudit Me. de la Balle, fignée, Doillot & Dupré).

TESTAMENT olographe fait au Château du Pleffis-Piquet, le 10. feptembre 1723,
de très haut & très puiffant Seigneur Monfeigneur Pierre Baron de Montefquiou,
Comte d'Artaignan, Maréchal de France, Général des Armées du Roy, Gouverneur
des Ville, Cité & Citadelle d'Arras, Chevalier-Commandeur des Ordres de Sa Majefté ; par lequel il demande à être enterré fans nulle cérémonie ; legue à fon neveu,
Artaignan-de Beufte, la fomme de 15000 livres, & à Louis de Montefquiou, fon
neveu, Cornette des Moufquetaires, celle de 20000 livres ; ordonne qu'il foit payé à
fa niece d'Artaignan, la fomme de 36000 livres, qu'il lui a conftituée lors de fon mariage avec Monfieur d'Aloigny ; donne des penfions viageres à fes quatre nieces
Religieufes, l'une, à Eftrun près Arras, l'autre, au Val de Grace, & les deux dernieres en Bearn ; donne à fon neveu Montefquiou, Cornette des Moufquetaires de la
Premiere Compagnie, la fomme de 50000 livres, à prendre fur le Brevet de retenue
de 50000 écus que le Roy lui a accordé fur fon Gouvernement d'Arras ; déclare
qu'il a acquis avec Madame la Maréchale, fa femme, des billets de liquidation de
valeur de 100000 livres, & les avoir employés en une rente viagere de 4000 livres,
fçavoir, moitié fur la tête de ladite Dame, & l'autre moitié fur celle de Pierre de
Montefquiou, Chevalier d'Artaignan, Maréchal des Logis & Ayde Major des Moufquetaires du Roy, fon neveu ; inftitue fon héritier univerfel Paul Artaignan, Brigadier d'Infanterie, l'aîné de fes neveux, fils de fon frere Artaignan, de Monco,

Ll ij

& le nomme éxecuteur de son Testament, conjointement avec ladite Dame, son épouse, son frere l'Abbé & le Comte d'Artaignan, son cousin germain, Capitaine Lieutenant de la Premiere Compagnie des Mousquetaires du Roy. Ce Testament, signé Pierre d'Artaignan, Maréchal de Montesquiou, & déposé le 12. aoust 1725., jour de son décès, arrivé audit Château du Plessis-Piquet, à Lefevre, Notaire au Châtelet de Paris, conformément au Procès verbal d'apposition des scellés fait au même Château le même jour, par le Sieur le Comte, Commissaire audit Châtelet. Expédition originale signée, de la Balle & le Febvre.

III.e DEGRÉ.

AYEULX.

Henry de Montesquiou, Chevalier, Seigneur d'Artagnan, &c.

Dame Ruth de Fortaner, son épouse.

De Fortaner, d'or, à un fort à 4. bastions de gueules.

DONATION faite le 6. octobre 1686., devant Moullineau & Lauverdy, Notaires au Châtelet de Paris, par Messire Pierre de Montesquiou, Chevalier, Seigneur d'Artagnan, Capitaine & Major des Gardes Françoises du Roy, à Messire Henry de Montesquiou, Chevalier, Seigneur d'Artagnan, son frere, de sa part & portion à luy appartenante dans la légitime de défunte Dame Jeanne de Gassion, leur mere, décédée veuve de Messire Henry de Montesquiou, Chevalier, Seigneur dudit Artagnan, Lieutenant de Roy de la Ville de Bayonne & Gouverneur du Château de Montaner; cette donation motivée de l'amitié que ledit Seigneur donateur porte audit Seigneur d'Artaignan donataire, son frere. Grosse. Cette donation insinuée le 21. novembre suivant au Châtelet de Paris, signés, Hindre & Garnier, lue & publiée le 22. avril 1687., ès Plaids de Montaner, tenus par les Baile & Jurats dudit lieu, à la requête dudit Sieur Henry d'Artaignan, signé desdits Baile & Jurats.

PROCURATION donnée en la Maison Abbatialle de la Ville de Sorde le 29. septembre 1685., devant de Verges, Notaire Royal, par Messire Louis de Montesquiou-d'Artagnan, Seigneur Baron & Abbé de Sorde, à Noble Henry de Montesquiou-d'Artagnan, Escuyer, son frere, pour en son nom poursuivre devant tous Juges le payement de ses droits sur les successions de feu Messire Henry de Montesquiou-d'Artagnan, Lieutenant pour le Roy de la Ville de Bayonne, & de Dame Jeanne de Gassion, ses pere & mere. Minute originale signée Artaignan, Abbé de Sorde, Verges, Notaire Royal, & de trois témoins.

ARTICLES de Mariage passés à Moncaup le 18. février 1671., devant Jean de la Forcade, Notaire public de Lembeye, de Noble Henry d'Artaignan, habitant à Montaner; avec Demoiselle Ruth de Fortaner, fille du Sieur de Fortaner & de Demoiselle Magdalenne de la Puyade, sa femme; par lesquels ledit Sieur de Fortaner institue ladite Demoiselle future épouse, sa fille, son héritiere en tous ses biens, & ledit Sieur d'Artaignan se marie, avec la somme de 6000 livres que la Dame Jeanne de Gassion, sa mere, lui a payée en cessions par acte du 6. novembre 1670. & avec les droits à lui appartenans sur la dot de ladite Dame sa mere, après son décès. Grosse signée dudit Notaire.

QUITTANCE donnée à Montaner le 6. novembre 1670., devant Pierre de Peyragud, Notaire de ladite Ville, par Noble Henry d'Artaignan, à Dame Jeanne de Gassion, sa mere, veuve & héritiere testamentaire de feu Messire Henry d'Artaignan, Lieutenant de Roy de la Ville de Bayonne; 1°. de la somme de 3000 livres que ledit Seigneur, son pere, lui a léguée par son Testament; & 2°. de pareille somme pour la légitime que ladite Dame sa mere lui a constituée sur ses biens; lesquelles sommes montantes enfemble à celle de 6000 livres, il reconnoît lui avoir été payées en différens contrats fur particuliers. Groffe fignée defdits Notaires.

Procès verbal des preuves de Nobleffe de haut & puiffant Seigneur Meffire Pierre de Montefquiou d'Artaignan, Baron de Graville, Seigneur de Fontaineriant, Efcures, la Pilliere, le Bouillon, Hieville, Montchamps, Rofte, Berville, Maify, &c., Maréchal de France, Général des Armées du Roy, Gouverneur des Ville, Cité & Citadelle d'Arras, nommé Chevalier des Ordres de Sa Majefté, faits à Paris le 27. avril 1724., devant M. le Duc de Tallard, Maréchal de France, & M. le Marquis d'Huxelles, auffi Maréchal de France, Chevaliers-Commandeurs des mêmes Ordres, & Commiffaires à ce députés par Lettres-Patentes du 22. février précédent, par lequel lesd. Commiffaires certifient à Sa Majefté, qu'en vertu de leur commiffion, ils ont vu & éxaminé, au Rapport du Sieur Clairambault, Généalogifte defdits Ordres, les titres produits par ledit Seigneur Maréchal de Montefquiou, qu'ils ont vérifié qu'il eft fils de Henry de Montefquiou, Seigneur d'Artaignan, Lieutenant pour le Roy au Gouvernement de la Ville de Bayonne, & de la Place & Matériaux de la Ville de Montaner, en Bearn, & de Dame Jeanne de Gaffion, & frere de Raymond, d'Antoine, d'Henry, de Pierre & de Louis, petit-fils de Jean de Montefquiou, Seigneur d'Artaignan, & de Dame Claude de Bazillac, & coufin germain de Jofeph de Montefquiou, Seigneur Comte d'Artagnan, Lieutenant-Général des Armées du Roy, Capitaine-Lieutenant de la Premiere Compagnie des Moufquetaires à cheval de la Garde de Sa Majefté, auffi nommé Chevalier des mêmes Ordres, lequel a fait devant eux une Preuve dans laquelle il remonte fa Nobleffe & l'ancienneté de fa Maifon par 18. degrés (faute: c'eft 17.) jufqu'à l'année 1068., & qu'il eft digne d'être reçu Chevalier defdits Ordres. Ce Procès verbal, figné, Camille, Duc d'Hoftun, Maréchal de France, Huxelles & Clairambault, & fçellé des cachets de leurs armes. Lefdites Preuves rapportées & admifes au Chapitre tenu par le Roy, dans fon Cabinet à Verfailles, le 3 juin 1724, fuivies de la Preftation de ferment dudit Seigneur-Maréchal entre les mains du Roy, & de fa Réception audit Ordre par Sa Majefté dans la Chapelle du Château, du même jour; auquel on joint le

Procès verbal fufmentionné des Preuves de Nobleffe dudit Sieur Comte d'Artagnan, dans lefquelles on voit qu'il a remonté fa filiation par 17. degrés à Raymond-Aimery de Montefquiou, frere de Guillaume-Aftanove, Comte de Fezenfac.

M. le Marquis de Montefquiou ayant prouvé qu'il eft petit neveu de Pierre de Montefquiou, Maréchal de France, reçu Chevalier des Ordres du Roy le 3 juin 1724, lequel étoit coufin germain de Jofeph de Montefquiou, Comte d'Artagnan, auffi reçu le même jour, Chevalier des mêmes Ordres, & qu'ainfi il a fatisfait à l'article XXVI des Statuts de l'Ordre du Saint-Efprit, on ajoute que la branche des Seigneurs de Montluc, puifnée de la fienne, a donné trois autres Sujets nommés Chevaliers des mêmes Ordres, & morts fans avoir été reçus, fçavoir, Charles Seigneur de Caupene, en 1595, tué, l'année fuivante, à la deffenfe d'Ardres; Jean Seigneur de Balagny, Maréhal de France, auffi en 1595.; & Adrien Comte de Carmain, Prince de Chabanois, en 1613.

Nous Emmanuel-Félicité de Durfort de Duras, Duc de Duras, Pair & Maréchal de France, Prince de Bournonville, Marquis de Blanquefort & de Richebourg, Comte de Rozan & de Henin-Lietard, Baron de Pujol-Lauderouet, le Cypreffac & Caumont, Seigneur de la Châtellenie de la Broye, Tamife, Saint-Amand, Bafferode, Saint Gilles, Belle, Suiwique & autres lieux, Chevalier des Ordres du Roi & de celui de la Toifon d'or, Premier Gentilhomme de la Chambre de Sa Majefté, Gouverneur de la Province de Franche Comté & du Comté de Bourgogne, & Gouverneur particulier des Ville & Citadelle de Befançon, & François de Lévis Marquis de Lévis, auffi Maréchal de France, & Chevalier-Commandeur des Ordres du Roy, Gouverneur Général de la Province d'Artois, Grand Bailly d'Epée de

Villers-la-Montagne, en Lorraine, Capitaine des Gardes du Corps de MONSIEUR; Fils de France, Frere de Sa Majesté, cy-devant Premier Gentilhomme de la Chambre du Roy de Pologne, Duc de Lorraine & de Bar, Certifions au Roy que nous avons, en vertu de notre commiffion du 8. juin dernier, vu & éxaminé, au Rapport du Sieur Chérin, Généalogifte des mêmes Ordres, les Titres produits par haut & puiffant Seigneur Meffire Anne-Pierre de Montefquiou-de Fezenfac, appellé Marquis de Montefquiou, Chevalier, Baron de Montefquiou, &, en cette qualité, l'un des Premiers Barons d'Armagnac, & Chanoine d'honneur de l'Eglife Métropolitaine d'Auch, Seigneur de la Châtellie-Pairie de Coulomiers, de Maupertuis, de Touquin, &c., Maréchal des Camps & armées de Sa Majefté, Premier Écuyer de Monfieur, Frere du Roy, Chevalier-Commandeur-Chancelier-Gardé des Sceaux des Ordres Royaux, Militaires & Hofpitaliers de Notrè Dame-du Mont-Carmel & de Saint Lazare de Jérufalem, Capitaine en fecond de la Capitainerie Royale de Senard, nommé Chevalier des mêmes Ordres de Sa Majefté, & vérifié qu'il eft petit neveu de M. le Maréchal de Montefquiou, reçu Chevalier-Commandeur defdits Ordres, le 3. juin 1724., qu'il eft le fixieme de fa Maifon, également ancienne & illuftre, deftiné à en porter les marques, & qu'il eft digne d'être reçu Chevalier-Commandeur des mêmes Ordres : En foi de quoy nous avons figné ces préfentes avec ledit S. Chérin, & y avons fait appofer les cachets de nos armes, à Paris ce quinzieme jour du mois de décembre de l'an mil fept cent quatre vingt-trois, (Signé) le Maréchal Duc de Duras, le Maréchal de Lévis, (&) Chérin, & fcellées des cachets de leurs armes en placard.

Les Preûves de Nobleffe mentionnées cy-deffus, avec l'Information des vie & mœurs, & la Profeffion de foi ont été rapportées par M. le Patriarche Archevêque de Bourges, Chancellier, & admifes au Chapitre tenu dans le Cabinet du Roy ; enfuite M. le Marquis de Montefquiou a prêté Serment, & a reçu le Collier de l'Ordre des mains de Sa Majefté, à l'iffue de la Meffe, dans la Chapelle du Château à Verfailles, le premier de l'an mil fept cent quatre vingt quatre. (Signé) Amelot.

NOUS SOUSSIGNÉS, après avoir éxaminé 1°. un Cartulaire de l'Eglife d'Auch, in 8°. en parchemin, contenant 199. feuillets, cotté fur la couverture Y. n°. II. avec ce titre : *Cartulaire noir de l'Eglife S^te. Marie d'Auch &c.* commençant par ces mots : *Incipiunt nomina Archiepifcoporum &c.* & finiffant par ceux-ci, au bas du feuillet 199. dont une partie, ainfi que du précédent, a été déchirée & enlevée : *Qui Forto nominatus eft & Cognatus predicti Arfivi de Montefquivo. p. C. LVIII.....: Capituli.* 2°. Un autre Cartulaire de la même Eglife, in fol. en parchemin, contenant 113. feuillets, cotté fur la couverture Y. n°. III. intitulé : *Cartulaire blanc de l'Eglife S^te. Marie d'Auch &c.* commençant par ces mots : *Incipiunt nomina Archiepifcoporum &c.* & finiffant par ceux-ci: *Anno Domini M°. CC°. LX°. octavo.*

3°. Un autre Cartulaire de la même Eglise, in 4°. en parchemin, contenant 48. feuillets, cotté sur la Couverture Y. n°. IV. avec ce titre : *Second Cartulaire blanc de l'Eglise d'Auch &c.* commençant par ces mots : *De Sancto Xpoforo*, & finissant par ceux-ci : *Reg. Alfonso Tholo. Coii. Aug. Abbat. Condom.* 4°. Un Cartulaire in fol. en parchemin, contenant 263. feuillets, intitulé au dos : *Cartulaire de l'Abbaye de Berdoues*, commençant par les mots *Abbie*, en titre, & ensuite, *Sciendum est &c.* & finissant par ceux-ci : *glandinem, faginam & omnes fructus* 5°. Un Cartulaire de l'Abbaye de Gimont, in fol. en parchemin, contenant 158. feuillets, cotté A. intitulé : *Hic liber est Monasterii Sancte Marie Gimontis &c.* commençant par ces mots : *Incipiunt Capitula proprietatum terre Abbatie Gemundi &c.* & finissant par ceux-ci : *Ramundo Comite Tolose, Fulcone Episcopo.*

Certifions que ces cinq Cartulaires, dont on a extrait plusieurs pièces qui sont imprimées parmi les Preuves ci dessus de la Généalogie de la Maison de Montesquiou-Fezensac, réunissent tous les caractères diplomatiques requis pour en établir l'authenticité. Nous certifions aussi que les Originaux des autres pièces imprimées dans lesdites Preuves, réunissent pareillement tous les caractères diplomatiques propres à en établir l'authenticité. Nous certifions encore que toutes les pièces imprimées dans ces mêmes Preuves, soit d'après les Cartulaires, soit d'après les Originaux susdits, sont conformes aux pièces sur lesquelles elles ont été copiées, avec la seule différence que dans la plûpart on a retranché, pour abréger, tout ce qui dans le texte est étranger ou inutile à la susdite Généalogie, mais sans se permettre d'intervertir l'ordre de la pièce, ni d'en changer aucune des expressions. Nous certifions de plus que les pièces employées dans les susd. Preuves, d'après des Ouvrages imprimés, en sont extraites avec fidélité.

En foi de quoi nous avons signé le présent Certificat, &

l'avons joint à un Exemplaire des fufdites Preuves, contenant 270 pages in 4°. d'impreſſion, qui a été collationné par Nous ſur les Cartulaires, Titres originaux & Ouvrages imprimés, ci-deſſus mentionnés, & paraphé, à la marge de chacune des pièces, par l'un de Nous ; lequel Exemplaire eſt reſté dépoſé au Cabinet de l'Ordre du Sᵗ. Eſprit. Fait à Paris le treize février mil ſept cent quatre-vingt-quatre.

(*Signés* ,)

Fr. ZACHARIE MERLE , Prieur des Blancs-Manteaux , Continuateur de l'Hiſtoire de Bourgogne, Aſſocié à l'Académie de Dijon.

Fr. FRANÇOIS CLÉMENT , de la Congrégation de S. Maur, Editeur de l'Art de vérifier les dates, & Continuateur de la Collection des Hiſtoriens de France.

Fr. GERMAIN POIRIER , l'un des Continuateurs du Recueil des Hiſtoriens de France , Garde des Archives de l'Abbaye Royale de S. Germain des Prés.

BRÉQUIGNY , l'un des quarante de l'Académie Françoiſe, de l'Académie des Inſcriptions & Belles-Lettres.

GARNIER , Hiſtoriographe du Roi, de l'Académie des Inſcriptions & Belles-Lettres.

BEJOT , Garde des Manuſcrits de la Bibliothéque du Roi , Membre de l'Académie des Inſcriptions & Belles-Lettres.

DACIER , Secrétaire perpétuel de l'Académie des Inſcriptions & Belles-Lettres , Commiſſaire au Tréſor des Chartes de la Couronne.

I

Fautes à corriger dans les Preuves.

PAGE 8. ligne 4. en remontant, *pretexata*, lisez *pretaxata*. Pag. 13. lig. 4. *accefferant*, l. *accefferunt*. Ibid. l. 8. *Mirimontes*, l. *Mirimontis*. P. 15. l. 17. *paéti*, l. *paéto*. Ibid. l. 24. *liena*, l. *linea*. Ibid. l. 25. *ftumen*, l. *flumen*. P. 17. l. 26. *conderent*, l. *crederent*. P. 19. l. 8. après le mot *loci*, mettez des points... Ibid. l. 2. en remontant, *Aimerici Montefquiu*, l. *Aimerici de Montefquiu*. Ibid. à la marge, 1205. l. 1204. P. 20. l. 1. après *Berdonarum* mettez des points... Ibid. l. 21. après *habebant* mettez des points... Ibid. *terra*, l. *terris*. Ibid. l. 23. après *preterea* mettez des points... P. 23. l. 5. *fol.* 210. l. 201. Ibid. l. 8. en remontant, *dóno deo*, l. *Domino deo*. P. 24. l. 5. en remontant, *illa*, l. *alia*. P. 25. l. 15. après *morlanenfium*, mettez des points... Ibid. l. 9. en remontant, *Epipododio*, l. *Eftipodio*. P. 26. l. 5. *Blanquelori*, l. *Blanqueflori*. Ibid. l. 13. *Mertereto*, l. *Martoreto*. P. 27. l. 10. après *quondam*, des points... Ibid. l. 7. en remontant, *fuam*, l. *Judiciariam*. P. 28. l. 13. après *fuit*, ajoutez *hoc*. P. 29 l. 9. après *Oddonem*, aj. *de Montefquivo*. Ibid. l. 23. après *Oddon*, aj. *de Montefquiu*. Ibid. l. 38. par *Raymond-Aimery de Montefquiou fon mari*, l. *Genfes de Montefquiou fon beau-pere*. Ibid. l. 5. en remontant, après *Gentilez*, aj. *Dominum*. Ibid. l. pénult. après *de Afpello*, aj. *Domicellum*. P. 30. l. 16. *Conftituta*, l. *Conftitutus*. Ibid. l. 29. après *funt*, mettez des points... Ibid. l. 30. *domicello*, l. *domicellus*. P. 31. l. 17. après *Albienfens*, mettez des points... Ibid. l. 22. après *XXII°*. mettez des points... Ibid. l. 23. *Notarius*, l. *Notario publico*. P. 32. l. 15. après *tur*, mettez des points... Ibid. l. 42. *fille*, l. *fœur*. P. 33. l. 22. *eidem Magiftro*, l. *ejufdem Magiftri*. Ibid. l. 23. *Arnaldo*, l. *Arnaldi*. Ibid. l. 25. *hinc*, l. *huic*. P. 35. au bout des 5. premieres lignes, ajoutez des points... Ibid. l. 28. après *teftamento*, aj. *ultimo*. Ibid. l. 30. après *militi*, aj. des points... P. 36. l. 11. après *XXXVIII*. aj. des points... Ibid. l. 13. après *conventionem*, aj. des points... P. 37. l. 11. en remontant, *in nomine Domini*, l. *in dei nomine*. P. 38. l. 12. après *Nobilem*, aj. *Dominum*. Ibid. l. 13. après *Eyfchivum*, mettez des points... Ibid. après *dignetur*, mettez des points... Ibid. l. 14. après *Nobilis*, aj. *Dominus*. Ibid. l. 16. après *quod*, aj. *ego*. Ibid. l. 18. après *confuetudines*, mettez des points... Ibid. à la marge, après la cotte LXVI. aj. 14. *Juin* 1381. Ibid. l. 6. en remontant, après *Nobilis*, aj. *Domini*. P. 39. à la marge après la cotte LXVIII. aj. 15. &. P. 40. l. 8. après *requiem*, mettez des points... Ibid. l. 13. après *conftituti*, mettez des points... Ibid. l. 18. après *quarto*, mettez des points... Ibid. l. 22. après *quod*, mettez des points... Ibid. l. 32. après *aliam*, des points... Ibid. l. 39. après *meum*, aj. *hic*. P. 41. l. 14. en remontant, après *mundi*, mettez des points... P. 42. l. 25. après *auri*, mettez des points... P. 44. l. 5. après *Dei*, aj. *gratia*. Ibid. l. 22. après *folidum*, mettez des points... Ibid. l. 32. après *cenfu*, des points... Ibid. l. 35. après *qui* des points... Ibid. l. 37. 5. *juin*, l. 1. *juin*. P. 45. l. 29. après *Montefquivo*, mettez des points... P. 46. l. 3. après *teftatorem*, aj. *diétum teftamentum*. P. 49. l. 27. après *deputato*, mettez des points... Ibid. l. 44. après *conceffa*, mettez des points... Ibid. l. 45. après *Comiffarii*, des points... P. 51. l. 10. après *racione*, mettez des points... Ibid. l. 13. après *Johanne*, mettez des points... P. 52. l. 9. en remontant, après *procuratores* mettez des points... Ibid. l. 13. après *quod*, des points... P. 53. l. 17. après *Marfano*, des points... Ibid. l. 32. après *utor*, des points... P. 54. l. 20. après *quod*, des points... Ibid. l. 44. après *hoc*, des points... Ibid. l. 47. après *premiffis*, des points...

Page 55. ligne 3. M^re. *Bertrand*, lisez *Barthelemy*. Ibid. l. 8. après *Octobris*, mettez des points ... Ibid. l. 12. après *vendidit*, des points ... Ibid. l. 13. après *Mauta*, des points ... P. 57. l. 33. *Serre*, l. *Sales*. Ibid. l. 39. *exécution*, l. *expédition*. Ibid. l. 40. *sette*, l. *sec se*. P. 59. à la marge de la cotte CXI. mettez XCI. Ibid. l. 25. *ducentarum*, l. *centarum*. P. 60. aj. à la cotte XCII. 10. novembre 1492. Ibid. l. 9. en remontant, *die septima*, l. *dic decima septima*. P. 61. l. 20. après *Avinhone*, aj. *Notarium*. Ibid. l. 36. *virum*, l. *Dominum*. P. 62. l. 4. en remontant, après *Amen*, mettez des points ... P. 63. l. 4. en remontant, après *vendiderit*, des points ... P. 64. l. 6. en remontant, *Mabsano*, l. *Marsano*. P. 66. l. 1. après *Marsano*, des points ... Ibid. l. 22. après *condidit*, des points ... Ibid. l. 31. après *omnia*, des points ... P. 71. l. 6. en remontant, après *mariage*, des points ... Ibid. l. 15. & 16. *retenu*, l. *reçus*. Ibid. l. 39. *se expouserent*, l. *se expouzeront*. P. 72. l. 6. *Donningue*, l. *Dominique*. P. 77. l. 4. en remontant, après *dépendances*, des points ... Ibid. l. 6. après *lesquels*, des points ... P. 80. l. 4. en remontant, *parte*, l. *prediîte*. P. 81. l. 33. après *Sieur de*, l. *la Serre*. P. 83. l. 1. après *présens*, aj. *Noble*. P. 85. l. 7. en remontant, après *appel*, aj. *eut impétré lettres royaux*. P. 89. l. 25. après *Catherine*, aj. *Anne*. P. 90. l. 19. après *Ordonnance*, des points ... Ibid. l. 22. après *assigner*, des points ... Ibid. l. 24. *Lescheanx*, l. *Lischeaux*. Ibid. à la marge, 24. *octobre*, l. 6. *octobre*. P. 91. l. 4. après *Montesquiout*, aj. *aussi*. Ibid. l. 5. après *Montesquiout*, aj. *aussi*. P. 93. l. 1. après *procureur*, des points ... Ibid. l. 5. après *Dame*, des points ... Ibid. l. 7. *Barres*, l. *Barris*. Ibid. l. 27. *Sapon*, l. *Papon*. P. 96. l. 18. après *la Brucre*, aj. *du Comté de Chessy*. P. 103. l. 18. *tratactum*, l. *tractatum*. Ibid. l. 20. avant *Montesquivo*, aj. *de*. P. 105. l. 4. en remontant, après *venerabilem*, aj. *virum*. P. 106. l. 3. *redigere*, l. *redigi*. Ibid. l. 18. après *scutiferum*, des points ... Ibid. l. 29. après *se*, des points ... P. 109. l. 16. *sieur*, l. *Seigneur*. P. 111. l. 1. *papier*, l. *parchemin*. P. 113. l. 12. en remontant, *Arnoult Dandrest*, l. *Arnaud Dandrest*. P. 114. l. 13. *de mil escus*, l. *desdits deux mil escus*. P. 123. l. 8. en remontant, après *ledit*, aj. *feu*. P. 128. à la marge, 25. novembre, l. 16. novembre. Ibid. l. 23. *cet*, l. *cent*. P. 129. l. 17. *Sansorroy*, l. *Sansarroy*. Ibid. l. 30. *public*, l. *propre*. P. 130. l. 27. après *Dame*, aj. *d'Artaignan*. P. 131. l. 14. *du holde*, l. *du halde*. P. 132. l. 8. *une maison*, l. *toute icelle maison*. Ibid. l. 11. *de Lembaie*, l. *dudit Lembaie*. Ibid. l. 16. au titre *Louis*, l. *Henry*. P. 136. l. 9. *de ses enfans*, l. *de ses autres enfans*. P. 156. l. 4. en remontant, *de Bonnay*, l. *de Bannay*. P. 192. l. 15. en remontant, *en ladite ville*, l. *en la Prévôté de ladite ville*. P. 193. à la marge, 21. *mars*, l. 21. *mai*. Ibid. l. 17. *mars*, l. *mai*. P. 107. l. 2. après *Mestre*, aj. *de Camp*. P. 224. l. 12. en remontant, *pro*, l. *per*. P. 227. l. 9. *Deu Ler*, l. *Deu Ser*. Ibid. l. 10. & 11. P. 234. en marge, 14. *avril* 1368. l. 1364. P. 237. en remontant, après *ibidem*, aj. *quod*. P. 238. l. 1. *per omnes voluntates*, l. *pro omnibus voluntatibus*.